Arne Manzeschke

Persönlichkeit und Führung

Arne Manzeschke

Persönlichkeit und Führung

Zur Entwicklung des evangelischen Bischofsamtes in Bayern zwischen Novemberrevolution und Machtergreifung

Mit einem Geleitwort von Landesbischof i.R.
D. Hermann von Loewenich

Verlag Peter Athmann Nürnberg

verlag.peter.athmann@gmx.de
www.p59.de

Umschlaggestaltung: Armin Stingl

Abbildungsnachweis:
Landeskirchliches Archiv Nürnberg: 1,3–5,11–15,17–19
Theologische Fakultät Erlangen: 2,6–10,16
Privat: 20

Druck: DDZ Armin Hirschmann Wendelstein

ISBN 3–9807288–0–3

Arne Manzeschke

Persönlichkeit und Führung

Zur Entwicklung des evangelischen Bischofsamtes in Bayern zwischen Novemberrevolution und Machtergreifung

Mit einem Geleitwort von Landesbischof i.R.
D. Hermann von Loewenich

Verlag Peter Athmann Nürnberg

verlag.peter.athmann@gmx.de
www.p59.de

Umschlaggestaltung: Armin Stingl

Abbildungsnachweis:
Landeskirchliches Archiv Nürnberg: 1,3–5,11–15,17–19
Theologische Fakultät Erlangen: 2,6–10,16
Privat: 20

Druck: DDZ Armin Hirschmann Wendelstein

ISBN 3–9807288–0–3

Die Ereignisse sind unvorhersehbar, solange sie nicht eingetreten sind. Wenn sie stattgefunden haben, dann kann man versuchen sie zu verstehen, zu erklären. Man kann die Ereignisse miteinander verknüpfen und rückwirkend die Logik dieser Verknüpfung erfassen. In der Gegenwart gibt es nichts, was einem vorherzusagen erlaubte, was sich, unter so vielen möglichen denkbaren und anderen völlig undenkbaren Konstellationen tatsächlich ereignen wird.

Claude Levi-Strauss, Das Nahe und das Ferne

Inhalt

Gestalt und Wirkung des bischöflichen Amtes

Schluß

Anhang

Geleitwort

von Landesbischof i.R. D. Hermann von Loewenich

Das Amt des Landesbischofs genießt in Bayern hohes Ansehen und ein großes Maß an Publizität. Der personelle Wechsel im November 1999 hat das Amt in besonderer Weise ins Blickfeld gerückt. Aufsehen erregten die Beschlüsse der Landessynode im gleichen Monat. Sie führten zur Amtszeitbegrenzung für den Landesbischof. Gleichzeitig wurde den bisherigen Kreisdekanen für Ihren Amtsbereich der Titel *Regionalbischof* verliehen, was nicht unumstritten war. Auch für sie gilt künftig eine befristete Amtszeit. Diese Veränderungen betreffen das Profil des Bischofsamtes und lassen nach der Aufgabenverteilung zwischen Landesbischof und Regionalbischöfen fragen. Ebenso rücken sie die Frage nach der Entstehung, der Entwicklung und dem jeweiligen Verhältnis des Bischofsamtes in unserer bayerischen Landeskirche neu in den Vordergrund.

Die vorliegende Arbeit von Dr. Arne Manzeschke, die in ihrer Erstfassung als Dissertation von der Theologischen Fakultät der Universität Erlangen-Nürnberg angenommen worden ist, gibt auf diese Frage erhellende Auskunft. Sie schildert auf spannende Weise die Entstehungsgeschichte des Bischofsamtes nach der Revolution von 1918/19. Sie brachte das Ende des landesherrlichen Kirchenregiments, das bis dato durch den bayerischen König ausgeübt wurde. Bis zur Verabschiedung einer neuen Kirchenverfassung im September 1920 existierte freilich die Staatskirche als Provisorium weiter. In der breit geführten Verfassungsdiskussion spielte die Frage der geistlichen Leitung der Kirche eine hervorgehobene Rolle. Sie bildet den Kern der Untersuchung von Dr. Manzeschke. Hochinteressant schildert er den Einfluss von nicht-theologischen Faktoren auf diese Diskussion. Das Krisenbewusstsein der damaligen Zeit, der Wunsch nach starker Führung, politische Ängste und Erwartungen spielten dabei eine nicht zu unterschätzende Rolle. Der Verfasser nimmt dies in seiner Darstellung auf und betritt damit Neuland, indem er der Mentalitätsgeschichte einen bis heute in der Kirchengeschichte noch ungewohnten Platz einräumt. So schärft er dem heutigen Leser den Blick dafür, wie sich hinter theologischen Argumenten politische und sozialpsychologische Impulse und Interessen verbergen können.

Für das Verständnis des Bischofsamtes ist die Auseinandersetzung zwischen der damaligen episkopalen Richtung und den Vertretern des konsistorialen Elements von aktueller Bedeutung. Interessanterweise waren jedoch nicht die kirchenpolitischen Gegensätze zwischen Konservativen und Liberalen für die jeweils eingenommene Position maßgebend.

Die Landessynode hat in der Verfassung von 1920 dem bisherigen Oberkonsistorialpräsidenten Friedrich Veit den Titel *Landesbischof* versagt. Gleichzeitig aber hat sie auf ihn als neu eingeführten Kirchenpräsidenten hohe geistliche Erwartungen gerichtet. Diese Lösung erscheint uns heute als inkonsequent. Sie stand auch in Spannung zu den konsistorialen Aufgaben, die Friedrich Veit im bisherigen Maße weiterzuführen hatte.

1933 wurde nach dem Rücktritt von Friedrich Veit durch die Landessynode der Titel des Landesbischofs für Hans Meiser eingeführt. Ich empfinde es als Schatten auf der bayerischen Kirchengeschichte, dass dieser Titel unter dem Eindruck der nationalsozialistischen Machtergreifung mit dem damals propagierten Führergedanken in Zusammenhang geraten ist. Zwölf Jahre lang ruhte die Last der Kirchenleitung im wesentlichen auf den Schultern von Landesbischof Hans Meiser. Dies gab seiner Amtsführung Kontur, konstituierte aber eine einsame Verantwortung an der Spitze der Kirche, was es bis heute schwer macht, seine Rolle im Dritten Reich angemessen zu würdigen.

Die Kirchenverfassung von 1972 hat auf dem Hintergrund dieser Geschichte vier kirchenleitende Organe installiert. Die Landessynode und der Landessynodalausschuss, der Landesbischof und der Landeskirchenrat leiten die Kirche in „arbeitsteiliger Gemeinschaft und gegenseitiger Verantwortung“. Die Verteilung der Gewichte geschieht in einem lebendigen Prozess, der immer wieder des Nachdenkens und der Überprüfung bedarf. Kirchenleitung umfasst heute geistliches, administratives und ökonomisches Handeln im Miteinander von hauptberuflich und ehrenamtlich Tätigen. Sie ist mehr denn je auf den lebendigen Austausch zwischen den Gemeinden, den Verantwortlichen für die Handlungsfelder und den kirchenleitenden Organen angewiesen.

Die vorliegende Arbeit verhilft in dem Prozess kirchenleitenden Handelns zu historischem Bewusstsein. Sie vermittelt Einsicht in zugrunde liegende strukturelle Fragen. Sie schärft zugleich das Bewusstsein für den Zusammenhang theologischer und nicht-theologischer Aspekte, denen sich eine Kirche in Zeitgenossenschaft in ihrer Führungsaufgabe immer wieder kritisch und zugleich kreativ zu stellen hat.

Für das Profil unserer Kirche bleibt es entscheidend, in diesem Prozess den primär geistlichen Charakter der Kirchenleitung zu sichern. Dies ruft die vorliegende Arbeit mit Nachdruck ins Bewusstsein. Darum wünsche ich ihr viel Aufmerksamkeit bei denen, die mit der Gestaltung zukünftiger kirchenleitender Aufgaben und dem ökumenischen Gespräch über Amt und Kirchenstruktur betraut sind.

Vorwort

Führung ist wieder gefragt; und das nicht nur im globalisierten Management. Auch in der evangelischen Kirche werden Themen wie Führung, Leitung und Macht nicht länger verschämt diskutiert. Damit knüpft die Kirche an einen Diskurs an, der sie schon einmal vor gut achtzig Jahren beschäftigte. Die Trennung von Staat und Kirche im Gefolge der Novemberrevolution von 1918 hatte die evangelischen Landeskirchen vor die Grundfrage gestellt, wie Glaube und Institution theologisch redlich und organisatorisch sinnvoll zusammengebracht werden könnten. Vieles sollte dabei die Vermittlungs- und Führungsfähigkeit einer Persönlichkeit leisten. Die Arbeit zeichnet die Entstehung des Bischofsamtes in Bayern nach und will damit einen Beitrag zur Verständigung über die Geschichte dieser Landeskirche leisten. Ob sie so auch für die aktuelle Diskussion über kirchenleitendes Handeln Anregungen oder Argumente liefert, mag ich gerne im Gespräch mit Interessierten herausfinden.

Die Arbeit wurde 1995 von der Theologischen Fakultät der Friedrich-Alexander Universität in Erlangen als Dissertation angenommen. Professor Dr. Hanns-Christof Brennecke und Professor Dr. Berndt Hamm haben die Arbeit betreut und begutachtet. Ihnen sage ich Dank.

Für viele theologische Gespräche, zahllose Korrekturen und Anregungen danke ich Iris Kircher, Dr. Jochen Teuffel, Dr. Heinrich Assel, Dr. Ulrich Schindler-Joppien, Dr. Hans-Peter Hübner und Dr. Walter Mogk, dem ich sehr viel zur Methodologie historischen Arbeitens verdanke. Herr Landesbischof i.R. D. Hermann von Loewenich hat mir aus seiner Perspektive und mit seinem Geleitwort wichtige Impulse gegeben. Die Mitarbeiterinnen und Mitarbeiter im Landeskirchlichen Archiv in Nürnberg und in der Bibliothek des Landeskirchenamtes haben mir – soweit möglich – alles Material zur Verfügung gestellt. Die Evang.-Luth. Kirche in Bayern und die Stiftung „Natur – Kultur – Struktur“ des Bezirks Mittelfranken haben die Drucklegung finanziell unterstützt. Armin Stingl hat dem Inhalt eine grafische Gestalt gegeben. Peter Athmann hat den Mut, das Buch zu verlegen. Allen danke ich ganz herzlich.

Ohne Freundschaft und Liebe wäre die Arbeit kaum gediehen. Ich danke Klaus Bleser, Christina Gietl, Georg Altmann, Klaus Maciol, der „ganzen Marienstraße 16“, Friederike und Hermann Hopfmüller, und vor allem Andrea Brauneis.

Pfingsten 2000

Arne Manzeschke

Einleitung

Das evangelische Bischofsamt als Thema zeitgeschichtlicher Forschung

Der Krieg war verloren, der Kaiser und die anderen deutschen Fürsten hatten nolens volens abgedankt. Philipp Scheidemann hatte die Republik ausgerufen und in deutschen Landen herrschte die Revolution. Nur wenige Monate nach dem Ende der landesherrlichen Oberaufsicht über die evangelischen Kirchen avancierte die *Bischofsfrage* zu einer Gretchenfrage der evangelischen Ekklesiologie und des evangelischen Kirchenrechts. Der Streit darüber, ob es in der evangelischen Kirche einen Bischof als kirchenleitendes Organ geben solle oder nicht, wurde in den 28 deutschen Landeskirchen zum Teil sehr kontrovers und anhaltend diskutiert, so daß das Thema in den knapp fünfzehn Jahren der Weimarer Republik immer wieder in der kirchlichen und der allgemeinen Presse kursierte. Je nach Einschätzung verbanden die einen mit der Einführung eines bischöflichen Amtes die Hoffnung auf den Beginn eines „Jahrhunderts der Kirche“ [1], die anderen befürchteten das Ende protestantischer Identität und eine Assimilation an die katholische Kirche mit allen Folgen der Hierarchisierung und Klerikalisierung [2].

Die meisten evangelischen Landeskirchen verfügten 1918 aufgrund ihrer staatskirchlichen Vergangenheit über eine relativ ähnliche Form der Kirchenorganisation und -leitung. Von daher erklären sich strukturelle Ähnlichkeiten der kirchlichen Verfassungskonstruktionen nach 1918. Die Leitung und Verwaltung der Kirchen wurde bis in den November 1918 *grosso modo* von relativ selbständigen Kirchenbehörden ausgeübt, die als Staatsbehörden die Aufsichtsrechte des Landesherrn wahrnahmen. Neben die *Konsistorien*, deren Tradition in den lutherischen Kirchen bis auf die Tage der Reformation zurück reichte, traten im 19. Jahrhundert überall die *Synoden* als quasi parlamentarische Vertretung der Geistlichen und später auch der Laien mit einem ständigen *Ausschuß* als ihrer Vertretung während der tagungsfreien Periode. Das Konsistorium hatte als kollegiales Organ, mit geistlichen und weltlichen, meist juristischen Räten besetzt, die eigentliche Kirchenleitung inne, die sich in ihrem Charakter sehr stark an die verwaltungstechnischen Verfahrensweisen der übrigen Staatsbehörden anlehnte. An der Spitze des Konsistoriums stand ein Präsident, der die Arbeit des Kollegiums vor dem jeweiligen Kultusminister und dem Landesherrn zu verantworten hatte. In seiner Eigenschaft als hoher Staatsbeamter hatte er meist Sitz und Stimme in einer politischen Kammer des Landes und war aufgrund seiner exponierten Stellung oft der einzige Vertreter der Kirchenleitung, der bei den Pfarrern und den Gemeinden eine gewisse Bekanntheit erlangte.

So lag es nach 1918 unter kirchenrechtlichem Aspekt auf den ersten Blick nahe, die bisherigen summepiskopalen Rechte des Landesherrn auf das Konsistorium zu übertragen und damit im Kollegium auch jene kirchenleitenden Befugnisse tatsächlich zu verorten, die von dem Konsistorium bisher nur virtuell für den Landesherrn wahrgenommen worden waren. Einer Konzentration aller kirchenleitenden Befugnisse in den Kirchenbehörden standen aber synodale Bestrebungen entgegen, die vor allem von den Pfarrern und Laienvertretungen getragen wurden, die ein größeres Mitspracherecht der ‚Basis' bei der Kirchenleitung beanspruchten. Solche synodalen Anliegen bekamen ihr besonderes Gewicht durch die fortschreitende Demokratisierung der Gesellschaft, die durch die Novemberrevolution von 1918 einen starken zusätzlichen Impuls erhielt. Der von oben verwalteten Kirche wollte man hier eine von den Gemeinden, „von unten", aufgebaute Kirche als Modell für die Zukunft entgegenstellen. In diesem Interessenkonflikt irritiert das – angesichts der politischen und gesellschaftlichen Entwicklung – auf den ersten Blick etwas unzeitgemäß erscheinende Auftreten episkopaler Bestrebungen.

Es mutet auf den ersten Blick nicht ganz so naheliegend an, einen Bischof als persönliche, geistliche Spitze mit dem Regiment der Kirche zu betrauen: Ein Bischofsamt, das bisher in seiner katholischen Variante *ex negativo* für die Definition der evangelischen Identität über das allgemeine Priestertum aller Gläubigen diente, wurde nun von verschiedener Seite gefordert. Ein Amt, das in seinem evangelischen Typ nur einige wenige, kläglich gescheiterte Versuche aus der Zeit der Reformation und der frühen Orthodoxie aufzuweisen vermochte. Ein Amt, das in den Titularbischöfen des 19. Jahrhunderts eher schmerzhafte Erinnerungen an die unselige Allianz von Thron und Altar beschwor, als daß es von kirchlicher Eigenständigkeit zu zeugen vermochte. Ausgerechnet mit diesem Amt wollte nun die evangelische Kirche Eindeutigkeit im geistlichen Regiment und in der kirchenpolitischen Führung der Landeskirche vermitteln. Zugleich sollte das Bischofsamt für den Öffentlichkeitswillen der Kirche zu stehen kommen und in einer immer weiter dissoziierenden Gesellschaft sittlich prägend und einigend wirken. Mehr als einmal wurde in den Verhandlungen zur Neukonstitution der Landeskirchen nach 1918 das Bischofsamt als der entscheidende Faktor betrachtet; erst im Bischofsamt spreche sich der geistliche Charakter der Kirche aus und erst mit diesem könne sie ihrem wesensgemäßen Auftrag in der Welt nachkommen [3].

Am 1. Januar 1921 trat die Verfassung der Evangelisch-Lutherischen Landeskirche in Bayern rechts des Rheins in Kraft. Mit ihr trat die Kirche aus dem langen Schatten des Staatskirchentums heraus und gab sich erstmals eine eigene Verfassung. An ihre Spitze stellte sie einen Kirchenpräsidenten, der, als Geistlicher auf Lebenszeit gewählt, zugleich oberster Seelsorger der Pfarrer (*pastor pastorum*) wie auch Repräsentant der Kirche auf politischem und ökumenischem Parkett und schließlich *primus inter pares* der kollegialen Verwaltungsspitze sein sollte. In seinem Amt vereinten sich poimenische, repräsentative und administrative Elemente kirchlicher Leitungstätigkeit. Die Delegierten der verfassunggebenden Generalsynode in Ansbach 1920 schufen das „kraftvollste und inhaltsreichste deutsche evangelische Bischofsamt“ [4], vermieden aber den Bischofstitel. Im rechtsrheinischen Bayern gewann die Auseinandersetzung um ein bischöfliches Leitungsamt in der evangelischen Kirche besondere Brisanz durch die starke Präsenz der römisch-katholischen Kirche. Zwar erwarteten schon damals weite Kreise in der evangelischen Kirche ein Aufleben des Bischofsgedankens, doch wollte man in Bayern mit dem Titel nicht unnötig Verwechslungen und Ressentiments provozieren. Man verständigte sich vorläufig auf den neutraleren Titel Kirchenpräsident und ließ sich für die Zukunft die Option eines Bischofstitels offen.

Am 11. April 1933 reichte *Kirchenpräsident* Friedrich Veit seinen Rücktritt ein[5]. Oberkirchenrat Hans Meiser wurde am 4. Mai auf der außerordentlichen Tagung der Landessynode in Ansbach zu seinem Nachfolger und zum *Landesbischof* der Evangelisch-Lutherischen Kirche in Bayern bestellt. Zugleich gab die Synode dem neuen Landesbischof ein *Ermächtigungsgesetz* als Erweiterung seiner kirchenleitenden Befugnisse in die Hand. Damit wurde dieses evangelische Bischofsamt dem politischen Führeramt in hohem Maße angeglichen. In dieser Form hat es die Jahre des Nationalsozialismus weitgehend „intakt“ überstanden und wurde nach 1945 fraglos beibehalten[6]. Mit der Verfassungsnovellierung von 1971 ist das Bischofsamt in der Evangelisch-Lutherischen Kirche in Bayern weitgehend unverändert fortgeschrieben worden und zählt heute zu den verfassungsmäßigen Selbstverständlichkeiten der Landeskirche [7].

Angesichts des rund 80jährigen Bestehens erstaunt die Stabilität der Institution, die organisationsrechtlich wie theologisch keineswegs selbstverständlich für eine evangelische Kirche ist und gerade auch die gravierenden Umbrüche 1933 und 1945 scheinbar schadlos überstanden hat. Fragwürdig erscheint bei näherem Hinsehen das Entstehen bischöflicher Leitungsämter in den evangelischen Landeskirchen in einer Zeit gesellschaftlicher Pluralisierung und Demokratisierung, fragwürdig auch der

Übergang in das Amt eines Landesbischofs im Jahr 1933 und fragwürdig schließlich die Fortschreibung der Institution in der Zeit nach 1945, in der ja auch auf andere Formen der Kirchenleitung hätte zurückgegriffen werden können[8]. Damals wie schon in den Umbrüchen von 1918 und 1933 entschied man sich in Bayern für ein bischöfliches Amt als oberstes kirchenleitendes Amt.

Der politische Umbruch von 1918 gab der Kirche mit der Trennung von Staat und Kirche das Recht und die Pflicht der innerkirchlichen Selbstverwaltung in die Hand und setzte so eine verfassungsmäßige Neuordnung in Gang, in deren Verlauf episkopale Bestrebungen gegenüber dem konsistorialen und dem synodalen Element ein deutliches Übergewicht gewinnen konnten. In dieser Arbeit sollen das zeitgeschichtliche Umfeld wie die theologischen Motive dieser episkopalen Bestrebungen[9] in der evangelisch-lutherischen Kirche in Bayern untersucht werden, die zuerst die Einsetzung eines bischöflichen Amtes (Kirchenpräsident) und dann die eines Landesbischofs erreichten. Zugleich soll diese verfassungsrechtliche Verschiebung auf ihre innere Logik und ihre Motivik hin analysiert werden.

Die Konzentration auf das Phänomen eines evangelischen *Episkopalismus* in Bayern hat mehrere Gründe. Zum einen gebieten es arbeitsökonomische Gründe, sich auf eine der 28 Landeskirchen zu beschränken, wenn denn die Rekonstruktion von den Quellen und ihre Einzeichnung in die politische, soziale und mentale Zeitlage einigermaßen aussagekräftig bleiben soll. Zweitens stellt die Evangelisch-Lutherische Kirche in Bayern[10] als viertgrößte evangelische Landeskirche Deutschlands[11] in der Betonung ihrer Bekenntnisgebundenheit wie ihrer knapp hundertjährigen Geschichte eine interessante eigenständige Größe dar, deren Erforschung nach wie vor ein Desiderat kirchlicher Geschichtsschreibung bildet. Nicht zuletzt ist die Art und Weise, wie hier – in einem traditionell starken katholischen Umfeld – die Bischofsfrage gelöst wurde, charakteristisch für die Reaktion des Protestantismus auf die Revolution von 1918 im allgemeinen, wie sie auch bayerische Spezifika im besonderen hervortreten läßt.

Die Weimarer Republik und die Zeitgeschichtsforschung

Probleme kirchlicher Zeitgeschichtsforschung

Nachdem die Defizite einer ausschließlich auf die Geschichte des Kirchenkampfes konzentrierten kirchlichen Zeitgeschichtsforschung unübersehbar geworden waren, konnte die Erforschung der Zeit der Weimarer Republik nicht länger in Form eines historischen Präludiums zum Kirchenkampf geleistet werden[12]. Seit Mitte der siebziger Jahre ist eine steigende Zahl von Publikationen kirchlicher Herkunft zu diesen Jahren zu verzeichnen[13]. Augenfällig bei den Erscheinungen ist – sofern es sich nicht ausdrücklich um regionalgeschichtliche Untersuchungen in anderen Kirchen handelt – die Dominanz einer *preußischen Perspektive*[14]. Es finden sich bisher nur wenige Arbeiten, die ein differenziertes Bild anderer Landeskirchen zeichnen und so die Gesamterscheinung der Evangelischen Kirche in dieser Zeit zu konturieren helfen. Das ist besonders unbefriedigend angesichts einer durch sozial- und mentalitätsgeschichtliche Untersuchungen bereicherten, um die Profilierung regionaler Spezifika bemühten allgemeinen Zeitgeschichtsforschung. Diese liefert eine gute Arbeitsumgebung in Form von Methoden und Theorien, hat aber die Beschäftigung mit der Kirche stark vernachlässigt. Dem gegenüber bieten Arbeiten zur kirchlichen Zeitgeschichte oft eine *Theologisierung der Probleme*[15], was historiographisch ebensowenig befriedigt wie ein nicht weiter reflektierter Konzeptionspluralismus[16], der sich hier auszubreiten droht. Hier besteht noch kein Konsens in der theologischen Zunft[17].

Kurt Nowak hat 1981 eine Studie *Evangelische Kirche und Weimarer Republik*[18] vorgelegt und als „Rahmenskizze“[19] verstanden, in die weitere Untersuchungen zum Protestantismus im frühen 20. Jahrhundert eingegliedert werden sollten. Methodisch hat er sich „bei der übergreifenden Theoriebildung Zurückhaltung auferlegt“, um nicht „das Material unter der Wucht von Theorien“[20] zu erdrücken. Seine Studie darf als eine der ersten gewertet werden, die die kirchliche Zeitgeschichtsforschung[21] aus ihrer Fixierung auf die Jahre zwischen 1933 und 1945 gelöst und für den kirchlichen Bereich – freilich noch sehr tastend – nach Ziel und Aufgabe der Zeitgeschichtsforschung gefragt hat. Sie ist von dem Bemühen geleitet, „das politische Erscheinungsbild des Protestantismus zwischen 1918 und 1932 stärker zu differenzieren und die lange Jahre dominierenden

Plakettierungen zu überwinden"[22], die nicht zuletzt aus der thematischen Engführung erwuchsen.

Nowak hat die „relativ nahtlose" Eingliederung der evangelischen Kirche in die politische Entwicklung der Zeit gerechtfertigt, solange hierbei nicht das „politisch-gesellschaftliche Erscheinungsbild von Kirche mit Kirche schlechthin verwechselt"[23] werde. Deutlich hat er darauf hingewiesen, daß andere Fragestellungen andere Methoden erforderten. Dieser und ähnlichen Bemerkungen in der Einleitung ist ein gewisses Unbehagen über methodische Unzulänglichkeiten abzuspüren.

Die Diskussionslage scheint hier nach wie vor offen zu sein. Die Methodologie kirchlicher Zeitgeschichte ist immer noch ein zwar viel diskutiertes, aber wenig erprobtes Gebiet[24]. Gleichwohl ist ein Dilemma der kirchlichen Zeitgeschichts-, wenn nicht der gesamten Kirchengeschichtsschreibung deutlich geworden: Wie kann Kirchengeschichtsschreibung so betrieben werden, daß sie weder durch theologisch-normative Vorgaben unzulässig in ihrer Perspektive verengt wird, noch unter Vernachlässigung der binnenkirchlichen Perspektive[25] das spezifisch Theologische kirchlichen Denkens und Handelns in ihrer Darstellung übersieht. Denn das ist doch das Problem dieser „solidarischen Verstehensbemühung"[26]: Die geschichtliche Entwicklung unter Einschluß der zugrunde liegenden theologischen Motive so nachzuzeichnen, daß das Bemühen um binnenperspektivische Authentizität nicht auf Kosten einer sachlichen Distanziertheit der Gesamtbeschreibung geht. Es gilt, den Gegenstand unter verschiedenen Perspektiven so in den Blick zu nehmen, daß die differenzierten gesellschaftlichen Rahmenbedingungen der Moderne in ihrer komplexen Wirkung auf den geschichtlichen Prozeß ebenso in ihrer Relevanz und Wechselwirkung wahrgenommen werden wie die spezifisch theologischen und kirchlichen Faktoren und Motivierungen. Dabei wird sich prinzipiell kein Tabu gegen bestimmte methodische Zugangsweisen der allgemeinen Zeitgeschichtsforschung erheben lassen. Umgekehrt darf die notwendige Distanznahme gegenüber dem Gegenstand keine unzulässige Verkürzung der Binnenperspektive nach sich ziehen. Später geborene Historiker und Historikerinnen werden also das Denken und Handeln im kirchlichen Kontext zunächst einmal als einen – wenn auch fehlbaren – Reflex des christlichen Glaubens in aller Zeitgebundenheit ernst nehmen müssen. Nötig ist also ein solidarisches Bemühen um Verstehen, das zugleich kritisch bleibt – dem anderen und sich selbst gegenüber[27].

Die Relevanz der sozialgeschichtlichen Fragestellung als einer methodischen Perspektive, die „sämtliche Bereiche der Vergangenheit unter dem Blickwinkel ihrer gesellschaftlichen Zusammenhänge erfaßt“[28], wird sich m.E. für die Kirchengeschichtsschreibung nicht grundsätzlich bestreiten lassen[29]. Die Befürchtung, daß ihre Aufnahme eine Preisgabe der Theologie in der Kirchengeschichtsschreibung zugunsten der Soziologie nach sich ziehen werde, vermag ich nicht nachzuvollziehen. Greschat hat zu bedenken gegeben, daß auch die Sozialgeschichtsschreibung kein historiographisches Monopol reklamieren könne, daß folglich potentielle Einseitigkeiten der sozialgeschichtlichen Arbeitsweise durch andere Methoden ergänzt werden könnten. In jedem Fall aber sei eine Rekonstruktion der Theologie vergangener Zeiten nicht ohne ihren geschichtlichen Kontext zu haben; „die Beschreibung aller Wirklichkeit gründet unaufhebbar stets auch in materialen Realitäten.“[30] Im einzelnen wird noch einmal genauer zu fragen sein, wieweit sozialgeschichtliche Arbeitsschritte und Erkenntnisse bei der hier zu verhandelnden Thematik ihren Eingang finden sollen.

Bevor die konzeptionelle Anlage der Arbeit entfaltet wird, soll zuvor ein Literaturüberblick über den bisherigen Forschungsstand gegeben werden. Er berücksichtigt vor allem die Arbeiten, die sich thematisch dem Phänomen eines evangelischen „Episkopalismus“ in Bayern zur Zeit der Weimarer Republik unter historischer, theologischer oder kirchenrechtlicher Perspektive widmen.

Der Stand der Forschung

Während in anderen Landeskirchen die regionalgeschichtlichen Untersuchungen[31] zum Kirchenkampf – und neuerdings auch zur Weimarer Republik – mittlerweile zu einigen Texteditionen und Monographien geführt haben, erfolgt in Bayern die Beschäftigung mit der kirchlichen Zeitgeschichte der Weimarer Republik noch immer recht zögerlich[32].

Überblickt man die Publikationen zur bayerischen evangelischen Kirchengeschichte in der Zeit der Weimarer Republik im allgemeinen und zum Bischofsamt in dieser Zeit im besonderen, so lassen sich die Veröffentlichungen grob in die folgenden Kategorien einteilen:

Einmal sind hier *kirchengeschichtliche Überblicksdarstellungen* zu nennen, die die Zeit der Weimarer Republik in Bayern berücksichtigen: Die größer angelegten kirchengeschichtlichen Darstellungen von Simon und von Roepke räumen in ihren Arbeiten der Zeit der Weimarer Republik allerdings nur wenig Platz ein. Matthias Simons *Evangelische Kirchengeschichte Bayerns* setzt bereits in der Römerzeit ein und bietet am Schluß nur noch einen Ausblick auf die Neugestaltung der Evangelisch-Lutherischen Landeskirche in Bayern nach 1918[33]. Claus-Jürgen Roepke hat in seiner ebenfalls für ein breiteres Publikum gedachten Darstellung *Die Protestanten in Bayern* den historischen Einsatzpunkt in der Reformationszeit gewählt und die Darstellung bis in die frühen siebziger Jahre fortgeführt, wobei der Weimarer Republik jedoch nur knapp zwei Seiten vorbehalten sind.

Andere kirchengeschichtliche Überblicke zur Evangelischen Kirche in Bayern wie die von Hirschmann[34], Pfeiffer[35] und Zorn[36] geben für die Weimarer Republik ebenfalls nur die groben Eckdaten an. Gemeinsam ist allen in Anlage und Umfang recht unterschiedlichen Darstellungen, daß keine die Einrichtung eines zusätzlichen Leitungsamtes mit bischöflichen Zügen in Bayern nach 1918 als irritierend oder die Entscheidung als diskussionswürdig empfindet. Beinahe selbstverständlich erscheint es, daß die ehemaligen summepiskopalen Rechte auf ein bischöfliches Amt übertragen werden. Die unterschiedlichen Darstellungen lassen m.E. die Tendenz erkennen, den Werdegang der Evangelisch-Lutherischen Kirche Bayerns ab 1918 recht unkritisch zu beschreiben[37].

An *kirchengeschichtlichen Monographien* zur Entwicklung Bayerns in der Weimarer Republik sind vor allem zwei Arbeiten zu nennen: Heinz Hürten hat in seiner Arbeit *Die Kirchen in der Novemberrevolution* das Verhältnis von SPD und USPD zu den beiden Großkirchen in den Monaten nach der Novemberrevolution untersucht. Dabei hat er die kulturpolitischen Zielsetzungen der Sozialisten und die kirchlichen Reaktionen darauf exemplarisch anhand von Bayern, Preußen und Sachsen auf der einen Seite dargestellt. Dem hat er den südwestdeutschen Raum und Hessen-Darmstadt gegenübergestellt, wo die sozialistischen Parteien durch Koalitionsrücksichten zu einem anderen Vorgehen genötigt waren. Ein wichtiges Ergebnis seiner Monographie ist es, daß die bleibenden Ressentiments der Kirchen gegenüber der Weimarer Republik auf die kulturpolitischen Auseinandersetzungen zu Beginn der Demokratie zurückzuführen seien. Die kirchlichen Verfassungsfragen werden themenbedingt nicht weiter berührt, gleichwohl dienen Hürtens kulturpolitische Ergebnisse als wichtiger Hintergrund für die kirchenpolitischen Entscheidungen der Jahre 1918–1920.

Zweitens ist auf die Arbeit des 1989 verstorbenen Münchener Oberkirchenrates Hugo Maser hinzuweisen, der die Geschichte der *Evangelisch-Lutherische[n] Kirche in Bayern rechts des Rheins zur Zeit der Weimarer Republik 1918–1933* unter vier leitenden Gesichtspunkten entfaltet hat: 1) Organisatorische Neuordnung der Kirche nach 1918, 2) Theologisches Profil der Landeskirche in der Zeit der Weimarer Republik, 3) Die Vielfalt des kirchlichen Lebens und 4) Die Beziehungen der Landeskirche zu anderen Kirchen in Bayern, in Deutschland und auf der Ebene kirchlicher Zusammenschlüsse. Auf rund 17 Seiten gibt er einen Überblick über die organisatorische Neuordnung der Kirche nach 1918[38]. Bei ihm vermisse ich ein gewisses Maß an Irritation angesichts der kirchlichen Neukonstitution. Als geradlinig und schlüssig schildert Maser den Weg von der Staatskirche in die oberhirtlich geleitete staatsfreie Volkskirche.

Es gibt nur wenige *rechtstheologische* Monographien, die sich mit der Substitution des landesherrlichen Kirchenregiments durch ein Bischofsamt beschäftigt haben. Zumeist handelt es sich hierbei um vergleichende rechtsgeschichtliche Darstellungen, in denen anhand der Synodenprotokolle und der Verfassungen Entwicklung und Stellung des Bischofsamtes in den jeweiligen Landeskirchen nachgezeichnet wurde:

Von 1928 stammt die Erlanger juristische Dissertation von Wolfgang Sandberger *Zur Bischofsfrage in den evangelischen Landeskirchen.* Er unterscheidet kategorisch zwischen Landeskirchen mit bischöflichem Titel *und* bischöflichem Amt, Landeskirchen, die *nur* den bischöflichen Titel, und Landeskirchen, die das Amt *ohne* den bischöflichen Titel in ihren Verfassungen nach 1918 eingeführt haben. Im weiteren wird die geistliche und rechtliche Stellung des bischöflichen Amtes untersucht sowie sein Verhältnis zu den anderen kirchenleitenden Organen. In seiner abschließenden Beurteilung rekapituliert Sandberger noch einmal die Argumente der Befürworter und der Gegner eines evangelischen Bischofsamtes und sieht die eigentliche Gefahr bischöflicher Verfassungen in einer Verfremdung derselben durch hochkirchliche Bestrebungen. Aber er resümiert: „Nach der heutigen Lage ist es wohl nicht möglich, auch nur annähernd zu sagen, wie sich die Dinge in Zukunft gestalten werden.“ [39]

Daß nur kurze Zeit später „die Dinge“ sich für das Bischofsamt dramatisch zuspitzen würden, ist bei der Arbeit von Ernst Rohn noch nicht zu erkennen. Er hat in seiner juristischen Dissertation von 1933 *Lutherische und reformierte Kirchenverfassung[en] im Deutschland der Nachkriegszeit* miteinander verglichen. Das Bischofsamt bildet dabei nur einen von insgesamt sieben Vergleichspunkten. Es wird allerdings nicht als konfessionelle *differentia specifica* markiert, vielmehr finde sich das Bischofsamt – freilich ohne den Titel – auch bei den Reformierten. Rohn kommt zu dem Ergebnis, daß sich lutherische und reformierte Theologie im Verlauf der Jahrhunderte gegenseitig durchdrungen und ergänzt hätten, so daß heute weitgehende Konvergenzen hinsichtlich der Verfassungen bestünden – ein Phänomen, das aus der weitgehenden Kongruenz der „primären religiösen Gedanken Luthers und Calvins“ resultiere[40].

Unter konfessionellem Aspekt gewichtet Walter Tebbe in seiner 1957 angefertigten Dissertation die Ausbildung eines bischöflichen Amtes sehr anders. In seiner Übersicht über *Das Bischofsamt in den lutherischen Landeskirchen Deutschlands nach dem Hinfall des landesherrlichen Kirchenregiments (1918) bis zum Vorabend der nationalsozialistischen Machtergreifung (1933)* kommt er zu dem Ergebnis, daß in den lutherischen Kirchen nach 1918 ein „Gefälle" zum Bischofsamt vorliege, das so in den reformierten und unierten Kirchen nicht zu finden sei[41]. Hiermit liegt erstmalig eine theologische Arbeit zum Thema „Bischofsamt in der Weimarer Republik" vor. Tebbe skizziert in äußerst knapper Form den Verlauf des Verfassungsneubaus und die dabei diskutierte Frage nach einem möglichen Bischofsamt in den 16 lutherischen Landeskirchen. Vom heutigen Forschungsstand vermag die nur 31 Seiten umfassende Arbeit, der ein 50seitiger Dokumententeil mit Auszügen aus den Synodalprotokollen beigefügt wurde, kaum zu befriedigen. Das Profil der Landeskirchen, ihre regionalen Besonderheiten konnten in der Kürze ebensowenig zureichend erfaßt werden wie die theologischen und rechtstheologischen Probleme, die sich mit der Frage nach einem evangelischen Bischofsamt stellen[42]. Seine Arbeit hat dennoch wichtige Impulse für die Weiterarbeit unter theologischem wie historiographischem Aspekt geliefert. So formuliert er als eine kommende Aufgabenstellung:

> Der Bischofsgedanke ist, obwohl in den zuvor beschlossenen Landeskirchenverfassungen noch unbefriedigend gelöst, aus der Geschichte des Luthertums in den Jahren nach dem ersten Weltkrieg nicht fortzudenken, und es wäre eine lohnende Aufgabe, seinen zeitgeschichtlichen und theologiegeschichtlichen Hintergründen weiter nachzuspüren.[43]

Ebenso denkt er bereits eine mentalitätsgeschichtliche Erforschung des Komplexes an:

> Was damals zum Ausdruck [sc. im Bischofsgedanken] kam, muß in einer tieferen Schicht des deutschen Protestantismus beheimatet gewesen sein, und Verfasser glaubt, daß der spontane Ruf nach der Einzelpersönlichkeit, die man an der Spitze der Kirche sehen wollte, in Urgründen der Erfahrung der deutschen evangelischen Christenheit zu suchen sein werden [sic]. Damit nähert sich die Betrachtung freilich einem Bereich, der einer besonderen Bestandsaufnahme und Durchforschung bedürfte, dem Raum der Frömmigkeitsgeschichte der evangelischen Christenheit in Deutschland. Das überraschend schnelle

> Auftauchen von Gedanken nach 1918, die um die „Idealgestalt“ eines geistlichen „Führers“ kreisen, läßt sich m. E. nur deuten, wenn man sich bis in jene Untergründe des Empfindens, Denkens und Träumens der evangelischen Christenheit Deutschlands hineinwagt. [44]

Sein Versuch, den Nachweis zu liefern, „daß das kirchenleitende Amt – der ‚Bischof‘ oder der ‚Landesbischof‘ – in den lutherischen Landeskirchen Deutschlands nach 1918 eine zukunftsträchtige Ausbildung erfahren hat“, wird im folgenden noch einmal kritisch aufzunehmen sein [45].

1976 hat Günther-Michael Knopp eine juristische Dissertation über *Das Ende des landesherrlichen Kirchenregiments in Bayern und die Verfassung der Evangelisch-Lutherischen Landeskirche in Bayern rechts des Rheins vom 10.9.1920* vorgelegt, die die Neukonstitution der Kirche unter kirchenrechtlicher Perspektive untersucht und die Entwicklungen anhand der Protokolle der Synode und der Verhandlungsberichte der Ausschüsse nachgezeichnet hat. Den Übergang der landesherrlichen Rechte auf die Kirche bezeichnet er als dem Wesen und der Geschichte der Kirche entsprechend. Knopp kommt zu dem Ergebnis, daß die 1921 in Kraft getretene Kirchenverfassung in ihren Ergänzungen und Änderungen der vorhergehenden Kirchenverfassung im wesentlichen den bereits 1849 erhobenen Forderungen der Generalsynode in Ansbach entsprochen habe. Das wertet er als Hinweis, daß diese Neuerungen „aus dem Wesen und dem Bedürfnis der Kirche herausgewachsen sind.“ [46] Letztlich habe sich mit der neuen Kirchenverfassung eine angemessene Form gefunden, in der die Kirche ihrem Auftrag nachkommen könne [47]. In großer Detailtreue zeichnet Knopp die Diskussionen um die Einsetzung des Bischofsamtes in den verschiedenen Ausschüssen und Synoden nach, bleibt aber letztlich eine Erklärung schuldig für die Peripetie, die sich bezüglich eines eigenständigen kirchenleitenden Bischofsamtes von den Erlanger Leitlinien bis zur Kirchenverfassung von 1920 feststellen läßt[48]. Auch im Urteil über das institutionalisierte Bischofsamt verfährt Knopp eher legitimatorisch, indem er sich auf die Argumente zeitgenössischer Kirchenrechtler stützt, die das Bischofsamt befürwortet haben. Bei seiner rechtshistorischen Arbeit bleibt der politische und soziale Hintergrund, die Haltung der Kirche zur Demokratie und zur vergangenen Monarchie fast völlig abgeblendet. So wird die Einführung des Bischofsamtes eher als ein verwaltungstechnisches Problem behandelt – die innere Dramatik des Geschehens findet allenfalls einen schwachen Widerhall in den Zitaten, bleibt aber sonst unkommentiert[49].

Erwähnung verdienen noch die *kirchenrechtlichen Überblicksdarstellungen* zum Bischofsamt aus den 60er Jahren, die nach Einführung in die geschichtlichen Grundlagen dessen Rechtsstellung in den zeitgenössischen Verfassungen untersuchen[50]. Für die hier zu verhandelnde Fragestellung tragen sie jedoch nur wenig bei.

Die vorgestellte Literatur bestätigt die bereits vermerkte Irritation, daß das Phänomen eines evangelischen Episkopalismus und die Institutionalisierung eines evangelischen Bischofsamtes in der Evangelisch-Lutherischen Kirche Bayerns von der kirchlichen Historiographie weitgehend unreflektiert hingenommen wird. Diese Nonchalance läßt sich m.E. weder mit je sektoralen Ansätzen erklären noch damit, daß für dieses Bischofsamt in seiner historischen Genese kein Erklärungsbedarf vorliegt. Im Gegenteil besteht weiterhin das Desiderat einer kirchengeschichtlichen Arbeit, die in distinkter Zuordnung allgemeingeschichtlicher, theologischer und kirchenrechtlicher Momente die Genese der Institutionalisierung beschreibt, die theologischen Motive der ‚pressure groups' und ihrer Kontrahenten offenlegt und dieses in den theologie- und gesellschaftsgeschichtlichen Horizont der Weimarer Republik einzeichnet.

Institution als soziologisches und theologisches Thema

Aus der geschilderten methodologisch und forschungsgeschichtlich offenen Situation ergeben sich für mich folgende Aspekte eines problem- und materialorientierten Zugangs[51]. Eine Annäherung an das Thema wird unter den Aspekten der Historiographie und der Theologie zu leisten, ihre gegenseitige Verschränkung zu bedenken sein[52].

Der *historiographische Aspekt* impliziert eine Fülle von Fragestellungen und Zugangsweisen. Die Vielzahl der historischen Arbeitsschritte zielt auf ein „Bemühen um das Verstehen des kirchlichen Lebens, Denkens und Handelns im Kontext der allgemeinen politischen und sozialen, ökonomischen und geistigen und nicht zuletzt der religiös-kulturellen Sehnsüchte und Gegebenheiten, Hoffnungen und Zwänge einer Epoche." [53]

In der Geschichtswissenschaft hat sich mittlerweile der Eindruck verstärkt, „mit der Kirche eine durch eine spezifische Binnenstruktur geprägte und damit nach außen hin orientierte Institution von großer Autonomie in geschichtlichen Wirklichkeitszusammenhängen analysieren zu müssen, die sich nicht mit den Kategorien der Verbandstheorie und -geschichte begreifen lassen." [54] Für die kirchliche Zeitgeschichte erhebt sich damit die Frage, wieweit solche Einsichten historiographisch umgesetzt werden können, welche methodischen Ansatzpunkte sich daraus ergeben und welche Tragweite solche neuen Ansätze haben könnten.

Die *Institutionengeschichte* stellt einen wichtigen, sektoralen Ansatz dar, um das Thema zu behandeln. Von daher ergibt sich ein wichtiger materialer Zugang zum Thema über die *kirchlichen Rechtstexte*, in denen die Institution verankert ist, über *Kommentare*, die diese Rechtstexte begleiten, über die *offiziellen Protokolle* der Verhandlungen, die zur juristischen Kodifizierung geführt haben, und schließlich über *offiziöse und private Texte*, die Zeugnis vom Prozeß der Meinungsbildung geben bzw. auf ihn eingewirkt haben. Neben der Verfassung der Evangelisch-Lutherischen Kirche in Bayern rechts des Rheins vom 10.9.1920[55] werden auch die die Kirchenverfassung berührenden und begrenzenden staatsrechtlichen Artikel der Weimarer Reichsverfassung (WRV) zu berücksichtigen sein. Die Genese der Kirchenverfassung läßt sich anhand der *Ausschuß- und Synodenprotokolle* von 1918–1920 nachzeichnen. Diese Akten bieten einen unmittelbaren Einblick in das verfahrenstechnische Procedere und in die Interpretation der verfassungsrechtlichen Möglichkeiten. Neben diesen offiziellen, außer den Synodalprotokollen unveröffentlichten, Schriftstücken gilt es, den Prozeß der Meinungsbildung, der schließlich zur Institutionalisierung des Bischofsamtes führte, anhand von weiteren Texten, wie etwa interne Schreiben des Oberkonsistoriums, privaten Stellungnahmen und Briefwechseln, wie sie sich in den Nachlässen der am Prozeß der Meinungsbildung beteiligten Personen finden, zu analysieren. Als Quellen dienen dazu die im Landeskirchlichen Archiv in Nürnberg aufbewahrten Akten der beiden Konsistorien in Ansbach und Bayreuth und des Oberkonsistoriums in München bzw. die des Rechtsnachfolgers, des Landeskirchenrates der Evangelisch-Lutherischen Kirche in Bayern. Soweit hilfreich und zugänglich, werden die Nachlässe der bayerischen Kirchenbeamten und Geistlichen in kirchenleitenden Ämtern sowie der in die Verfassungsdiskussion involvierten Theologieprofessoren zur Auswertung herangezogen. Als Quellen werden außerdem die kirchlichen Amtsblätter, die ständischen und gemeindlichen Printmedien sowie theologische und kirchenrechtliche Literatur aus den Jahren zwischen 1914 und 1933 ausgewertet, wobei der Schwerpunkt auf den Jahren 1918 bis 1920 liegt. Die Entstehung des evangelischen Bischofsamtes läßt sich aber nicht hinreichend auf der institutionellen Ebene beschreiben. Gerade die für die Einführung eines solchen Amtes vorgebrachten Argumente weisen eindrücklich darauf hin, daß hier nicht nur theologische bzw. kirchenrechtliche Motive[56], sondern auch geistes-, politik- und mentalitätsgeschichtliche Momente eine wichtige Rolle spielen[57]. Diese Momente zu erheben und in ihrer Bedeutung für den Prozeß angemessen zu gewichten, erweist sich als ungleich schwieriger als die Erfassung und Beurteilung der *institutionellen Ebene*, aber für eine adäquate Beschreibung des Phänomens ist diese *gesellschaftsgeschichtliche Ebene*[58] unerläßlich. Ich versuche, Ergebnisse der sozial- und mentalitätsgeschichtlichen Forschung aufzunehmen und mit den institutionell erfaßten Komponenten in Beziehung zu setzen.

Drittens wird bei der Frage nach der Institutionalisierung eines bischöflichen Amtes das handelnde Subjekt genauer zu reflektieren sein. Für das angeschlagene Thema werden damit neben der klassischen Politik- und Kirchengeschichte sozialgeschichtliche, institutionsgeschichtliche Momente und ein handlungstheoretischer Ansatz auf ihre Verschränkung mit der theologischen Fragestellung zu bedenken sein.

Unter *theologischem Aspekt* wird die Argumentation der Kirche für die Option eines evangelischen Bischofsamtes auf ihre theologische Stimmigkeit hin zu befragen sein. Dabei sind die auftretenden theologischen Motive und Argumentationsmuster herauszuarbeiten und am Selbstverständnis der Kirche, ihrer theologischen Tradition sowie an der dogmatischen Zeitlage zu messen[59]. Besonderes Augenmerk wird man hier auf die *Ordnung der Kirche* legen müssen. Denn hier schießen zusammen: die allgemeine Zeitlage und die kirchliche Reflexion auf diese Zeitlage, die von der Kirche aufgrund ihrer besonderen geschichtlichen, theologischen und kirchenrechtlichen Tradition in ganz eigenen Mustern bedacht und wahrgenommen wird[60]. Versteht man Kirchenrecht als „eine besondere Auslegungsform des Evangeliums"[61], so läßt sich an der Ordnung, die sich eine Kirche gibt, ihr Reflex auf die gesamtgesellschaftliche und politische Lage von ihrem geschichtlich gewordenen Selbstverständnis und ihrer darin enthaltenen theologischen Motivation her erkennen. Wenn die Neukonstitution der Kirche in der Verfassung von 1920 ein Antwortversuch ist auf die Frage nach ihrem Wesen und ihrem Auftrag, dann darf diese Ordnung als geschichtliche Selbstexplikation der Kirche verstanden werden, als einen Reflex „auf die allgemeinen politischen und sozialen, ökonomischen und geistigen und nicht zuletzt [...] religiös-kulturellen Sehnsüchte und Gegebenheiten, Hoffnungen und Zwänge einer Epoche" mit dem Ziel, kirchliches Denken und Handeln auftrags- und wesensgemäß ordnen zu können.

Kaiser hat für die Vermittlung historischer und theologischer Zugangsweisen zur Kirchengeschichte wichtige Punkte aufgeführt[62]. Das historische Interesse an der Kirche gelte „ihrer Rolle im Funktionszusammenhang menschlicher Bedürfnisse und Potenzen", was zunächst eine „kulturvergleichende Religionsgeschichte" nahelege. Eine auf die Wirkung reduzierte Perspektive greife aber zu kurz, wenn die Beschreibung nicht auch Einsicht in die Institution, in die Verfassung und Lehre der Kirche verschafft. „Wirkungsgeschichte setzte allemal Institutionsgeschichte voraus. Damit aber wird die Kompetenz theologischer Kirchengeschichte unentbehrlich: Erst in der Zusammenarbeit der Disziplinen entfaltet sich das gemeinsame Thema.“ [63]

Daß und wie die politische und soziale Zeitlage nach der Revolution die kirchliche Neukonstituierung beeinflußt hat, wird im zweiten Kapitel noch eingehend zu behandeln sein. Ihre Schilderung fußt neben den ‚klassischen‘ Disziplinen der Politik- und Institutionengeschichte auch auf sozialgeschichtlichen Zugangsweisen, die nicht nur in der Kirchengeschichtsschreibung nicht völlig widerspruchslos hingenommen werden [64]. Es läßt sich aber meines Erachtens zeigen, daß die Integration solcher Methoden der theologischen Arbeit nicht abträglich sein muß, sondern im Gegenteil einen hohen heuristischen Wert und eine wichtige erklärende Funktion besitzt. Der sozialgeschichtliche Ansatz bewahrt durch eine kritische, sozialgeschichtliche Rekonstruktion der Trägergruppen kirchenpolitischer Entscheidungen vor einer „Theologisierung“ der Zeitläufte. Andererseits verstellt er nicht die nötige Rückfrage nach der *theologischen Topologie*, also nach der spezifischen theologisch-dogmatischen Zeitlage, deren Implikationen in mentalitätsgeschichtlichen Momenten nicht aufgehen, und damit unverzichtbar für die Erklärung der kirchenpolitischen und theologischen Entscheidung aufgegeben sind. In diesem Fall für die Institutionalisierung eines bischöflichen Amtes nach der Trennung von Staat und Kirche. Von hier aus ist dann die Reflexion auf mögliche Entscheidungsalternativen sinnvoll.

Weil eine eigenständige mentalitätsgeschichtliche Forschung im Rahmen der Arbeit nicht realisierbar war, verweise ich auf entsprechende sozial- und mentalitätsgeschichtliche Ergebnisse[65]. Überhaupt habe ich mich bemüht, die geistesgeschichtliche, soziologische, politische und theologische Literatur der Epoche und ihre Metaliteratur breit zu rezipieren, um so die soziale, politische, mentalitäre und religiöse Lage in Deutschland allgemein zu skizzieren. Vor diesem Hintergrund gilt es dann, die Lage der evangelischen Kirche in Bayern zu profilieren. Dazu wird einerseits das in Bayern im entsprechenden Zeitraum erschienene kirchliche Schrifttum (Synodalakten, Kirchliche Amtsblätter, Standesorgan der Geistlichen, Sonntagsblätter) ausgewertet, andererseits wird über einen personenbezogenen Zugriff [66] (Nachlässe) versucht, die Protagonisten der Geschichte vorzustellen und ihr Handeln – zum Teil auch – aus ihrer Biographie zu erklären.

Institutionalisierung als Prozeß

Bei der Einsetzung des Bischofsamtes in der Evangelisch-Lutherischen Kirche in Bayern handelt es sich um die verfassungsmäßige Einführung eines geistlichen Leitungsamtes in der Kirche, also um einen *institutionsgeschichtlichen* Vorgang. Im Zuge der Arbeit interessiert stärker der Vorgang der Institutionalisierung als der *Status* der dann bestehenden Institution [67]. Die historische Rekonstruktion wird also primär nach den handelnden Subjekten fragen, die diese Institutionalisierung betrieben haben: Welche Trägergruppen sind für die Einrichtung eines bischöflichen Amtes in der evangelischen Kirche Bayerns verantwortlich zu machen? Was waren ihre Argumente, mit der sie dieses Institut einführen konnten, gegen welche Widerstände konnte es durchgesetzt werden? In zweiter Linie wird die Struktur der Institution, ihre organisationsrechtliche Einbindung und ihre Funktion zu analysieren sein.

Die Frage nach der Gruppe oder den Gruppen, die am Prozeß der Institutionalisierung beteiligt waren, läßt sich recht klar beantworten. Die Abgrenzung der Protestanten in Bayern als einer soziologisch beschreibbaren Gruppe erscheint ebenso möglich wie die der evangelischen Kirche und der darunter zu subsummierenden kirchlichen Vereine, Standesorganisationen und Funktionsträger. Die Unterscheidung von Protestantismus und evangelischer Kirche hat nicht nur begriffsgeschichtliche Konnotationen [68], sondern deutet auch auf verschiedene kirchlich-historiographische Konzeptionen hin [69]. Mir kommt es bei der Unterscheidung vor allem darauf an, daß der Terminus *Protestantismus* neben der innerkirchlichen Pluralität auch auf ein von evangelischen Wertideen geprägtes Leben [70] neben der offiziellen evangelischen Kirche hinweist. Hier existiert ein theologiegeschichtlich nur schwer zu erschließender Bereich. Soweit das möglich ist, wird versucht, ihn historiographisch einzuberechnen [71]. Der Begriff der evangelischen Kirche dagegen mag in seiner eher institutionelle Erratik insinuierenden Form für die „nach außen hin orientierte Institution von großer Autonomie in geschichtlichen Wirklichkeitszusammenhängen“ [72] stehen.

Wie Institutionen denken

Es ist problematisch, vom Denken, Wollen und Handeln des Protestantismus in Bayern oder der Evangelisch-lutherischen Kirche Bayerns rechts des Rheins zu sprechen. Einer Gruppe kann kein eigenständiges

Denken, Wollen und Handeln beigelegt werden; zumal der Protestantismus bzw. die Kirche in sich durchaus plural war und deshalb innerhalb dieser soziologisch beschreibbaren Gruppe selbst noch einmal zu differenzieren wäre bezüglich des Denkens und Handelns. Lassen sich auch der Institution Kirche und ihren Subinstitutionen, also den einzelnen kirchlichen Gruppierungen, Vereinen und Zusammenschlüssen, die am kirchenpolitischen Diskurs um die Neukonstitution der evangelischen Kirche in Bayern beteiligt waren, keine intentionalen, emotionalen oder kognitiven Fähigkeiten zuschreiben, so ist andererseits eine Beschreibung auf der Ebene des einzelnen Subjektes, dem solche Fähigkeiten anerkannterweise zugeschrieben werden, für das zu verhandelnde Thema kaum sinnvoll und pragmatisch völlig unbefriedigend.

Ein Ausweg aus dem Dilemma bietet die Soziologie an, die den Begriff der Institution und der sozialen Gruppe auf ein kollektives Denken, Wollen und Handeln hin durchdacht hat. Mary Douglas ist in ihrem Buch *Wie Institutionen denken* der Frage nachgegangen, wie das Phänomen kollektiven bzw. sozialen Handelns mit individualistisch orientierten Handlungstheorien zusammengedacht werden kann. Hierzu verweist sie auf die Rolle von Institutionen innerhalb sozialer Gruppen. Im Anschluß an Emile Durkheim und Ludwik Fleck [73] versteht sie Institution als Organisationsprinzip einer sozialen Gruppe, um Solidarität und Kooperation unter den Mitgliedern einer Gruppe zu ermöglichen. Hervorgerufen wird der Wunsch nach Kooperation und Solidarität vor allem aus dem kognitiven Verlangen nach Ordnung, Kohärenz und der Beherrschung von Ungewißheit und zweitens aufgrund einer je individuellen Nutzenmaximierung [74]. Eine Gruppe stabilisiert sich als solche, indem sie ihr eigenes Weltbild hervorbringt. Dies gelingt mittels eines gemeinsamen Denkstils, der die zugehörigen Interpretationsmuster des eigenen Weltbilds unterstützt [75]. Institutionen steuern entsprechend auch das Erinnern und Vergessen in einer sozialen Gruppe; sie wirken auf das kollektive Gedächtnis der Gruppe.

> Jede Institution beginnt daraufhin, das Gedächtnis ihrer Mitglieder zu steuern. Sie veranlaßt sie, Erfahrungen, die nicht mit ihren Bildern übereinstimmen, zu vergessen, und führt ihnen Dinge vor Augen, die das von ihr gestützte Weltbild untermauern. Sie liefert die Kategorien, in denen sie denken, setzt den Rahmen für ihr Selbstbild und legt Identitäten fest. Doch das ist nicht genug. Sie muß darüber hinaus auch das soziale Gebäude abstützen, indem sie die Grundsätze der Gerechtigkeit heiligt.[76]

So ist das Denken und Handeln einzelner Personen immer stark auf den im Kontext ihrer Gesellschaft und der darin geltenden Institutionen zu beziehen. Die schwierigen Entscheidungen werden nicht vom Subjekt autonom getroffen, sondern von den Institutionen übernommen – das Gefälle läuft genau anders herum, als es landläufig behauptet wird: Die Institutionen entlasten das Subjekt nicht von der Last alltäglicher Banalitäten, sondern gerade bei schwerwiegenden Problemen wird zwangsläufig auf die Muster und Denkvorgaben der Institutionen rekurriert. Rationales Handeln des autonomen Subjektes ist demnach eine Fiktion; vielmehr geht es darum, daß das Subjekt die Logik der umgebenden und beeinflussenden Institutionen auffindet und im Einklang mit ihnen handelt.

> Statt wie die Moralphilosophie von einem menschlichen Subjekt als souveränem Handlungsträger auszugehen, dessen Wesensmerkmal die Freiheit der Wahl ist, schlägt Sandel vor, den handelnden Menschen als jemanden zu begreifen, der seinem Wesen nach darauf angewiesen ist, seine Ziele zu entdecken (nicht zu wählen), wobei die Gemeinschaft für ihn die Mittel zu dieser Selbstentdeckung bereitstellt. Statt sich auf die Voraussetzungen freier Wahlentscheidungen zu konzentrieren, würde eine neue Moralphilosophie sich in erster Linie den Voraussetzungen der Selbsterkenntnis zuwenden.[77]

Auf die Institution Kirche angewandt bedeutet das: Kirche ist mehr als eine rein kooperativ verfaßte Gruppe; sie basiert auf mehr als der juristischen Zuschreibung einer fiktiven Persönlichkeit – als Körperschaft des öffentlichen Rechts. Aber auch hier ist Skepsis gegenüber Aussagen angebracht, die der Kirche intentionale, emotionale oder kognitive Fähigkeiten zusprechen wollen – eine Kirche will nicht, fühlt nicht, denkt nicht. Und doch ist davon auszugehen, daß die in einer Kirche zusammengefaßten Menschen über einen so großen gemeinsamen Vorrat an Erfahrungen, Deutungsmustern, Handlungs- und Sprechweisen verfügen, daß sie erstens als zu einer Gruppe, nämlich einer Kirche, zusammengeschlossen gedacht werden können[78] und zweitens, daß sich aufgrund der Gemeinsamkeiten das Denken und Handeln der Gruppe so ausnimmt, als würden der Institution die Akte entspringen. Wenn also im weiteren der Institution Kirche Akte der oben genannten Art prädiziert werden, dann ist das immer nur in diesem virtuellen Sinne zu verstehen.

Nicht nur auf der handlungstheoretischen Ebene ist der soziologische Ansatz von Douglas hilfreich, auch auf der religiös-mentalitären und kultur- und religionswissenschaftlichen Ebene bietet er interessante Anschlußmöglichkeiten. Er läßt sich obendrein mit einem sprachanalytisch orientierten theologischen Ansatz verbinden, wie ihn Dietrich Ritschl in seiner *Logik der Theologie* vertreten hat. Die Institution kann als ein sublimierter Erfahrungsvorrat verstanden werden, der in Form „impliziter Axiome" das Erinnern und Vergessen, das Wahrnehmen und Handeln und so im weitesten Sinne das Funktionieren einer Gruppe steuert[79].

Die Erinnern und Vergessen einer Gruppe regulierende Funktion der Institution hat Yosef Hayim Yerushalmi für die Geschichtsschreibung fruchtbar gemacht[80]. Yerushalmi geht der Frage nach, warum ein Volk – in seinen „Versuchen" das jüdische Volk – sich dieser Dinge erinnert, warum es jene vergißt. Das Erinnern und Vergessen steht nach seinen Ausführungen in unmittelbarem Zusammenhang mit dem Vorrat an Deutungs- und Verhaltensmustern[81]. Die Institution reguliert das kollektive Gedächtnis, das Speichersystem der Sozialordnung. Die soziale Dimension des Vorgangs von Erinnern und Vergessen ist historiographisch zugänglich. Auch die Form der Verarbeitung von Geschichte im „kollektiven Gedächtnis" folgt einer eigenen Logik, die zwar nicht gleichzusetzen ist mit Historiographie, gleichwohl aber für diese mit einem entsprechenden methodologischen Instrumentarium zugänglich ist[82]. So soll es in dieser Arbeit auch darum gehen, die Logik des kollektiven Gedächtnisses aufzuspüren, das für die Genese des zu beschreibenden Phänomens einen nicht unerheblichen Anteil verbuchen kann.

Mentalität – was Institutionen prägt

> Die Mentalität ist das, was sich am langsamsten ändert. Die Mentalitätengeschichte ist die Geschichte der Langsamkeit in der Geschichte.[83]

Mit der nach dem 2. Weltkrieg verstärkt einsetzenden deutschen Sozialgeschichtsschreibung[84] hat sich ein mittlerweile stark differenzierter und diskutierter Forschungszweig in der Historiographie etablieren können, der Ereignisse auf der Ebene der Alltags-, der Mentalitäts- und der Kulturgeschichte zu rekonstruieren sucht. Die Erforschung der Mentalität hat in der historischen Wissenschaft mittlerweile den festen Rang einer eigenen Disziplin erlangt. Das läßt sich 20 Jahre nach der verhalten optimistischen Prognose Jaques Le Goffs sehr wohl behaupten[85]. Auch wenn sich Arbeitsweise und Fragestellung der Mentalitätengeschichtsschreibung vom Mittelalter als ihrem eigentlichen Ausgangspunkt[86] mittlerweile bis in die zeitgeschichtliche Forschung[87] hinein erstreckt hat, besteht doch noch immer eine gewisse Unschärfe bei Versuchen, Mentalität als Gegenstand historischer Forschung zu definieren.

Die Mentalitätengeschichtsschreibung bezieht sich zunächst auf den Bereich der aus der Geistes- und Sinnenwelt des christlichen Abendlandes hervorgegangenen modernen Welt. Sie fragt „als historische Phänomenologie der Glaubensformen im christlichen Europa“: „Vielleicht ist das ‚Mentale‘ selbst nur eine moderne Metapher für jene primäre Stellung zur Welt, die im christlichen Vokabular ‚Glauben‘ hieß.“ [88] So liegt die Aufmerksamkeit vor allem auf den *kollektiven* Vorstellungen und Verhaltensweisen, die sich in einer Gesellschaft oder Gruppe erheben lassen [89].

Im Rahmen der Arbeit wird vor allem Wert auf die kollektiven Vorstellungen gelegt, die für das kirchenpolitische Denken und Handeln in Staat und Kirche, in Gesellschaft und christlicher Gemeinde leitend waren. Dabei interessiert die Mentalität der evangelischen Christen als einer soziologisch abgrenzbaren Gruppe [90]; es interessiert, wie innerhalb der Gruppe die Diskussion um kirchliche Neukonstitution stattfand, welche theologischen Argumente, welche geistig-seelischen Dispositionen und geschichtlichen Erfahrungen, welche sozialen und ideengeschichtlichen Bedingungen dem Prozeß zugrunde lagen und in ihm wirksam wurden [91].

Theodor Geiger hat in seiner 1932 erschienenen Arbeit *Die soziale Schichtung des deutschen Volkes* den Versuch unternommen, aufgrund statistischen Materials eine soziologische Deutung der deutschen Gesellschaft zu liefern [92]. Mittels der Unterscheidung von Mentalität und Ideologie sowie einer aus der Statistik gewonnenen ökonomischen Schichtung des deutschen Volkes gelang ihm die Beschreibung anhand von fünf sozialökonomischen und mentalitären Haupttypen [93].

Karl-Wilhelm Dahm hat Geigers Distinktion zwischen Mentalität und Ideologie aufgenommen und eine Typologie des Pfarrerstandes in der Zeit der Weimarer Republik entwickelt, die aus der gemeinsamen Mentalität [94] die verschiedenen ideologischen Orientierungen der Pfarrer zu erklären sucht [95]. Solche Typologie darf aber keineswegs zu der Annahme verleiten, hier ließe sich ein einheitliches, gar geschlossenes Bild der Zeitlage nachzeichnen. Diese Einheit gab es nicht, darauf verweist auch Dahm, wenn er einheitlichen Strukturen wie Schulen, Kreisen, Interessengruppen und Machtblöcken immer wieder Tendenzen der Pluralisierung, Individualisierung und zu Interessenantagonismus gegenüberstellt. *Die* Philosophie oder Theologie der Zeit – auch nach Milieus differenziert – läßt sich so nicht erheben. Und vielleicht ist gerade das charakteristisch.

Anhand sozialwissenschaftlicher Vorarbeiten und ihres methodischen Instrumentariums kann im folgenden die Mentalität des evangelischen

Pfarrerstandes in Bayern entfaltet werden[96]. Die Momentaufnahme, die die Jahre 1914–1925 einzufangen versucht, kann den geistesgeschichtlichen, politischen und theologischen Hintergrund immer nur skizzieren, will aber solche Faktoren der *longue durée*, die für Mentalitäten konstitutiv sind, nicht völlig ausblenden[97]. Es soll versucht werden, ein Soziogramm des bayerischen Protestantismus zu erstellen, das das kirchenpolitische Denken und Handeln in der Evangelisch-Lutherischen Kirche in Bayern rechts des Rheins verständlich werden läßt.

Gliederung

Ein Längsschnitt in *Kapitel 1* beleuchtet zunächst die evangelische Einrichtung des landesherrlichen Kirchenregiments und gibt damit eine Einführung in die theologische und kirchenrechtliche Tradition der evangelisch-lutherischen Kirchen. Besonderes Augenmerk liegt dabei auf den Aussagen des ‚theologischen Ahnherrn' Martin Luther. Es soll seiner Ansicht über Kirchenleitung und Bischofsamt so weit Raum gegeben werden, daß ersichtlich wird, welche Anschauungen in der Reformationszeit mit welcher geschichtlichen Ausgangslage zusammentrafen. Von hier aus läßt sich dann auch beurteilen, wieweit spätere Rekurse auf Luther ihre Berechtigung haben oder nicht. Mit dem zweiten Teil über die Entwicklung des landesherrlichen Kirchenregiments ist zugleich eine Einführung in die kirchenrechtliche Terminologie gegeben, die für die im weiteren dargestellten Verfassungsdiskussionen unerläßlich ist. Mit dem dritten Teil, der das Institut des landesherrlichen Summepiskopats im Bayern des 19. Jahrhunderts eingehender beschreibt, ist ein Überblick über die evangelische Kirchengeschichte Bayerns bis zu den Tagen der Novemberrevolution 1918 gegeben, die unter dem Aspekt der Kirchenleitung die kirchenrechtliche Weiterentwicklung verfolgt. Dabei sollen spezifische Erfahrungen, Selbstwahrnehmungen und Deutungsmuster der Kirche herausgearbeitet werden, die das kirchenpolitische Denken und Handeln nach 1918 besonders bezüglich der verfassungsmäßigen Neukonstitution der Kirche mit der Einführung eines bischöflichen Amtes verständlich machen. Zudem geht es bei dem rechtsgeschichtlichen Rückblick natürlich auch darum, die organisationsrechtlichen Voraussetzungen in den Blick zu nehmen, unter denen die Neukonstitution der Evangelisch-Lutherischen Kirche in Bayern nach 1918 stattfand.

In *Kapitel 2* wird die Situation der Kirche unter dem Eindruck der Niederlage im Ersten Weltkrieg und der Revolution vom November 1918 geschildert. Die „Krise als Signatur der Zeit" ist das Thema des ersten Abschnitts, das in verschiedenen Variationen gesellschafts- und politikgeschichtlicher Art vorgestellt wird. Ein zweiter Teil wird sich mit der kirchenpolitischen Ausgangslage nach der Revolution beschäftigen und die kirchenpolitischen Optionen angesichts einer weitreichenden Trennung von Staat und Kirche analysieren.

Das *Kapitel 3* wird auf dem gezeichneten Hintergrund die eigentlichen Verhandlungen um die Neukonstitution der Kirche aufarbeiten und darzustellen suchen, wie und warum es zu der erwähnten Verschiebung der kirchenleitenden Befugnisse hin zu einem episkopalen Amt kam. Dabei werden chronologisch die einzelnen Stationen der Verfassungsentwicklung verfolgt und das Argumentationsprofil der Beteiligten ausdifferenziert. Eine Zusammenfassung versucht, in einem vorläufigen Resümee Antwort auf die Frage nach dem Prozeß der Institutionalisierung des Bischofsamtes zu geben und die dabei aufgetretenen Faktoren historisch und theologisch zu beurteilen.

Kapitel 4 macht gewissermaßen die Probe auf das Exempel und untersucht die Funktionsweise des Bischofsamtes nach 1921, dem Jahr des Inkrafttretens der neuen Kirchenverfassung. Dabei interessiert neben titulären Änderungswünschen vor allem die Funktion des bischöflichen Amtes im Falle einer Kirchenzuchtmaßnahme. 1922 wurde Pfarrer Friedrich Leimbach aufgrund eines Lehrzuchtverfahrens seines Amtes enthoben. Da der Kirchenpräsident in seiner geistlichen Leitungsfunktion vor allem auf die Einhaltung und Einheit der Lehre zu wachen, andererseits in Konfliktfällen durch geistliche Leitung – *non vi, sed verbo* – zu intervenieren hatte, kann der *Fall Leimbach* als ein Indikator für Funktionsweise und Effizienz der verfassungsmäßig intendierten geistlichen Kirchenleitung gewertet werden. In einem Ausblick weist das Kapitel noch auf den denkwürdigen Übergang des Amtes unter Kirchenpräsident Veit auf den neu bestellten Landesbischof Meiser hin. Von hier aus stellt sich, wie eingangs bereits angedeutet, die Problematik einer historischen wie theologischen Einordnung des bischöflichen Amtes in der Kirche nach 1918.

Der *Schluß* geht dieser Schwierigkeit noch einmal genauer nach und versucht, aus theologisch-dogmatischer Perspektive die gezeichnete Entwicklung zu bewerten und auf die ekklesiologische Diskussion hin abzubilden. Aber auch historisch ist der beschriebene Weg noch einmal zu bedenken und die Geschichte auf ihr kritisches Potential für die eigene Gegenwart zu befragen.

Das Landesherrliche Kirchenregiment – ein 400jähriges Interim

Die Reformation und das Kirchenregiment

Das landesherrliche Kirchenregiment gilt als typische Erscheinung des deutschen Protestantismus, „die nur unter den besonderen verfassungsrechtlichen Gegebenheiten Gestalt gewinnen konnte, wie sie in Deutschland vom ausgehenden Mittelalter bis zum Ende der Monarchie im Jahre 1918 bestanden haben."[1] Allgemein wird darunter verstanden, daß der Landesherr die Leitung und Aufsicht über die Kirche seines Territoriums übernommen hat. Wie es zu dieser Leitungsform kam, wie weit ihre Kompetenz reichte und wie sie inhaltlich begründet wurde, wird in der Kirchenrechtsliteratur unterschiedlich dargestellt und beurteilt. Ausgehend vom reformatorischen Ansatz einer Visitationsordnung bis zur staatlichen Konsistorialverfassung von 1918 wird hier die verfassungsrechtliche Entwicklung über rund 400 Jahre skizziert. Damit wird zugleich eingeführt in die Terminologie und das Rechtsdenken, das die evangelische Kirche in der Umbruchszeit nach 1918 mitbestimmte.

Kirchliche Angelegenheiten waren bereits im Spätmittelalter zunehmend von der Territorialobrigkeit in die Hand genommen und so Züge des landesherrlichen Kirchenregiments präfiguriert worden[2]. Im Zuge der Reformation gelangte das Kirchenregiment dann in den protestantischen Territorien zunehmend unter den Einfluß der Landesherren, die mit der Wahrnehmung ihrer *cura religionis*[3] nicht nur religiöse, sondern zugleich politische Motive verbanden und sich eine Stärkung ihrer Herrschaftsgewalt gegenüber dem Reich und dem Kaiser versprachen[4]. Man kann das landesherrliche Kirchenregiment als Ergebnis vorgängiger historisch-politischer Verdichtungsvorgänge[5] verstehen, die, verknüpft mit reformatorisch-theologischen Impulsen zu Amt und Kirche, dem protestantischen Kirchenwesen in Deutschland seine spezifische Gestalt gaben.

Die reformatorische Kirchenkritik

Im Dezember 1520 verbrennt der Augustinermönch und Theologieprofessor Martin Luther im Beisein mehrerer Studenten den Corpus Iuris Canonici vor dem Elstertor in Wittenberg. Die Szene illustriert den historischen Ausgangspunkt und das rechtstheologische Problem: Der vom Bann bedrohte Christ Luther weiß sich zwar aus der Gemeinschaft der römisch-katholischen Kirche ausgeschlossen, aber von der *vera ecclesia*, der er qua Taufe und Glauben angehört, nicht getrennt. Luthers offene Renitenz macht sich am Zentrum der Kontroverse fest: am Verhältnis von menschlichem und göttlichem Recht in der Kirche. Welche Reichweite genießen menschliche Rechtssetzungen im Raum der von Gott gestifteten Kirche und bei den von Gott gerechtfertigten Menschen?

Das Jahr 1520 markiert den Einsatzpunkt einer reformatorischen Kirchenkritik, die zunächst auf Abhilfe der Gravamina innerhalb der einen katholischen Kirche zielte. Sie findet in den nächsten zehn Jahren eine Ausformung, die allen taktischen und um die Einheit der *una sancta ecclesia* bemühten Zugeständnisse zum Trotz kein Zusammengehen mit den Altgläubigen mehr möglich macht. Das Schisma ist da[6], und die Evangelischen müssen für die Territorien, in denen sie die Unterstützung und Förderung durch die Landesherren erhalten, eine eigene Kirchenordnung finden. Im folgenden ist das theologische Selbstverständnis skizziert, das den lutherischen Kirchenordnungen, also ihrem Kirchenrecht und ihrer Zuordnung von menschlichem und göttlichen Recht zugrunde liegt.

Das reformatorische Kirchen- und Amtsverständnis

Indem Luther die Kirche vom Glauben schenkenden Evangelium her versteht, gelangt er zu der prinzipiellen Unterscheidung zwischen der *ecclesia spiritualis*, die durch Christi Heilshandeln als *communio sanctorum* konstituiert und als *ecclesia abscondita* nur Gott selbst erkennbar ist[7], und der *ecclesia universalis* als dem äußeren Kirchenwesen. Für Luther besteht zwischen der *ecclesia spiritualis* und der *ecclesia universalis* sowohl ein lebensnotwendiger Zusammenhang, der mit dem Sakrament der Taufe gegeben ist, als auch eine unaufhebbare Spannung. Wollte man dieses Zugleich aufheben, so bliebe nur das „blinde Wort" Kirche[8].

Die *ecclesia universalis* gliedert sich in die *ecclesiae particulares*, wobei der Begriff sowohl für die Ortsgemeinde wie auch für die Kirche eines Territoriums stehen kann. *Ecclesia manifesta* kann die Kirche bezüglich ihres eindeutig feststellbaren Bestandes an Gliedern genannt werden, zu denen *sub specie hominis* sowohl die *vere credentes* als auch die *hypocritae* zu zählen sind. Diese gehören *sub specie Dei* aber zur *ecclesia simulata.*

Während der Glaube als Wirkung des Heiligen Geistes nicht aufweisbar ist, sind doch die Gnadenmittel, durch welche Gott den rechtfertigenden Glauben schenken will, für alle Menschen als Kommunikation wahrnehmbar. Entsprechend ist Kirche (als *ecclesia universalis*) in ihrer äußeren Verfaßtheit an eben diesen Kriterien festzumachen[9]. In der Versammlung einer christlichen Gemeinde finden sich aber die *vere credentes,* welche die *communio sanctorum* (*ecclesia proprie dicta* oder auch *sancta catholica ecclesia*[10]) bilden und durch Gottes Gnadenmittel tatsächlich erneuert werden[11], und ebenso *hypocritae et mali admixti*[12], die der Kirche nur äußerlich (*ecclesia large dicta*[13]) angehören. Im Bestand der leiblichen Kirche (*ecclesia manifesta*) sind diese von jenen für Menschen allerdings nicht unterscheidbar! Das eben hat Konsequenzen für die Kirche und ihr Recht. Damit das Evangelium den Menschen erreicht, ihm den Glauben schenkt und ihn erlöst, muß es ihm zugesagt werden; dazu hat Gott das Predigtamt, das *ministerium ecclesiasticum*, eingesetzt[14]. Wo dieses Amt in seiner dem göttlichen Gebot entsprechenden Form als reine Predigt des Evangeliums und rechte Verwaltung der Sakramente ausgeübt wird, da ist die eine, heilige christliche Kirche[15].

Ausgehend von diesen theologischen Institutionen[16] läßt sich dann auch die konkrete Konstitution der Kirche als *ecclesia universalis* aussagen. Sie ist durch drei Grundelemente gekennzeichnet und in dem Satz zusammengefaßt: „*Respublica ecclesiastica unica lege charitatis instituta est.*“[17] Die drei Grundelemente kirchlicher Verfassung sind erstens die christliche *Brüderlichkeit*, nach der jeder Christ zum Dienst am Nächsten berufen und so jedermann untertan ist; zweitens die christliche *Gleichheit*, wonach nur ein Herr, Christus, über den frei von Standesunterschieden gleichen Christen steht; und drittens die christliche *Freiheit*, die den Christen aus der *dominatio legis irae* befreit und zu einem Menschen gemacht hat, der niemandem untertan ist[18].

Auf der Grundlage der im Sinne Christi ausgelegten *lex naturalis* (= *lex charitatis*) und dem *ius divinum positivum* im Auftrag zur Wortverkündigung ist die Setzung evangelischen menschlichen Kirchenrechts vorzunehmen – „eine auf dem göttlichen Naturgesetz beruhende Gehorsamspflicht; sie ist Vollzug des Liebesgebotes Christi gegenüber den Mitchristen.“[19]

Luther kann nur das *ministerium ecclesiasticum* als *iure divino* bestehendes Amt der Kirche gelten lassen und muß deshalb das kanonische Kirchenrecht verwerfen. Das nämlich beruht auf der Anschauung, daß die Kirche im *depositum fidei* über einen substanzhaft verstandenen Gnadenvorrat verfügt, aus dem sie an die Gläubigen weiterreicht, und die Wirksamkeit dieser Gnade durch die Autorität ihres vermeintlich göttlich gestifteten hierarchischen Amtes garantiert. Dazu bedarf es des generellen Standesunterschiedes von Laien und Klerikern und innerhalb letzterer auch der Unterscheidung von *potestas ordinis* und *potestas iurisdictionis*. Gegen solche sich auf ein *ius divinum positivum* berufende *potestas iurisdictionis* wendet sich Luther entschlossen. Allein Christus hat das Kirchenregiment inne und übt es durch Menschen aus, die er durch die Taufe zu seinen Mitstreitern beruft. In der sakramentalen Berufung gründet das eine Amt der Kirche, das *ministerium verbi.* Es ist allen durch die Taufe dazu berufenen Priestern (allgemeines Priestertum aller Gläubigen) gegeben. Das Amt ist das einzige Amt in der Kirche, für das ein *ius divinum positivum* vorliegt; alle weitere kirchliche Ordnung, die von Menschen gemacht wird, hat es als Voraussetzung zu respektieren und darauf aufzubauen [20]. So kann das *ministerium ecclesiasticum* als „organisatorisches Prinzip" reformatorisch-theologischen Kirchenrechts verstanden werden [21].

Das Kirchenrecht und die Amtstheologie

Damit das *ministerium verbi* [22] in der Gemeinde in geordneter Form ausgeübt wird, ordnet die Gemeinde den öffentlichen Verkündigungsdienst durch die Berufung einzelner in das *ministerium verbi publicum.* Daraus darf man jedoch nicht schließen, daß das *ministerium verbi publicum* aus dem allgemeinen Priestertum abzuleiten sei und von ihm seine Vollmacht habe; denn das geistliche Kirchenregiment, das von der Gemeinde in Form der Berufung zum öffentlichen Predigtamt ausgeübt wird, ist ihr als *ius divinum positivum* bereits vorgegeben [23]. So verbietet es sich, das *ministerium ecclesiasticum* aus CA 5 mit dem *ordo ecclesiasticus* aus CA 14 zu identifizieren [24]. „Damit steht nicht in Widerspruch, daß Luther den Pfarrerstand als von Gott selbst eingesetzt erklärt [...]. Göttlichen Rechts ist nicht der Stand als solcher, sondern das dem Kirchendiener aufgetragene *ministerium verbi.*" [25] Ebensowenig darf man das mit göttlicher Vollmacht und Verheißung ausgestattete *ministerium ecclesiasticum* im Inhaber eines kirchlichen Amtes habitualisieren, was diesen zum Stellvertreter Christi machte und die kritische Funktion der Gemeinde für den Vorgang der Evangeliumsverkündigung hintertreiben würde [26]. Bei der Berufung von Christen zum öffentlichen Predigtamt [27] durch die Gemeinde wirken zwei Rechtsquellen zusammen: einmal das *ius divinum positivum*, das den Auftrag zur Wortverkündigung als Evangeliumsverkündigung, Verwaltung der Sakramente und Schlüsselamt gibt, und zweitens die *lex naturalis* in ihrer Auslegung durch Christus als *lex charitatis* [28], die die Berufung ins öffentliche Predigtamt nach den christlichen Grundsätzen gestaltet [29]. Das in CA 14 angesprochene Amt hat dem Predigtamt nach CA 5 ‚zuzuarbeiten', es hat dem Lauf des Evangeliums durch Predigt, Reichung der Sakramente, Verwalten der Schlüssel, Beurteilung der Lehre und Kirchenzucht zu dienen [30] – *sine vi sed verbo* [31].

Das Dilemma der reformatorisch gesinnten Kräfte in den zwanziger und dreißiger Jahren des 16. Jahrhunderts ist deutlich: Um das Kirchenwesen im Sinne der evangelischen Lehre zu reformieren, brauchte es vor allem Männer, die in der neuen Lehre ausgebildet waren. Sie mußten für ihren Dienst in den Gemeinden eingeführt und um der Reinheit der Lehre willen auch mit den Gemeinden visitiert werden. Die Berufung von Priestern zu Predigern des Evangeliums und Verwaltern der Sakramente war bei den Altgläubigen vom Bischof qua *potestas ordinis* vorgenommen worden. Da nun aber die Bischöfe sich weigerten, für die evangelischen Gemeinden Pfarrer zu ordinieren, die – nach reformatorischem Verständnis – die Lehre rein predigen und die Sakramente in rechter Weise verwalten sollten, mußten die reformatorischen Gemeinden nach anderen Wegen suchen, Prediger *rite vocatus* in ihr Amt zu installieren.

Grundsätzlich stellte sich den reformatorisch gesinnten Kräften die Frage, ob die „episkopen Funktionen" nicht auch in anderer Form als des in Amtssukzession stehenden Episkopats als „geschichtlich gewordener Form" wahrgenommen werden könnten[32]. Bei diesen Funktionen handelte es sich auch um – nicht im strengen Sinne kirchliche – Fragen des politischen Gemeinwesens[33].

Die Weigerung der altgläubigen Bischöfe gründete nicht allein in theologischen Differenzen, sondern beruhte zu einem guten Teil auf der mit der Anerkennung der evangelischen Lehre verbundenen Einbuße des weltlichen Einflusses, den die Bischöfe in ihrem Amt gewonnen hatten[34].

Dringender wurde die Klärung noch durch den Bauernaufstand. Die Notwendigkeit, die kirchlichen Angelegenheiten übergemeindlich[35] zu bestellen, veranlaßte die Reformatoren, nach organisatorischen Alternativen zum römisch-katholischen Episkopat zu suchen. Naheliegend war es, der weltlichen Obrigkeit diesen Dienst anzutragen, weil sie nicht nur qua *cura religionis*[36] verpflichtet war, der geistlichen Wahrheit im eigenen Territorium zum Sieg zu verhelfen, sondern auch der – mit der evangelischen Sache sympathisierende – Landesherr als *praecipuum membrum ecclesiae* dafür besonders disponiert erschien. Allein, es waren nicht nur solche theologischen Gründe, sondern die Protestanten waren auch auf die juristische und finanzielle Unterstützung des Landesherrn angewiesen. Nachdem Luther sich im November 1526 noch einmal eindringlich an Kurfürst Johann von Sachsen mit der Bitte um dessen Eingreifen bei der kirchlichen Neuorganisation gewandt hatte[37], wurde im Februar 1527 in Kursachsen die Visitation der Kirchengemeinden und Pfarrer unter der Mitwirkung Philipp Melanchthons aufgenommen. Luther hat zu diesem

Zweck eigens eine Vorrede zu Melanchthons „Unterricht der Visitatoren, 1528“, verfaßt, in der die Gestaltung der Visitationen beschrieben wurde[38]. Hat Luther also das Kirchenregiment in fremde Hände gelegt, oder ist er – wie Johannes Heckel betont – „kein Ahnherr des landesherrlichen Kirchenregiments“[39]?

Spätestens hier beginnen nun die Interpretationsdifferenzen bezüglich der lutherischen Amtstheologie, die entscheidende Folgen für die Kirchenverfassung haben: Wieweit ist bei Luther selbst bereits ein den Gemeinden übergeordnetes geistliches, kirchenleitendes Amt intendiert und auch theologisch begründet? Findet bei den Nachfolgern und theologischen Erben Luthers eine Verschiebung der Akzente statt, wie sieht sie aus und wie ist sie zu begründen? Schließlich: Welche normativen Kriterien lassen sich aus der lutherischen Ekklesiologie und aus ihrer Fortbildung für eine aktuelle Kirchenverfassung gewinnen und wie lassen sich diese Kriterien – hermeneutisch reflektiert – auf Schilderung und Beurteilung der Diskussionen um ein evangelisches Bischofsamt in der Weimarer Republik anwenden?

Zur Auslegung von CA 28

Zur Beantwortung der Fragen ist es wichtig, neben der historischen Entwicklung von der kanonisch-episkopalen *potestas iurisdictio et ordinis* zum landesherrlichen Kirchenregiment auch das theologische Anliegen der Reformatoren zu berücksichtigen. Das spiegelt sich insbesondere in den Erwägungen zum kirchenleitenden Amt wieder. Freilich sind diese in den historischen Kontext eingebettet zu interpretieren. Eine Analyse der Quellen macht deutlich, daß eine Differenz zwischen der faktischen Entwicklung nach 1530 und den Intentionen der Reformatoren, insbesondere Luthers, besteht[40].

Im folgenden soll die Diskussion aufgegriffen werden, die sich speziell um die Interpretation von CA 28 in ihrem historischen Kontext[41] und ihre ökumenische wie auch innerevangelische Tragweite bemüht[42]. Ausgangspunkt der Betrachtung ist die Tatsache, daß im kursächsischen Territorium bereits vor dem Augsburger Reichstag die bischöfliche Jurisdiktions- und Ordinationsgewalt durch eine landesherrliche außer Kraft gesetzt worden war[43]. Begründet wurde der Schritt vor allem mit der Weigerung der Bischöfe, evangelische Prediger zu ordinieren, das Abendmahl unter beiderlei Gestalt zu akzeptieren und den Zölibat für die evangelischen Prediger aufzuheben. Die Bischöfe würden damit Gesetze erlassen, die die Gewissen beschwerten, die Verkündigung des Evangeliums hinderten und menschlichen Satzungen heilsnotwendigen Charakter beilegten. Dem sei mit Berufung auf Apg 5,29 zu widerstehen. Daß die landesherrlich eingesetzte und durchgeführte Visitation der Gemeinden das Ziel verfolgte, das ursprüngliche, geistliche Bischofsamt zu erneuern, spricht Luther in seiner Vorrede zum „Unterricht der Visitatoren“ [44] aus. Die Hoffnung, den kirchlichen Reformwillen der Bischöfe und die evangelischen Neuerungen in dasselbe Strombett zu leiten [45] und so das bischöfliche Amt und die eine Kirche zu bewahren, hatte Luther zu Beginn der Verhandlungen in Augsburg kaum noch gehegt [46].

Will man die Frage nach der Möglichkeit eines lutherischen Bischofsamtes aus den Bekenntnisschriften (und je nach den hermeneutischen Verfahren auch aus weiteren reformatorischen Schriften) beantworten[47], so ist zu beachten, daß sich alle diesbezüglichen Erwägungen der Reformatoren auf das kanonische Bischofsamt der katholischen Kirche beziehen [48]. Weiterhin ist zu bedenken, daß die reformatorische Kritik am Episkopat sich bei den Verhandlungen auf dem Augsburger Reichstag von 1530 als eines der Haupthindernisse erwiesen hat, das faktisch bereits eingetretene Schisma noch einmal zu überwinden. Für die Reformatoren resultierte die zu verschiedenen Zeiten immer neu geübte Kritik am kanonischen Episkopat aus der Rechtfertigungslehre[49]. Sie kann als theologische Kardinalfrage formuliert werden, wer in der Kirche befugt sei, Satzungen zu erlassen, und mit welchem Anspruch auf Gehorsam und Verbindlichkeit solche Satzungen dann durchgesetzt werden können [50]. Die Frage nach dem Regiment in der Kirche ist als Frage nach dem Verhältnis von menschlichem Recht zu dem vorgegebenen göttlichen Recht, als Frage nach der Freiheit des Evangeliums im Raum der Kirche zu stellen. Die Reformatoren kritisierten am kanonischen Episkopat und am Papsttum, daß hier eine Vermischung dieser Rechte stattfinde, daß rein menschliche Satzungen in den Rang göttlicher und damit heilsnotwendiger Gesetze erhoben würden und der Klerus auf die Einhaltung der „geistlichen“ Ordnungen mit weltlicher Gewalt dringen würde. Gegen diese Anmaßung des Episkopats [51] richtete sich die Kritik in CA 28 [52]. Während der Vorbereitungen zum Reichstag in Augsburg war damit aber noch keine grundsätzliche Absage an den kanonischen Episkopat verbunden, sondern der Wunsch, unter einem im Sinne der Reformatoren modifizierten Episkopat in der katholischen Kirche zu verbleiben.

Das Verhandlungsangebot der Reformatoren – vornehmlich von Luther und Melanchthon auf dem Wege nach Coburg und in deren Briefwechsel [53] zwischen Augsburg und Coburg ausgearbeitet – lautete: Man wolle den Episkopat der katholischen Kirche weiterhin anerkennen, wenn dieser seinerseits a) die reine evangelische Lehre nicht verhindere,

Priestern also nicht mehr den Abschwörungseid auferlege, b) wenn er das Abendmahl unter beiderlei Gestalt zulasse, c) wenn er den Zölibat nicht mehr auferlege und d) wenn er keine Gesetze erlasse, die als gewissensbindend und deren Einhaltung als heilsnotwendig ausgegeben würden[54]. Diese Forderungen zielten auf eine fundamentale Modifikation im Verständnis und in der Ausgestaltung des Bischofsamtes: Zum ersten war damit die Frage nach der geistlichen und weltlichen Macht des Bischofsamtes und ihrer Zuordnung ganz neu gestellt. Zweitens wurden die Art und die Reichweite der kirchlichen Lehr- und Leitungsautorität der Bischöfe neu bestimmt und drittens wurde prinzipiell nach der ekklesialen Notwendigkeit eines Bischofsamtes gefragt[55].

Für die bischöfliche Autorität im geistlichen Amt sei danach das *ius divinum* zu veranschlagen, sofern der Bischof das eine Amt der Kirche in Wortverkündigung, Sakramenten- und Schlüsselverwaltung wahrnehme[56]. Im Bereich liturgischer Ordnungen könne sich der Bischof nicht auf ein *ius divinum* berufen; Anordnungen in liturgischen Dingen könnten allein um der Einheit und der Ordnung in der Kirche Gehorsam beanspruchen, aber auch hier gelte: „sine vi, sed verbo". Weder dürften diese Ordnungen „als nötig" noch zum Heil dienlich angesehen werden[57].

Konsequent stellt Harding Meyer die Frage nach der „ekklesialen Notwendigkeit des Bischofsamtes" und kommt zu dem Ergebnis, daß die lutherischen Reformatoren zwar die Kontinuität des historisch gewachsenen Episkopats – gereinigt von den inkriminierten Mißständen und modifiziert nach den beschriebenen Forderungen – gewünscht, aber ebenso die Möglichkeit und Notwendigkeit in Betracht gezogen hätten, ohne den Episkopat auszukommen und dennoch Kirche zu sein; denn die geschichtliche Form des Episkopats bestehe *humana auctoritate* und nicht *iure divino*[58]. Dementsprechend würden mit CA beginnend die Begriffe Bischof und Pastor zusehends promiscue verwendet – ein Indiz für die Äquivalenz ihrer ekklesiologischen Dignität, nicht aber für die Äquivalenz ihrer je konkreten Amtsgestalt und -ausübung.

So kommt er zu der Unterscheidung der Funktionen des einen, *iure divino* bestehenden geistlichen Amtes in der Kirche in die „pastoralen Aufgaben", d.h. Evangeliumsverkündigung und Sakramentenverwaltung, die vom Pfarrer der jeweiligen Einzelgemeinde vorgenommen werden, und den „episkopen Aufgaben", d.h. Kirchenzucht, Lehrzucht sowie Berufung und Ordination von Pfarramtskandidaten (unter Mitwirkung der Gemeinde). Diese könnten nur durch eine „vom Pfarrer oder Priester der Einzelgemeinde abgehobene Instanz wahrgenommen werden"[59]. Entscheidend sei jedoch die Ausübung aller dieser Funktionen in der Kirche.

Eine um des Evangeliums willen (Apg 5,29) unausweichlich gewordene Preisgabe der Verbindung zum geschichtlich gewordenen, in Amtssukzession stehenden Episkopat bedeutet darum kein das Kirchesein in Frage stellendes ekklesiales Defizit, solange jene im gottgestifteten kirchlichen Amt *de iure divino* mitgesetzten Funktionen der ‚episkope' in anderer Form wahrgenommen werden.[60]

Man ist sich in der neueren Forschung weitgehend einig, daß sich die in Augsburg versammelten reformatorischen Theologen für einen Fortbestand des kanonischen Bischofsamtes unter den genannten Modifikationen aussprachen, weil sie die Einheit der Kirche erhalten bzw. wiederherstellen und die kirchliche und politische Ordnung vor größeren Umwälzungen bewahren wollten[61]. Das Friedensangebot der Reformatoren, in CA 28 ausgearbeitet und – gegenüber den Vorlagen noch sehr entschärft[62] – dem Reichstag zu Augsburg vorgelegt, wurde von katholischer Seite in seiner eigentlichen Absicht nicht wahrgenommen. Die Altgläubigen stellten in der Confutatio ihre Gegenposition dar. Sie haben eine gemeinsame Lösung im wesentlichen durch ihre intransigente Haltung vereitelt. In der Frage der bischöflichen Herrschaftskompetenzen waren sie zu Konzessionen kaum bereit. Die theologische Intention der Gegner, kirchliches und weltliches Regiment zu unterscheiden, um so das Evangelium in seiner heilschaffenden Wirkung zur Geltung zu bringen, ignorierten sie praktisch[63]. So hatte die Neukonstitution des protestantischen Kirchenwesens, die in mehreren Landen bereits mit Einwilligung und Unterstützung der Landesherren erfolgte, mit dem Scheitern der Verhandlungen in Augsburg ihre nachträgliche Bestätigung erhalten.

Die theologische Kritik der Reformatoren speiste sich primär aus der Rechtfertigungslehre und der daran anschließenden konsequenten Unterscheidung der beiden Reiche und ihrer Regierweisen[64]. Man kann also auch unter ekklesiologischem, genauer amtstheologischem Aspekt von der „systemsprengenden"[65] Wirkung der Reformation sprechen. Daß der reformatorische Impuls nicht in eine Reform der bestehenden Kirche mündete, sondern die Entstehung einer neuen Kirche beförderte, mag weniger an den überzogenen protestantischen Forderungen als vielmehr an der Unversöhnlichkeit der altgläubigen Theologen und Kanoniker wie an den kirchenpolitischen Optionen des deutschen Kaisers und Teilen des Reiches gelegen haben[66]. Bedeutungsvoll ist die Tatsache, daß die reformatorische Ekklesiologie aus theologischen Erwägungen und realpolitischen Gegebenheiten heraus zu einem Kirchenmodell gekommen ist, das sich vom altgläubigen in folgenden Punkten grundlegend unterschied:

1. Es besteht nur ein geistliches Amt in der Kirche *iure divino*. Das ist das von Gott eingesetzte Amt der Predigt, der Sakramentenverwaltung und der Schlüsselgewalt.
2. Die Differenz zwischen Laien und Klerikern ist ebenso aufgehoben wie die Hierarchie der geistlichen Ämter. Es kann unter Christen keine Rangfolge und kein geistliches Regiment geben, da Christus das Haupt gleichberechtigter Brüder und Schwestern ist.
3. Das Regiment in der Kirche gleichberechtigter Brüder und Schwestern führt allein Christus durch das Evangelium. Wo das Evangelium im *ministerium verbi* verkündet wird, wird die Kirche regiert – *sine vi, sed verbo*.
4. Gegenüber dem Evangelium darf geistlicher Gehorsam gefordert werden, nicht aber gegenüber menschlichen Satzungen, die um der Ordnung willen erlassen worden und um des Friedens willen einzuhalten sind.
5. Im Bereich der menschlichen Ordnungen, wozu auch die liturgischen zählen, ist der Pastor auf den Konsens in der Gemeinde bzw. auf die Rezeption der Beschlüsse angewiesen.
6. Aus dem grundsätzlich antihierarchischen Kirchenverständnis folgt die Priorität der Einzelgemeinde, der *ecclesia*, vor irgendwelchen korporativen Zusammenschlüssen[67].
7. Kirchenleitung als das Regiment der *communio sanctorum* in der *ecclesia manifesta* kann nur durch das Evangelium geschehen. Da das *ius administrandi evangelii* bei dem von der gesamten *ecclesia particularis*, im Sinne der Einzel- oder Ortsgemeinde, wahrgenommenen *ministerium verbi* liegt, kann Kirchenleitung primär im Bereich der *ecclesia particularis* stattfinden.
8. Eine übergeordnete Kirchenleitung, die das funktional ausgegliederte Amt der Visitation, Ordination und in bestimmten Fällen auch der Kirchenzucht wahrnimmt, ist nur als ein aus den *ecclesiae particulares* abgeleitetes Institut vorstellbar.
9. Alle von diesem Institut erlassenen Ordnungen und Anweisungen bestehen *iure humano* und als solchen ist ihnen um der Einheit und des Friedens in der Kirche willen Gehorsam zu leisten, sofern das nicht den Geboten Gottes direkt widerspricht, die Gewissen beschwert oder den Schwachen Anstoß bietet.

Die Lutheraner waren um der Einheit der Kirche willen bereit gewesen, einen gemäß reformatorischen Einsichten erneuerten Episkopat als eine *iure humano* übergeordnete Instanz zu akzeptieren, die kirchenleitende Aufgaben in der Ausrichtung auf die *ecclesia universalis* wahrnehmen würde. Mit diesem Ansinnen sind sie auf dem Reichstag zu Augsburg unterlegen. Die unter Kurfürst Johann von Sachsen begonnenen Kirchenreformen sind dann konsequent weiter durchgeführt worden – ohne bischöfliche Amtsträger. Die wenigen Versuche, durch einen evangelisch eingesetzten[68] oder einen konvertierten[69] Bischof die episkopen Funktionen wahrnehmen zu lassen, sind samt und sonders noch vor dem Augsburger Religionsfrieden von 1555 gescheitert. Das Scheitern der Institution eines evangelischen Bischofs wie auch der Homberger Synode als eine Form synodaler Kirchenleitung[70] erklärt sich vor allem aus dem politischen Interesse der Landesherren, mittels des Kirchenregiments die eigene Position politisch aufzuwerten. Die Reformation hat zwar den Bruch mit der altgläubigen Kanonistik vollzogen, indem sie die Priorität des Evangeliums in der Kirche betonte. Sie hat auch Versuche unternommen, diese Priorität in der kirchlichen Praxis umzusetzen. Letztlich aber ist die *potestas ecclesiastica* von den altgläubigen Bischöfen auf die Landesherren übergegangen[71], womit die korporationsrechtlich verfaßte Kirche perpetuiert wurde. So hat sich das anfangs nur interimistisch gedachte Kirchenregiment des Landesherrn zu einem rund vierhundertjährigen „Provisorium" ausgewachsen, das erst durch die Novemberrevolution des Jahres 1918 verabschiedet wurde. Eine Entwicklung, die sicher nicht den Intentionen Luthers, wie sie hier dargelegt worden sind, entsprochen haben dürfte.

Das landesherrliche Kirchenregiment

Das Notkirchenregiment des Landesherrn

„Die Visitationsordnungen ließen die entscheidende Rolle der evangelischen Obrigkeit für die Reformation zur Gesetzesnorm gerinnen; sie bilden die Vorstufe zur Beherrschung der Kirche durch eine christliche Obrigkeit und markieren damit den Beginn des landesherrlichen Kirchenregiments.“ [1] Es war wohl weniger Rechtsschwäche [2] der lutherischen Theologie als die Lage der Zeit [3], die es mit sich brachte, daß die weitere Ausgestaltung des als Notbischofsamt [4] angesehenen fürstlichen Kirchenregiments weitgehend in dessen Hände überging. Dabei wurde die Unterscheidung zwischen äußerer Staatsaufsicht und innerkirchlichen Regiment zunehmend schwieriger [5]. Der Landesherr hatte – zwar von Theologen beraten – die Visitationsordnungen erlassen, die Visitatoren bestellt und nach und nach diese Regelungen in die festen Strukturen einer Kirchenordnung [6] überführt. Neben den innerterritorialen Vorgängen darf die reichspolitische Dimension nicht vergessen werden: Die Übernahme des landesherrlichen Kirchenregiments bedeutete für den Landesherrn zwar eine Stärkung seiner Territorialgewalt gegenüber Reich und Kaiser. Problematisch war jedoch, daß die neue rechtliche Stellung mit den herkömmlichen Rechtsinstrumenten nicht zu legitimieren war; weder sah das Reichsrecht eine solche Stellung vor, noch konnte der Landesherr auf rechtliche Quellen der Kanonistik oder der Protestanten (Confessio Augustana) oder auf Luther selbst verweisen. Hier hat der Augsburger Religionsfriede von 1555 [7] gewissermaßen einen Ausgleich geschaffen und das neue Rechtsinstitut des landesherrlichen Kirchenregiments – unter dem Druck der Normativität des Faktischen – anerkannt.

Die Orthodoxie und das Episkopalsystem

Die theoretische Begründung für das landesherrliche Kirchenregiment gab nun der sogenannte *Episkopalismus* ab. Die Landesherren übernahmen die Rolle der Bischöfe mit dem Ziel, den Fortfall der episkopalen Jurisdiktion auszugleichen [8]. Um den geistlichen Charakter der Kirche wahren zu können und das landesherrliche Kirchenregiment innerkirchlich zu binden und zu begrenzen, sind von der altprotestantischen Orthodoxie verschiedene Distinktionen eingeführt worden. So wurde einmal mit der Lehre der *duplex persona*[9] erklärt, daß ein und dieselbe Person zwei völlig entgegengesetzte Regimente ausführen könne. Andererseits wurde versucht, das landesherrliche Kirchenregiment als eine treuhänderische Aufgabe anzusehen, wie sie von der Drei-Stände-Lehre her geboten erschien. Letztlich blieben aber alle reformatorischen Ansätze, das landesherrliche Kirchenregiment innerkirchlich zu begrenzen, ergebnislos[10]. Das Episkopalsystem hat durch eine ihm inhärerierende politische Dimension einmal mehr dazu beigetragen, „die moderne Staatenbildung auf die Ebene der Territorien zu ziehen“[11], wobei zumindest historisch zu fragen ist, ob zu dieser Entwicklung überhaupt Alternativen bestanden.

Das Territorialsystem und das Naturrecht

Mit dem Westfälischen Frieden von 1648 war die bis dato nur interimistisch geordnete Bikonfessionalität des Reiches[12] zur Trikonfessionalität erweitert, als solche endgültig anerkannt und juristisch fixiert worden. Damit wurde der Bekenntnisstand als Kriterium der Staatsleitung stark relativiert und der Staatsräson untergeordnet.

Martin Heckel hat darauf hingewiesen, daß das reformatorische Kirchenrechtsdenkens – vor allem in der Form der Zwei-Reiche-Lehre[13] – nur angemessen zu verstehen sei, wo man sich seiner Überlagerungen durch das paritätische bi- bzw. trikonfessionelle Reichskirchenrecht und das absolute Territorialrecht des konfessionell geschlossenen Territorialstaates bewußt bleibe. Außerdem dürfe das Reichskirchenrecht, das von evangelischer wie von katholischer Seite als theologisch begründet angesehen wurde, nicht mit der seit der Aufklärung gewohnten Trennung von Staats- und Kirchenrecht gelesen werde[14]. Die Aufgabe eines konfessionell paritätischen Rechts habe zwangsläufig die Säkularisierung des Rechts-, Friedens- und Freiheitsbegriffes nach sich gezogen; ihre Inhalte haben theologisch ausgehöhlt werden müssen, um noch als Klammer dienen zu können. Besonders zeige sich die Tendenz bei der säkular bestimmten juristischen Interpretation des Bekenntnisses und des Bekennens: Aus einem Akt und Zeugnis sei eine ontologisierte, juristisch verwertbare Doktrin erhoben worden: *cuius regio eius religio*. Ähnlich verhalte es sich auch mit dem *ius reformandi*: Es sei von einem Dienst der christlichen Obrigkeit zur Reformation der Kirche zu einem formalen Recht der souveränen Staatsgewalt geworden, kirchliche Dinge im eigenen Territorium zu regeln. Das *ius circa sacra* sei „Teilstück staatlicher Souveränität“

geworden[15]. Die Unterscheidung zwischen Staats- und Kirchenrecht verfolge zu jener Zeit aber noch keinen Selbstzweck[16], sondern diene der Garantie „der gleichzeitigen Existenz der beiden Konfessionen im Reiche“[17]. Die Stärke der Konstruktion lag darin, „daß man die Spaltung der Konfessionen im Recht zugab, institutionell abgrenzte und verfestigte, sie in Form brachte und gegen den Übergriff absicherte.“[18]

Dem Landesherrn war als *summus episcopus* das *ius reformandi*[19], das Recht der Lehrentscheidung und damit die Verfügung über den Bekenntnisstand in seinem Territorium anvertraut worden – prägnant gefaßt in der Formel *cuius regio, eius religio*. In einem konfessionell einheitlichen Staat mit frommer Obrigkeit, die ihre theologischen Berater hatte, mochte eine solche Form konsistorialer Kirchenleitung[20] noch angängig sein, wenngleich die theologisch beabsichtigte Trennung von weltlichem und geistlichem Regiment in der Praxis durch das landesherrliche Kirchenregiment hintertrieben wurde. Vollends problematisch wurde es aber in dem Moment, in dem der Landesherr konvertierte und seine Landeskinder nicht zu demselben Schritt zwingen wollte oder konnte[21]. Hier konnte die staatliche Einheit nicht mehr aus der Einheit eines Bekenntnisses erwachsen, wie es die frühere Theorie des landesherrlichen Kirchenregiments vorgesehen hatte[22]. Statt dessen bedurfte es einer neuen Begründung für das Wesen von Staat und Kirche und ihres Miteinanders. Das leistete die naturrechtliche Theorie[23], die in dezidierter Absetzung von der Vorstellung einer göttlichen Stiftung Staat und Kirche als „Zueinanderfinden der einzelnen Menschen“ in einem „freiwilligen Zusammenschluß“ verstehen lehrte[24]. In Analogie zum staatlichen Zusammenschluß der Menschen wurde die Kirche als *collegium*, *coetus* oder *collectio* verstanden, wobei die Zusammenfassung der Gläubigen unter dem *finis* der moralischen Besserung gesehen wurde[25]. Den Übergang vom Episkopalismus zum Territorialismus und die damit verbundene Änderung der Legitimationsstruktur des landesherrlichen Kirchenregiments versuchten die Kirchenjuristen mit der sogenannten *Restitutionstheorie* zu erklären. So habe das Reichsrecht von 1555 die von der Kirche usurpierten *iura episcopalia* den Territorialobrigkeiten zurückgegeben[26]. Diese Stufe bildete gleichsam die letzte, auf der in Staat und Kirche noch weitgehend gleiche Auffassungen über ihr Verhältnis zueinander bestehen.

Die Begründung der Kirche mittels einer säkularen Gesellschaftslehre ermöglichte es, sie in den Staat einzugliedern und durch ihn beaufsichtigen zu lassen. Im Gegenzug sah sich die Kirche genötigt, nach einer eigenen Grundlage für die Vereinigung ihrer Glieder zu fragen und damit „einen Ansatz selbständigen Lebens“[27] zu entwickeln.

Die Aufklärung und der Kollegialismus

Indem die Aufklärung die christliche Religion auf eine natürliche reduzierte, verstärkte sie den naturrechtlichen Ansatz. Das bedeutete zum einen eine Verweltlichung des Staates wie zum anderen eine vollständige Einordnung des Kirchenwesens in den Staat. Das landesherrliche Kirchenregiment war nun nicht mehr fürstliches Notbischofsamt, Dienst des Landesherrn an seiner Kirche, sondern Attribut staatlicher Souveränität. Dementsprechend wurden alle kirchlichen Vorgänge streng überwacht und die kirchliche Verkündigung in den Dienst der Staatsräson gestellt. Die Polizeiaufsicht des Staates über die Kirche wurde vornehmlich damit begründet, daß der Staat für die Bekenntnisfreiheit des Individuums zu sorgen und kirchlicher Indoktrination zu wehren habe[28]. So wie die Kirche in ihrer Verkündigung die staatliche und damit gemeine Wohlfahrt befördern sollte, so wurde sie auch äußerlich zunehmend in den staatlichen Verwaltungsapparat integriert. „Damit hatte sich die hoheitlich verstandene Kirchenherrschaft des Staates endgültig durchgesetzt; die evangelische Kirche erhielt eine staatliche Verwaltungsstruktur.“[29]

Gegen die Vereinnahmung der Kirche durch den Staat versuchte der Kollegialismus theoretisch den Kirchenbegriff der Aufklärung emanzipativ zu nutzen: Wenn die Kirche als Religionsgesellschaft einem weltlichen Verein gleichgestellt sei, dann müsse sie wie jener das Recht haben, ihre inneren Angelegenheiten selbständig zu regeln. In der Praxis hat das jedoch nur wenig geändert. Hier ist die Unterscheidung zwischen den *iura collegia* oder *ius in sacra* einschließlich der gemischten Dinge (*res adiaphora*) und dem *ius territoriale* oder *ius circa sacra* des Landesherrn zu verorten. Während letzteres als *Kirchenhoheit* nur die äußeren Dinge der Kirche als eines „Religionsvereins“ im Staat betraf, also das Verhältnis von Staat und Kirche in finanziellen, juristischen Dingen und gesellschaftspolitischen Aufgaben regelte, verfügte die *Kirchengewalt* über die innere Organisation der Kirche wie Lehre, Liturgie, Kirchenzucht.

Nun habe aber die Kirche – so die Kollegialtheorie – dem Landesherrn die *iura collegia* als ihrem *Summus Episkopus* übertragen, womit sie auch ihre Eigenständigkeit in Rechtssachen demonstriert habe. In seiner Ausübung der *iura collegia* sollte der Landesherr einmal durch das *ius divinum* und andererseits durch das Recht der Gemeinde begrenzt sein. Auch hier begegnet wieder die Lehre der *duplex persona*, wonach theoretisch zwischen staatlichem und weltlichem Regiment strikt unterschieden werden sollte, praktisch aber das „ungeschiedene landesherrliche Kirchenregiment“[30] herrschte.

Der frühe Kollegialismus behauptete noch einen Stiftungscharakter der *ecclesia invisibilis*, die für ihn vor allem in der einzelnen Kirchengemeinde bestand. Der spätere Kollegialismus leugnete diesen Stiftungscharakter und näherte sich in seiner Theorie wieder stärker dem Territorialismus an. Ironischerweise hat der Territorialismus, der vom konfessionell geschlossenen Einheitsstaat ausging, genau diesen Staat destruiert: das Ende der konfessionell gebundenen Staaten im Reichsdeputationshauptschluß von 1803 kann als Resultat eines konsequenten Territorialismus – mit diversen juristischen Einsprengseln aus dem Episkopalismus und Kollegialismus – verstanden werden.

Der Reichsdeputationshauptschluß

Der Reichsdeputationshauptschluß (RDHS) bereitete die Auflösung aller geistlichen Territorialherrschaften im Gebiet des Reiches vor; mit der Liquidierung dieses Rechtsinstitutes war das Ende des Heiligen Römischen Reiches Deutscher Nation nicht mehr aufzuhalten [31].

Um ihrer Funktion weiterhin nachkommen zu können, mußte die Kirche gegen eine völlige Auflösung des Kirchengutes geschützt werden. Dementsprechend verfügte § 63 RDHS, daß „jeder Religion der Besitz und ungestörte Genuß ihres eigenthümlichen Kirchenguts [...] ungestört verbleiben“ [32] solle.

Deutlich wurde in dem Gesetzeswerk die Verfügungsgewalt des Staates über die Kirche und ihre Funktionalisierung. Die Aufhebung der territorialen Unikonfessionalität, der seit der Aufklärung proklamierte Gedanke der Glaubensfreiheit und Toleranz und die seit der Französischen Revolution weitverbreiteten Gedanken der politischen Gleichheits- und Freiheitsforderung mündeten in den ersten Jahrzehnten des 19. Jahrhunderts in Deutschland in ein absolutistisches Staatskirchentum, in dem der moderne Staat sich des Kirchenwesens „als integrierendem Faktor eigener Staatlichkeit“ [33] bediente.

So vollzog sich auf der einen Seite eine Frei- und Gleichstellung konfessionsverschiedener Bürger, auf der anderen Seite war ein fast völliges Aufgehen der Kirche im Staatswesen zu registrieren [34].

Der landesherrliche Summepiskopat in Bayern

Im Institut des Summepiskopats[1] wurde das landesherrliche Kirchenregiment unter den rechtlichen und territorialen Bedingungen, die die Säkularisation und das Ende des Heiligen Römischen Reiches Deutscher Nation mit sich brachten, reformuliert. Mit dessen Ende fiel auch das Reichsrecht dahin, das bis zuletzt eine Klammer für die nunmehr 38 souveränen Staaten gebildet hatte. Zu seinen Bedingungen zählten neben den territorialen Umbrüchen und dem Hinfall des Reichsrechtes die konfessionelle Pluriformität der neu entstandenen Staaten. Sie nötigte die Staatsregierungen zu einer Kirchenpolitik, die keine der Konfessionen protegierte. Eine konfessionelle Neutralität blieb angesichts der historisch gewachsenen kirchlichen Bindungen der Herrscherhäuser eine Fiktion. So ergab sich eine weitere Scheidung zwischen Kirchenrecht und Staatsrecht und eine besondere Form der Kirchenleitung. Sie beschränkte sich auf die *Kirchenhoheit*, während die Ausübung der *Kirchengewalt*, die an das Bekenntnis gebunden blieb, hiervon unterschieden und weitgehend von der Kirche selbst ausgeübt wurde. Mit dem *landesherrlichen Summepiskopat* wurden die dem Landesherrn als Inhaber der Kirchengewalt zustehenden Befugnisse im Unterschied zu der dem Staat zugewiesenen Kirchenhoheit bezeichnet. Seine Rechte wurden im Anschluß an den späten Territorialismus als Annex der Staatsgewalt angesehen und konnten deshalb prinzipiell auch von einem katholischen Landesherrn wahrgenommen werden[2]. Der Terminus setzte sich im 19. Jahrhundert durch, obwohl die ihn fundierende Theorie des Episkopalismus heftig kritisiert wurde[3].

Im folgenden soll die eigentümliche Stellung des bayerischen Summepiskopats aufgezeigt werden, die darin ihre besondere Note hat, daß der katholische Landesherr in einem traditionell katholischen Land, das die Kräfte der Gegenreformation am intensivsten zu bemühen verstanden hatte, die Kirchengewalt in der protestantischen Kirche ausübte.

Der Summepiskopat im modernen Staat

Interessanterweise wurde in Bayern das landesherrliche Kirchenregiment vom „obersten Episkopat“[4] nicht als innerkirchliches Institut ausgeübt wie in anderen Landeskirchen[5], sondern hier war es als staatliches Institut verfassungsmäßig verankert[6]. Das bedeutet zunächst, daß das landesherrliche Kirchenregiment in Bayern nicht als Beauftragung des Landesherrn

herrn als *praecipuum membrum ecclesiae* oder als Dienst *in* der Kirche verstanden werden darf. Es ist vielmehr eine eigentümliche Verbindung von Staats- und Kirchengewalt, „daß derjenige, der nach der Verfassung zur Ausübung der Staatsgewalt berufen ist, zugleich auch zur Ausübung der protestantischen Kirchengewalt berufen ist, weshalb, wenn eine Reichsverwesung besteht, der Reichsverweser nach VU. Tit. II § 17 auch zur Ausübung des landesherrlichen Kirchenregiments berufen ist." [7] Daß die rechtliche Grundlage praktisch keine klare Unterscheidung zwischen weltlichem und kirchlichem Regiment mehr zuließ, gestand selbst Karl Rieker, ein Freund und Befürworter des Staatskirchentums [8].

Bemerkenswert am bayerischen Summepiskopat über die „Protestantische Kirche" ist außerdem die Tatsache, daß sich dieser de facto über zwei Kirchen erstreckte: die *Protestantische Kirche im Königreich Bayern rechts des Rheins* und die *Protestantisch-evangelisch-christliche Kirche der Pfalz*, in denen genaugenommen drei Konfessionen existierten: die Unierten der Rheinpfalz, die Reformierten und die Lutheraner im rechtsrheinischen Bayern. Die Verfassung überging die Differenzen zwischen den rechtsrheinischen reformierten und lutherischen Gemeinden, indem sie pauschal von den „drey christlichen Kirchen-Gesellschaften" [9] sprach.

Die Ausübung des Summepiskopats in Bayern wurde von den Kirchenrechtlern kontrovers beurteilt. So meinte von Scheurl [10], daß die Formulierung „selbständiges Oberkonsistorium" die Ausübung des landesherrlichen Kirchenregiments durch den katholischen König ausschließe. Demgegenüber ist mit Rieker festzustellen, daß die Formulierung „selbständiges Oberkonsistorium" lediglich den konstitutionellen Unterschied zwischen dem Generalkonsistorium bis 1818 und dem dann neu formierten Oberkonsistorium habe bezeichnen wollen [11]:

> Aus alledem geht unwiderleglich hervor, daß der Ausdruck „ein selbständiges Oberkonsistorium" im §1 des Protestantenediktes nur von der formationsmäßigen Selbständigkeit dieser Behörde zu verstehen ist und keine materielle Selbständigkeit dem König gegenüber bedeutet. [12]

Eine andere Auffassung legte die Formulierung des Protestantenedikts so aus, daß die Ausübung des Kirchenregiments durch ein *Oberkonsistorium* – das Adjektiv „selbständig" sei hierbei unerheblich – die Beteiligung des konfessionsfremden Königs ausschließe. Hiergegen sprachen aber die kirchenrechtliche Praxis und die in § 19 festgehaltenen *iura reservata* des Königs; dieselben, die auch protestantischen Landesherren in anderen Landeskirchen zustanden und die vom bayerischen König de facto wahrgenommen wurden. Rieker machte geltend, daß nach dem Protestantenedikt das römisch-katholische Bekenntnis des Landesherrn für die Ausübung der Summepiskopatsrechte über die evangelischen Kirchen des Territoriums keinerlei Relevanz habe [13]. Es weise lediglich an, durch welche Behörde das landesherrliche Kirchenregiment auszuüben sei. Zur Erklärung für das Phänomen dürfe weniger machtpolitisches Kalkül des Monarchen herangezogen werden, so als hätten die Protestanten nicht die Macht gehabt, „daß gewisse Befugnisse gegen ihre Kirche nicht vom katholischen Landesherrn, sondern von einem protestantischen Stellvertreter wahrgenommen werden." [14] Vielmehr verhalte es sich so, daß sich in den katholischen Ländern ein so starkes Staatskirchentum in der Zeit des Territorialismus entwickelt habe, unter das schließlich auch die hinzugewonnenen protestantischen Kirchentümer gefallen seien.

Der Summepiskopat und die Revolution von 1848

Die Revolution nahm im Februar 1848 in Frankreich ihren Anfang, nötigte König Louis-Philippe zur Abdankung und erreichte Ende Februar Bayern[15]. König Ludwig I. [16] hatte sich innenpolitisch völlig isoliert und vermochte es auch durch die Vorverlegung des Landtages und weitere verfassungsmäßige Zugeständnisse nicht, seine durch soziale, wirtschaftliche und persönliche Mißwirtschaft diskreditierte Regentschaft [17] länger aufrechtzuerhalten. Am 19. März 1848 übertrug er seinem Sohn Maximilian II. die Krone [18]. Ludwig I. selbst hat noch eine Phase der politischen Liberalisierung angestoßen, die auch in der Kirche nicht folgenlos blieb. Das Revirement im Oberkonsistorium [19] leitete eine Phase gemäßigten Liberalismus ein, verkörpert durch die Person des weltlichen Oberkonsistorialpräsidenten Friedrich Christian Arnold. Mehr und mehr suchte die Kirche sich ihrer staatlichen Abhängigkeit zu entledigen. Dabei wurde das liberale Verständnis von der Religionsfreiheit des einzelnen positiv gegen staatliche Beaufsichtigung und Bevormundung gewendet. Allerdings – und das ist schon damals typisch– drängte die Liberalisierung in Deutschland nicht auf eine radikale Trennung von Staat und Kirche. [20]

Die liberale Phase im Oberkonsistorium sollte jedoch nur episodischen Charakter haben. Mit Arnolds Nachfolger Adolf von Harleß [21] wurde 1852 der erste geistliche Präsident für das Oberkonsistorium ernannt, und parallel zur politischen Entwicklung setzte sich auch in der Kirchenleitung ein konservativer, teilweise restaurativer Zug durch [22].

Der Summepiskopat erfuhr durch die Märzrevolution des Jahres 1848 in dreierlei Hinsicht eine Veränderung. Erstens war mit der Revolution eine Verselbständigung des Konsistoriums in Speyer verbunden. Die Generalsynode der Rheinpfalz beantragte am 24. Oktober 1848 einstimmig die Ausgliederung aus dem Oberkonsistorium in München, was mit dem königlichen Schreiben vom 11. Mai 1849 genehmigt wurde. Äußerlich bedeutete das nur die Trennung zweier geographisch wie traditions- und konfessionsgeschichtlich unverbundener Kirchen, über die der König als Summus Episkopus weiterhin das Kirchenregiment ausübte. Genau besehen aber stand hinter der Trennung die Konfessionalisierung der rechtsrheinischen Kirche und deren Instrumentalisierung durch den König mit dem Ziel, die staatliche Integrität zu wahren. Zweitens wurde durch den erstarkenden Konfessionalismus im rechtsrheinischen Bayern – insbesondere in der Gestalt Wilhelm Löhes und seiner Freunde – die Aufhebung des Summepiskopats und die Trennung von Staat und Kirche gefordert. Nur mit Hilfe des 1852 zum Oberkonsistorialpräsidenten ernannten von Harleß gelang es, die Spaltung der evangelischen Kirche in Bayern rechts des Rheins und damit eine potentielle Gefährdung der staatlichen Integrität zu verhindern[23]. Drittens wurde nach einer neuen Gestalt der Kirche angesichts wachsender Ablehnung ihr gegenüber und ihrem mißverständlichen und unbefriedigenden Verhältnis zum Staat gefragt. So faßte man eine Neukonstitution der Kirchenverfassungen auch seitens der Nationalversammlung ins Auge, die auf die demokratischen und parlamentarischen Formen der Zeit einzugehen suchte, vor allem aber auf eine generelle Trennung von Staat und Kirche zielte[24]. Noch bevor die Pläne der Nationalversammlung an der Ablehnung Friedrich Wilhelms IV. scheiterten[25] und die Hoffnung auf ein vereintes Deutschland begruben wurden, versuchten die bayerischen Delegierten der Generalsynode von Ansbach, eine direkte Unterstellung der Landeskirche unter den König zu erreichen[26], um so die Instanz des Ministeriums für Inneres als formell übergeordnete Behörde[27] zu umgehen und kirchenpolitisch größere Freiheit zu gewinnen.

Das Verhältnis von Oberkonsistorium und Generalsynode war in den Jahren 1848/49 bestimmt vom konstitutionellen Denken der Zeit und orientierte sich am Verhältnis von Staatsministerium und Landtag[28]. Die Generalsynode sollte also nicht nur beratendes, sondern auch beschlußfähiges Organ sein, das Oberkonsistorium sollte der Generalsynode gegenüber verantwortlich sein[29]. Für die Zeit nach 1848 lassen sich insgesamt neben den bürgerlichen Forderungen nach parlamentarischer Partizipation und Liberalisierung der Verfassung ganz ähnliche kirchliche Bestrebungen ausmachen. Nahezu zeitgleich zum politischen sind im kirchlichen Bereich die Hoffnung auf Demokratie, Liberalität und Gleichheit in der folgenden Reaktionszeit zerronnen[30]. Auch hier wurden die liberalen Aufbrüche der Märzrevolution noch einmal zurückgedrängt.

Es wäre allerdings unzutreffend, sähe man die Folgezeit pauschal als eine *Allianz von Thron und Altar* an. Dagegen sprechen schon die unterschiedlichen Voraussetzungen und Entwicklungen in den Ländern. Für Bayern gilt in dieser Epoche, daß innerkirchlich eine Phase der verfassungsmäßigen Rückbildungen[31] zu verzeichnen ist, die im rechtsrheinischen Bayern vor allem mit einer massiven Konfessionalisierung der Kirchenbehörden und der Synoden einherging[32]. Das bedeutete aber noch kein konfliktfreies Miteinander von Staat und evangelischer Kirche. Das Oberkonsistorium in München hat – das ist eine Frucht der ekklesiologischen Arbeiten des Löhe-Kreises – immer wieder versucht, größere Unabhängigkeit von staatlicher Einflußnahme zu erlangen.

Die Liberalisierung[33] in den 60er Jahren hat die Kirche noch einmal vor die Frage gestellt, wie sie es mit dem Summepiskopat halten wolle. Allgemein war man sich über eine Ablösung des Summepiskopats einig; allein in der Frage der Durchführung traten die Differenzen deutlich zu Tage. Gegen die Vorstellung des Löhe-Kreises wandte sich unter anderen Theodosius Harnack[34], der seiner Zeit „alle Kraft zu einer kirchlichen Neubildung“[35] absprach. Man betonte von konservativer Seite die Notwendigkeit des fürstlichen Summepiskopats als „bleibenden Schutz gegen Priesterherrschaft und Massenherrschaft“[36]. Letzlich konnten die bayerischen Konservativen weder dem bischöflich-hochkirchlichen Verfassungsdenken eines F.J. Stahl noch der nationalprotestantischen Attitüde eines Kraußold etwas abgewinnen. Man glaubte, den christlichen Staat eher dadurch wiederherstellen zu können, daß eine selbständige Kirche dem Staat gegenübertrete[37]. Dazu aber fehlte es der Kirche an Entschiedenheit, den lange geschürzten Knoten des landesherrlichen Kirchenregiments durchzuhauen, es fehlte ihr an finanzieller Unabhängigkeit[38] und an Kraft und Vorstellungsvermögen, sich auf eine Volkskirche[39] ohne den staatlichen Rahmen einzulassen.

Der Summepiskopat zwischen 1871 und 1918

Obwohl das Ende des Staatskirchentums kirchenintern immer intensiver diskutiert wurde, muß das letzte Drittel des 19. Jahrhunderts als Phase der Stagnation bezeichnet werden. Die Kirche hatte sich nur zu gut mit dem landesherrlichen Kirchenregiment arrangiert, profitierte in vielerlei Hinsicht davon und zeigte kaum Ambitionen, zu neuen Ufern aufzubrechen. Nicht zu gering darf man in diesem Zusammenhang die Rolle der Oberkonsistorialpräsidenten veranschlagen.

Die Regierungszeit des Oberkonsistorialpräsidenten Adolf von Stählin (1883–1897) war von einer durchaus kritischen Loyalität gegenüber dem Staat geprägt, die darin ihre Begründung fand, daß die Zeit für den Auszug der Kirche aus dem Staatskirchentum noch nicht gekommen sei, daß eine vom Staat freie Kirche nicht mehr Volkskirche sein könne, sondern zu einer Sekte werde, und daß auch der Staat von dieser Trennung schweren Schaden davontragen würde, da er zu einem „abstrakten Rechtsstaat" bar aller religiösen und kirchlichen Prinzipien depraviere [40].

Karl Rieker: Plädoyer für eine Symbiose von Staat und Kirche

Einen guten Eindruck von der engen Verbindung von Staat und evangelischer Kirche vermittelt der Vortrag, den der Jurist Karl Rieker am 10. November 1894 in der Gehe-Stiftung zu Dresden hielt [41]. Hier wird die symbiotische Struktur von evangelischer Kirche und deutschem Staat geschichtlich und rechtlich fundiert. Rieker verwies auf die Genese des modernen Staates als ein aus der Säkularisation erwachsenes konfessionell paritätisches Gebilde. Das Staatskirchentum der Jahre 1800–48 habe für die Mitglieder der drei christlichen Religionsgemeinschaften Katholiken, Reformierte und Lutheraner im wesentlichen in allen deutschen Staaten die gleichen bürgerlichen und politischen Rechte gebracht; allein die kirchlichen Dissidenten und Juden seien von dieser Gleichstellung noch ausgeschlossen gewesen [42]. Die Revolution von 1848 und die Paulskirchenversammlung des Jahres 1849 habe einen neuen kirchenpolitischen Standpunkt bezogen, er spreche „den Grundsatz der Gewissensfreiheit in einer so radikalen und konsequenten Weise aus, wie dies bisher noch keine Gesetzgebung gethan hat." [43] Diese Gesetze [44] galten jedoch nur sehr beschränkt. Im Jahre 1894 sei zwar noch nicht die vor rund 50 Jahren intendierte radikale Trennung von Staat und Kirche erreicht, doch es sei zu fragen, ob eine solche überhaupt erstrebenswert und durchführbar sei.

Rieker begrüßte lebhaft die bis dato erreichten Fortschritte im bürgerlichen Gemeinwesen, die mit der Entflechtung der staatlichen und kirchlichen Sphären seit 1848 erreicht worden seien [45]. Angesichts der fortgeschrittenen Trennung von Staat und Kirche stelle mancher die Frage, ob der moderne Staat überhaupt noch als ein christlicher anzusehen sei. Rieker bejahte diese Frage. Gerade in gewissen rechtlichen Momenten sei der Staat eindeutig als christlicher zu erkennen:

> Der moderne Staat spricht damit aus, daß er die großen geschichtlichen Kirchen auch jetzt noch als besonders wichtig und wertvoll für sein Bestehen und seine Wohlfahrt ansehe, daß er ihnen eine hohe Bedeutung für das gesamte Volksleben, für die sittliche Erziehung und Bildung der Nation beilege, daß er den lebhaften Wunsch hege, diese Anstalten möchten in seinem Gebiete eine gedeihliche und gesegnete Wirksamkeit entfalten. [46]

Auch werde die christliche Religion als die geschichtlich gewachsene und bestimmende – ins Bewußtsein des einzelnen wie der Gesamtheit sedimentierte – Religion akzeptiert und im staatlichen Handeln zugrunde gelegt [47]. Im folgenden bemühte er sich um den Nachweis, daß die so vorbildhafte Trennung von Staat und Kirche in Belgien und Nordamerika in praxi auch nicht durchgehalten werde, daß es kein Land gebe, wo diese Trennung wirklich möglich geworden sei [48]. Der Grund dafür: „Ein religionsloser Staat ist eine Utopie, ein Ding der Unmöglichkeit." [49] Die sittlichen Grundlagen eines Staates seien immer religiös fundiert, dieser sei eben nicht nur „irdische Einrichtung", sondern immer auch „eine geistig-sittliche Gemeinschaft", und deshalb könne der Staat auf die Religion ebensowenig verzichten wie die Religion sich aus dem Bewußtsein der Staatsbürger eliminieren lasse.

> Eben darin, daß der moderne Staat so auf der einen Seite die segensreichen Errungenschaften der neuen Zeit sich aneignet und auf der anderen Seite das ehrwürdige Erbe unserer Väter, den Schutz und die Pflege der christlichen Religion festhält, erblicken wir die beste Bürgschaft für das Blühen und Gedeihen unseres Vaterlandes.[50]

Die Tatsache, daß ein katholischer König Bischof der Protestantischen Kirche in Bayern war und damit Bischof der auf ihre Bekenntniseinheit so bedachten Lutheraner, hat in Bayern all die Jahre nur wenig Irritationen ausgelöst. Kritik an dieser Konstruktion kam aus einer anderen Landeskirche. Im Hamburger Kirchenblatt kommentierte Pastor Reimers:

> Die ganze Verkehrtheit des landesherrlichen Summepiscopates wird durch folgende beide Tatsachen beleuchtet: König Ludwig von Bayern unterzeichnete jüngst einen Brief an den Papst „Ew. Heiligkeit gehorsamster Sohn Ludwig". An diesen gehorsamen Sohn des römischen Papstes hat nun die bayerische lutherische Generalsynode eine Huldigungsadresse gesandt, in der es heißt: Die Generalsynode „bittet ver-

trauensvollst, Ew. Majestät wollen als König und Summus Episcopus der protestantischen Landeskirche deren Förderung und Erbauung wie seither so auch in Zukunft sich allergnädigst angelegen sein lassen." Reimers sagt dazu: Der Wittelsbacher Ludwig, ganz gewiß einer der besten Fürsten, die das Reich gehabt hat und hat, soll sich als katholischer Oberbischof der lutherischen Kirche der Förderung und Erbauung dieser Kirche und damit letztlich eines Glaubens, den er als treuer, römischer Christ für durchaus irrig und seelengefährdend halten muß, angelegen sein lassen: Welche Zumutung! Und die lutherische Kirche Bayerns hat als oberste Spitze einen gehorsamen Sohn des Papstes: Welche Verwirrung! [51]

Hermann von Bezzel: Ein Hirte im Oberkonsistorium

In der bayerischen Landeskirche hatte sich mit der Präsidentschaft Adolf von Harleß' und in seiner Nachfolge eine recht einheitliche theologische und religiöse Grundstimmung durchgesetzt [52]. Kontroversen zwischen Liberalen und Konservativen, wie es sie in anderen Landeskirchen in der zweiten Hälfte des 19. Jahrhunderts oder um die Jahrhundertwende gegeben hatte – angestoßen durch den Apostolikumstreit oder die Vorlesung Adolf von Harnacks über *Das Wesen des Christentums* etwa – sind in Bayern praktisch nicht zum Austrag gekommen. Die Liberalen waren marginalisiert, und das Klima in Bayern hatte es manchem geraten erscheinen lassen, in andere Landeskirchen zu wechseln [53].

1902 trat Christian Geyer die Stelle des Hauptpredigers in St. Sebald in Nürnberg an. Zusammen mit dem theologischen und persönlichen Freund Friedrich Rittelmeyer [54], ebenfalls Pfarrer in Nürnberg, fand er auf der Kanzel eine Sprache, die sehr viele Nürnberger wieder in die Kirche zog. Der Erfolg der *Modernisten*, wie sie pejorativ apostrophiert wurden, erklärt sich wohl aus ihrem Bemühen, „das religiöse Erbe der Väter im Geiste unserer Zeit neu zu erfassen und in der Sprache unserer Zeit neu zu verkündigen" [55].

Gegen diese moderne Theologie gründete Pfarrer Nägelsbach den *Ansbacher Ausschuß*. Mitglied war auch der Rektor von Neuendettelsau, Hermann von Bezzel [56]. Der Ausschuß verstand sich als Hüter wahrer Lehre gegen die in ihren Augen nicht mehr schrift- und bekenntnisgebundene Theologie. Geyer mußte auf sein Betreiben 1909 den Vorsitz im Zentralbibelverein und im Landesverein für Innere Mission niederlegen [57]. Im selben Jahr wurde Hermann von Bezzel zum Präsidenten des Oberkonsistoriums berufen [58]. Als solcher suchte er die Nürnberger Prediger zu einem „Nachtgespräch" auf, an dessem Ende zwar die persönliche Wertschätzung füreinander, aber auch die Unvereinbarkeit der Positionen stand. Der offene Kampf war für Bezzel unvermeidlich geworden[59]. Auf der Generalsynode 1909 forderte die Kapitelsynode von Thalmässing den Ausschluß der Modernisten. Dem Antrag wurde zwar nicht entsprochen, aber der Streit gewann an Öffentlichkeit.

Konsistorialrat Beck[60], Chefredakteur des *Evangelisch-Lutherischen Monatsblatts für Oberfranken*, berichtete von der Synode, ohne seine Sympathie für die Liberalen zu verbergen. Auf Intervention des Oberkonsistoriums legte er sein Amt nieder. Geyer und Rittelmeyer beschlossen, das Blatt als liberales Publikationsforum *Christentum und Gegenwart* fortzuführen[61]. Der Ansbacher Ausschuß ließ nun einige Artikel erscheinen, deren Zweck seine Mitglieder folgendermaßen rechtfertigten:

> [...]daß es uns in erster Linie um Klärung unserer kirchlichen Lage zu tun war und ist und um Bekämpfung des Standes der Dinge, wornach [sic!] eine in unseren Augen unbefriedigende Auffassung und Darstellung des Christentums in unsere Landeskirche so eindringt, daß die Tragweite der Neuerung möglichst wenig zum Ausdruck kommt. Davon also wird der Leser der Augsb[urger] Abendz[ei]t[un]g geflissentlich abgelenkt.[62]

In die Auseinandersetzungen hinein erschien überraschend der *Amtsbrüderliche Erlaß* des Oberkonsistorialpräsidenten Hermann von Bezzel, der die Diskussion nun in einen offenen Streit eskalieren ließ. Bezzel, persönlich von den Unstimmigkeiten tief berührt, sah sich veranlaßt, durch einen *Hirtenbrief*[63] mahnend und weisend in den Streit einzugreifen[64]. Ihn bedrücke die wachsende Unkirchlichkeit und der zunehmende Pluralismus, der nun auch unter den Amtsträgern um sich greife. Zwar habe es nie ein „uniformes Luthertum“ in Bayern gegeben, aber der Kampf einiger weniger gegen das einigende Bekenntnis gehe doch deutlich über das vertretbare Maß theologischer Richtungen hinaus.

> Aber das erkläre ich mit aller Bestimmtheit aus einem an Ordinationsversprechen und Lebenserfahrung gebundenen Gewissen, daß von einer Gleichberechtigung der Richtungen nicht die Rede sein kann. Theologische Richtungen in Ehren, aber hier sind religiöse Differenzen vorhanden, bei denen nicht die eine Meinung, welche vor dem erhöhten Jesus die Knie beugen und ihn als Herrn anbeten heißt, wie die andere, die beides verweigert, in gleichem Recht sein kann.[65]

Er sei zu Gesprächen „und, wenn es sein darf, zur Belehrung" bereit, aber er werde, „wenn die Stunde dazu gekommen ist", „den Ernst des Handelns" nicht versäumen; in seinem Vorgehen wisse er sich einig mit „meinen hochverehrten Amtsgenossen in der Kirchenleitung"[66].

Der Erlaß Bezzels hatte zwar die beiden Nürnberger Pfarrer Geyer und Rittelmeyer nicht beim Namen benannt, aber die Diktion des Erlasses, der Ort und Zeitpunkt seines Erscheinens deuteten ohne Frage in diese Richtung. Sie antworteten entsprechend mit einem offenen Brief in der *Augsburger Abendzeitung* und machten damit den kircheninternen Streit einer breiten Öffentlichkeit zugänglich. So kann man sagen: „Das Jahr 1910 bedeutet den Übergang von latenter Unstimmigkeit der letzten Jahre zu offener *Auseinandersetzung theologisch kirchlicher Richtungen.*"[67] Der Riß, der, auch für die nichtkirchliche Öffentlichkeit unübersehbar, zwischen den konservativen und liberalen Theologen in Bayern entstanden war, konnte in den folgenden Jahren bis zum Ausbruch des Krieges nicht mehr gekittet werden. 1912 war die 1. Pfarrstelle in St. Lorenz zu besetzen. Friedrich Rittelmeyer wurde vom Magistrat der Stadt für diese Stelle präsentiert, doch das Oberkonsistorium empfahl dem König, den Vorschlag nicht zu bestätigen. Im nun folgenden *Nürnberger Kirchenstreit*[68] vertiefte sich die Spaltung von Konservativen und Liberalen weiter. Die Gründung des *Protestantischen Laienbundes* im Februar 1913 läßt sich als Schritt kirchlicher Laien verstehen, gegen die konservative Kirchenleitung und die Mehrheit der Pfarrerschaft eine Interessenvertretung und ein liberales Diskussionsforum zu bilden[69]. Im Gegenzug riefen konservative Theologen und Pfarrer zur Gründung des *Bundes der Bekenntnisfreunde* auf[70]. Als eine Mittelrichtung etablierte sich auf synodaler Ebene in den nächsten Jahren die *Evangelisch-kirchliche Vereinigung*.

Die Generalsynode 1913 verabschiedete erneut eine Resolution, die, der konservativen Auffassung zuneigend, die Positionen des *Bundes der Bekenntnisfreunde* unterstützte und sich gegen die von Rittelmeyer, Geyer und dem freien Protestantismus wandte[71]. Bezzel persönlich war trotz aller theologischen Bedenken gegen einen Ausschluß der Liberalen. Der wäre auch nur mit der Unterschrift des Summus Episkopus, Prinzregenten Ludwig zu haben gewesen; der aber hatte Bezzel bedeutet, daß er eine solche Unterschrift bei der evangelischen Kirche, die für die Gewissensfreiheit des Einzelnen einstehe, konsequent verweigern werde[72]. Einen weiteren Austrag fand der Streit nicht mehr, und die Gegensätze blieben unversöhnt nebeneinander stehen. 1914 kam der Krieg, 1916 ging Rittelmeyer[73] nach Berlin, und 1917 starb Hermann von Bezzel.

Das bayerische Luthertum – die wenigen Reformierten in Bayern spielten bei all diesen Auseinandersetzungen keine Rolle – war pluralistisch geworden[74]. Die von manchen mit Schrecken beobachtete Parteienbildung[75] trat gerade nach 1918 immer deutlicher hervor. Was den Konservativen wie ein Dammbruch vorkam, bedeutete für die liberaler Gesinnten in Bayern ein Erreichen dessen, was in anderen Landeskirchen schon lange Usus war.

Eine Revolution und eine unvorbereitete Kirche

Am 8. Juni 1917 starb Hermann von Bezzel an der Last seines Amtes – wie man sagte. Sein Nachfolger wurde der erst 1915 zum Oberkonsistorialrat berufene Friedrich Veit[76]. Er gehörte wie sein Vorgänger einer Generation von „Übergangsmenschen" an, die Zeit ihres Lebens im Deutschen Reich an ihrer Epigonalität litten[77]. Beide hatten an keinem Krieg teilgenommen; 1870/71 waren sie noch zu jung, 1914 dann schon zu alt. Beide bekundeten ihre Begeisterung für das Militärische, für beide war der Kriegsdienst seit 1914 auch ein Gottesdienst. Bezzel[78] und Veit haben als Oberkonsistorialpräsidenten maßgeblich darauf hingewirkt, daß die Protestantische Kirche Bayerns in enger Allianz mit dem Königshaus auf dem nationalen Kurs für Kaiser und Vaterland blieb.

Die Rede Veits „Zum Neuen Jahre", mit der er den Jahrgang 1919 der *Neuen Kirchlichen Zeitschrift* einleitete, läßt plastisch die Selbstwahrnehmung einer Kirche hervortreten, die 1914 den nationalen und religiösen Aufbruch freudig begrüßt und zum Dienst für Volk und Vaterland, zum Ringen um den von Gott in der Geschichte angewiesenen Platz in der Völkerwelt aufgerufen hatte. Der Zusammenbruch im November 1918 wurde als ein sittlicher Zusammenbruch interpretiert, als Folge religiöser Indifferenz, materialistischer Habgier und Ablehnung gegebener Autoritäten. Analog zu konservativen politischen Rechtfertigungsmustern sah er das Versagen nicht bei der Institution Kirche oder ihrer „objektiven" Idee, dem Christentum, gefunden, sondern in der möglicherweise falschen Vermittlung des objektiven Bestandes in die Wirklichkeit hinein[79].

Die Kirche hatte seit der Mitte des 19. Jahrhunderts immer mehr Freiheiten im rechtlich-administrativen für sich erreicht. In dieser Hinsicht war sie durchaus für den Übergang zu einer staatsfreien Kirche gerüstet. Ganz anders aber sah der Fall bezüglich der mentalitären und theologischen Orientierung und der ideologisch-politischen Bindung aus. So gesehen war die evangelische Kirche in Bayern wie ihre Schwesterkirchen unvorbereitet und sollte einen schwierigen Anpassungs- und Umlernprozeß durchlaufen.

Bayern in der Revolution von 1918

Die Krise als Signatur der Zeit

Vorüberlegungen

„Eine neue Welt, warum nicht eine neue Geschichte?"[1] In Anlehnung an das Diktum des Nestors der französischen Sozialgeschichtsforschung läßt sich fragen, ob und inwieweit die evangelische Kirche in der neuen Welt der Weimarer Republik die Chance und die Freiheit zu einer eigenen, neuen Geschichte wahrgenommen und genutzt hat.

Die Reaktionen der evangelischen Kirchen auf die Novemberrevolution von 1918 sind bereits mehrfach beschrieben und unter verschiedenen Aspekten analysiert worden[2]. In diesem Kapitel soll solche zumeist auf Preußen konzentrierte Darstellung durch Schilderung der bayerischen Verhältnisse – genauer noch der rechtsrheinischen – in den Revolutionsmonaten bis zum Erlaß der sogenannten Bamberger Verfassung und der Weimarer Reichsverfassung (WRV) im August 1919 ergänzt werden. Die Schilderung wird die allgemeinen kirchlichen Zustände und Reaktionen nur noch summarisch erfassen und das jeweils Besondere der bayerischen Konstellation davon abzuheben suchen[3]. Unter drei Aspekten wird die Beschreibung der bayerischen Verhältnisse unternommen.

Zuerst ist die politische Stellung des Freistaates Bayern im Deutschen Reich zu berücksichtigen. Sie war bedeutsam für die Entwicklung der Weimarer Republik im allgemeinen wie für die evangelische Kirche in Bayern im besonderen. Der Gegensatz von Unitarismus und Föderalismus[4] durchzog nicht nur die politischen Diskussionen zwischen Berlin und München, sondern übte zugleich einen starken Einfluß auf die kirchenpolitischen Optionen der evangelischen Kirche in Bayern aus.

Zweitens soll die Mentalität der bayerischen evangelischen Christen näherungsweise beschrieben werden, um auf diesem Hintergrund die kirchenpolitischen Optionen der bayerischen Lutheraner verständlich zu machen. Wie sehr die Mentalität mit der zuvor angesprochenen politischen Stellung Bayerns im Reich und der Geschichte der Protestanten in Bayern verbunden war, wird im folgenden noch zu zeigen sein.

Drittens schließlich sollen die Aktionen während der revolutionären Umbrüche von 1918 und die Reaktionen der Kirche darauf beschrieben werden. Dabei wird es nicht nur um die verschiedenen, miteinander konkurrierenden Entwürfe zur Neuordnung der Kirche in einer ‚revolutionierten Gesellschaft' gehen, sondern es soll zugleich der spezifisch bayerische Verlauf der Neuordnung in den Kontext der gesamtdeutschen kirchlichen Neuordnung gestellt werden.

Das kirchenpolitische Denken und Handeln des bayerischen Protestantismus zu Beginn der Weimarer Republik wird im Horizont der „Krise" beschrieben. Die Krise als Signatur der Zeit wird in dreifachem Sinn entfaltet. Erstens ist von den allgemeinen politischen Zeitläuften zu sprechen, in die Denken und Handeln des bayerischen Protestantismus eingebettet ist. Zweitens ist von den Voraussetzungen wirtschaftlicher, politischer und geistiger Art zu reden, die es berechtigt erscheinen lassen, die Mentalität des bayerischen Protestantismus als „Krisenmentalität"[5] zu etikettieren. Drittens sind die Strukturen soziologisch und organisationsrechtlich zu thematisieren, die in der Zeit der Krise zur Disposition standen und so die beschriebene Krisenmentalität wiederum verstärkten. Zwischenüberlegungen werden den ersten Teil des Kapitels beschließen.

Der Begriff der „Krise" erscheint mir historiographisch angemessen. Er entstammt dem Vokabular der Zeit[6], bringt die Ambivalenz der Situation deutlicher zum Ausdruck, als es der der „Katastrophe"[7] vermag, und verweist semantisch auf eine Aufgabe, die damals anstand: Es galt, die Geister zu unterscheiden, die nach der Revolution die Macht gewinnen wollten. Es galt, die Zeit unterscheidend wahrzunehmen und sich so auf sie zu beziehen[8]. Sicher hat es der Spätergeborene einfacher, wenn er urteilt, damals habe man an der Wirklichkeit vorbeigedacht und sei dem „Ungeist" anheimgefallen[9]. Zwischen Geist und Ungeist zu unterscheiden kann heute nicht besser gemacht, sondern allenfalls besser beschrieben werden. In diesem Sinne soll der Begriff der Krise verstanden werden, wenn er im folgenden als Interpretament für politische, soziologische und mentalitäre Gemengelage verwendet wird.

In einem zweiten Teil wird das kirchenpolitische Denken und Handeln vor dem Hintergrund der beschriebenen Situation entfaltet. Zuerst wird der Terminus *Kirchenpolitik* begrifflich geklärt. Dann werden die Felder der Kirchenpolitik dargestellt, die zwischen der evangelischen Kirche und der bayerischen Staatsregierung besonders strittig waren. Es handelt sich um die Problemfelder, in denen sich die Kirche durch staatliche Maßnahmen oder gesellschaftliche Entwicklungen in ihrer Entfaltung und der Wahrnehmung ihrer Aufgaben beschnitten sah. Aber auch innerkirchlich konfligierten kirchenpolitische Optionen, so daß dieses Feld hier zur Darstellung kommen muß. In einem vierten Punkt soll das Konzept vorgestellt werden, mit dem die Kirche einem drohenden öffentlichen Relevanzverlust begegnen wollte: Die Diskussion um die Gestalt der Volkskirche in Bayern stellt nicht nur einen innerkirchlichen Diskurs um die Neukonstitution der Kirche dar, sondern bildet zugleich einen Beitrag der Kirche zum Umbau der Gesellschaft nach der Revolution.

Auch die gute bayerische Erde fing zu rumoren an: Am 6. November teilte die Münchner Erdbebenwarte mit, daß in einigen Stadtteilen zwischen 8 Uhr 26 Minuten 48 Sekunden und 8 Uhr 48 Minuten zwei starke Erdstöße wahrgenommen wurden. Möbel, Lampen und Bilder zitterten und pendelten. Türen flogen mit Krach auf und zu. Die Münchner Sternwarte registrierte ein starkes Nachbeben.[10]

Als Kurt Eisner[11] in der Nacht zum 8. November 1918 nach einer Wahlveranstaltung der SPD und USPD auf der Theresienwiese in München als soeben gewählter Präsident den Freistaat Bayern proklamierte[12], war er der gesamtdeutschen Entwicklung einen guten Tag voraus. Zwar war tags zuvor das Gesetz zur Parlamentarisierung Bayerns von der 2. Kammer beschlossen worden und sollte am 8. November in der 1. Kammer gebilligt werden, doch mit Eisners Schritt hatte die lange erstrebte Parlamentarisierung völlig neue Dimensionen erhalten und – konsequenter als alle bisherigen Demokratisierungsversuche[13] – die Monarchie verabschiedet[14]. Der Widerstand dagegen war kaum nennenswert; zu sehr hatte sich das bayerische Königshaus unter seinem letzten König Ludwig III. durch seine preußen- und kriegsfreundliche Haltung bei den Untertanen unbeliebt gemacht. Überhaupt kann man für die „Demission" der verschiedenen deutschen Herrscherhäuser im Revolutionsjahr 1918 feststellen: „Die Monarchie wurde nicht gestürzt, sie brach zusammen; kaum jemand machte sich für sie stark." [15]

Wer glaubte, daß mit dem Ende der Monarchien auch ein Ende des Partikularismus in Deutschland einhergehe, mußte sich jedoch enttäuscht sehen. Ein Nichtbayer und Sozialist wie Kurt Eisner, der dem zeitgenössischen Klischee nach eher internationalistisch denn deutsch orientiert sein mußte, gebärdete sich in den Verfassungsverhandlungen der jungen Republik föderalistischer, als es je ein Wittelsbacher vermocht hätte. Ähnliches läßt sich auch in Preußen und den anderen deutschen Ländern beobachten: Die neuen Amtsträger „waren in die leeren föderalistischen Kokons gekrochen und fühlten sich darin pudelwohl." [16]

Die föderalistische Aufweichung der zentralstaatlichen Intentionen des Preuß'schen Verfassungsentwurfes[17] läßt sich zum einen mit dem Beharrungsvermögen der Länderbürokratien und der historisch gewachsenen föderalistischen Gesinnung erklären: In einem Staatenbund mit je eigenen Länderverwaltungen, so meinte man, gäbe es einfach mehr Posten und Pfründen zu verteilen als in einem zentralisierten Einheitsstaat mit Ländern, denen im wesentlichen nur das Recht kommunaler Selbstverwaltung verblieb. Zum anderen spielten aber auch wahltaktische Erwägungen der neuen Regierenden eine wichtige Rolle [18].

In Bayern kam hinzu, daß in und mit der Person Eisners ein politisches System propagiert wurde, das sich weder mit der mehrheitssozialistischen Option auf eine parlamentarische Demokratie noch mit der von Liebknecht und Luxemburg auf eine reine Räterepublik vertrug. Eisner verband mit der Formel „Räte und Parlament" die Vorstellung von einem durch Räte kontrollierten Parlamentarismus. Nicht das Parlament sollte dabei Kennzeichen und Motor für die Demokratisierung des Volkes sein, sondern die dem Volk viel näherstehenden Räte [19]. Gleichwohl scheiterte Eisners Vorstoß bereits nach rund einem Monat – er hatte die ökonomischen Rahmenbedingungen weitgehend vernachlässigt und stärker auf ethische und pädagogische Impulse gesetzt [20]. Seine Ermordung durch den rechtsradikalen Jurastudenten Anton Graf Arco-Valley am 21. Februar 1919 setzte den Schlußpunkt unter einen politischen Impuls, der nur von wenigen mitgetragen und verstanden und selbst bei seinen Parteifreunden mit wohlwollendem, doch zugleich skeptischem Amüsement betrachtet worden war [21].

> Als am 8. November 1918 die Kunde kam, daß Eisner bayerischer Ministerpräsident geworden sei, erfüllte Heiterkeit die Redaktionsstuben, sie pflanzte sich fort in die Setzer- und Maschinensäle. Es war keiner unter uns, der Eisner nicht von der alten Zeit her liebte, keiner, der ihm übel wollte oder ihn mißachtete. Dennoch: Heiterkeit überall, wohlwollende Heiterkeit [...] Wozu wären wir ein befreites Volk, wenn es nicht erlaubt wäre, einem alten Freunde offen und öffentlich zu sagen: Du hast in Deinem Leben schon viele Böcke geschossen, aber daß Du Dich von Deinen revolutionären Schwabinger Literaturfreunden zum Ministerpräsidenten machen ließest, das war Dein größter Bock [...] Du lebst in einer Welt des holden Wahnsinns, wenn Du glaubst, Du eingewanderter Berliner Literat, der im öffentlichen Leben Bayerns noch nie eine Rolle gespielt hat und den man in Bayern bis vor drei Wochen kaum kannte, Du könntest Dich auf das Vertrauen des bayerischen Volkes stützen [...] Diese Ministerpräsidentenschaft [...] steht zum Ernst unserer Zeit in erschütterndem Gegensatz. Kasperlekomödie des Lebens, frei nach Frank Wedekind, von Kurt Eisner, mit dem Dichter in der Titelrolle. München-Schwabinger Naturtheater. In 5 Minuten geht der Vorhang herunter und dann ist Schluß.[22]

Das Attentat auf den noch amtierenden bayerischen Ministerpräsidenten, der auf dem Weg zum Landtag war, um dort seinen Rücktritt zu erklären, hat die partikularistischen Tendenzen in Bayern nicht zum Schweigen gebracht[23]. Zwar haben die Wirren nach Eisners Tod, die Flucht der Regierung Hoffmann nach Bamberg, die „literarische" Räterepublik in München unter Toller und Mühsam, dann als kommunistische Räterepublik unter Eugen Leviné und Max Levien fortgeführt, und schließlich ihre blutige Niederschlagung durch diverse Freikorps[24] die partikularistische Stimme Bayerns in den Verhandlungen zur WRV zunächst ausgeschaltet. Aber das erwies sich in der Folgezeit nicht unbedingt als ein Vorteil:

> So, wie sie schließlich geworden ist, konnte die Verfassung wohl nur ohne die Mithilfe Bayerns ausfallen. Was freilich den Nachteil hatte, daß der aus dem linken ins rechte Extrem fallende zweitgrößte deutsche Staat sich lange nicht an die ohne sein Zutun zustande gekommene Reichsverfassung gebunden fühlte.[25]

Auf den Partikularismus von links folgte nach der Regierung Hoffmann der Partikularismus von rechts[26], der sich noch weit entschiedener gegen die Oberhoheit des Reiches wandte und bisweilen dezidiert antirepublikanisch agierte – bis zur Unbotmäßigkeit gegen die Reichsregierung selbst, die zu unentschlossen auftrat, um eine solche Obstruktion zu unterbinden[27]. Mit Duldung der bayerischen Staatsregierung entwickelte sich der unter sozialistischen Auspizien revolutionierte Freistaat Bayern[28] mehr und mehr zu einem „Eldorado der nach dem Kriege heimatlos gewordenen Rechten"[29].

Die verfassungsmäßige Reserve der bayerischen Staatsregierung übte starken Einfluß auf die kirchliche Neukonstitution aus. Die Evangelisch-Lutherische Kirche in Bayern hat in dieser Situation wechselweise stärker der partikularistischen Linie der bayerischen Staatsregierung den Vorzug gegeben und im nächsten Moment, als von der Reichsverfassung mehr Freiheit für die Kirche zu erwarten war, den Standpunkt der Weimarer Reichsverfassung bezogen. Insgesamt läßt sich festhalten, daß die föderative Lösung im Politischen letztlich die Option landeskirchlich gegliederter Territorialkirchen befördert hat und umgekehrt das Beharrungsvermögen der territorialen Institutionen den zentralistischen Ansatz auf der politischen Ebene hintertrieben haben[30].

Krise und Krisenbewußtsein in der Gesellschaft

Die politische Krise

Das deutsche Volk befand sich seit der Reichsgründung 1871 in zunehmenden Orientierungsschwierigkeiten politischer, wirtschaftlicher und geistiger Art[31]. Die Ökonomisierung und Mobilisierung der Gesellschaft forderte ihren Tribut und stellte Anforderungen an eine gemeinsame deutsche Innenpolitik, die diese mit den herkömmlichen Instrumenten nicht zu beantworten wußte. Außenpolitisch wurden europaweit übersteigerter Nationalismus und in seinem Gefolge Imperialismus und Kolonialismus zu Staatstugenden stilisiert. Mit jenen Attitüden suchte man die innenpolitischen Probleme zwar zu überspielen, steuerte aber nolens volens einen Konfliktkurs, der in fast jedem Winkel des Erdballs zu Konfrontationen zwischen den europäischen Staaten führte und sich zu jener „gewitterschwülen Atmosphäre“ [32] verdichtete, die sich am 28. Juni 1914 in dem Attentat auf den österreichischen Thronfolger und den daraufhin erfolgenden Kriegserklärungen der europäischen Mächte entlud[33].

Auf den Freudentaumel und die Siegesstimmung des Sommers 1914, als man sich in allen Schichten und Parteien des deutschen Volkes im gerechten Kampf für die überragende deutsche Kultur[34] wähnte, folgte schon bald die Ernüchterung, als ein schneller deutscher Sieg an den festgefahrenen Fronten im Westen sich als illusionär erwies und der militärische Alptraum des Zweifrontenkrieges Realität wurde. Vor allem in Bayern betrachtete man die militärische und politische Entwicklung, die auch in den alltäglichen Bereichen, wie der Zuteilung von Lebensmitteln, von Berlin gesteuert wurde, zunehmend skeptisch[35]. Der Ernüchterung, die sich allerorten in der Bevölkerung breit machte, wurde zwar von staatlicher wie von kirchlicher Seite durch siegesgewisse Propaganda[36], Durchhalteparolen und Glorifizierung der 3. Obersten Heeresleitung mit Ludendorff und Hindenburg[37] als den unüberwindlichen Heerführer begegnet, aber auch das änderte nichts mehr an der militärischen Niederlage und der Revolution. Die Deutung der Niederlage und der Revolution als einer *Katastrophe* entfaltete eine ambivalente Wirkung. Zum einen verwies die Kategorie der Katastrophe auf die verheerenden Folgen des Krieges, die äußere und innere Verwüstung, auf das erschütterte Vertrauen und die Orientierungsunsicherheit in praktischen Fragen des Alltags wie der Lebensdeutung überhaupt. Andererseits barg die Kategorie der Katastrophe zugleich ein Deutungsmuster, an das sich anknüpfen und im Zusammenbruch Neues schaffen ließ[38].

Unter territorialem Apekt mußte sich der Eindruck der Katastrophe noch verstärken. Die ‚Einheit' des Deutschen Reiches hatte keine fünfzig Jahre gewährt, da ging sie schon wieder verloren. Was man 1871 unter großem Jubel „heim ins Reich" geholt hatte, fiel nun an den französischen Erzrivalen zurück; nicht nur Elsaß-Lothringen war Gegenstand territorialer Neuordnungen nach dem Krieg, auch west- und ostpreußische Gebiete, Danzig, Teile Schlesiens und Schleswig sowie sämtliche Kolonien sollten durch den Versailler Vertrag dem Deutschen Reich genommen werden[39]. Angesichts des „Schanddiktats von Versailles" [40], das in der deutschen Bevölkerung einhellige Empörung hervorrief [41] und die Regierung Scheidemann zum Rücktritt veranlaßte, dann aber von Hermann Müller (SPD, Auswärtiges) und Hans Bell (Zentrum, Verkehr) unterzeichnet wurde, erschien der Glanz des früheren Kaiserreiches um so größer. Die Tat der „Erfüllungspolitiker", die das angeblich unbesiegte Deutschland dem Feind auslieferten, nahm viele Deutsche gegen die Regierungsvertreter und das parlamentarische System an sich ein. Der Haß richtete sich gegen die, die sich gezwungenermaßen bereit erklärt hatten, die politische Verantwortung für die Verantwortungslosigkeit der Militärs zu übernehmen. Die Demokratie übernahm die Schulden des bankrotten Militarismus der Kaiserzeit[42] und erschien doch vielen als der eigentliche Schuldenmacher[43]. Angesichts der gegenwärtigen Armseligkeit erschien die vergangene Zeit noch größer, noch strahlender.

Die ökonomische Krise

Wie im politischen so muß auch im wirtschaftlichen Bereich die Krise, die nach 1918 in Deutschland auszumachen ist, als eine Konsequenz des 19. Jahrhunderts betrachtet werden. Auch in der Ökonomie war sein problematisches Erbe durch den Krieg nicht beseitigt, sondern allenfalls kurzfristig verdrängt worden. Der Kapitalismus hatte im 19. Jahrhundert eine Ökonomisierung praktisch aller Lebensbereiche bewirkt; d.h. Denken und Handeln der Menschen aller Schichten, ob in der Großstadt oder im entlegensten Bergdorf, wurde immer stärker durch die Mechanismen der Wirtschaft bestimmt. Die Ökonomisierung der Gesellschaft läßt sich unter den Stichworten Rationalisierung, Mobilisierung und Pluralisierung beschreiben[44]. Der technische Fortschritt, der in Bayern zeitweilig drastischer ausfiel als in anderen Bundesstaaten[45], weil Bayern aufgrund seiner agrarischen Struktur[46] sowie seiner politischen und geographischen[47] Standortnachteile im Wettbewerb aufzuholen suchte, hatte einen rasanten Umbau der gesamten Gesellschaft zur Folge. Neben der technischen und monetären Umgestaltung der Lebens- und Arbeitswelt vollzog sich eine dramatische Veränderung der Bevölkerungsstruktur[48], des sozialen Lebens und der politischen wie gesellschaftlichen Öffentlichkeit. Auch der Wandel des Staates vom autoritären Obrigkeitsstaat zum partizipatorisch angelegten Volksstaat[49], der in die gesellschaftlichen Konflikte nurmehr moderierend eingriff und zunehmend „die rechtliche Regelung aller Gebiete des Volkslebens“ [50] übernahm, vollzog sich merklich im letzten Drittel des 19. Jahrhunderts. Die Politik erhielt einen neuen Stellenwert in der Öffentlichkeit; auch sie mußte nun ihre Rationalität im öffentlichen Diskurs der verschiedenen politischen Parteien und gesellschaftlichen Gruppierungen, wie etwa der Gewerkschaften, ausweisen. Das kollektive Leben glitt somit allmählich aus den Händen des Staats. Er wurde nicht mehr als der starke Staat des Absolutismus erlebt, er trat zunehmend in Form ausdifferenzierter Institutionen in Erscheinung, die in ihrer Form den Umbau der Gesellschaft dokumentierten und Spiegelbild des Pluralismus waren. Zu den Institutionen, die unter der Moderation des Staates wirtschaftliche und gesellschaftliche Prozesse in neue Bahnen zu lenken suchten, gehörten gerade die Massenorganisationen.

Der Mobilisierungsschub, der von der industriellen Revolution ausging und in der gescheiterten Revolution von 1848 seine gesellschaftliche Entsprechung suchte, hatte einerseits neue Freiheiten geschaffen, zugleich aber die Menschen in neue Abhängigkeiten gestellt. Freiheiten boten sich ihnen hinsichtlich der vertikalen und horizontalen Mobilität der Gesellschaft, in der Möglichkeit neuer Lebensgestaltung in neuen Sozialstrukturen, in der ansetzenden Emanzipation der Frauen, dem staatlichen Schutz von Kindern und sozial Schwachen. Möglichkeiten ergaben sich auch durch die neuen und schnelleren Verkehrsmittel, die allgemeine Geldwirtschaft, den damit verbundenen Konsumismus und die Veränderung des Rechtswesens und der Öffentlichkeit.

> Doch der einzelne, bisher gewohnt auf vorgeschriebenen Bahnen einem von der Obrigkeit und den sozialen Institutionen gesicherten ‚angemessenen‘ Erwerb nachzugehen, kann sich allein nicht gegen die negativen Folgen der industriellen Entwicklung, wie Wohnungsnot, Arbeitslosigkeit, Unsicherheit und die Willkür des Stärkeren behaupten. Die neu gewonnene Freiheit ist somit für die Masse der Bevölkerung ein höchst problematisches Gut, sie bildet nur den Anfang zur weiteren Emanzipierung und Selbstbehauptung gegenüber der neuen Wirtschaft und den in ihr etablierten Mächten. Ein Mitspracherecht der Massen bei der Ausgestaltung der wirschaftlichen und sozialen Ordnung läßt sich nur verwirklichen durch ihre Organisierung und

> Mobilisierung, die Überwindung der Ohnmacht des einzelnen bedeutet somit zugleich die Einengung seiner persönlichen Verfügungsfreiheit; er tritt aus den alten Bindungen in die Freiheit heraus, die er jedoch nur realisieren kann durch den Eintritt in neue Bindungen, in Zusammenschlüsse großen Stils, in Massenorganisationen.[51]

Massenorganisationen, die sich im 19. Jahrhundert herausgebildet hatten, waren die Parteien, die Gewerkschaften und die Genossenschaften, die je auf ihre Weise das gesellschaftliche Leben zu beeinflußen suchten.

Der Hiatus zwischen der technischen und der gesellschaftlichen Entwicklung, den man durch einen staatlich moderierten Ausgleich zwischen den divergierenden Ansprüchen der gesellschaftlichen Gruppen zu kompensieren suchte, beförderte zugleich die gesellschaftliche Dissoziation, und so kann der Aufstieg der Massenorganisationen im letzten Drittel des 19. Jahrhunderts als Produkt und als Reflex der Ökonomisierung gleichermaßen beschrieben werden. Er offenbarte die ethischen Defizite des manchesterlichen Kapitalismus, die dem einzelnen den „Verlust des alten Arbeits- und Lebensrhythmus“ [52] mit allen daraus resultierenden Anpassungs- und Orientierungsschwierigkeiten bescherte, vermochte diesen aber nicht anders zu begegnen, als daß der einzelne sich erneut seiner Individualität begeben mußte, indem er wie im Arbeitsprozeß zu einem Rädchen im Getriebe wurde und seine Interessen mit denen einer gesellschaftlichen Massenorganisation zu identifizieren lernte. Auf diese Weise wurden die Entpersönlichung und Rationalisierung der Arbeits- und Lebenswelt lediglich transformiert und der Prozeß gesellschaftlicher Dissoziation befördert. Konsequent ist dann die Krise des frühen 20. Jahrhunderts in soziologischer Hinsicht auch in einer Antithese von ‚Individuum und Masse‘ begriffen worden[53].

Die Krise des einzelnen, der die Masse haßt, weil sie seine Unwertigkeit deutlich werden läßt und seine Individualität hintanstellt, der die Masse aber braucht und in ihr aufgehen will, weil sie ihm einen neuen Wert, eine neue Stellung in der unübersichtlich gewordenen Gesellschaft anweist, hat mit psychologischem Feinsinn Heinrich Mann in seinem Roman *Der Untertan* beschrieben[54]. Allerdings ist mit der Zuschreibung einer „Untertanenmentalität“, oder auch der „Assimilation“[55] zum Zweck des sozialen Aufstiegs, den Menschen des Wilhelminischen Zeitalters gegenüber noch nicht viel gewonnen. Zum einen trifft sie nicht auf alle zu, zum zweiten fehlt dem Schlagwort die nähere inhaltliche Bestimmung.

> Die Ansätze einer historischen Anthropologie legen vielmehr die Vermutung nahe, daß der mentale Energiehaushalt im Zeitalter des Hochkapitalismus vom bis dahin unbekannten Tempo des gesellschaftlichen Wandels vollkommen erschöpft wurde. Eine neuartige Flut von Reizen und Stimuli, Anforderungen und Verhaltensgeboten zwang den Menschen zur Entwicklung einer anderen Wahrnehmungsstruktur, eines hochleistungsfähigen Reizschutzes, mit dem er den industrialisierten Alltag meistern konnte. Die wilhelminische Generation wurde davon besonders belastet. [...] Analog zur neuen Wahrnehmungsstruktur entwickelte sich eine politische Mentalität, die sich implizit dem Wandel verweigerte. An die sie bedrängende neuartige Reizflut konnten sich die Menschen mit Hilfe starker Filter anpassen. Mit sehr ähnlichen „Filtern" sperrten sie sich auch gegen die Veränderung politischer Strukturen, denn diese letzte Veränderung hätte für sie nichts weniger als ein „Leben in der Fremde" bedeutet.[56]

Es waren vor allem der kleinbürgerliche Mittelstand und Teile des Großbürgertums, die auf die gesellschaftlichen Veränderungen, das ‚Unbehagen in der Fremde', mit einer politischen Verweigerungshaltung reagierten. Die Verunsicherungen, die die wirtschaftliche und gesellschaftliche Mobilisierung für eben diese Gruppen mit sich brachte, wurden von ihnen in Form einer Antibewegung beantwortet:

> Diese Mittelstandsbewegung, in der sich so viele, auch einander widerstreitende Elemente befanden, läßt sich am besten als Antibewegung deuten; sie ist gegen Kapitalismus, die Großindustrie, die Warenhäuser, die technische Rationalisierung, sie ist gegen Sozialismus, das Judentum, den Staat mit seiner modernen Wirtschafts- und Sozialpolitik, und schließlich ist sie antidemokratisch, soweit ihre Programme, mehr aber die Äußerungen ihrer Vertreter Auskunft geben. Man ist nicht in der Lage, oft auch nicht gewillt, die schwierigen technischen, wirtschaftlichen und gesellschaftlichen Probleme, die die moderne Industrialisierung doch zweifellos nach sich zog, ‚auf rein rationaler Ebene zu lösen', man schließt vielmehr die Augen [...].[57]

Die geistige Krise

Der gesellschaftliche Dissoziationsschub, der mit dem Weltkrieg einherging und bis zu seinem Ende nur von den wenigsten wahrgenommen wurde, fand seinen beredten Ausdruck in dem ‚apokalyptischen Wetterleuchten', das man mit der inneren Revolution und der außenpolitischen

Niederlage am Horizont heraufdräuen sah. Das vielbeschworene Einheitserlebnis vom August 1914[58], als auch der Kaiser nur noch Deutsche zu kennen meinte, hatte sich als illusionäre Seifenblase entlarvt. Das deutsche Wesen war weder so einig, wie man es sich damals suggeriert, noch war es die kulturelle Größe[59], zu der man es hypostasiert hatte[60].

Der Krieg hatte den wirtschaftlichen und politischen Zusammenbruch herbeigeführt und nicht die neuen, anfangs so viel beschworenen Geisteskräfte und Werte[61] entbunden. Zerbrochen waren die Weltmachtträume und zerbrochen ebenfalls die Monarchien des deutschen Reiches. Verdutzt starrt der Münchner am Morgen des 8. November 1918 auf die der Frauenkirche übergestülpten Jakobinermützen; will heißen: er stand der revolutionären Situation befremdet und fassungslos gegenüber[62]. Das jähe Erwachen aus dem süßen Schlummer, in dem sich der deutsche Bürger, jahrelang von einer gut funktionierenden Propagandamaschine[63] bestätigt, gewiegt hatte, läßt die Fremdheit angesichts des Neuen, die Angst vor dem Unbekannten und die ‚Unbehaustheit des Bürgertums'[64] im neuen Staatsgehäuse verständlich werden. Die Deutungsversuche, die den revolutionären Umbruch und die Jahre danach begleiteten, verdeutlichen einmal mehr, wie sehr der Begriff der Krise als Signatur zutrifft.

Nietzsche, der Denker der Entfremdung, kann als der philosophische Nestor der Jahre nach dem revolutionären Umbruch gelten[65]. Was Sigmund Freud am Ende der Weimarer Republik auf die Formel „Das Unbehagen in der Kultur"[66] brachte, deutete auf einen Prozeß hin, der das Bürgertum seit dem ausgehenden 19. Jahrhundert bestimmte[67]. Jaspers sprach von dem „Mythos der Nullpunktexistenz", und Heidegger seinerseits hypostasierte die „Angst" zu der Existentialie der Nachkriegszeit: „Das Wovor dieser Angst ist das In-der-Welt-sein selbst"[68]. Alle diese Metaphern lassen sich als Beschreibungsversuche für das Phänomen werten, daß das Bürgertum, das sich bis in die Kaiserzeit bewußt apolitisch verhalten hatte[69], nun auf einmal sich politisch verhalten mußte, wollte es nicht völlig an den Rand geraten. Der Schock über den ‚Zwang zur Politik' wirkte tief und beförderte zunächst vorwiegend Affekte wie „Fremdheit", „Unbehagen", „Angst".

Wie vielschichtig diese Affekte auftreten konnten und wie sehr sie das Projekt bürgerlicher Moderne bestimmten, hat Stefan Breuer in seiner *Anatomie der Konservativen Revolution* anschaulich nachgewiesen[70]. Sie finden sich ständig im „Diskurs über die Masse als Inbegriff des Amorphen, Zerfließenden und Bodenlosen"[71], und das gleichermaßen in der Gesellschaft wie in der Kirche, wo allerorten der Sittenverfall als Folge des Individualismus, der Vermassung[72] und des Mammonismus beklagt wird[73].

Auch im Geistigen findet sich eine Rückwärtsgewandtheit angesichts der als „Schmach“ empfundenen gegenwärtigen Situation. Die Unfähigkeit großer Teile des Bürgertums, politisch zu denken und sich politisch zu artikulieren, beförderte die „Republik ohne Republikaner“, in der viele mit einem Blick nach hinten die Augen vor der Gegenwart verschlossen. Aber auch die politisch denkenden und handelnden Menschen konservativer Prägung – und das waren die meisten – haben sich von der Republik, ihrem Materialismus und ihrem „mechanischen Parlamentarismus“ verächtlich abgewandt[74]. Allerdings sollte sich der weitverbreitete Konservatismus im Laufe der Jahre der Weimarer Republik noch ausdifferenzieren – es sollten sich die sogenannten Alt- und Jungkonservativen voneinander abstoßen und durchaus verschiedene Ziele verfolgen[75].

Republik ohne Republikaner

Die Schere zwischen glorifizierter Vergangenheit und erbärmlich empfundener Gegenwart geriet im Laufe des Jahres 1919 immer weiter auseinander[76]. Dazu trugen vor allem die vehementer geführte Kriegsschulddebatte im Inneren und die von den Alliierten diktierten Friedensbedingungen des Vertrages von Versailles bei. Doch auch so bot die Weimarer Republik dem Antidemokratismus genügend Reibungsfläche, an der er immer wieder seine Hetze und Häme gegen das System und seine parlamentarischen Vertreter entzünden konnte[77]. Die Republik war genötigt, diametral verschiedene Interessen und Faktoren zu integrieren, und forderte in den so entstandenen Kompromissen den Unmut der konfligierenden Gruppen heraus.

Besonders die Umschichtungen in der Sozialstruktur des mittleren Bürgertums – also auch des Pfarrerstandes – haben den Zulauf dieser gesellschaftlichen Gruppe zu den extremen Rechtsparteien gefördert, die als Ventil für die Unzufriedenheit über die Regierung fungierten.

Es ist die besondere Tragik der SPD, daß sie nach 1918 nicht konsequent die Frage nach dem Anteil der deutschen Kriegsschuld aufgearbeitet hat, sondern um eines zweifelhaften „Burgfriedens“ willen die Untersuchungen Kautskys zurückhielt. Zwar haben klarsichtige Politiker wie Kautsky, Bernstein und – auf seine Weise – auch Eisner auf die gravierenden Folgen hingewiesen, die solche Unwahrhaftigkeit zeitigen würde, aber die meisten der Genossen blieben Gefangene jener Abstimmung vom 4. August 1914, in der die sozialdemokratische Reichstagsfraktion die Kriegskredite bewilligt hatte. So hatten die Parteien der Rechten leichtes Spiel, die Legende von der Kriegsunschuld Deutschlands, vom Dolchstoß in den Rücken des deutschen Heeres und von der verräterischen Erfüllungspolitik der demokratischen Regierungsparteien auszustreuen[78]. Es muß allerdings hinzugefügt werden, daß die „Friedensbedingungen der alliierten und assoziierten Regierungen" in der völlig unvorbereiteten Bevölkerung, in der Wirtschaft wie auch bei den Parteien auf allgemeine Ablehnung stießen[79]. Die Härte der Vertragsbedingungen schockierte Deutschland quer durch alle Schichten und Parteien, hatte man sich doch Hoffnungen auf einen Frieden gemacht, der sich weitgehend an der Friedensnote von Wilsons 14 Punkten orientieren würde. Die Auslieferung der Führer des ehemaligen Kaiserreiches an die Alliierten, wie sie im Versailler Vertrag, Art. 227–250, gefordert, aber dann doch nie durchgesetzt wurde, erschien dem deutschen Volk als besondere Bestätigung dafür, daß es gedemütigt und entehrt werden sollte[80]. Und einmal mehr sehnte es sich nach der strahlenden Vergangenheit zurück, als es stolz zu diesen Führern aufsah und in ihnen die Größe des Deutschen Reichs verkörpert erschien. Statt dessen sah man sich nun einem Parteienregiment ausgeliefert, das sich zufälligen Mehrheiten verdankte und per se schon keine Kontinuität in der Regierung darstellen konnte. Auch konnten seine Vertreter in keiner Weise mit der Autorität und dem Charisma der vertriebenen Führer konkurrieren.

1926 schrieb Theodor Geiger: „Zur Zeit scheint, als beseele unsere breiten Massen eine wahre Wollust des Sichfügens und Beherrschtwerdens [...]" [81]. Man werde das als Konsequenz aus der „Panik im Mittelstand" verstehen müssen[82]. Die, die sich nicht mit der Demokratie identifizieren konnten und wollten, entwickelten im Gegensatz zum egalitären Selbstverständnis der Republik ein ausgesprochen autokratisches und hierarchisches Führerschafts- und Gefolgschaftsdenken[83] – und das galt nicht nur für die rechtsextremen Gruppierungen.

> Die ‚Führerfrage im neuen Deutschland' bildete in den 20er Jahren ein viel diskutiertes Thema öffentlicher Rede und literarischer Publizistik. Texte über ‚Führerschaft' füllten politische Reformblätter und Gazetten. Reflexe liberalen Staats- und Verfassungsdenkens sucht man in ihnen vergeblich [...] Führerschaft lebte von der Hingabe der Geführten, die ihre Gemeinschaft als quasi-sakralen Lebensbund empfanden.[84]

Es erscheint nicht von ungefähr, daß die Ausbildung des Führermythos wie überhaupt der durch die Soziologie mit wissenschaftlichen Weihen behaftete Begriff der Führerschaft[85] und die ihr korrelierende Gefolgsbereitschaft in den Jahren der Weimarer Republik Konjunktur hatten und zum gesellschaftspolitischen Komplement zu ‚Massengesellschaft' und

‚parlamentarischer Demokratie' avancierten[86]. Erschwerend kam hinzu, daß der „Schwellenzustand des Krieges" [87] in Deutschland lange nicht überwunden werden konnte [88]. Das lag zum einen an der apokalyptisch gedeuteten Niederlage, zum anderen an der bisweilen intransigenten Nachkriegspolitik der Alliierten, aber auch daran, daß von Teilen der deutschen Bevölkerung dieser Schwellenzustand auf Dauer gestellt werden sollte, weil sie hierin etwas Kreatives zu erblicken meinten, das den „Heimatlosen" einen Ort der Bewährung bot.

> Zur Niederlage, die hier [sc: in Deutschland] angesichts der apokalyptischen Erwartungen an den Krieg schon schwer genug zu verdauen war, gesellten sich der völlige Zusammenbruch der Vorkriegsordnung, die Revolution und der anschließende Bürgerkrieg, nicht zuletzt auch die tiefgreifende Erschütterung der Besitzverhältnisse durch die Inflation. Eine Ordnung, in welche die aus dem Zustand der ‚Liminalität' Zurückkehrenden wieder hätten inkorporiert werden können, existierte nicht mehr; und mit neuen Regeln zu experimentieren, ganz neue Institutionen auszuprobieren, war etwas viel verlangt in einer Situation, in der sich die Erfordernisse der physischen Existenzsicherung gebieterisch in den Vordergrund schoben. Was Wunder, daß gegenüber einer Gesellschaft, die nicht imstande war, die temporär Ausgeschlossenen wieder einzugliedern, diese nun ihrerseits das Lernen verweigerten und statt dessen bestrebt waren, aus ihrer Marginalität und Externalität eine Tugend zu machen.[89]

Die Kirche zwischen Revolution und Freistaat

Die Kirche mußte sich den Tatsachen stellen, die der Ausgang des Krieges und die Revolution geschaffen hatten. Vordergründig betrachtet schien ihr das recht schnell zu gelingen[90]. Doch hinter dem pragmatischen Arrangement mit der Normativität des Faktischen behielten große Teile der Protestanten eine generelle Antihaltung gegenüber der Demokratie der Weimarer Republik bei. In Bayern finden sich unter den Protestanten keine überzeugten Demokraten. Anders als in Preußen, wo es einen Friedrich Naumann, Ernst Troeltsch, Adolf von Harnack, oder „Vernunftrepublikaner" wie Otto Baumgarten oder Martin Rade gab, fehlten in Bayern Männer und Frauen, die durch ihre Persönlichkeit für die junge Demokratie in der Kirche hätten einstehen können. Statt dessen boten die offiziellen Verlautbarungen der Kirchenbehörden, die Artikel in den

Kirchenblättern und erst recht die inoffiziellen und privaten Stellungnahmen der in der Kirche Verantwortung Tragenden eine von Literaturgattung zu Literaturgattung zunehmend antidemokratische Haltung[91].

Ein Grund dafür ist die von Dahm herausgearbeitete „Krisenmentalität der evangelischen Pfarrerschaft": Besonders der Pfarrerstand, aber auch die Universitätstheologen und Konsistorialbeamten reagierten auf die Ereignisse von 1918 mit entschiedener Distanz zur Demokratie, mit Rückwärtsgewandtheit und der Verdrängung der anstehenden theologischen und kybernetischen Fragen[92]. Weder wurde die Frage nach der Kriegsschuld Deutschlands ehrlich diskutiert – hierin gleichen sich allgemeiner gesellschaftlicher und besonderer kirchlicher Diskurs[93] –, noch hat man es vermocht, eine politische Theorie und Ethik zu entwickeln und zu vermitteln, die es den evangelischen Christen ermöglicht hätte, sich konstruktiv auf die gesellschaftliche und staatliche Ordnung der Weimarer Republik zu beziehen[94].

Indem man die christliche Existenz auf die Innerlichkeit und das Reich Gottes auf ein weltloses Jenseits reduzierte, enthob man sich der Notwendigkeit, die konkreten Verfehlungen, die Schuld gegenüber dem „Feind" zu bekennen und zu „büßen". Indem man die eigene Schuld vor Gott auf sittliche Verfehlungen wie Mammonismus, Prostitution oder Undankbarkeit gegenüber Gott reduzierte, ließ sich die konkrete Schuld, einen Weltkrieg theologisch legitimiert zu haben und Gott als den „Verbündeten im Himmel"[95] für den eigenen, deutschnationalen Expansionismus und Imperialismus vereinnahmt zu haben, leicht ausblenden[96].

Auch in kybernetischer Hinsicht tat man so, als berührten die Revolution und das Ende des landesherrlichen Kirchenregiments die Kirche nur am Rande. Kontinuität[97] war der *cantus firmus* aller kirchlichen Unternehmungen nach dem November 1918. Die Revolution betreffe den Staat, nicht die Kirche, und deshalb sehe man sich auch nur zu einem „Umbau" genötigt, der sich aus dem innerkirchlich leicht zu substituierenden Fortfall des Summepiskopats ergebe, keinesfalls aber wolle man einen „Neubau" im Sinne einer grundsätzlichen Umgestaltung der Kirche in Betracht ziehen[98]:

> Mag das Band sich lockern oder lösen, das unsere evangelische Kirche seit den Tagen der Reformation mit dem Staat verbunden hat, so soll es bei jenem Bunde bleiben, der unserem deutschen Volk zum größten Segen geworden ist, dem Bund zwischen Kirche und Volk. Auch die neue Zeit soll nicht scheiden, was Gott zusammengefügt hat, und auch unter neuen Formen soll in unserem Land die evangelische Volkskir-

che die alte bleiben in ihrem Glauben und Leben, engen Gewissens, aber weiten Herzens eine Zuflucht für alle, die nach Halt und Trost, Wahrheit und Frieden verlangen, und eine Brunnenstube wahrer Kraft. Mit unverbrüchlicher Treue soll sie sich nach wie vor zu dem Glauben unserer Väter halten, den diese in ernster Zeit vor Kaiser und Reich bekannt und in den Bekenntnisschriften unserer Kirche niedergelegt haben, zu dem Glauben an Jesum Christum den Gekreuzigten und Auferstandenen, unsern einigen Heiland und Mittler.[99]

Krise und Krisenmentalität im bayerischen Protestantismus

Die Evangelische Kirche in Bayern rechts des Rheins war mit rund 1,5 Millionen Mitgliedern (davon waren knapp 5000 reformierten Bekenntnisses verteilt auf neun Gemeinden) und 937 Pfarrstellen die viertgrößte evangelische Kirche im Deutschen Reich. Die Evangelischen stellten damit gut ein Fünftel der bayerischen Bevölkerung, wobei ihr Schwerpunkt eindeutig im mittel- und oberfränkischen Raum lag. Unterfranken, Oberpfalz, Nieder- und Oberbayern und auch Bayerisch Schwaben waren evangelische Diasporagebiete[100]. Die Struktur der Landeskirche war unter Montgelas der hierarchischen Gliederung der Staatsverwaltung nachgebildet worden[101], mit der Folge, daß das Oberkonsistorium als oberste staatliche Behörde der Kirchenleitung seinen Sitz in München hatte, der „Mittelpunkt des evangelisch-kirchlichen Lebens“ jedoch in Franken zu finden war[102]. Von rund 6,9 Millionen Einwohnern in Bayern waren in den Jahren 1914–1918 rund 14 % als Soldaten in den Krieg gezogen; ein Fünftel von ihnen (188 000) kam nicht zurück, Bayern hatte 2,7 % seiner Bevölkerung verloren[103].

Noch im September 1918 warb ein bayerischer Pfarrer mit Flugblättern an und hinter der Front für die Zeichnung der 9. Kriegsanleihe: „[...] warum wir siegen müssen und wie wir siegen werden.“[104] Auch in den folgenden Wochen war in den kirchlichen Blättern[105] Bayerns viel vom Siegen die Rede, wenig aber von der bevorstehenden Niederlage[106]. Selbst Anfang November wurde im Evangelischen Sonntagsblatt aus Bayern noch einmal zur Zeichnung der 9. Kriegsanleihe aufgerufen[107]. In den evangelischen Kreisen war man sich der ernsten innen- und außenpolitischen Lage kaum bewußt. Nur die wenigsten rechneten in den letzten Oktoberwochen mit einer Revolution in Deutschland. „Man kann wohl sagen, daß die meisten bürgerlichen führenden Männer von der Revolution völlig überrascht wurden.“[108]

Wie die ganze offizielle Welt in Deutschland ist auch die „Kirche" von der Revolution im November 1918 überrascht worden; sie war nicht vorbereitet. Freilich bedeutete es auch eine gewaltige Überraschung für alle Welt, daß gerade in Bayern und noch dazu im „königstreuen" Altbayern die Revolution ausbrach, gemacht in Gemeinschaft mit einem Berliner, ja galizischen Juden, von einem niederbayerischen Bauern.[109]

Außenpolitisch hatten die evangelischen Landeskirchen[110] sich fast ausschließlich mit dem Krieg und den damit verbundenen Visionen ihrer Landesherren identifiziert[111]. Die deutsche Revolution vom November 1918 zerstörte die Illusion eines „deutschen Siegfriedens" endgültig und entließ die Kirchen auch innenpolitisch in eine ungewisse Zukunft. Indem sie Kaiser, König, Herzöge und Fürsten unterschiedslos vom Thron stieß, hinterließ die Revolution die 28 deutschen Landeskirchen nicht nur politisch und gesinnungsmäßig orientierungslos, sondern machte sie obendrein zu staatsrechtlichen ‚Halbwaisen', weil die traditionell landesherrlichen Aufsichtsrechte über die evangelischen Kirchen zumindest zeitweilig ohne klaren Rechtsnachfolger blieben[112].

Wie im gesellschaftlichen Bereich verband sich auch im Raum der Kirche eine zwiespältige Haltung mit dem Zusammenbruch der alten Ordnung. Einerseits schienen sich neue Möglichkeiten als staatsfreie Kirche zu eröffnen, andererseits waren da die Kassandrarufe, daß die Kirche einer Trennung wie in der Dritten Republik Frankreichs entgegen gehen werde[113]. Das waren so oder so Positions- und Verhaltensunsicherheit provozierende Momente. Die anstehende Trennung von Staat und Kirche verschaffte Spielraum für die schon länger diskutierten Reformen der Kirche und ließ auf eine neue Öffentlichkeitswirkung hoffen. Andererseits rief dieselbe Trennung massive Ängste hervor, weil mit ihr der Schutz des Staates vor antikirchlicher Propaganda verloren zu gehen drohte, ständische und korporationsrechtliche Privilegien zur Disposition standen und innerkirchliche Differenzen bezüglich der kirchlichen Neukonstitution deutlicher zutage traten oder überhaupt erst hervorgerufen wurden. Die Revolution forderte von den evangelischen Kirchen eine grundsätzliche Neuorientierung in politischer, finanzieller, rechtlicher und nicht zuletzt geistiger Hinsicht[114].

Zur politischen Repräsentanz der Protestanten in Bayern

Der Aufruf des Katecheten Gustav Bub aus Nürnberg darf als erster Versuch gewertet werden, den veränderten Verhältnissen durch Gründung einer evangelischen Partei Rechnung zu tragen[115]. Bub hatte am 15.

November 1918 im Korrespondenzblatt zur „Bildung einer evangelischen Volkspartei, die alle evangelisch gesinnten Christen unter ihrem Banner sammeln soll", aufgerufen[116]. Bubs Gründungsaufruf wie auch der stärker programmatisch und an den Gemeinschaftskreisen orientierte Versuch des reformierten Erlanger Theologieprofessors Karl Müller zur Gründung einer Evangelischen Volkspartei[117] erreichten ihr Ziel nicht, eine eigene evangelische Partei als politische Interessenvertretung in die Landtags- und Nationalversammlungswahlen zu schicken. Als Grund hierfür wird man vor allem den Mangel an gewachsenen Traditionen oder Organisationsstrukturen sehen müssen. Der in sich plurale, im wesentlichen durch das nun fortgefallene Staatskirchentum geeinte Protestantismus war weder strukturell noch programmatisch aus dem Stand heraus zu organisieren[118]. Es waren keineswegs nur Gründe der Opportunität, die gegen eine evangelische Partei – als Fortführung der Christlich-Sozialen Partei Stoeckers oder als evangelisches Pendant zum Zentrum – sprachen, sondern vielmehr strukturelle, d.h. mentalitätsgeschichtliche, soziologische und theologische Momente, die das verhinderten[119].

Wie erwähnt, gelang dem Einzelnen die Wahrnehmung seiner Interessen und seiner Freiheit nur unter Hintanstellung seiner Individualität in einer Massenorganisation. Sowohl der Sozialismus wie auch der Katholizismus hatten im letzten Drittel des 19. Jahrhunderts Organisationen aufgebaut, die durch die Präsentation eines ideologisch geschlossenen, den Arbeitermassen leicht zu vermittelnden Weltbildes zu Massenbewegungen heranwuchsen. Dem Protestantismus hingegen ist der Aufbau einer Massenorganisation sowie die Verankerung spezifisch protestantischen Gedankenguts im traditionell katholischen Bayern in breiten Bevölkerungsschichten nicht gelungen. Auch vermochte er keine ideologische Alternative zu Sozialismus und katholischer Soziallehre zu formulieren, sondern ist mit seinen wenigen Versuchen einer protestantischen Politik schon sehr früh und sehr kläglich gescheitert[120]. Das erschwerte es dem Protestantismus einmal mehr, sich nach dem November 1918 auf der politischen Bühne Gehör zu verschaffen.

Sehr schnell erkannte man in den evangelischen Gemeinden und Kirchenbehörden die Notwendigkeit, die evangelischen Interessen auf politischem Wege zu vertreten[121]. Doch stand der Protestantismus sich oft genug selbst im Weg. Zum einen, weil der Gedanke an eine politische Betätigung für manche evangelische Christen völlig undenkbar erschien und sie deshalb in jeder Hinsicht davon abrieten[122]. Andere wiederum riefen zur Gründung einer eigenen evangelischen Partei auf. Einen dritten Weg versuchte man zu beschreiten, indem man sich bestehenden

„kirchenfreundlichen Parteien“[123] anschloß, um so die evangelischen Interessen zu wahren[124]. Neben der Arbeit evangelischer Politiker in der Zentrumspartei, die in Bayern leicht changierend als Bayerische Volkspartei (BVP)[125] firmierte, dachte man auch an eine eigene, interkonfessionell ausgerichtete Partei, die Bayerische Mittelpartei[126]. Das interkonfessionelle Experiment scheiterte reichsweit schon nach kurzer Zeit am Mißtrauen evangelischer Politiker, die sich nicht vor den ‚römischen Karren‘ spannen lassen wollten, und an den Widerständen, mit denen sich die Integralisten innerhalb des Zentrums konfrontiert sahen[127]. Das Engagement der Evangelischen in der BVP[128] war nur von kurzer Dauer, denn auch hier sah man die eigenen Interessen katholisch dominiert. Die evangelischen Sezessionisten der BVP fusionierten mit dem Bund der Landwirte, der vor allem die nichtkatholischen bäuerlichen Besitzer repräsentierte, zur Bayerischen Mittelpartei, die zum Vorläufer der bayerischen Deutschnationalen Volkspartei (DNVP) wurde[129].

Die Protestanten, die einer politischen Betätigung, sei es durch den Eintritt in eine Partei, die Agitation für eine bestimmte Richtung oder auch nur durch die Beteiligung an den Wahlen, nicht kategorisch entsagten, sahen es als ihre Aufgabe an, ihre Stimme auf eine Partei zu konzentrieren, von der sich sagen ließ, daß sie die evangelischen Interessen am besten vertreten und aufgrund ihres bestehenden Parteiapparates gute Chancen in den Wahlen haben würde. Das Weidener Pfarrkapitel z.B. kam darin überein, „daß der evangelische Pfarrer jetzt aus der sonst üblichen Zurückhaltung in politischen Fragen herauszutreten habe und jetzt nicht nur seine Überzeugung klar bekennen solle, sondern auch seiner Gemeinde Wegweiserdienste für die kommenden Wahlen leisten müsse [...]. In der Frage, welcher Partei sich die Protestanten anschließen sollen, war man sich einig, daß bei uns in der Oberpfalz jedenfalls nur die bayerische Volkspartei in Betracht kommt.“[130] Solcher eindeutigen Wahlhilfe seitens der Pfarrerschaft wurde von anderen Amtsbrüdern scharf widersprochen: Zwar sei man durchaus der Meinung, daß das demokratisch organisierte Staatswesen von seinen Bürgern die Ausübung der Wahlpflicht verlange, aber der Versuch politischer Beeinflussung der Gemeindeglieder müsse notwendig zu Spaltungen führen[131].

Oberkonsistorialpräsident Veit mahnte in seiner Ansprache *Zum neuen Jahr*, die Kirche möge sich jeglichen parteipolitischen Engagements enthalten; sie brauche den Mut und die Demut zu solcher Selbstverleugnung[132]. Allerdings beabsichtige das Kirchenregiment nach Abschluß der politischen Wahlen „auf Wunsch in den einzelnen Diözesen durch geistliche und weltliche Mitglieder der Kirchenbehörde Vorträge über die kirchliche Lage zur Aufklärung und Verständigung der Gemeinden, wie sie an ihrem Teile an den begonnenen Vorbereitungsarbeiten für allenfallsige kommende Verhandlungen mitwirken können, abhalten zu lassen."[133]

Die Protestanten taten sich schwer, in das politische Geschäft einzusteigen. Auf der einen Seite wurde die Notwendigkeit zu parteipolitischem Engagement durchaus gesehen und von Teilen der Pfarrerschaft und der Gemeinden gewünscht und begrüßt[134], auf der anderen Seite bestand aber ein tiefer Argwohn gegen die Vermischung beider Reiche, die die Kirche ihrem eigentlichen Auftrag entfremden würde. Den Beamten der staatlichen Kirchenbehörden war eine parteipolitische Stellungnahme qua Status verboten. Das Oberkonsistorium hat tatsächlich wenig interveniert; gleichwohl aber hat die Kirche auf der Ebene der Pfarrerschaft und der Vereine[135] für bestimmte Parteien agitiert.

Der positionelle Pluralismus im Protestantismus, der sich schon an einem relativ homogenen Standesblatt wie dem *Korrespondenzblatt* ablesen läßt, bestätigt die theoretischen und praktischen Schwierigkeiten des bayerischen Protestantismus mit der neuen politischen Kultur. In seiner Unabgeschlossenheit verweist der Diskurs zugleich auf die Defizite des Protestantismus bei der Ausbildung einer politischen Theorie und Ethik. Freilich konnte nicht – wie im römischen Katholizismus – auf ein lehramtlich verordnetes Weltbild als Basis für politische Einlassungen rekurriert werden. Und doch verfing nun eine Tradition des 19. Jahrhunderts, die es verboten hatte, die soziale Frage mit der Politik zu verbinden. Dadurch war die evangelische Kirche kritiklos der Regierungspolitik erlegen und unfähig, eigene Perspektiven zu entwickeln und zu artikulieren[136].

Zur finanziellen Situation der evangelischen Kirche

Mit der anstehenden Trennung vom Staat drängte sich für die Kirche besonders die Frage nach der weiteren Finanzierung der bisher vom Staat getragenen Leistungen auf. So sehr die Aussicht auf eine freie Volkskirche ohne staatliche Kirchengewalt einerseits erfreuen konnte, so sehr fürchtete man andererseits, daß die „Uninteressiertheit des Staates an der Religion"[137] die Möglichkeit auf freie Religionsausübung aus Mangel an Finanzen unmöglich machen würde.

Die ökonomische Abhängigkeit vom Staat, die für den Pfarrerstand, für die geistlichen und weltlichen Beamten in den Konsistorialbehörden und die theologischen Lehrer an der staatlichen Universität und den Predigerseminaren bestand – allesamt waren sie ja Staatsbeamte –, führte zu Beginn der Weimarer Republik zu tiefen Positionsverunsicherungen in den genannten Gruppen. In dem Maße, wie ihre Privilegien oder auch nur die Grundversorgung an Arbeit und Lohn durch die Revolutionsregierung zur Disposition gestellt wurden – oder man kirchlicherseits solche Disponibilität auch nur zu erkennen glaubte –, wuchsen Orientierungs- und Verhaltenssunsicherheit auf ihrer Seite.

> Es soll hier nicht die Rede sein von der Situation, in die *möglicher Weise* die Pfarrerschaft künftig versetzt wird: Weit weniger begehrt oder gar als überflüssig betrachtet, wird der schon spärliche Nachwuchs noch geringer an Zahl werden; *eventuell* infolge Einzugs der staatlichen Zulagen bis zur Unauskömmlichkeit schlecht besoldet, wird mancher vor die Frage gestellt sein, ob er nicht – neben seinem Amte – noch einen bürgerlichen Beruf auszuüben gezwungen sein wird (man denke an Frankreich). [138]

Zur Situation des Schulunterrichtes

Eine weitere Folge der Uninteressiertheit des neuen Staates an der Religion deutete sich auf dem Sektor der Bildung an [139]. Fraglich wurde damit nicht nur die christliche Unterweisung an niederen und höheren Schulen [140], die bisher ein Pflichtfach im Unterrichtskanon gewesen war, sondern auch die Ausbildung zukünftiger Theologen und Pfarrer an der Universität. Beides zusammengenommen würde die Öffentlichkeitswirksamkeit der Kirche massiv zurückdrängen und den Charakter der Volkskirche in Frage stellen. So stellten die Auseinandersetzungen um die Schule wohl die „heißesten Kämpfe" zwischen Staat und Kirche in den Anfangsjahren der Weimarer Republik dar [141].

Außerdem verfügte die neue Regierung die Aufhebung der geistlichen Schulaufsicht[142] – ein ungeliebtes Amt, das der Pfarrerschaft vom Staat zugewiesen worden war und die Kirche so oft in den Ruf einer „schwarzen Polizei"[143] gebracht hatte, dessen Wegfall nun aber ein weiteres Indiz für den Relevanzverlust der Kirche in der Öffentlichkeit darstellte[144].

Zur Situation an der Universität Erlangen

Hat man mancherorts die deutschen Professoren vor 1914 als die „intellektuelle Leibwache" der Hohenzollern[145] verstanden, so wird man das nicht so ohne weiteres auf die bayerischen Verhältnisse und die politische Orientierung der Erlanger Theologieprofessoren übertragen können. Gleichwohl hat man es auch in Erlangen mit monarchistischen Ordinarien zu tun[146]. Die Universitäten waren in Deutschland nach 1918 tendenziell antidemokratisch gesinnt, und die Ordinarien nutzten ihre privilegierte, beamtenrechtlich gesicherte Stellung oft hemmungslos aus, um das neue System verächtlich zu machen[147]. Auch in Erlangen reichte der Spannungsbogen von dezidierter Ablehnung des demokratischen Systems bis zu einem reservierten Arrangement mit demselben. Aufs Ganze gesehen stilisierte man einen antidemokratischen, angeblich unpolitischen Gestus, der die Unabhängigkeit der hohen Wissenschaft von den politischen Tagesgeschäften demonstrieren sollte. Allerdings war gerade diese ostentative Haltung ein eminent politischer Faktor, indem sie die Akzeptanz der jungen Demokratie unterminierte und à la longue der nationalsozialistischen Herrschaft die Steigbügel hielt.

Charakteristisch erscheint, daß in Erlangen, der einzigen evangelischen Fakultät in Bayern, keine Professoren mit liberaler oder gar dezidiert demokratischer Orientierung lehrten[148]. Gleichwohl war die Fakultät nicht einheitlich konservativ. Man kann gerade in zwei so unterschiedlichen Theologen wie Strathmann und Jordan den Spannungsbogen konservativer politischer Stellungnahmen zur Weimarer Republik erkennen. Der Kirchengeschichtler Hermann Jordan hatte bereits während des Krieges auf einen Siegfrieden Deutschlands gesetzt. Nach der Revolution hatte er, von Krankheit schon so gezeichnet, daß er sein Seminar nicht mehr führen konnte, in den ihm verbleibenden Jahren in vielen tagespolitischen Publikationen seiner Verachtung gegenüber der Republik Luft gemacht[149]. Der Neutestamentler Hermann Strathmann[150] stand eher für ein positiv pragmatisches Arrangement mit der Republik. Er kandidierte 1919 für die der DNVP nahestehende Bayerische Mittelpartei zum bayerischen Landtag und wurde dank breiter kirchlicher Unterstützung gewählt; 1930–1933 zunächst als Abgeordneter der DNVP in den Reichstag gewählt, verließ er die DNVP Monate später und wirkte als Abgeordneter des Christlich-Sozialen Volksdienstes (CSVD) in der Politik[151].

In den Anfangsjahren der Weimarer Republik haben sich von den Erlanger Ordinarien nicht wenige an den politischen und kirchenpolitischen Diskussionen beteiligt. Hervorzuheben sind, neben Jordan und Strathmann, der Systematiker Bachmann, der ordentliche Professor für reformierte Theologie – „mit Rücksicht auf die ev.-unierte Kirche der Pfalz angestellt“ [152] –, Karl Müller, und Christian Burckstümmer, der ab dem Sommersemester 1919 den Direktor des Homiletischen und Katechetischen Seminars, Walter Caspari, als Nachfolger abgelöst hatte. Auch der inzwischen über 80jährige Emeritus des Neuen Testaments, Theodor von Zahn, meldete sich im Jahr 1919 noch einmal mit einem langen Aufsatz zu Wort, der zwar ausschließlich Fragen des kirchlichen Lebens gewidmet sein sollte, aber durch das persönliche Gewicht des sich so unpolitisch gebenden Autors und die angeschlagene Thematik einer politischen Brisanz nicht entbehrte[153]. Der Tenor der Stellungnahmen läßt sich so zusammenfassen, daß man allgemein den Fortfall des landesherrlichen Kirchenregiments begrüßte, weil man einer staatsfreien Kirche größere Wirkungsmöglichkeiten zuschrieb und die bisherige Verfassung für ausgedient ansah. Zudem glaubte man, den landesherrlichen Summepiskopat innerkirchlich leicht ersetzen zu können. Schließlich war man besorgt um die gesellschaftliche Relevanz der Kirche und forderte deshalb vom Staat Übergangsregelungen finanzieller Art, die weitere Anerkennung der Kirche als Körperschaft des öffentlichen Rechts, und die Ermöglichung öffentlicher Präsenz und Einflußnahme auf den Religionsunterricht an den Schulen und die Ausbildung an der Universität.

Die theologischen Aussagen der Erlanger Professoren vor und nach 1918 sind wie ihre politischen als konservativ zu klassifizieren. Das läßt sich zum einen an ihren Publikationen ablesen, die zwar noch den Glanz der Erlanger Theologie des 19. Jahrhunderts zu repristinieren suchten, aber schon länger nicht mehr deren Ruf und Bedeutung erreichten. Zum anderen sind die von den Erlanger Theologen mitgetragenen Zeitschriftenprojekte ein guter Indikator für ihre theologische Orientierung[154]. Von einer „Theologie der Krise" war in Erlangen noch lange nach 1918 nichts zu verspüren. Auch die jungen Theologen Werner Elert und Paul Althaus, die 1923 bzw. 1925 als Professoren an die Fakultät berufen wurden, ließen wenig von der neuen Theologie erkennen, die dem „Gebäude der christlichen Weltanschauung seinen genuin christlichen Charakter und den profanen Wissenschaften die Zuständigkeit in theologischen Fragen" bestreiten sollte[155]. Aber es gilt von diesen Theologen, was Kurt Nowak für die gesamte Theologie der jungen Weimarer Republik schreibt:

> Eine in der kirchlichen Zeitgeschichtsschreibung bislang nicht mit hinreichender Deutlichkeit reflektierte Tatsache ist der üppige Reichtum neuer theologischer Programme in der Weimarer Republik auf der einen, das Fehlen von demokratisch lagebewußten Theologien auf der anderen Seite. Kaum eine Epoche der protestantischen Theologiegeschichte war fruchtbarer an neuen Entwürfen, kaum eine Epoche aber so arm an konstruktivem Sinn für die Wirklichkeit. [...] Dialektische Theologie, Luther-Renaissance, religiöser Sozialismus – sie standen allesamt im Einzugsbereich der ‚antihistorischen Revolution' der Moderne.[156]

Das säkulare Denken bot apokalyptische Motive zuhauf[157], doch Reden und Wahrnehmen im Raum der Kirche überbot diese Untergangsstimmung mit eschatologischen Denkfiguren und apokalyptischen Bildern[158]. *Der Untergang des Abendlandes*, von Oswald Spengler[159] bereits im Frühjahr 1918 medienwirksam und breit rezipiert angekündigt, hat als Schreckbild auf die Kirchen in Deutschland gleichwohl nur für einen kurzen Augenblick wirken können. Solche Bilder und Denkmuster stellten einen Reflex auf die kritisch empfundene Situation und ihren unsicheren Ausgang dar, aber die geradezu inflationär gebrauchten eschatologischen Termini dienten in den Kirchen keineswegs dazu, die Christenheit auf den jüngsten Tag vorzubereiten. Vielmehr stellten sie damit iher eigene Bedeutung für Volk und Vaterland wie für jede einzelne Seele angesichts einer im Chaos zu versinken drohenden Welt heraus[160].

Neben eschatologischer Motivik gewann die Frage nach der theologischen Verortung der Niederlage im Krieg und der Revolution im Innern zunehmend an Bedeutung. Zwar wurde ein Anteil Deutschlands an der Kriegsschuld von vielen Christen von vornherein ausgeschlossen bzw. als eine propagandistische Unterstellung der Feindmächte angesehen, die auch im eigenen Volk ihre willigen, verblendeten Gefolgsleute finde[161], aber die Situation nach dem November 1918 zwang doch die Pastoren zu einer Stellungnahme, wie denn dies als Gottes Führung zu verstehen sei[162]. Die Kriegsschuldfrage kann als ein Kardinalthema in der Kirche nach dem Krieg angesehen werden. Die äußerst kontroverse Debatte stellt gewissermaßen den Kulminationspunkt der von Dahm unter verschiedenen soziographischen Aspekten herausgearbeiteten „Krisenmentalität der evangelischen Pfarrerschaft“ nach 1918 dar[163]. Der Krieg und sein Ausgang wurde von der Mehrheit der deutschen Pfarrer als Gericht Gottes[164] interpretiert, wobei darüber ein heftiger Streit entbrannte, ob dieser Diagnose Bußpredigt oder Trost als Therapeutikum für die Gemeinde entspreche[165].

Als man einsehen mußte, daß der Krieg nicht mehr zu gewinnen war, fragte man auch in der Pfarrerschaft nach den Ursachen. Zwei wesentliche Gründe wurden genannt, warum das deutsche Volk nicht habe siegen können, warum sein Gebet um Sieg von Gott nicht mehr erhört wurde: 1. sei „die heidnische Habgier“ (der „Amerikanismus“, die „Engländerei“ im deutschen Volk) zu nennen, die mehr haben wolle als ihr zustehe. Und 2. liege es an der „heidnischen Unzucht“; das heißt an der Prostitution, die im deutschen Volk, Soldaten wie Zivilbevölkerung, Raum gefunden habe[166]. Die Folge solcher Sünde sei klar: „*Wir können nicht siegen, denn unsere Gebetshände sind befleckt mit schändlichem Undank gegen unseren Verbündeten im Himmel.*" [167]

Damit wurde die Buße vor Gott zu einem zweiten wichtigen Thema in der kirchlichen Praxis wie der theologischen Reflexion. Weil aber die Kirche meinte, die Zeichen der Zeit als Gericht deuten zu können und in der Buße einen Weg aus dem Gericht weisen zu können [168], verband sie mit solcher Kompetenz einen das ganze Volk umgreifenden Öffentlichkeitsanspruch.

> Unser Volk geht in kleine, niedrige Zeiten; unser Land ist ein Spielball der Feinde, beide sind ein Gespött der Welt und tragen den Haß des Erdkreises. Tiefe Enttäuschung und heißer Schmerz ist der Grundton des diesjährigen Berichts gegen die früheren. Die Kirche wird mittragen an der Last der Zeit. Der Entfaltung ihrer Arbeit werden sich Hindernisse in den Weg stellen, von denen die vergangenen Jahre nichts wußten. Nie war die Aufgabe der Kirche seit drei Jahrhunderten so schwer als jetzt. Und gerade darum trägt sie jetzt Verheißung. Nur das Evangelium kann unser Volk aus der Tiefe wieder emporführen. Alle anderen Stützen sind gebrochen, alle anderen Theorien haben betrogen, alle anderen Auswege sind verrammelt. Der Gang der Geschichte gibt der Kirche den Auftrag: „rette das Verlorene, stärke, was sterben will." An Menschenfleiß, das auszurichten, hat's gewiß nicht gefehlt – aber der tut's nicht allein. Der Gottessegen erst befruchtet die junge Saat. Ihn zu erbitten und den erbetenen treu zu pflegen und zu entfalten, das ist die beste Abwehr der Hoffnungslosigkeit. Per aspera ad astra. [169]

Das Zitat aus Offb 3,2 bestärkt noch einmal die Bedeutung für das ganze Volk: So wie in der Gemeinde von Sardes einige sind, „die ihre Kleider nicht besudelt haben" (Offb 3,4) und die schlafende Gemeinde auferwecken sollen, so sollte im 20. Jahrhundert die Kirche das am Boden niederliegende Volk zu einer neuen Herrlichkeit emporführen. Die Kirche wähnte sich nach dem Zusammenbruch des Staatswesens als die einzig verbliebene Größe, der es sittlich und geistig bestimmt war, den Weg des deutschen Volkes in der Geschichte auszulegen und so dem Volk seinen Weg durch Zerbruch, Schmach und Orientierungslosigkeit hindurch zu weisen [170]. Dazu brauche es geistliche Führer [171], die den göttlichen Ruf ebenso klar vernehmen, wie sie in der Lage sein müßten, des Volkes Wille und Gewissen abzubilden, ja in gereinigter Form zu personifizieren. Solche Führer brauche es auf allen Ebenen des Volkskörpers und in allen

Bereichen des gemeinschaftlichen Lebens [172]. Beide Momente fließen in einer bestimmten Konzeption von Volkskirche zusammmen, wie sie sich dann in den evangelischen Kirchen in der Weimarer Republik vorzugsweise ausgeprägt hat [173].

Zum Standesdenken und Antidemokratismus im Kirchenregiment

Am Ende des Krieges und in den Wirren der Revolution standen an der Spitze der evangelischen Kirche in Bayern – wie fast überall in Kirche, Politik und anderen führenden öffentlichen Positionen – Personen, die mit dem Prädikat „Übergangsmenschen" sehr treffend charakterisiert sind. Sie waren Menschen, die ungefähr der Generation Kaiser Wilhelms II. angehörten und mentalitätsmäßig[174] über so deutliche Gemeinsamkeiten verfügten[175], daß Doerry sie als „Wilhelminer" kategorisch erfaßte. Gewiß gab es auch in Bayern einen König, und die lutherische Kirche dort hatte sich immer deutlich von der unierten in Preußen abgesetzt. Und doch sind hier wie dort große Gemeinsamkeiten über das Selbstverständnis von Kirche und ihrem Auftrag im Volk zu erkennen. So sind die Leiden der „Wilhelminer" an ihrer Epigonalität, ihr Bewußtsein, in einer Übergangszeit zu leben, die Militarisierung der Öffentlichkeit, der Wunsch – und die Affirmation –, in klaren Verhältnissen zu leben, charakteristisch für die führenden Köpfe im ganzen Deutschen Reich – und unverkennbar auch bei denen der Protestantischen Kirche in Bayern.

Die evangelische Kirche im Deutschen Reich war eine *Pastorenkirche.* Das hieß zunächst, daß die Kirche seitens der Konsistorialbeamten, der Pfarrer und auch der Gemeindeglieder zumeist als eine im „Bureaukratischen leergelaufene Kirche" empfunden wurde. Die Schuld an der „Verwaltungskirche" gab man vor allem dem Staat, der in der Wahrnehmung seiner Aufsichtsrechte in die inneren Angelegenheiten der Kirche hineinregierte und die eigentlich geistliche Arbeit der Kirche durch Vorschriften fast zum Erliegen gebracht hatte [176]. Pastorenkirche hieß zweitens, daß einem mit einer steilen Amtstheologie aus dem 19. Jahrhundert bevollmächtigten Amtsträger eine fast unmündige Gemeinde gegenüberstand [177]. Überwiegend anerkannte man solche Strukturen als nicht mehr zeitgemäß. Ihnen sollte in der neuen Volkskirche durch stärkere Partizipationsmöglichkeiten der Laien entgegengearbeitet werden [178]. Pastorenkirche hieß aber auch, daß diese Amtsträger bayerische Staatsbeamte waren und sich so zu einer gewissen politischen Loyalität ihrem obersten Dienstherrn, dem bayerischen König, verpflichtet wußten. Sie gehörten dem akademisch gebildeten Stand an und damit dem (staatlichen) Establishment. Die Trennung von Staat und Kirche, die jetzt anstand, bedeutete für die Pfarrer wie auch für die weltlichen Konsistorialräte eine massive Positionsverunsicherung. Der Versuch, die eigene Position unter den neuen Voraussetzungen zu sichern, stellt einen wichtigen Faktor im Verlauf der weiteren kirchenpolitischen Auseinandersetzungen dar, auf den im folgenden noch genauer einzugehen sein wird.

Zwischenüberlegungen

> Deute ich die Zeichen der Zeit richtig, geht in Theologie und Kirche der Zug heute, und zwar schon vor der Revolution nach rechts, nicht nach links. (1920) [179]

> Geistig-soziologisch korrespondiert die evangelische Kirche ungefähr dem geistigen und soziologischen Status der deutschnationalen Volkspartei. (1928) [180]

Der konservative Zug der evangelischen Kirche läßt sich, wie die Zitate zeigen, nicht als kurzfristige Reaktion auf die Revolution deuten, sondern kennzeichnet eine prinzipielle Haltung in theologischer, organisationsrechtlicher und mentaler Hinsicht, die sich im Lauf der Jahre eher noch verschärft hat. Zu einem guten Teil resultiert sie aus dem geistigen und politischen Erbe des 19. Jahrhunderts.

Die evangelische Kirche war nach 1870 zu einer Kirche des Mittelstandes geworden. Sie hatte sich in ein „Nahverhältnis zur bestehenden Ordnung“ [181] begeben, das sie einem Großteil der Bevölkerung entfremdete [182] und unfähig machte, auf die durch die Ökonomisierung hervorgerufenen Umbrüche sprachfähig und tatkräftig zu reagieren. Man gab sich in den Kirchenregierungen vielmehr der Illusion hin, die Kirche stehe „über den Parteien“, und gerade in dieser Überparteilichkeit könne Kirche für alle da sein, wahre Volkskirche sein. Die Realität aber sah anders aus: Durch ihre Regierungsnähe, ihre Strukturen, ihre Amtsträger und in ihrer Botschaft selbst war die Kirche eine Kirche für den Mittelstand geworden. Sie verlor zunehmend die Gebildeten und wirkte nur noch schwach in die Arbeiterkreise hinein, allein dem Mittelstand bot sie noch eine Heimat mit ihrem Moralismus, ihrer Obrigkeitstreue und ihrem Anstaltscharakter [183].

Dahm spricht von einer Auflösung der bestehenden kirchenorganisatorischen Elemente und einer Krise der Ekklesiologie. Er markiert sie durch Positions-, Verhaltens- und Orientierungsunsicherheit in der Pfarrerschaft[184]. Die Homogenität des Pfarrerstandes wurde nach dem Krieg weiter aufgesprengt – eine Entwicklung des 19. Jahrhunderts, die durch den Krieg und seine Folgen gleichsam katalytisch beschleunigt wurde. Die Unübersichtlichkeit wurde sinnfällig in dem Auseinanderstreben der einzelnen Positionen, an der Polyphonie der Stimmen und schließlich an der Strittigkeit des Wirklichkeitsbegriffs überhaupt[185]. Soweit ich es überblicke, wird man die angedeutete Krisenmentalität *cum grano salis* auf die Mentalität der Gemeinden übertragen dürfen[186].

Als nicht unerheblich für die Einstellung der Kirche zur Weimarer Republik wird man den Schock aus den Anfangsmonaten nach der Revolution bis zur Niederschlagung der Räterepublik in München kalkulieren müssen. Die unbehinderte antikirchliche Propaganda, der staatlicherseits vereinfachte Kirchenaustritt und die ökonomische Abhängigkeit von einem nicht unbedingt kirchenfreundlichen Staat lösten in der Kirche allgemein große Irritationen aus, die zu der „Krisenmentalität" im bayerischen Protestantismus beitrugen.

Die *Krise* als Signatur der Zeit gilt praktisch für alle Lebensbereiche der damaligen Gesellschaft. Auch die Kirche blieb nicht unberührt davon. Auch wenn man in der Kirche selbst das Phänomen der Revolution mehrheitlich nicht auf sich bezogen wissen wollte, so wurde doch die Krisenstimmung auf allen Ebenen kirchlichen Lebens erkennbar.

Positionsverunsicherungen, die mit der Revolution zusammenhingen, betrafen eben nicht nur Pfarrer, Theologen, Konsistorialbeamten und andere im kirchlichen Dienst Beschäftigte, weil mit dem Ende des Staatskirchentums die staatliche Alimentation der Kirche überhaupt zur Disposition stand. Sie traten im Mittelstand allgemein in Erscheinung, der Gruppe, die noch am stärksten an die Kirche gebunden war. Der Mittelstand war durch die wirtschaftlichen und gesellschaftlichen Mobilisierungsschübe um die Jahrhundertwende herum in seiner ökonomischen und geistigen Orientierung stark irritiert worden. Seine antimoderne Haltung ist m.E. eher relexhaft affektiv denn aus Analyse und Reflexion geboren und erklärt die überwiegend national-konservative Option auf das äußerst rechte Spektrum der Weimarer Parteien[187].

Unsicherheit bestand nicht nur bezüglich der jeweiligen Stellung einzelner Personen in Wirtschaft und Gesellschaft, sondern auch bezüglich ihres Verhaltens angesichts der völlig veränderten bzw. sich verändernden Rahmenbedingungen. *Verhaltensunsicherheiten* lassen sich im Pfarrerstand nachweisen, wenn es um die Frage politischer Beteiligung der Geistlichen geht. In abgewandelter Form stellte sich die Frage aber für alle Christen, wie das Votum des Nordbayerischen Gemeinschaftsverbandes zeigt[188]. Unsicherheiten lassen sich aber auch im liturgischen Bereich feststellen: Die Kontroverse, ob der Gemeinde nach dem Kriegsende nun Buße angesichts des Gerichts zu predigen oder sie mit einem tröstenden Evangelium aufzurichten sei, ist ein deutliches Indiz für die Unsicherheit im Umgang mit der eigenen Geschichte und ihrer Deutung durch das Evangelium.

Schließlich fällt solche Unsicherheit auch dort auf, wo es um die grundsätzliche *Orientierung* im politischen und kirchlichen Raum ging. Welchen Weg sollte die Kirche nach der Entlassung aus der staatlichen Aufsicht gehen? Wie sollte sie ihre eigenen Interessen unter den veränderten politischen und gesellschaftlichen Rahmenbedingungen vertreten? Wie sollte sie sich selbst neu konstituieren? Diese Fragen wurden heftig und kontrovers in der Kirche diskutiert und zum Teil sehr unterschiedlich beantwortet. Ihre Strittigkeit ist einmal mehr Indiz dafür, daß auch die Kirche als Teil der Gesellschaft modern und pluralistisch geworden war – und das machte zu einem guten Teil ihre Krise aus.

Die Kirche hat versucht, der Krise mit bestimmten Schritten zu begegnen. Die Schwerpunkte lassen sich so zusammenfassen: Zunächst verlegte man sich auf eine *Bestandssicherung*, die es der Kirche erlauben würde, mit einem hohen Maß an struktureller und personaler Kontinuität den eigenen Auftrag nach wie vor zu erfüllen. Dazu gehörte, daß man auf einem *Öffentlichkeitsanspruch* insistierte, der die privilegierte Stellung der Kirche aus dem 19. Jahrhundert fortschrieb. Begründet wurde er vor allem mit der Kompetenz und Erfahrung der Kirche im Bereich der religiösen Sozialisation, was immer noch gleichbedeutend war mit sittlicher Erziehung. Um diesen Anspruch auf Bestandssicherung und Öffentlichkeit durchzusetzen, war die Kirche darauf angewiesen, eine starke Interessenvertretung zu präsentieren. Und genau hier lag eines der großen Probleme des Protestantismus in den zwanziger Jahren. Der Protestantismus war im 19. Jahrhundert mit seinen Versuchen gescheitert, eine politische Kraft zu installieren, die die eigenen Interessen in einem parlamentarischen System hätte vertreten können. Wegen des weitgehend guten Einvernehmens zwischen dem bayerischen Königshaus und dem Münchener Oberkonsistorium fiel dieses Manko zunächst nicht weiter ins Gewicht. Problematisch wurde diese Konstellation in dem Moment, als das landesherrliche Kirchenregiment zusammen mit der Monarchie von der Revolution verabschiedet wurde und die protestantische Kirche wie alle anderen gesellschaftlichen Gruppierungen auf eine politische Interessenvertretung angewiesen war. Nun ließen sich die eigenen Interessen nicht mehr mittels hoheitlicher Protektion lancieren, sondern mußten sich in dem freieren Spiel der Interessenvertretungen, Gruppierungen, Vereine und Parteien ihre Mehrheiten suchen. Das strukturell bedingte politische Defizit der protestantischen Kirchen, dem sicher auch mentale und theologische Faktoren zur Seite standen, erscheint mir als ein wesentlicher Grund für die überwiegende Ablehnung der Weimarer Republik durch die protestantischen Pastoren, Kirchenbehörden und einen Großteil der protestantischen Gemeinden. Man fand keinen oder allenfalls peripheren Zugang zur parlamentarischen Demokratie der Weimarer Republik, weil man in der Zeit zuvor kein „Organ" für diese gesellschaftliche Struktur ausgebildet hatte – ein Organ im doppelten Sinne des Wortes als eines Wahrnehmungs- und eines Handlungsorgans.

Auf den Zwiespalt zwischen der Notwendigkeit politischen Handelns der Kirche und dem Defizit der Kirche in der politischen Theorie wie Praxis soll im folgenden Abschnitt näher eingegangen werden. Dabei soll das kirchenpolitische Handeln in seinen verschiedenen Dimensionen beleuchtet und damit Modus und Kontext der Auseinandersetzungen um ein evangelisches Bischofsamt vorgestellt werden.

Politik und Kirchenpolitik im Freistaat Bayern

Kirchenpolitik – ein undeutliches Wort

Der Kirchenhistoriker Joachim Mehlhausen hat die Unschärfe des vielbenutzten Terminus *Kirchenpolitik* in der zeitgeschichtlichen Forschung wie in den Quellen kritisiert und Vorschläge zu einer möglichen Verwendung desselben anhand historischer und systematischer Überlegungen gegeben [1]. Über ein handlungstheoretisches Raster (Subjekt, Objekt, Ziel und Maßstab einer Handlung) werden drei Definitionsvorschläge für den Begriff Kirchenpolitik erarbeitet mit dem Ziel, sich einer problemgeschichtlichen Bearbeitung des Themas zu nähern. Im folgenden wird der Begriff Kirchenpolitik in den drei von ihm vorgeschlagenen Varianten verwendet. Entsprechend wird von 1) einer *staatlichen Kirchenpolitik*, 2) einer *Politik der Kirche* oder 3) einem *kirchenpolitischen Diskurs* bzw. von *Politik in der Kirche* die Rede sein.

Unter *staatlicher Kirchenpolitik* wird „die Gesamtheit der Handlungsanweisungen und Maßnahmen, die ein Staat bzw. dessen Regierung (oder auch eine Partei) in bezug auf kirchliche und religiöse Gemeinschaften einleitet, festsetzt und durchzuführen sucht“ [2], verstanden. Handelndes Subjekt ist der Staat in seinen zuständigen und autorisierten Organen[3].

„Das Wort ‚Kirchenpolitik‘ beschreibt zweitens die Gesamtheit der Ansprüche und Forderungen, die eine Kirche bzw. deren autorisierte Organe an einen Staat oder eine Gesellschaft richten und durchzusetzen versuchen“ [4]. Handelndes Subjekt ist die Kirche in ihren bevollmächtigten Organen, das Gegenüber ist der Staat mit seinen Organen, das Ziel ist die Wahrnehmung und Durchsetzung der kirchlichen Ansprüche und Forderungen gemäß „dem mehr oder minder konkretisierten und aktualisierten Öffentlichkeitsanspruch des Evangeliums“ [5].

„Das Wort ‚Kirchenpolitik‘ beschreibt drittens die Gesamtheit der Diskurse und Auseinandersetzungen, die innerhalb einer Kirche über deren Selbstverständnis, Standortbestimmung und Auftrag stattfinden.“ [6] Handelndes Subjekt im *innerkirchlichen kirchenpolitischen* Diskurs sind Einzelpersonen oder Gruppen in der Kirche, die – zum Teil auch unautorisiert – auf andere Einzelpersonen oder Gruppen in der Kirche einwirken wollen mit dem Ziel, eine Verständigung oder Entscheidung über einen evangeliumgemäßen Weg der Kirche in der konkreten Situation, orientiert an Schrift und Bekenntnis bzw. der daran gebundenen Grundordnung der Kirche, herzustellen. Entsprechend der jeweiligen Perspektive, die der Beschreibung „kirchenpolitischer" Vorgänge zugrunde liegt, sind dann ihnen korrespondierende theologische und nicht-theologische Konnotationen zu berücksichtigen [7].

Anhand der vorgestellten Differenzierung soll das Konfliktfeld Kirchenpolitik unter folgenden Aspekten dargestellt werden: es geht 1. um die durch die *staatliche Kirchenpolitik* berührten Felder der „Schulfrage", des rechtlichen Status' der Kirche, ihrer Ansprüche gegenüber dem Staat und ihrer Rechtskompetenz im Inneren, 2. um die *Politik der Kirche*, die darauf zielte, von der neuen Regierung möglichst weitgehende Zugeständnisse zu erhalten, um den kirchlichen Auftrag ungehindert und in breiter Öffentlichkeit wahrnehmen zu können, 3. um den *innerkirchlichen kirchenpolitischen Diskurs*, der vor allem die Frage zum Inhalt hatte, welche Stellung die Kirche gegenüber der neuen „Obrigkeit" einzunehmen habe, in welcher Weise sie ihre eigenen Interessen vertreten solle und welche Gestalt die umzubauende Kirche haben solle.

Aspekte staatlicher Kirchenpolitik

Die provisorische Regierung unter Ministerpräsident Eisner hatte in ihrem vorläufigen Programm zugesagt, die volle Freiheit der Religionsgesellschaften und die Ausübung ihres Kultus zu gewährleisten [8].

Bevor die einzelnen Problemfelder thematisiert werden können, ist auf das grundlegende Problem der *Rechtskontinuität* hinzuweisen. Der Übergang von der Monarchie zum Freistaat Bayern hatte sich in einer Revolution vollzogen. Der König hatte zwar die Beamten und Soldaten von ihrem Treueeid ihm gegenüber entbunden, einen Thronverzicht aber nicht ausgesprochen [9]. Die neue Regierung unter Eisner hatte ihrerseits erklärt, daß die Offiziere, „die sich den Forderungen der veränderten Zeit nicht widersetzen", „unangetastet ihren Dienst versehen" sollten, und daß alle Beamten „in ihren Stellungen" bleiben würden [10]. Schließlich hieß es am 15. November: „Die bisher durch Verfassung, Gesetze und Verordnungen dem König persönlich vorbehaltenen Entscheidungen und Verfügungen werden von den Ministern innerhalb des Geschäftsbereichs erlassen."[11]

Da sich der Volksstaat Bayern unter Eisner als Gesamtrechtsnachfolger des Königreiches Bayern verstand, bestand für ihn im Zuge der Rechtskontinuität eine Rechten- und Pflichtenidentität. D.h., der neue Staat übernahm die rechtlichen Verbindlichkeiten aus der Zeit des Königreiches.

Da die Gesetze des Königreiches Bayern, soweit sie sich nicht auf die Person des Königs bezogen und ihnen nicht neu erlassene Gesetze entgegenstanden, auch unter der provisorischen Regierung des Volksstaates Bayern weiterhin als zu Recht bestehend behandelt wurden, bedeutete es also auch, daß Recht und Verfassung der protestantischen Landeskirche zunächst unangestastet blieben, soweit sie nicht die Person des Königs als ihren obersten Bischof betrafen. Die bisher an die Person des Königs gebundenen auf dem landesherrlichen Kirchenregiment beruhenden Rechte, z.B. die Besetzung von Pfarrstellen (§ 38 Buchst. f) des Religionsedikts) gingen aber auf Grund der Verordnung des Bayerischen Gesamtministeriums vom 15.11.1918 einstweilen bis zur definitiven Regelung der Staatsverfassung auf den zuständigen Ressortminister über. Damit wurde das Recht der Stellenbesetzung z.B. nun vom Kultusminister, in dessen Geschäftsbereich die Kirchenangelegenheiten fielen, als Provisorium, als Übergangsregelung, ausgeübt.[12]

Definitiv festgeschrieben wurde die Rechtsnachfolge, in der sich der Freistaat Bayern als Gesamtrechtsnachfolger der bayerischen Monarchie, zuletzt unter König Ludwig III., verstand, in dem Übergangsgesetz vom 28. März 1919; dort heißt es:

> §1. Die bisherigen Gesetze und Verordnungen bleiben in Kraft soweit ihnen nicht dieses Gesetz oder das vorläufige Staatsgrundgesetz entgegensteht.
> §2. In Kraft bleiben oder treten auch die von der Provisorischen Regierung seit dem 7. November erlassenen oder verkündigten Verordnungen.[13]

Damit war eine Regelung über den Verbleib der summepiskopalen Rechte auf die endgültige bayerische Verfassung – im Gefolge der Reichsverfassung – verschoben worden [14].

Die Schulfrage

Den zu Kultusministern avancierten Sozialisten bot sich die Gelegenheit, einige ihrer gesellschaftspolitischen Ziele legislativ über die Bildungspolitik zu vermitteln[15]. Zu ihren erklärten Zielen gehörte es vor allem, daß schulische Bildung unabhängig von Klassen- oder Religionsschranken allen Bürgern nach ihrer Leistung gewährt werden müsse. Außerdem sollte der „Kastengeist", der das höhere Bildungssystem beherrschte und es so gegen klassenfremde Aufsteiger verschloß, beseitigt werden. Überhaupt war eine prinzipielle Demokratisierung des Bildungswesens beabsichtigt, die den Abbau jeglicher gesellschaftlicher Barrieren zum Ziel hatte. In dieser Hinsicht stießen die reformerischen Pläne auf breite Zustimmung im Volk[16]. Ganz anders jedoch verhielt es sich mit der von Sozialisten und Sozialdemokraten als obsolet empfundenen geistlichen Schulaufsicht. Es vermag von heutiger Warte kaum mehr verständlich sein, daß die Aufhebung der geistlichen Schulaufsicht[17] und die Aussetzung der christlichen Unterweisung als obligatorischem Lehrfach[18] an den öffentlichen Schulen nach 1918 tumultarische Reaktionen seitens der Kirche und der Eltern hervorrief [19]. Binnen kürzester Zeit konnte von der Kirche eine Bewegung in Millionenstärke organisiert werden, die gegen die staatliche Schulpolitik protestierte und die teilweise Rücknahme der staatlichen Verordnungen erreichte. Es lassen sich dabei für Bayern ähnliche Entwicklungen wie für Preußen und auch andere Ländern aufzeigen[20].

Das Amt der Schulaufsicht war zwar auch innerhalb der Kirche nicht sehr beliebt und auch dort als ein Anachronismus[21] empfunden worden[22], aber seine Abschaffung zusammen mit der Infragestellung des Religionsunterrichts als ordentlichem Lehrfach an öffentlichen Schulen mußte für die Kirche einmal mehr als ein religionsfeindlicher Akt der atheistischen Sozialisten gelten, die danach trachteten, die Kirche zu marginalisieren[23]. In den Konsistorien sah man sich durch diese Maßnahmen bedroht, weil sie wichtige Positionen der Kirche in der Öffentlichkeit aufhoben[24]. Außerdem befürchtete man, daß die Einstufung des Religionsunterrichtes als eines freiwilligen Fachs der Säkularisierung der Gesellschaft weiter Vorschub leisten werde und damit die Entsittlichung, der Materialismus und all die Negativerscheinungen, die man mit dem ‚Geist der Moderne' verband, zunehmen würden[25].

Die Finanzierung der Kirche

Als legitime Nachfolgerin der abgeschafften Monarchie sah sich die vorläufige Regierung Eisners gewissen Pflichten der Kirche gegenüber, die sich aus den Verträgen aus der Zeit des Staatskirchentums ergeben hatten. Die Kirche ihrerseits hatte schon sehr bald nach der Revolution der Erwartung Ausdruck verliehen, daß diesen Verpflichtungen seitens des Staates nachgekommen werde[26]. Die Unterhaltsleistungen des bayerischen Staates an die evangelische Kirche setzten sich bis dato zum einen aus den Leistungen für die Amtsträger und kirchlichen Behörden einschließlich der theologischen Fakultät an der Universität Erlangen und des Predigerseminars in München – also Personal- und Sachkosten – und zum anderen aus den Aufwendungen für die Instandhaltung von Bauten sowie weitere Alimentationen zusammen, die dem Staat nach der Säkularisation aus rechtlichen Verpflichtungen erwachsen waren. Von diesen Aufwendungen wurde erwartet, „daß der neue Staat diese rechtlichen Verpflichtungen ohne weiteres anerkennen wird und wenn er die daraus entspringenden Leistungen auch nicht fortsetzen wird, so wird er sie doch ablösen.“ [27] Jener Posten der Personal- und Sachkosten hingegen, der sich auf rund 2½ Millionen Mark belief, war in seiner Finanzierung unsicher. Das vor allem, weil der Beamtenstatus [28] für die Pfarrer, Konsistorialbeamten und Universitätsprofessoren mitsamt ihrer Stellen zur Disposition stand. So ergab sich für die Kirche die Unsicherheit, ob sie aus anderen Quellen die laufenden Kosten zu finanzieren haben würde:

> Wenn die Landeskirche die 2½ Millionen Mark für die Erhaltung des Kirchenwesens selbst aufbringen muß, so bedeutet das eine Erhöhung der Landeskirchensteuer auf 25 Proz., so daß wir also zur Erhaltung unseres Kirchenwesens 30 Proz. Steuer aufzubringen hätten.[29]

Der Nürnberger Dekan, Kirchenrat und Vorsitzende des Generalsynodalausschusses Friedrich Boeckh führte weiter aus, daß solche Lasten momentan zwar hoch erscheinen mögen, aber beispielsweise durch die Opfer der Adventisten noch weit übertroffen würden [30]. Im Extremfall wäre die Kirche also darauf angewiesen, sich wie eine Freikirche überwiegend durch freiwillige Aufwendungen der Gemeindeglieder zu finanzieren. Schließlich könne das kirchliche Handeln, dessen Wirksamkeit letztlich auch im Interesse des Staates liegen müsse, nur durch eine gesicherte, berechenbare Finanzierung wahrgenommen werden.

> Das ist die Umwälzung, die wir jetzt durchleben, daß der neue Staat mit seiner Religionslosigkeit völlig Ernst machen will, daß er aus seinen Staatszwecken die Religion völlig ausscheidet, daß für den neuen Staat die Religion keine Angelegenheit des öffentlichen Lebens mehr ist, die ihn berührte. Dieser völligen Uninteressiertheit den religiösen Kräften gegenüber entspricht mit innerer Notwendigkeit, daß 1. jede Leistung des Staates zu religiösen Zwecken fortan unterbleibt, 2. daß der Staat auf die Dienste der Kirche in allen Zweigen des staatlichen Lebens verzichtet, darum also die Entfernung des Religionsunterrichts als Pflichtfach aus allen hohen und niederen Schulen; 3. daß der Kirche jede bevorzugte Stellung im Staatsleben versagt wird. Darüber müssen wir uns nun im Einzelnen völlig klar werden.[31]

Die Dinge haben dann doch eine andere Wendung genommen, als es Mahner wie Boeckh prophezeit hatten. Die Aussicht auf einen Kulturkampf hielt die meisten Staatsregierungen von einem radikalen Kurs gegenüber den Kirchen ab. Nach den ersten Wirren beließ man es bei der „hinkenden Trennung“ [32] von Staat und Kirche; die in der heutigen Bundesrepublik in ihren charakteristischen Zügen noch zutage tritt.

Das Korporationsrecht der Kirche

Bis zu einer endgültigen Bestimmung des Verhältnisses von Staat und Kirche, wie sie durch Reichs- und Länderverfassungen vorgesehen war, behielten die Landeskirchen ihren Status als Körperschaften des öffentlichen Rechts. Sollte sich aber die radikale Trennung von Staat und Kirche durchsetzen, wie sie auch von dem Kultusminister Johannes Hoffmann anvisiert wurde [33], so wäre es fraglich, ob dieser Rechtstitel weiterhin gewährt würde. Die Beibehaltung des Korporationsrechts, das der Kirche im 19. Jahrhundert im Zuge der Entflechtung von Staat und Kirche staatlicherseits verliehen worden war, stellte für die Kirche eine wichtige rechtliche und finanzielle Voraussetzung zur Neukonstitution einer staatsfreien Kirche dar [34]. Man wirkte also seitens der Kirche schon sehr früh auf die Garantie dieses Rechts, einschließlich des damit verbundenen Rechts auf Kirchensteuereinzug hin.

Der Verbleib der summepiskopalen Rechte

Die Kirchen*hoheit* war auf die Staatsregierung übergegangen [35]. Die Ausübung der äußeren Aufsicht über die Kirche wurde nicht Gegenstand der Kontroverse zwischen Staat und Kirche nach der Revolution; wohl aber die Frage nach dem Verbleib der Kirchen*gewalt* und insbesondere dem Verbleib der summepiskopalen Rechte. Mit der Verordnung vom 15. November 1918 [36] waren diese Rechte auf die Regierung Eisner bis zur definitiven Klärung durch eine neue Staatsverfassung übergegangen. Die Rechtslage gab vor, daß Kultusminister Hoffmann so lange als Summus Episkopus der Protestantischen Kirche in Bayern fungieren sollte.

> Da die Kirchenangelegenheiten dem Geschäftsbereich des Kultusministeriums des Volksstaates Bayern angehörten, ging die Ausübung nicht nur der staatlichen Kirchenhoheit, sondern auch des landesherrlichen Kirchenregiments auf das Kultusministerium als Bestandteil des Gesamtministeriums über. Die neuen Träger der Staatsgewalt hatten in ihren Augen grundsätzlich dieselbe Berechtigung zur Wahrnehmung kirchenregimentlicher Funktionen wie die früheren Landesherren.[37]

Der Kultusminister versicherte dem Oberkonsistorium, daß er in der Zeit bis zu einer endgültigen Neuregelung des Verhältnisses nicht in die unmittelbaren Kirchenangelegenheiten hineinregieren werde, sondern daß die Kirche „die Gewissheit einfacher Genehmigung oder Ablehnung nach Antrag haben" dürfe[38]. Von der obersten Kirchenbehörde wurde gegen diese Rechtsauffassung kein Einspruch erhoben. Anders als in den Kreisen der Pfarrerschaft hielt man hier aus Zweckmäßigkeitserwägungen am staatlichen Summepiskopat zunächst einmal fest. Man konzentrierte sich auf den innerkirchlichen Ausbau und verzichtete auf weitere Reflexionen zur Rechtmäßigkeit des Summepiskopats im besonderen und der neuen Regierung im allgemeinen[39]. Zwar war man sich auch in der obersten Kirchenbehörde einig, daß die staatliche Ausübung des Summepiskopats keine Dauerlösung darstellen könne, doch approbierte die Anerkennung der Regierung Eisner diese als legitime Obrigkeit und damit schien bis auf weiteres auch die eigene Stellung als staatliche Behörde rechtlich abgesichert[40]. In den Richtlinien, die Oberkonsistorialrat Gebhard[41] für den weiteren Weg der Landeskirche aufstellte, las sich das so:

> Darf man von der Entstehung und dem evangelischen Begriff des Summepiskopats absehen, wonach es an die damalige Obrigkeit evangel[ischer] Lande, die Fürsten übertragen wurde und infolge des Territorialprinzips auch von katholischen Fürsten ausgeübt werden konnte, so lässt sich begründen, daß es von der Staatsform auf die andere, von der Monarchie auf den Volksstaat überging. Es wäre naheliegend, die iura propria dem zu übertragen, der in Bayern nach dem P.Ed. [sc.: Protestantenedikt] auch die iura vicaria ausübt[...] Löst der neue Staat die Verbindung mit der Kirche, so entfällt das annexum.[42]

Das hieß, daß man im Sinne der Rechtskontinuität den Übergang der summepiskopalen Rechte des Königs von Bayern auf die Regierung Eisner für rechtstheoretisch begründbar hielt. Im Sinne der Annextheorie[43] war also das Recht zur Ausübung der Kirchengewalt auf die neuen Inhaber der Staatsgewalt übergegangen. Nur wenn diese die radikale Trennung von Staat und Kirche[44] durchsetzten, fiele die Kirchengewalt an die Kirche zurück. Auch in den folgenden Monaten suchte man im Oberkonsistorium in München den Status quo der rechtlichen Verhältnisse durch Anerkennung der neuen Regierung zu wahren. Man überließ dem Staat die Initiative und wartete ab, was die Wahlen und die Verfassungsentwürfe bringen würden. Zwar werde man sich nicht am Alten festklammern, aber doch auf den zugesagten Rechten bestehen.

> Sie [sc. die Kirche] sucht nicht die Trennung und überläßt die Initiative dazu und die Verantwortung dafür dem Staat, aber sie rüstet sich auf das, was kommen kann.[45]

Aspekte der Politik der Kirche

Neben den eben angeführten Problemfeldern, auf denen die Kirche vorzugsweise auf staatliche Erlasse und Aktionen reagierte, betrieb sie auf anderen Feldern auch eine eigenständige, aktive Kirchenpolitik. Vor allem ging es den Kirchenbehörden, die maßgeblich die Verhandlungen mit dem Staat führten, darum, die Bewegungs- und Entscheidungsfreiheit der Kirche so zu erweitern, daß die Kirche ihren öffentlichen Einfluß nicht verliere. Gemäß ihrem Selbstverständnis versuchten die Kirchenbehörden – in Einklang und mit Unterstützung der Pfarrerschaft – den bisher zugebilligten Sektor an Öffentlichkeit noch zu vergrößern. Zu diesem Zweck waren einerseits Verhandlungen mit dem Staat über die Neuregelung der Stellung der Kirche im Freistaat Bayern zu führen. Andererseits sah die Kirche auch die Gesellschaft als Adressaten ihrer Forderungen und Ansprüche an und versuchte, hier einzuwirken. Schließlich war kirchenintern ein Diskurs darüber zu führen, aus welchem Selbstverständnis und mit welchen Zielvorstellungen die erhobenen Ansprüche und Forderungen gestellt werden sollten.

Die Wahlkämpfe zu den bayerischen Landtagswahlen am 12. Januar und zur Nationalversammlung am 19. Januar 1919 waren in diesem Zusammenhang ein wichtiges Forum, nach geeigneten politischen Vertretern Ausschau zu halten[46]. Als Katalog kirchlicher Mindestforderungen verstand sich die Adresse des Deutschen Evangelischen Kirchenausschusses an die Nationalversammlung in Weimar. Ähnliche Forderungen erhoben auch die einzelnen Landeskirchen für die jeweiligen Länderparlamente und die reichsweite Gesetzgebung :

> In die Nationalversammlung soll nur derjenige gewählt werden, welcher für die Aufgaben der Kirche Verständnis und Wohlwollen hat. Zu fordern ist:
> 1. Freiheit der Religionsausübung
> 2. Fortführung des Religionsunterrichts in der Schule.
> 3. Gleichberechtigung der Konfessionsschule, welche in allen nichtreligiösen Fächern sich nach dem Lehrprogramm des Staates zu richten hat. Die Kirche hat nur für einen Mehraufwand aufzukommen.

4. Recht der Selbstbesteuerung der Kirche, womöglich Weitererhebung der Kirchensteuer durch das Rentamt gegen die seitherige Entschädigung: zu 3 %.
5. Weitererhaltung der theologischen Fakultät in Erlangen.
6. Unantastbarkeit des Kirchen-, Pfarr- und Stiftungsgutes.[47]

Die Forderungen der Kirche lassen sich so zusammenfassen, daß man erstens in den Fragen der Finanzen und der öffentlichen und rechtlichen Stellung eine möglichst große Kontinuität zu den Zeiten des Staatskirchentums wünschte, da darin ein hohes Maß an Bestandssicherung für die Organisation Kirche beschlossen lag. Zweitens sollten Zusagen des Staates für die Bildungspolitik den Anspruch der Kirche auf Öffentlichkeit und sittliche Bildungsarbeit in Schule und Universität erfüllen. Drittens aber sollte der Staat aus der inneren Verwaltung und der Ausübung der Kirchengewalt so weit herausgehalten werden, daß die Kirche im Zuge der Neukonstitution tatsächlich ein rein kirchliches Regiment einführen könnte. Vereinfacht gesagt versuchte die Kirche, ein Maximum an Rechten und Garantien vom Staat gegen ein Minimum an staatlichen Einflußmöglichkeiten auf die Kirche zu erhandeln.

Die Anerkennung der neuen Obrigkeit

Bereits mit der Proklamation des Volksstaates Bayern am 8. November 1918 hatte die Regierung Eisner die Beamten in ihren Stellungen bestätigt. Die weitgehend unpolitische Beamtenschaft[48] hat denn auch keinen nennenswerten Widerstand gegen die Revolution geleistet, und auch kirchlicherseits ist offener Widerstand gegen die Revolution ausgeblieben[49]. Nicht viel anders verhielt sich die bayerische Pfarrerschaft. Am 17. November 1918 verlasen die protestantischen Pfarrer der Stadt Nürnberg folgende Erklärung von den Kanzeln:

> Das deutsche Volk hat in kürzester Frist eine innenpolitische Umwälzung erlebt, die ihresgleichen in seiner Geschichte kaum gehabt haben dürfte. Wer treu zu seinem König stand und wessen Wesen fest eingewurzelt war in den hergebrachten Ordnungen, den erfüllt Leid ob des Erlebten der letztvergangenen Tage und Sorge um die Zukunft. Christen steht solches wohl an; doch ziemt es dem Christen eingedenk zu sein der apostolischen Mahnung: Jedermann sei untertan der Obrigkeit, die Gewalt über ihn hat. Darum fügen wir uns nicht bloß gehorsam in die neuen Verhältnisse, sondern wir wollen an unserem Teil alles tun, was der Ordnung und Ruhe in unserem Volk dienlich ist.

> Keine Regierungsform darf sich rühmen, daß sie vor anderen die allein christliche ist, sondern die Regierungsform ist die beste, die es am meisten ermöglicht, des Volkes Bestes zu suchen, die die Freiheit des Glaubens schützt und niemand hindert, auch den Christen nicht, nach seinem Gewissen zu leben, seine Glaubensgemeinschaft zu pflegen und seinem Gott und Herrn zu dienen. Evangelische Gemeinden treten darum in die neue Zeit.[50]

Pfarrer Paul von Zezschwitz kritisierte diese Anschauung heftig und hielt dagegen: „Darum dürfen wir nicht stillschweigend über das Unrecht der verfassungswidrigen gewaltsamen Umwälzung hinweggehen." Man dürfe nicht nur auf die neue Obrigkeit Röm 13, 1 anwenden, sondern müsse ihr auch das Wort vorhalten „nach Seite des richtenden Ernstes, den es für alle die enthält, die mit Gewalt die verfassungsmäßige Regierung in unserem Land gestürzt oder sich an der aufrührerischen Bewegung beteiligt haben." [51] Auf der Versammlung des Pfarrervereins am 25. November 1918 in Nürnberg stellte er den Antrag, man möge als Pfarrerverein eine Resolution verabschieden, in der das Unrecht der Revolution verurteilt würde. Der Antrag „fand keinen Anklang". Zum einen sah man sich angesichts der vorgerückten Stunde außerstande, den Punkt noch ausführlich zu diskutieren, sodann führte Geyer aus, daß er „die Revolution für eine Art elementares Ereignis halte", und Langenfaß betonte, daß man keineswegs „Unrecht nur auf einer Seite" feststellen könne[52].

Weit mehr Beachtung fanden da schon die „unpolitischen Betrachtungen" des Emeritus für Neues Testament an der Erlanger theologischen Fakultät, Theodor von Zahn[53]. Der beklagte, daß viele Christen, „die dies nicht nur dem Namen nach, sondern mit bewußtem Willen sind" [54], sich auf den Boden der vermeintlichen Tatsachen gestellt hätten. Jetzt erklärten sie in Anlehnung an Röm 13, 1 die Anerkennung der neuen, durch eine Revolution hervorgegangenen Regierung für Christen für verbindlich und hätten dabei weder geschichtliche noch theologische Argumente auf ihrer Seite. In einer ausführlichen Exegese kam von Zahn zu dem Ergebnis, daß Röm 13, 1 keine „apostolische Anweisung über das richtige Verhalten der Christen gegenüber einer mit gewaltsamer Beseitigung der bestehenden Obrigkeit beginnenden und mit Gewalt sich durchsetzenden Staatsumwälzung" enthalte[55]. Für Paulus stünde diese Frage gar nicht zur Diskussion, und so sei es unzulässig, in Rekurs auf Röm 13 eine christliche Gehorsamspflicht gegenüber der Revolutionsregierung zu fordern, die nach dem „*Umsturz der geschichtlichen Rechtsordnung*" alsbald „*die offene Verkündigung und brutalste Anwendung des Faustrechts*" hätte folgen lassen[56]. Zwar gelte für Christen die Unterordnung unter die bestehende Obrigkeit und der Gehorsam ihr gegenüber. Auch seien Christen aufgefordert, für die ihnen von Gott verordnete Obrigkeit Fürbitte zu tun und für sie vor Gott zu danken, daß sie es den Christen ermögliche, ein stilles und friedliches Leben zu führen, indem sie Recht und Ordnung im Staat aufrechterhalte. Aber das gelte eben nur für die Obrigkeit, die den Christen Rechtsschutz gewähre und sie nicht zu gotteslästerlichem Verhalten aufrufe. Vor allem sei der Gehorsam gegenüber der Obrigkeit eine Sache des Gewissens. Dieses Gewissen aber dürfte bei einem Großteil der Christen, die jetzt die Revolution erlebt hätten, noch durch den Eid gegenüber König bzw. Kaiser gebunden sein – lebenslänglich, wenn nicht der Monarch sie von der Eidespflicht entbände[57].

Von Zahns Erwägungen sind subtil, ja geradezu subversiv zu nennen. Er lieferte nicht irgendwelche *dicta probantia*, die dem Christen 1919 eine klare Haltung für oder wider die durch Revolution an die Macht gekommene Obrigkeit nahelegten. Er konzentrierte die Problematik auf das Gewissen des Einzelnen – darin erwies sich der Exeget als lutherischer Theologe, auch wenn er Luther durchaus auch zu kritisieren wußte[58]. Indem er aber das Gewissen zur entscheidenden Instanz politischer Ethik nach der Revolution aufrief und zugleich dieses Gewissen als durch den Treueeid gebunden sah, diskreditierte er unter der Hand die demokratische Regierung als eine unrechtmäßige, nicht von Gott eingesetzte Obrigkeit[59]. An von Zahns Ausführungen läßt sich die unpolitisch-politische Argumentationsweise und die antidemokratische Reserve vieler Protestanten *pars pro toto* exemplifizieren. Hier wurde dem Christen eine biblisch-ethisch begründete Reserve gegenüber der durch Staatsumwälzung zur Macht gelangten Obrigkeit anempfohlen. In bewußter Aufnahme biblischer (und philosophischer) Tradition wurde die Restitution der gestürzten Ordnungen und Verhältnisse befürwortet oder zumindest als das ‚bessere Teil' angesehen[60].

Sehr viel pragmatischer arrangierte man sich in den Konsistorien mit der neuen Regierung. Die Pfarrer und Juristen in den kirchlichen Behörden waren Beamte; als solche waren sie durch Erklärung der Regierung Eisner in ihren Stellungen bestätigt worden. Schon bald nach der Revolution verpflichteten sich die Konsistorialbeamten – nicht ohne eine gewisse Reserve – der neuen Regierung gegenüber zu Treue und Pflichterfüllung. So hieß es in einer Erklärung vom 12. November:

> Wir verpflichten uns, dem Volksstaat Bayern unter Wahrung unserer Gesinnung und Überzeugung freiwillig und aufrichtig im Interesse der

> Gesamtheit unsere Arbeitskraft zur Verfügung zu stellen. Wir sind zu diesem Entschluß veranlaßt mit Rücksicht auf das Vaterland, das jetzt mehr denn je alle Arbeitskräfte braucht.[61]

Oberkonsistorialpräsident Veit trug diese Auffassung der Kirchenleitung in einem einleitenden Wort für den neuen Jahrgang der *Neuen Kirchlichen Zeitschrift* noch einmal vor und begründete sie mit Bezug auf den Römerbrief, Kapitel 13, als eine allen Christen gebotene Pflicht:

> Wie sollte es dem Christen auch leicht fallen, an einem Baue mitzuwirken, dessen Anfang unter dem Zeichen des Schriftwortes steht: Wehe dem, der sein Haus mit Sünden bauet und seine Gemächer mit Unrecht! Noch sind Unrecht und Gewalttat, Undank und Untreue zu neu und unmittelbar vor unseren Augen, als daß wir mit Freudigkeit dem Neuen, das werden will, uns zuwenden könnten. Und doch ist es nicht nur die Pflicht des Christen, im Gehorsam gegen die bestehende Obrigkeit seine Aufgabe gegen den Staat zu erfüllen, sondern er kann es auch mit gutem Gewissen tun. Denn auch in den Verhängnissen, die über uns hereinbrechen, ehrt er Gottes Willen, und er weiß, daß auch durch der Menschen Sünde Gottes Pläne sich erfüllen. In dieser nüchternen Auffassung der Dinge weiß er sich durch Röm. 13, 1 gedeckt, ein Wort, an dem alle künstliche Auslegungs- und Einlegungsversuche einem Legitimitätsprinzip zuliebe zerschellen.[62]

Es gilt zu bedenken, daß den monarchisch gesinnten Kreisen in den Konsistorialbehörden gar nicht viel anderes übrig blieb, als die Tatsache der Revolution anzuerkennen und mit den Organen der Übergangsregierung unter Kurt Eisner zu kooperieren. Eine mehr oder minder unverblümte Absage an das demokratische Regiment konnte man sich vielleicht im universitären Betrieb mit Hinweis auf die akademische Freiheit leisten[63], im Bereich der staatlichen Verwaltung war kaum Raum für derlei Obstruktionen. Hier hat man Röm 13 auf die neue Obrigkeit angewandt und zu Ruhe, Ordnung und Gehorsam gemahnt, also gerade anders als von Zahn argumentiert[64].

In Bayern fand sich kaum eine kirchliche Stimme, die die neuen Verhältnisse im Staat eindeutig begrüßt hätte. Auch das pragmatische Arrangement mit dem neuen Staat, das sich-auf-den-Boden-der-Tatsachen-Stellen, war durchzogen von einer meist stillschweigenden, oft aber laut und dezidiert geäußerten Reserve gegenüber der Demokratie und ihren Vertretern. Bemerkenswert ist allemal, daß nur wenige grundsätzliche

Erwägungen zur Haltung gegenüber der neuen Obrigkeit anstellten; und das vor allem in den ersten Monaten nach der Revolution. Qualitativ gaben ablehnende Stimmen den Ton an – und das blieb so bis zum Ende der Weimarer Republik. Allerdings war die Ablehnung des Staates in kirchlichen Kreisen keine grundsätzliche,. Die Freiheit, die die Weimarer Reichsverfassung in Verbindung mit den neuen Länderverfassungen den Landeskirchen gewährte, wurde vollauf bejaht und in Anspruch genommen. Zugleich anerkannte man die neu gewährte Freiheit nicht als staatliche Toleranz, sondern legte sie diesem als religiöse Indifferenz, ja als Atheismus aus und machte ihm das zum Vorwurf. Diese widersprüchliche Haltung verweist auf ein politisches Reflexionsdefizit.

Die Proklamation des reinen Sozialismus

Die Revolution war im wesentlichen von sozialistischen Kräften getragen worden und hatte diese in Form der provisorischen Räte und dann der ersten sozialdemokratisch dominierten Reichsregierung an die Macht gebracht. Daß damit die Bolschewisierung des Reiches drohte, der man nur mit einer entschlossenen Wendung zur bürgerlich-konservativen Republik entgehen konnte, ist eine Stereotype, die nicht nur in der damaligen Zeit, sondern auch noch in der Geschichtsschreibung bis in die fünfziger Jahre hinein immer wieder verbreitet wurde[65]. Die Varianz der Entwürfe und der historische Spielraum waren erheblich größer, als sie die simplifizierende Alternative fassen kann. Wie weit das Spektrum sozialistischer, sozialdemokratischer und kommunistischer Entwürfe für den Umbau der deutschen Gesellschaft reichte, wurde in der Kirche jedoch kaum wahrgenommen – dazu waren die Berührungsängste doch zu groß. Zwar existierten aus der Tradition des 19. Jahrhunderts Kreise der Religiös-Sozialen, auch bildeten sich unter dem Eindruck der Revolution viele religiössozialistische Gruppen, die versuchten, „die christlichen Glaubensgehalte auf ihre soziale und gesellschaftliche Bedeutung und Wirkkraft hin auszulegen und so aus dem Glauben heraus beim Bau der neuen sozialistischen Staats- und Gesellschaftsordnung mitzuwirken.“ [66] Unternehmungen in diese Richtung stießen allerdings nur auf wenig Akzeptanz in der offiziellen Kirche[67]. Nach einer euphorischen Gründungswelle verebbte die Breitenwirksamkeit religiös-sozialistischer Kreise wieder sehr rasch; die religiös-politischen Schwärmer unter ihnen stellten bald ihre Arbeit ein, andere Gruppen konnten nur dadurch überleben, daß sie „grundsätzliche Theoriearbeit im Fragenkreis Christentum – Sozialismus (Tillich-Kreis[68])“ leisteten, damit aber weitgehend den Charakter eines esoterischen Zirkels erhielten, oder aber ihr „religiös-sozialistisches Wollen in den Gesamtstrom der deutschen Arbeiterbewegung" einbrachten und damit zumeist ihre kirchliche Anschlußfähigkeit verloren[69].

Für Bayern läßt sich die Entwicklung am *Neusozialistischen Volksbund* unter Pfarrer Eckardt[70] und den Brüdern Zirkelbach exemplifizieren. Der Bund fand im Standesblatt der bayerischen Pfarrer keine Erwähnung und wurde auch bei keiner Besprechung zur Neukonstitution der Kirche durch einen Vertreter hinzugezogen. Es finden sich Äußerungen der ‚offiziellen Kirche', in denen zwar von Versäumnissen in der sozialen Frage und gegenüber dem Arbeiterstand gesprochen wurde, aber man meinte, solche Versäumnisse durch eine stärkere Beteiligung der Arbeiterschaft in den kommenden kirchlichen Gremien wieder kompensieren zu können. Was nicht wirklich reflektiert wurde, war die grundsätzliche weltanschauliche Differenz, die zwischen der Kirche und der sozialistisch organisierten Arbeiterschaft mittlerweile bestand[71]. Darüber hinaus wurde der Begriff „Sozialismus" von Vertretern der offiziellen Kirche bisweilen okkupiert[72] und so eine nötige und überfällige Auseinandersetzung mit der sozialen Frage und dem Phänomen des Sozialismus bzw. der Sozialdemokratie affirmativ unterlaufen. Als Beispiel sei hier auf die Thesenreihe von Pfarrer Siegfried Kadner, Herausgeber des Jahrbuchs für die evangelisch-lutherische Landeskirche Bayerns, hingewiesen.

> Die Aufgabe der Kirche in diesen gärenden Zeiten, die große Gegenwartsparole lautet: ‚Erlösung dem Erlöser!' oder ‚Rettung des Sozialismus!' Denn der echte, reine Sozialismus kann uns erlösen, er muß aber selbst erst aus Verbindungen, in denen er gelähmt, mißleitet, verfälscht wird, erlöst, aus Händen, die ihn zur Karikatur machen, errettet werden. [73]

In 20 Thesen versuchte Kadner nachzuweisen, „daß reiner Sozialismus, rechter *Brudersinn nur auf dem Boden des Christentums* gewachsen ist."[74] Genau genommen sei der von dem „Scholastiker Marx" proklamierte Sozialismus das entartete und vernachlässigte Kind der Mutter Kirche.

> Nun wird sie [sc.: die Kirche] gestraft wie Eltern, deren Kind, entartet und ihnen innerlich entfremdet, sich *gegen* sie wendet. „Was auf wahre und gesunde Weise aus dem Christentum hätte hervorgehen sollen, tritt nun als Karikatur gegen das Christentum auf." Es wirkt zerstörend, nicht aufbauend; zerreißend, nicht bindend; die Klassen verhetzend, nicht versöhnend, knechtend, nicht erlösend.[75]

Aufgabe sei es nun, den Sozialismus von seinen zersetzenden Momenten zu befreien und wieder zu seiner wahren Bedeutung zu führen: zu einer an Christus orientierten, im Geist und Glauben des Urchristentums gelebten Liebe und Gerechtigkeit. In einem recht verstandenen und gelebten Sozialismus könne der evangelische Protestantismus jenseits aller dogmatischen Lehrkämpfe den Einigungspunkt finden.[76]

> So wagen wir es noch einmal, um die Seele unseres Volkes zu werben. [...] Nur die in Christo wurzelnde Barmherzigkeit, nur die christliche rettende Liebesarbeit kann noch bessere Zustände schaffen, nur die Ausbildung der praktisch-kirchlichen Richtung in Deutschland das Volksleben verchristlichen.[77]

Wer die Begriffe besetzt, macht sich die Köpfe untertan[78]. Auch wenn die Thesen Kadners nicht zum Programm der bayerischen Landeskirche geworden sind, so läßt sich doch an ihrem Erscheinungsort und ihrer Diktion einiges erkennen: Die Kirche war nicht wirklich an einer Auseinandersetzung mit dem Sozialismus interessiert; gegen einen theoretischen grundlegenden Diskurs sprach schon der Eindruck, es sei jetzt Zeit zum Handeln und nicht für scholastische Disputationen. Mit dem Anspruch, den wahren und reinen Sozialismus zu vertreten, ließ sich das Feindbild vom materialistisch gesinnten, das Volk verhetzenden Sozialismus marxistischer Prägung unhinterfragt aufrechterhalten.

Umgekehrt muß man sehen, daß die dezidiert antikirchlichen Programme und Erlasse der sozialistischen Regierungen bei den christlichen Kirchen und den jüdischen Gemeinden große Irritationen und Ängste hervorriefen. Daß freilich die Erinnerung an frühere Christenverfolgungen[79] gerechtfertigt war, läßt sich getrost bezweifeln. Auch wenn für einige Monate eine Kulturkampfstimmung[80] geherrscht haben mag, so war doch schon bald klar, daß auch die „Roten" die Kirchen in Deutschland nicht abschaffen, sondern diese auch weiterhin eine privilegierte Stellung in der Gesellschaft behalten würden. In der Öffentlichkeit bedeutete die Reklamation des Sozialismus als einer genuin christlichen Sache, die Arbeiterbewegung und die sozialistischen Parteien als Plagiatoren und Epigonen zu diskreditieren und zur ‚eigentlichen Sache' zurückzurufen. Einmal mehr offenbarte diese Haltung den Führungsanspruch der Kirche in ethischer, religiöser wie politischer Hinsicht für das gesamte deutsche Volk[81]. Im Hintergrund der behaupteten Kompetenz stand ein bestimmtes Ideal von Kirche und Volk und ihrer Verbindung in der *Volkskirche*. Dies soll im folgenden näher ausgeleuchtet werden.

> Es dürfte in der Geschichte kaum eine andere, äußerlich erfolgreiche Revolution geben, die so schnell aus dem Bewußtsein der Zeitgenossen verdrängt wurde wie die Revolution von 1918/19. Es entstand keine lebendige revolutionäre Tradition; die demokratische Republik gründete ihr Selbstverständnis nicht auf die Revolution, sondern allenfalls auf deren Überwindung [...]. Nicht die Revolution, sondern die der Revolution abgerungene Kontinuität war die Basis der Weimarer Demokratie.[82]

Für die Kirche galt das noch mehr, hatte man die Revolution doch allein als gegen die staatlichen Zustände gerichtet verstanden. Überblickt man die innerkirchlichen Diskussionen über Auftrag und Weg in den Jahren nach 1918, dann war auch hier Kontinuität das Gebot der Stunde; doch erschien diese von verschiedenen Seiten bedroht:

Die Revolution hatte das geltende Recht, wonach der König als Oberhaupt des Staates summepiskopale Rechte gegenüber den Kirchen wahrnehmen konnte, als obsolet erwiesen. Schließlich erschien die Ausübung dieser Rechte durch ein bürgerliches – oder gar sozialistisches – Ministerium auf Dauer völlig inakzeptabel. Zwar hatte die Kirche in den Jahren vor 1918 immer wieder eine größere Unabhängigkeit vom Summepiskopat eingeklagt[83]. Aber das Programm der Übergangsregierung Eisner zielte auf eine „völlige Trennung von Staat und Kirche". Das bedeutete eine massive Veränderung der Rahmenbedingungen kirchlicher Arbeit und stellte die bisherige rechtliche und organisatorische Form der evangelischen Volkskirche insgesamt in Frage[84]. Zudem bedrohten innerkirchliche Kontroversen die Stabilität der Landeskirche. Schließlich stellte der unübersehbare Relevanzverlust in einer säkular gewordenen Gesellschaft die Kirche als Volkskirche vor ein weiteres Problem. Der Fortbestand der Volkskirche war also durch innere wie äußere Faktoren gefährdet. Allerdings wurde das Paradigma der Volkskirche als Modell einer Vermittlung von Volk, Staat und Kirche auch nach den revolutionären Umbrüchen im November 1918 nur in Ausnahmefällen als prinzipiell revisionsbedürftig angesehen. Es knüpfte in seinen Ansätzen an die Romantik an und hatte im Laufe der Jahrzehnte spezifische, den politischen Ereignissen korrespondierende Wandlungen durchgemacht[85]. So erschien es auch 1918 als taugliches Modell für die Begründung und Orientierung kirchlichen Handelns in der Öffentlichkeit. In diesem Sinne kann es als das „im Grunde alternativlose Form- und Strukturprinzip der Kirche" [86] nach dem Fortfall des Staatskirchentums gewertet werden.

Zugang zu der vielschichtigen Diskussion um die Volkskirche wird man nur so gewinnen können, daß man nach der unterschiedlichen Bedeutung des Begriffs bei den jeweiligen Trägergruppen der oft stark divergierenden Volkskirchenmodelle fragt [87]. Die Mehrdeutigkeit des Leitbegriffs erklärt einerseits seine andauernde Wirksamkeit in diesem Jahrhundert, andererseits erschwert er aber auch die Beschreibung des darunter liegenden Phänomens, weil er ohne ausreichende Differenzierung zu Klischees und Äquivokation tendiert. Skizzenhaft ließen sich die Grundlinien des Volkskirchengedankens für die Zeit von 1900–1933 so zusammenfassen: Der Leitbegriff der „Volkskirche" meinte eine Kirche, die, im Volk verwurzelt, den ganzen Volkskörper umfassen, die Einheit der Kirche und der Nation über die Grenzen der abgetrennten Gebiete hinweg darstellen und alle Volksschichten mit dem Evangelium erreichen sollte, um sie sittlich zu formen und zu neuer geistiger und kultureller Höhe zu führen.

Eine Verbindung von christlichem Glauben und deutscher Kultur bestand schon seit den Freiheitskriegen des frühen 19. Jahrhunderts [88] und erfuhr am Ende des 19. Jahrhunderts eine weitere nationalistische Aufladung [89]. Dass man den Weltkrieg als Kulturkampf der unterschiedlichen Wertsysteme auswies, verstärkte noch einmal die Amalgamierung von christlichem Glauben und nationaler Identität und damit die geradezu apokalyptisch empfundene Tragweite dieses „Ringens der Völker" [90]. Die Kirchen haben den Krieg nahezu einhellig unterstützt – das Phänomen ist in ganz Europa und in den Vereinigten Staaten von Amerika anzutreffen – und mit ihren ‚höheren Weihen' zu eben jener Endzeitstimmung entscheidend beigetragen [91]. Die Niederlage hätte konsequenterweise die deutschen Kirchen dahin führen müssen, die Wertsysteme der Siegermächte als die „haltbareren" und überlegeneren anzuerkennen. Das geschah jedoch nicht, im Gegenteil wurde um so vehementer behauptet, das Deutsche Reich wäre militärisch unbesiegt geblieben und an der eigenen „sittlichen Schlaffheit" zugrunde gegangen. Um das deutsche Reich, das neben dem eigenen Versagen nun auch noch von rachsüchtigen Feinden umringt und ausgehungert und im Inneren von verantwortungslosen und untreuen Revolutionären mehr schlecht als recht regiert werde, wieder zu seiner eigenen geistigen und sittlichen Höhe und geschichtlichen Bestimmung zurückzuführen, brauche es die Volkskirche:

> Soll unser Volk sich selbst überlassen werden ohne den Einfluß des Geistes Jesu Christi? Die Entkirchlichung des Volkes führt schließlich doch zur Entchristlichung weiter Kreise; Entchristlichung aber ist gleichbe-

deutend mit Entsittlichung; die Entsittlichung aber des Volkes wäre der Anfang vom Ende [...]. Eben darum muß ich behaupten: die Kirche Christi kann und wird bestehen, auch wenn die Volkskirche zusammenbricht; für unser Volk aber ist ihr Fortbestand von grundlegender Bedeutung.[92]

Die Krise der Institution Volkskirche

Die Volkskirche war durch die Revolution in eine „akute Krise gestellt, als mit dem Landesfürstentum auch der traditionelle Summepiskopat verschwand und der volkspädagogisch vermittelte kirchliche Öffentlichkeitseinfluß gefährdet erschien“[93]. Säkularisierung, Mobilisierung, Modernisierung der Gesellschaft und die unübersehbar gewordene „Entfremdung der Massen vom kirchlichen Leben“ nötigte zu einer Neubesinnung über das Wesen der Kirche und ihrer Stellung im Volk. Der Krieg hatte die Lage eher verschärft, als daß er eine Renaissance religiösen Empfindens – wie in den Befreiungskriegen hundert Jahre zuvor – bewirkt hätte.

Die religiös-kirchliche Haltung des Volkes hat im Laufe des Krieges eine Umgestaltung erfahren, die sich nicht zu Gunsten der Kirche verwerten läßt. Die Beobachtungen in der Heimat wie im Felde stimmen hier ziemlich überein. Die sittlichen Begriffe sind in voller Auflösung begriffen, alle Autoritäten sind ins Wanken geraten, die sittlichen Grundlagen des Volkslebens sind erschüttert. Die Klassengegensätze sind schärfer als je.[94]

Um der akuten Krise zu begegnen, brauchte die Kirche eine „Theorie der Gesellschaft“ bzw. eine „Theorie der Öffentlichkeit“, die es ihr ermöglichte, die genannten Probleme anzugehen und ihren Anspruch auf Verkündigung des Evangeliums in der Öffentlichkeit plausibel zu machen[95]. Die massiven Auswirkungen des Krieges auf die moralisch-sittliche Haltung des Volkes sollten mittels eines modifizierten Modells der bestehenden Volkskirche aufgefangen werden. In Bayern wurde sie in ihrer landeskirchlichen Verfaßtheit nicht in Frage gestellt; allein die Trennung von Staat und Kirche in einer für die Kirche ganz ungünstigen Weise hätte dazu nötigen können, die Kirche im Sinne einer Freiwilligkeitskirche auf der Basis freier Zuwendungen zu gestalten[96]. Aber auch in diesem Falle sollte sie eine auf das „Volksganze“[97] hinwirkende Volkskirche bleiben. Bereits in der Besprechung für einen eigenständigen kirchlichen Weg vom 19. November 1918 hatte Oberkonsistorialrat Gebhard ausgeführt, daß es Ziel des kirchlichen Handelns sein müsse, die Volkskirche als lutherische Bekenntniskirche durch die Zeit der Trennung von Staat und Kirche hindurch zu bewahren [98]. Auch öffentlich wurde diese Auffassung noch einmal bekräftigt:

> Mag das Band sich lockern oder lösen, das unsere evangelische Kirche seit den Tagen der Reformation mit dem Staate verbunden hat, so soll es umsomehr bei jenem *Bunde* bleiben, der unserm deutschen Volk zum größten Segen geworden, bei dem Bund zwischen Kirche und Volk. Auch die neue Zeit soll nicht scheiden, was Gott zusammengefügt hat, und auch unter neuen Formen soll in unserm Land die evangelische Volkskirche die alte bleiben in ihrem Glauben und Leben, engen Gewissens, aber weiten Herzens, eine Zuflucht für alle, die nach Halt und Trost, Wahrheit und Frieden verlangen, und eine Brunnenstube wahrer Kraft. Mit unverbrüchlicher Treue soll sie sich nach wie vor zu dem Glauben unserer Väter halten [...].[99]

In den evangelischen Kirchen war im Krieg die innere und äußere Abhängigkeit von den Staatsregierungen immer stärker als anachronistisch empfunden worden. Obwohl sie sich in der nationalen Erhebung vom August 1914 geschlossen mit der Sache des deutschen Vaterlandes identifiziert hatten [100], obwohl Theologen einen überproportional hohen Anteil bei den Gefallenen zu verzeichnen hatten [101] und bis in die letzten Tage des Krieges Durchhalteparolen evangelischer Pfarrer an die im Felde stehenden „Feldgrauen" verschickt worden waren, war die Ablehnung des bestehenden Staatskirchensystems in den Reihen der evangelischen Amtsträger immer deutlicher zum Ausdruck gekommen. Spätestens der Krieg hatte es für alle Pfarrer und Theologen an den Tag gebracht, daß die Kirche nach seinem Ende neu organisiert werden müsse [102]. So finden sich bereits in den Jahren vor 1918 zahlreiche Aufsätze und Schriften, die sich mit einer Neuorganisation der Kirche befassen [103]. Keine der Publikationen plädierte allerdings für eine radikale Trennung von Staat und Kirche. Man verband mit der Trennung vielmehr eine freiere Selbstverwaltung und dadurch einen deutlicheren geistlichen Akzent auf der kirchlichen Arbeit, bei gleichbleibender Unterstützung durch den Staat, und vor allem unter Beibehaltung seiner christlichen Gestalt und Legitimation [104]. Die Trennung von Staat und Kirche lag also seit längerem in der Luft [105] – und in der Konsequenz der Entwicklung der letzten Jahrzehnte seit dem Kulturkampf der Bismarckära. Sie war eine Konsequenz aus der Transformation des Staates aus den alten obrigkeitlichen Strukturen in die einer auf Parlamentarismus beruhenden und zu Demokratie tendierenden Monarchie; sie war zugleich eine Konsequenz aus der Überführung von immer mehr Lebensbereichen aus der kirchlichen Aufsicht in die staatliche, d.h. allgemeingesetzliche Moderation[106]. Und sie war schließlich die Folge einer Entfremdung breiter Bevölkerungsschichten gegenüber dem kirchlichen Reden und Handeln.

Die Volkskirche als Bekenntniskirche

Die von Kirchenrat Boeckh im März 1918 prognostizierte Trennung von Staat und Kirche hatte zwar drastische Strukturveränderungen für die Kirche in den Blick genommen, doch war im Frühjahr 1918 keineswegs an eine radikale Trennung gedacht, bei der sich die Kirche in einem weltanschaulich neutralen Staat an den Rand gedrängt sehen würde. Im November 1918 wurden in dem Treffen der Konsistorien mit dem Generalsynodalausschuß zur Besprechung der „nunmehrigen kirchenpolitischen Lage" für beide Fälle – den einer radikalen und den einer moderaten Trennung – Szenarien entworfen, die darin konvergierten, daß die Volkskirche auf alle Fälle erhalten werden sollte. Probleme innerkirchlicher Art erwartete man allerdings in der Bekenntnisfrage. Unter der Prämisse „Erhalt der Volkskirche" sei

> [...] nun das Wichtigste die Stellungnahme zur Bekenntnisfrage. Kann diese auf eine glückliche befriedigende Weise nicht gelöst werden, dann wird – das müssen wir uns ja recht vor Augen halten – unsere Kirche als Volkskirche zerfallen. Wenn es nicht gelingt, die Bekenntnisfrage in einer für alle Richtungen erträglichen Form zu regeln, so ist der Zerfall unserer Kirche sicher und damit ist auch der Einfluss der Kirche auf unser Volk verloren. Fällt die Volkskirche zusammen, dann sinkt auch ihr Einfluss auf die Volkskreise. [...] An dieser Frage [sc.: der Bekenntnisfrage] hängt die Zukunft unserer Kirche als Volkskirche. Wenn wir einigermassen entgegen kommen nach beiden Seiten, müsste es doch gelingen, unsere Kirche als Volkskirche zusammenzuhalten.[107]

Als schwierige Gegner sah Boeckh die Liberalen und ihnen gegenüber die Gemeinschaftskreise und Neuendettelsauer an. Bei den einen sah er die Bekenntnissubstanz zugunsten populärer Akzeptanz aufgeweicht, bei den anderen in subjektivistischer und unhistorischer Manier dogmatisch enggeführt[108]. Alle diese Gruppen sprachen sich zwar für den Fortbestand der Volkskirche aus. Mit der terminologischen Übereinstimmung waren die Gemeinsamkeiten zwischen Liberalen und Konservativen hinsichtlich der Volkskirche aber bereits erschöpft; denn mit der Neukonstitution der

Kirche verbanden sich durchaus gegensätzliche Wünsche und Erwartungen. Dem liberalen *Protestantischen Laienbund* wie auch prominenten liberalen Pfarrern erschien die volkspädagogische Arbeit der Kirche unerläßlich und nur im Rahmen volkskirchlicher Strukturen vorstellbar[109]. Allerdings verbanden sie mit einer Neukonstitution der Kirche als Volkskirche insgesamt eine stärkere Öffnung der Kirche für laizistische Elemente. Obendrein kämpften sie für eine „freie theologische Forschung“, die sich frei von kirchlich-dogmatischen Bindungen entfalten könnte, und für eine der Zeit angemessene Interpretation von Schrift und Bekenntnis. Anders der *Bund der Bekenntnisfreunde*, der bewußt in Opposition zum theologischen Liberalismus gegründet worden war und in allen genannten Punkten eine dezidiert neuorthodox-konservative Position bezog. Die Kluft zwischen den beiden Gruppen, die aus einer Kontroverse um die Interpretation des Bekenntnisses hervorgegangen waren[110], ließ sich nach dem Kriege in Bayern nur noch mit Mühe kaschieren – auch das „Einheitserlebnis“ vom August 1914 hatte beide nur für kurze Zeit Seite an Seite führen können. Es wird noch näher darauf einzugehen sein, daß gemäßigte Liberale und gemäßigte Konservative sich nach dem Krieg angesichts der schwierigen Umstände in der Bekenntnisfrage vordergründig relativ schnell einigen konnten, wobei die Liberalen aufgrund ihres Minderheitenstatus stärker von ihren Positionen abrücken mußten.

Schwieriger noch waren die Forderungen der *Neuendettelsauer Lutheraner* und der Gemeinschaftskreise mit dem Wunsch in Einklang zu bringen, möglichst alle dem lutherischen Bekenntnis Verbundenen in der einen Volkskirche zu integrieren[111]. Die Auseinandersetzung mit den „radikal freier Gerichteten in Bayern“, die in Pfarrer Sammetreuther[112] einen provokanten Vertreter fanden, bedeutete nochmals einen Prüfstein, ob die Volkskirche als Bekenntniskirche durchsetzbar sein würde. In kirchenregimentlichen Kreisen aber war man zuversichtlich, daß die Synthese von Volks- und Bekenntniskirche ekklesiologisch geboten und praktisch erreichbar sei. Die Auffassung bekräftigte Oberkonsistorialpräsident Veit in seinem Wort an die Leser der NKZ zum neuen Jahr 1919:

> So erstreben wir es, die Volkskirche zu erhalten, der jeder von hause aus angehört, nicht Vereine zu bilden, in die der Einzelne erst eintritt. Löst sich auch das Band zwischen Staat und Kirche, so soll das zwischen Volk und Kirche, will's Gott, erhalten bleiben. So nur kann der Kirche ein wirklicher Einfluß auf Leben und Sitte des Volks gesichert werden. Wie dann die Kirche ihr Haus im einzelnen einrichtet, mag der Zukunft vorbehalten bleiben.[113]

Volkskirche für das Volk

Mit den revolutionären Umwälzungen in der politischen Landschaft ging die Forderung nach einer Trennung von Staat und Kirche einher. Darüberhinaus drohte der Staat, durch eine radikale Trennung die Kirche zu marginalisieren und die „Entchristlichung und Entkirchlichung des Volkslebens im Allgemeinen“ [114] zum Programm zu machen. Auf seiten der Pfarrerschaft waren es nicht wenige, die das Ringen um den Stellenwert der Kirche in der Frühzeit der Weimarer Republik als „Kulturkampf“, als „Überlebenskampf“ verstanden und ihrerseits mit entsprechender Schärfe betrieben. Einerseits wußte man zwar die neuen Freiheiten zu schätzen, die sich für eine staatsfreie Kirche ergäben [115], andererseits aber erlebte man auch die bereits erwähnten Verunsicherungen [116]. Auf kirchenleitender Ebene war der Ton deutlich moderater gestimmt: Die ersten Wochen nach dem revolutionären Umbruch seien – nicht nur in Bayern – von einer „begreiflichen Nervosität“ geprägt gewesen, in der viele Vorschläge zur Neuordnung des Verhältnisses von Staat und Kirche „das rechte Abmaß an Takt und Klarheit haben vermissen lassen“ [117]. Inzwischen aber habe man zu einer überlegten, ruhigen Art gefunden. Die Bemühungen um die Volkskirche zielten nicht allein darauf, die Kirche für das Volk zu erhalten, sondern umgekehrt auch das Volk für die Kirche neu zu gewinnen und für deren Ziele zu motivieren. So appellierte das Oberkonsistorium an das evangelische Kirchenvolk:

> Euch aber, liebe Glaubensgenossen, legen wir es ans Herz, mit diesem Bekenntnis vollen Ernst zu machen und Eurer Kirche stets die gelobte Treue zu halten. Bedenkt was Ihr an ihr und ihren Gütern habt, und tretet in der ernsten Gegenwart nicht bloß für Euer Volk und Vaterland, für Ordnung und Wohlfahrt des Staates, für die Sicherheit des Hauses und Lebens, sondern mit hohem Mut und treuer Fürbitte auch für Eure Kirche und ihre heiligsten Aufgaben ein.[118]

Von dieser Seite betrachtet, gewann der Begriff der Volkskirche eine neue Bedeutung: Um die Kirche in ihrer gegenwärtigen Gestalt zu erhalten, war das Kirchenregiment erstmalig auf die Unterstützung des Kirchenvolkes angewiesen! Nur durch seine Mobilisierung würde eine genügend große kirchenpolitische Kraft entstehen, um die, sich wesentlich über einen staatlichen Verwaltungskörper konstituierende, Kirche erhalten zu können. In Bayern war die Zahl der Konfessionslosen mit 4,6‰ außerordentlich gering [119], d.h. das Rekrutierungspotential der evangelischen Kirche war leichter zu erreichen als in anderen Landeskirchen.

Was der Philosoph und frühere Theologe Ernst Troeltsch am 10. August 1919 – einen Tag vor Erlaß der Weimarer Reichsverfassung – in der preußischen Landeskirche sich entwickeln sah, das galt weitgehend auch für alle anderen protestantischen Landeskirchen Deutschlands.

> Die protestantische Kirche Preußens bereitet sich darauf vor, zur konservativen Gegenburg gegen den Staat der Revolution zu werden. Kurz: die teils planmäßig gelegten, teils instinktiv hervorleuchtenden Grundlagen der Gegenrevolution werden sichtbar [...].[120]

Schon die fast einmütige Option der kirchlichen Führungskreise für die Rechtsparteien bei den Wahlen zur Nationalversammlung war eine deutliche Absage an den „Staat der Revolution". Nach den Wahlen, die dem rechten Parteienspektrum nicht den erhofften Durchbruch beschert hatten[121], schlug die Enttäuschung in der Kirche in unverhohlen artikulierte Ablehnung der Demokratie und ihrer Repräsentanten um[122]. Auch in Bayern, das am 12. Januar 1919 den sozialistischen und sozialdemokratischen Parteien eine Mehrheit verweigert hatte, stellte die Kirche ihre ablehnende Haltung gegenüber der Landes- wie der Reichsregierung im Laufe des Jahres 1919 immer wahrnehmbarer heraus.

Vordergründig betrachtet, trugen die antikirchlichen Maßnahmen des Kultusministers Hoffmann zu solchen Ressentiments bei. Außerdem wirkte die immer wieder hinausgezögerte Eröffnung des neugewählten Landtages nicht eben vertrauensfördernd auf die demokratieskeptischen Kirchenmänner. Schließlich hemmten die Räterepublik in München und die hinhaltende Verhandlungsweise des bayerischen Ministerpräsidenten und Kultusministers Johannes Hoffmann eine zügige, auf klarer Rechtslage fußende Neukonstitution der evangelischen Kirche. Gleichwohl vollzog sich die verfassungsmäßige Neuordnung der evangelischen Kirche in Bayern im Vergleich zu anderen Landeskirchen im Reich erstaunlich schnell und relativ ungehindert.

Hinter den retardierenden Momenten stand unverkennbar die viel tiefer reichende Angst vor dem Projekt der bürgerlichen Moderne. In der Gesellschaft war die alte, vormoderne Ordnung und mit ihr auch die exponierte Stellung der Kirche dahin. Der Abschied von der Utopie eines christlichen Staates ist der evangelischen Kirche ungleich schwerer gefallen als der katholischen[123]. Gleichwohl hatte sie den Gedanken einer Reintegration breiter Volksschichten in einer evangelischen Kirche noch nicht aufgegeben, ja verfocht diesen um so vehementer, je unübersehbarer die gesellschaftliche Dissoziation der Gesellschaft und ihr eigener Relevanzverlust in der pluralistischen Gesellschaft wurde.

Im Gedanken der Integration bzw. Reintegration breitester Volksschichten schwang immer auch der Wunsch mit, das Einheitserlebnis von 1914 zu repristinieren [124] und auf kirchlicher Ebene das zu erreichen, was auf politischer nicht mehr möglich erschien. Hielt die kirchliche Integrationsstrategie stark daran fest, daß alle Bevölkerungsschichten auf ein gemeinsames, der Kirche vorgegebenes Bekenntnis wieder zu verpflichten seien, so mußten politische Integrationstheorien [125] viel stärker auf einen Kompromiß abzielen. Entsprechend wirkte das Idealbild der Volkskirche sehr viel geschlossener und imponierender als die staatspolitischen Integrationstheorien, die auf der demokratischen Verfassung aufbauten. Freilich gab es daneben radikale politische Theorien, die in quasireligiöser Überhöhung die völkische Einheit neu zu konstituieren gedachten und die realen Verhältnisse nicht zur Kenntnis nehmen wollten [126]. Das bestätigt nur einmal mehr, daß die Kirche mit der Volkskirche ein gemeinschaftliches Gegenmodell zur demokratisch verfaßten Gesellschaft darbot und hierbei durchaus auch auf Gleichgesinnte stoßen konnte.

Die Kirche verstand sich selbst nicht als eine Interessenvereinigung, ähnlich einer Partei, die die partikularen Interessen ihrer Klientel gegenüber konkurrierenden Ansprüchen durchzusetzen hätte, sondern nahm für sich in Anspruch, das Wohl des ganzen Volkes im Blick zu haben und „über den Parteien“ [127] stehend und ihrem Streit enthoben eine Größe *sui generis* zu bilden. Dementsprechend wurde von ihr im politischen und kirchenpolitischen Geschäft eher auf überkommene Strukturen und Ideen zurückgegriffen. Im Fundus waren nicht nur Ordnungsmuster der wilhelminischen Gesellschaft, sondern zum Teil sogar vorkonstitutionelle, ständische Ordnungsmuster. So dachte von Pechmann daran, das alte *Corpus Evangelicorum* [128] – zu einem Kirchenbund modifiziert – zu restituieren. Der Zusammenschluß aller evangelisch gesinnten Kreise sollte die evangelische Sache konzentriert und konzertiert vertreten [129].

Zusammenfassung

Es haben sich historiographische Probleme aufgetan, wo es um die Beschreibung *der* Kirche ging. Das Quellenmaterial bietet im wesentlichen die Sicht der Amtsträger aus Gemeinden, Konsistorien, der Kirchenleitung und der Universität. Über die in sich noch einmal zu differenzierende Sicht und Meinung der Gemeindeglieder ist nur wenig und zumeist nur indirekt etwas zu erfahren. Dennoch dürfte der Überblick deutlich gemacht haben, auf welchem Hintergrund und mit welchen Denk- und Wahrnehmungsstrukturen sich das kirchenpolitische Handeln vollzogen hat, welches seine hauptsächlichen Trägergruppen waren, und welche Ziele sie mit ihrem Handeln verbanden.

Wenn gesagt wird, daß das kirchenpolitische Handeln vor allem von der „offiziellen Kirche", also den Vertretern der kirchenleitenden Organe und den Pfarrern ausgegangen sei, dann entspricht die Feststellung auch einem damals weitverbreiteten Verständnis von Kirche, das den kirchlichen Amtsträgern nicht nur in geistlichen Fragen eine wichtige Orientierungskompetenz und volkspädagogische Funktion zuschrieb.

Der durch Revolution und Nachkriegswirren ausgelösten allgemeinen Verunsicherung, die hier unter dem Begriff der „Krise" subsumiert wurden, begegnete die Kirche so, daß sie versuchte, die bestehenden Strukturen und das eigene Selbstverständnis möglichst ungebrochen durch die Zeit der Revolutionswirren und der staatlichen Neubildung zu retten. Mit dem Bemühen um Kontinuität verbanden sich innerkirchliche Bestandssicherung, der Versuch, staatliche Garantien in Form von Unterhaltszahlungen und Gewährung kirchlicher Privilegien zu erlangen, sowie der Anspruch auf uneingeschränkte Öffentlichkeit. Diese Elemente korrespondierten mit einem bestimmten Entwurf von Volkskirche, der zugleich Ideal und Zielpunkt der kirchenpolitischen Bemühungen abgab.

Auf die vielen Momente, in denen der Revolution Kontinuität abgerungen wurde, ist bereits hingewiesen worden. Die Kirchenbehörden haben sich den Impuls, der im politischen Leben wesentlich von den Mehrheitssozialisten ausging, zunutze gemacht und ihrerseits auf die Einhaltung von Recht und Ordnung und die Wahrung der rechtlichen Kontinuität verwiesen. In organisationsrechtlicher Hinsicht kann das Modell der Volkskirche als Fortschreibung der vormaligen Verhältnisse mit möglichst geringen Modifikationen verstanden werden.

Auch wenn die Befreiung von „dem weltlichen Arm mit seinem Dringen und Zwingen"[130] zunächst recht verschiedene Entwürfe[131] für die zu reformierende Kirche zeitigte, so hat sich in kurzer Zeit praktisch alternativlos das Modell einer von positiver Kirchlichkeit, ländlich-kleinbürgerlicher Mentalität und volkspädagogischem Führungsanspruch gekennzeichneten Volkskirche durchsetzen können. Das erklärt sich nicht zuletzt aus der Rolle, die die Kirchenbürokratie nach der Revolution im Rahmen der kirchlichen Neukonstitution spielte.

Die „Volkskirche" läßt sich als ein Orientierungsmodell beschreiben, mit dem die evangelische Kirche ihren Öffentlichkeitsanspruch und ihre gesellschaftspolitische Relevanz zu formulieren und zu begründen versuchte. Man wird den tatsächlichen Relevanzverlust der Kirche in der Gesellschaft des frühen 20. Jahrhunderts nicht einfach mit fortschreitender Entkirchlichung der breiten Bevölkerung identifizieren dürfen. Weder läßt sich die so eindeutig nachweisen, noch läßt sich so einfach ein monokausales Gefälle konstruieren. Genausowenig wird man eine Dekadenzgeschichte der Kirche konstruieren dürfen, als habe sie in bewußter oder unbewußter Verkennung der Zeitlage nur eine Repristination vertrauter Strukturen betrieben. Vielmehr zeigt die Darstellung, daß hier sehr verschiedene Faktoren zum Zuge kommen, die das Syndrom „Volkskirche in der Weimarer Republik" charakterisieren. Es sind hier retardierende wie auch progressive Elemente festzustellen, die von der Kirchenleitung bei der Frage einer Neukonstitution des Verhältnisses von Staat und Kirche ins Spiel gebracht wurden. Bezogen auf die innerkirchlichen Differenzen lassen sich ebenfalls gegenläufige Tendenzen ausmachen: So sollte die Volkskirche einerseits die Integration bzw. Reintegration breiter Bevölkerungsteile ermöglichen, andererseits aber war sie – gerade in Bayern – als Bekenntniskirche anvisiert worden, womit diese Kirche von vornherein Menschen ausschloß.

In gewisser Weise läßt sich das volkskirchliche Paradigma als gesellschaftspolitischer Gegenentwurf[132] zum sozialistischen bzw. sozialdemokratischen Entwurf begreifen. Das gilt einmal mehr, weil er sich nicht auf innerkirchliche Fragen eingrenzen ließ, sondern auch Stellung bezog zu den außenpolitischen Fragen der abgetretenen Gebiete und der ehemaligen Kolonien, zur Kriegsschuldfrage und zu den Friedensverhandlungen. Vor allem aber war mit dem volkskirchlichen Entwurf ein Anspruch auf moralisch-religiöse Führung des Volkes angemeldet, der besonders in der Schulfrage und im Anspruch auf geistige und geistliche Führungskompetenz der Kirche für das Volk Ausdruck fand. Der konkurrierende Anspruch auf Öffentlichkeit und Führerschaft läßt es berechtigt erscheinen, von einem ‚gesellschaftlichen Gegenmodell' der Kirche zu sprechen[133].

In gewisser Weise trat das gemeinschaftliche Gegenmodell der Kirche zu Staat und Gesellschaft auch bei der Leitung der Organisation Kirche entgegen. Die Affinitäten und Differenzen des bischöflichen Leitungsamtes zu staatlichen Leitungsämtern genauer zu untersuchen, wird Aufgabe der folgenden Kapitel sein, in denen der Verlauf um die innerkirchliche Substitution des landesherrlichen Summepiskopats und seine spezifische Ausformung dargestellt werden sollen. Dabei wird es dann auch darum gehen, welche Momente in der persönlichen Spitze der Kirchenleitung zusammengefaßt worden sind und wie weit ihre Synthese als sinnvoll und gelungen bezeichnet werden kann.

Einerseits stellte das Modell der Volkskirche den Versuch dar, auf die veränderten Verhältnisse zu antworten, andererseits aber verzerrte die Optik des Modells die Wahrnehmung der eigenen Zeit so stark, daß mehr die Rückwärtsgewandtheit orientierend wirkte, als daß die Chancen der neuen Zeit gesehen wurden. Natürlich gab es unterschiedliche Stimmen und immer wieder solche, die auf die Chancen hinwiesen; aber sie gingen fast unter im Chor derer, die aus ihrer Ablehnung der Republik keinen Hehl machten und sich die alte Ordnung zurückwünschten.

Die Diskussion um die Volkskirche hatte Teil an den Spannungen der eigenen Zeit, sie war letztlich auch Indiz für die zunehmende Pluralisierung der kirchenpolitischen und theologischen Gruppierungen in der Kirche, und so ist dann die Volkskirche als ein Kompromiß zu verstehen, der die divergierenden kirchlichen Strömungen zu sammeln suchte, dabei aber nicht mehr den erratischen Block Kirche und seine dominierende Stellung im wilhelminischen Deutschland zu synthetisieren vermochte. Trotz mancher Anpassung an die neue Zeit überwogen doch die retardierenden und gegenläufigen Implikationen des Volkskirchenmodells unverkennbar: Die Kirche blieb deshalb nicht nur verhaftet in den alten Strukturen der Monarchie, die trotz veränderter Rahmenbedingungen als bewährt angesehen wurden, sondern tendierte in ihrer Neukonstitution auch sehr bewußt zur Restitution überkommener ständischer und staatskirchlicher Ordnungsmotive. Deutlicher wird die „konservativste aller Optionen" noch, wenn man die tatsächlich erreichte Kontinuität mit anderen, randständigen ekklesiologischen Entwürfen der Zeit vergleicht:

> Faßt man den deutschen Protestantismus der Weimarer Zeit als geistig-politische Gesamterscheinung ins Auge, so treten jene Strömungen, die wir eben behandelt haben, stark zurück. Weder den Religiös-Sozialen, noch den Liberalen, noch der dialektischen Theologie gelang es in den Jahren zwischen 1918 und 1933, einen tiefergehenden Ein-

fluß auf die Kirche selbst zu gewinnen. Diese Kirche blieb vielmehr, aufs Ganze gesehen, auch nach dem Kriege das, was sie vor seinem Ausbruch gewesen war: konservativ und deutsch-national. Sie entsprach in ihrem politischen Habitus ziemlich genau dem, was wir oben den ‚alten Nationalismus' genannt haben, und rechnete es sich zur Ehre an, damit unter allen Möglichkeiten für die bei weitem konservativste optiert zu haben.[134]

1 Christian Arnold (1768-1868)

2 Adolf von Harleß (1806-1879)

3 Adolf von Stählin (1823-1897)

4 Hermann von Bezzel (1860-1917)

5 Oberkonsistorialrat Hermann von Bezzel an der Westfront 1916

6 Der Senat der Erlanger Fakultät 1913 (v.l.n.r. Lotz, Eheberg, Kübler, Steinmeyer, Heiland, Rieker, ?, Sehling, Fürst zur Lippe, Grützmacher, Orthmann, Allfeld, Falckenberg, Riezler, Specht, Stählin)

7 Philipp Bachmann (1864–1931)

8 Christian Bürckstümmer (1874-1924)

9 Hermann Strathmann (1882–1966)

10 Theodor von Zahn (1838–1933)

11 Oberkonsistorialpräsident Friedrich Veit (1861–1948)

Auf dem Weg zur staatsfreien Volkskirche

Der kirchenpolitische Diskurs 1918–1920

Dieses Kapitel legt besonderes Augenmerk auf den Gang der kirchenrechtlich-administrativen Entwicklungen, die die Substitution des Summepiskopats in der Protestantischen Landeskirche Bayerns rechts des Rheins betreffen. Der erste Teil geht auf die Vorschläge und Diskussionen ein, die außerhalb des Kirchenregiments aufgekommen sind. Sie stellen in modifizierter Weise eine Fortsetzung der Debatte um ekklesiologische Neubesinnung und Neukonstitution dar, die in den Jahren zuvor sehr intensiv unter den Pfarrern geführt worden ist. Der Kirchenrat und Vorsitzende des Generalsynodalausschusses Friedrich Boeckh meinte im Rückblick, daß viele dieser Vorschläge „das rechte Maß an Takt und Klarheit haben vermissen lassen“ [1]. Doch gerade die Verschiedenheit der moderat oder auch schrill geäußerten Beiträge zum Umbau der Kirche lassen den schließlich eingeschlagenen Weg als wohlkalkulierte Alternative erkennbar werden. Die Frage, warum sich letztlich eine bestimmte Variante der Neukonstitution durchsetzen konnte, beantwortet sich zu einem Teil eben auch aus der Plausibilität und Popularität der Alternativen und ihrer Protagonisten.

Unter den verschiedenen Stimmen zum Um- und Neubau der Kirche wird die sehr früh und zielstrebig einsetzende Arbeit der Kirchenbehörden besonders zu untersuchen sein. Bereits wenige Tage nach der Revolution begann man hier mit Überlegungen zu einem eigenständigen kirchlichen Weg. Auf der Grundlage der *Richtlinien* des weltlichen Oberkonsistorialrates Karl Gebhard ist vom Oberkonsistorium versucht worden, in einem möglichst alle kirchlichen Gruppen und Vereine integrierenden Diskurs die relevanten Aspekte zu beraten, die die Trennung vom Staat und den verfassungsmäßigen Neubau der Kirche betrafen. Schon sehr bald bestand Einigkeit darüber, daß die Kirche dem Staat die Initiative bezüglich der Trennung überlassen werde. Von der Reichweite der staatlichen Trennungsgesetzgebung wollte die Kirche sich dann in ihrem eigenen Vorgehen leiten lassen. Den Summepiskopat sah man schon wenige Tage nach der Revolution als unwiederbringlich „dahingefallen“ an [2] – trotz aller Vorbehalte gegen die Revolution an sich. In jedem Falle sollte die Kirche eine neue Verfassung erhalten, um auch die seit langem innerkirchlich vorgetragenen Beanstandungen an der „Konsistorialkirche“ oder „Verwaltungskirche“ zu beseitigen. Man einigte sich darauf, eine außerordentliche Generalsynode einzuberufen, die eine Wahlordnung zu einer konstituierenden Generalsynode verabschieden sollte. Nach den im neuen Modus durchgeführten Kirchenwahlen zur Generalsynode sollte dann die daraus hervorgehende Konstituante [3] eine neue Kirchenverfassung beschließen. Diese sollte dem „Wesen der Kirche“ (Kaftan) entsprechen, so daß sie frei von äußeren Zwängen ihren evangelischen Auftrag in einer veränderten Gesellschaft würde wahrnehmen können. Die dafür nötige Umgestaltung der kirchlichen Strukturen sollte so zurückhaltend wie möglich durchgeführt werden – ein „Umbau“, kein „Neubau“ sollte eingeleitet werden. Soweit möglich sollten alle kirchlichen Gruppen an den Gesprächen über den Umbau beteiligt werden, der die Kirche als Volkskirche *und* als Bekenntniskirche erneuern sollte.

Ein dritter Teil schildert die Vorbereitungen und den Verlauf jener außerordentlichen Generalsynode in Ansbach im Juli 1919. Ihr kommt insofern besondere Bedeutung zu, als sie quasi den Übergang von staatskirchlicher Vergangenheit zu kirchlich-selbständiger Zukunft der evangelischen Kirche in Bayern markiert. An den Vorbereitungen und Vorüberlegungen zu ihr läßt sich sehr gut das kirchliche Selbstverständnis zwischen der Bemühung um rechtliche Kontinuität und der Nötigung zu juristisch unkonventionellen Handlungsweisen in einer ‚revolutionierten Gesellschaft‘ ablesen. Im Vorfeld der Synode, die sich hauptsächlich mit der Ausarbeitung einer neuen Generalsynodalwahlordnung beschäftigte, fanden auch Sitzungen des Arbeitsausschusses statt, der sich Verfassungsfragen widmete und für die innerkirchliche Substitution des landesherrlichen Kirchenregiments Entwürfe ausarbeitete.

Ein vierter Abschnitt wird die Zeit zwischen der außerordentlichen Generalsynode im Juli 1919 und der außerordentlichen Generalsynode im September 1920, die die neue Verfassung zu beraten und zu verabschieden hatte, näher ausleuchten. Dabei wird es vor allem um die divergierenden Entwürfe zur Substitution des Summepiskopats gehen und um die unklare Rechtslage, die für die Regierung Hoffmann mit Art. 135–141 i.V. Art. 10 WRV gegeben war und die eine zügige Durchführung der auf der Generalsynode beschlossenen Kirchengesetze verhinderte.

In einem eigenen Abschnitt wird die Verfassungsentwicklung auf der Konstituante vom 17. August bis 12. September 1920 geschildert, wo die bis dato eingereichten Verfassungsentwürfe noch einmal deutliche Veränderungen gerade in den Artikeln über die Kirchenleitung erfuhren. Am 9. September wurde in Ansbach die neue Kirchenverfassung der Evangelisch-Lutherischen Kirche in Bayern verabschiedet, die mit geringfügigen Modifikationen bis zum Jahr 1972 bestehen blieb. Eine systematische Auswertung beschließt das Kapitel.

Die nichtkonsistoriale Diskussion

Modalitäten der Diskussion

Die Revolution in Deutschland und die Abdankung der Monarchen lösten nicht nur in den Kreisen der kirchenleitenden Organe, die berufsmäßig den anstehenden verfassungsrechtlichen Problemen viel näherstanden, sondern bei der Pfarrerschaft und sogar bei den kirchlichen Laien ausführliche Debatten über die Gestalt der Kirche nach dem Ende des Staatskirchentums aus.

In der Literatur über die Kirche in der Weimarer Republik ist dementsprechend auch immer wieder das starke Laienelement betont worden, das zur Neukonstituierung der Volkskirche wichtige Beiträge geliefert habe [1]. Das mag für die große preußische Landeskirche gelten, wo beispielsweise *Volkskirchenräte* [2] und *Volkskirchendienste* [3] den Diskurs um innerkirchliche Reformen stark auf die Ebene der Gemeinden zu transformieren wußten. Das mag auch in kleineren Landeskirchen wie der Badens stattgefunden haben, wo die liberalen Kräfte in der Kirche die von vielen Konservativen so gefürchtete und als ungeistlich verpönte Urwahl zur konstituierenden Synode durchsetzen konnten [4]. Für Bayern ist jedoch zu beobachen, daß die Entwicklung von Anfang an stark durch konsistoriale Kräfte bestimmt wurde. Gerade deshalb ist es wichtig, die ersten Wortmeldungen derer zu betrachten, die am weiteren Gespräch nur noch mittelbar beteiligt waren.

Auf seiten der Pfarrerschaft läßt sich das Gespräch als eine Fortführung der ekklesiologischen Debatte des letzten Jahrzehnts vor dem Ersten Weltkrieg verstehen. Man wird im einzelnen zwischen den Vorstellungen der Amtsträger hinsichtlich ihrer theologischen Orientierung differenzieren müssen – hier wirkten die Friktionen aus den Jahren zwischen 1910 und 1913 fort. Nach dem November 1918 geriet die bis dato weitgehend akademisch-theoretisch geführte Diskussion über die Reform der Kirche unversehens in das Feld der Praxis. Was bisher nur einmal angedacht worden war und nicht umgesetzt werden konnte, weil Krieg und staatliches Kirchenregiment solches verhinderten, hätte nun nahezu ungehindert in die Praxis umgesetzt werden können, weil der Staat bzw. die Länder nach relativ kurzer Klärungsphase den evangelischen Landeskirchen in Deutschland freie Hand bei ihrer Neukonstitution ließen, ihnen sogar weitgehend die alten Privilegien aus staatskirchlicher Zeit – Status einer Körperschaft des öffentlichen Rechtes, mit dem Recht auf Kirchensteuereinzug über die staatlichen Finanzämter, Möglichkeiten des Religionsunterrichtes an den öffentlichen Schulen, Recht auf Konfessionsschulen – beließen und garantierten.

Bei den Stimmen aus dem Kreis der kirchlichen Laien in Bayern wirkten die Mißhelligkeiten zwischen konservativ und liberal Gesinnten fort. Auf der einen Seite sind vor allem Stellungnahmen von so prominenten Laien wie dem früheren Vorsitzenden des Generalsynodalausschusses Wilhelm Freiherrn von Pechmann[5] zu nennen oder auch von den Neuendettelsauer Lutheranern und den Gemeinschaftskreisen[6]. Auf der anderen Seite sind es vor allem die Vorschläge des *Protestantischen Laienbundes*, die eine weitere Beachtung[7] fanden. Dem späteren Betrachter drängt sich der Eindruck auf, als seien in den Voten des liberalen *Protestantischen Laienbundes* tatsächlich stärker Anliegen der kirchlichen Laien zum Tragen gekommen als bei dem *Bund der Bekenntnisfreunde* und dem *Ansbacher Ausschuß*; letzterer war ein ständischer Zusammenschluß, und jener war doch wesentlich stärker von „Geistlichen" dominiert als etwa der Laienbund.

Zwischen Laien und Pfarrern lassen sich aber auch Übereinstimmungen feststellen, die jenseits der theologischen Optionen von konservativ und liberal verliefen. So erscheint es mir bemerkenswert, daß Forderungen nach einem Bischofsamt von allen Seiten sehr unbefangen erhoben wurden. Sowohl Vertreter einer konservativen Amtstheologie wie liberale Pfarrer, liberale wie konfessionalistische Laien redeten dem Bischofsamt das Wort, mit dem sie hauptsächlich eine Akzentverschiebung von einer „bürokratischen" zu einer „geistlichen" Kirche verbanden.

Ein weiterer, nahezu unstrittiger Punkt war der „Aufbau der Kirche von den Gemeinden aus". Der Begriff „Kirche von unten" war eine Forderung der Zeit und entsprang dem Empfinden, daß mit dem Ende von Monarchie und Staatskirchentum auch ein Ende der obrigkeitsstaatlich orientierten und verwaltungsmäßig organisierten Kirche gekommen sei.

Differenzen sind dagegen vor allem bezüglich der Stellung der Synode auszumachen. Die Mehrheit der Pfarrer empfand die Synode viel zu sehr als eine Versammlung der Dekane; ein Mißstand, den man durch eine repräsentative Zusammensetzung der Synode beheben wollte[8]. Von Laien, aber auch einzelnen Pfarrern, wurde die alte Forderung nach einer höheren Beteiligung der Laien in der Synode erneut vorgetragen, was auf der anderen Seite als eine Preisgabe des geistlichen Elementes der Kirche angesehen wurde. In dem Zusammenhang wurde auch die Stellung der Synode in einer staatsfreien Kirche sehr gegensätzlich beurteilt. Hier fanden sich Überlegungen, die in enger Anlehnung an die politische Entwicklung für die Synode die Ausübung der Kirchengewalt forderten, während andere gerade in Abgrenzung zur politischen Verfassung der Kirche einen stärker hierarchischen Charakter zudachten und deshalb die Kirchengewalt eher von anderen Instanzen ausgeübt sehen wollten.

Es wird bei allen Diskussionsbeiträgen in den ersten Wochen nach der Revolution erkennbar, daß ihre Vertreter vor allem interessenorientiert argumentierten. Es handelte sich dabei zumeist um lang gehegte Wünsche und Forderungen bestimmter Gruppen, die sich in der offenen Situation der Verwirklichung ihrer Interessen ein Stück näher wähnten. Die meisten Erwägungen waren relativ desinteressiert an den staatskirchenrechtlichen Details eines juristisch korrekten Übergangs von der landesherrlich regierten zu einer staatsfreien Kirche. Angesichts der Revolution und ihrer scheinbar grundlegenden Veränderung der Rechts- und Gesellschaftsordnung schienen vielen Diskutierenden solche Bedenken auch gar nicht angebracht[9]. Ein übriges taten die Verlautbarungen der Übergangsregierung in München und des Rats der Volksbeauftragten in Berlin, die immer wieder ihren provisorischen Charakter betonten. So versteht es sich, daß diese Erwägungen zum kirchlichen Umbau nicht weiter auf die geltende Rechtslage eingingen, von der niemand mit Sicherheit sagen konnte, wie sie sich in den kommenden Monaten entwikkeln würde.

Erschwerend kam hinzu, daß gemäß der Besprechung vom 19. Dezember 1918[10] in den Zeitungen keine programmatischen Artikel zum kirchlichen Umbau erscheinen sollten, um dem Gegner – und als solcher wurde die provisorische Regierung Eisner eingeschätzt – keine Angriffsmöglichkeiten zu bieten und um in der Öffentlichkeit nicht den Eindruck zu erwecken, die Kirche selbst wolle die Trennung vom Staat. In dem Sinne versteht sich das eingangs zitierte Votum *volenti non fit iniuria.* Also: „Nicht davon reden, aber immer daran denken".[11]

Die ersten Diskussionen nach der Revolution, die vor allem im Standesblatt der Pfarrer und in Gemeindeblättern der großen Gemeinden ihren Niederschlag fanden, lassen vier wichtige Themen erkennen. Zunächst war die Forderung nicht mehr zu überhören, daß nun das Ende der Konsistorialkirche gekommen sei und die Kirche von den Gemeinden aus aufzubauen sei; damit verbunden war auch die Neubewertung der Stellung der Synode. Zweitens wurde eine Verminderung der hierarchischen Ebenen in der Landeskirche vorgeschlagen, um einen möglichst direkten Kontakt zwischen der Gemeinde, dem Pfarramt und der Kirchenleitung herzustellen. Drittens wurde in zahlreichen Beiträgen das Bischofsamt als persönliche und geistliche Spitze der Kirchenleitung gefordert. Viertens verband sich damit mehrfach der Vorschlag, die kirchenleitenden Organe sollten ihren Amtssitz nun in Nürnberg beziehen, weil hier das traditionelle Zentrum des bayerischen Protestantismus liege.

Die im folgenden herangezogenen Quellen werden in ihren entscheidenden Passagen und zusammenhängend vorgeführt und interpretiert. Die nach systematischen Gesichtspunkten vorgehende Analyse bezieht sich – soweit das sachlich angemessen ist – auf alle Texte, auch wenn sie jeweils unter einer anderen Rubrik aufgeführt werden.

Forderungen der kirchlichen Basis

Der Aufbau der Kirche „von unten"

Auf breite Zustimmung konnte rechnen, wer sich für die generelle Stärkung der Gemeinden und der Laien bei der kirchlichen Arbeit und Verantwortung einsetzte. So hatte sich der Ansbacher Pfarrer Hermann Steinlein bei seinem Vortrag vor etwa 200 Mitgliedern des Pfarrervereins am 25. November 1918 über „Verfassungsaufgaben der Kirche angesichts der gegenwärtigen Lage" dafür ausgesprochen, daß die Kirche sich nun „notwendig auf das Gemeindeprinzip besinnen" müsse. Durch die innerkirchliche Substitution des landesherrlichen Summepiskopats werde die Landessynode „der Mittelpunkt des kirchlichen Lebens" werden und eine stärkere Beteiligung sowie Verantwortlichkeit der Gemeinden nach sich ziehen[12]. In dem Zusammenhang begrüßte Steinlein die Vorschläge von Ecclesiasticus, der die dringend anstehende Verselbständigung der Kirche als Anliegen aufgegriffen habe[13].

Laien haben ihre Forderung nach mehr Verantwortlichkeit und Berücksichtigung in der Einzelgemeinde und nach mehr Mitspracherechten beim gesamtkirchlichen Umbau sehr früh und klar erhoben. Am 18. Dezember 1918 gab beispielsweise eine „stark besuchte" Gemeindeversammlung in St. Jakob, Nürnberg, folgende Erklärung ab:

> 1. Die Versammlung der Gemeinde St. Jakob bekundet ihre freudige Entschlossenheit, treu zu ihrer Kirche zu stehen auch unter den Umwandlungen, die die neue Zeit voraussichtlich für deren äußere Gestalt bringen wird. Sie ist bereit, falls es die Verhältnisse erfordern, auch Opfer für ihren Fortbestand und ihre ungeschmälerte Wirksamkeit zu bringen.
> 2. Andererseits aber erwartet die Versammlung, daß bei diesen Umgestaltungen auch die Verfassung der Kirche in einem neuen Geist auf-

gebaut wird in dem Sinne, daß die Gemeinde, mit einem größeren Maß von Selbstverwaltung ausgestattet, die Grundlage des Aufbaues wird und daß das Laienelement in der Kirche mehr als bisher zur Geltung kommt, u.a. durch ein neuzeitliches, die lebendige Teilnahme erwirkendes Wahlrecht zu den kirchlichen Körperschaften.
3. Sie erwartet weiter, daß bereits die verfassunggebende Landessynode nach einem neuen, diesen Grundsätzen entsprechenden Wahlverfahren gewählt wird[14].
4. Endlich spricht die Versammlung als ihren einmütigen Wunsch aus, daß bei der künftigen Neuordnung der Gemeinden in weitestem Umfang Gelegenheit gegeben wird, die auftauchenden Fragen und eigenen Wünsche geltend zu machen.[15]

Solchen Egalitätsbestrebungen ist scharf widersprochen worden. Ein alter Pfarrer vertrat in seiner Antwort auf Ecclesiasticus und andere Vertreter des presbyterial-synodalen Gedankens entschieden die Idee einer von Geistlichen getragenen und regierten Amtskirche:

> Also kein „Erzbistum München" *neben* 4 Bistümern! Warum sollte auch das Münchener Bistum „Erzbistum" heißen? Sondern über den 5 Bistümern ein – Erzbischof oder – Präsident in München.[16] [...] Um eine „Synode" kommt man nicht herum: weil aber Dörfel-Zezschwitz eine regelmäßige Synode mit recht ein chronisches Geschwür am Leib der Kirche genannt hat, darum sollte nur nach Bedürfnis eine solche gehalten werden. Aber in welcher Zusammensetzung? Die Zusammensetzung mit 1/3 Pfarrern und 2/3 Laien ist unbedingt verwerflich und ein übles Zeichen des Protestantismus, daß einer, der sich Ecclesiasticus nennt, diesen das ius divinum des geistlichen Amtes verleugnenden Vorschlag machen kann und – der Nachfolger (Nr. 47) nichts daran auszusetzen findet. In der Synode sollen von Gottes und von Rechts wegen die Geistlichen, die doch eigentlich die vollgiltigen Gemeindevertreter sind, mindestens das Übergewicht haben. Nur [sic] in finanziellen Angelegenheiten steht dem nicht nur zum Verständnis vorgebildeten, sondern auch mit einer Salbung ausgestatteten geistlichen Stand die Entscheidung zu.[17]

Völlig einig war man sich dagegen in der Einschätzung, daß mit dem Ende des landesherrlichen Kirchenregiments nun eine von staatlicher Bevormundung freie, ihre Angelegenheiten selbständig ordnende Kirche kommen müsse, und daß der Staat für eine Übergangszeit seinen diversen

Verpflichtungen aus der Zeit des Staatskirchentums nachkommen oder diese Verpflichtungen über einen Pauschbetrag ablösen müsse.

Die Verminderung der hierarchischen Ebenen

In einem mit „Ecclesiasticus" pseudonym gekennzeichneten programmatischen Artikel meldete sich ein Autor zu Wort, der bereits früher zur Kirchenfrage Stellung genommen hatte; auch in den folgenden Monaten sollten im *Korrespondenzblatt* immer wieder Beiträge von ihm erscheinen:

> 1. Nachdem der landesherrliche Summepiskopat gefallen ist, sind alle überflüssigen Zwischenstellen zwischen Pfarramt und Bischof auszuschalten.
> 2. Es fragt sich, ob man nur 1 kirchliche Oberbehörde will mit den entsprechenden Abteilungen (Zentralisation, vgl. meinen früheren Vorschlag) oder ob man, wie ich jetzt empfehlen möchte, mehrere evangelische Kreis-Bischöfe wünscht (Dezentralisation). In letzterem Fall wären
> 3. die Dekanatsfunktionen, wie auch die Befugnisse des Oberkonsistoriums an etwa 5 Bischöfe zu übertragen. Also ungefähr:
> 1. Erzbistum München, Sitz München, umfaßt die Kreise Oberbayern und Schwaben.
> 2. Bistum Ansbach, Sitz Ansbach, umfaßt Mittelfranken.
> 3. Bistum Bayreuth, Sitz Bayreuth, umfaßt Oberfranken.
> 4. Bistum Würzburg, Sitz Würzburg, umfaßt Unterfranken.
> 5. Bistum Regensburg, Sitz Regensburg, umfaßt Oberpfalz und Niederbayern.
> 4. Jedem Bischof wäre beizugeben: 1 Pfarrer als Sekretär oder „Kanzleirat" und 1 Verwaltungsbeamter, Jurist, der aber auch kameralistisch ausgebildet sein müßte, als „Verwaltungsrat". Wünschenswert bliebe 1 bischöflicher „Baurat" und 1 bischöflicher „Finanzrat"; dazu werden aber die Mittel vorläufig nicht aufzubringen sein. Der Erzbischof hätte als primus inter pares die Leitung der Bischofskonferenz und der Landessynoden auch die Aufsicht über die Eine allgemeine Kirchenkasse (Administration) in Nürnberg. Aus diesem und auch anderen Gründen wäre es vielleicht später erstrebenswert, den Sitz des Erzbischofs nach Nürnberg zu verlegen; dann käme selbstverständlich Ansbach und München in Wegfall und Bischofssitz für die erste Kirchenprovinz würde Augsburg.
> [...] Der Bischof müßte Berater und Seelsorger der Pfarrer sein. – Kirchenvisitationen wären entweder Gemeindebesuche durch den Bi-

schof oder Amtsvisitationen durch Bischof und bischöfliche Räte, hinsichtlich Predigt in der Kirche, Unterricht in der Schule, äußere Amtsführung und Kassengeschäfte durch den weltlichen Rat.[18]

Dem Vorschlag wurde gleich in mehrfacher Hinsicht widersprochen. So trat ein Pfarrer für den Erhalt der Dekanate ein und wies eindringlich auf die Wichtigkeit der Diözesansynoden hin:

> Ich glaube nun, daß der „Aemterorganismus", wie Ecclesiasticus sich ausdrückt, unserer Evangelischen Landeskirche, wie er jetzt ist, in der Hauptsache richtig gewachsen ist. Der Aemterorganismus unserer Evang. Landeskirche ist in der Hauptsache derselbe, wie der des bayerischen Staates [...]
> Der Zweck dieses Artikels ist, für das Dekanat einzutreten. Es wäre ein großer Mißgriff, die Dekanate aufzuheben. Im übrigen bringt Ecclesiasticus sehr vieles Gute und Beherzigenswerte. Noch ein kurzes Wort als Nachtrag über München. Der Präsident der Landeskirche bezw. Erzbischof muß am Sitz der Landesregierung sein, das ist in München. Darüber kann keine Frage sein. Wenn wir Republik bleiben, dann ist es sehr wichtig, daß der Erzbischof mit den Abgeordneten persönlich sich ins Benehmen setzen kann. Also München bleibt auch.[19]

Die frühen Forderungen nach einem Bischofsamt

Zumindest wörtliche Übereinstimmung bestand in den zahlreichen Forderungen nach einem Bischofsamt. Bereits während des Ersten Weltkrieges waren Wünsche in diese Richtung geäußert worden. Konrad Lauter hatte in der Kirchlichen Rundschau für Bayern betont, daß ein bischöfliches Visitations- und Hirtenamt gerade in einer Zeit der äußeren Not und Orientierungslosigkeit dringend vonnöten sei. Ähnlich wie bei Bezzels Auftreten gegen die Liberalen Geyer und Rittelmeyer dachte Lauter hierbei eher an das persönliche Wirken der Konsistorialbeamten innerhalb der bestehenden Verfassung als an eine Umgestaltung derselben[20].

> Unter diesem Gesichtspunkt möchte ich es auch bedauern, ganz besonders in der jetzigen Kriegszeit, daß in unserer Kirche so wenig Möglichkeit gegeben ist, die Gemeinden fühlen zu lassen, daß sie Glieder einer größeren Gemeinschaft sind. Was ist für unsere Leute die „Evangelische-Lutherische Kirche" oder „Landeskirche"? Eben doch nur ein Begriff. Was haben unsere Gemeinden am Konsistorium oder Oberkonsistorium? Nun ja, eine Behörde wie andere Behörden auch,

nur ferner gerückt; die über die Pfarrer die Aufsicht führt, allerlei Verordnungen erläßt, an die man sich vielleicht auch einmal beschwerdeführend wendet. Wie ganz anders wäre es doch, wenn die Herren Konsistorialräte dazwischen einmal als Oberhirten erschienen.[21]

Im September 1918 beschäftigte sich ein Artikel im Korrespondenzblatt mit der erforderlichen Änderung der kirchenbehördlichen Nomenklatur[22]. Dabei wurde vorgeschlagen, mit dem Titel des Oberkonsistorialpräsidenten zugleich auch dessen Aufgabenbereich zu ändern. Der „Bischof" solle die Kluft zwischen Kirchenleitung und Kirchenvolk durch seine Präsenz und Volkstümlichkeit schließen helfen. „Der ev. Bischof wäre die Persönlichkeit, die Beziehungen der Einzelgemeinde zur Gesamtkirche lebendig erhalten und fördern könnte." Für eine so große Kirche wie die bayerische empfehle sich: „[...] an die Spitze der Konsistorien Bischöfe und an die Spitze des Oberkonsistoriums ein Erzbischof. [...] Das würde den weiteren Vorteil haben, daß sich das Ansehen der evangelischen Kirche auch nach außen hin steigern würde."[23] Ein Bischof könne in der Öffentlichkeit ungleich wirksamer auftreten als es ein Oberkonsistorialpräsident je vermöge – eine Tatsache, die durch die Intervention des katholischen Erzbischofs Faulhaber in der Sache „Weibsteufel" hinlänglich unter Beweis gestellt worden sei. Faulhaber hatte gegen die Aufführung des Theaterstücks von Schönherr in München wegen seines unmoralischen und defätistischen Inhalts protestiert und dessen Absetzung erreicht[24].

Nach der Revolution häuften sich die Stimmen, die sich für eine bischöfliche Neuverfassung der Kirche aussprachen:

Allem Anschein nach besteht in vielen Kreisen der Wunsch, zur *bischöflichen Verfassung* zurückzukehren, die man niemals hätte verlassen sollen. Wo man in der luth. Kirche das bischöfliche Amt beibehalten hat – in Schweden, Dänemark, Norwegen, Finnland, Island, da ist die Kirche vor vielen Schäden bewahrt geblieben, unter denen die ev.-luth. Kirche in Deutschland schwer gelitten hat und noch leidet. Gott lenke es zum besten, und wenn es ihm gefällt, der luth. Kirche das bischöfliche Amt, das ja bis in die Zeiten des Neuen Testaments zurückreicht, wieder zu geben, so wolle er seiner Kirche auch die rechten Männer von bischöflichem Geiste schenken.[25]

Für die Neuendettelsauer Lutheraner, die im *Freimund* publizierten, war der Gedanke an eine bischöfliche Verfassung durchaus naheliegend. Zum einen hatten sie durch die von Löhe initiierte Missionstätigkeit und Betreuung der Amerikaauswanderer schon immer Kontakt zu lutherischen Freikirchen gehabt, denen das deutsche Staatskirchentum fremd war, zum anderen lieferte die Theologie Löhes[26] hierfür durchaus Grundlagen.

Aber auch vom *Protestantischen Laienbund* war schon früh der Ruf nach einem Bischofsamt in der neu zu verfassenden Kirche zu vernehmen. Seine Leitgedanken zur Neugestaltung der Kirche gründeten den Aufbau der Landeskirche auf den sich selbst verwaltenden Gemeinden[27]. Die Leitung der Einzelgemeinde sollte durch den Kirchenvorstand, dem der Pfarrer als geborenes Mitglied angehörte, geschehen[28]. Einzelgemeinden sollten sich zu Gesamtkirchengemeinden zusammenschließen, um die finanziellen und verwaltungstechnischen Probleme zu minimieren[29]. Die Leitung der gesamten Kirche sollte in die Hände von drei Organen gelegt werden, die den bereits bestehenden, nämlich Generalsynode, Generalsynodalausschuß und Konsistorium, entsprachen. Allerdings würde in der neuen Landessynode, die insgesamt stärkere Bedeutung erhalten würde, das Verhältnis von weltlichen und geistlichen Delegierten bei 2:1 liegen, die Wahlen zu allen kirchlichen Gremien würden als allgemeine, direkte, gleiche und geheime stattfinden. In den folgenden Leitsätzen heißt es:

> 7. Die Landessynode ist das Parlament der Landeskirche und wird nach den gleichen Grundsätzen gewählt wie die Kirchenvorstände. Zwei Drittel der Abgeordneten müssen Laien sein.
> Die Zahl der zu wählenden Abgeordneten verteilt sich auf die Gemeinden nach der Zahl der Gemeindeglieder, wobei die Gemeinden zu größeren Wahlkörpern vereinigt werden. Die Landessynode wählt ihren Vorsitzenden. Sie tagt alljährlich. Sie hat den Voranschlag für die Gesamtkirche für das laufende Jahr zu beraten und zu genehmigen. Der Landesbischof (Präsident) und die Beamten des Landeskirchenamtes (Konsistorialräte) haben der Synode die notwendigen oder gewünschten Berichte zu erstatten. Die Landessynode wählt den Landesbischof für Lebenszeit und den Landeskirchenrat (Synodalausschuß).
> 8. Das Landeskirchenamt (Konsistorium) setzt sich zusammen aus dem Landesbischof (Präsidenten), der von der ganzen Synode gewählt wird, und aus Beamten, die vom Landeskirchenrat (Ausschuß) bestellt sind und in seinem Auftrag die Geschäfte führen (Konsistorialräte).
> 9. Der Landeskirchenrat (Generalsynodalausschuß) wird von der Landessynode nach der Verhältniswahl gewählt, ist ihr verantwortlich und hat als ständiger parlamentarischer Beirat der Kirchenleitung zu arbeiten.
> 10. Der Sitz der obersten Kirchenleitung ist Nürnberg.

11. Die Anstellung der Pfarrer geschieht durch Präsentation und Wahl. Die Präsentation geschieht durch den Kirchenvorstand der Gemeinde, der dem Bischof drei Pfarrer vorschlägt, von denen dieser einen bestätigt. Die Wahl im Kirchenvorstand muß durch qualifizierte Mehrheit (3/4 oder 4/5 der Stimmen) geschehen mit der Absicht, daß auch Minderheiten Berücksichtigung finden, besonders in Gemeinden mit mehreren Pfarrern.
12. Die Pfarrer wählen ihre Dekane auf fünf Jahre.
13. Kein Pfarrer darf gegen den Willen seiner Gemeinde von seiner Stelle entfernt werden.
14. Der protestantische Laienbund traut nach seinen eigenen Leitsätzen dem Christentum die Kraft zu, sich vermöge seiner eigenen Wahrheit und seines eigenen Wertes in der Welt durchzusetzen. Darum verwirft er allen Zwang und Druck in religiösen Angelegenheiten und fördert alle Bestrebungen, die das Christentum in voller Aufgeschlossenheit für die Wahrheiten der Wissenschaft und in freier Auseinandersetzung mit den lebendigen Geistesmächten der Zeit zur innerlichen Geltung bringen möchten. Seine Mitglieder und sehr zahlreiche Gesinnungsgenossen außerhalb seiner Organisation können nur einer solchen Kirche freudig angehören, die alle gewissenhaft gewonnenen und mit religiösem Ernst vertretenen theologischen Anschauungen als berechtigt anerkennt. Ein Pfarrer, der im inneren Anschluß an Jesus Christus aufbauend tätig sein will, muß in unserer Kirche die Möglichkeit haben, seine Kräfte frei auszuwirken. Das Beispiel anderer Landeskirchen, wie der Basler oder der Hamburger beweist, daß wir hierbei nur etwas fordern, was anderwärts Altgläubige den freier gerichteten evangelischen Glaubensgenossen aus eigenem Antrieb gewährt haben, und möchten nicht daran zweifeln, daß auch in unserer Landeskirche die durch die gemeinsame Not aufeinander angewiesenen Brüder Mittel und Wege finden, beisammen bleiben zu können.[30]

Es wird noch näher zu untersuchen sein, welche unterschiedlichen Vorstellungen jeweils hinter dem Ruf nach einem „Bischof", „Landesbischof", oder gar „Erzbischof" stehen konnten. An dieser Stelle sei jedoch schon darauf hingewiesen, daß sich mit dem Ruf nach einem Bischof eher volkstümliche Empfindungen verbanden als theologische Reflexionen. Schon die häufig verwendete Parataxe „Bischof oder Präsident" läßt erkennen, daß bei einem Bischof an ein geistliches Führungsamt gedacht wurde, das in gewisser Analogie zur politischen Staatsspitze der Republik stünde. Damit wurde dem Bischofsamt zwar formal ein Ort angewiesen, aber inhaltlich blieb diese Stelle doch weitgehend unberührt von einer theologischen Näherbestimmung. Es läßt sich m.E. belegen, daß hier keine begriffliche Klarheit bestand bzw. daß die synonyme Verwendung der beiden Begriffe auf das Fehlen einer ekklesiologischen (oder auch politischen) Theorie[31] verweist, die zur Distinktion hätte anleiten können.

Der Sitz der Kirchenleitung

Mit dem Ruf nach einem Bischof verknüpften sich auch Überlegungen, den Sitz der Kirchenleitung nach Nürnberg zu verlegen, weil in der fränkischen, ehemaligen Reichsstadt das Zentrum des protestantischen Lebens beheimatet sei – nicht in der Diaspora Oberbayerns.

> Wir protestantischen Pfarrer sind bisher merkwürdigerweise von einem Punkt in der Diaspora aus kirchlich regiert worden. Denn erst im vorigen Jahrhundert hat der Protestantismus in München Fuß gefaßt, während die freie Reichsstadt Nürnberg und die beiden Markgrafentümer (Ansbach und Bayreuth) seit den Tagen der Reformation dessen geschlossene Gebiete bildeten. Ein eigentümlicher mißgebildeter Körper einer Landeskirche, wo das Herz in irgendeiner Extremität funktioniert! Wie Stimmen aus fremdem Land klingen uns die Äußerungen unserer weit entrückten obersten Kirchenleitung ans Ohr, die mit unserer fränkischen Kirche nie in persönlich nahe Fühlung zu treten vermocht hat. Das ist durchaus nicht ihre Schuld, sondern eine naturgemäße Folge der unnatürlichen Lage. Sie selbst wird es je und je selbst am schwersten empfunden haben, daß sie eigentlich aus dem ihr unterstellten Hauptgebiet nebenhinausgestellt ist und nur in der Diaspora ihrer Konfession einen Ruhepunkt gefunden hat. Wir möchten aber nicht mehr von der Peripherie, sondern vom Mittelpunkt unseres evangelisch-kirchlichen Lebens aus Anregung und Richtlinien empfangen und ersehnen protestantischerseits eine selbständige fränkische Kirche mit einem Oberbischof in der Landeshauptstadt Nürnberg, der mit dem ihm anvertrauten Kirchengebiet in engster persönlicher Gemeinschaft steht. Also auch in dieser Hinsicht ist eine Verlegung des ganz einseitig geratenen Schwergewichts von München nach Franken in dessen Metropole dringend geboten.[32]

Andere betonten bei der in München ansässigen Kirchenregierung die vorteilhafte Nähe zur politischen Regierung; räumten dem also höhere Priorität ein als der Nähe zur Mehrheit des evangelischen Kirchenvolks [33].

Anhand der zitierten Beiträge lassen sich m.E. die Diskussionslage und das Profil der Landeskirche recht gut erkennen. Die Kontroverse zwischen konservativen und liberal orientierten Geistlichen und Laien hatte sich auch über den Krieg hinweg erhalten, war aber in sich differenzierter geworden. Die Bekenntnisfrage, die 1910 fast zur Ausgrenzung der Liberalen aus der Kirche geführt hatte, trat zwar in den ersten Wochen nach der Revolution hinter anderen Fragen zurück [34], aber auch in diesen war nicht zu verkennen, daß sich mit der jeweils liberalen oder konservativen Grundorientierung völlig verschiedene ekklesiologische Modelle verbanden. Die Offenheit der kirchlich-politischen Lage, die durch die Revolution und die proklamierte Trennung von Staat und Kirche entstanden war, hatte einerseits tiefe Verunsicherungen in den Kreisen der evangelischen Kirche hervorgerufen, zugleich aber auch die unterschiedlichsten Phantasien beflügelt, jetzt eine andere und neue Kirche zu bauen. Viele Vereine und Gruppen in der Kirche sahen eine Chance, den kirchlichen Umbau nach ihren Vorstellungen mit beeinflussen zu können, und warben deshalb rege für ihre Ideen. Wie stark die innerkirchliche Debatte im Fluß war, wird nicht zuletzt an der ständig wechselnden Nomenklatur für die kirchlichen Organe erkennbar. Johannes Schneider, Herausgeber des Kirchlichen Jahrbuches, klagte, man werde bald ein Wörterbuch der kirchlichen Amtsbezeichnungen brauchen, um sich in dem Begriffswirrwarr zurechtzufinden[35]. Auch das war ein Indiz für den fortschreitenden Pluralismus in den Landeskirchen, für die Aufbruchsstimmung, die sich mit der Vision einer staatsfreien Kirche verband, aber auch für die Befürchtungen, die mit einer solchen Trennung von Staat und Kirche aufkamen. Um so bemerkenswerter erscheint es, daß in der Frage, wie der landesherrliche Summepiskopat innerkirchlich zu ersetzen sei, quer zu allen gängigen kirchlichen Gruppierungen der Wunsch nach einem Bischofsamt als einer persönlichen und geistlichen Spitze der Kirche artikuliert wurde. Mit dem „Bischof" wurde allseits das verbunden, was man an den Konsistorialbeamten schmerzlich vermißte: eine gewisse Volksnähe des kirchlichen Repräsentanten, der die Weite der Kirche für jedes Gemeindeglied verkörperte und eine geistliche, poimenische Instanz für die Pfarrer bot, die sich in der Hinsicht von den konsistorialen Behörden allein gelassen fühlten.

Wie wenig man von den geschäftigen und doch fernen Konsistorialbeamten hielt, verdeutlicht der Wiederabdruck eines Spottgedichtes, das um 1860 von dem bayerischen Oberkonsistorialpräsidenten Adolf von

Harleß gegen die Konsistorialbeamten des Evangelischen Oberkirchenrats in Berlin verfaßt worden, nun in dem der Gemeinschaftsbewegung nahestehenden, überregionalen Blatt *Licht und Leben* erschienen und als Kritik am bürokratischen Charakter der staatskirchlichen Konsistorialbeamten aller evangelischen Landeskirchen zu lesen war.

Der Oberkirchenrat

Was immer in *Bescheidenheit*,
in *Klugheit* und *Vorsichtigkeit*
in Kirchensachen heutzutag
im Tun und Lassen man vermag,
zeigt in Berlin mit Rat und
Tat der hohe *Oberkirchenrat.*

Begehrt von oben man Bescheid,
so leuchtet die *Bescheidenheit*
darin, daß die Behörde spricht:
„Nein, das ist meines Amtes nicht.
Von unten baut sich Kirch und Staat,
ich bin der *Ober*-Kirchenrat."

Geht wider Staatsdekrete man
submiß dann die Behörde an,
so mahnt sie *klug*: „Bedenket doch,
was mir bis jetzt geblieben noch.
Das Regiment hat *Welt* und *Staat*,
ich bin der Ober-*Kirchen*-Rat."

Traut man ihm aber einmal zu,
daß er doch endlich etwas tu',
so mahnt er zur *Vorsicht* sein Amtskleid.
Er spricht: „Es tut mir herzlich leid;
allein begehrt *nur keine Tat*,
ich bin der Oberkirchen-*Rat.*"[36]

In der bayerischen Landeskirche wurde auf das Ganze gesehen Kritik an den Konsistorialbehörden und ihren Beamten nur sehr dezent geübt. Zwar war auch hier das Verhältnis zwischen Kirchenregiment und Pfarrerschaft nicht ganz spannungsfrei[37], insgesamt aber überwog die Zustimmung zur konsistorialen Maxime, „in aller gärenden Erregung der Zeit ihrerseits eine würdige, von Nervosität freie Zurückhaltung zu bewahren und insonderheit fest auf dem Boden des geltenden Rechts sowohl gegenüber der provisorischen Regierung wie gegenüber dem Organismus der Kirche selbst zu beharren [...]“[38].

Die Konsistorialbeamten vermieden in den ersten Wochen nach der Revolution jede Stellungnahme zur kirchlichen Neuorganisation. Zwar wurden hier sehr früh erste Schritte unternommen, doch gelangte davon nur wenig an die kirchliche Öffentlichkeit. Die Zurückhaltung war wohl auch darin begründet, daß die Konsistorialbeamten in den staatlichen Behörden in Ansbach, Bayreuth und München sich ihrer rechtlich unsicheren Position sehr bewußt waren und sich nicht exponieren wollten. Außerdem waren sie als Beamte der Regierung gegenüber zu Loyalität verpflichtet. In der Kirchenrechtstheorie war es strittig, wieweit das Oberkonsistorium – und folglich auch die subordinierten Konsistorien in Ansbach und Bayreuth – seine Vollmachten vom König als Summus Episkopus bezogen, oder ob sie aus der staatlichen Gewalt abgeleitet wurden[39]. Im ersteren Falle wären die Konsistorien nach dem Ende der Monarchie rechtlich nicht mehr haltbar gewesen. In diesem Sinne wird man auch die Intervention des Oberkonsistoriums verstehen müssen, das sich gegen den Entwurf der Reichsverfassung verwahrte. Der sah eine Regelungskompetenz des Reichs in der Frage des Kirchenregiments vor. Das aber hätte dem Protestantischen Oberkonsistorium in München die verfassungsrechtliche Basis entzogen; denn reichsrechtliche Regelungen hätten zumindest tendenziell eine Aufhebung von *Protestantenedikt* und *Religionsedikt*[40] zur Folge gehabt, den beiden Verfassungsurkunden, die das Oberkonsistorium verfassungsrechtlich verankerten[41].

Die zweite Möglichkeit, daß sich die Ableitung der Vollmachten des Oberkonsistoriums aus der Staatsgewalt ergäbe, war schon sehr früh als eine denkbare juristische Konstruktion ins Auge gefaßt worden. Da die provisorische Regierung unter Eisner Protestanten- und Religionsedikt nur insoweit als hinfällig betrachtete, als sie den König betrafen, meinte man in der Kirchenbürokratie, mit einem vom Staat ausgeübten landesherrlichen Kirchenregiment für eine Übergangszeit leben zu können, zumal damit ein einigermaßen fester Rechtsgrund gegeben war[42].

Diese positivistische Konstruktion, die sich allein auf die im Protestantenedikt liegende Vollmacht stützte, war im übrigen auch damit gerechtfertigt, daß das Protestantische Oberkonsistorium ja faktisch fortbestand und es zunächst allein darum gehen mußte, den tatsächlichen Fortbestand auch rechtlich zu bewältigen.[43]

Es bestand rein theoretisch noch die dritte Möglichkeit, daß der demissionierte bayerische König weiterhin als Träger der Kirchengewalt fungierte, ohne Träger der Staatsgewalt zu sein. Diese denkbare Variante wurde aber zu keinem Zeitpunkt und von keinem Vertreter der Kirche auch nur in Erwägung gezogen[44].

Der konsistorial regulierte Diskurs zur Neuverfassung

Die Diskussion am 19. November 1918 in München

Im Gegensatz zu den Landeskirchen in Württemberg, Baden, Sachsen und Oldenburg, deren Landesherren die Kirchengewalt bereits vor der Revolution an die Kirchenleitung übergeben bzw. eine rechtliche Regelung für den Fortfall des Summepiskopats festgelegt hatten[1], befand sich die bayerische Kirche in einem Übergangsstadium, in dem über den Verbleib der Kirchengewalt noch Einigung erzielt werden mußte[2]. Mit der bereits erwähnten Verordnung des Gesamtministeriums unter Kurt Eisner war die Ausübung der Kirchenhoheit und der summepiskopalen Rechte an das Ministerium für Unterricht und Kultus übergegangen[3].

Am 19. November 1918 tagte in München das Protestantische Oberkonsistorium zusammen mit dem Generalsynodalausschuß und Abgeordneten der Konsistorien Ansbach und Bayreuth und einem Vertreter der theologischen Fakultät in Erlangen[4]. Einziges Thema der Versammlung war die Erörterung der „nunmehrigen kirchenpolitischen Lage“. Grundlage dazu waren die von dem juristischen Referenten und weltlichen Oberkonsistorialrat Gebhard ausgearbeiteten *Richtlinien für die Besprechung mit dem Generalsynodalausschuß am 19. November 1918*[5].

Gebhard verfolgte mit diesen Richtlinien einen streng rechtspositivistischen Kurs. Ausgehend von der Annextheorie hielt er es für begründbar, daß jetzt das Kirchenregiment vom Volksstaat ausgeübt wurde. Gegen ein diesen Zustand festschreibendes Gesetz sollte seitens der Kirche nicht protestiert werden, allerdings könne man den Zustand nur als Zwischenlösung befürworten. Als Definitivum könne die staatliche Ausübung des Summepiskopates von der Kirche nicht akzeptiert werden[6].

In jener Besprechung am 19. November wurde gegen Gebhards Auffassung kein Einspruch erhoben. Oberkonsistorialpräsident Veit führte dazu aus, man habe zwar versucht,

> [...] daß diese Rechte [die verfassungsmäßig an die Person des Königs gebunden waren] direkt dem Oberkonsistorium übertragen würden, da dieses doch auch sonst mancherlei Rechte des S.E. [Summus Episkopus] auszuüben hat. Es wurde dieser Weg nicht beliebt. [...] Vorläufig soll möglichst wenig geändert werden, um der zukünftigen definitiven Rege-

lung möglichst wenig zu präjudizieren. Es werden also die Kronrechte in der Zeit des Provisoriums durch den Kultusminister ausgeübt werden.[7]

Aus Zweckmäßigkeitsgründen [8] nahm man das Provisorium zur Kenntnis und verzichtete im Augenblick auf den Einspruch gegen die Ausübung des landesherrlichen Kirchenregiments durch die Übergangsregierung unter Kurt Eisner. Vielmehr wollte man die Zeit nutzen und sich auf die anstehende Trennung vorbereiten [9]. Auch wollte man abwarten, wie die staatlichen Vorgaben für eine Trennung von Staat und Kirche aussehen würden; dementsprechend werde man kirchlicherseits reagieren. Zwei Szenarien wurden diesbezüglich entworfen. Im Falle einer radikalen Trennung sollte unbedingt versucht werden,

> [...] daß wir mit dem ganzen Kirchenbestand womöglich in die neue Form hinüberzukommen suchen und nach wie vor eine – vom Staat nun freie – Volkskirche bilden sollen, die aber nicht blosser Zweckverband sein darf.[10]

Im Falle einer moderater ausfallenden Trennung, auf die man ausdrücklich hoffte, wobei man sich vom Einfluß des Zentrums in der neuen Nationalversammlung entscheidende Vorteile versprach, sei

> [...] mit Sicherheit anzunehmen, daß es zu einer vollständigen Trennung nicht kommt, sondern daß immerhin der Fall eintritt, daß eine gewisse Beziehung zwischen Staat und Kirche erhalten bleibt. Daß dann der Staat gewisse finanzielle Leistungen auch weiterhin beibehält, denen auch dann gewisse Rechte des Staates entsprechen müssten, die über das Allgemeine Aufsichtsrecht hinausgehen würden, also gewisse der Kirchengewalt angehörige Rechte.[11]

Eine lockere Bindung sei einer völligen Trennung in jedem Fall vorzuziehen, solange dadurch keine Nachteile für die Kirche entstünden[12]. Nach Ansicht der Versammelten bestand ebenfalls Einigkeit in dem Punkt, daß so oder so eine Änderung der Verfassungsgrundlagen erreicht werden müsse, die der Kirche eine größere Unabhängigkeit und Bewegungsfreiheit gegenüber dem Staat erlauben würde[13]. Gebhard erkannte in seinen Richtlinien ganz klar, daß der Übergang zu einer staatsfreien Volkskirche verbunden sein werde mit einer Neuverteilung der innerkirchlichen Kompetenzen und Gewalten:

Gelingt es, was dem Luthertum am nächsten liegt, eine staatsfreie oder doch lose mit dem Staat verbundene Volkskirche (3a) unter Hintanhaltung der Sektenbildung und Zersplitterung in einzelne kleine Organismen (3b) zu gründen, so ist doch mit der Aufhebung des Pr.Ed. [Protestantenedikts] dem reinen Kons[istorial] System, das sich auf das Staatskirchentum mitaufbaut, der Boden entzogen. Die Entwicklung drängt auf den Ausbau (von unten) der gemeindlichen Vertretungen auf stärkere Beteiligung und Selbstverwaltung der presbyterialen und synodalen Elemente mit vereinfachten Beamtenkörpern der Kirchenleitung hin. Von den 3 Gewalten ist kurz zu sagen, ohne der künftigen Verfassung zu präjudizieren:

a. die gesetzgebende wird, wenn das Summepiskopat ganz fällt, im verstärkten Maße, nicht notwendigerweise allein durch die Synode, wie seit 1881 schon zum Teil,

b. die rechtsprechende wird – s. Dienststrafordnung – von synodalen, ev. presbyterialen Elementen im Vereine mit der Kirchenleitung,

c. die Verwaltung und die vollziehende Gewalt werden durch die Kirchenleitung, die lediglich aus der Wahl der Synoden später hervorgehen müßte, wenn der Staat sich keinerlei Einfluß auf die Kirche für die Übernahme von Verpflichtungen sichert, auszuüben sein.[14]

Schon auf dieser ersten größeren Besprechung nach der Revolution nahm die Bekenntnisfrage einen breiten Raum ein. Man war sich im Kreis der Anwesenden einig, daß die Kirche nach der Trennung vom Staat als Bekenntniskirche weiterexistieren sollte; ein reiner Zweckverband, der divergierende theologische Anschauungen nur noch organisatorisch umklammerte, wurde allgemein abgelehnt[15].

Ein weiterer Punkt, der von Kirchenrat Boeckh gleich zu Beginn der Verhandlung angesprochen wurde, war die Verunsicherung in der Pfarrerschaft und den Gemeinden, der mit einem klaren Signal zu begegnen sei. Es sei nicht mit der Tatsache getan, daß seitens der kirchenleitenden Organe etwas unternommen werde, sondern man müsse Gemeinden und Pfarrer auch über die weiteren Schritte informieren.

Die Geistlichkeit und die Gemeinden wissen, daß Kirchenleitung und Gen.Syn.A. [Generalsynodalausschuß] am Werke sind, um unsere Kirche als Volkskirche zu retten. Unsere Gemeinden und vor allem unsere kleinen Gemeinden sind alle beunruhigt durch die bange Frage: Was wird aus unserer Kirche werden? Es wird beruhigend wirken, zu wissen, daß alles versucht wird, die Kirche zu erhalten und zu retten.[16]

Boeckh regte an, den Gemeinden über die Dekanate bzw. Pfarrämter ein vertrauliches Schreiben zukommen zu lassen, in dem die Kirchenleitung über die kirchenpolitische Lage und die beabsichtigten Schritte, die sich aus der Versammlung ergeben hätten, informiere[17]. Entsprechend wurde am 22. November 1918 ein vertrauliches Schreiben[18] des Oberkonsistoriums München an alle bayerischen Dekanate versandt, das kurz den Inhalt der Besprechung vom 19. November zusammenfaßte und auf die geplanten weiteren Schritte hinwies. Das Schreiben war vom Oberkonsistorium auch dem Kultusministerium zugeleitet worden[19]. Hier hatte man in Oberregierungsrat Hezner einen wohlwollenden Ansprechpartner gefunden; zwischen ihm und Oberkonsistorialrat Gebhard fanden die entscheidenden Kontakte statt, so daß die Kirchenleitung über geplante staatliche Maßnahmen zeitig in Kenntnis gesetzt wurde.

Nach den oben bereits referierten Tagesordnungspunkten wurde über die Erörterung, auf welchem Wege sich die Kirche eine neue Verfassung geben sollte, folgendes mitgeteilt. Im bisher geübten Modus solle eine neue, außerordentliche Generalsynode gewählt und einberufen werden; diese werde dann eine neue Generalsynodalwahlordnung beschließen. Auf der Grundlage der neuen Wahlordnung werde eine zweite außerordentliche Generalsynode zusammentreten, die eine inzwischen vorzubereitende Kirchenverfassung beraten und beschließen solle. Diese müsse den Grundsätzen genügen, die Kirche als Volkskirche und Bekenntniskirche zu bewahren, und einen Umbau, nicht einen Neubau der Kirche in Gang zu setzen. Im Rahmen der dazu anstehenden Diskussion sei eine möglichst breite Beteiligung aller kirchlichen Gruppen anzustreben[20].

Die Diskussion am 19. Dezember 1918 in München

In der Sitzung des Oberkonsistoriums vom 13. Dezember 1918 referierte Oberkonsistorialrat Gebhard die wesentlichen Punkte, die sechs Tage später auf einer außerordentlichen Versammlung zur Diskussion gestellt werden sollten[21]. Die für den 19. Dezember vom Oberkonsistorium einberufene Versammlung[22] entsprach in ihrer Zusammensetzung nicht der im Protestantenedikt vorgesehenen Geschäftsordnung, da außer den kirchenregimentlichen Mitgliedern (aus Konsistorien und Generalsynodalausschuß) und einem Mitglied der theologischen Fakultät Erlangen auch Vertreter aus den verschiedenen Bereichen der kirchlichen Arbeit anwesend waren[23]. Jene besaßen allerdings nur Beraterstatus und ihre Meinung hatte für die Kirchenleitung keinerlei bindende Wirkung[24]. Die Einberufung von Vertretern verschiedener kirchlicher Vereine und Gruppierungen ging auf die Beratung vom 19. November zurück, als man beschlossen hatte, den kirchlichen Umbau auf eine möglichst breite kirchliche Basis zu stellen. Hierzu hatte das Oberkonsistorium am 7. Dezember noch einen eigenen Beschluß gefaßt, dem dann die Einladung gefolgt war.

Veit machte in der Besprechung[25] einleitend darauf aufmerksam, daß die stete Fühlungnahme zwischen Oberkonsistorialrat Gebhard und dem zuständigen Referenten im Kultusministerium, Oberregierungsrat Hezner, das Oberkonsistorium zu einer abwartenden Haltung bewogen hätte; denn vor dem Zusammentritt der Nationalversammlung sei mit einer prinzipiellen Klärung der Trennungsfrage nicht zu rechnen. Um der Kirche deshalb nicht von vornherein Möglichkeiten finanzieller, organisationsrechtlicher und verfassungsrechtlicher Art zu verspielen, habe man sich im Kirchenregiment darauf verständigt, die Trennung vom Staat einleiten zu lassen und sich beim eigenen kirchenpolitischen Handeln darauf zu beziehen.

> Sie [sc. die Kirche] sucht die Trennung nicht und überläßt die Initiative dazu und die Verantwortung dafür dem Staat, aber sie rüstet sich auf das, was kommen kann.[26]

Zu Tagesordnungspunkt 1 wurde Konsens erzielt, daß der „Mittelweg", den Boeckh bereits am 19.11.1918 vorgeschlagen hatte[27], als der juristisch und praktisch sinnvollste Weg verfolgt werden sollte. Danach sollte eine im alten Wahlmodus gewählte Generalsynode einberufen werden und die Wahlordnung für eine neue Generalsynode beschließen. Diese würde dann die neue Verfassung beraten und verabschieden[28]. Zwar war dieser Weg aufwendiger, als wenn man gleich eine nach neuem Modus gewählte Generalsynode mit der Verabschiedung der Kirchenverfassung betraut hätte, aber so bewegte man sich im Rahmen der bestehenden Rechtsvorschriften und sah zugleich die Möglichkeit, Kirchenvolk und Staatsregierung in ihren unterschiedlichen Ansprüchen zufriedenzustellen[29].

Unter dem Tagesordnungspunkt 2 wurde noch einmal betont, daß die Kirche als Bekenntnis- und Volkskirche trotz aller Veränderungen erhalten werden sollte. Dabei wurde die Bekenntnisfrage zwar kurz gestreift, doch die Untiefen, die sich in dieser Frage für die bayerische Landeskirche noch auftun sollten, wurden einvernehmlich umschifft[30]. Tagesordnungspunkt 3 sah vor, einen Arbeitsausschuß zur Vorbereitung des Entwurfs einer Generalsynodalwahlordnung einzusetzen. Hierzu und zur Erarbeitung von Vorlagen für die neue Kirchenverfassung hatte der weltliche Konsistorialrat aus Bayreuth, Wilhelm Moegelin, am 16. Dezember 1918 seine Gedanken fixiert. Zum Arbeitsausschuß gab er zu bedenken:

> Es ist in tunlichster Bälde ein Arbeitsausschuß zu bilden, in dem Vertreter des Kirchenregiments nicht zu vertreten sein brauchen. Zuzuziehen sind vor allem der Generalsynodalausschuß, die Vorstandschaft des Pfarrervereins, sonstige Vorstände größerer kirchlicher Vereine oder Verbände. Diese haben das Recht der Zuwahl weiterer geeigneter Persönlichkeiten der Landeskirche, namentlich auch aus dem Laienelemente. Dieser Arbeitsausschuß soll bis zur nächsten Generalsynode die vorläufige Vertretung[31] der Kirche bilden, also eine Art Vorparlament sein. Selbstverständlich hat dieser Ausschuß keine gesetzgebende und vollziehende Gewalt, sondern er kann nur Anträge stellen und Gutachten, Entwürfe und Denkschriften ausarbeiten. Er muß so zusammengesetzt sein, dass alle Richtungen der Kirchen [sic!] in ihm vertreten sind, so dass mann [sic!] von ihm sagen kann, er bilde eine zeitgemäße Vertretung der Kirche und kann sich vom Vertrauen der überwiegenden Mehrheit der Bekenntnisgenossen getragen fühlen. Der Ausschuß soll aus nicht mehr als 20–30 Personen bestehen, er teilt sich am besten in Unterausschüsse. […] [S. 1]

Die am 19. Dezember 1918 bestimmten nichtkonsistorialen Mitglieder für den Arbeitsausschuß der Kirchenbehörden zur Verhandlung des Entwurfs der provisorischen Wahlordnung waren: Julius Herbst, Rudolf Oeschey, Johannes Lang[32], Friedrich Boeckh, Hans Meiser, Hermann Steinlein. Von konsistorialer Seite gehörten der Kommission an: Karl Gebhard, Karl Böhner, Wilhelm Moegelin. Konsistorialdirektor Ludwig Castner wohnte auf Anraten des Oberkonsistoriums den Verhandlungen bei. Den Vorsitz führte Karl Gebhard, Schriftführer war Hans Meiser[33].

Die Kennzeichen des konsistorialen Diskurses

Betrachtet man die Initiative des Oberkonsistoriums zum Umbau der Kirche, so fallen vor allem drei Momente ins Auge, die seine Intention und Strategie charakterisieren. Erstens ist hier auf die Anerkennung der Staatsregierung in ihren Ansprüchen gegenüber der Kirche aus Zweckmäßigkeitsgründen hinzuweisen, zweitens ist die öffentliche Zurückhaltung zugunsten eines intensiven innerkirchlichen Dialogs zu nennen und drittens eine auf Legalität aller kirchlichen Schritte bedachte Haltung.

Die „Zweckmäßigkeitserwägungen" der Kirchenleitung, die bestimmend wurden für den weiteren Gang der Gespräche zwischen Kirche und Staat wie auch innerhalb der Kirche, lassen ein ganzes Bündel von Motiven erkennen. Ganz offenkundig spielten dabei juristische Überlegungen eine wichtige Rolle. Die revolutionäre Lage und die ihr folgende Gesetzgebung hatten die Rechtsgrundlage der Protestantischen Kirche in Bayern zunächst kaum tangiert [34]. Das Oberkonsistorium war solange verfassungsmäßig das rechtmäßige exekutive und administrative Organ der Landeskirche als an seinen verfassungrechtlichen Grundlagen, dem Protestantenedikt und dem Religionsedikt, nicht weiter gerührt wurde. Es war das erklärte Ziel der kirchenleitenden Organe, diesen Zustand so lange als möglich und nötig zu bewahren, um die Kirche handlungsfähig zu erhalten [35]. Für den Zeitpunkt der tatsächlichen Trennung von Staat und Kirche wäre dann alles so vorbereitet, daß verfassungsmäßig abgesicherte Organe der Kirche die seinerzeit vom Staat wahrgenommenen Rechte übernehmen könnten. Eine solche juristisch gesicherte Überleitung war bereits im Dezember anvisiert worden; Konsistorialrat Moegelin gab damals zu bedenken:

> Das Kirchenregiment sollte darauf Bedacht nehmen, von der gegenwärtigen vorläufigen Regierung oder wenigstens von dem Kultusminister eine bindende Erklärung zu verlangen, dass vor der Einberufung des Landtags die Frage der Trennung von Staat und Kirche nicht aufgerollt wird, dass bis zum Trennungsgesetz das Verhältnis zwischen Staat und Kirche dasselbe bleibt wie bisher und dass alle einschlägigen Vorschriften in der bisherigen Weise beachtet und vollzogen werden. [...] Nach der Landtagswahl und nach dessen Einberufung wird es dessen 1. Aufgabe sein, dem Staat eine neue Verfassung zu geben. Die alte Verfassung wird aufgehoben; damit entfiele an sich auch die II. Verfassungsbeilage, das Protestantenedikt und alle mit diesem zusammenhängenden Vorschriften. Es ist denkbar, dass für das Verhältnis zwischen Staat und Kirche diese Vorschrift noch so lange fortbestehen bleibt, bis die Trennung von Staat und Kirche förmlich ausgesprochen wird. Ich hielte diese Art der Behandlung nicht für unzweckmäßig, jedenfalls glaube ich, dass dies vom Standpunkt der Kirche aus anzustreben ist. Denn außerdem stände ja die Kirche vor einem Nichts.[...] Kommt dann das eigentliche Trennungsgesetz, so werden die noch bestehenden Vorschriften der Verfassung aufzuheben sein; damit entfallen auch alle weiteren Vorschriften und Bestim-

mungen, die sich auf die Verfassung stützen. Die Aufhebung wird jedoch nur mit dem Vorbehalt erfolgen können, dass die Kirche in der Lage ist, entsprechende Vorschriften an ihre Stelle zu setzen. Es wird also eine gewisse Uebergangszeit vorzusehen sein [...].“ [36]

Obendrein erhoffte man sich vom Fortbestand der kirchlichen Strukturen den Schutz vor weiterer Parteiung und Zersplitterung in der Landeskirche. Nicht nur die Kontroverse zwischen Liberalen und Konservativen gab Anlaß zu solchen Befürchtungen[37], auch Gemeinschaftsbewegung und Neuendettelsauer Lutheraner machten deutlich, daß sie die neue Kirche stärker von ihren jeweiligen Vorstellungen bestimmt wissen wollten, was vor allem in der Bekenntnisfrage und bei der Verwaltung des Abendmahls zu Zerreißproben führen mußte[38].

Drittens versprach man sich durch Abwarten einen Zeitgewinn. Zeit, die man in der Kirche dringend brauchte, um sich auf die Neuorganisation einzurichten und den innerkirchlichen Diskurs hierzu entlasteter führen zu können. In diesem Zusammenhang war es unumgänglich, die Entwicklung der Reichsgesetzgebung abzuwarten, da sie auf die Kirchengesetzgebung der Länder in jedem Fall Einfluß haben würde.

Das Kirchenregiment sollte darauf Bedacht nehmen, von der gegenwärtigen vorläufigen Regierung oder wenigstens von dem Kultusminister eine bindende Erklärung zu verlangen, dass vor der Einberufung des Landtags die Frage der Trennung von Staat und Kirche nicht aufgerollt wird, dass bis zum Trennungsgesetz das Verhältnis zwischen Staat und Kirche dasselbe bleibt wie bisher und dass alle einschlägigen Vorschriften in der bisherigen Weise beachtet und vollzogen werden.[39]

Jeder weitere Tag in den volkskirchlichen Strukturen auf Grundlage der überkommenen Verfassung festigte diese Strukturen. Es war das erklärte Ziel der Kirchenleitung wie der meisten Pfarrer, daß die Volkskirche in ihrem Bestand ungefährdet in die neuen Verhältnisse der staatsfreien Kirche zu überführen sei. Somit stellten ihr Setzen auf Kontinuität und Abwarten wichtige handlungsleitende Motive dar. Es lassen sich schließlich auch sozialpsychologische Momente ausmachen, die den auf Legalität bedachten[40], pragmatisch retardierenden, im Kontrast zur revolutionären Dynamik stehenden Kurs der Kirchenleitung motivierten. Oberkonsistorialpräsident Veit brachte die Bedenken der Kirchenleitung auf den Punkt, als er deren Zurückhaltung in der Besprechung vor einem breiten kirchlichen Vertreterkreis erläuterte:

> Wenn die regierenden Kreise den Eindruck bekommen, als könnten die Protestanten es gar nicht erwarten vom Staat getrennt zu werden, insbesondere, wenn die Kirche an den Staat mit der Aufforderung heranträte, die Bande zu lösen, wird die Kirche den Schaden davon haben, da nach dem Grundsatz „*volenti non fit iniuria*" sich der Staat dem Willen der Kirche zur weiteren Entwicklung nicht mehr besonders verpflichtet fühlen würde.[41]

Würde die Kirche zu deutlich die anstehende Trennung befürworten oder gar vorantreiben, so hätte sie den Verlust staatlich garantierter Einflußmöglichkeiten in der Öffentlichkeit zu befürchten. Nicht zuletzt war auch der provisorische Charakter der Regierung Eisner, der von ihr selbst auch immer wieder betont worden war[42], ein Moment, das eher Zurückhaltung und Abwarten nahelegte als die Trennung von Staat und Kirche voranzutreiben. Man wird aber – mit dem zeitgenössischen Kirchenrechtler Victor Bredt – auch die jahrzehntelange organisatorische Abhängigkeit der Kirchenbehörden unter dem landesherrlichen Kirchenregiment und die finanzielle ihrer Beamten vom Staat als ein Motiv für ihre Zurückhaltung veranschlagen müssen[43].

Die öffentliche Zurückhaltung der Kirchenleitung

Vor allem ist hier auf die große Einvernehmlichkeit zwischen Oberkonsistorium und dem Generalsynodalausschuß hinzuweisen. Beide Gremien hatten auf einer Sitzung des Generalsynodalausschusses vereinbart, daß sie in Fühlungnahme und ständigem Austausch stehen wollten[44]. Nachdem das Mandat der Generalsynode von 1917 erloschen war, bestanden zur Zeit nur noch Generalsynodalausschuß und Oberkonsistorium als aktionsfähige kirchenregimentliche und rechtmäßige Organe der Kirche[45]. Mit dem demonstrativen Schulterschluß zwischen Oberkonsistorium und Generalsynodalausschuß fehlte auf kirchenregimentlicher Ebene ein verfaßtes unabhängiges Organ, das als kritisches Gegenüber zu dem den innerkirchlichen Diskurs leitenden und alle staatskirchenrechtlichen Verhandlungen führenden Oberkonsistorium hätte fungieren können[46].

> „Wer vom Generalsynodalausschuß erwartet hat, daß er in ständiger Opposition gegen das Kirchenregiment sich befinde, wird von unserer Tätigkeit unbefriedigt sein. Das konnte die Aufgabe des Generalsynodalausschusses nicht sein; er hat es aber für seine Aufgabe gehalten, ein vertrauensvolles Verhältnis zwischen Kirchenleitung und Kirchenvolk zu pflegen. [...] Das Kirchenregiment hat keine Geheimpolitik

getrieben, sondern in engster Fühlungnahme mit dem Generalsynodalausschuß in dieser schwersten aller Zeiten die einzelnen Phasen der Entwicklung durchschritten, und der Generalsynodalausschuß hat sich an seinem Teil gemüht, dem Kirchenregiment ein treuer Berater zu sein, der es gewissenhaft unterrichtete über die Strömungen im Lande und mit ratsamen Gutachten darauf hinwirkte, daß die Entwicklung unserer Landeskirche in gesunden Bahnen verläuft."

Die kirchenregimentlichen Maßnahmen waren von den Tagen der Revolution bis zur verfassunggebenden Generalsynode im Herbst 1920 durch die brieflichen und persönlichen Kontakte zwischen Oberkonsistorialrat Gebhard und dem zuständigen Ministerialreferenten im Staatsministerium für Unericht und Kultus, Oberregierungsrat Hezner ganz wesentlich mitbestimmt[47]. Daneben war ein reger Briefwechsel zwischen den bayerischen Konsistorialbehörden und den Kirchenbehörden anderer Landeskirchen angestrengt worden, um von den parallelen Entwicklungen zu erfahren, Erfahrungen auszutauschen und wichtige Veröffentlichungen zur Trennungsfrage und Verfassungsentwicklung weiterzureichen[48]. So sind umfangreiche Exzerpte wichtiger kirchenrechtlicher Literatur angefertigt worden und dienten wohl der Urteilsfindung und Begründung eigener kirchenpolitischer Schritte[49].

Davon drang jedoch zunächst nur wenig nach außen an die kirchliche und weitere Öffentlichkeit. Von der Ansprache des Oberkonsistoriums zum Beginn des neuen Kirchenjahrs[50] und dem Vertraulichen Schreiben an die Dekanate[51] abgesehen gelangte in den ersten Monaten nach der Revolution kein richtungsweisendes Wort der Kirchenleitung an die Gemeinden. Selbst jene Ansprache hatte weniger programmatischen Charakter, als daß sie die Gemeinden aufforderte, treu zur Kirche zu stehen und auf die gnädige Führung Gottes zu vertrauen. Das vertrauliche Schreiben war nur mittelbar an die Pfarrer und Gemeinden gerichtet, und so hing es stark von den jeweiligen Dekanen ab, wieviel Pfarrer und Gemeinden von den geplanten kirchenregimentlichen Vorhaben erfuhren.

Die „würdige Zurückhaltung"[52], die das Oberkonsistorium an den Tag legte, ließ sich auch mit der Skepsis gegenüber der weiteren politischen Entwicklung begründen; es war immerhin möglich, daß nach den Wahlen im Januar 1919 völlig neue politische Verhältnisse herrschen würden – wenn nicht sogar die alten zurückkehrten. Bis dahin versuchte man im Oberkonsistorium auf dem Boden der geltenden Rechte für die Kirche das Optimum an Freiheit und Kontinuität herauszuholen[53].

Die Legalität als Maxime aller kirchenregimentlichen Schritte

Legalität war Kern und Stern alles kirchenpolitischen und kirchenleitenden Handelns von Oberkonsistorium und Generalsynodalausschuß nach der Revolution. Eine rechtspositivistische Maxime, die auch ihre Kritiker fand[54]: Noch bevor der Beschluß des Oberkonsistoriums publik wurde, die verschiedenen kirchlichen Gruppen und Vereine zu einem Gespräch am runden Tisch einzuladen, hatte Pfarrer Steinlein das Kirchenregiment aufgefordert, angesichts der kirchlichen Lage eine Versammlung einzuberufen, die über den Rahmen der kirchenregimentlichen Organe hinausgehen sollte[55]. Steinlein berief sich hierbei auf den Staats- und Kirchenrechtler Wilhelm Kahl[56] und kritisierte das Handeln der Kirchenleitung, die bisher nur die kirchenregimentlichen Organe zur Beratung geladen hatte. Diese Organe stellten „absolut kein getreues Bild unserer Landeskirche" dar[57]. Zwar gebe es für solche Zusammenkunft keine rechtliche Grundlage, aber diese sei durch die Revolution so stark erschüttert, daß auch die Kirche nicht so streng am Buchstaben der überholten Gesetze orientiert vorgehen müsse. Insgesamt beurteilte er den Spielraum des kirchlichen Handelns deutlich weiter als es das Kirchenregiment tat.

Hinter dem peinlichen Befolgen der Rechtsgrundlagen von Protestanten- und Religionsedikt sehe ich bei den kirchenregimentlichen Organen das Bemühen, jeden Anschein einer kirchlichen Revolution als Folge oder Gegenbewegung zur staatlichen Revolution zu vermeiden, um nicht kirchliche Ansprüche und Einflußmöglichkeiten zu verlieren. So ist die anfängliche Zurückhaltung des Oberkonsistoriums zu verstehen, eine Versammlung ohne eindeutigen Rechtsgrund einzuberufen. Die ließ sich aber damit legitimieren, daß einerseits dieser Versammlung nur beratender Charakter zukomme, daß andererseits einem demokratischen Interesse in der Kirche wie in der Öffentlichkeit Genüge getan werde. Nur so ist der Beschluß zu verstehen, die Kirche über den „Mittelweg" mit der Einberufung zweier Generalsynoden neu zu konstituieren.

> Dieser Beschluß bedeutet zwar einen umständlicheren Weg und erfordert in seiner Ausführung auch nicht unbeträchtliche Kosten, es ist aber im Verlauf der Staatsumwälzung so viel Ungesetzlichkeit unter uns geschehen, daß gerade die Kirche sich hüten muß, diese Ungesetzlichkeit noch zu mehren. Nicht anders als auf geordnetem, gesetzlichem Weg will sie zu einer Neuordnung ihrer Verhältnisse kommen.[58]

Auch bei der Frequenz der Synoden suchte man jeden Eindruck zu vermeiden, die Kirche dränge durch übereiliges Handeln auf eine Trennung von Staat und Kirche[59].

Knopp hat die Motive des Oberkonsistoriums für ein streng an der Legalität orientiertes Vorgehen eingehend dargestellt und analysiert[60]. Er erklärt den auf peinlichste Einhaltung der bestehenden Rechtsvorschriften bedachten Charakter konsistorialen Vorgehens mit den unklaren äußeren Umständen, dem provisorischen Charakter der Revolutionsregierung und dem Bild der Kirche in der Öffentlichkeit, der gegenüber die Kirche keinesfalls den Anschein erwecken wollte, auf eine Trennung vom Staat hinzuarbeiten. Entsprechend resümiert er:

> Es kann zumindest für das Protestantische Oberkonsistorium der bayerischen Landeskirche die bestehende Unsicherheit nicht damit erklärt werden, daß die Oberkonsistorialräte, das Oberkonsistorium und der Oberkonsistorialpräsident nur gewohnt waren, Recht anzuwenden, nicht aber, die Kirche selbstverantwortlich zu gestalten und zu leiten[61]. Vielmehr ergibt sich erneut aus den Ausführungen von D. Veit auf der Versammlung am 19.12.1918, daß die Unsicherheit bei der Lösung der neu gestellten Probleme nicht eine „Unsicherheit" der maßgebenden kirchlichen Organe im eigentlichen Sinne, etwa weil die landeskirchlichen Organe ihrer Freiheit nicht recht froh wurden und sie kaum gebrauchten, war, sondern – bewußtes – Tasten, bedingt durch die vom Staat vorgegebene, aber wegen der trotzdem sich noch ergebenden mannigfaltigen Ausgestaltungsmöglichkeiten doch wieder unklare Situation, um durch diese wissentliche Untätigkeit nach außen hin beim Umbau der Kirche im Innern Zeit zu gewinnen; Zeit für das Rüsten und sich Vorbereiten auf den Augenblick der Trennung in der noch unbekannten Ausgestaltung. Das Protestantische Oberkonsistorium lenkte auf der Grundlage des Vorgegebenen vorsichtig und zugleich umsichtig für die Zukunft planend.
> Dabei war im Unterbewußtsein ein Mitschwingen des beharrenden Elements der Treuepflicht des Beamten zur bis zum 7.11.1918 bestandenen konstitutionellen Monarchie festzustellen, das vor zu schnellen Entscheidungen bewahrte. Darüber hinaus war es auch die stille Hoffnung, daß es vielleicht doch noch anders, wieder monarchisch werden könne. Hinzu kam, daß die gegenwärtige Regierung selbst nach den Worten des Oberkonsistorialpräsidenten D. Veit immer wieder die Provisoriumsnatur herausgestellt hatte.[62]

Es ist aber zu fragen, ob das „unterbewußt mitschwingende Element der Treuepflicht gegenüber der Monarchie" nicht auch als eine rückwärtsgewandte Verweigerungshaltung interpretiert werden kann, die den Blick auf die Chancen der Zukunft durch die neu geschaffenen Verhältnisse verstellte? Schließlich war der Wunsch nach einer weiteren Lockerung des Verhältnisses von Staat und Kirche ein in der Kirche schon lange geäußert worden. Man hätte auch stärker die Chance betonen können, die in der offenen Situation nach der Revolution lag. Zwar hatte die Regierung Eisner sich die Trennung von Staat und Kirche auf ihre Fahnen geschrieben, aber die ersten rechtlichen Schritte der provisorischen Regierung garantierten der Kirche ihren vollen Bestand. Und es war auf der Versammlung am 19.12.1918 die Einschätzung Hezners weitergegeben worden, „daß die grundsätzliche Frage der Trennung vor dem Zusammentritt der Nationalversammlung nicht angeschnitten werden wird."[63] Danach hätten die äußeren Umstände nicht so skeptisch stimmen müssen. Es scheint mir, daß ein weiteres, mentalitätsgeschichtliches Argument für dieses Phänomen zur Erklärung herangezogen werden muß:

> Äußere Ereignisse geben den Anlaß zur inneren Besinnung und einer neuen Einstellung gegenüber dem Staat. Mit der Beseitigung des landesherrlichen Kirchenregiments im Jahre 1918 werden die Kirchen endgültig aus der, wenn auch seit Mitte des vorigen Jahrhunderts gelockerten Verbindung mit dem Staat entlassen. Die grundsätzlich neue Lage wird wohl infolge der Kontinuität der Bürokratien (vgl. Weber, Veröffentlichungen der Vereinigung der Deutschen Staatsrechtslehrer, Heft 11, Seite 154ff) von beiden Seiten noch nicht recht erkannt, auf kirchlicher Seite jedenfalls kaum genutzt.[64]

Die Bindung an den Staat war über die Jahrhunderte immer wieder beengend empfunden worden, zugleich aber bot diese Enge auch eine gewisse Sicherheit und Schutz vor jetzt zunehmenden antikirchlichen Bewegungen. Aus der Sicherheit staatlicher Obhut mit all ihrer finanziellen, organisationsrechtlichen und ideologischen Schützenhilfe plötzlich hinausgestoßen zu werden in eine Welt, die nach dem Kriegsende alles andere als freundlich erschien, war für die Kirchenleitungen keine Perspektive, die man uneingeschränkt und vorbehaltlos bejahen mochte.

Die Vorbereitung einer Notverordnung

War man sich auf der Versammlung am 19. Dezember 1918 noch einig gewesen, daß wohl eine friedliche Lösung mit dem Staat in der Trennungsfrage zu erwarten sei[65], sah man sich im Oberkonsistorium angesichts der Entwicklungen im Frühjahr 1919 zu einer Revision dieser Hoffnungen genötigt. Zunächst schien das Ende der staatlichen Aufsicht über die kircheninternen Angelegenheiten gekommen zu sein. Am 2. April 1919 wurde das Vorläufige Staatsgrundgesetz (VSGG) für den Freistaat Bayern im Gesetz- und Verordnungsblatt veröffentlicht. § 15 VSGG lautete:

> Die Glaubensgesellschaften sind gleichberechtigt und ordnen und verwalten ihre Angelegenheiten selbständig nach Maßgabe der Staatsgesetze. Niemand kann zum Eintritt in eine Glaubensgesellschaft oder zum Verbleiben in ihr, zur Teilnahme oder Nichtteilnahme an Kultushandlungen gezwungen werden. Bestehende Rechte der Glaubensgesellschaften können nur durch Gesetz abgelöst werden.[66]

Im Zusammenhang mit der ebenfalls in Vorbereitung befindlichen Reichsverfassung, die in Art. 30 eine staatsfreie Kirche in Aussicht stellte, die ihre inneren Angelegenheiten „selbständig innerhalb der Grenzen des für alle geltenden Gesetzes"[67] ordnen und verwalten sollte, eröffnete sich für die Kirchen eine erfreuliche Entwicklung, die in fast jeder Hinsicht die von ihnen aufgestellten Forderungen zu erfüllen schien. Nach kirchlicher Einschätzung war die Übernahme der summepiskopalen Rechte vom Staat nur noch eine Frage der Ausführungsbestimmungen.

Am 7. April 1919 jedoch rief der „revolutionäre Zentralrat Baierns" die Räterepublik in Bayern aus, die bereits eine Woche später von den neuen Machthabern der vierten Revolution als „Scheinräterepublik" abgelöst wurde. Die Regierung Hoffmann war schon Tage zuvor aus München nach Nürnberg und dann nach Bamberg geflohen. In den Wirren, die sich vor allem in München und seinem Umland ausbreiteten und die Stadt schon bald von der Außenwelt abschnitten, kam die kirchenleitende Tätigkeit des Oberkonsistoriums praktisch zum Erliegen[68]. Das Oberkonsistorium war von den Vorgängen ungleich stärker betroffen als die Konsistorien in Ansbach und Bayreuth oder die Pfarrerschaft im Land. In München wurden die roten Revolutionäre als militante Kirchenfeinde wahrgenommen[69], was es geraten erscheinen ließ, dieser neuen Obrigkeit gegenüber keine so weiten Zugeständnisse hinsichtlich des Staatskirchenrechts und der Ausübung summepiskopaler Rechte zu machen bzw. die Übernahme der summepiskopalen Rechte nun beschleunigt voranzutreiben. Es wurden dementsprechend keine Verhandlungen mit den Räten angesetzt, denn die Räte der dritten und vierten Revolution mochte man nicht als Obrigkeit und Verhandlungspartner anerkennen[70]. Am 9. April 1919 faßte das Oberkonsistorium den Beschluß, eine kirchliche Notverordnung zu entwerfen[71], die als Übergangsverfassung dienen sollte vom Zeitpunkt der Trennung von Staat und Kirche bis zum Inkrafttreten der neuen Verfassung der Kirche[72]. Nachdem die „weißen Garden" in den ersten Maitagen München zurückerobert hatten und die Regierung Hoffmann zurückgekehrt war, konnten die unterbrochenen Verhandlungen wieder aufgenommen werden. Jedoch war auch jetzt noch nicht an eine schnelle und reibungslose Übernahme der summepiskopalen Rechte aus der Hand des Kultusministers zu denken. Am 23. Juli 1919 war von Hoffmann in der Sitzung des Landtags klargestellt worden, daß § 15 VSGG nicht als *Rechtssatz*, sondern nur als *Programmsatz* für eine weitere Gesetzgebung anzusehen sei, die auch von der endgültigen Fassung der Reichsverfassung abhänge, mithin die Ausübung des Episkopats weiterhin bei ihm liege und er sich diese Rechte bis zu einer endgültigen Regelung der Trennung von Staat und Kirche nicht nehmen lassen werde[73]. Am gleichen Tag begann die außerordentliche Generalsynode in Ansbach. Sie sollte eine neue Generalsynodalwahlordnung verabschieden und so die Neukonstitution der Landeskirche auf den Weg bringen.

Auch hier lassen sich Parallelen zur politischen Entwicklung nach der Revolution aufzeigen; ebenso wie dort bewirkte auch in der Kirche ein „Anti-Chaos-Reflex", daß das differenzierte und stabile System der Machtverteilung in der Kirche kippte und völlig andere Strukturen die Oberhand gewinnen konnten. Auch hier war Kontinuität der *cantus firmus* aller kirchenpolitischen Bemühungen gegen die von außen und von innen herandrängenden Wünsche nach Veränderung. Zugleich wurde Veränderung soweit zugelassen, wie sie einem kontrollierten Wandel entsprach, der die seit Mitte des 19. Jahrhunderts eingeleiteten Bestrebungen nach kirchlicher Selbständigkeit aufnahm.

Die außerordentliche Generalsynode in Ansbach 1919

Die Vorbereitungen zur Generalsynode

Eine neue Synode mußte gewählt werden; denn die Generalsynode von 1917 hatte kein Mandat mehr; sie existierte genau genommen nicht mehr[1]. Angesichts der kirchlichen und politischen Lage war es jedoch unumgänglich geworden, eine außerordentliche Generalsynode einzuberufen. Die Kirchenleitung hielt trotz der finassierenden Politik Hoffmanns und der Irritationen, die die Wochen der Räterepublik im April 1919 hinterlassen hatten, an ihrem streng auf Legalität bedachten Kurs fest. So wurde die außerordentliche Generalsynode 1919 noch einmal nach dem alten Modus gewählt, der zwar den alten Strukturen zuarbeiten würde[2], dem man sich aber rechtlich verpflichtet sah.

Als rechtlich unklar wurde von mehreren Konsistorialräten empfunden, wieweit man für diese Generalsynode schon neue Modalitäten in der Geschäftsordnung zulassen sollte. Auch hier enthielt man sich alles Revolutionären, so daß der Verlauf und die Geschäftsordnung der Synode den vorhergehenden entsprach[3], mit der Ausnahme, daß kein staatlicher Kommissär mehr anwesend war – üblicherweise war das der Oberkonsistorialpräsident gewesen[4].

Die für den Zeitraum vom 23.–31. Juli anberaumte außerordentliche Generalsynode hatte vor allem vier Themen zu bearbeiten. Erstens und als deutlicher Schwerpunkt war eine Wahlordnung zu erlassen, die es ermöglichen würde, die geplante konstituierende Synode als ein repräsentatives Organ der in der Kirche vertretenen Gruppen, Vereine und Richtungen zusammentreten zu lassen. In diesem Zusammenhang – die Wahl der Synodaldelegierten sollte in Zukunft von den Kirchenvorstehern ausgeübt werden und nicht wie bisher von den Diözesansynoden[5] – mußte zweitens der Wahlmodus zu den Kirchenvorständen geändert werden, der noch auf einer Verordnung vom 7. Oktober 1850 beruhte. Drittens war die Änderung der Geschäftsordnung der Generalsynode auf die Tagesordnung gesetzt worden, was es viertens erlauben sollte, die Mitglieder der Konsistorien und des Oberkonsistoriums zu den Beratungen der verfassunggebenden außerordentlichen Generalsynode hinzuzuziehen[6]. Die Synode sollte nur vorbereitenden Charakter haben und der eigentlichen Gesetzgebung der nach dem neuen Wahlmodus zusammengesetzten Generalsynode auf keinen Fall präjudizierend vorgreifen. So wurde mehrfach die Vorläufigkeit aller Beschlüsse betont[7]. Der innerkirchlich heikelste Punkt, die Frage nach dem Bekenntnis in der neu zu konstituierenden Kirche, blieb denn auch als Verhandlungsgegenstand der Synode außen vor, hat aber ihr Umfeld entscheidend beeinflußt und darf darum hier nicht unerwähnt bleiben[8].

Vom 20.–22. Februar 1919 war in München ein Zusammentreffen der Kommission zur Vorbereitung einer neuen Wahlordnung für die verfassunggebende Generalsynode in Ansbach geplant gewesen[9]. Die Kommission mußte wegen der politischen Unruhen, die die Attentate auf den scheidenden Ministerpräsidenten Eisner und den Vorsitzenden der Mehrheitssozialisten Auer hervorgerufen hatten, nach Ansbach ausweichen[10]. Am 22. April tagte der Generalsynodalausschuß in verminderter Besetzung, diesmal der Räterepublik in München ausweichend, in Nürnberg und bearbeitete dort die von der Kommission ausgearbeiteten Gesetzesvorlagen für die neue Wahlordnung. Hier wurde auch über die Vorlage einer Notvorschrift beraten[11]. Am 25. April 1919 erging eine Genehmigung zu einer außerordentlichen Generalsynode durch das Staatsministerium für Unterricht und Kultus, „daß im laufenden Jahr an einem noch näher zu bestimmenden Zeitpunkt eine außerordentliche Generalsynode für die Konsistorialbezirke Ansbach und Bayreuth zur Beratung über den Entwurf einer provisorischen kirchlichen Wahlordnung und über hiermit zusammenhängende Fragen in Ansbach abgehalten werde.“[12] Am 20. Juni 1919 brachte das Oberkonsistorium dem Staatsministerium für Unterricht und Kultus das Ergebnis der Wahlen der geistlichen und weltlichen Abgeordneten zur außerordentlichen Generalsynode zur Kenntnis, die vom Ministerium vier Tage später ohne Einwand bestätigt wurde[13]. Tags darauf genehmigte das Staatsministerium für Unterricht und Kultus die Abhaltung einer außerordentlichen Generalsynode ab Mittwoch, dem 23. Juli 1919, für die Dauer einer Woche, „wobei der Dirigent der Generalsynode ermächtigt wird, im Bedarfsfalle die Tagung um höchstens zwei Tage zu verlängern.“[14]. Am 24. Juni 1919 war die Vorlage an die außerordentliche Generalsynode betreffend „die Einführung einer provisorischen Wahlordnung für die zur Neugestaltung der Kirchenverfassung einzuberufende verfassunggebende außerordentliche Generalsynode“ ausgefertigt und wurde zwei Tage darauf im Kirchlichen Amtsblatt veröffentlicht[15].

Die Formalitäten um die Synode trugen noch ganz den Charakter einer staatskirchlichen Veranstaltung; so wie zuvor der König um die Genehmigung kirchenregimentlicher Schritte angegangen wurde, so reichte man jetzt die Anträge beim staatlichen Innenministerium ein. Alle Vorarbeiten für die außerordentliche Generalsynode richteten sich streng nach den Verfassungsgrundlagen der evangelischen Kirche in Bayern, wie sie im wesentlichen seit einhundert Jahren bestanden[16].

Das Wahlrecht in der Kirche

> Daß die Verhältniswahl gerade eine wesentliche Förderung der kirchlichen Parteibildung herbeigeführt hätte, läßt sich nicht sagen; sie wurde nur da gewählt, wo es bereits ausgeprägt kirchliche Parteien gab. Ihre Wahl führte in den meisten Fällen zu Kompromißverhandlungen, die mit Aufstellung eines gemeinsamen Wahlvorschlags endeten. Diese Kompromißverhandlungen waren freilich an manchen Orten sehr hitziger Natur. Die Vermutung ist wohl begründet, daß die Lust zu Kompromißverhandlungen für eine künftige Wahl nicht mehr im bisherigen Maße vorhanden sein wird, sondern daß ein offener Wahlkampf dem Kompromiß vorgezogen werden wird.[17]

So lautete ein Schreiben des Landeskirchenrates an das Stuttgarter Konsistorium hinsichtlich der Wahlen zur verfassunggebenden Generalsynode im Sommer 1920[18]. Befürchtungen gegenüber „demokratisierenden Tendenzen", die durch die neuen Wahlmodalitäten in die Kirche hineingetragen würden, hatten sich weitgehend nicht erfüllt. Aber gerade im Bereich der Wahlmodalitäten hatten sich scharfe Kontroversen im Vorfeld und auf der Generalsynode 1919 selbst ergeben. Schließlich ging es um die Frage, inwieweit die Kirche sich den politischen Tendenzen annähern sollte, das neue Wahlrecht ebenfalls mit der Herabsetzung des wahlfähigen Alters auf 20 Jahre (25 Jahre bei passiver Wahl), mit einem gleichen Recht für die Frauen und einem Verhältniswahlrecht auszugestalten, das nun auch Minderheiten mehr Mitspracherecht in den kirchlichen Gremien ermöglichen würde.

Auch in diesem Bereich lassen sich wieder die fast schon pauschal wirkenden Divergenzen zwischen Liberalen und Konservativen aufspüren: Im Sinne einer Öffnung der Kirche für die demokratischen und pluralistischen Tendenzen der Gesellschaft plädierte der *Protestantische Laienbund* für eine Herabsetzung des Wahlalters und die Einführung eines allgemeinen, gleichen und geheimen Wahlrechts[19], während sich die *Gesellschaft für Innere und Äußere Mission im Sinne der lutherischen Kirche* am 6. Mai 1919 an die künftige außerordentliche Generalsynode zum Thema Wahlordnung wandte und mahnte:

> So lockend es ist, die eingetretene Wandlung der Dinge zu bemühen, um je nach dem Standpunkt schon länger gehegte Wünsche ins Leben einzuführen, so halten die Unterzeichneten es doch für ihre Gewissenspflicht, zunächst einmal mitzuhelfen, daß unsere Landeskirche möglichst ungefährdet und mit ihrer bisherigen Bekenntnisgrundlage in den neuen Stand einer staatsfreien Kirche hinübergeleitet werde.[20]

So möge man auch bezüglich der Wahlordnung möglichst wenig Veränderungen vornehmen, vor allem aber die Einführung des Frauenwahlrechts unterbinden[21]. Letzteres wurde von sehr vielen Männern in der Kirche als Einbruch in eine traditionelle Domäne erachtet[22], was nicht nur ein weiteres Mosaiksteinchen im großen Bild der strukturellen, positionellen und mentalen Verunsicherungen bedeutete, sondern darüber hinaus zu der grundsätzlichen Frage gewendet wurde, wieweit sich die Kirche in ihrer neuen Verfassung dem Zeitgeist der politischen Veränderungen kritiklos und uneigenständig anpassen sollte, oder wieweit sie gerade in solchen Fragen ihre Differenz zum Staatswesen markieren sollte. Auch hier griff das Denkmuster, wonach die Demokratie einen Zustand der allgemeinen Dekadenz heraufführe, indem sie unqualifizierten Massen die Macht verleihe. Zwar sahen auch Konservative wie Pechmann[23], Veit[24] oder Bachmann[25] die Unumkehrbarkeit der demokratischen Entwicklung, gleichwohl behaupteten sie für die Kirche eine Andersartigkeit, die sich aber m.E. nicht genuin theologischen Anliegen und Überlegungen, sondern den alten und vertrauten, weil eingeübten Wahrnehmungs- und Handlungsmustern verdankte.

Die strittigen Themen sollten im Vorfeld der Synode ausführlich ventiliert und zu einer neuen Generalsynodalwahlordnung zusammengearbeitet werden[26]. Das waren: das *Wahlalter*, die *Erwerbung des Wahlrechtes*, das *Frauenwahlrecht*[27], die Entscheidung zwischen *Verhältniswahlen*, *Mehrheitswahlen* oder gar *Urwahlen*, die Frage nach einer *Direktwahl* der Synode durch das Kirchenvolk oder mittels eines *Siebsystems durch die Kirchenvorstände*, und schließlich die Frage nach dem *Verhältnis der geistlichen zu den weltlichen Synodalen*.

Die Bekenntnisfrage

Das Jahr 1919 brachte noch einmal eine heftige Debatte über die Bekenntnisfrage und den künftigen Weg der Kirche als Bekenntnis- und, oder Volkskirche, die sich vor allem im Korrespondenzblatt in zahlreichen Artikeln, Stellungnahmen und Entgegnungen niederschlug. Das Spektrum reichte dabei von der ‚äußerst linken' Position eines Pfarrers Julius Sammetreuther, der eine Bekenntnisbindung oder gar eine gesonderte Bekenntnisverpflichtung der Pfarrer als unwahrhaftig und für die Entwicklung der wahren Religiosität als abträglich erachtete, bis zur ‚äußerst rechten' Position der Neuendettelsauer, die eine Verpflichtung der Geistlichen auf die „geschichtlichen Tatsachen" des Bekenntnisses verlangten[28]. Von vielen konservativen Pfarrern wurde eine Kirchengemeinschaft mit den Liberalen als nicht mehr zuträglich erachtet, so daß man hier für eine Trennung plädierte. Dabei blieb die Kontroverse nicht ganz frei von persönlichen Angriffen und Mißverständnissen, die den Graben zwischen den beiden Parteien noch verschärften[29].

Die Auseinandersetzungen im Vorfeld und auch noch im Gefolge der außerordentlichen Generalsynode von 1919 haben die Protestantische Kirche in Bayern vor eine Zerreißprobe gestellt. Die Präsenz der Liberalen in der kirchlichen Landschaft, die in Bayern länger als in anderen großen Landeskirchen verhindert werden konnte, war nach der Auseinandersetzung von 1910 unumkehrbar geworden; sie gehörten nun zu der ehemals in einer Bekenntnisrezeption geeinten Landeskirche dazu und prägten sie auf ihre Weise mit. Der so virulent gewordene Pluralismus hatte in der Bekenntnisdiskussion von 1919/20 eine ganz neue Dimension gewonnen; denn nun ging es nicht mehr um einige wenige Pfarrer, die seitens ihrer Standesgenossen oder der Konsistorialbehörden hätten ausgegrenzt werden können, sondern um eine qualitativ wie quantitativ breit gewordene Strömung innerhalb der Kirche, die ihre Rechte als Minderheit selbstbewußt einforderte. Zudem hatte der Zusammenbruch der alten Ordnungen auch die ‚orthodoxe Theologie' und ihre Zeitgemäßheit fraglich werden lassen.

Zwar hatte die außerordentliche Generalsynode 1919 das heikle Thema noch weitgehend aussparen können, da andere Themen zu verhandeln waren, aber die angeführten Diskussionen zeigen doch, wie sehr mit der Bekenntnisfrage der Nerv der Landeskirche getroffen war. Die Kontroverse durchzog auf verschiedenen Ebenen die weitere Entwicklung. Für die verfassunggebende Generalsynode erwartete man heftige Flügelkämpfe und mancherorts sogar den großen Eklat einer Trennung. Die angeführte Auseinandersetzung gewann an Brisanz, als prominente Vertreter der jeweiligen Lager in den Streit eingriffen. Die literarische Kontroverse zwischen dem Nürnberger Pfarrer Wilhelm Stählin und dem Rektor von Neuendettelsau Hans Lauerer erinnerte an die Auseinandersetzungen zehn Jahre zuvor. Am 13. Februar 1920 kam es zu einem

„amtsbrüderlichen Gespräch" zwischen ihnen und weiteren Vertretern der beiden kirchlichen Gruppierungen[30]. Das Gespräch brachte zwar kaum eine Annäherung in den kontroversen Punkten, doch zumindest bedeutete es „eine wesentliche Erleichterung unserer kirchenpolitischen Lage"[31]. Hugo Maser hat dem Gespräch insofern eine „kirchengeschichtliche Bedeutung" zugesprochen[32], als es die Voraussetzungen schuf für konstruktive Verhandlungen der Bekenntnisfrage auf der verfassunggebenden Generalsynode im Sommer 1920. Dem ist zuzustimmen angesichts der zentrifugalen Kräfte innerhalb der Pfarrerschaft, die eine Trennung wegen theologischer Differenzen und zu diesem Zeitpunkt für die beste Lösung hielten. Andererseits ist nicht zu übersehen, wie in der Besprechung vom Februar und schließlich in den Debatten der Generalsynode im Herbst 1920 die bestehenden Gegensätze durch dissimulierende Formulierungen verdeckt wurden. Friedrich Leimbach hat ein Jahr später zu Recht auf die ungeklärte Situation aufmerksam gemacht. Seine mit Verve und Unbeugsamkeit vorgetragene Kritik hat darin ihr historisches und theologisches Recht; seine Tragik liegt darin, daß er so den gerade eingekehrten Frieden in der Landeskirche störte und als Häretiker seines Amtes enthoben wurde[33].

Den Mitarbeitern in den Ausschüssen der Kirchenleitung war die Brisanz der Bekenntnisfrage schon früh nach der Revolution bewußt geworden. Gegen den exklusiven Standpunkt der konservativen Lutheraner wurde hier die Alternative ‚Bekenntniskirche oder Volkskirche' als nur scheinbare verworfen. Zwar müsse man am Bekenntnis festhalten, um nicht zu einem reinen „Zweckverband mit Gesinnungsgemeinschaften"[34] zu werden, doch könne das Bekenntnis nicht so engherzig ausgelegt werden, wie es von streng konservativer Seite gefordert wurde. Mit einem Grundbekenntnis „Jesus ist der Herr", wie das von pietistischer und liberaler Seite vorgeschlagen worden war, sei es ebensowenig getan, hier werde es immer Präzisierungen geben müssen, auch wenn dann in der Gemeinde am Ende ein solcher Elementarsatz als Zusammenfassung aller Bekenntnisse gelten könne[35].

> Mit größerer Bewußtheit noch als bisher, mit freierer Klarheit, mit glaubenswarmer Innigkeit muß die Kirche der kommenden Zeiten nur das bekennen, was ihr als notwendiger Ausdruck der Herrenstellung Christi gewiß geworden ist, und allem, was sie bekannt, den lebensvollen Charakter eines Bekenntnisses zu Christo dem Herrn, des Bekenntnisses einer persönlichen Gemeinschaft zwischen der Gemeinde und ihrem Haupte zwischen der Seele und dem Heiland verleihen.[36]

Um die eingangs aufgeführten Themen zu bearbeiten, waren zwei Ausschüsse eingerichtet worden[37]. Die Fülle des Stoffes erlaubte es nicht, innerhalb einer Woche wie geplant die Arbeiten zu den Kirchengesetzen abzuschließen. Die Synode wurde um zwei Tage verlängert, wie es die Genehmigung des Staatsministeriums vorgesehen hatte[38].

Thematisch interessant ist hier vor allem die Einführung einer kirchlichen Notordnung, die auf Antrag des Landgerichtspräsidenten Eugen Rohmer am vorletzten Tag der Synode eingebracht wurde[39] und die Übernahme der Kirchengewalt regeln sollte, solange die Kirche noch über keine eigene Verfassung verfügte. Motiviert war der Antrag einerseits durch die Überlegung, daß die Kirche eine Übergangsverfassung brauche, wenn durch Reichs- und Landesgesetzgebung die früheren rechtlichen Grundlagen der Kirche hinfällig würden, zum anderen durch die Entwicklung der Reichsgesetzgebung, die ihrem sachlichen Gehalt nach weitgehend schon bekannt war und den kirchlichen Forderungen sehr weit entgegenkam. Es galt also, sich auf die Übernahme der summepiskopalen Rechte vorzubereiten.

Der Vorsitzende des Generalsynodalausschusses, Kirchenrat Friedrich Boeckh, erinnerte sich in seinem Tätigkeitsbericht auf der verfassunggebenden Generalsynode in Ansbach 1920:

> Wohl die wichtigste Sitzung hatte der Generalsynodalausschuß dann während der außerordentlichen Generalsynode am 22. Juli im Schloß zu Ansbach[40]. Durch die inzwischen zur Geltung gekommene Reichsverfassung[41], die den Kirchen ihre Selbständigkeit garantierte und durch das zähe Festhalten des vorigen Kultusministers an der Ausübung der landesbischöflichen Rechte, drängte alles dazu eine Notverfassung zu schaffen, zum Schutz der Selbständigkeit der Kirche wie auch um die geordnete Weiterführung der Kirchenregierung zu sichern. Die Notverfassung wurde dann von der außerordentlichen Generalsynode angenommen; sie ist auch zu gegebener Zeit im Amtsblatt veröffentlicht worden.[42]

Der Entwurf war zunächst als vertraulich im gemeinsamen Ausschuß I und III eingebracht worden[43]. Am 30. Juli 1919 gegen Ende der Sitzung notierte das Protokoll:

Schließlich bringt der Dirigent noch einen vertraulichen Antrag des Landgerichtspräsidenten Rohmer in Einlauf, der sich auf vorläufige kirchliche Verfassungsmaßnahmen bezieht.
Dirigent bemerkt hiebei: Ich bringe diesen wichtigen, vielleicht manchem in seiner großen Tragweite noch nicht ganz bewußten Antrag in den Einlauf der Generalsynode mit dem vollen Bewußtsein, daß die Einbringung des Antrags in dem jetzigen Zeitpunkte gegen die Geschäftsordnung verstößt. Über dies kleine Bedenken hilft uns der Ernst der Lage leicht hinweg. Es ist einfach eine vis major, die uns zwingt, einen solchen Antrag noch entgegen zu nehmen. Durch Nachrichten, die mir erst hier zugegangen sind, sind wir in die Lage versetzt, uns mit einem Instrument bewaffnen zu müssen, das uns ermöglicht, Leben und Gang unserer Landeskirche ungestört weiter führen zu können, wenn die Voraussetzungen, die in dem Antrag genannt sind, eintreten. Es handelt sich um eine vorsorgliche Maßnahme, damit wir nicht plötzlich vor einem Vakuum, vor dem Nichts stehen mit der Frage; wer ordnet denn jetzt weiter Leben und Gang der Kirche? Da die Frage jetzt zur Erledigung gebracht werden muß, so trifft es sich günstig, daß die Nachricht gerade jetzt gekommen ist, wo wir eine Generalsynode zur Verfügung haben. Wir wollen nicht auseinandergehen, ohne über diese dringende Sache beschlossen zu haben, die unserer Kirche einen vorläufigen Rechtsboden verschaffen soll, ehe wir noch in der Lage sind, den beabsichtigten Neubau der Kirche auszuführen.[44]

Die Nachrichten, auf die Veit sich bezog, dürften die Briefe des Landtagsabgeordneten Strathmann sein, der von den Lesungen im Verfassungsausschuß berichtete. Dort wurden auch diejenigen Artikel beraten, die die kirchliche Selbständigkeit betrafen.

Am 23. Juli 1919 tagte zeitgleich mit der Generalsynode in Ansbach der Landtag in München. Hier stellte Kultusminister Hoffmann noch einmal klar, daß bis zu einer endgültigen Verabschiedung der Reichs- und Landesverfassung von einem Ende der staatlichen Kirchenaufsicht im Sinne der Kirchengewalt keine Rede sein könne. Er sei nicht bereit, sich die Rechte auf Ernennung und Besetzung der Pfarrstellen nehmen zu lassen. Auch sei die Formulierung des Vorläufigen Staatsgrundgesetzes nicht eindeutig dahingehend zu verstehen, daß diese ein Ende des landesherrlichen Kirchenregiments vorschreibe; vielmehr handele es sich bei § 15 VSGG um einen Programmsatz, der durch weitere Landesgesetzgebung für die Durchführung erst noch näher bestimmt werden sollte[45]. Vor allem aber müsse die endgültige Rechtssetzung durch die Reichsverfassung abgewartet werden. Während der 2. Lesung im Verfassungsausschuß schrieb Strathmann am 28. Juli 1919 an Oberkonsistorialpräsident Veit nach Ansbach:

> Wenn § 13 Abs. 3 des Verfassungsentwurfs bestimme, daß die Durchführung der Selbständigkeit der Gesetzgebung vorbehalten bleibe, werde § 15 des vorläufigen Staatsgrundgesetzes vom 17. 3. 1919 ignoriert, nach dem die Staatsregierung das Recht verloren habe, in die inneren Angelegenheiten der protestantischen Kirche hineinzureden und alle entgegenstehenden Bestimmungen früherer Verfassungsgesetze eo ipso beseitigt seien.[46]

§ 15 VSGG verbot ein Regieren der Staatsregierung in die innerkirchlichen Angelegenheiten der Protestantischen Kirche. Dort heißt es – mißverständlich formuliert –, die Kirche verwalte ihre inneren Angelegenheiten „nach Maßgabe der Staatsgesetze", worunter die allgemeinen Staatsgesetze und nicht die alten Verfassungsgrundlagen der Kirche, Protestantenedikt und Religionsedikt, zu verstehen seien. Hoffmann versuche nun mit der Formulierung in § 13 Abs. 3 des Verfassungsentwurfs zur Bayerischen Verfassung der Konsequenz kirchlicher Selbständigkeit zu entgehen. Das Schreiben Strathmanns verstärkte noch einmal den Eindruck, die Kirche habe auf eigenem Wege für die rechtlichen Grundlagen ihrer Selbständigkeit zu sorgen, da die Rechtslage ihr solche Kompetenz zuerkenne[47]. Zu dieser Auffassung paßt eine ausführliche und zustimmende Rezension einer Untersuchung des Kirchenrechtlers Max Berner im Kirchlichen Amtsblatt, der die Frage nach Ort und Inhaber der Kirchengewalt im Sinne der kirchenregimentlichen Auffassung traktierte[48]. Die gegenläufige Interpretation der Rechtslage, die Oberregierungsrat Hezner aus seinem Urlaub an Oberkonsistorialrat Gebhard, der sich gleichfalls im Urlaub befand, mitteilte, war auf den 1. August datiert und damit in jedem Fall zu spät, als daß sie noch etwas an der Entscheidung der Synode zur Notverordnung geändert hätte[49].

Vorbereitungen der verfassunggebenden Generalsynode

Die Hindernisse auf dem Weg zur Selbständigkeit

Die außerordentliche Generalsynode hatte Kirchengesetze beschlossen und mit ihrer Durchführung das Oberkonsistorium beauftragt. Durch Veröffentlichung im Kirchlichen Amtsblatt sollten sie in Kraft treten. Zu den neuen Gesetzen gehörte auch eines zur Durchführung von Kirchenvorstandswahlen als Vorbedingung für die Wahlen zur verfassunggebenden Generalsynode sowie die bereits erwähnte Notverordnung. Von einer eigenmächtigen Einführung dieser Gesetze sah man aber im Oberkonsistorium noch ab, solange das Staatsministerium für Unterricht und Kultus – ganz im Sinne staatskirchlicher Verfahren – hierzu keine Genehmigung erteilt hatte. Zwar hatte die Weimarer Reichsverfassung klar formuliert, daß keine Staatskirche mehr bestehe und jede Religionsgesellschaft „ihre Angelegenheiten selbständig innerhalb der Schranken des für alle geltenden Gesetzes" ordne und verwalte [1], so daß die Kirche eigentlich einer staatlichen Genehmigung für alle weiteren konstituierenden Schritte nicht bedurft hätte, aber die Haltung Hoffmanns, der im Verfassungsausschuß des Landtages die Übergabe der summepiskopalen, der Kirchengewalt zugehörigen Rechte von der Landesverfassung [2] abhängig machen wollte, hatte auch nach Verabschiedung der Weimarer Reichsverfassung keine substantielle Änderung erfahren.

Nach der Verkündigung der bayerischen Landes- und der Reichsverfassung war das Verhältnis der reichsrechtlichen Bestimmungen zu den landesrechtlichen mehrfach Gesprächsgegenstand zwischen den Referenten des Ministeriums und des Oberkonsistoriums gewesen. In einer Sitzung des Oberkonsistoriums am 25. September, an der sämtliche Kollegialmitglieder beteiligt waren, sollten weitere kirchliche Schritte unter rechtlichen und taktischen Aspekten einer eingehenden Erörterung unterzogen werden [3].

Nach Gebhards Ansicht war mit der Reichsverfassung der staatliche Summepiskopat beendet, eine weitere Ausübung auch nicht mehr nötig, da die Kirche sich eine Notverordnung gegeben hatte, mit der sie bis zum Inkrafttreten der neuen Verfassung würde leben können. Vielmehr sei die Kirchenleitung durch die Beschlüsse der Generalsynode gebunden und müsse die Durchführung der Beschlüsse umsetzen. Hierbei sei aber durchaus nach taktischen bzw. Zweckmäßigkeitserwägungen vorzugehen.

Von einer einfachen Bekanntgabe der Beschlüsse der Generalsynode sei vorerst abzusehen, um die Atmosphäre für die weiteren Verhandlungen zwischen Staat und Kirche, die neben der innerkirchlichen Verfassung auch die vermögens- und organisationsrechtlichen Punkte betrafen, nicht im vornherein zu belasten [4].

Die Besprechung führte zu persönlichen Kontakten zwischen Oberkonsistorialpräsident und Ministerpräsident Hoffmann. Veit drang darauf, daß der Freistaat Bayern seine Auffassung der Rechtslage, die durch Veröffentlichung der WRV gegeben war, eindeutig kundtat. In einer Erklärung vom 13. Oktober 1919 legte das Oberkonsistorium seine Rechtsauffassung dem Staatsministerium für Unterricht und Kultus dar.

> Durch die Verfassung des Deutschen Reiches vom 11. August 1919 und die Verfassung des Freistaates Bayern vom 14. August 1919 sind die staatlichen Verfassungsgrundlagen, auf denen die protestantische Landeskirche r. d. Rhs beruhte, beseitigt worden.
> Nach Art. 137 Abs. 1 R.-V. besteht keine Staatskirche mehr. Zufolge Art. 137 Abs. 3 R.-V. ordnet und verwaltet jede Religionsgesellschaft ihre Angelegenheiten selbständig innerhalb der Schranken des für alle geltenden Gesetzes. Sowohl in der Nationalversammlung als auch bei den Verhandlungen des bayer. Verfassungsausschusses herrschte Einmütigkeit darüber, daß eine Einwirkung des Staates auf die innerkirchlichen Angelegenheiten nicht mehr zulässig ist.
> Eine innerkirchliche Angelegenheit ist die Kirchengewalt, die durch den summus episcopus und das landesherrliche Kirchenregiment ausgeübt wurde im Unterschied zu den hier nicht zu erörternden aus der Kirchenhoheit des Landesherrn und der Staatsaufsicht fließenden staatlichen Befugnissen.
> Ein landesherrliches Kirchenregiment besteht nach den neuen Staatsverfassungen nicht mehr. Die Kirche hat sich ihre künftige Verfassung selbst aufzubauen.
> Nachdem die bayerische Verfassung ebenfalls von dem Grundsatz ausgeht, daß die Frage durch die Reichsgesetzgebung endgiltig erledigt ist, bedarf es auch eines besonderen Übergangsgesetzes nicht mehr.
> Wir fühlen uns hienach veranlaßt, aus dieser Rechtslage die Konsequenzen zu ziehen, unsere Auffassung der Reichsverfassung der Staatsregierung mitzuteilen und gleichzeitig bekannt zu geben, daß die im Juli 1919 in Ansbach abgehaltene außerordentliche Generalsynode unter der Voraussetzung, daß der damalige Entwurf der Reichsverfassung Gesetz werde, vorsorglich der protestantischen Landeskirche r. d.

> Rhs. eine vorläufige, bis zur Beschlußfassung einer weiteren Generalsynode giltige Verfassung gegeben hat. Ihren Wortlaut bringen wir hiemit zur Kenntnis. Die Generalsynode hat damit die Lücke, die durch den Wegfall des landesherrlichen Summepiskopats entstand, ausgefüllt. Wenn der Staat noch nach Erlassung der Reichsverfassung im Interesse der Kirche die Kirchengewalt ausüben zu müssen glaubt, so bedarf es seit den Beschlüssen der außerordentlichen Generalsynode dieser Fürsorgemaßnahmen, von denen auch der Regierungsvertreter in der 2. Lesung des Verfassungsausschusses noch am 31. Juli 1919 sprach, nicht mehr. Die Beschlüsse der außerordentlichen Generalsynode sind vielmehr sofort rechtswirksam geworden. Wir haben die Beschlüsse der außerordentlichen Generalsynode zu vollziehen und beabsichtigen, von dem Gebrauch zu machen, was die Generalsynode uns und dem Generalsynodalausschuß übertragen hat.
> Bevor wir jedoch die neue Kirchenverfassung veröffentlichen, wollen wir die Äußerung der Staatsregierung abwarten. Alle vermögensrechtlichen und sonst etwa erforderlichen Regelungen, die aus der Aufhebung der 2. Verfassungsbeilage und des Protestanten-Edikts folgern, suchen wir in der Schwebe zu lassen und zum Gegenstand späterer besonderer Verhandlungen zu machen.
> Gezeichnet Veit und Erhart.[5]

Das Oberkonsistorium nehme also die kirchenregimentlichen Aufgaben nur noch virtuell wahr, da nach dem Ende der Monarchie für die Behörde wie den Summepiskopat kein Rechtsgrund mehr bestehe. Die Generalsynode habe in ihren Beschlüssen vom Juli 1919 das Oberkonsistorium damit beauftragt, die Regierungsgeschäfte bis zum Erlaß einer neuen Kirchenverfassung zu übernehmen. Hierzu diene die Notverfassung, um der kirchlichen Behörde einen neuen Rechtsgrund zu geben, da durch den Erlaß der WRV und der BV der alte Rechtsgrund fortgefallen sei[6]. Das Staatsministerium für Unterricht und Kultus antwortete am 30. Oktober:

> Die Erklärung des Protestantischen Oberkonsistoriums hat zur Kenntnis gedient. Das Protestantische Oberkonsistorium schließt aus den Bestimmungen des Art. 137 Abs. I und III der Reichsverfassung, daß das landesherrliche Kirchenregiment und die dem Träger des Kirchenregiments bisher zustehenden Befugnisse ohne weiteres beseitigt seien. Darüber ob die genannten Verfassungsbestimmungen unmittelbar wirkende Rechtssätze darstellen oder nur einen Grundsatz aufstellen, der für die weitere landesrechtliche Regelung die Richtschnur zu bil-

den hat, besteht keine völlige Klarheit. Bei einer hierüber kürzlich in Berlin zwischen den Vertretern der Reichsregierung und der einzelnen Gliedstaaten stattgefundenen Besprechung wurde von ersteren erklärt, daß in den Bestimmungen des Art. 137 Abs. I und III der Reichsverfassung die Überleitung des früheren Rechtszustandes in den durch die Reichsverfassung gebotenen durch Landesgesetzgebung gemäß Abs. VIII des genannten Artikels vorbehalten sei, jedoch mit der Maßgabe, daß die Schaffung eines neuen Rechtszustandes im Widerspruch zur Reichsverfassung nicht erfolgen könne [7].

Das Ministerium für Unterricht und Kultus beabsichtigt nunmehr, dem ständigen Landtagsausschusse bei seiner demnächst stattfindenden Tagung die Angelegenheit zu unterbreiten.

Bei diesem Anlasse werden auch die hiermit im unmittelbaren Zusammenhange stehenden Fragen, welchen Einfluß die durch eine Aufhebung des landesherrlichen Kirchenregiments veranlaßten Änderungen der Organisation der protestantischen Kirche auf die staatlichen Leistungen zu der bisherigen landeskirchlichen Behörden-Organisation im Gefolge haben, der Würdigung unterstellt werden.[8]

Hoffmann interpretierte Art. 137 Abs. 3 WRV als einen *Programmsatz*, der der näheren Ausführung durch die Landesgesetzgebung noch bedürfe. Somit schien seine Reserve, die summepiskopalen Rechte an die Kirche zu übergeben, berechtigt und alle weiteren Schritte zu einer kirchlichen Selbständigkeit hätten tatsächlich dem bayerischen Landtag angestanden. Der Streit darüber, ob aber die Weimarer Verfassung hier als *Rechts-* oder als *Programmsatz* zu verstehen sei, hat breite Kontroversen ausgelöst, die letztlich auf ein strukturelles Problem verwiesen:

> Dieses Überlappen der rechtlichen Zuständigkeiten und dazu die Tatsache, daß in gewissen Bereichen Reichsgesetze nur mittels einzelstaatlicher Ausführungsbestimmungen wirksam werden konnten, machten Kompetenzstreitigkeiten und offene Konflikte unausweichlich .[9]

Der Konflikt läßt sich jedoch nicht derart schematisieren, daß einerseits die Anhänger der Kirche der Auffassung zuneigten, Art. 137 WRV sei als Rechtssatz zu interpretieren, während sich Kirchengegner und politische Föderalisten als Vertreter der gegenläufigen Lesart hervortaten [10].

Mit der Antwort des Staatsministeriums für Unterricht und Kultus war die Übernahme der Kirchengewalt und auch die Frage nach der Ablösung der staatlichen Konsistorien bis auf weiteres verschoben. In der

Kirchenleitung war man sich aber auch bewußt, daß mit dem Moment der Übernahme die Konsistorien als staatliche Stellen keine rechtliche Grundlage mehr haben würden; es müßte also zuvor mit dem Staat eine Übergangsregelung geschaffen werden, die es der Kirche erlauben würde, die Kirchenbehörden als kircheneigene Organe weiterführen und vor allem finanzieren zu können [11].

Gleichwohl zeichnete sich doch ab, daß es nur noch eine Frage der Zeit sein würde, bis die Kirche ihre inneren Angelegenheiten selbständig würde ordnen und verwalten können. Karl Gebhard hatte für eine erneute Besprechung des Oberkonsistoriums mit dem Generalsynodalausschuß umfangreiche Referatsvorschläge ausgearbeitet, die als Vorarbeiten zu den Leitsätzen dienen sollten, die die kirchenregimentlichen Organe als Entwurf für die Konstituante einbringen wollten. Das am 14. November 1919 vorgestellte Konvolut Gebhards behandelte neben den grundsätzlichen Verfassungsfragen und Themenstellungen auch einen Anhang zur sogenannten Bischofsfrage. Damit war das Grundproblem der neuen Verfassung angeschnitten:

> Wie soll die oberste Leitung der Kirche gestaltet werden!
> a) Kollegialistisch oder durch die persönliche Spitze einer Einzelperson?
> b) Wenn durch eine Einzelperson ob durch einen Bischof oder einen Kirchenpräsidenten?
> c) Bedarf es neben der kirchlichen Volksvertretung und der Verwaltungsbehörde noch eines besonderen Organes zur Vertretung der Kirche nach außen?
> Von der Beantwortung dieser Fragen hängt die Gestaltung der Organe, ihrer Aufgaben und ihres Verhältnisses zu einander, der Verteilung der *iura propria* aus *vicaria* des seitherigen summus episcopus ab.[12]

Bevor auf die verschiedenen Entwürfe zu der neuen Kirchenverfassung eingegangen wird, ist es sinnvoll, die Frage nach dem Ort der Kirchengewalt noch einmal eingehender zu beleuchten.

Der Ort der Kirchengewalt

Das Ende der Monarchie entfachte nicht nur eine kirchenpolitische Kontroverse zwischen Kirche und Staat über den Verbleib der Kirchengewalt [13]; die Frage, wer nach dem König nun rechtmäßiger Inhaber der Kirchengewalt sei, war auch innerkirchlich strittig. Zwar implizierten schon die ersten Vorschläge zum Umbau der Kirche gewisse Vorstellungen von der künftigen Machtverteilung in der Kirche, doch die eigentliche Debatte, wer befugt sei, die Kirchengewalt auszuüben, setzte erst ein, als ungefähr abzusehen war, welche Rechte die Reichsverfassung den Kirchen nach der Trennung einräumen würde. Es erscheint deshalb sinnvoll, an dieser Stelle die kirchenrechtlich begründeten Varianten einer neu zu konstituierenden Kirchenleitung systematisiert vorzustellen

Zu unterscheiden sind zunächst die zwei Ebenen der *Inhaberschaft* der Kirchengewalt und ihre *Ausübung* [14]. Rieker hatte festgehalten, daß zu Zeiten der Monarchie die Kirchengewalt über die Protestantische Kirche dem König als „Staatsoberhaupt, als Träger der Staatsgewalt" zukomme [15]. Das Organ zur Ausübung der Kirchengewalt sei allein das Oberkonsistorium in München bzw. das Konsistorium in Speyer, wobei dem König eine tatsächliche Mitwirkung und nicht bloße Zustimmung zu den konsistorialen Amtsgeschäften zustünde [16]. Der Auffassung Riekers wurde in der evangelischen Kirche in Bayern weitgehend zugestimmt. Nach dem November 1918 stellte sich allerdings die Frage, ob die Kirchengewalt nun einfach auf eine revolutionäre provisorische Regierung übergegangen bzw. ob eine demokratisch gewählte Parlamentsmehrheit im Landtag legitimer Rechtsnachfolger für die Ausübung der summepiskopalen Rechte sein könne. Die Frage zu stellen hieß, sie in der Kirche zu verneinen [17]. Auch wenn die kirchenrechtlichen Begründungen verschieden waren, bestand doch Einigkeit darüber, daß die Kirchengewalt eine genuin kirchliche Angelegenheit sei und die Ausübung der summepiskopalen Rechte durch den Staat allenfalls noch für eine Übergangszeit geduldet werden könne, dann aber müsse die Ausübung der Kirchengewalt der Kirche allein zustehen. Fraglich war allerdings, wer innerhalb der Kirche zur Ausübung der Kirchengewalt befugt sei. Eine Antwort darauf mußte einerseits der unübersichtlichen, weil im Umbruch befindlichen, staatlichen Gesetzgebung Rechnung tragen, sie mußte andererseits in der bestehenden Situation Aussicht auf Praktikabilität und Realisierung aufweisen und drittens mußte sie der allgemeinen Stimmung nach einer stärkeren Demokratisierung – auch in der Kirche – Rechnung tragen [18].

Unter juristischem Aspekt durfte die Übertragung der ehemals königlichen summepiskopalen Rechte auf ein kirchliches Organ keinen rechtsfreien Raum entstehen lassen. Der *horror vacui*, daß sich die Kirche durch eigenes Handeln auf ein rechtsfreies oder juristisch nicht völlig abgesichertes Terrain begeben könnte, war bei allen weiteren Überlegungen in der Kirche und bei den Verhandlungen mit der Staatsregierung ein Moment, das keinesfalls zu gering veranschlagt werden darf.

Aussicht auf Realisierung versprachen nur solche Entwürfe, die die juristischen Kautelen einkalkulierten und auf die bestehenden Strukturen der Landeskirche zurückgriffen. Unternehmungen, wie sie etwa Martin Rade in Preußen mit seinem Aufruf zur Bildung von Volkskirchenräten anvisiert hatte [19], erwiesen sich in Bayern als chancenlos [20]. Für die Ausbildung von kirchlichen Strukturen neben oder gar in Konkurrenz zu der bestehenden Amtskirche war in Bayern der Boden nicht gegeben. Dazu war die Kirche zu einheitlich organisiert, dazu waren Pfarrerschaft und Konsistorialbeamte zu loyal gegenüber der Kirchenleitung, auch bot die theologische Fakultät kein kritisches Gegenüber. Das Vereinswesen war bei aller organisatorischen Selbständigkeit der Vereine doch stark an die Kirche angebunden und kam als organisatorischer Sammelpunkt für eine von den Gemeinden getragene Bewegung ebenfalls nicht in Frage [21].

Da mutet es zuerst wie ein Widerspruch an, wenn als dritter Orientierungspunkt für die Neukonstitution der Kirche das allgemeine Demokratisierungsbestreben genannt wird. Der Widerspruch liegt – so meine ich – in der Gesellschaft und damit auch in der evangelischen Kirche der ausgehenden Wilhelminischen Epoche selbst. Der Demokratisierungsprozeß war in Deutschland spätestens 1848 unübersehbar eingeleitet worden. Alle restaurativen Phasen der folgenden Jahre waren letztlich nur noch Rückzugsgefechte einer verbrauchten und überlebten Idee von der ständischen Gesellschaft. Ein Indiz dafür, wie sehr der Prozeß der Demokratisierung des Lebens auch in die Kirche hinüberwirkte, ist die endgültige Einsetzung von Synoden in allen evangelischen Landeskirchen und die zunehmende Beteiligung von Laien in diesen Gremien. Nur von wenigen noch wurde die Synode als „ein chronisches Geschwür am Leib der Kirche“ angesehen, doch auch diese Minderheit war sich bewußt, daß die Entwicklung unumkehrbar war [22].

Die Umgestaltung der „Protestantischen Kirche des Königreiches Bayern rechts des Rheins“ in eine staatsfreie, ihre inneren Angelegenheiten selbständig ordnende Kirche würde also auf die bestehenden kirchlichen Organe zurückgreifen müssen. Diese Organe waren das Oberkonsistorium und die untergeordneten Konsistorialbehörden in Ansbach und

Bayreuth, die Generalsynode bzw. der sie zwischen den Tagungsperioden vertretende Generalsynodalausschuß und schließlich die Kirchengemeinden, die mit Kirchenvorstand und Kirchenverwaltung eigene rechtsfähige Personen darstellten[23].

Anders als etwa in Preußen nahm man in Bayern nur geringen Anstoß an der konsistorialen Leitung der Kirche. Zwar war man sich auch hier einig, daß dem mehr administrativen Gang der Geschäfte nun ein geistlicher zu folgen habe, doch sah man in der Kirchenbehörde keine „staatskirchliche Belastung"[24] wie etwa in Preußen, wo der solchermaßen diskreditierte Evangelische Oberkirchenrat zugunsten eines Vertrauensrates bei den öffentlichen Verhandlungen über den kirchlichen Umbau erst einmal zurücktrat[25]. So war es nicht verwunderlich, daß der Vorschlag gemacht wurde, die Kirchengewalt möge in einer staatsfreien Kirche von den ehemals konsistorialen Behörden weiterhin ausgeübt werden.

> Es empfiehlt, sich das bisherige Oberkonsistorium als Oberkirchenbehörde beizubehalten; in der Folgezeit sollen ihre Mitglieder von der Oberkirchenbehörde selbst unter Hinzutritt der Mitglieder des Generalsynodalausschusses berufen werden.[26]

Der Kirchenrechtler Karl Rieker vertrat damit eine Position, die konsequent das Staatskirchentum als eine positive Konstellation für Staat, Kirche und Gesellschaft ansah und auch unter den veränderten Bedingungen der Demokratie auf eine konsistorial regierte Kirche nicht verzichten wollte. Rieker sah im konsistorial ausgeübten Kirchenregiment zur Zeit der Monarchie gewährleistet, daß die Kirche als Volkskirche erhalten und durch die außerkirchliche und „über den Parteien" stehende Spitze des Königs vor Zersplitterung und Parteienregiment bewahrt geblieben war[27]. Da nach Wegfall[28] des landesherrlichen Kirchenregiments nach einem innerkirchlichen Organ gesucht werden müsse, das nun das Kirchenregiment ausübe, sei entweder an die Synode und den sie vertretenden Generalsynodalausschuß zu denken oder eben an eine „kollegialisch organisierte, aus Theologen und Laien (die aber nicht alle Juristen zu sein brauchen) gemischte Oberkirchenbehörde mit einem Präsidenten als *primus inter pares*"[29]. Letzterer sei der Vorzug zu geben gegenüber einer durch einen „Vollzugsausschuß" vertretenen Synode, da hier weder Kontinuität in der Amtsführung gewährleistet werden könne, noch dieser Ausschuß ein wirkliches Gegenüber zur Synode darstelle[30]. Wer den Kirchengemeinden das Kirchenregiment in die Hand geben wolle, verkenne, daß das „Gemeindeprinzip" weder theologisch noch historisch der Struktur der evangelischen Landeskirche in Bayern entspreche[31]. Zwar sei es theologisch völlig richtig, in der Einzelgemeinde den genuinen Ort der Kirche zu sehen[32], weil hier in Gottesdienst und Seelsorge die geistliche Seite der Kirche erkennbar würde, aber unter weltlichem Aspekt und angesichts der Tatsache, daß es auch überparochiales geistliches Leben in der Kirche gebe, müsse doch die Gesamtkirche als diejenige anerkannt werden, der die Verwaltung und übergemeindliche Ausübung der Kirchengewalt zukäme[33]. Ein Landesbischof als oberste Instanz der Kirchengewalt käme keinesfalls in Frage[34]. Rieker war mit dieser Konstruktion ein ausgesprochener Vertreter einer Dyarchie, eines Organdualismus. Die Ausübung der Kirchengewalt verteilt sich auf die Synode und das kollegial organisierte Konsistorium als deren „Gegengewicht“[35].

Eine extreme Position in der Frage nach dem Verbleib der Kirchengewalt nahm der Münchener Bankier, Wilhelm Freiherr von Pechmann, ein. Als er im August 1920 als Präsident der konstituierenden Generalsynode fungierte, ließ er dem früheren König Ludwig III. über dessen Oberkämmerer ein Schreiben zukommen, in dem er die summepiskopalen Rechte des Königs für rechtlich fortdauernd erklärte.

> Ich habe in der Abhandlung[36], welche Ew. Exzellenz die Güte gehabt haben, Seiner Majestät in meinem Namen zu Füßen zu legen, eingehend und mit Sorgfalt dargetan, wie wenig, gleich allen übrigen Rechten der Krone, auch die verfassungsmäßigen Rechte Siener [sic] Majestät als des Allerhöchsten Trägers der Kirchengewalt in der protestantischen Landeskirche in ihrer rechtlichen Geltung durch den gewaltsamen Umsturz der Verhältnisse berührt werden konnten und berührt worden sind; wie aber nichtsdestoweniger die Kirche urgentissima necessitate, wenn ich so sagen darf gezwungen war und ist, so zu handeln als wäre die Kirchengewalt ihr heimgefallen, und sich auf dieser Grundlage neu einzurichten: sich selbst eine neue Verfassung zu geben, die freilich nicht ohne jeden Bruch in der rechtlichen Kontinutät vorbereitet werden konnte und ins Leben treten kann [...].[37]

Nach Pechmanns juristischer Auffassung durfte die Landeskirche die Kirchengewalt nur noch virtuell wahrnehmen. Es schien ihm gleichfalls unabweisbar, daß die Zeit des landesherrlichen Kirchenregiments abgelaufen sei und daß eine andere Form für die Ausübung der Kirchengewalt gefunden werden müsse[38].

Gegenüber einem die Kirchengewalt ausübenden Konsistorium bevorzugte der Jurist Philipp Zorn die Synode. Das Kirchenregiment sei an die Generalsynode als der Vertretung der Kirche zurückgefallen, das konsistoriale Moment sei wegen der Rechtskontinuität wichtig, werde aber in der neuen Kirchenverfassung einen anderen Rechtscharakter tragen[39].

> Das *jus in sacra* des Landesherrn [ist] in vollem Umfang dahingefallen. Wer aber ist an die Stelle des Landesherrn als Inhaber des Kirchenregiments getreten? Die Antwort auf diese Frage lautet: die Kirche, die in der Reformationszeit den Landesherrn das Kirchenregiment übertragen hat. Die Kirche aber ist nach evangelischer Auffassung die Gemeinde derer, die sich durch Wort und Sakrament zum evangelischen Glauben bekennen; für Bayern aber die Zusammenfassung dieser Gemeinden des bayerischen Staatsverbandes. Das Organ dieser Gesamtgemeinde ist die Generalsynode [...]. *Die Generalsynode als das oberste Organ der evangelischen Kirche, als die Trägerin des Kirchenregimentes ist somit der allein berechtigte Nachfolger des Landesherrn im Summepiskopate*; sie wird demgemäß im neuen Staate eine völlig andere Rechtsstellung haben als in der Monarchie; aus einem beratenden Organ ist sie nunmehr der entscheidende Inhaber der Kirchengewalt geworden.[40]

Auch der Nürnberger Dekan Friedrich Boeckh kam zu dem Ergebnis, daß mit dem Ende der Monarchie das landesherrliche Kirchenregiment untergegangen sei. Nun sei das Recht auf ein innerkirchliches Regiment an die einzelnen Gemeinden zurückgefallen, deren Zusammenschluß die Landeskirche bilde. Die Landeskirche in ihren rechtsfähigen Organen sei also befugt, die Kirchengewalt auszuüben.

> Die Kirchengewalt fällt an die Gemeinden zurück, nicht an die einzelnen Glieder. Sonach steht die Ausübung der Kirchengewalt der Gesamtheit der einzelnen Gemeinden und ihren Vertretern zu. Nun besteht auch darüber keinerlei Meinungsverschiedenheit: eine Kirchenleitung muß sein, eine führende Kirchenregierung, die den Gesamtwillen der Gemeinden gleichen Bekenntnisses zum Ausdruck bringt. [...] Es muß eine Kirchenleitung sein, die führt, die sich nicht bloß führen läßt; es muß eine Kirchenleitung sein, die mit Vollmachten ausgerüstet ist, die derart verankert ist, daß nicht eine irgendwie sich bildende Majorität aus den Gemeinden heraus sie zerbrechen kann. Hier ist ein Punkt, an dem die Demokratisierung des öffentlichen Lebens in der Kirche ihre ganz bestimmte Grenze finden muß, soll nicht die Kirche in ihrem missionierenden Einfluß aufs schwerste geschädigt werden.[41]

Die Generalsynode dürfe in Sachen der Lehre und des Kultus nicht letzte Instanz sein, das hieße solche Entscheidungen wechselnden Majoritäten auszuliefern. Für die Kirchenleitung brauche es ein ständiges Organ, das als Kollegium von der Generalsynode bestimmt werden soll.

> Das Landeskonsistorium oder der Landeskirchenrat, wie man ihn wohl künftig nennen wird, hat einen Vorsitzenden an der Spitze, dem der Name Bischof zugebilligt werden sollte. Der Widerspruch gegen diesen Namen ist mir unverständlich. Wir können doch deswegen einen Namen, dessen Gebrauch bis in die erste Christenheit zurückreicht, nicht ablehnen wollen, weil er bei der römischen Kirche ein besonderes Gepräge erhalten hat. Nur darf der Bischof nicht bloß eine repräsentative Persönlichkeit sein, sondern er muß wirklich der von der Kirche erwählte Führer und Leiter der Landeskirche sein, der mit weitgehenden Vollmachten auszurüsten ist, seine Verantwortlichkeit muß unvermengt bleiben mit der sog. parlamentarischen Verantwortlichkeit. Wenn die Stellung des Landesbischofs keiner freien selbständigen persönlichen Initiative Raum gibt, wird die Landeskirche wirklich führende Persönlichkeiten an ihre Spitze nicht bekommen, sondern eben Beamte, matte Vollzugsorgane, die keinen Schritt rückwärts und keinen Schritt vorwärts tun können, ohne der Fesseln eingedenk zu sein, die ihnen angelegt sind. Der Bischof soll sich seine Mitarbeiter in der Kirchenleitung selbst wählen können unter Mitwirkung der Vertretung der Generalsynode, des Generalsynodalausschusses. Die Kirchenleitung muß eine einheitliche sein; sie darf nicht gegensätzliche Elemente in sich haben; wenn sich eine Kirchenleitung erst abmühen muß, die Gegensätze in ihrer eigenen Mitte zu überwinden, wird sie in ihren Maßnahmen oft genug gelähmt sein. Koalitionsregierungen bringen es nie zu wirklichen Fortschritten. Schwächliche Kirchenleitungen, die bloß von Kompromissen leben, werden den Aufbau der Kirche niemals fördern. Ebenso notwendig wie wir eine einheitliche Kirchenleitung brauchen, ebenso abträglich wäre es einer gedeihlichen Entwicklung, wenn stark ausgeprägte Einseitigkeit der Kirchenleitung zu eigen wäre.[42]

Mit dem Landesbischof kam zu Konsistorium und Synode ein drittes kirchenleitendes Organ hinzu. Im folgenden sollen die verschiedenen Entwürfe, die für die Verfassung der Kirche in die innerkirchliche Diskussion eingebracht wurden, behandelt werden unter der Fragestellung, wieweit ein drittes kirchenleitendes Organ als „persönliche Spitze“ befürwortet wurde und welche Kompetenzen ihr zuerkannt werden sollten.

Die Besprechungen in Dresden und Leipzig

Zunächst ist auf die großen, überregionalen Versammlungen in Dresden, den ersten *Deutschen Kirchentag*[43] und die sogenannte *Eisenacher Konferenz*[44], sowie auf die 16. *Tagung der Allgemeinen Lutherischen Konferenz*[45] in Leipzig hinzuweisen, auf denen jeweils in unterschiedlichem Kontext nach der Neukonstitution der Landeskirchen im allgemeinen und dem Bischofsamt im besonderen gefragt wurde. Während auf dem Kirchentag und der Eisenacher Konferenz eher der reichskirchliche Kontext die Frage nach Möglichkeiten gemeinsamen Vorgehens der Kirchen nahelegte, wurde auf der Konferenz der Lutheraner stärker nach den theologischen Implikationen des Bischofsamtes als eines kirchenleitenden Amtes gefragt.

Auf dem Kirchentag[46] hatten Überlegungen zu einer möglichen Einrichtung eines Bischofsamtes in den Landeskirchen insgesamt wenig Ablehnung erfahren. Allerdings wurde sowohl im Papier des Arbeitsausschusses der Vorkonferenz wie auf der Konferenz selbst beim Thema Landesbischof streng zwischen den beiden Aufgabenbereichen „Verwaltungsspitze" und „Geistliches Leitungsamt" unterschieden. So heißt es unter Nr. 19 der Vorlage:

> Volle Beachtung verdienen die mehrfach unternommenen Versuche, die Vertretung der religiösen Verkündigung innerhalb einer Landeskirche in einer einzelnen besonders geeigneten Persönlichkeit (Landesbischof) gipfeln zu lassen, die in voller Freiheit die Aufgaben der Sammlung der kirchlichen Kräfte, der Werbung der zu Gewinnenden und der Abwehr kirchenfeindlicher Bestrebungen übernimmt. Der Landesbischof sollte von der Landessynode auf Lebenszeit gewählt werden und es sollte ihm verfassungsmäßig ein bestimmter Einfluß auf die Tätigkeit der obersten Kirchenbehörden gesichert werden.[47]

Unter Nr. 20 der Vorlage heißt es dann zur Verwaltungstätigkeit:

> Ob die oberste Kirchenbehörde kollegial zu verfassen ist und dann aus einem Präsidenten und einer angemessenen Anzahl geistlicher und weltlicher, lebenslänglich gewählter Mitglieder zu bestehen hat, oder ob die Verwaltung einer Einzelperson zu übertragen ist, der dann eine genügende Anzahl auf Lebenszeit zu berufender geistlicher und weltlicher Beiräte beizugeben wäre, wird den einzelnen Landeskirchen zu überlassen sein. Diese werden auch darüber zu entscheiden haben, ob

als diese Einzelperson der Landesbischof (zu diesem vgl. Nr. 19 der Vorlage) zu bestimmen ist. Geschieht das, würde er doch von der Leitung der eigentlichen Verwaltungsgeschäfte nach Möglichkeit zu entbinden sein.[48]

Obwohl der Kirchentag keine verbindlichen Regeln für die Verfassungen der einzelnen Landeskirchen aufstellen konnte und wollte, ist in den aufgeführten Vorlagen doch eine verhaltene Zustimmung zur Einführung eines Bischofsamtes mit oberhirtlichen Funktionen zu erkennen. Demgegenüber haben Stimmen, die sich grundsätzlich gegen ein Bischofsamt aussprachen oder dem Kirchentag die Kompetenz für irgendwelche Empfehlungen absprachen, keine Mehrheit gefunden: Der Antrag Schultze für eine Streichung der Passagen über den Landesbischof wurde nicht zur Abstimmung genommen[49]. Dieser Antrag, der u.a. von Rieker und Bachmann mitunterzeichnet wurde, zielte auf eindeutige Neutralität in der Formulierung[50].

Auf der *Eisenacher Konferenz* in Dresden wurde die Bischofsfrage noch einmal und gewissermaßen ergänzend traktiert. Auch hier sprach sich die überwiegende Mehrheit gegen eine Zusammenfassung von bürokratischer und geistlicher Leitung der Kirche in einem Bischofsamt aus[51].

Auf der 16. Tagung der *Allgemeinen Lutherischen Konferenz* vom 8.–11. September 1919 hielt der juristische Privatdozent an der Universität Leipzig, Rudolf Oeschey, ein vielbeachtetes Referat über *Grundlinien für den kirchlichen Neubau*[52].

Die Bischofsfrage war nun nach Forderungen aus den Kreisen der Pfarrer und der Gemeinden auch in den kirchenregimentlichen Kreisen zu einem vieldiskutierten Thema im Rahmen der Kirchenverfassung geworden. Die Argumente für und wider ein Bischofsamt in der Evangelisch-Lutherischen Kirche in Bayern bzw. die unterschiedlichen Vorstellungen, die sich mit dem Titel verbanden, sollen anhand der verschiedenen Stufen der bayerischen Verfassungsentwicklung vorgestellt werden.

Die Erlanger Leitsätze

Am 8. August 1919 fand im Eisenbahnhotel Erlangen eine der frühesten Besprechungen zur Ausarbeitung der neuen Kirchenverfassung statt[53]. Grundlage der Erörterungen waren die sogenannten *Erlanger Leitsätze*, die im Grundzug von einer Gruppe um Karl Rieker[54] aufgestellt worden waren und hier erstmalig beraten wurden. Zur Beratergruppe gehörten: Karl Rieker[55], Emil Sehling, Christian Bürckstümmer, Philipp Bachmann,

Hermann Strathmann, Karl Gebhard [56], Freiherr Wilhelm von Pechmann und Rechtsrat Schmidt [57].

Gebhard gab einleitend eine Übersicht über die Rechtslage und den Stand der Reichsgesetzgebung sowie die Aufgaben der künftigen Kirchengesetzgebung. Zwei Fragen waren ihm besonders wichtig: Die Frage, wieweit mit der Notverfassung die Summepiskopatsfrage gelöst sei, und zweitens „die Frage nach der Spitze der Kirche – ob Bischof – oder Kollegialverfassung?“ [58] Von den Anwesenden sprach sich nur der Professor für Praktische Theologie, Christian Bürckstümmer, für eine bischöfliche Spitze der Kirche aus; das sei „der Nagel, an den die Geistlichen ihre Wünsche hängen.“ [59] Alle anderen votierten für eine kollegiale Kirchenleitung. Rieker lehnte eine Verbindung der administrativen und der geistlichen Leitung der Kirche in einer persönlichen Spitze als „nicht evangelisch“ ab [60]. Auch Pechmann, Sehling und Bachmann führten ihre Bedenken gegenüber einem evangelischen Bischofsamt an. Weder sei eine geschichtliche Tradition vorhanden, an die angeknüpft werden könne, noch werde der Vergleich mit dem nahen katholischen Bischof besonders günstig ausfallen, auch passe eine bischöfliche Verfassung nicht recht mit dem „Gemeindecharakter der Kirche“ [61] zusammen. Statt dessen plädierte man für eine Trennung der kirchenregimentlichen und der oberhirtlichen Aufgaben, also einen Präsidenten der Kirchenbehörde, der auch weltlicher Natur sein könnte, und mehrere Generaldekane, die als geistliche „Oberaufsichtsinstanz neben der kollegialischen Oberkirchenbehörde“ [62] fungieren sollten.

Es lohnt sich, die Erlanger Leitsätze bezüglich der kirchlichen Spitze noch einmal genauer zu betrachten: Leitsatz XI wies auf die Notwendigkeit eines ständigen Organs hin, das die Verwaltung der Kirche ausübt. Dieses kollegiale Organ, aus geistlichen und weltlichen Mitgliedern zusammengesetzt und mit einem Präsidenten an der Spitze, könne am besten durch das Oberkonsistorium als Oberkirchenbehörde gebildet werden. Sollte die Kirche vom Staat weiterhin das Korporationsrecht zugesprochen bekommen, dann sei diesem im Gegenzug das Ernennungsrecht für ein bis zwei Mitglieder der Behörde zu gewähren [63].

> Ein Landesbischof an der Spitze der Landeskirche als ihr Oberhaupt und Vertreter nach außen ist abzulehnen, und zwar aus folgenden Gründen:
> a) diese Einrichtung hat im protestantischen Deutschland keinen geschichtlichen Boden: seit der Reformation hat es in Deutschland mit ganz wenigen Ausnahmen keinen evangelischen Bischof gegeben, und

diese Einrichtung neu einzuführen, dazu ist jetzt wohl am wenigsten der geeignete Zeitpunkt;
b) ein protestantischer Bischof fordert beständig den Vergleich mit den katholischen Bischöfen und Erzbischöfen heraus, und diese Vergleichung würde meist zu seinen Ungunsten ausfallen: er könnte sich nur auf ein sehr modernes *jus humanum* stützen, während die katholischen Bischöfe von ihrer Kirche mit dem Nimbus eines fast zweitausendjährigen *jus divinum* umgeben werden;
c) ein protestantischer Bischof bedeutet, daß an der Spitze der protestantischen Landeskirche nur ein Geistlicher, kein Laie stehen könne, und das würde nach Hierarchie aussehen und im Widerspruch mit unserer Forderung stehen, daß die protestantische Kirche keine Theologenkirche sein solle (Leitsatz VI.).[64]

Zur Ausübung des geistlichen Aufsichtsamtes empfahlen die Leitsätze, Generaldekane oder Generalsuperintendenten einzusetzen, die zum einen tatsächlich historischen Vorbildern folgen, zum anderen sich ausschließlich auf ihre geistliche Aufsicht in ihrem Sprengel konzentrieren könnten[65]. Am Bischofsamt, das kirchenregimentliche wie geistliche Momente vereinigen sollte, wurde vor allem kritisiert, daß ein so exponierter einzelner Geistlicher schon an seiner poimenischen Unzulänglichkeit scheitern müsse[66]. Behielte man einem evangelischen Bischof vornehmlich kirchenregimentliche Sonderbefugnisse vor, so würde gerade in Bayern der Vergleich mit dem katholischen Bischof „meist zu seinen Ungunsten ausfallen". Schließlich werde der evangelische Bischof als ein Einzelner an der Last seines Amtes sehr viel schwerer zu tragen haben als der katholische, weil ihm weder die Hierarchie noch die Tradition hilfreich zur Seite stünden[67]. Ein Bischofsamt würde schließlich katholisierenden Tendenzen zuarbeiten und dem genuin evangelischen Anliegen einer hierarchiefreien Kirche und einer klaren Scheidung von geistlichen und weltlichen Angelegenheiten entgegenstehen[68].

Die kirchenregimentlichen Leitlinien

Die oben bereits erwähnten *Grundfragen* von Oberkonsistorialrat Gebhard haben die Argumente der Erlanger Leitsätze berücksichtigt und so lesen sich die 130 Seiten in weiten Zügen wie eine Entfaltung der Kardinalfrage „Wie soll die oberste Leitung der Kirche gestaltet werden?". Jetzt war die Alternative allerdings doppelt gefaßt: Wenn man sich für eine persönliche Spitze der Kirchenleitung statt eines Kollegiums entscheiden sollte, stelle sich als weitere Frage, ob diese Einzelperson ein Bischof oder ein Kirchenpräsident sein solle, bzw. ob der Kirchenpräsident grundsätzlich ein Geistlicher sein müsse. Gebhard brachte in seinen Grundüberlegungen für die nun einsetzende Arbeit an der neuen Kirchenverfassung die Alternativen, die die Diskussionen in Bayern beherrschten, sehr genau auf den Punkt. Das erklärt sich m.E. daher, daß er bei seinen Vorarbeiten auf eine weitreichende Detailarbeit zurückgreifen konnte. Es läßt sich an seiner Korrespondenz mit staatlichen und kirchlichen Stellen in ganz Deutschland erkennen, daß die Lösung der kirchenpolitischen und kirchenrechtlichen Probleme auf sehr breiter Ebene diskutiert wurde, worauf auch die zahlreichen Besprechungen auf reichsweiten Konferenzen wie der Eisenacher Konferenz und des 1. Deutschen Evangelischen Kirchentages in Dresden hinweisen [69]. Schließlich dürften auch die zahlreichen Gespräche offizieller und informeller Art, die Gebhard seit seinen im Dezember 1918 verfaßten *Richtlinien für einen eigenständigen Weg* der Kirche geführt hatte, erklären, daß er bestens über die kirchenrechtlichen Quisquilien, über die Wünsche der Pfarrer und die Stimmung des Kirchenvolkes informiert war [70].

Von der Beantwortung der Frage nach der Form der kirchenleitenden Spitze würde die ganze weitere Gestalt der Kirchenverfassung abhängen. Es sei davon auszugehen, daß in der neuen Verfassung ein Machtverlust für die bisherigen konsistorialen Organe und „eine andere Beteiligung an der Kirchengewalt“ für das synodale Element eintreten werde. Das entspreche zum einen der Kritik am behördlichen Charakter des bisherigen Oberkonsistoriums und im Gegenzug dem Drang nach Demokratisierung in der Kirche [71]. Ein einfacher Machttransfer von der konsistorialen Behörde auf die kirchliche Volksvertretung, die Synode, „wäre wie die Umwandlung der Volkskirche in eine Freiwilligkeitskirche, ein Einlenken in reformierte Bahnen.“ [72] Um dem zu begegnen werde man folgendes in Erwägung ziehen müssen:

> Man wird im Zeitpunkt der Trennung von Staat und Kirche prüfen müssen, welche Potenzen und Kräfte die Kirche vor Spaltungen und Zersplitterungen, vor einem Parteiregiment, vor Schwankungen bewahren; man wird suchen müssen, auch für die empirische Kirche einen Kirchenbegriff im lutherischen Sinne zu finden, der in Verfassung und Rechtsordnung dem luth. Begriff der geistigen Kirche der Augustana nicht widerstreitet, ihn vielmehr schätzt und seinem Endziele dient. Sollen Wortverkündigung und Sakramentsverwaltung als Erbe der Reformation erhalten bleiben, so bedarf es bei dem konservativen Ewigkeitsgrunde, der der Kirche im Gegensatz zum Staat eigen ist,

auch in der Verfassung der Kirche eines Elements, einer Kraft und Macht der Stetigkeit, der Gleichmäßigkeit.[73]

Da das bisherige Konsistorium wegen seiner primär administrativen Funktion für die Ausübung der Kirchengewalt nicht allein, die Generalsynode wegen ihrer Unstetigkeit und ihres parlamentarischen Charakters ebensowenig dafür in Frage komme, der Generalsynodalausschuß aber schon wegen seiner Abhängigkeit von der Generalsynode sich dafür nicht empfehle, müsse nach einem Organ gesucht werden, das einerseits das Persönliche in der Kirchenleitung verkörpern, andererseits aufgrund der Stellung für Führung und Stetigkeit stehen könne. Die Frage, ob ein Landesbischof an die Spitze der Kirche gestellt werden soll, beschäftige alle Landeskirchen, wobei aber die verfassungsrechtliche Stellung des Bischofs durchaus unterschiedlich bewertet würde. Für die entsprechenden Argumente verwies Gebhard auf die von ihm geleiteten und protokollierten Sitzungen in Erlangen und Dresden[74].

Durchgehend scheint mir zu sein, daß der evangel. Landesbischof in Bayern ohne Geschichte ist, mit der Machtfülle nicht ausgestattet werden könnte, um die Kritik und den Vergleich mit dem kathol. Bischof auszuhalten und daß wenigstens das derzeitige Volksempfinden sich größtenteils ablehnend verhalten würde. Es macht nicht nur die „Bezeichnung" Schwierigkeit, sondern es ist der Gedanke sachlich abzulehnen. Lehnt man den Bischofsgedanken ab, so muß für die Stärkung des persönlichen Moments zwischen Kirchenleitung, Geistlichen u. Gemeinden ein anderer Weg gefunden werden. Ihn haben die Besprechungen in Erlangen und Dresden deutlich gezeigt; er ist auch in anderen Landeskirchen wie Preußen, Baden u. Württemberg erprobt.[75]

Ein guter Weg, das geistliche Proprium der Kirche darzustellen, sei im Amt der Generalsuperintendenten oder Prälaten gegeben, die eine „engere Fühlung der Gemeinden und Pfarrer mit der Kirchenleitung" garantieren könnten, ohne die negativen Assoziationen zu wecken, die sich mit dem Bischofsamt verbänden. Für Bayern empfehle sich nach dem Vorschlag der Erlanger Leitsätze die Einrichtung von Kirchenbezirken und ihnen vorstehenden „Generaldekanen"[76].

Einem dem Landeskirchenrat vorstehenden Präsidenten seien analog zu den Generaldekanen die gleichen geistlichen Befugnisse einzuräumen. Für Bayern empfahl Gebhard die „verfassungsmäßige Festlegung auf einen geistlichen Präsidenten"[77], weil ein weltlicher Präsident neben mehreren geistlichen Generaldekanen doch wieder den Eindruck einer Pastorenkirche und damit einer Hierarchie erwecke [78]. Die Generaldekane seien als ständige Mitglieder der zukünftigen obersten Kirchenbehörde einzugliedern, wobei über ihre weitere Tätigkeit in diesem Gremium noch zu befinden sei. In dem Kreis herrsche das kollegiale Prinzip, so daß der Präsident der Landeskirche als *primus inter pares* der geistlichen und weltlichen Mitglieder anzusehen sei [79]. Gebhard präzisierte die Frage nach dem Präsidenten noch einmal so:

> Daß die Vertretung der Kirche nach außen eine *ständige* sein muß (S. 32) wird dem Gemeinverständnis des Kirchenvolks Rechnung tragen. Das führt auf den Präsidenten der Behörde als Vertreter. Ob dieser Präsident gleichzeitig als Präsident der Gesamtkirche eine eigene Bezeichnung und eigene selbständige Funktionen erhalten soll, oder ob, soweit für Bayern ein Bedürfnis nach der und jener Richtung hiefür besteht, dem Bedürfnis in gleicher Weise Rechnung getragen würde, wenn ihm die Sonderbefugnisse als Präsidenten der Behörde mitübertragen würden, ist nicht bloß eine Frage der Taktik und Praxis, es handelt sich auch um den Einbau in die Struktur.[80]

Die Überlegungen zur Ausgestaltung des Amts des Kirchenpräsidenten wurden in den *Grundfragen* in einem eigenen Punkt behandelt, wobei es vor allem um die rechtstheologischen Fragen und ekklesiologischen Perspektiven sowie um seine möglichen Befugnisse ging [81].

In der Schlußbemerkung kennzeichnete Gebhard seine Überlegungen, „wie ich sie aus meiner Kenntnis der Verhältnisse am Unabänderlichen festhaltend, andererseits aber auch, wie beim Wahlrecht die Notwendigkeit einer organischen Weiterentwicklung, soweit sie dem Ganzen förderlich ist, anerkennend, gewonnen habe.“ [82] Seine Vorarbeit gab einen Überblick über die Problemstellung und sollte in den Beratungen zu Leitsätzen führen.

Am 11. und 12. Dezember 1919 wurden die von Gebhard noch um *Leitsätze und Fragen* [83] erweiterten *Grundfragen* von Oberkonsistorium und Generalsynodalausschuß beraten und die kirchenregimentlichen Leitsätze für die neue Kirchenverfassung erarbeitet [84]. Sie sollten eine Grundlage darstellen, „um dem zur Ausarbeitung eines Verfassungsentwurfs gebildeten Arbeitsausschuß die weiteren vorbereitenden Schritte für die Herstellung einer Vorlage des Oberkonsistoriums im Einvernehmen mit dem Generalsynodalausschuß an die verfassunggebende Generalsynode zu ermöglichen.“ [85] An beiden Tagen war die Frage nach der kirchlichen

Spitze das herausragende Thema der Verhandlungen [86]. Deutlich trat dabei hervor, daß der Generalsynodalausschuß für eine persönliche Spitze der gesamten Kirche plädierte. Boeckh und Rohmer begründeten diese Option besonders mit dem Wunsch der Laienkreise, die eine eindeutig identifizierbare geistliche Führung der Kirche wünschten. Mit diesem Vorschlag entfernten sie sich von den Vorlagen Gebhards, die zunächst nur einen Präsidenten des Landeskirchenrats mit gewissen repräsentativen Befugnissen ins Auge gefaßt hatten, nicht aber einen Präsidenten für die gesamte Kirche.

> Die Debatte hat mir gezeigt, dass unter den Anwesenden über das Wesen des Präsidenten sehr große Meinungsverschiedenheiten bestehen. Nach unserem Vorschlag ist der Präsident in erster Linie Vorstand einer Behörde, nämlich des Landeskirchenrats, freilich mit einigen besonderen Befugnissen. Nach einer anderen hin geäußerten Absicht aber soll der Präsident in erster Linie Kirchenpräsident sein und nur nebenbei Vorstand des Landeskirchenrats. [87]

Ohne Klärung wurde das Problem auf den nächsten Tag verschoben. Hier hob Rohmer noch einmal die Wünsche des Generalsynodalausschusses in seinen Konsequenzen hervor.

> Ich habe wohl schon eingehend dargelegt, daß der Präsident der Landeskirche eine überragende Stellung erhalten soll. Das entspricht nicht nur dem dringenden Wunsche des Kirchenvolks, sondern scheint mir auch rein verfassungstechnisch gut. Neben der Generalsynode, dem demokratischen Moment der Verfassung muss eine stärkere Ausgestaltung einer monarchischen Spitze der Kirche zweckmäßig wirken, indem man einen Präsidenten auf Lebensdauer mit besonderen Befugnissen wählt. Damit wird freilich der bisherige Behördenorganismus gründlich geändert. Die Stellung des Landeskirchenrats wird eine ganz andere sein als diejenige des jetzigen Oberkonsistoriums, und ich würde es sehr wohl verstehen, wenn die gegenwärtigen Inhaber dieser Aemter mit einem gewissen Schmerz es empfinden würden, dass ihre Machtfülle verringert wird. Wie dem aber sein mag, jedenfalls glaube ich, dass die von uns vorgeschlagene Organisation der Kirche zum Heil gereichen wird. Es werden weniger Reibungen mit der Generalsynode eintreten, als wenn an der Spitze der Kirche ein Kollegium steht, in dem sich die einzelnen Mitglieder gegenseitig stützen und schützen, sofern es zu Differenzen mit der Synode kommen sollte.[88]

Während im Generalsynodalausschuß Einigkeit über diese Forderungen zu bestehen schien, war man sich im Oberkonsistorium nicht so einig. Die Oberkonsistorialräte Gebhard und Hofstaetter stimmten mit dem Ansinnen des Generalsynodalausschusses überein, einen geistlichen Präsidenten mit herausgehobenen Befugnissen für die gesamte Landeskirche verfassungsmäßig zu verankern, Oberkonsistorialrat Braun aber verwahrte sich energisch gegen die katholisierenden Tendenzen, die man gewollt oder ungewollt mit der vorgeschlagenen Verfassungskonstruktion heraufbeschwören werde[89]. Seine Bedenken wurden aber nicht geteilt, so daß am Ende der Sitzung der Vorschlag angenommen wurde, einen Kirchenpräsidenten zu schaffen. Die Leitsätze lauteten:

> Ziffer 7. An der Spitze der Landeskirche steht ein geistlicher Präsident.
> Ziffer 8. Der Präsident wird von der Landessynode mit 2/3 Mehrheit auf Lebenszeit gewählt. Er vertritt die Kirche nach außen, beteiligt sich selbständig an der Tätigkeit der Generaldekane unbeschadet ihrer Befugnisse und kann gegen Beschlüsse der Landessynode einen aufschiebenden Einspruch mit der Wirkung einlegen, daß der Gegenstand vor die nächste Tagung der Landessynode verwiesen wird. In derselbigen Angelegenheit kann der Einspruch nicht wiederholt werden.
> Ziffer 9. Der Landeskirchenrat, für dessen Sitz Franken in Aussicht zu nehmen ist, wird zusammengesetzt aus dem Präsidenten der Landeskirche, aus der erforderlichen Anzahl von geistlichen und weltlichen Kollegialmitgliedern als ordentlichen Berufsbeamten auf Lebensdauer und aus den Generaldekanen als außerordentlichen Mitgliedern. Im Landeskirchenrat wird aus der Zahl der weltlichen Kollegialmitglieder einer zum Vertreter des Präsidenten mit gehobener Stellung bestimmt.[90]

Keine zwei Wochen später, am 22. Dezember 1919, teilte das Staatsministerium für Unterricht und Kultus dem Oberkonsistorium mit, daß der Verfassungsausschuß des Landtages „seine Anschauung bekundet hatte, 1. daß der Art. 137 Abs. III der Reichsverfassung zwingendes Recht darstelle, und 2. daß es wünschenswert sei, daß die staatsrechtlichen und finanziellen Auseinandersetzungen zwischen Staat und Kirche gleichzeitig erfolgen." [91] Letzteres betraf vor allem die finanzielle Ablösung der Staatsbeamten in den Konsistorien. Lauter konzedierte der Staatsregierung ein formal völlig korrektes Vorgehen. Die Kirche hätte ohne diese Übergangsverhandlungen die von der Generalsynode beschlossenen Kirchengesetze gar nicht durchführen können, da ihr ohne die Konsistorialbeamten keine Vollzugsorgane zur Verfügung gestanden hätten,

> [...] denn sie [die Kirche] hatte ja keine Beamten, die gehörten ja völlig dem Staat, in dessen übrigen Beamtenkörper sie nach Rang- und Gehaltsklassen eingeordnet sind. Aber es entstand mehrfach der Eindruck, daß man auf Seiten der freistaatlichen Regierung eine Freude daran hatte, die Kirche hinzuhalten, daß man sich doch nur schwer entschließen konnte, sie den sonst immer betonten Grundsätzen entsprechend aus der staatlichen Bevormundung zu entlassen?[92]

Am 28. Januar 1920 löste Hoffmann Oberkonsistorium und Konsistorien als staatliche Behörden auf [93] und hob die landeskirchlichen Verfassungen, die nun mit dem Rechte der Selbstverfassung unvereinbar galten, in der Kirche in Bayern rechts des Rheins und in der Pfalz auf [94]. Zugleich wurden die Leistungen bestimmt, die der Staat den beiden protestantischen Kirchen für den Bedarf ihrer obersten Behörden, die an die Stelle der seitherigen Konsistorialbehörden traten, gewährte bis zu der nach § 138 WRV [95] erfolgenden Ablösung der bisherigen Staatsleistungen [96]. Mit diesem Tag endete das Staatskirchentum in Bayern – nicht, wie man annehmen mag, mit dem November 1918. Es bestand aber weiterhin – wie im ganzen Reich – ein staatlicher Vorbehalt bezüglich der Kirchenhoheit [97]. Am 5. Februar 1920 wurde eine vorläufige Verfassung vom Oberkonsistorium durch Bekanntmachung im Amtsblatt erlassen, und damit der Beschluß der außerordentlichen Generalsynode vom Juli 1919 in Kraft gesetzt [98]. „Eine durchaus befriedigende Regelung"[99], wie der neue Zustand in Kirchenkreisen kommentiert wurde, dem nun Vorbereitungen für die verfassunggebende Generalsynode folgen sollten [100].

Der äußere Ablauf der Vorbereitungen war geprägt von einem sehr dichtgedrängten Zeitplan, innerhalb dessen die Kirchenwahlen nach der neuerlassenen Generalsynodalwahlordnung durchgeführt werden, die Verfassungentwürfe erstellt und redigiert und schließlich dem Kirchenvolk die bereits erreichten und noch angestrebten Veränderungen verständlich gemacht werden sollten.

Am 27. Februar 1920 [101] tagten Oberkonsistorium und Generalsynodalausschuß in München. Auf der Tagesordnung standen die Punkte: Anzahl der Abgeordneten zur Landessynode; Stellung und Kompetenz der Landessynode; Verhältnis der gewählten zu den berufenen Abgeordneten sowie der geistlichen zu den weltlichen Abgeordneten; Ausführungsbestimmungen zur Notverfassung und vorläufiger Sitz der Kirchenbehörde; die Generaldekanate und damit zusammenhängende Fragen [102]. Die Kirchenvorstandswahlen wurden für den 15. Mai 1920 ausgeschrieben [103]. Ihnen sollten dann die Wahlen zur außerordentlichen Generalsynode am 18. Juli folgen [104].

Die putschartige Ablösung des Kabinetts Hoffmann durch von Kahr und von Möhl beeinflußte die Kirche in ihrem Weg praktisch nicht mehr, zumal die rechtlichen Zusagen dadurch nicht zur Disposition gestellt wurden [105]. Auch die Reichstagswahlen vom 6. Juni 1920 [106], die sich durch allgemeine Verluste für die Parteien der Koalition, einen deutlichen Rechtsrutsch und einen trügerischen Erfolg für USPD und KPD auszeichneten, wurden seitens der evangelischen Kirche in Bayern kaum mehr kommentiert [107].

Es scheint, als seien diese tektonischen Verschiebungen in der politischen Landschaft der jungen Republik für die weiterhin territorial denkende und handelnde Kirche nicht weiter von Belang gewesen, da sie mit der Trennung von Staat und Kirche im wesentlichen das erreichen konnte, was auf kurze Sicht ihren Zielvorstellungen entsprach. Daß aber die politischen Veränderungen in Reich und Freistaat, die sich hier ankündigten, in der Kirche kaum wahrgenommen wurden, deutet erneut darauf hin, daß es ihr an einem Sensorium für die Öffentlichkeit mangelte, auf die sie sich mit ihrer Gestalt und Botschaft beziehen wollte.

Vom 4. bis 6. Februar 1920 konnte erstmals der „Kirchenverfassungsausschuß“ tagen, der bereits im Dezember 1919 von Oberkonsistorium und Generalsynodalausschuß aus Mitgliedern aller Vereine, Gruppen und Strömungen kirchlichen Lebens als ‚Arbeitsausschuß‘ [108] gebildet worden war. Seine Leitung lag in der Hand des Oberkonsistorialrates Gebhard [109]. Auf seiner 10. und 11. Sitzung [110] wurden die hier vor allem interessierenden Leitsätze 7 und 9 mit 11 beraten. Landgerichtspräsident Rohmer hielt das Referat zum Punkt 8 „Kirchenpräsident, Ziffer 7 der Leitsätze“ im Arbeitsausschuß, Senior Zindel, der Vorsitzende des Pfarrervereins, das Korreferat. Professor Rieker formulierte zusammen mit Pfarrer Meiser die Referate zu „Punkt 9, Landeskirchenrat“, womit die Leitsätze 9 bis 11 zur Diskussion gestellt wurden [111].

Die im Ausschuß bewegten Argumente für und wider eine bischöfliche Verfassung können an dieser Stelle nur in Form einer systematischen Zusammenfassung wiedergegeben werden, da der Diskussionsverlauf mit den im einzelnen sehr differenzierten Positionen und Positionssänderungen im Detail unmöglich nachgezeichnet werden kann [112].

Zunächst aber soll die von Karl Gebhard nach den einleitenden Referaten dargestellte Problemlage kenntlich gemacht werden: Von der Frage, ob Generaldekanate geschaffen würden, würden alle weiteren Schritte bei der Verfassungskonstruktion abhängen. Installiere man Generaldekanate, dann sei es unumgänglich, als Präsidenten einen Geistlichen einzusetzen. Für diesen Präsidenten stelle sich dann die Frage, ob er als persönliche Spitze der gesamten Kirche (als Kirchenpräsident) oder nur als Vorstand einer Behörde (des Landeskirchenrates) eingesetzt werden solle. Es stelle sich weiterhin die Frage, ob diese persönliche Spitze ein Bischof oder ein Präsident sein solle und welche Befugnisse man im jeweiligen Fall dieser kirchenleitenden Spitze zugestehen wolle. Wie solle sein Verhältnis zu den anderen kirchenleitenden Organen ausgestaltet werden, welche Funktionen solle er im Inneren der Kirche und zu ihrer Repräsentanz nach außen wahrnehmen?

Versucht man die einzelnen Argumente zu klassifizieren und zu gewichten, so lassen sie sich gut in solche einteilen, die ihre Legitimität entweder aus der innerkirchlichen oder aus der allgemeinen *Öffentlichkeit* zu beziehen suchten. Dabei konnte die Öffentlichkeit sowohl Adressat der je eigenen verfassungsmäßigen Absichten wie auch Quelle jener Forderungen sein, die man im eigenen Verfassungsentwurf zu realisieren suchte. So berufen sich sowohl Befürworter wie Gegner einer bischöflichen Verfassung auf das Ansehen, das die evangelische Kirche in der Öffentlichkeit mit der einen oder anderen Verfassung gewinnen könnte. Die Protagonisten eines Bischofs sahen durch einen solchermaßen exponierten Geistlichen an der Spitze der Kirche das gesamte Ansehen der Kirche gesteigert, die Verhandlungschancen gegenüber dem Staat verbessert und versprachen sich einen besseren Zugang zum Kirchenvolk, aber auch zu den Kirchenfremden, die mit einer Einzelperson die Kirche besser identifizieren könnten als im Falle eines anonymen Kollegiums. Auch würde der Kirche durch eine persönliche Spitze das an öffentlicher Reputation zurückgegeben, was sie nach der Revolution an öffentlicher Stellung eingebüßt hatte; so etwa den Verlust des Reichsratssitzes, der dem bisherigen Oberkonsistorialpräsidenten von Amts wegen zustand[113].

Dagegen wurde gehalten, daß jene Verfassungskonstruktion völlig dem Anliegen der Zeit nach Demokratisierung zuwiderlaufe und gerade Kirchenfremde sich angesichts einer monarchischen Spitze in der Kirche in den Ressentiments bestätigt sähen, die man in der neuverfaßten Kirche doch gerade ausräumen wollte. Für die Gegner von Bischofstitel und Bischofsamt war der sich aufdrängende Vergleich mit der katholischen Kirche ein weiteres wichtiges Moment, um davon abzuraten. Nicht nur die äußere Verwechselbarkeit von katholischer und evangelischer Kirche führten sie ins Feld, mehr noch lag ihnen daran, katholisierende Tendenzen im Inneren zu vermeiden, die sich mit der Einführung eines evangelischen Bischofs unweigerlich aufdrängten; so die Gefahr der Hierarchiebildung und der Hervorhebung der Ordinierten gegenüber den nicht Ordinierten in Theologie und kirchlicher Praxis.

Die katholische Kirche als Maßstab heranzuziehen, lehnten die Bischofsfreunde ab. Es läge an der evangelischen Kirche selbst, meinten sie, durch entsprechende Gestaltung das Andere und Eigenständige des evangelischen Bischofsamtes zur Geltung zu bringen. An eine innere Dynamik des Titels und Amtes mochten sie nicht glauben und meinten, verfassungstechnische Sicherungen gegen eine Dominierung der übrigen kirchenleitenden Organe einbauen zu können.

Eine geistliche Kirche erfordere eine geistliche Leitung, und die könne nur von einer geistlichen Führungspersönlichkeit geleistet werden. Zindel hatte in dem einleitenden Korreferat im Namen der Pfarrerschaft für eine geistliche Spitze plädiert:

> In der Frage: Geistliche oder Laien fordern wir Pfarrer mit Nachdruck, daß in Zukunft stets ein Geistlicher an der Spitze stehe. Wir Pfarrer wissen, was wir den Laien und den Juristen verdanken, aber wenn es

> sich um die Spitze der Kirche handelt, so kann dazu nur ein Geistlicher berufen werden. Wenn zur Leitung der Einzelgemeinde immer ein Geistlicher berufen ist, so gilt das noch mehr von der Leitung der Kirche. [...] Es gilt eine Stelle zu schaffen, in der sich die beste Kraft des geistlichen Standes verkörpert. Was die Amtsbezeichnung anlangt, so muß die Verfassung darauf bedacht sein, das Neue, das geworden ist, auch äußerlich zu kennzeichnen, indem auch die Bezeichnungen der leitenden Persönlichkeiten durch solche Bezeichnungen ersetzt werden, die dem Wesen der neuen Ordnung gerecht werden. Darum soll der Leiter der Kirche nicht Präsident heißen. Dieser Titel erinnert an staatliche Einrichtungen. Der Titel Landesbischof dagegen erinnerte daran, daß der Träger ein rein kirchliches Amt inne hat. Den Vergleich mit dem katholischen Bischof fürchten wir nicht. Der Bischof der Landeskirche soll durch einfaches Auftreten zeigen, was ein rechter Bischof ist.[114]

Vor allem aber wurde der Wunsch des Kirchenvolkes, also der Laienkreise, als gewichtiges Argument für den Bischof, oder zumindest für eine exponierte, persönliche geistliche Spitze der Landeskirche angeführt. Es könne keine Rede davon sein, daß die Geistlichen mit einer solchen Forderung ihre Stellung in der Kirche verbessern wollten. Es seien gerade die Laien, die sich eine klare, orientierende und identifizierbare geistliche Kirchenleitung wünschten, nachdem sie bei der kollegial geführten Kirchenleitung zur Zeit des landesherrlichen Summepiskopats nurmehr eine verwaltende Führung erlebt hätten[115].

Verbunden wurde das Argument mit einer *besonderen Stimmung im Kirchenvolk*, die sich in dem Wunsch nach einem geistlichen Führer ausspreche. So sei einerseits ein grundsätzlicher Wunsch nach einem Führer festzustellen, was als Gegenreaktion auf die allseitige Demokratisierung zu verstehen sei, andererseits aber finde sich derzeit ein „tiefes religiöses Bedürfnis besonderer Art im Kirchenvolk“, eine Art religiöser Aufbruch, der wohl mit der Gemeinschaftsbewegung zusammenhänge, dem man mit einem geistlichen Führungsamt Rechnung zu tragen suche[116]. Landgerichtspräsident Rohmer konzedierte zwar, daß der Titel „Bischof“ ebenfalls mit negativen Stimmungen belastet sein könnte, weshalb vom Titel, nicht aber von der Sache Abstand genommen werden könne[117].

Solchen Stimmungsargumenten wurde sehr wohl auch kritisch begegnet. Nicht nur Oberkonsistorialrat Braun hatte sie als „Kirchenromantik“[118] abgetan[119], auch Professor Bachmann mutmaßte, daß sie aus „unbewußten Eindrücken“ herrühren könnten, „die man im öffentlichen Leben von der Stellung der katholischen Bischöfe und der Geltung des Katholizismus durch seine Bischöfe gewann."[120] Solche Stimmungen dürften nicht die Ausgangslage für eine evangelische Kirchenverfassung bilden[121]. Umgekehrt wurden aber auch Affekte gegen den Bischof laut; er würde Ressentiments bei denen hervorrufen, die z.B. in der oberbayerischen Diaspora unter dem katholischen Bischof zu leiden hatten[122]. Zwar betonte Dr. Julius Herbst[123], daß er sich bei dem Bischofsamt eher von dem methodistischen Vorbild leiten lassen wolle, doch mußte er sich sagen lassen, daß in Bayern der katholische Bischof das allgemeine Bewußtsein bestimme[124].

Herbst hatte mit seinem Vorstoß zugleich die Ebene der *strukturellen Argumente* für oder gegen das Bischofsamt berührt. So sollte mit der Zusammenfassung von geistlicher und administrativer Leitung in einer Person dem bisherigen Mangel begegnet werden, daß das Kirchenvolk die Kirchenleitung nur als verwaltende Behörde wahrgenommen hatte, wenngleich sie sehr wohl auch geistliche Leitung ausgeübt habe[125]. Orientierend wirkte hierbei die Amtsführung des Oberkonsistorialpräsidenten Hermann von Bezzel, der mit seiner Verbindung von geistlichem Anspruch und kirchenregimentlicher Führung den engen Rahmen seines Amtes gesprengt habe, die Kirche im besten Sinne des Wortes geführt habe und mit seiner Betonung des Geistlichen einen guten Zugang zum gemeinen Kirchenvolk gefunden hätte[126]. Vor allem stehe eine Einzelperson an der Spitze der Kirche für eindeutig identifizierbare Positionen; das sei in den innerkirchlichen wie allgemeinen Auseinandersetzungen von unschätzbarem Wert. Gegen den demokratischen Zug der Zeit[127] stünde in der Kirche der Bischof oder der herausgehobene Präsident für Stetigkeit, Orientierung und Durchsetzungswillen, was bei einer kollegialen Führung immer schwieriger zu bewerkstelligen sei, weil die verschiedenen Meinungen erst in einem langwierigen Prozeß zu Kompromissen geführt werden müßten. Außerdem würde eine persönliche Spitze auch ein notwendiges Gegengewicht zur Synode bilden, die nach der neuen Kirchenverfassung mit erheblich erweiterten Kompetenzen ausgestattet wäre[128].

Die Konzentration auf einen Mann an der Kirchenspitze wurde von den Befürwortern einer kollegial regierten Kirche damit abgelehnt, daß der antidemokratische Zug, der solchem Amt anhafte, zu Mißverständnissen führen werde, daß einem einzelnen zuviel zugemutet werde, zumal wenn der entsprechende Amtsinhaber die Anforderungen nicht oder aufgrund seines Alters nicht mehr würde erfüllen können[129]. Gegen das angeführte Vorbild Bezzel wurde zu bedenken gegeben, daß gerade in geistlichen Kontroversen schnell eine Personalisierung der Konflikte eintreten würde [130]. Auch wollte man das Argument einer größeren Nähe des Einzelnen zum Kirchenvolk nicht gelten lassen [131]. Schließlich wies der Rektor der Neuendettelsauer Anstalten Hans Lauerer auf die Probleme hin, die man damit habe, daß in Neuendettelsau poimenische und administrative Leitungsfunktionen in einer Person vereinigt sind. Hier suche man gerade nach einem Ausweg aus den Schwierigkeiten, die man in der Kirchenverfassung zu schaffen drohe [132].

Konsens wurde im Verfassungsausschuß durch zwei Abstimmungen herbeigeführt. Zuerst ließ Gebhard in der 10. Sitzung darüber abstimmen, ob an der Spitze der Kirche ein Kollegium stehen solle. Der Vorschlag wurde bei vier Ja-Stimmen abgelehnt. Daß die persönliche Spitze der Kirche geistlichen Standes sein sollte, wurde mit 15 Stimmen angenommen, die Titel Bischof, Landesbischof oder Kirchenpräsident wurden allesamt abgelehnt, so daß die Ziffer 7 der Leitsätze als angenommen betrachtet werden konnte und allein die Titulatur noch offen blieb [133].

Zusammenfassend läßt sich festhalten, daß sich das Gewicht mittlerweile zugunsten eines starken Kirchenpräsidenten verschoben hatte. Von der Ablehnung einer geistlichen, gar bischöflichen Spitze, wie sie in den Erlanger Leitsätzen so prononciert vertreten worden war, war nun nicht mehr viel übrig geblieben. Zwar hatte sich der Titel „Bischof" ob seiner römisch-katholischen Konnotationen nicht durchsetzen können, auch der diminutiv gemeinte Titel „Landesbischof" [134] konnte nicht recht überzeugen, doch auch so war das Amt des Präsidenten deutlich stärker ausgebildet, als es Gebhards Entwürfe vorgesehen hatten.

Die Stärkung des persönlichen geistlichen Elementes im Kirchenregiment hing, wie die Voten anschaulich belegen, mit der sehr breiten Basis zusammen, die sich für eine persönliche und geistliche Spitze aussprachen. Sowohl der Generalsynodalausschuß als auch die Pfarrerschaft und die Laienkreise votierten mehr oder weniger einhellig für einen Bischof. Das Oberkonsistorium hielt sich auch in diesen Sitzungen zurück, lieferte zwar die Vorlagen und damit die sachlichen Grundlagen für die Besprechungen, die Oberkonsistorialräte selbst aber traten eher als Moderatoren, denn als Fordernde auf [135]. Grund hierfür dürfte auch die prinzipielle Uneinigkeit in der Frage gewesen sein – für manche geradezu ein Beleg für die These, daß eine kollegiale Behörde die Kirche nicht würde leiten können.

Der Titel war zweitrangig, aber wichtig war allen Befürwortern, daß im Kirchenregiment jetzt der Wandel von der bürokratischen Staatskirche zur staatsfreien Volkskirche durch eine geistliche Führungsgestalt dokumentiert werde, die aufgrund ihrer Stellung und Befugnisse in der Lage sein würde, den unterschiedlichsten Ansprüchen zu genügen. Die Pfarrer wünschten sich, wie Senior Zindel hervorhob, einen Geistlichen als Oberhirten, einen *pastor pastorum*, der in seiner poimenischen Kirchenleitung auch kirchenregimentlich Orientierung gäbe für die in mehrfacher Hinsicht verunsicherten Pfarrer in den Einzelgemeinden[136].

Für die Laienkreise, die in dem Arzt Julius Herbst einen wortgewandten Vertreter im Ausschuß hatten, verband sich mit dem Bischofsgedanken der Wunsch nach einer identifizierbaren Kirchenleitung, die – im besten Sinne des Wortes – die Kirche „seelsorgerlich" führe. Es läßt sich nicht eindeutig belegen, daß besonders im Kirchenvolk ein Korrektiv zur allgemeinen Demokratisierung begehrt wurde, aber die Häufigkeit, mit der das Argument auftaucht, läßt zumindest aufhorchen. Es fügt sich – wenn man unter Kirchenvolk eben auch die ‚professionellen Kirchenglieder' verstehen will – ganz gut in das Gesamtbild einer Kirche ein, die aufgrund massiver Positionsverunsicherungen durch Revolution, Demokratie, Pluralismus und „Aufstand der Massen" ihr Heil und ihre Orientierung in Führerpersönlichkeiten und quasi monarchischen[137] Konstitutionen suchte. Man wünschte sich ein evangelisches Führungsamt, das in seiner theologischen Gestalt zwar vom katholischen Bischofsamt unterscheidbar bleiben sollte, aber im Effekt ähnlich erfolgreich und angesehen in der Öffentlichkeit erscheinen würde[138].

Schließlich muß auch noch das innerkirchliche konstitutionelle Moment erwogen werden: Es bestand Einvernehmen, daß in der neuen Verfassung der Synode, wenn nicht die alleinige Ausübung der Kirchengewalt, so doch ein erheblich vergrößerter Anteil daran zugesprochen werden mußte. Das lag nicht nur im „Zug der Zeit", sondern ergab sich auch aus den Unzufriedenheiten innerhalb der Kirche, wo nicht nur die Laien, sondern auch die einfachen Pfarrer nach mehr Mitbestimmung und Mitverantwortung riefen. Gleichzeitig aber herrschte – ebenso weitverbreitet – eine tiefe Skepsis gegenüber einer derart ermächtigten Synode, so daß hiergegen Sicherungen und Gegengewichte geschaffen werden sollten. Die Skepsis erklärt sich nur zu einem Teil aus antidemokratischen Ressentiments, die der Synode eine dem politischen Parlament analoge Rolle beilegten. Als mindestens ebenso gewichtig wird man die gegenläufige Entwicklung veranschlagen müssen, die die Stellung des Oberkonsistorialpräsidenten betraf. Nicht umsonst ist in den Diskussionen des Ansbacher Arbeitsausschusses der Name des früheren Oberkonsistorialpräsidenten Hermann von Bezzel des öfteren gefallen: Das engagierte Handeln des Einzelnen ist – gerade auch in seiner Anfechtbarkeit – besser im

Gedächtnis geblieben als das anonyme Handeln der gesamten Behörde. Mit einer Einzelperson konnten konkrete Handlungen und Einstellungen identifiziert werden, mit ihr konnten Stetigkeit, Eindeutigkeit und Durchsetzungskraft verbunden werden. Alles Eigenschaften, die man – jenseits der politischen Analogien – einem von Fluktuation und Anonymität geprägten Kollegium oder einem selten tagenden Parlament nicht zuzuschreiben vermochte. Gleichwohl sollte eine starke Kirchenbehörde erhalten werden; denn ohne sie sei eine „irgendwie geordnete Verwaltung" der Landeskirche nicht denkbar [139]. Das autoritative Moment, das damit gegeben sei, sei für eine Volkskirche unerläßlich.

> So wenig das Volk im Staat einer festen, mit möglichster Autorität ausgestatteten Regierung entbehren kann – die Gegenwart zeigt das jedem Einsichtigen zur Genüge – so wenig kann das „Kirchenvolk" einer festen Leitung entraten. In einer Freiwilligkeitskirche liegen die Verhältnisse wesentlich anders.[140]

Meisers Argumentation beruhte auf dem Wunsch, die beiden gegensätzlichen Kräfte Synode und Kirchenbehörde miteinander auszutarieren [141]. Der Kirchenpräsident, der auch hier als ein Geistlicher mit „grossen Vollmachten und Verantwortlichkeiten" vorgestellt wurde, war zwar mehr als ein *primus inter pares* im Kollegium des Landeskirchenrates [142], ging aber aus diesem hervor, stellte also noch kein eigenständiges, drittes kirchenregimentliches Organ dar. Er kompensierte gewissermaßen die strukturellen Defizite der Kirchenbehörde hinsichtlich Initiative, Verantwortlichkeit und Entscheidungsfreudigkeit und legitimierte so die ungebrochene Bedeutung der ehemals staatskirchlichen Behörde im Kontext einer staatsfreien Kirche und ihren nur unbedeutend geschmälerten Anteil an der Kirchengewalt, die es verfassungsmäßig zu verteilen galt.

> Die Kirchengewalt steht zur Zeit dem Prot. Oberkonsistorium zu, nicht der Generalsynode. Nun kann natürlich das Oberkonsistorium die ihm zustehende Kirchengewalt auf die General- oder Landessynode übertragen. Es fragt sich aber, ob das im Interesse unserer Landeskirche wäre. Wenn dies geschähe, dann wäre die Landessynode die oberste und zwar die einzige oberste Instanz in unserer Landeskirche, dann wäre die in ihr gerade herrschende oder zufällige Mehrheit herr [sic] über die Kirche; eine Instanz, die in der Lage wäre, ihr entgegenzutreten, gäbe es nicht; das Oberkonsistorium oder der Landeskirchenrat wäre von ihr abhängig, leitete von ihr seine Amtsvollmachten

ab und wäre ihr verantwortlich. Es wäre dies ein kirchlich-parlamentarischer Absolutismus, der gerade so bedenklich und gefährlich ist wie irgendein anderer, ein staatlicher Absolutismus. Jede parlamentarische Mehrheit ist unduldsam, rücksichtslos, herrschsüchtig. Gehört die Mehrheit der Landessynode der orthodoxen Richtung an, dann wehe den Liberalen! Haben die Liberalen die Mehrheit in der Synode, dann werden sie die Orthodoxen unterdrücken. Die Oberkirchenbehörde kann die Minderheit nicht schützen, sie hängt ja ganz von der synodalen Mehrheit ab und muß tun, was sie will. Ein solcher Zustand wäre sehr bedauerlich. Unsere Kirche braucht zu ihrem Gedeihen beide Richtungen, eine solche, die das Altüberlieferte, das Erbe der Väter unserer Kirche treu zu bewahren sucht, und eine solche, die vorwärts strebt, die für die Regungen des modernen Geistes offen und empfänglich ist; die Alleinherrschaft der einen oder der anderen Richtung wäre für unsere protestantische Landeskirche von Übel.[143]

In der Begründung zum vierten kirchenregimentlichen Leitsatz wurde noch einmal die eigentliche Stoßrichtung deutlich: Bei der Verteilung der Kirchengewalt standen zunächst nur die beiden Organe Synode und Kirchenbehörde mit berechtigten Ansprüchen an. Der Generalsynodalausschuß in seiner Funktion als Vertretung der Generalsynode fiel hier nicht weiter ins Gewicht. Die Synode konnte ihre Ansprüche auf Teilhabe an der Kirchengewalt theologisch und dem „Zeitgeist" entsprechend legitimieren; für die ehemals staatskirchliche Einrichtung des Konsistoriums aber war der Begründungsdruck ungleich höher. Bezeichnend ist denn auch die Begründung *via negationis*: Eine Ausübung der Kirchengewalt allein durch die Synode sei der Kirche nicht zuträglich, da sie als parlamentarisches Forum immer auch Ort der Kontroversen sei. Hier träfen Parteienwesen und Mehrheitsentscheid in einer Weise zusammen, daß eine ausgewogene und kontinuierliche Leitung der Kirche nicht stattfinden könne. Deshalb müsse an der Kirchenbehörde als zweitem Organ des Kirchenregiments festgehalten werden[144]. Die Rolle einer persönlichen Spitze, die aus der Kirchenbehörde mit besonderen Befugnissen herausragt, war auf dieser prinzipiellen Ebene noch zweitrangig, gewann aber an Bedeutung, wo sie, durch den Verfassungsentwurf stärker konturiert, als Puffer zwischen den Machtinteressen von Synode und Kirchenbehörde zu stehen kam.

Zwischen dem 13. und 21. April tagte der Arbeitsausschuß erneut, um die eingelaufenen Anregungen und Anträge auszuwerten[145]. Das Material wurde an einen Redaktionsausschuß überwiesen[146], der vom 25.–27. Mai in Nürnberg den Text gliederte und einen Rohentwurf der Verfassung anfertigte. Dieser wurde vom Oberkonsistorium am 31. Mai erneut beraten und zu einem Vorentwurf kompiliert, der von Oberkonsistorium und Generalsynodalausschuß zwischen dem 9. und 11. Juni zunächst getrennt, dann gemeinsam beraten und schließlich als endgültige Vorlage der Synode vorgelegt wurde[147]. Vor der endgültigen Verabschiedung gaben Veit und Gebhard Bemerkungen zum Verfassungsentwurf aus, die den Diskutierenden eine Woche später wohl als interner Kommentar gedient haben mögen. Interessant ist vor allem, wie sie die Verschiebungen bezüglich der Kirchenleitung einschätzten:

> Im Abschnitt über den Landeskirchenrat (Art. 45 mit 54) besteht der wesentliche Unterschied seit der letzten Beratung des Gen.Syn.Ausschusses gegenüber den Leitsätzen darin, daß an die Stelle eines Kirchenpräsidenten der Präsident des Landeskirchenrats tritt, der nicht die Landeskirche schlechthin, sondern den Landeskirchenrat vertritt (Art. 52 Abs. I), der seinerseits als Kollegium (Art. 40) wieder in vermögensrechtlichen Angelegenheiten und in Rechtsstreitigkeiten die Landeskirche vertritt (Art. 45 Abs. IV). Darnach steht auch das Veto gegen Beschlüsse der Synode und die Auflösungsbefugnis dem Landeskirchenrat zu. (Art. 35 & 36). Der Präsident vollzieht die Beschlüsse des Kollegiums. [...] Dagegen ist er als Präsident des Landeskirchenrats Repräsentant der Kirche nach außen im öffentlichen Auftreten und hat nach Art. 53 in der oberhirtlichen Leitung besondere Rechte, wie sie ihm als geistlicher Präsident besonders eignen. [...] Das persönliche Moment im Verkehr mit den Geistlichen durch die Generaldekane nach Seiten der geistlichen Leitung – unter Ausschluß der Jurisdiktion auf weltlichem Gebiete – ist bereits im Zusammenhang mit der organischen Verfassung des Landeskirchenrats in Art. 46 Abs. II nunmehr hervorgehoben.[148]

Im Gegensatz zu den Leitsätzen vom Dezember 1919 ist hier die Stellung des Präsidenten wieder zurückgenommen worden auf eine exponierte Stellung innerhalb des Kollegiums. Entsprechend wird das Veto- und Auflösungsrecht gegenüber der Synode wieder vom Landeskirchenrat ausgeübt[149]. Daran wird deutlich, wie umstritten die Stellung des Kirchenpräsidenten war. Zunächst schienen sich damit die Bedenken gegen ein bischöfliches Amt durchsetzen zu können. Das vorgesehene Präsidentenamt würde dem Wunsch nach persönlicher und geistlicher Leitung nachkommen, aber mit seinen besonderen Befugnissen doch so stark in das Kollegium des Landeskirchenrats eingebunden sein, daß die geltend gemachten Bedenken sich als gegenstandslos erweisen würden. Der Verfassungsentwurf wurde den Konsistorien Ansbach und Bayreuth am 14. Juni 1920 zur Äußerung vorgelegt[150]. Eine Woche darauf wurde der „Entwurf einer Verfassung der Evangelisch-Lutherischen Kirche in Bayern" im Kirchlichen Amtsblatt allgemein bekanntgemacht[151]. Kirchenrat Boeckh würdigte ihn Anfang Juli in der AELKZ eingehend bezüglich seiner Entstehung wie seines Inhalts[152]. Er hob noch einmal die kirchenregimentliche *petitio principii* aller Verfassungsbildung hervor:

> [...] daß es sich nicht darum handeln konnte, die Verfassung von Grund auf neu zu gestalten, sondern an das Vorhandene und Bestehende anzuknüpfen und nur die Veränderungen und Neubildungen zu treffen, die einerseits den völlig neuen Verhältnissen Rechnung tragen, die aber auch erst gefühlte Beschwernisse für die Entfaltung Evangelisch-Lutherischen Lebens beseitigen.[153]

Die Ausarbeitung des Entwurfs sei auf „breitester Grundlage" geschehen, „auf einer Grundlage von solcher Weite, wie sie wohl kaum einem Gesetzentwurf der Kirche gegeben worden ist."[154] Dementsprechend seien natürlich auch Kompromisse nötig gewesen, die sich besonders an dem heiklen Punkt der Pfarrstellenbesetzung manifestiert hätten, wo einerseits die Forderung der Gemeinden nach mehr Mitspracherecht gegen die Wünsche der Pfarrer standen, die „jede Art von Pfarrwahl durch die Gemeinde ablehnten"[155], andererseits aber die Kirchenleitung eine Handhabe bei der Stellenbesetzung brauchte, die eine allgemeine Versorgung der Gemeinden mit Pfarrern sicherstelle. An anderer Stelle sei ebenfalls lange gerungen worden, wo es um die Ausgestaltung der Kirchenleitung und ihrer Spitze ging:

> Die Bestimmungen über den Landeskirchenrat sind das Ergebnis langwieriger Verhandlungen. Starke Gegensätze standen sich hier gegenüber. Die Kollegialverfassung sollte beseitigt werden und an ihre Stelle eine bischöfliche Verfassung treten. Die Generaldekane sollten nur außerordentliche Mitglieder des Landeskirchenrates sein und ihren

> Sitz in den Bezirken draußen haben. Es waren Gegensätze, zwischen denen es nur sehr schwer eine Vermittlung gab; die Kollegialverfassung drang zuletzt doch durch als unserer Geschichte und als protestantischer Grundauffassung am meisten entsprechende; sie wurde aber so gestaltet, daß das bureaukratische Element möglichst zurückgestellt und der oberhirtliche Charakter des Landeskirchenrates weit in den Vordergrund gerückt wurde. Darüber war niemand im Zweifel, daß die Kirchenleitung eine einheitliche sein muß, wie daß die Kirchenregierung eine von starker Autorität getragene sein muß, wenn es zu ersprießlichen Zuständen und Verhältnissen kommen soll.[156]

Der Entwurf des Ansbacher Arbeitsausschusses, der einen Kirchenpräsidenten mit deutlich herausgehobener Postition vorgesehen hatte, schien damit noch einmal in Richtung Kollegialverfassung ‚entschärft' worden zu sein. Die Befugnisse, die der Verfassungsausschuß dem Kirchenpräsidenten zuschreiben wollte, waren durch den Entwurf von Oberkonsistorium und Generalsynodalausschuß weitgehend auf den Landeskirchenrat umgeschrieben worden. Der Landeskirchenrat wäre damit wieder „das oberste und ständige Organ für die Leitung und Verwaltung der Landeskirche"[157].

Zwischenüberlegungen

Die ausgedehnten Debatten um die Einführung eines Bischofsamtes verdanken sich, wie oben gezeigt, bereits länger schwelender Unzufriedenheit mit dem konsistorialen Kirchenregiment, das aufgrund seiner Struktur und staatlichen Abhängigkeit nur wenig geistliche Impulse an die Pfarrer und Gemeinden vermitteln konnte. Überlegungen, diesem Mißstand abzuhelfen, hatten immer auch die Einführung eines Bischofsamtes einbezogen. Einer der prominentesten Entwürfe diesbezüglich war der des früheren Generalsuperintendenten für Schleswig und jetzigen Pfarrers in Baden-Baden, Theodor Kaftan[158]. Mit seinem modern-positiven Ansatz hatte er sich dem Staatskirchentum immer weiter entfremdet und plädierte für eine bischöflich geleitete Landeskirche als Gemeinde- und Volkskirche. Sein Aufsatz *Wie verfassen wir die Kirche ihrem Wesen entsprechend?*, der Anfang 1920 große Verbreitung erfuhr[159], darf als einer der wirkmächtigsten in der frühen Phase kirchlicher Neukonstitution nach der Revolution gewertet werden. Kaftan hatte die Verfassungsfrage in den Bereich der Pragmatik verwiesen und das Wesen der Kirche zum

Ausgangspunkt aller konstitutionellen Bemühungen erklärt. Die katholische Kirche entlehne ihre Verfassung wesentlich der des Staates. Die reformierte Kirche habe zwar eine stärker kirchliche Verfassung entwickeln können, weil sie sich zumeist auf republikanischem Boden entfaltet habe, aber dafür auch nicht die Tiefe lutherischer Ekklesiologie erreicht. So sei die „rein kirchliche Gestaltung einer evangelischen Kirche, ihre Gestaltung aus ihrem eigenen Wesen heraus, immer noch eine mehr oder weniger ungelöste Aufgabe“ [160].

Kirche konstituiere sich primär aus ihren *notae ecclesiae* Wort und Sakrament. Ihnen entspreche im kirchlichen Handeln Bekenntnis und Amt, so daß eine „Korrelativität von Genossenschaft und Amt“ die konstruktive Aufgabe einer neuen Verfassung darstelle [161]. Ansetzend bei der vorfindlichen Volkskirche ergebe sich ein idealtypischer Aufbau der Kirche im Gegenüber von Pfarramt und Gemeinde mit dem Kirchenvorstand als regierendem Organ, dem Probst und der Bezirksgemeinde mit dem Bezirkssynodalausschuß als regierendem Organ und schließlich dem Bischof und der Landeskirche mit einem von der Landessynode geordneten Kirchenregiment [162]. Auf allen Stufen wird die Triarchie von Amt, Genossenschaft und Regierung durchgehalten und die regimentliche Funktion getrennt von der geistlichen durch ein eigenes Organ ausgeübt. Das Bischofsamt will Kaftan als ein „rein evangelisches Bischofsamt“ verstanden wissen, dem „kompetiert alles, was in die Heranbildung des Klerus hineingehört“ [163]. Er will das Bischofsamt als „Arbeitsamt“ verstanden wissen, so daß der Bischof „in seinem bischöflichen Wirken nicht durch bureaukratisches Hineinregieren gehemmt, sondern daß ihm volle Bewegungsfreiheit und Selbstverantwortlichkeit in seiner Sphäre gesichert wird. Äußere Machtmittel nehme ich, wie meine Darlegungen gezeigt haben dürften, nur in äußerst geringem Maße für ihn in Anspruch.“ [164]

Am Quantum der zugemessenen Machtmittel schieden sich in Bayern im Laufe des Jahres 1920 die Geister. Oberkonsistorialrat Braun hatte auf die verhängnisvollen Auswirkungen hingewiesen, die zu erwarten wären, wenn die „weit über D. Kaftans Vorschläge hinausgehend[en]“ [165] Vorstellungen der Bischofsfreunde Verfassungsrang erreichten. Andere hatten in dieselbe Richtung gestoßen und für eine klare Trennung von geistlichem und kirchenregimentlichem Amt plädiert – so auch der einflußreiche Wilhelm Freiherr von Pechmann [166]. Die Motive hierfür mögen sehr unterschiedliche gewesen sein. Bei Pechmann läßt sich ein ausgesprochen antidemokratisches Ressentiment ausmachen, das sich gegen die Synode richtete, die – analog zum politischen Parlamentarismus – vornehmlich mit der Kirchenleitung beauftragt worden wäre [167]. Bei den Konsistorialbeamten vermute ich auch machtpolitisches Kalkül, das bei den letzten Besprechungen zum Verfassungsentwurf zwischen Generalsynodalausschuß und Oberkonsistorium im Juni 1920 wirksam wurde.

Gleichwohl ist der Ruf nach einem Bischofsamt bis zum Beginn der Synode nicht verklungen. Interessant ist es, von welcher Seite und mit welchen Motiven er dabei jeweils verbunden worden ist. Die vielzitierte Forderung der „Laienkreise" bzw. des „Kirchenvolks" läßt sich meist nur mittelbar in den Zitaten der Pfarrer, Konsistorialbeamten und Vertreter kirchlicher Gruppierungen und Gremien greifen. Es stimmt nachdenklich, wenn Lauter in seiner Kirchlichen Rundschau vermerkt, der Aufforderung des Oberkonsistoriums, die Leitsätze in den Pfarrkapiteln und Gemeinden zu diskutieren und Anregungen, Wünsche und Verbesserungen nach München zu melden, sei fast gar nicht nachgekommen worden – wo, wenn nicht hier, hätte des Volkes Wunsch nach einem Bischofsamt sich artikulieren müssen[168]? Das Dilemma, daß die seit Jahrhunderten entmündigten Gemeinden nicht von heute auf morgen ihre Möglichkeiten erkennen und wahrnehmen konnten, trat hierbei offen zutage:

> Die Pfarrkonferenzen nahmen wohl allgemein dazu Stellung, die Entscheidungen wurden z.T. im Korrespondenzblatt veröffentlicht, mehrfach waren Beratungen im Kirchenvorstand und Besprechungen auf Gemeindeabenden. Doch sollen aus Laienkreisen sich kaum irgendwelche Stimmen haben nach oben vernehmen lassen. Darüber darf man sich nicht wundern. Unser Volk, auch in seinen angeregten und sorgenden Kreisen, hatte bisher zu sehr den Eindruck, daß man auf seine Meinung nichts gebe, daß oben alles gemacht werde, als daß es jetzt sich in das Neue leicht finden könnte. Zu dem sind die Fragen, um die es sich handelt, so schwierig, daß ich verstehe, daß der Nichtfachmann sich nicht leicht heranwagt.[169]

Im selben Artikel vermerkte er aber auch, daß es gerade die Laienwelt sei, die sich einen Landesbischof wünsche. Bezeichnenderweise war es der liberale *Protestantische Laienbund*, der hier hervortrat, während der konservative *Bund der Bekenntnisfreunde* für eine kollegiale Behörde votierte[170]. Aufgrund der Erfahrung der freier gerichteten Pfarrer Geyer und Rittelmeyer mit dem oberhirtlichen Einschreiten Bezzels gegen sie hätte die Vermutung näher gelegen, daß gerade im liberalen Lager Zurückhaltung gegenüber einer persönlichen Spitze der Kirchenleitung anzutreffen sei. Hingegen wäre dem konservativ orientierten Bund der Bekenntnisfreunde eine obrigkeitliche Orientierung an einer Führerpersönlichkeit eher zuzutrauen gewesen[171]. Die umgekehrte Konstellation verweist einmal mehr darauf, daß die gängigen Orientierungsmuster nur sehr bedingt griffen und gerade bei dem Thema der episkopalen Verfassung gänzlich versagten. Zugleich bestätigt diese Beobachtung noch einmal die von Dahm festgestellte „Krise der Ekklesiologie", die über den Pfarrerstand hinausreichende Orientierungsunsicherheit und die Konfusion der Positionen, die gewissermaßen in einer Prozeß-Produkt-Äquivokation zu stehen kamen[172]. Allerdings ist auch dieses Phänomen noch einmal in sich zu differenzieren: ein Votum für eine persönliche Spitze war nicht einfach gleichzusetzen mit dem Wunsch nach einem Bischofsamt: Christian Geyer konnte im Verfassungsausschuß sehr wohl für eine persönliche Spitze stimmen, wollte dabei aber sowohl Geistliche wie Laien berücksichtigt wissen[173]. Umgekehrt wollte Julius Herbst, der Vorsitzende des Protestantischen Laienbundes, dem auch Geyer angehörte, eine klare geistliche Spitze mit entsprechenden Sonderrechten.

Weniger überraschend ist der starke Wunsch nach einem Bischof in der Pfarrerschaft. Gerade hier dürfte er als Ausdruck der starken Verunsicherungen und der schlechten Erfahrungen, die man mit der wenig geistlichen Konsistorialkirche gemacht hatte, zu verstehen sein. Wieweit allerdings die gewünschte geistliche Leitung auch als eine regimentliche intendiert war, wird aus den Äußerungen nicht hinreichend deutlich.

Die Gegensätze, die nicht nur die Frage der Kirchenleitung betrafen, traten in diesen Monaten zwar schroff, aber nicht unversöhnlich gegenüber – wohl auch, weil gerade in der Bischofsfrage die Trennlinie quer zu allen Partei- und Gruppenlinien verlief. Der Tendenz nach läßt sich festhalten, daß in Bayern das Verlangen nach einer persönlichen und geistlichen Führung der Kirche von einem Großteil der kirchlichen Gruppierungen getragen wurde, daß diesem Verlangen aber konsistoriale Widerstände entgegenstanden, die sich unmittelbar vor der Synode in unverkennbaren Korrekturen an dem vom Arbeitsausschuß ausgearbeiteten Entwurf aussprachen und gerade in der Frage der Stellung der persönlichen Spitze deutlich restriktiver die Befugnisse für den Kirchenpräsidenten akzentuierten und entscheidende Kompetenzen für das Kollegium, den Landeskirchenrat reklamierten. Die Synode war nun aufgefordert zu entscheiden, welche Vorstellungen in der Kirche den Mehrheitsverhältnissen in der Kirche entsprachen.

Die verfassunggebende Generalsynode in Ansbach 1920

Die Zusammensetzung der Synode

Vom 17. August bis zum 12. September 1920 tagte die außerordentliche Generalsynode in den Räumen des Schlosses zu Ansbach, um die Verfassung der Kirche auszuarbeiten. Zwischen den Wahlen zur Generalsynode [1] und ihrem Beginn lag nur ein knapper Monat; wenig Zeit für eine ausführliche Diskussion des Verfassungsentwurfs mit den neugewählten Synodalen, zumal die entsprechenden Entwürfe zu den weiteren Kirchengesetzen erst am 28. Juli im Amtsblatt veröffentlicht wurden [2].

Die Zusammensetzung der Synode verdient besondere Beachtung. Ihre Verhandlungsergebnisse sind immer wieder mit der konservativen Grundstimmung in der Synode in Zusammenhang gebracht worden [3]:

> Die Namen der 49 geistlichen und 98 weltlichen Abgeordneten der Generalsynode sind veröffentlicht. Lehrreich ist die Zusammensetzung der Synode. Neben Prof. Bachmann, dem Vertreter der theologischen Fakultät Erlangen, sind 29 Dekane gewählt; Seniore 4; dann 2 Pfarrer mit dem Titel Kirchenrat, 5 Pfarrer mit dem Titel eines theologischen Doktors oder Lizentiaten; einfache Stadtpfarrer 6 und einfache Landpfarrer 3 (!). Im ganzen sind es Geistliche von der Stadt 35, vom Land nur 14. Sollte das Land nicht stärker vertreten werden? Von der Erlaubnis, von der Wahl des Dekans abzusehen, wurde in nur 14 Fällen Gebrauch gemacht, obwohl eine lebhafte Propaganda dafür eingesetzt hatte. Die 98 Weltlichen verteilen sich auf folgende Stände: Juristen 10, höhere Verwaltungsbeamte 4, Aerzte 6, Geistliche 2 (Rektor von Neuendettelsau und Vereinsgeistlicher von Nürnberg), Offiziere 3, Bankdirektoren 2, Universitätsprofessoren 2, höhere Forstbeamte 1, Notare 2, höheres Schulfach 6, Volksschullehrer 8, Bahn- und Postbeamte 3, Schriftsteller 1, Apotheker 1, Privatiers 2, Fabrikbesitzer 7, Kaufleute 3, Bürgermeister (nicht rechtskundig und ohne Nebenberuf) 5, Sekretäre 3, Handwerker 7, Arbeiter 3, Landwirte 17. Mithin sind es 39 Akademiker, also fast zwei Fünftel; stark vertreten sind auch die Fabrikbesitzer mit 7 Stimmen, während der gesamte Handwerker- und Arbeiterstand nur 10 Abgeordnete stellt. Die Mittelschicht (Kaufleute, Lehrer, Bahn- und Postbeamte usw.) stellt 20, die Landwirte mit den ländlichen Bürgermeistern 21.[4]

Für den Verlauf der Synode dürfte die Wahl des Synodalpräsidenten nicht unerheblich gewesen sein[5]. Bereits in der zweiten vorbereitenden Sitzung, am 17. August, wurde Wilhelm Freiherr von Pechmann zum Präsidenten der Synode gewählt und mit ihrer Leitung beauftragt[6]. Es war das erste Mal in der rund 100jährigen Tradition der bayerischen Synoden, daß sie ihren Präsidenten in freier Wahl bestimmen konnten und nicht durch einen staatlichen Kommissär dirigiert wurden. Mit von Pechmann war ein erzkonservativ und monarchistisch gesinnter Vertreter des kirchlichen Spektrums in eine wichtige Position gekommen, in der er der Synode in manchem auch seinen Stempel aufdrücken konnte[7]. Für die Frage, ob die Synode eine eher kollegial oder eher episkopal orientierte Verfassung verabschieden würde, ist meines Erachtens die Orientierung *kirchlich-konservativ* oder *kirchlich-progressiv* allerdings nicht von entscheidender Bedeutung gewesen, wie ich oben schon anhand der Voten im Arbeitsausschuß darzustellen versucht habe. Pechmann selbst ist einer der entschiedensten Befürworter eines kollegialen Systems gewesen. Das Parteiwesen, das für viele Geistliche mit der vergrößerten Stimmenzahl der Laien in die Synode Einzug halten würde, hat in manchen Fragen sicher Einfluß auf den Gang der Verhandlungen und die Abstimmungsergebnisse gehabt, für den Komplex der Kirchenleitung erscheint er mir allerdings gering. An der verfassunggebenden Versammlung 1920 konnten die Konsistorialbeamten aus Ansbach, Bayreuth und München geschlossen teilnehmen[8]. Sie waren zwar nicht in den Ausschüssen vertreten, haben aber im Plenum des öfteren von ihrem Stimmrecht Gebrauch gemacht[9].

Der Verlauf der Synode

Nachdem Oberkonsistorialpräsident Veit die Synodalen verpflichtet hatte, „das Wohl der Evangelisch-Lutherischen Kirche auf Grund des bestehenden Bekenntnisses zu fördern", bot er in einer Ansprache einen Rückblick auf die kirchenpolitischen Entwicklungen zwischen der vergangenen Generalsynode im August 1919 und der gegenwärtigen Stellung der Kirche gegenüber dem Staat. Es sei nicht zu einer radikalen Trennung zwischen Staat und Kirche gekommen, wie man zuerst befürchtet habe, sondern ein durchaus gedeihliches Verhältnis zwischen beiden habe sich entwickelt[10]. Bezüglich der Arbeiten im Ansbacher Arbeitsausschuß und auf kirchenregimentlicher Ebene gab Oberkonsistorialpräsident Veit zu bedenken:

> Wir haben unsere Aufgabe nicht darin gesehen, um jeden Preis etwas Neues zu schaffen; denn wir sind nicht der Meinung, daß alles, was war, in jeder Beziehung untauglich und zum Untergang reif war. Nicht von innen ist der Kirche die Aufgabe, vor der wir stehen, erstanden, sondern von außen ist sie zunächst ihr aufgezwungen worden. Dabei geben wir gerne zu, daß, wie das beim Bauen zu gehen pflegt, manche Mauer sich als morsch und mancher Pfeiler als nicht mehr tragfähig erwiesen hat. Aber wie wir auf die stetige Folge der Entwicklung von Anfang an das größte Gewicht gelegt haben, so schien es uns auch bei der Ausarbeitung des Verfassungsentwurfs nicht etwa nur ein Gebot der Pietät, sondern eine Förderung gesunder Weiterbildung zu sein, Lebensfähiges zu erhalten, Neues dem Alten nicht aufzupfropfen, sondern vom Alten zum Neuen hinüberzugleiten und den Ordnungen unserer Kirche den vertrauten heimatlichen Charakter zu erhalten.[11]

In der anschließenden Predigt zur Eröffnung der Synode wies Veit erneut auf die konstitutive Bedeutung des Bekenntnisses hin. Ausgehend vom Predigttext, 1Kor 3,11–15, entfaltete er, daß in Christus, dem Eckstein, die in ‚ihrer Faktizität zwingenden Heilstatsachen' Gottes bereits als Grund allen Kirchenbaus gelegt worden seien. Darauf gelte es aufzubauen – ohne an der objektiven Geltung des Bekenntnisses zu diesem Eckstein etwas zu verändern[12]. Entsprechend fragte er nach dem Subjekt solchen Weiterbauens. Das Konsistorium gelte vielen als veraltet, aber es verfüge noch über die nötige Autorität. Der Synode bescheinigten viele, daß ihr die Zukunft gehören werde. Eine ausgeprägte Dominanz der Pfarrerschaft beim Bau würde das alte Vorurteil von der Pastorenkirche bestätigen, wiewohl man auf den Dienst der Pfarrer nicht verzichten könne[13]. Alle Organe seien aneinander verwiesen und sollten je auf ihre Weise zur allgemeinen Erbauung beitragen. Es gelte sie nach ihrem verschiedenen geistlichen Nutzen zu beurteilen und einzusetzen.

> Nicht nach Vorurteilen oder Stimmungen dürfen wir Ideen und Einrichtungen von da oder dorther holen, hier demokratische Formen in synodaler Souveränität, dort aristokratisch-hierarchische in bischöflicher Verfassung. Alle diese geschichtlichen Ausprägungen müssen vielmehr in ihrer Anwendung auf die Kirche nach ihrem innerlichen, geistlichen Grunde sich richten, der für den ganzen Bau Eigenart und Richtung bezeichnet und nur, wenn sie sich ihm anzupassen vermögen, gewinnen sie Wert und Bedeutung.[14]

Bis zur Einsetzung der vier Arbeitsausschüsse in der 8. Sitzung, am 20. August, wurde in der Synode eine Generaldebatte über den Verfassungsentwurf und eingehende Ergänzungsanträge geführt. Zwischen dem 21. August und dem 5. September tagten die Ausschüsse. Der Ausschuß I hatte sich in einer Stärke von 36 Mann mit der Kirchenverfassung, dem Dienstsitz des Kirchenregiments und dem Ernennungsmodus für den neuzubesetzenden Landeskirchenrat zu befassen[15]. Ab dem 6. September fand die Synode sich wieder im Plenum zusammen und nahm die Referate der Ausschüsse entgegen. In der 16. Sitzung, am 9. September, referierte Licentiat Schöffel über den Stand der Beratungen zum Abschnitt 6 der Verfassung: Der Landeskirchenrat.

> Hohe Synode! Wenn irgendwo in der Verfassungsvorlage, so sind an dieser Stelle vom Ausschusse grundlegende Veränderungen angebracht worden; sie werden ersichtlich, sobald Sie nur die Überschriften des Entwurfes und der vom Ausschuß vorgeschlagenen Fassung miteinander vergleichen. Dort der Landeskirchenrat, hier die Dreiteilung „Kirchenpräsident, Landeskirchenrat, Kreisdekane". Schon in dieser Überschrift kommt zum Ausdruck, um was es sich vornehmlich bei den Verhandlungen über diesen Abschitt handelte, um die Schaffung nämlich einer persönlichen Spitze, oder anders ausgedrückt, um die Schaffung einer Möglichkeit, die Leitung der Kirche persönlicher zu gestalten, so daß mehr als wie bisher eine unmittelbare Fühlung zwischen Kirchenvolk und Kirchenleitung und damit auch mehr als wie bisher eine innere Führung statthaben könne. [...]
> Der Ausschuß hat sich also gegen die ausschließliche Geltung des Kollegialprinzips und für eine mehr persönlich geartete Kirchenleitung entschieden. [...] Mit großem Nachdrucke wurden die Gefahren der bischöflichen Verfassung von deren Gegnern gezeichnet.[16]

Die einzelnen Argumente gegen ein bischöfliches Amt resümierte er unter den Schlagworten: Unstetigkeit der Führung beim Wechsel des Bischofs, die Willkür, die damit verbunden sei, die Bitterkeit persönlicher Kämpfe, die bei einem Einzelnen an der Spitze aufkommen könnte, die Schwere der Verantwortung für einen Einzelnen und die „‚Steigerung der kirchlichen Temperatur', die die Einmengung des Persönlichen bedeute"[17]. Im Gegensatz dazu seien die Vorteile des Kollegialsystems betont worden: die Mannigfaltigkeit der Auffassungen, Gaben und Kräfte, die

Ergänzung und Ausgleich bedeuteten und die Fähigkeit beinhalteten, verschiedene Strömungen in der Kirche aufnehmen zu können.

Die Argumente, die für „eine persönlicher geartete Kirchenleitung" vorgetragen wurden und schließlich die Mehrheit des Ausschusses fanden, wurden noch einmal pointiert zusammengefaßt:

> Das Unpersönliche, das jedes Kollegium, wenigstens nach außen hin habe, das schwerfällige, das ihm eigne; das mehr geschäftsmäßige, das mit ihm verbunden sei; während man im Kirchenvolk und in der Geistlichkeit klarer wissen möchte, unmittelbarer fühlen möchte, wer und wo die Spitze sei.[18]

Bei nur zwei Gegenstimmen habe man sich im Ausschuß für eine geistliche und persönliche Spitze ausgesprochen[19]. Das Oberhirtliche solle dem Kirchenpräsidenten, das Verwaltungsmäßige der Kollegialbehörde zukommen. Entsprechend ergab sich für Art. 45a Abs. I die Formulierung: „Er ist ein Geistlicher".

> Zwar, eine absolut zwingende innere Notwendigkeit, den Kirchenpräsidenten nur aus Reihen der Geistlichkeit zu nehmen und die Laien von dieser Stelle auszuschließen, wurde von keiner Seite behauptet. Man verschloß sich im Gegenteil der Erkenntnis nicht, daß unter Umständen auch ein Laie zu diesem Amt geeignet und berufen sein könnte; – eine Anschauung, die besonders der Korreferent Herr Professor Kärst vertrat – allein, da die Ausübung oberhirtlicher Tätigkeit in der Regel den geistlichen Amtscharakter erfordert, so stellte sich der Ausschuß mit überwiegender Mehrheit in einer – das Wort darf hier wohl erwähnt werden – gewissen Selbstbeschränkung der Laien auf den Standpunkt, den Kirchenpräsidenten gerade mit Rücksicht auf die oberhirtlichen Aufgaben, aus den Reihen der Geistlichen zu nehmen; mit allen gegen die drei Stimmen wurde der 2. Satz angenommen.[20]

Als oberhirtliche Aufgaben des Kirchenpräsidenten verstand der Ausschuß: Vertretung der Landeskirche nach außen, Ernennung der Geistlichen und der kirchlichen Beamten, Ausfertigung und Vollzug der kirchlichen Gesetze und Verordnungen, Obliegenheiten besonderer Art, die in Kirchengesetzen noch näher geregelt würden, der Vorstand im Landeskirchenrat, den einheitlichen Vollzug der Dienstanweisungen an die Kreisdekane zu sichern, und schließlich „unbeschadet der Zuständigkeit der Kreisdekane das Recht, in allen Gemeinden oberhirtlich tätig zu sein."[21]

Zur Erläuterung dieser wichtigen Bestimmung möge dienen, daß der Ausschuß unter oberhirtlicher Tätigkeit nicht die hirtenamtliche des Pfarrers verstanden wissen wollte; die hirtenamtlichen Rechte des Pfarrers sollen nicht angetastet werden; der Kirchenpräsident soll nicht ein Bischof sein, der Kraft seines Amtes in allen Gemeinden die Pfarrechte ausüben kann; seine Sonderstellung liegt vielmehr auf dem Gebiete des Oberhirtlichen, also der Vornahme von Handlungen, zu denen, (wie etwa zu Installationen, Ordination, Kircheneinweihung) der Pfarrer nicht zuständig ist [...].
Abschließend [...] möge gesagt werden, daß in diesen Ausschußanträgen dem Kirchenpräsidenten ein solches Maß von Rechten gegeben ist, daß er – nach Meinung des Ausschusses – sehr wohl imstande ist, die Kraft seiner Persönlichkeit dem kirchlichen Leben einzuwirken; daß aber andererseits die *hier* beschriebenen Amtsvollmachten nicht so ungeheuerlich sind, daß daraus eine Gefahr für die Kirche erwachsen könnte oder ein Präsident Bedenken tragen müßte, diese Amtsgewalt zu übernehmen. [22]

Die Wahl des Kirchenpräsidenten solle durch die Landessynode mit 2/3-Mehrheit vorgenommen werden[23]; seine Amtsdauer sei umstritten:

Der Ausschuß hat diese Anregungen [auf Begrenzung der Amtsdauer] nicht aufzunehmen vermocht. Es verträgt sich nicht mit der Würde des hohen Amtes eines Kirchenpräsidenten, der gerade oberhirtlich tätig sein soll und nicht Vertreter einer Partei ist, daß er sein Amt immer wieder durch Wahl sich erwerben soll. Ohne Zweifel würde eine solche Bestimmung auch die Unbefangenheit und Unabhängigkeit des Präsidenten zu trüben geeignet sein. Kurz für die Wahl auf bestimmte Zeit trat niemand im Ausschusse ein.[24]

Für die Stellvertretung des Kirchenpräsidenten in der *oberhirtlichen Tätigkeit* habe man an den dienstältesten geistlichen Rat bei kürzerer Dauer gedacht, bei längerer Dauer solle eine Regelung durch Landeskirchenrat und Landeskirchenausschuß gefunden werden. Für die *regimentliche Vertretung* sei ein weltlicher Vertreter in gehobener Stellung vorzusehen. Sein Titel würde von dem des Präsidenten der Landeskirche abhängen. Damit war die schwierige Titelfrage angesprochen, die im Ausschuß „eingehend erörtert" worden sei. „Zunächst war die Frage: Kirchenpräsident oder Bischof ?"[25] Weder der Kirchenpräsident noch der Bischof hätten wirklich überzeugen können.

Nur eine Äußerung aus dem Ausschuß verdient hier festgehalten zu werden, weil sie vielleicht eine Debatte im Plenum von vorneherein klärt, jene nämlich eines Anhängers des Bischofsnamens. Er meinte, daß er den Bischoftitel nicht auf einen Mehrheitsentscheid gründen wolle, ein gutes Wort, weil es dem Frieden dient und der Entwicklung Raum läßt. [...] selbst wenn – wie man sagt – die Entwicklung dem Bischof zueilt, so ist doch heute die Zeit noch nicht da, ihn zu schaffen. Wir müssen heute nicht die ganze Entwicklung vorweg nehmen und von vorneherein etwas mit Abneigung belasten, was später vielleicht von selbst kommt. Das war die Überzeugung des größten Teils im Ausschuß.[26]

Der Anstoß weiter Bevölkerungsteile am Bischofstitel verdiene ernstgenommen zu werden. Auch der weniger Verwechselungen provozierende Titel *Landesbischof* wurde im Ausschuß gegen 10 Stimmen abgelehnt. Bei vier Gegenstimmen wurde der Titel *Präsident der Landeskirche* angenommen. Entsprechend müsse der Titel des weltlichen Stellvertreters *Vizepräsident* lauten, was mit 20 zu 16 Stimmen angenommen wurde[27].

Schöffel ging nun über zu Artikel 46 des Verfassungsentwurfs, der die Stellung des Landeskirchenrats beschrieb. Ausgehend von dem Grundgedanken der prinzipiellen Trennung des Oberhirtlichen von der Verwaltung, solle der Landeskirchenrat nur noch für die Verwaltung und der Kirchenpräsident für das Oberhirtliche zuständig sein. Der Landeskirchenrat sei als Kollegium zu organisieren, in dem alle Mitglieder die gleichen Rechte hätten und der Mehrheitsbeschluß gelte. Die Ergänzung des Landeskirchenrat bedürfe der Mitbestimmung durch die Landessynode[28].

Das dritte Element im Abschnitt 6 betraf die neu zu schaffenden Kreisdekane. Über die Notwendigkeit dieses Amtes hätten keine Zweifel bestanden. Die Kreisdekane sollten ebenfalls das persönliche Moment in der Kirchenleitung darstellen und für eine direktere Fühlung zwischen Gemeinden und Kirchenleitung bzw. Geistlichen und Kirchenleitung sorgen. Da man in Bayern über keinerlei Erfahrungen mit einem solchen Hirtenamt verfüge, ergäben sich fünf Hauptfragen.

Sollen sie am Sitz der Kirchenleitung als Glieder des Landeskirchenrats das Amt des Generaldekans – um bei diesen Namen zunächst noch zu bleiben – ausüben; dieses also nur im Nebenamt als Funktion übertragen erhalten, oder sollen sie draußen im Lande innerhalb ihres Bezirkes wohnen. Die zweite war die Frage nach ihrer Zahl; die dritte drehte sich um ihr Recht und ihre Stellung im Landeskirchenrat; die vierte verlangte Regelung ihrer Amtstätigkeit und die fünfte ihre Aufsicht.[29]

Die doppelte Rolle als Oberkirchenräte und Kreisdekane werde wohl nur ein formales Problem darstellen. Schwieriger sei die finanzielle Seite und der Mangel an Erfahrung mit der Einrichtung. Deshalb sei man nur zu vorsichtigen Formulierungen im Ausschuß bereit gewesen. Man denke an zwei bis drei Kreisdekane, die innerhalb ihres Kreises wohnen und im Landeskirchenrat volles Stimmrecht erhalten sollten, um ihre Erfahrungen einbringen zu können. In ihrer oberhirtlichen Funktion sollten sie durch den Kirchenpräsidenten beaufsichtigt werden[30].

Die Regelung ihrer Amtstätigkeit blieb in dem Referat Schöffels auffällig ausgespart, abgesehen von der mehr intentionalen Formel, sie sollten die Fühlung zwischen Gemeinden, Geistlichen und der Kirchenleitung herstellen. Der Verfassungsentwurf des Ausschusses I zählte neun Schwerpunkte als oberhirtliche Aufgaben der Kreisdekane auf:

> Die selbständige Aufgabe der Kreisdekane ist die Pflege und Prüfung des gesamten inneren Kirchenwesens einschließlich des Religionsunterrichts und die Förderung der freien kirchlichen Liebestätigkeit. Ebenso steht ihnen die Ordination und die Sorge für die Fortbildung der Kandidaten zu, ferner die amtsbrüderliche Beratung und wissenschaftliche Förderung der Geistlichen, die Amtseinsetzung der Dekane und die Vornahme von Weihehandlungen. Zur Schlichtung von Streitigkeiten können sie von Geistlichen und Gemeinden angerufen werden.[31]

Es erscheint mir diese Auslassung im Referat symptomatisch für die inhaltliche und strukturelle Verhältnisbestimmung zwischen Pfarramt, Amt des Kreisdekans und oberhirtlichem Amt des Kirchenpräsidenten. Grundsätzlich konnte der Kirchenpräsident genau dieselben oberhirtlichen Aufgaben „unbeschadet der Zuständigkeit der Kreisdekane“ wahrnehmen. Und er würde sie wahrnehmen müssen, wenn er nicht auf seine kirchenregimentliche Funktion reduziert werden wollte. Die Begründung des obersten Leitungsamtes als eines geistlichen Amtes mußte dieses Amt in Konflikt führen mit dem Pfarramt und dem Amt des Kreisdekans.
Schöffel hob zum Abschluß seines Referates hervor, daß der Abschnitt 6 vom Verfassungsausschuß stark geändert worden sei.

Willkürlich ist nichts geändert; was neu geschaffen ist, das ist gerufen – ich darf sagen – durch den Ruf und Willen der hohen Synode selbst, wie er in der Generaldebatte zum Ausdruck kam. Man hat gesagt, daß hier, wenn auch nicht der wichtigste, so doch der markanteste Punkt der Verfassung sei. In die Lücke, die der Sturz des obersten Landesherrn – Bischofs gerissen hat, tritt neben der gestärkten Synode der Kirchenpräsident als eigener, aus dem Glauben, aus der Reihe, aus dem Willen der Kirche erwachsener oberhirtlicher Leiter. Und unter und mit ihm wirken die Generaldekane, um in persönlicher Arbeit, von Mensch zu Mensch den Lebensfluß des kirchlichen Lebens frisch und frei zu erhalten. Und daneben wie bisher das geordnete Spaltwerk des vielverzweigten Landeskirchenrates.[...] Man hat gemeint, daß die Verantwortung zu groß sei, die dem Kirchenpräsidenten auferlegt würde, daß auch die Hoffnungen zu kühn seien, die man auf die Generaldekane setze. Beide müßten enttäuschen. Nun, daß sie nicht alles können, wissen wir. Was kann man überhaupt „machen" auf geistlichem Gebieten? Im Grunde nichts. Es muß wachsen, gegeben werden. Aber – wenn und weil es Persönlichkeiten doch auch bei uns gibt, denen Gott mehr in die Seele gelegt hat als anderen, darum haben wir die Pflicht, die Kanäle zu schaffen, die Wege zu ebnen, daß jene geben können, weit hinaus, was sie in sich haben.[32]

Nach Schöffels Bericht trug Bachmann, der ebenfalls dem Verfassungsausschuß angehörte, erneut seine Bedenken gegen eine persönliche Spitze vor und plädierte für eine kollegiale Verfassung: Die Schaffung eines Kirchenpräsidenten bedeute einen Bruch mit dem bisherigen, nicht unbewährten System der Kirchenleitung. Seelsorgerlicher und brüderlicher Geist könne auch im Kollegium entwickelt werden und hänge von den Persönlichkeiten, nicht von der Organisation ab. Außerdem sei „die Gefahr einer immer weitergehenden Steigerung des persönlichen Prinzips" gegeben, und schließlich könne die Konstruktion neue und völlig unbekannte Schwierigkeiten schaffen im Verhältnis zwischen Kirchenpräsident und Kollegium bzw. Geistlichen und Landeskirche, weil die sachliche durch eine persönliche Geschäftsführung ersetzt werde. „Der Gewinn des neuen Systems steht mehr in der Luft als in der Wirklichkeit."[33] Bachmann warnte eindringlich vor der entstehenden Vermischung von Verwaltungs-, Leitungsaufgaben und geistlichem Amt[34]. Gerade zum gegenwärtigen Zeitpunkt sei die Einführung eines persönlichkeitszentrierten Amtes denkbar ungünstig. Statt auf die exponierte Einzelperson zu verweisen, sei es angeraten in der Zeit des Individualismus die Bildung des Gemeinschaftsgefühls zu stärken

In der Sitzung traten Geyer und Kärst der Argumentation Bachmanns zur Seite. Geyer präzisierte noch einmal seinen Antrag[35]: man solle sich durch die neue Verfassung nicht so festlegen, daß man das später bereuen könnte. Außerdem solle man an der Kirchenverfassung nicht mehr als nötig ändern. Das Amt des Kirchenpräsidenten solle im Prinzip so bleiben wie bisher das des Oberkonsistorialpräsidenten. Auch Kärst gab zu bedenken, daß eine Verfassung, die sich aktuellen Stimmungen zu sehr öffne, schwer zu korrigieren sein werde. Die Betonung der Persönlichkeit mache die Wahl des Kirchenpräsidenten zu einer problematischen Persönlichkeitsfrage. Es solle auch weiterhin möglich sein, einen Laien in diese Position zu wählen. Neben dem Gedanken des geistlichen Amtes müsse auch der Gedanke des allgemeinen Priestertums gleichberechtigt berücksichtigt werden.

Veit richtete unmittelbar vor der Abstimmung einen ernsten Appell an die Synodalen: Dieser Moment der Debatte sei die „Bruchstelle". Wie schwierig die Frage sei, zeige die Entwicklung seit der Aufstellung der kirchenregimentlichen Leitsätze im Dezember 1919. Es müsse ein Ausgleich gefunden werden zwischen Episkopalsystem und Kollegialsystem:

> Im heißen Suchen nach diesem Ausgleich sind wir alle einig, und haben uns gefunden. Die Vorlage des Kirchenregiments steht auf dem Boden, daß dieser Ausgleich gefunden werden kann darin, daß die Leitung der Kirchen in der Hand der Kirchenbehörde bleibt und daß dem berechtigten Verlangen nach oberhirtlicher Wirksamkeit einzelner Persönlichkeiten damit Rechnung getragen werden kann, daß wir Generaldekane aufstellen und an ihre Spitze einen Generaldekan stellen, der der erste Generaldekan im Lande sein soll und zugleich Präsident des Landeskirchenrates. Das Oberkonsistorium ist der Meinung, daß diese Konstruktion vollauf genügt hätte, um das zu erreichen in der Landeskirche wornach ein so starkes Verlangen in der ganzen Landeskirche geht. Der Ausschuß hat den Ausgleich darin gesucht, daß er die oberhirtliche Tätigkeit in den Vordergrund gerückt hat und damit den obersten Generaldekan als Leiter des Landeskirchenrates bezeichnet und ihm die Stellung desselben zuweist[36]. Es ist ernst und nachdrücklich auf die Gefahren dieser Formation aufmerksam gemacht worden. Gefahren liegen auch auf der anderen Seite. Wo die größeren Gefahren sind, ist Sache des Erwägens. In dieser wichtigen und entscheidungsvollen Stunde legt die Kirchenleitung die Entscheidung über die-

se Frage in Ihre Hände. Gott leite diese Entscheidung, daß so, wie sie fällt, sie zum Wohle unserer Landeskirche gedeihe [...].[37]

Die Abstimmung über die einzelnen Artikel des sechsten Abschnitts wurde getrennt vorgenommen: Art. 45 a und b, die die Stellung des Kirchenpräsidenten beschrieben, wurden in den verschiedenen Absätzen mit unterschiedlichen Gegenstimmen angenommen, die Art. 45 c bis Art. 50 wurden einstimmig angenommen[38].

Die 17. Sitzung sah die Wahl des Kirchenpräsidenten durch die Synode nach Art. 47 vor. Oberkonsistorialpräsident Veit wurde „mit einer an Einstimmigkeit grenzenden Mehrheit" zum neuen „Präsidenten der Evangelisch-Lutherischen Kirche in Bayern r.d.Rhs." gewählt[39]. Der von Schöffel gleichfalls referierte „Entwurf eines Kirchengesetzes betreffend die erstmalige Ernennung der Mitglieder des Landeskirchenrates"[40] sah vor, daß der Kirchenpräsident mit den Mitgliedern des Landessynodalausschusses die Mitglieder des Oberkirchenrates ernannte. Die vom Ernennungsausschuß vollzogene Wahl gab Veit am letzten Tag der Synode bekannt: Karl Gebhard, Ludwig Castner, Karl Böhner und Wilhelm Moegelin wurden zu weltlichen, Albrecht Hofstaetter, Maximilian von Ammon, Friedrich Boeckh, Karl Baum, Adolf Hermann und Karl Prieser[41] zu geistlichen Oberkirchenräten gewählt. Die drei Letztgenannten übernahmen als Kreisdekane die neugeschaffenen Kirchenkreise München, Ansbach und Nürnberg. Mit der Wahl waren alle noch dienstfähigen Räte der aufgelösten Konsistorien Ansbach und Bayreuth in den Landeskirchenrat übernommen worden, wie es das Kirchengesetz betreffend die Rechtsverhältnisse der Kirchenbeamten vorgesehen hatte. In den Ruhestand traten zum 1. Januar 1921 die Oberkonsistorialräte Braun[42], Nägelsbach und Ostertag[43] sowie der Konsistorialdirektor Schmetzer[44].

In der 18. Sitzung, am 10. September 1920, wurde über die gesamte Vorlage der Verfassung abgestimmt und diese einstimmig angenommen. Sie sollte zum 1. Januar 1921 in Kraft treten. Als Dienstsitz wurde vorläufig München beibehalten[45], für die Übergangszeit bis Januar wurden spezielle Regelungen erlassen[46].

Im Anschluß an die Verabschiedung der neuen Kirchenverfassung dankte der Präsident der Synode, von Pechmann, allen Synodalen für ihren Einsatz um die neue Verfassung, die er als ein Werk des Ausgleichs charakterisierte. Sehr tief sei die Verschiedenheit der Anschauungen gewesen, heftig auch der Kampf.

> Der Kampf ist zu Ende, lassen wir ihn schweigen. Lassen sie uns nun gemeinsam daran arbeiten, daß die Verfassung Wurzeln schlage in den Herzen der Gemeinden und der Gemeindeglieder, aus denen sich die Landeskirche erbaut.[47]

Dank gebühre vorrangig dem Mann, „der an erster Stelle berufen war, an diese Arbeit alles zu setzen, was ihm an hingebendem Fleiß, an aufopfernder Bemühung und hervorragender Begabung zu Gebote stand.“[48] Oberkonsistorialrat Gebhard wurde von Professor Bachmann im Namen der theologischen Fakultät mit der Ehrendoktorwürde ausgezeichnet.

In der Abschlußpredigt erinnerte Veit daran, daß alle äußeren Formen vergänglich seien, daß sie aber als Gefäße die ewige Wahrheit Gottes zu halten vermögen; folglich sei mit der neugeschaffenen Verfassung die Aufgabe und Verantwortung verbunden, die Wahrheit und Treue Gottes sich jeweils neu anzueignen und daran festzuhalten.

Das neugeschaffene Präsidentenamt erwähnte er in einem Nebensatz und verband damit den Wunsch, daß es die gesetzten Hoffnungen auf eine „Pflege persönlicher Beziehungen zwischen Gemeinde und Kirchenleitung“ erfüllen möge[49].

Hoffnungen und Befürchtungen, die sich mit dem Amt des Kirchenpräsidenten verbanden, sollen im folgenden noch einmal genauer analysiert und auf ihren motivischen Hintergrund befragt werden.

Zusammenfassung

Johannes Schneider berichtete jährlich in der Kirchlichen Rundschau vom Stand der Verfassungsentwicklung in den verschiedenen Landeskirchen. Er sah substantiell keine Differenz zwischen den Leitsätzen vom Dezember 1919 und der 1920 verabschiedeten Verfassung [1]. Die Kirchenbehörde wurde von ihm weiterhin als Trägerin der Kirchengewalt identifiziert, wobei der „seitherige mehr konsistoriale Charakter des Kirchenregiments zurückgestellt wurde zugunsten des synodalen Elements und einer Verselbständigung des geistlichen Wesens der Kirche.“ [2]

Auffällig ist bei allen späteren Arbeiten, die sich mit der bayerischen Verfassungentwicklung beschäftigt haben, wie wenig der Widerstreit zwischen Konsistorium und den anderen Gruppen in der Kirche wahrgenommen worden ist. Tebbe richtet beim Vergleich der lutherischen Kirchenverfassungen sein Augenmerk zwar stärker auf ihre Endgestalt, aber so übersieht er die problematische Anhäufung völlig disparater Aufgaben und Ansprüche in der Person des Kirchenpräsidenten, die meines Erachtens auf den Kompromiß zwischen den Vorstellungen des Konsistoriums und des Verfassungsausschusses zurückzuführen sind [3]. Knopp beschreibt die Phasen der Verfassungsentwicklung zwar detailliert, beachtet aber die Verschiebungen hinsichtlich des kirchenleitenden Amtes nicht weiter. Daß ein Interessenkonflikt für die divergierenden Entwürfe verantwortlich sein könnte, bleibt bei ihm außen vor. Sein Resümee konstruiert einen logischen und mehr oder minder konfliktfreien Verlauf der Verfassungsentwicklung:

> Die Tatsache, daß dabei [sc.: beim Verfassungsneubau] die größte Zahl der Forderungen, die in die Kirchenverfassung , – ergänzend zu den Elementen der vor Inkrafttreten der neuen Kirchenverfassung bestandenen Kirchenverfassung des Königreiches Bayern –, aufgenommen wurden, bereits auf der Generalsynode von 1849 geltend gemacht wurden, beweist, daß sie aus dem Wesen und dem Bedürfnis der Kirche herausgewachsen sind.[4]

Auch Maser sieht im Werden der Verfassung eine geradlinige Entwicklung, womit er die ekklesiologisch bedeutsame Differenz zwischen einem kirchenleitenden Amt und einem geistlichen Leitungsamt schlicht einebnet. Auf diese Weise wird die Entwicklung zum Landesbischofsamt als eine in sich schlüssige und praktisch alternativlose dargeboten [5].

Läßt man die verschiedenen Phasen der Verfassungsentwicklung Revue passieren, so fällt auf, wie umstritten das Kapitel der Kirchenleitung war. Geradezu alternierend weisen die verschiedenen Vorentwürfe zur Verfassung mal ein mehr episkopales, mal ein mehr konsistoriales Gepräge auf. Von den frühen, noch recht undifferenzierten Rufen nach einem Bischof bis zum bischöflichen Amt des Kirchenpräsidenten in der neuen Verfassung läßt sich ein Widerstreit zwischen den an der Verfassungsbildung beteiligten Gruppen wahrnehmen. Auf der einen Seite findet sich eine durchaus inhomogene Gruppe aus der Pfarrerschaft, den Gemeinden, den evangelischen Vereinen und ihrer kirchenregimentlichen Vertretung in Generalsynodalausschuß und Generalsynode, die sich nach einer geistlichen und persönlichen Kirchenleitung sehnten. Ihnen gegenüber stehen die konsistorialen Behörden und einzelne Befürworter des Konsistorialsystems. Das System, das aufgrund seiner Struktur eben jenes Defizit befördert hatte, dessen Vertreter aber nicht direkt verantwortlich gemacht wurden für den Mangel an geistlicher Leitung[6]. Gleichwohl stand das Konsistorium als bisheriger Inhaber der Kirchengewalt bei der anstehenden Neuverteilung der innerkirchlichen Macht mit eigenen Ansprüchen den synodalen und episkopalen Wünschen entgegen[7].

Abgesehen von den staatskirchenrechtlichen Hindernissen lauteten die Zielvorgaben nach der Revolution, daß beim Umbau der Kirche ihr Aufbau von den Gemeinden her erfolgen sollte. Die Synode sollte zwar nicht alleinige Inhaberin der Kirchengewalt werden, wie mancherorts gefordert, aber in ihrer Zusammensetzung repräsentativ und in ihrer Kompetenz deutlich gestärkt gestaltet werden. Ein eigenständiges geistliches Amt sollte durch eine persönliche Spitze wahrgenommen werden und den konsistorialen Charakter der Kirchenleitung zurückdrängen, wobei auf eine strikte Trennung zwischen geistlicher Kirchenleitung und kirchlicher Verwaltung Wert gelegt wurde.

Es ist interessant, wie sich die drei Zielvorgaben in der Verfassung niedergeschlagen haben: Der Aufbau aus den Gemeinden ist in Anfängen steckengeblieben, was nicht zuletzt seinen Grund darin hatte, daß die Gemeinden vor der gesteigerten Verantwortung zurückschreckten[8]. Die Synode bekam zwar durch die neue Wahlordnung eine breitere Basis; mit der neuen Kirchenverfassung erhielt sie weitreichende legislative Rechte und Kontrollfunktionen gegenüber der kirchenregimentlichen Leitung, aber eine geistliche Kirchenleitung, die sich aus dem Begriff der Kirchengewalt ableiten ließ, wurde ihr nicht zugestanden. Die geistliche Leitung der Kirche, dem Kirchenpräsidenten und den Kreisdekanen übertragen, verblieb genaugenommen im konsistorialen Bereich. Dort wurde sie in ihrer Effizienz blockiert durch die Doppelfunktion, die man ihnen als geistlichen und regimentlichen Leiter der Kirche auferlegte, durch die kulminierten Erwartungen, die man in sie setzte, und durch die unklar abgegrenzten Kompetenzen, die die Verfassung ihnen zuschrieb.

Der Verbleib der Kirchengewalt im Bereich des ehemaligen Konsistoriums ist ein Phänomen, das sich mehreren Gründen verdankt. Der zentralistische Aufbau Bayerns im 19. Jahrhundert hatte seine Spuren im kirchlichen Betrieb hinterlassen. Die Leitung der Kirche wurde genauso wie die Leitung der Forstämter oder anderer staatlicher Einrichtungen als eine Verwaltungstätigkeit verstanden, die ihren Ausgang in der Hauptstelle in München nahm und sich nach unten in die jeweiligen Unterabteilungen verzweigte [9]. Sie wurde auch nach 1918 als ein Verwaltungsakt wahrgenommen. Alle dezentralisierenden Bemühungen, wie die Einrichtung der Kreisdekane, wurden letztlich doch in einer Aufsicht im Landeskirchenrat in München wieder zentralisiert. Daß der Dienstsitz des Landeskirchenrats in München verblieb, wird man ebenfalls in dieser Tradition begründet sehen dürfen.

Zweitens ist unverkennbar, wie stark das Oberkonsistorium den Verfassungsneubau nach der Revolution bestimmt hat. Der von ihm initiierte und regulierte Diskurs stand zweifelsohne jederzeit auf dem Boden der geltenden Gesetze, auch wird man die Kompetenz und den Weitblick der Konsistorialbeamten bei den Verhandlungen mit der Staatsregierung nicht in Zweifel ziehen können. Genausowenig darf aber übersehen werden, daß die ehemals staatlichen Behörden in ihrem Bestand am stärksten durch die Folgen der Revolution bedroht waren und ihre Fortexistenz zu sichern suchten. So überrascht es wenig, daß die neue Kirchenverfassung stark konsistoriale Züge trug, daß das ehemals staatskirchliche Institut die staatsfreie Kirche in einigen Vorgängen geradezu dominierte [10].

> Die gesetzgebende Gewalt ist dem Landeskirchentag zugewiesen, während der Vollzug der kirchlichen Gesetze und Verordnungen sowie die oberste Leitung und Verwaltung der Landeskirche in die Hände des Präsidenten der Landeskirche und des Landeskirchenrats gelegt ist. Der Präsident der Landeskirche hat insbesondere die Leitung der Landeskirche in rein geistlichen Angelegenheiten. Aufgabe des Landeskirchenausschusses ist es in erster Linie, ein vertrauensvolles, ersprießliches Zusammenarbeiten zwischen Landeskirchentag und Landeskirchenrat zu fördern.[11]

Die Diskussion um die Inhaberschaft der Kirchengewalt zeigt, daß eine theoretisch der Synode zugeschriebene Inhaberschaft nicht nur strittig war, sondern praktisch daran scheiterte, daß eine Synode nicht mehr vorhanden war. Durch den Schulterschluß von Oberkonsistorium und Generalsynodalausschuß verblieb die Kirchengewalt weiterhin zu einem großen Teil bei der Konsistorialbehörde. So hat das Oberkonsistorium nicht nur seinerseits die weitere Ausübung der Kirchengewalt und entscheidendes Gewicht bei der Besprechung über den weiteren eigenständigen Weg der Kirche beansprucht, beides ist ihm auch angetragen bzw. aus Gewohnheit überlassen worden. So versteht sich die Feststellung vom „konsistorial initiierten und regulierten Diskurs" weniger als ein Verdikt gegen das Oberkonsistorium, vielmehr beschreibt sie ein Dilemma, das aus der staatskirchlichen Vergangenheit erwuchs: Die genuin staatskirchliche Behörde übernahm die Regie bei der Neukonstitution der aus staatlicher Aufsicht zu entlassenden Kirche. Das ‚staatskirchliche Oben' sah sich dem prekären Anspruch gegenüber, eine ‚staatsfreie Kirche von unten' organisationsrechtlich zu gründen.

Es ist dennoch zu fragen, ob das Vorgehen des Oberkonsistoriums nicht die ohnehin schwache gemeindliche Initiative gelähmt hat bzw. ein quasi „kirchlicher Anti-Chaos-Reflex" dafür gesorgt hat, daß der revolutionäre Funke nicht auf die Kirche übersprang und zu unkalkulierbaren Entwicklungen führte [12].

Daß in praktisch allen lutherischen Landeskirchen die ehemaligen Konsistorien ihren Einfluß bei der Kirchenregierung weitgehend haben behaupten können [13], hatte seinen theologischen Grund in dem obrigkeitlichen Verständnis von Aufsicht. Visitation wurde dabei nicht als ein gleichberechtigtes, brüderliches gegenseitiges Dienen verstanden, sondern als eine Beaufsichtigung eines ‚Unten' durch ein ‚Oben' [14]. Dieses Verständnis ist durch den verwaltungstechnischen Charakter der Aufsicht in der Zeit des Staatskirchentums des 19. Jahrhunderts noch verstärkt worden. Nun mag zwar die Trennung der geistlichen Aufsicht von der verwaltungstechnischen in der neuen Verfassung eine Korrektur dieses Mißstandes beabsichtigt haben, doch die unklare Kompetenzenverteilung zwischen Kreisdekanen und Kirchenpräsident und dessen Doppelrolle konterkarierten die Intention. Tebbe hat auf den Zuwachs von Kompetenzen hingewiesen, die eine evangelischem Selbstverständnis stracks zuwiderlaufende Vermischung von weltlichen und geistlichen Befugnissen darstellt [15]. Der Widerspruch ist damals nicht unbemerkt geblieben – so in dem Vorwurf katholisierender Tendenzen –, konnte aber gegen die mehr affektive Rede von der Führerpersönlichkeit, gegen die „Kirchenromantik“ breiter Kreise nicht durchdringen.

Auf die Ausbildung des oberhirtlichen Amtes ist der stark konsistorial bestimmte Kurs nicht ohne Auswirkungen geblieben. Die personale Doppelfunktion – hier eigenständiger geistlicher Oberhirte, dort Präsident der obersten Verwaltungsbehörde – hat das geistliche Amt an die konsistoriale Behörde gebunden. Ich sehe darin einen Kompromiß zwischen episkopalen und konsistorialen Wünschen [16].

Phasen der Verfassungsentwicklung

Das Amt einer persönlichen und geistlichen Kirchenleitung gewann im Laufe des Jahres 1919 zunehmend an Kontur. Die *Erlanger Leitsätze* vom August 1919 warben für die Einrichtung von Generaldekanaten und wandten sich entschieden gegen ein Bischofsamt in der Evangelisch-Lutherischen Kirche. Die Form der Ablehnung weist auf die allgemeine Virulenz des Gedankens hin. Auf den großen *Kirchenversammlungen in Dresden und Leipzig* zeigte sich erneut, wie stark der Gedanke an ein Bischofsamt als Ersatz für den Summepiskopat der Landesherrn an Boden gewonnen hatte. Allerdings betonten alle Verlautbarungen – evangelischem Grundsatz entsprechend – die klare Trennung eines Bischofsamtes von weitergehenden kirchenregimentlichen Befugnissen [17]. Gebhards Vorüberlegungen für die *kirchenregimentlichen Leitsätze* vom Dezember 1919 wußten sich dieser Unterscheidung verpflichtet, indem sie für das Amt des Generaldekans plädierten, der die geistliche Leitung der Kirche vor Ort ausüben sollte. Der dem Landeskirchenrat vorstehende Präsident sollte als oberster Generaldekan diese geistliche Leitung zusammenfassen und beaufsichtigen. In den Verhandlungen mit dem Generalsynodalausschuß sind diese Überlegungen noch einmal deutlichen Modifikationen unterzogen worden. Der Generalsynodalausschuß wie auch der später tagende Ansbacher Arbeitsausschuß wollten die Stellung des „obersten Generaldekans“ unabhängiger vom Landeskirchenrat gestaltet sehen und ihn an die Spitze der ganzen Landeskirche stellen. Da eine geistliche Amtsführung nicht ohne ein Mindestmaß an exekutiven Rechten möglich erschien, sollte er in Personalunion die Stellung des Präsidenten des Landeskirchenrats einnehmen. Diese Variante ist von Oberkonsistorium und Generalsynodalausschuß noch einmal zugunsten eines stärkeren Einflußes des Landeskirchenrats auf den Präsidenten korrigiert worden [18].

Der Verfassungsentwurf, der als kirchenregimentliche Vorlage an die Synodalen ging, trug eindeutig konsistoriale Züge. Boeckh hob in seinem Kommentar hervor, daß der Kollegialismus als das eigentlich lutherische Prinzip sich bei den Verhandlungen durchgesetzt habe. Die Verfassung, die knapp zwei Monate später verabschiedet wurde, trug wesentlich stärker episkopale Züge. Der Schwenk von der kirchenregimentlichen Vorlage zu der verabschiedeten Verfassung hatte mit dem synodalen Votum zu tun. Es sind vor allem die Vertreter aus der Pfarrerschaft und den Gemeinden gewesen, die eine starke Persönlichkeit an der Spitze der Kirche gewünscht haben; es sind dieselben Kreise, die gegen eine erweiterte Wahlmöglichkeit der Gemeinden bei der Pfarrstellenbesetzung votierten, was vom Konsistorium vorgeschlagen worden war. Es sind diese Kreise, die ein starkes Kirchenregiment favorisierten in innerkirchlichen Vollzügen wie bei der gesellschaftlichen Repräsentanz. Die konservative Haltung der Synoden nach 1918 ist ein Phänomen, das in allen evangelischen Landeskirchen beobachtet werden kann[19]. Schlagworte wie „Führer“ oder „Persönlichkeit“ unterfütterten den Diskurs mit autoritativen Elementen affektiv und verstärkte so den konservativen Grundzug in der bayerischen Landeskirche.

Die stärker konsistorial akzentuierte Variante des *Verfassungsentwurfs* hat sich auf der Konstituante nicht durchsetzen können – nicht zuletzt, weil die Entfaltung der geistlichen Persönlichkeit und ihre Einwirkung auf das kirchliche Leben den meisten Delegierten hierin zu kurz kam. Die *Kirchenverfassung* von 1920 setzte ein bischöfliches Amt, das zwar auf den Bischofstitel verzichtete, ihn für die Zukunft gleichwohl nicht ausschloß, vor allem aber seinem Inhaber die weitestgehenden Befugnisse einräumte und so das „kraftvollste und inhaltsreichste deutsche evangelische Bischofsamt“[20] schuf.

Tebbe meint: „Wer die Bischofsfrage in den Synodalverhandlungen nach dem ersten Weltkrieg beobachtet, kann einen Blick in die ureigentliche Werkstatt der Landeskirchen tun.“[21] Eine richtige Beobachtung, die in Konsequenz lautet: Wer einen Blick in diese Werkstatt tut, kann sich des Eindrucks nicht erwehren, daß gerade die Bischofsfrage sehr viel mehr ein Problem der zeitbedingten Orientierungslosigkeit und Verunsicherung war, als daß hier das Problem der Kybernetik als ein kirchliches und theologisches wahrgenommen wurde.

Bayern gehörte zu den ersten großen deutschen Landeskirchen, die eine neue Kirchenverfassung erließen. Die enge Bindung an den Landesherrn hatte in den lutherischen Territorialkirchen einen signifikanten Einfluß auf die Ausbildung oberhirtlicher Ämter gehabt. Tebbe hat mit jener Bindung, die stärker ausgeprägt war als in unierten oder reformierten Landeskirchen, ein „Gefälle" zum bischöflichen Amt begründet [22]. Eine Beobachtung, die zumindest statistisch einiges für sich hat. Die Substitution des landesherrlichen Summepiskopats bewegte sich auf der Bahn eines starken, personengebundenen Amtes in gewisser Analogie zum früheren Summus Episkopus [23]. Synodal-presbyteriale Lösungen wurden kaum in Betracht gezogen, einmal mangelte es an Erfahrungen, zweitens war die Abgrenzung vom Reformiertentum noch immer ein Wesensmerkmal lutherischer Identität.

> Mit der Schaffung einer persönlichen Spitze wird auch das abgeschliffen, was seither nach außen – ob mit Recht oder Unrecht unter irrigen Vorstellungen und Vermutungen – als unpersönlich am Kollegium empfunden wurde. Diese Gesichtspunkte sprechen dafür, einen Präsidenten der Kirche (wie einen Staatspräsidenten im Gegensatz zum parlamentarischen Ministerpräsidenten) zu bestellen. Das Aristokratische an der Spitze mit den Bindungen ist nicht Monarchie und widerspricht nicht der demokratischen Kirchenverfassung. Das Ausgeführte gilt grundsätzlich, wenn die Notwendigkeit einer persönlichen Spitze nachgewiesen ist, für einen geistlichen und weltlichen Kirchenpräsidenten gleichmäßig.[24]

> Der Weg einer modernen evangelischen Kirchenverfassung geht zwischen dem streng monarchisch-hierarchischen System der katholischen Kirche und dem politisch-demokratischen System eines Volksstaats hindurch. Sie soll alle Kräfte der evangelischen Kirche wecken, Mobilmachung der Kirche! [25]

Die Zitate deuten an, daß die Verfassungsneubildung von ganz bestimmten Eckpunkten ihr spezifisches Gepräge erhielt: Erstens sind politische Modelle immer wieder als Analoga herangezogen worden und haben eine sachlich ähnliche, zeitlich etwas versetzte Entwicklung in der Kirche mit beeinflußt. Zum anderen war die von Gebhard formulierte Aufgabe, einen lutherischen Kirchenbegriff zu finden, *ex negativo* bestimmt durch den Kirchenbegriff des Katholizismus und des Reformiertentums – oder was man dafür ansah. Ein drittes konstitutives Moment war der Antagonismus zwischen Episkopal- und Kollegialsystem[26], der sich der konsistorial geprägten Vergangenheit der meisten evangelischen Landeskirchen und dem Wunsch nach Ablösung von dieser Vergangenheit verdankte. In den beiden erstgenannten Fällen hat man in der Evangelisch-Lutherischen Kirche nach einem eigenen Weg gesucht, im dritten Fall war man um einen Ausgleich bemüht.

Wenn Gebhard im angeführten Zitat von einer aristokratischen Führung in der Kirche gesprochen hat, geschah das mit Blick auf die politische Entwicklung in der jungen Weimarer Republik und zugleich auf die anstehende Machtverteilung in der im Umbau befindlichen Kirche[27]. Wie im politischen Bereich kam hier das Gegenüber von (Kirchen)volk und Präsident, von pluralistischer Vielheit und institutioneller Einheit zum Tragen[28]. Galt im politischen Leben der Reichspräsident vielen als ein „Ersatzkaiser"[29], so läßt sich für die Kirche beobachten, daß der Kirchenpräsident die ‚Funktionen und Traditionen' des Summus Episkopus und des Oberkonsistorialpräsidenten vereinigte. Das aristokratische Moment[30] bedeutete aber nicht nur einen traditionalen Anschluß oder eine strukturelle Analogie, sondern hierin drückte sich auch ein theologisches Anliegen aus:

> Sollen Wortverkündigung und Sakramentsverwaltung als Erbe der Reformation erhalten bleiben, so bedarf es bei dem konservativen Ewigkeitsgrunde, der der Kirche im Gegensatz zum Staat eigen ist, auch in der Verfassung der Kirche eines Elements, einer Kraft und Macht der Stetigkeit, der Gleichmäßigkeit.[31]

Da die vorhandenen kirchenleitenden Organe, Konsistorium und Synode, aus den angeführten Gründen[32] solchen Anforderungen nur bedingt genügen konnten, stellte sich Gebhard die Frage nach einem dritten regierenden Organ[33].

Die Analogie zur politischen Konstruktion ist so unübersehbar wie die Abgrenzung gegen den römisch-katholischen und den reformierten Kirchenbegriff. Das geschichtlich bedingte „Nahverhältnis" der evangelischen Konsistorialbehörden zum *ancient regime* erwies sich nun als Mißkredit und machte einen Verfassungsumbau unumgänglich., Der war in der katholischen Kirche praktisch unnötig und in den reformierten Kirchen verlief er weitaus undramatischer[34].

Das Verhältnis zur römisch-katholischen Kirche war gerade in Bayern sehr ambivalent. So sah sich die evangelische Kirche in ihrer Minderheitensituation immer wieder Schikanen und Übergriffen ausgeliefert, es gab sogar Stimmen, die von einer „Gegenreformation" sprachen[35]. Die katholische Hierarchie hatte die Novemberstürme 1918 unbeschadet überstanden, was man evangelischerseits nicht ohne gewissen Neid anerkannte. Nahezu unvermindert übte die katholische Kirche – zumeist vermittelt durch ihre Bischöfe – großen öffentlichen Einfluß aus.

> Darin besteht das Geheimnis der von vielen bewunderten und oft beneideten Machtstellung der katholischen Kirche, daß sie bei aller Unveränderlichkeit ihrer Erscheinung und Unverrückbarkeit ihrer Ziele die Zeit klug zu nützen und den Zeitumständen Rechnung zu tragen weiß. Davon können wir lernen.[36]

So sehr man das katholische Bischofsamt in Gewicht und Stellung in der Öffentlichkeit bewunderte, so sehr war man sich bewußt, daß solch ein Amt mit der evangelischen Kirche unverträglich wäre. Doch scheint weniger ein kontroverstheologischer Vorbehalt[37] den Ausschlag gegeben zu haben, die Einführung des „Bischofs" in der evangelischen Kirche Bayerns nach 1918 zu unterbinden, als vielmehr der Verwechslungen provozierende Titel[38]. Diese Sicht drängt sich einmal mehr auf, wenn man die weiteren Stationen bis 1933 verfolgt.

Den presbyterial-synodalen Neigungen der Reformierten war man allerdings ebenso abgeneigt. Ein Umstand, der sich der unterschiedlichen territorialpolitischen Vergangenheit wie auch dem anderen Amtsverständnis verdankte. Beide fließen zusammen, wenn Meiser den obrigkeitlichen Zug des Luthertums betonte und daraus die Konsequenz zog, das gestärkte synodale Element bedürfe in der kommenden Verfassung eines starken Gegengewichts[39]. Dahinter steht die Ansicht, die sich vom synodalen Prinzip her ordnende reformierte Kirchenverfassung führe in die Freiwilligkeitskirche, stelle also die Volkskirche in Frage – ein Verstoß gegen eines der wichtigsten Gestaltungsprinzipien für die neue Kirchenverfassung.

> Die Konsistorialverfassung in ihrer jetzigen Form fällt bzw. fiel mit dem landesherrlichen Kirchenregiment. Sie durch die Synodalverfassung allein ersetzen zu wollen, wäre wie die Umwandlung der Volkskirche in eine Freiwilligkeitskirche, ein Einlenken in reformierte Bahnen.[40]

So sehr eine größere Handlungskompetenz der Synode gefordert und damit kirchlichen Demokratisierungswünschen entsprochen wurde, so sehr mißtraute man dieser demokratischen Institution auch und suchte ein Gegengewicht zur Synode in einem autoritären Kirchenregiment. Autorität wiederum war gemeinhin an Personen gebunden, was den Ruf nach einem Bischofsamt verständlicher werden läßt[41].

Sowohl Pfarrer als auch Gemeinden verknüpften mit dem bischöflichen Amt die Hoffnung, seine größeren Handlungsfreiheiten im gesamtkirchlichen Kontext würden das geistliche Defizit der bislang konsistorial regierten Kirche korrigieren, den Öffentlichkeitsanspruch der Kirche in der Gesellschaft profiliert vortragen und „entkirchlichte" oder „lau gewordene Massen" der Kirche wieder zuführen. Das waren Hoffnungen, die in der Alternative von Kollegialismus und Episkopalismus dachten und auf eine klare Trennung von geistlicher und verwaltungstechnischer Leitung der Kirche setzten. Die Synode wurde hierbei kaum als kirchenleitendes Element in Betracht gezogen. Das impliziert, daß Kirchenleitung weiterhin als Leitung ‚von oben' verstanden, und der Synode, als ‚von unten' gewähltes Element, in Fragen der Kirchenleitung nur marginale Bedeutung zugestanden wurde.

Ein geistliches Amt war den Vertretern eines episkopalen Systems in Stellung und Kompetenzen nicht vorstellbar ohne ein Mindestmaß an regimentlichen Befugnissen. Indem man aber den Kirchenpräsidenten als Vorsitzenden des Kollegiums mit weitgehenden regimentlichen Befugnissen ausstattete, betrieb man praktisch das, was eigentlich vermieden werden sollte: eine Vermischung der geistlichen Kirchenleitung *sine vi sed verbo* und einer *iure humano* bestehenden, die sich auch des äußeren Zwangs bedienen kann. Das Amt geriet so in verdächtige Nähe zum Bischofsamt römisch-katholischer Provenienz. Die Wahl durch die Synode und die Rechenschaftspflicht ihr gegenüber sollten dem entgegenwirken. Daß dann doch ein geistliches Amt mit weitgehenden regimentlichen Machtbefugnissen geschaffen wurde, ist für mich nur so erklärlich, daß das bischöfliche Amt als Konvergenzpunkt und Puffer zwischen den divergenten synodalen und konsistorialen Machtinteressen zu stehen kam. Das Amt des Kirchenpräsidenten erstand in der Lücke, die das Ende des landesherrlichen Kirchenregiments gerissen hatte[42]. In das machtpolitische Vakuum wurden die gegenläufigen Interessen von Synode und Konsistorium zu einem ausgeklügelten System von ‚checks and balances' gezogen. Mochte für die synodale Seite die Einrichtung des persönlichen Amtes mit weitgehenden regimentlichen Befugnissen wie ein Ende des konsistorialen Systems anmuten, so war dieses Amt durch seine Doppelfunktion so stark an den Landeskirchenrat gebunden, daß der Einfluß der ehemaligen Staatsbehörde in der Summe doch nicht geschmälert erscheint.

Die Stellung des Kirchenpräsidenten nach der neuen Verfassung war nicht unwesentlich durch den Gedanken des Ausgleichs und der Einheit in der Volkskirche bestimmt. Den Differenzen zwischen Liberalen und Orthodoxen, die in einer Kirchenspaltung zu eskalieren drohten, sollte mit dem oberhirtlichen Amt ein Bezugspunkt entgegengestellt werden, der auf die Gemeinsamkeit im Glauben und im Bekenntnis verwies. Daß es gerade der *Protestantische Laienbund* war, der vehement für ein bischöfliches Amt eintrat, erkläre ich mir so, daß die liberale Minderheit in der bayerischen Landeskirche darauf hoffte, in dem neugeschaffenen Amt die eigenen Wünsche nach geistlicher Führung und kirchenpolitischer Anerkennung eher wiederzufinden als im bisherigen ‚konsistorialen Getriebe'. Umgekehrt war für den *Bund der Bekenntnisfreunde* und andere konservative Gruppierungen der Drang nach Veränderungen in der Kirchenleitung nicht so groß, weil sie als quasi Etablierte in der kirchenpolitischen Landschaft Bayerns mit der bisherigen Kirchenleitung keine Probleme gehabt hatten. Darin traf sich jedoch das Gros der Laien und der Pfarrer wieder, daß sie eine persönliche Kirchenleitung wünschten, die sich primär im geistlichen Bereich aussprechen sollte. Das heißt aber, daß hier vor allem episkopale und konsistoriale Forderungen zueinander in Widerspruch traten und das synodale Element nur eine Nebenrolle spielte.

Daß die Einheit der Kirche auch von anderer Seite gefährdet war, kann hier nur angemerkt werden: Die *Gemeinschaften* drohten mit Austritt, wenn ihnen nicht mehr Eigenständigkeit zugebilligt würde. Die Möglichkeit einer eigenen Abendmahlfeier ist ihnen nur bedingt zugestanden worden [43]. Das Amt des Kirchenpräsidenten ist als geistliches Amt gerade auch mit Blick auf die Gemeinschaften und die anderen freien kirchlichen Vereine als ein Amt der Einheit der Volkskirche und die Person des Kirchenpräsidenten als Integrationsfigur installiert worden [44].

Das Bischofsamt als Führeramt

Von verschiedenen Motiven, die die Einrichtung eines bischöflichen Amtes begünstigten, war bereits die Rede; so von der Identifikationsmöglichkeit und von der Orientierung, die sein Inhaber bieten, von dem Öffentlichkeitsanspruch der Kirche, den er vertreten, und von der Volkstümlichkeit und der volksmissionarischen Tätigkeit, die er entfalten sollte. Hier soll das Augenmerk auf zwei Begriffe gerichtet werden, die in der Diskussion immer wieder gefallen sind, deren Inhalt aber sehr unbestimmt war. Es handelt sich um die Begriffe der *Führung* bzw. des *Führers*, und der *Führerpersönlichkeit* oder der *Persönlichkeit*, die sich dem kirchlichen Leben einwirken sollte. Sie haben das Verständnis des kirchenleitenden Amtes bereits 1920 mitgeprägt und nach 1933 eine fatale Rolle gespielt.

„Der Hierarch soll sterben, der Führer soll leben." So wird Theodor Kaftan mit seinem Schlußwort auf dem Steglitzer Gemeindetag zitiert [45], mit dem er für ein Bischofsamt in den evangelischen Landeskirchen plädierte. Im Hintergrund stand der Gedanke, daß geistliche und geistige Bewegungen immer von Persönlichkeiten ausgingen. Damit solche die Kirche erneuerten, brauche es die entsprechenden verfassungmäßigen Freiräume für Führungspersönlichkeiten. Der Begriff des Führers und der Führung tauchte in den politischen und kirchenpolitischen Debatten der frühen Jahre der Weimarer Republik immer wieder auf und bereitete die Akzeptanz der Führerideologie vor, die Deutschland in den Abgrund des Nationalsozialismus führte. Sicher wäre es problematisch, den Begriff in seinen Konnotationen von 1920 mit den Inhalten nach 1933 interpretieren zu wollen, doch läßt sich m.E. zeigen, daß auch hier eine – diesmal fatale – Parallele zwischen kirchlicher und staatlicher Entwicklung besteht. Der Führerbegriff konzentrierte die diffusen Wünsche und Sehnsüchte, die eigene Verunsicherung und Orientierungslosigkeit der Nachkriegszeit auf eine Person, die in paradigmatischer und stellvertretender Weise das ‚Unbehagen an der Welt' überwinden und zu Neuem und Besserem emporführen sollte [46]. Mit dem kirchlichen Führer verband sich komplementär die Vorstellung von dem Geführten, vom Kirchenvolk, das sich vertrauensvoll der Führung des Führers überließ, weil es über Standort und Weg unsicher geworden war [47].

Lassen sich die Begriffe „Führung" und „Führer" bei den innerkirchlichen Debatten um die Neukonstitution der Kirche noch inhaltlich füllen [48], so bleiben die Parolen „persönliche Führung", „Führungspersönlichkeit" oder schlicht „Persönlichkeit" reichlich nebulös.

> Nicht die Verfassung baut die Kirche, sondern der Geist. Dem Geist, der im Irdischen befangen ist und nur eines kennt, muß begegnen der Geist von oben und in unsere Verfassung hinein gearbeitet werden. […] Diese Arbeit bedingt eine persönliche Spitze der Kirche, nicht den Bischof, aber den Kirchenpräsidenten. Was von ihm und dem neben ihm stehenden Kollegium in erster Linie zu erwarten ist, ist Führung, die für die Lösung der schweren Aufgaben eine Losung ausgibt, Wege zeigt, Mittel angibt. [49]

Die Erwartungen, die an „die Persönlichkeit" geknüpft wurden, verweisen in ganz verschiedene Motivschichten: Einerseits war in der Kirche quer durch alle Kreise ein *antiinstitutionelles Denken* verbreitet, das sich in den Satz fassen läßt: Nicht die Verfassung, nicht die Institution vermag neues Leben in der Kirche zu befördern, sondern auf Persönlichkeiten kommt es an[50]. Zweitens wirkt hier der Geniekult – in der kirchlichen Variante als Rede vom charismatischen Führer – ein[51]. Drittens läßt sich die Konzentration auf die Persönlichkeit als Reflex auf die Vermassung und Demokratisierung aller gesellschaftlichen – auch der kirchlichen – Bereiche lesen. Dem sollte die Persönlichkeit des Kirchenpräsidenten entgegenwirken. Viertens ist noch einmal das Moment der Autorität zu bedenken. Das Kaiserreich hatte Autorität mit einer von oben nach unten verlaufenden, auf die Person des Monarchen konzentrierten bzw. von ihm abgeleiteten Herrschaftsform verbunden[52]. Dieses Wahrnehmungsmuster entfaltete seine Wirkung dort, wo eine „starke" oder eine „Kirchenleitung mit Autorität" gefordert wurde; zwangsläufig tauchte in den jeweiligen Argumentationen der Gedanke an eine Persönlichkeit auf, die mit ihrer Autorität die Kirchenleitung ausübe – und das dann weniger im Sinne eines demokratischen Interessenausgleichs als vielmehr als ein aristokratisches Regieren, das den Untertanen den Kurs vorgibt[53].

Der sehr offene und auf Entwicklung angelegte Aufgabenkatalog für den Kirchenpräsidenten, er habe „die Kraft seiner Persönlichkeit dem kirchlichen Leben einzuwirken"[54], erklärt sich mir so, daß die ideologischen Implikationen des Führer- und des Persönlichkeitsbegriffs eine nähere Beschreibung gar nicht zuließen. Die Beschwörung der Persönlichkeit in den synodalen Verhandlungen versteht sich meines Erachtens als ein Appell an unbewußte, eher affektive Schichten der Menschen.

Die oberhirtliche Funktion des Kirchenpräsidenten

Knopp hat auf die unklare Verteilung der oberhirtlichen Aufgaben zwischen Kreisdekanen und Kirchenpräsidenten aufmerksam gemacht.

> Auch wenn eine *Zuständigkeits*abgrenzung in der Kirchenverfassung vorgenommen wurde, blieb sie doch teilweise *in bezug auf die oberhirtliche Stellung des Kirchenpräsidenten* [sc. gegenüber den Kreisdekanen] *unklar*. Beide nahmen nebeneinander die oberhirtlichen Aufgaben im evangelischen Sinne wahr.[55]

Im einfachsten Fall ergaben sich Kompetenzstreitigkeiten zwischen den beiden oberhirtlichen Ämtern, weil der Kirchenpräsident „unbeschadet der Zuständigkeit der Kreisdekane" oberhirtlich tätig wurde[56]. Diese Konkurrenzsituation konnte sich aber nur dort ergeben, wo der Kirchenpräsident die Tätigkeit des Kreisdekans *oberhirtlich* zu korrigieren gedachte. Damit bekam die Aufsicht über die Kreisdekane etwas Hierarchisches; das deutete der frühere Terminus „erster oder oberster Generaldekan" an. Sollte aber der Eingriff des Kirchenpräsidenten in die oberhirtliche Tätigkeit der Kreisdekane *regimentlicher* Art sein, stünde das im Widerspruch zur oberhirtlichen Tätigkeit und der Absicht der Verfassung[57].

Die Schaffung oberhirtlicher Ämter gleich auf zwei Ebenen verweist auf den bisherigen Mangel an geistlicher Kirchenleitung, und auf ein Denken, das Kirchenleitung weitgehend doch mit Verwaltung identifizierte. Anders ist nicht zu erklären, daß die oberhirtliche Tätigkeit auf eine Weise gestaffelt ist, die entweder hierarchisch oder bürokratisch zu nennen ist. Im einen Fall läge ein Widerspruch zum verfassungsmäßigen Selbstverständnis und theologischen Erbe vor, das hierarchische Elemente ausschloß[58]. Im anderen Fall wurde der Verwaltung doch wieder der Vorrang vor der geistlichen Leitung eingeräumt.

Problematisch stellt sich das geistliche Leitungsamt in seiner Konstruktion auch unter theologischem Aspekt dar: Das höchste Amt in der Kirche konnte nur durch Geistliche wahrgenommen werden; Laien war gemäß Art. 46 Abs. 2 der Weg in das Amt grundsätzlich versperrt. Damit war eine Scheidung in Laien und Kleriker reinstitutionalisiert worden, deren Abschaffung einmal zum Leitthema reformatorischer Theologie gehört hatte[59]. Daß die Laien ihrer „Selbstbeschränkung" zustimmten, erscheint mir theologisch nicht erklärlich, wohl aber aufgrund der schlechten Erfahrung mit der bürokratischen Konsistorialkirche und der affektgeladenen Bedeutung, die der Persönlichkeitsbegriff und die Rede vom persönlichen Führer in den Debatten entfalteten.

Wenn Tebbe das Amt des Kirchenpräsidenten im geistlichen Amt begründet sieht, ist das theologisch bedenklich, weil so das geistliche Amt mit dem Amtsträger identifiziert und von der Gemeinde als dem unabdingbaren Korrelat isoliert wird. Die Landeskirche läßt sich nur schwerlich als eine Gemeinde des Kirchenpräsidenten fassen, zumal die pfarramtlichen Befugnisse unangetastet bleiben und die oberhirtlichen Aufgaben Visitation und Ordination zuerst den Kreisdekanen in ihren Kirchenkreisen obliegen.

> Zusammenfassend läßt sich sagen, daß die Frage der Titulatur und Amtsbezeichnung damals mehr als eine Stilfrage gewesen ist; hinter ihr stand das Ringen um den geistlichen und institutionellen Standort der neuen Oberhirten. [...] Der Bischofstitel hat sich in vielen lutherischen Kirchen langsam durchgesetzt, ein Beweis dafür, daß er sachlich die besten Voraussetzungen für Aufnahme in lutherischen Landeskirchen bot, zugleich aber auch ein Zeichen dafür, daß man in den lutherischen Gliedkirchen Fülle und Reichtum des bischöflichen Amtes haben wollte.[60]

In den 30er Jahren ist der Titel des Bischofs in einigen lutherischen Kirchen qua Gleichschaltung, vorauseilendem Gehorsam oder doch zumindest im Zuge großer Begeisterung für den nationalen Aufbruch eingeführt worden. Daß man die Durchsetzungskraft des Titels als Beweis für die Aufnahmefähigkeit der lutherischen Landeskirchen nehmen will, erscheint mir mindestens ein zweifelhaftes Kompliment – im Gegenzug wäre zu fragen, ob sich Titel und Amt dadurch nicht teilweise kompromittiert haben[61].

In Bayern konnte sich der Bischofstitel 1920 deshalb nicht durchsetzen, weil der Schaden der damit ausgelösten Assoziationen für größer erachtet wurde als der tituläre Gewinn. So hat er auch nur eine geringe Stimmenzahl auf sich vereinen können, als die Synode abstimmte – anders als in der Kirche der altpreußischen Union, wo die „Bischofsfreunde" in der entscheidenden Abstimmung mit nur 6 Stimmen Differenz unterlagen[62]. Anders als in Preußen ist hier auch eine wesentlich größere ‚Gelassenheit' im Umgang mit dem Titel zu verzeichnen[63]. Ein respektvoller Umgang mit den Vorbehalten der ‚Bischofsgegner', zeichnete alle Debatten aus – vielleicht deshalb, weil man die Entwicklung auf den „Bischof" zueilen sah[64].

Die Konstruktion des Präsidentenamtes ließ bewußt einiges offen, ein Zeichen dafür, daß man dem Amt noch Entwicklungsmöglichkeiten bieten und voreilige Fixierungen ohne eine ausreichende Praxis vermeiden wollte. Es würde also in den nächsten Jahren darauf ankommen, was der gewählte Präsident Veit aus diesem Amt machen würde. Erfahrungen standen ihm aus den 3 ½ Jahren seiner Zeit als Oberkonsistorialpräsident zur Verfügung. Würde er aber auch die neue geistliche Seite zu integrieren wissen? Würde er nun die persönliche und geistliche Leitung für die Pfarrerschaft übernehmen, die diese von ihm als Oberkonsistorialpräsidenten nicht erhalten hatte? Die feierliche Einführung Veits als Kirchenpräsident wurde durch den Synodalpräsidenten Freiherr von Pechmann in einem Gottesdienst Anfang Januar 1921 vorgenommen[65]. Die Zeremonie ließ keinen Gedanken an eine Weihehandlung oder an apostolische Sukzession aufkommen. Insofern war das bischöfliche Amt klar unterscheidbar vom Bischofsamt der römisch-katholischen Kirche. Alles würde nun darauf ankommen, welche Akzente Veit in dem Amt setzen und wie er es in den folgenden Jahren profilieren würde.

Gestalt und Wirkung des bischöflichen Amtes

Anspruch und Wirklichkeit oberhirtlicher Leitung

Vorbemerkungen

Mit der Einsetzung des Kirchenpräsidenten Friedrich Veit am 6. Januar 1921 in der Lukaskirche in München[1] und den an den drei darauffolgenden Sonntagen stattfindenden Amtseinsetzungen der Kreisdekane Hermann (16. Januar in Ansbach), Prieser (23. Januar in Bayreuth) und Baum (30. Januar in München)[2] besaß die bayerische Landeskirche vier geistliche Leiter, die durch ihre Persönlichkeit und ihren besonderen Wirkungskreis die Neubelebung und -gestaltung der Kirche entscheidend vorantreiben sollten.

Die Zielrichtung und Effizienz des geistlichen Wirkens dieser bischöflichen Ämter kann hier im einzelnen unmöglich nachgezeichnet werden. Vielmehr interessiert an dieser Stelle die Verhältnisbestimmung von geistlicher und sogenannter äußerer Kirchenleitung[3], die in den Doppelämtern zum Tragen kommen mußte. Der Stellenwert, der der geistlichen Leitung im Irrlehrefall Leimbach zugewiesen wurde, erscheint mir signifikant für die Beurteilung des in der neuen Kirchenverfassung erhobenen Anspruchs auf eine geistliche Erneuerung der Kirche. Es läßt sich m.E. an diesem Fall exemplifizieren, wie ernst es gemeint war, den Schwerpunkt in die Gemeinden zu verlagern, die Laien verstärkt an der Verantwortung zu beteiligen und das bürokratische, ehemals staatskirchliche Element zurückzudrängen.

Der „Fall Leimbach" war der erste Fall eines Lehrzuchtverfahrens in der rund einhundertjährigen Geschichte der bayerischen Landeskirche. Er erregte weit über die bayerische und kirchliche Öffentlichkeit hinaus Aufsehen und darf auch heute noch zu den unbewältigten Kapiteln der evangelischen bayerischen Kirchengeschichte gezählt werden[4].

Zwar gab es vor dem Fall Leimbach andere Fälle, in denen die Kirchenbehörde sich zu einem Eingreifen genötigt sah, doch endete keiner mit einer Amtsenthebung und der Aufforderung, sich aller weiteren amtlichen und öffentlichen Tätigkeit in der bayerischen Landeskirche zu enthalten[5]. Auch erwartete man unter dem „viel weitherzigeren" Kirchenpräsidenten Veit und der den Liberalen gerade in der Bekenntnisfrage entgegenkommenden Präambel der neuen Kirchenverfassung keine Wiederholung der Bekenntnisstreitigkeiten zwischen liberal und orthodox, wie sie ein gutes Jahrzehnt zuvor stattgefunden hatte[6].

Der Fall Leimbach

Friedrich Leimbach wurde am 6. Juni 1873 in Bonames bei Frankfurt/Main geboren. Zunächst als Pfarrer in der Frankfurter Landeskirche tätig, trat er 1903 in die bayerische Landeskirche rechts des Rheins über. Von 1906 bis 1910 war er dritter Pfarrer, von 1910 bis 1922 zweiter Pfarrer in Oettingen. Im Zuge des gegen ihn angestrengten Lehrzuchtverfahrens wurde er in den Ruhestand versetzt mit der Auflage, „sich während seines Ruhestandes jeder geistlichen Amtstätigkeit innerhalb der Landeskirche zu enthalten“ [7]. Von 1922 bis 1933 arbeitete er als Pfarrer auf der vierten Pfarrstelle in Sonneberg/Thüringen, wo er 1933 nach Konflikten mit der NSDAP von der DC-Kirchenleitung vorzeitig pensioniert wurde. Von hier zog er nach Coburg. Als sein Wohnhaus im Herbst 1939 von Bomben zerstört wurde, zog er im Frühjahr 1940 wieder nach Oettingen. Vom Landeskirchenrat um Hilfe gebeten [8], half Leimbach seit 1942 vermehrt in Gottesdiesten und im Religionsunterricht aus, ohne allerdings je von der Landeskirche rehabilitiert worden zu sein. Er starb am 24. Februar 1961 in Oettingen[9].

> Der Fall erregte als erster Irrlehrefall in Bayern besonderes Aufsehen, zumal er mangels eines Irrlehregesetzes auf Grund einer bereits außer Kraft gesetzten Disziplinarordnung durchgeführt wurde. Mehrere Pfarrer (u.a. Christian Geyer) bekundeten dem Landeskirchenrat schriftlich ihre grundsätzliche Übereinstimmung mit Leimbach. Gegen sie wurde nichts unternommen.[10]

Ausgangspunkt der Kontroverse zwischen Pfarrer Leimbach und dem Landeskirchenrat in München war sein Jahresbericht über den Religionsunterricht am Progymnasium vom Juli 1920[11]. Leimbach formulierte im Anschluß an seinen Bericht, in dem er die vorgeschriebenen und völlig veralteten Lehrbücher und den Lehrplan – die Grundlinien zum Religionsunterricht von Thomasius waren rund 70 Jahre alt – heftig kritisierte, eine Eingabe, die in der Forderung einer gründlichen Reform des Religionsunterrichtes gipfelte. Darauf wurde Leimbach zu einer persönlichen Unterredung nach München bestellt. Sie fand am 2. November 1920 statt, „brachte keinerlei Verständigung und verlief deshalb resultatlos.“[12] In einer Entschließung des Landeskirchenrats vom 18. November 1920 wurde vor allem Leimbachs eigenmächtige Art gerügt, sich über „klare Verordnungen hinweggesetzt und statt des vorgeschriebenen Lehrbuchs ein eigenes Diktat“ verwandt zu haben. Auch inhaltlich stehe Leimbachs

Unterricht „in einem offenen Widerspruch zu den von Thomasius in seinen Grundlinien zugrunde gelegten und dem kirchlichen Verständnis des alten Testaments entsprechenden Begriff der Heilsgeschichte". Er wurde aufgefordert, entweder den Religionsunterricht nach dem vorgeschriebenen Lehrplan mit den entsprechenden Lehrbüchern zu halten, oder „seinen Unterricht alsbald niederzulegen und uns davon zu berichten."[13] Eine Erwiderung Leimbachs an das Oberkonsistorium, in der er einerseits auf seine theologische Redlichkeit und Gewissensgebundenheit hinwies, andererseits aber eine Beachtung der landeskirchlich einheitlichen Vorschriften, soweit sie seinem Gewissen nicht zuwiderliefen, zusicherte, blieb ohne Antwort[14].

Den eigentlichen Ausschlag für das Lehrzuchtverfahren lieferte Leimbach jedoch mit einem langen Artikel im Korrespondenzblatt: *Kritische Bemerkungen zur Nürnberger theologischen Aussprache vom 13. Februar 1921*[15]. Darin bezog er sich auf das Gespräch zwischen Liberalen und Orthodoxen im Vorfeld der verfassungsgebenden Generalsynode von 1920. Leimbach kritisierte, daß die im Buch von Schönweiß dokumentierte Aussprache zwischen den „Altgläubigen"[16], wie er sie nannte, und den freier Gerichteten insgesamt unbefriedigend verlaufen sei, daß sich die Liberalen um der kirchenpolitischen Lage willen zu einem Entgegenkommen bereit erklärt hätten, das die wirklichen Differenzen verschleiert habe. Zwar habe das Gespräch auf die Generalsynode, „vom Standpunkt der Kirchenpolitik aus betrachtet", tatsächlich erleichternd gewirkt, doch sei der Gewinn zu hoch erkauft worden. Lauerer[17] und seine Freunde würden den Liberalen nur ein ernsthaftes Streben attestieren, „an die Grundtatsachen des Christentums heranzukommen", keineswegs jedoch, daß sie „das Evangelium in seiner Fülle und Tiefe predigten"[18]. Für Lauerer bestanden die Grundtatsachen in den von ihm aufgeführten sechs Artikeln: Von der leiblichen Auferstehung Jesu, von seiner Präexistenz „in dem Sinne, daß der von Ewigkeit her als selbständige Person neben dem Vater existierende Sohn Mensch geworden ist", vom Gebet zu Jesus, von der Jungfrauengeburt, von Christi sichtbarer Wiederkunft und endlich von der Bedeutung seines Todes „als eines Mittels, wodurch Gott von sich aus und für sich die Möglichkeit geschaffen hat, den Menschen wieder gnädig zu sein." [19] Leimbach ging nun daran, diese Grundtatsachen in ihrer Interpretation durch Lauerer Punkt für Punkt als theologisch wie religiös unredlich und unangemessen zu erweisen. Den eigentlichen Anstoß für seine schriftlichen Einlassungen sah Leimbach in den Gefahren einer autoritativen Fixierung des Glaubens für das ganze kirchliche Leben.

Ich bekenne frei, daß ich keinen der genannten Sätze im Sinne Lauerers verstehe und daß ich ihre Verbindlichkeit, mag man sie so oder anders fassen, rundweg ablehne. Ich bekenne weiter, daß es mir unverständlich ist, wie ein evangelischer Theologe in diesen Artikeln „die Substanz des Christentums“ finden kann, als ob das Wesen des Christentums in einer Summe von Lehrsätzen bestände. Am unbegreiflichsten aber, das muß ich drittens bekennen, erscheint mir die Haltung Stählins und seiner Gesinnungsgenossen. Nach einem männlichen Anlauf werden sie in die Verteidigung gedrängt, lassen ein stellenweise inquisitorisches Verhör über sich ergehen und nehmen schließlich ohne Widerspruch die seltsame Anerkennung hin, man sehe, daß sie Ernst machten mit dem Willen, an die Grundtatsachen des Christentums heranzukommen. [20]
Wenn ich nun, nachdem sonst sich niemand rührt, die innere Schwäche des Lauererschen Standpunktes nachzuweisen suche, so tue ich es gewiß nicht, um den Frieden zu stören, oder um nur zu kritisieren, sondern weil ich in der Auffassung der Bibel als dem autoritativen Gotteswort und der daraus hervorgehenden Anschauung von der schlechthinnigen Verbindlichkeit des kirchlichen Dogmas, also auch der Bekenntnisschriften, die Hauptwurzel des Übels sehe, das an unserer Gesamtkirche und der Einzelgemeinde zehrt, das jeden Fortschritt hindert, die pastorale Amtstätigkeit unendlich erschwert, die Denkenden aus der Kirche treibt und auch die Kraft einer so notwendigen und vielversprechenden Bewegung, wie es die Gemeinschaft ist, lähmt und zersplittert.[21]

Die *Kritischen Bemerkungen* Leimbachs, die in ihrer Substanz die Anschauungen der liberalen, der historisch-kritischen Methode verpflichteten theologischen Wissenschaft referierten und für ein dogmenfreies, aus der lebendigen religiösen Beziehung lebendes Christentum plädierten, waren in Tonfall und Pointe für das noch immer mehrheitlich konservative, von theologischer Bibelkritik weitgehend unberührte Luthertum in Bayern nur schwer zu verwinden, so daß Leimbach mehrfach – auch von den eigenen „Gesinnungsgenossen“ – gerügt wurde,

> [...] daß Pfarrer Leimbach in seinen Artikeln im Korrespondenzblatt für die Evangelisch-Lutherischen Geistlichen in Bayern durch die Schärfe seines Vorgehens und der dabei gewählten Ausdrücke die Pflicht mehrfach verkannt hat, auf Anschauungen und Empfindungen anders gerichteter Kirchengenossen schonende Rücksicht zu nehmen.[22]

Keiner der Artikel, die sich kritisch gegen Leimbachs Bemerkungen wandten, strebte eine sachliche Widerlegung seiner Thesen an[23]. Auch Lauerer, von seinen Freunden der *Gesellschaft für Innere und Äußere Mission im Sinne der lutherischen Kirche* mehrfach zu einer Stellungnahme gedrängt, verweigerte Leimbach eine sachliche Auseinandersetzung:

> Zunächst ist zwischen Ihnen und mir doch zu wenig Gemeinsames, als daß wir uns verstehen, geschweige denn verständigen könnten. [...] Ihre Stellung zu Schrift und Bekenntnis ist derartig, daß Sie sich mit vollem Bewußtsein und in jeder Hinsicht Ihren Platz außerhalb der evangel. luth. Kirche gewählt haben und damit auch außerhalb unserer Landeskirche. [...] *Was* Sie gesagt haben, darüber läßt sich reden, aber *wie* Sie es gesagt haben, das können wir, die wir vom Worte Gottes in der Schrift leben und immer mehr in der Schrift leben möchten, nun und nimmer mehr ertragen. Denn das zeigt einen absichtlichen Mangel an Ehrerbietung gegen das, was uns das Heiligste ist.[24]

Leimbach wies mehrfach darauf hin, daß seine Kritik bisher von keinem seiner Gegner auch nur ansatzweise widerlegt worden sei[25]. Um seiner intellektuellen Redlichkeit willen und gerade weil er erkenne, welche Früchte solche Redlichkeit in der Gemeinde trage und wie sie von der ihr dankbar aufgenommen werde, könne er von seinem Standpunkt nicht weichen. In Konsequenz seines religionsgeschichtlichen Standpunktes und seiner von Paul Anton de Lagarde inspirierten Bibelexegese kam er zu dem Ergebnis:

> So ist das Christentum von Anfang an mit außer- und unterchristlichen Bestandteilen verquickt gewesen und kein Jünger hat je auf der Höhe des Meisters gestanden. Es ist daher ein Irrtum zu meinen, die geistige Welt der ersten Christen, und das gilt auch von den neutestamentlichen Schriftstellern, sei jemals rein evangelisch gewesen, habe die Gedanken Jesu ungetrübt, unvermischt mit unevangelischen Elementen wiedergegeben.[26]

Konsequent lehnte er die Sakramente als „aus der jüdisch-heidnischen Umwelt in die Kirche eingedrungen“[27] ab. Lauerer und seinen Freunden warf er einen falschen Religionsbegriff vor[28]. Im Gegensatz zu ihnen liefere die geschichtliche Betrachtungsweise einen Standpunkt, der die Verschiedenheit der religiösen Ausprägungen akzeptiere und die christliche Substanz unter den Bedingungen der Moderne neu zur Geltung bringe:

> Was wir Christentum nennen, ist das Ergebnis eines religiös-sittlichen Entwicklungsprozesses, an dem alle Kulturvölker des Altertums mehr oder minder stark mitgearbeitet haben. Indem die Kirche die in diesem Prozeß zutage geförderten Kulturgüter der Antike in sich aufnahm, hat sie uns zu Erben eines Reichtums gemacht, von dem wir immer noch dankbar zehren können, ohne ihn erschöpfen zu können. Indem aber – was ebenfalls nachdrücklich hervorgehoben werden muß – diese Güter von der Antike erzeugt sind, [...] stehen die in ihnen enthaltenen sittlichen und noch fühlbarer die religiösen Anschauungen in wesentlichen Punkten mit dem Fühlen und Denken der Menschen von heute in Widerspruch. [...] Er stellt uns das schwerste Problem der Gegenwart: den Wein des Evangeliums aus den alten Schläuchen in neue umzufüllen. Hier sehe ich die Aufgabe der Theologie unserer Zeit.[29]
>
> Wir können uns nicht wie Münchhausen selbst an den Haaren aus dem Sumpfe ziehen. Uns hilft nur Einer, der lebendige, gegenwärtige Gott. Diesen lebendigen Gott sucht unser armes Volk. Was die Kirche ihm bietet, sind traditionelle Meinungen über Gott. Wir schleppen den Schutt ungezählter Jahrhunderte, grau vor Alter und deshalb für göttlich geachtet, von Jahr zu Jahr mit fort, unbekümmert darum, wieviele Seelen darunter ersticken. In der Vergangenheit suchen wir Gott statt in der Gegenwart, in einem Buche statt im Leben.[30]

Am 27. Juni 1921 reagierte der Landeskirchenrat mit einer Entschließung an das Dekanat in Oettingen, die dem Pfarrer Leimbach zu eröffnen sei:

> Unter dem Titel Kritische Bemerkungen zur Nürnberger theologischen Aussprache vom 13. Februar 1920 [sic] sind in Nr. 17–21 des Korrespondenzblattes für die Evangelisch-Lutherischen Geistlichen in Bayern aus der Feder des Herrn Pfarrer Leimbach in Oettingen Artikel erschienen, deren Ausführungen in nicht wenigen Punkten – wir erinnern nur an seine Stellungnahme zur heiligen Schrift, zur übernatürlichen Offenbarung und zu den Heilstatsachen – in schärfstem Gegensatz zum Bekenntnis und zu den Lehren unserer Kirche treten.
>
> Wir müssen mit schmerzlichem Bedauern und Befremden fragen, wie der Verfasser die hier zum Ausdruck gebrachte theologische Anschauung mit seinem kirchlichen Lehramt zu vereinigen imstande sein kann, und können ihm nicht verschweigen, daß fernerhin von seiner Betätigung im Dienste unserer Landeskirche nicht mehr wird die Rede sein können, wenn er auf Grund der oben charakterisierten Anschauung

> sein Amt führt. Dies wolle Herrn Pfarrer Leimbach eröffnet und er zu einer alsbaldigen Vorlage einer bündigen Erklärung veranlaßt werden.[31]

Die Antwort Leimbachs an den Landeskirchenrat datiert vom 3. Juli 1921[32]. Leimbach wies auf den unevangelischen Standpunkt der Kirchenbehörde hin, nach dem „die Lehre der Evangelisch-Lutherischen Kirche nach Inhalt und Form als der ein für alle Mal gültige wissenschaftlicher Ausdruck des Evangeliums angesehen werden müsse, die Kirche selbst also und gewisse von ihr anerkannte autoritative Persönlichkeiten für unfehlbar gälten."[33]

> Da die Kirche und ihre Behörde nicht unfehlbar ist und andererseits ich bei mir selbst sicher bin, im Sinne Jesu und des Evangeliums zu lehren und zu handeln, da ich auch ferner die Überzeugung hege, der Kirche, mag sie es auch nicht anerkennen, mit meinem Vorgehen einen Dienst zu erweisen, so kann ich es nicht auf mich nehmen, durch freiwilligen Abgang die so notwendig kaum begonnene Klärung der strittigen Frage selbst unmöglich zu machen.[34]

Der Landeskirchenrat reagierte auf die Replik Leimbachs mit einer erneuten Mitteilung an das Dekanat Oettingen, die eine weitere Auseinandersetzung als aussichtslos bewertete und zur Erledigung des Falls von Leimbach in Kürze die Beantwortung von fünf Fragen bis zum 22. August einforderte, um danach über seinen Verbleib in der Landeskirche zu entscheiden[35].

> Wir verzichten daher auf weitere schriftliche Verhandlungen mit Pfarrer Leimbach und verlangen von ihm zur endgültigen Feststellung des Tatbestandes nur noch eine kurze und unzweideutige Beantwortung der folgenden Fragen.

Die Fragen bezogen sich auf die bisherigen Äußerungen Leimbachs und wollten eine Präzisierung bzw. eventuelle Korrektur erfragen hinsichtlich Leimbachs Stellung 1) zu den Bekenntnisschriften „als zutreffende Zeugnisse der in der Heiligen Schrift geoffenbarten Heilswahrheiten" und in dem Zusammenhang zum ersten Satz der Kirchenverfassung von 1920[36], 2) zum Evangelium und seinem Entstehungs- und Überlieferungsvorgang und damit zu seinem autoritativen Charakter als Gotteswort, 3) zu den aus der Bibel zu erhebenden „Heilstatsachen" und ihrer Bedeutung für das religiöse Leben, 4) zur Person Jesu als der höchsten und reinsten Offenbarung Gottes, insbesondere zu seiner Präexistenz, seiner Gottessohnschaft, seiner leiblichen Auferstehung und Wiederkunft zum Gericht, zum Gebet zu Jesus und zu seiner Rolle als Heilsmittler durch seinen Opfertod, 5) zur auf Paulus fußenden Sakramentenlehre. Die Fragen waren so formuliert, daß sie für Leimbach keineswegs einfach mit Ja oder Nein zu beantworten gewesen wären. Entsprechend hat er in seiner Antwort an den Landeskirchenrat vom 19. August 1921 eine ausführliche Erläuterung vorangehen lassen [37]. Er beharrte auf seinem Standpunkt und forderte nach wie vor eine sachliche Widerlegung seiner Anschauungen.

Unter dem 31. August teilte der Landeskirchenrat Leimbach den Beschluß mit, nach § 5 der Verordnung vom 21. Januar 1896 das aus den bisherigen Verhandlungen entstandene Aktenmaterial dem Landessynodalausschuß zur Begutachtung zu senden; damit sei das Lehrzuchtverfahren gegen ihn eröffnet. Die Kirchenbehörde wollte ihm aber noch eine Gelegenheit geben, sich mündlich oder schriftlich zu äußern. Seine Eingabe müßte bis zum 5. September eingegangen sein. Leimbach reiste darauf nach München, wo er am 2. September einer Vollsitzung des Landeskirchenrates beiwohnte und in welcher der Wortlaut der für den Landessynodalausschuß bestimmten Anklage besprochen wurde [38].

Die „Unterredung und Verantwortung des ev.-luth. Pfarrers Leimbach in Oettingen vor dem hohen Kollegium des Ev.-Luth. Landeskirchenrats in München" basierte auf einem Gesetz für Disziplinarverfahren aufgrund einer Verordnung von 1887/96. Unverkennbar war die obrigkeitliche Haltung des „hohen Kollegiums" gegenüber dem zu Inquirierenden, dem eine Aussprache inhaltlich versagt wurde. Vielmehr drängten die Oberkirchenräte Leimbach dazu, die bereits schriftlich vorgelegten Fragen bündig zu beantworten, ohne sich für seine Differenzierungen wirklich zu interessieren. Mehr als einmal wurde ihm das Wort versagt, und schließlich kam ihm die undankbare Aufgabe zu, an der eigenen Anklageschrift mitformulieren zu dürfen.

Nach dem alten, bereits 1920 aufgehobenen Disziplinarverfahren – ein Lehrzuchtverfahren war gesetzlich überhaupt nicht vorgesehen – hatte das frühere Oberkonsistorium lediglich das Antragsrecht für ein Verfahren. Dem Summus Episkopus stand das abschließende Urteil zu. In Ermangelung dessen nahm der Landeskirchenrat die Stelle des Klägers und des Richters ein [39]. In Ermangelung eines Irrlehregesetzes [40] und eines neuen Disziplinargesetzes wurde der Einfachheit halber auf das alte zurückgegriffen, ohne jedoch die Trennung von Kläger und Richter zu wahren. Eine Tatsache, die der Kirchenbehörde mehrfach den Vorwurf eintrug, ein „mittelalterliches Verfahren" [41] durchgeführt zu haben.

Am 8. September 1921 erging eine Entschließung des Landeskirchenrats an Leimbach, in der ihm der Wortlaut seiner Antworten auf die fünf Fragen des Landeskirchenrates vorgelegt wurde[42]. Seine „Antworten" gingen mit weiterem Aktenmaterial an den Landessynodalausschuß mit der Bitte um Stellungnahme. Nach der alten Disziplinarverordnung war der Ausschuß zu einem ratsamen Gutachten zu bestellen, das die Urteilssprechung nicht unwesentlich beeinflussen konnte. Der Landessynodalausschuß verschob jedoch die schnelle Beantwortung bis zu seiner nächsten Tagung im November, was vom Hauptgutachter Professor Bachmann auch damit begründet wurde, daß in diesem Fall nichts übereilt werden sollte[43].

Leimbach erklärte mit einem Schreiben vom 8. November 1921 gegenüber dem Landeskirchenrat, daß er nach brieflichem Kontakt mit Christian Geyer doch mit § 1 der Kirchenverfassung übereinstimme. Zunächst hatte er sich auf den Standpunkt gestellt, der Satz „Die Evangelisch-Lutherische Kirche in Bayern r. d. Rhs. steht auf dem alleinigen Grund der Heiligen Schrift. Sie hält sich in Lehre und Leben an das lutherische Bekenntnis." sei „unklar, widerspricht sich selbst und ist, weil nicht aus dem wirklichen Leben erwachsen, unfähig, Leben und Lebensfreude zu wecken."[44] Sein bisheriges Verständnis – und seine Ablehnung des Satzes – erwuchsen aus der Annahme, daß die Bekenntnisformel *stricte dicta* zu nehmen sei.

> Unterdessen bin ich aber belehrt worden, daß meine Auffassung des § 1 nicht der Meinung der Synode entspricht. Vielmehr haben, wie mir Herr Hauptprediger D. Dr. Geyer mitteilt, die Vertreter der freieren Richtung auf der Generalsynode ausdrücklich betont, daß sie die Bekenntnisformel nicht im katholischen Sinne, wie beispielsweise Herr Rektor lic. Lauerer, sondern nur im evangelischen Sinn einer Umschreibung des Ausdrucks „Evangelisch-Lutherisch" auffassen können. Diese Erklärung sei von der Synode ohne Erinnerung zur Kenntnis genommen worden und hierauf § 1 einstimmig beschlossen worden.[45]

Weiterhin wies Leimbach auf eine Kundgebung von vierzig Theologen der bayerischen Landeskirche hin, die „ihre prinzipielle Übereinstimmung mit meiner theologischen Anschauung ausgesprochen haben"[46]. Drittens äußerte Leimbach für das Verfahren noch drei Bitten. Er erbitte eine mündliche Verhandlung, zu der er als Beistand den Hauptprediger Christian Geyer hinzuziehen dürfe. Die Abstimmungen im Verfahren mögen außerdem mit Zweidrittelmehrheit stattfinden. Zehn Tage nach Leimbachs Brief erging erneut Bescheid des Landeskirchenrats:

> Nachdem Pfarrer Leimbach sachlich seine Grundanschauungen, von denen aus er seine Erklärung am 8. November abgegeben hat, nicht geändert hat, können wir derselben eine maßgebende Bedeutung nicht beimessen und sind deshalb noch [sic!] nicht in der Lage, in den Gang des gegen ihn eröffneten Verfahrens jetzt noch einzugreifen[47]. Was aber seine Bitten anbelangt, so ist ihre Erfüllung nach den bestehenden gesetzlichen Bestimmungen unmöglich und ebenso schließt die Schaffung eines besonderen Verfahrens für diesen Fall die Tatsache aus, daß in der Dienststrafordnung vom 23. November 1920 in § 37 ausdrücklich ausgesprochen ist, daß ihre Bestimmungen auf Fragen der Lehrzucht keine Anwendung finden. Für sie muß es so lange bei dem bisherigen Verfahren sein Bewenden haben, als nicht durch die Landessynode eine neue gesetzliche Grundlage geschaffen worden ist.[48]

Nachdem das gegen Leimbach angestrengte Verfahren öffentlich bekannt geworden war, wurden vermehrt Stimmen laut, die eine Verurteilung Leimbachs forderten. In einer Stellungnahme über *Formale Richtlinien zur Beurteilung des Verhältnisses von Kirche und persönlicher Stellung zu ihr*[49] traten die Pfarrgeistlichen der Stadt Hof dafür ein, daß Verstöße gegen das Bekenntnis mit einem Ausschluß aus der Kirche zu ahnden seien. „Raum hat die Erde für alle; und die mit dem Bekenntnis nicht Übereinstimmenden haben die Möglichkeit aufgrund ihrer Gedanken ein eigenes religiöses Gemeinwesen neben der Kirche herzustellen." Zwar gestand man der privaten Meinung und Entwicklung ein gewisses Recht zu, doch dürften diese – ganz im Sinne der klassischen Unterscheidung von privater und öffentlicher Meinung – im öffentlichen Raum der Kirche nicht miteinander kollidieren. Damit wurde die ‚öffentliche Meinung', d.h. das kirchliche, Bekenntnis zum autoritativen und eindeutigen Maßstab erhoben, der keiner Diskussion und Auslegung oder persönlicher Aneignung, sondern allein der bedingungslosen Anerkennung bedürfe. Die *Kundgebung eines Unberufenen* von Pfarrer Wolf stieß in dieselbe Richtung:

> Auch wir „lassen den heute lebenden Theologen das Recht ihrer *persönlichen* Entwicklung unbekümmert". Jeder kann sich persönlich entwickeln wie und wohin er will. Für den Träger des Amtes aber hat diese Entwicklung ihre Grenzen in dem Lehrauftrag *innerhalb* der bestehenden Kirche, und wir fordern darum, daß er *selbst* daraus die letzten

Konsequenzen zieht. [...] Die „Unberufenen" vertreten nicht bloß ihren eigenen theologischen Standpunkt, sondern die Auffassung der Kirche. *Leimbach ist nicht bloß aufbauend tätig, sondern er reißt auch nieder* und zwar mit vollem Bewußtsein und ausgesprochener Absicht. [...] Wir haben in 20jährigem Zusammensein mit L. auf vielen Konferenzen ihm und seinen Kritiken „sachlich geantwortet", wo er nach unserer Meinung irrte. Er hat sich aber noch nicht „eines besseren belehren lassen", weil er fest überzeugt ist, daß er das bessere hat.[50]

Vom 28. November bis 6. Dezember tagte der Landessynodalausschuß; drei Tage nahmen allein die Verhandlungen zum Fall Leimbach in Anspruch. Professor Bachmann fertigte das Hauptgutachten, Landgerichtspräsident Rohmer, der Vorsitzende des Landessynodalausschusses das Korreferat für das „ratsame Gutachten" an. Das angefertigte Gutachten wurde einstimmig befürwortet und an den Landeskirchenrat gegeben[51]. Bachmann hatte sich in seinem Gutachten darum bemüht, den „Fall Leimbach" einerseits aus den ihm vom Landeskirchenrat vorgelegten Akten, andererseits aber auch im Kontext der allgemeinen kirchenpolitischen und theologischen Zeitlage zu bewerten und schließlich Möglichkeiten kirchlichen Handelns aufzuzeigen. Seiner Meinung nach habe Leimbach die Auseinandersetzung gewollt; er hätte nach der Auseinandersetzung um den Religionsunterricht die Sache auf sich beruhen lassen können, habe aber durch seine *Kritischen Bemerkungen* und die darin enthaltene „radikale Verneinung der Grundlage jedes evang.-luth. Kirchentums" das Handeln der Kirchenleitung und „alle einschlägigen Maßnahmen" herausgefordert[52]. Das Einschreiten der Kirchenleitung sei „durch die einfache Nötigung aus der Sache heraus" hervorgerufen worden und nicht, wie öfter vermutet, durch Interventionen bestimmter Kreise in der Landeskirche. Ihr Vorgehen sei formal korrekt, auch eine Befragung der Kirchengemeinde Oettingen sei „weder um des Rechts noch um der Sache willen erforderlich"[53]. Allerdings sei festzustellen, daß eine sachliche Widerlegung Leimbachs „vonseiten der Kirchenbehörde weder offiziell noch privatim befriedigt worden"[54] ist.

Auch hier möchte man wohl fragen, ob es nicht irgendwann möglich und wünschenswert gewesen wäre, ohne amtliche Form und doch innerhalb des Verfahrens mit L. ganz objektiv und persönlich-brüderlich die theologisch-wissenschaftlichen Grundlagen seiner Stellung durchzusprechen. Daß aber sozusagen eine offizielle „Widerlegung" doch nicht unternommen worden ist, möchte ich begrüßen. Niemand wird es auf sich nehmen wollen, sich mit einem theologischen Gegner rein wissenschaftlich und persönlich-brüderlich auseinanderzusetzen und dabei als Ziel dessen Überführung von einem Irrtum im Auge zu haben, während gegen den Gegner ein Verfahren schwebt, das ihn wegen eben dieses Irrtums oder wegen seiner theologischen wissenschaftlichen Gesamtstellung mit dem eventuellen Verlust seines Amtes bedroht.[55]

Im Fall Leimbach sei vor allem zu bedenken, daß Leimbach sich in seiner Gemeinde großer Beliebtheit erfreue und sein sittlicher Ernst außer Frage stünde. Die Akten des Landeskirchenrats ließen aber nicht erkennen, ob Leimbach von seiner „radikalen Theologie auch wirklichen Gebrauch in seinem amtlichen Handeln macht"[56]. Das sei bei der Beurteilung des Falls unbedingt zu berücksichtigen. Gleichwohl bedeute Leimbachs Theologie einen „Bruch mit der dogmatischen Tradition der Kirche und den Anfängen der Kirche", sie verneine die Rechtfertigungslehre und nehme der Kirche mit ihrer Schriftauffassung den Grund[57]. Allerdings müsse man Leimbach darin ein gewisses relatives Recht mit Blick auf die gegenwärtige theologische Lage zubilligen. Überhaupt sei er ein „Opfer allgemeiner wissenschaftlicher Verhältnisse und Zeitströmungen", der Konflikt zwischen ihm und der Kirchenleitung sei ein „allgemeiner Konflikt von liberaler Theologie und kirchlich biblischem Bekenntnis"[58]. Bachmann schlug der Kirchenleitung mehrere Handlungsalternativen vor, setzte diesen aber eine generelle Auffassung der Rechtslage und des Verhältnisses von Recht und Kirche voran:

> Nach meiner Auffassung der Rechtslage hinsichtlich des sozusagen prozessualen Verfahrens gibt es keine zwingende Ordnung, die das Verfahren regelt. Das ist juristisch angesehen eine Lücke und ein Mangel. Aber von anderer Seite her betrachtet liegt darin ein Segen. In allen Angelegenheiten der Kirche ist das Rechtliche, formal Juridische immer erst die letzte Kraft und Ordnung, die aufgeboten werden muß. Ich weiß nicht, ob ich wirklich wünschen soll, daß die gegenwärtige Lage, in der es an Rechtsbestimmungen für unser Gebiet so gut wie gänzlich fehlt, durch eine andere ersetzt werden soll, die das Lehrzuchtverfahren in die Ordnung prozessualer Verfahren zwängt. In solchen Fällen muß ja die Kirche mehr als in vielen anderen als geistliche Größe handeln, nicht rechtliche, sondern ethische Maßstäbe, die als solche immer etwas allen Formeln Überlegenes haben, anzuwenden bemüht sein, zwischen sich und dem, mit dem sie es zu tun hat nicht

> Rechtsvorschriften, sondern den Geist und die Kraft des Glaubens und der Liebe stellen und so lange als es irgend geht, alles auf den Geist brüderlicher Mahnung, suchender Gemeinschaft, freien Entschlusses stellen, erst im äussersten Notfall aber zur kälteren, zur Zwangsgewalt des Rechtes greifen.[59]

Bachmann konnte sich folglich nicht entschließen zu empfehlen, „der Landessynodalausschuß möge schlechtweg dem Antrag des Landeskirchenrats zustimmen und sein ratsames Gutachten auf Entfernung Leimbachs aus dem Amt erstatten“[60]. Weil vom Landeskirchenrat keine nähere Information über die Modalitäten und die Tragweite der Entfernung vorliegen, hielt er diese „überhaupt nicht für geboten“[61].

> Als Gründe sehe ich hierfür an: daß der Konflikt nach Lage der wissenschaftlichen Dinge mit einer gewissen Notwendigkeit [...] entstanden ist, daß ferner L.s ernste Lauterkeit, ferner seine Liebe zum Amt & zur Kirche gebiete, mit einer so entscheidenden Maßnahme so lange als möglich zurückzuhalten, daß er endlich nach Lage der Sache doch nicht bloß im Konflikt mit der Kirche steht, sondern ein vielleicht kleines, aber doch wertvolles Gebiet religiöser Gewißheit mit ihr gemeinsam hat.[62]

Für das weitere Vorgehen schlug er dem Landeskirchenrat vier Alternativen vor. Erstens sei auf eine freiwillige Demission Leimbachs zu drängen, was aus den oben geschilderten Gründen aber wenig geeignet erscheine. Zweitens könne der Landeskirchenrat Leimbach ermahnen und von ihm fordern, daß er der Gemeinde nicht seine Meinung aufdränge und sein Amt „in Vorsicht und Wahrung des Bekenntnischarakters der Kirche“ führe. Drittens sei Leimbach auf Antrag ein längerer Urlaub zur Klärung seiner theologischen Position zu gewähren. Vor einem Wiederantritt des Dienstes sei jener viertens darauf zu befragen, wie er sein Amt in Zukunft führen wolle[63].

Der liberal gesinnte Landgerichtspräsident Eugen Rohmer sprach sich in seinem Korreferat[64] ebenfalls gegen eine Amtsenthebung Leimbachs aus und gab zu bedenken, daß der kirchenpolitische Schaden der Maßnahme keineswegs durch seine Vorteile aufgewogen werden könne. Ein Insistieren auf einem bestimmten Verständnis des Bekenntnisses, eine engherzige Bekenntnisverpflichtung und eine Amtsenthebung solcher Geistlicher, die nicht dieser Norm entsprächen, durch ein Lehrzuchtverfahren würde die Evangelisch-Lutherische Kirche in eine bedenkliche

Nähe zur katholischen Kirche rücken. Daran könne keiner ein Interesse haben, sei doch die katholische Kirche immer noch ein Gegner[65]. Entsprechend wurde das ratsame Gutachten des Landessynodalausschusses formuliert:

> 1.) Der Landessynodalausschuß erachtet es als unvereinbar mit dem Bekenntnischarakter unserer Landeskirche, dass eine Theologie, wie die von Pfarrer Leimbach [...] in die Predigt-, Unterrichts- und seelsorgerliche Tätigkeit hineingetragen werde, im Auftrag der Kirche ausgeübt wird. [...]
> 2.) Der Landessynodalausschuß erkennt das lautere Streben und die warme Hingabe Pfarrer Leimbachs an seine Berufungsaufgaben an und hegt den Wunsch, dass es möglich werde, ihn dem Dienste der Landeskirche zu erhalten. Der Landessynodalausschuß bedauert aber, dass Pfarrer Leimbach durch sein Vorgehen in der Landeskirche grosse Beunruhigung hervorgerufen hat, dadurch schwere Verantwortung auf sich geladen hat.
> 3.) Der Landessynodalausschuß vermisst in den Nachweisungen des Landeskirchenrats genauere Feststellungen darüber, inwieweit Leimbach seine theologischen Auffassungen in die Amtstätigkeit insonderheit in die Predigt hineingetragen habe und inwieweit mit seinen Veröffentlichungen im Korrespondenzblatt schon eine Verletzung seiner Amtspflicht gegeben sei.
> 4.) Es wird ausgesprochen, dass einem Lehrzuchtverfahren nicht schon die theologische Überzeugung eines Geistlichen rein für sich unterliege, sondern seine öffentliche Tätigkeit, namentlich sein amtliches Handeln in Predigt, Unterricht und Seelsorge.
> 5.) Es wird dem Landeskirchenrat empfohlen, das Lehrzuchtverfahren gegen Leimbach vorläufig abzuschliessen, dass Leimbach auf ein bis zwei Jahre ohne Beeinträchtigung im Gehalt Urlaub gewährt wird [...]
> 6.) Es wird empfohlen, diese Maßnahme tunlichst so durchzuführen, dass nicht im amtlichen schriftlichen Verfahren, sondern in persönlicher Besprechung Leimbach der Zweck dieser Beurlaubung dargelegt und ihm nahegelegt wird, selber um Urlaub zu bitten.
> 7.) Sollte Leimbach es ablehnen, darauf einzugehen, so wäre er durch Beschluss des Landeskirchenrats von allen seinen amtlichen Verrichtungen auf Zeit zu beurlauben.[66]

Vom 7. Dezember 1921 datieren Lauerers *Persönliche Bemerkungen*, in denen er vor dem endgültigen Urteil der Kirchenleitung noch einmal Stellung bezog und betonte, daß er nur privat, nicht für die Gesellschaft für Innere Mission oder eine andere Gruppe geredet habe. Der Hintergrund seines Dementis waren immer häufiger auftretende Vermutungen von „Liberalen", die Kirchenleitung sei im Fall Leimbach aufgrund der Intervention der „Positiven" tätig geworden. Lauerer lehnte auch für den weiteren Verlauf des Verfahrens eine Eingabe der Positiven an den Landeskirchenrat ab. Zur Stellungnahme der freieren Geistlichen wolle er sich vor der Urteilsverkündung inhaltlich nicht äußern, um eine Verschärfung der Lage zu vermeiden. An Leimbach gerichtet resümierte er:

> Daß bei der Verschiedenheit nicht bloß unseres theologischen Standpunktes, sondern auch unserer religiösen Grundeinstellung eine sachliche Diskussion von vornherein zur Unfruchtbarkeit verurteilt ist, muß ich behaupten, auch wenn der kränkende Vorwurf einer unduldsamen und sonst in jeder Hinsicht minderwertigen Orthodoxie auf mir liegen bleibt.[67]

Am 21. Dezember 1921 fand die abschließende Verhandlung des Landeskirchenrats aufgrund des ratsamen Gutachtens des Landessynodalausschusses statt. Kirchenpräsident Veit sollte danach Leimbach das Ergebnis mitteilen und „ihn zu einer nochmaligen Prüfung und endgültigen Stellungnahme"[68] auffordern.

Sechs Tage später wurde Leimbach vom Präsidenten des Landeskirchenrates nach München zu einer persönlichen Aussprache bestellt. Diese fand am 3. Januar 1922 statt, und Veit eröffnete Leimbach, daß im Einvernehmen mit dem Landessynodalausschuß festgestellt worden sei, daß „die von Leimbach ausgesprochene theologische Auffassung vom Werte der Heiligen Schrift, von den zentralen Gewißheiten des biblisch-reformatorischen Glaubens über Christus, den Herrn, und sein Versöhnungswerk, sowie vom Sakramente die möglichen Grenzen jenes Spielraums [sc. im Begriff der bekenntnismäßigen Amtsführung] überschreite"[69]. Leimbach möge sich binnen 14 Tagen vielleicht dahingehend äußern, „daß er seine theologische Entwicklung nicht für abgeschlossen ansehe, die Möglichkeit einer Rückkehr zur bekenntnismäßigen Theologie also nicht für ausgeschlossen halte. Oder vielleicht erscheine es ihm ratsam, einen längeren Urlaub zu erbitten, während dessen er die ganze Sache in Ruhe noch einmal überdenken könne. Oder endlich habe er den Wunsch, in eine andere Landeskirche überzutreten."[70]

Leimbach hielt keinen der angebotenen Wege, die sich gewissermaßen den vom Landessynodalausschuß vorgeschlagenen Möglichkeiten anschlossen, für gangbar und gab am 15. Januar eine Erklärung ab, in der er seine Ablehnung ausführlich begründete und nach wie vor das sachliche Problem als dringend zu behandelndes charakterisierte:

> Diese Klärung ist aber unbedingt notwendig, und ich kann es nicht auf mich nehmen, dieselbe durch freiwilligen Abgang selbst verhindern oder doch mindestens erschweren zu helfen.
> [...] Zum Schlusse drängt es mich, auch dem Landeskirchenrat wie früher gegenüber Herrn lic. Lauerer mein aufrichtiges Bedauern darüber auszusprechen, wenn ich in meinen Artikeln und wo es sonst geschehen sein mag, durch scharfe Ausdrücke Anstoß erregt habe, und auch an dieser Stelle zu versichern, daß jede verletzende Absicht mir fern lag. Ich hoffe aber, der Landeskirchenrat werde zwischen der Sache und ihrem ungeschickten Vertreter wohl zu scheiden wissen. [71]

Am 17. Januar 1922 wurde in einer Vollsitzung des Landeskirchenrats das Urteil im Fall Leimbach gesprochen und in einer Entschließung vom 23. Januar 1922 mitgeteilt [72].

> Da Pfarrer Leimbach selbst den Gedanken eines längeren Urlaubs zur Überprüfung seiner Überzeugung als nutzlose Verschiebung der Entscheidung und als nachteilig für das Verhältnis zu seiner Gemeinde ablehnt und auch eine freiwillige Amtsniederlegung zurückweist, konnte nur seine Entfernung aus dem Amt in Frage kommen. Da andererseits der Landeskirchenrat mit dem Landessynodalausschuß darin eins war, daß im Blick auf den mit einem Disziplinarvergehen nicht zu vergleichenden Fall einer Irrlehre und in voller Würdigung der Treue und Gewissenhaftigkeit, mit der Pfarrer Leimbach seines Amtes gewartet hat, und seines unverkennbaren sittlichen und religiösen Ernstes, seine Entfernung aus dem Amt so wenig als möglich mit einem finanziellen Nachteil für ihn verbunden werden soll, so blieb nur die Versetzung in den Ruhestand unter Gewährung des ihm zustehenden gesetzlichen Ruhegehaltes übrig. Dabei mußte jedoch Vorsorge getroffen werden, daß eine weitere öffentliche amtliche Vertretung und Verbreitung der mit dem Bekenntnis unserer Kirche unvereinbaren Überzeugungen durch Pfarrer Leimbach unterbleibt und ihm deshalb die Auflage gemacht wird, sich während seines Ruhestandes jeder geistlichen Amtstätigkeit innerhalb der Landeskirche zu enthalten, während andererseits zu bemerken war, daß es ihm, wenn die Voraussetzungen, die zu seiner Ruhestandsversetzung geführt haben, fortgefallen sind,

> jederzeit freisteht, um die Wiederaufnahme in den Dienst der Landeskirche zu bitten.[73]

Die Amtsenthebung Leimbachs, die ihn selbst und viele andere unerwartet traf[74], löste in den folgenden Monaten heftige Proteste aus. Am 2. Februar 1922 fand eine große Versammlung in Oettingen selbst statt:

> Im Kronensaal zu Oettingen haben sich am 2. Februar gegen 800 den verschiedensten Ständen angehörige Glieder der *evangelischen Kirchengemeinde*, die zusammen etwa drei Viertel der Gesamtgemeinde darstellen, versammelt, um zu der Amtsenthebung des Pfarrers Leimbach Stellung zu nehmen. Ungezählte fanden in dem überfüllten Saale und seinen Nebenräumen keinen Platz mehr. Nach eingehender Aussprache faßte die Versammlung einstimmig folgende *Entschließung*:[75] [...]
> Wir halten daher als Glieder einer Volkskirche die vom Landeskirchenrat verfügte Amtsentsetzung Leimbachs für *unzeitgemäß*, weil sie erfolgte *auf Grund eines geheimen, nach mittelalterlichen Grundsätzen aufgebauten Verfahrens*, das dem „Angeklagten", sogar einen sachkundigen Beistand versagte und bei dem *Kläger und Richter eine Körperschaft* waren. Wir halten sie weiterhin für *unevangelisch* und unlutherisch, weil sie das protestantische Urideal des freien, nur an Gott gebundenen *Gewissens verleugnet*, endlich für ungerecht, weil die oberste Kirchenbehörde einen Geistlichen, dem sie selbst keinerlei Verfehlung nachweisen kann, von heute auf morgen seine an sich schon unzureichenden *Gehaltsbezüge um die Hälfte gekürzt* hat und damit einen völlig schuldlosen Mann, ja einen ihrer fleißigsten und gewissenhaftesten Diener [...] *der schwersten wirtschaftlichen Bedrängnis preisgibt.*
> Desgleichen erheben wir auch schärfsten Einspruch gegen die tiefverletzende *Mißachtung der Gemeinde* durch den Landeskirchenrat, der während des ganzen Verfahrens niemals die Gemeinde um ihre Meinung befragt und, als einzelne Gemeindeglieder ungefragt ihre Stimme für Leimbach erhoben, ihre beiden ausführlichen Eingaben keiner Antwort gewürdigt hat [...]. Mangels solcher amtlichen Aufklärung hat sich infolgedessen in der Gemeinde die Auffassung festgesetzt, daß weniger theologische Streitfragen, als vielmehr die Nachgiebigkeit gegenüber unangebrachten Drohungen machthungriger Gemeinschaftskreise letzten Endes die Entscheidung des Landeskirchenrats herbeigeführt und daß dieser den *einen* Leimbach *der Unduldsamkeit der mehreren geopfert hat.*

[...] wir ersuchen sie [sc. alle Schwestergemeinden], mit uns folgende Forderungen zu vertreten: 1. Die sämtlichen Akten des „*Lehrzuchtverfahrens*" gegen Leimbach sind zu *veröffentlichen*. 2. Das Urteil über Leimbach ist einer gründlichen *Nachprüfung* zu unterziehen. 3. Bis dahin ist dem Herrn Pfarrer Leimbach der *volle Gehalt* auszubezahlen. 4. Pfarrer Leimbach ist je eher, je lieber seiner Gemeinde *zurückzugeben*."[76]

Am 16. Februar 1922 beschied der Landeskirchenrat zur Oettinger Entschließung[77]:

Der Landeskirchenrat ist nicht in der Lage, den gestellten Anträgen stattzugeben. Die Veröffentlichung von Akten eines Lehrzuchtverfahrens ist ordnungsgemäß nicht zulässig. [...] Für die Nachprüfung der Entscheidung fehlt es an einer hiezu berufenen Instanz. Damit entfällt auch die Möglichkeit den beiden letzten Anträgen stattzugeben. Was die Bemängelung des Verfahrens betrifft, so sehen wir uns zu folgenden Feststellungen genötigt
1. Das gegen Pfarrer Leimbach durchgeführte Verfahren entspricht der in der Landeskirche zur Zeit noch geltenden Ordnung, wonach das Oberkonsistorium, jetzt der Landeskirchenrat, nach gutachterlicher Einvernahme des Landessynodalausschusses gemäß dem Protestantenedikt in Verbindung mit § 5 der Verordnung über Einführung des Generalsynodalausschusses vom 25. Januar 1887 im Verwaltungsverfahren die Entscheidung zu treffen hat. Diese Ordnung abzuändern, war der Landeskirchenrat wie der Landessynodalausschuß nicht befugt
2. Herrn Pfarrer Leimbach wurde reichlich Gelegenheit zu mündlicher Aussprache gegeben sowohl gegenüber dem Kirchenpräsidenten als auch dem gesamten Kollegium des Landeskirchenrats, wie auch früher schon gegenüber einzelnen Mitgliedern des Konsistoriums in Ansbach und des Oberkonsistoriums in München.
3. Wenn die Kirchengemeinde Oettingen vor der Entschließung nicht gehört worden ist, so ist dies daraus zu erklären, daß es sich im vorliegenden Fall nicht um das Verhältnis des Geistlichen zur Einzelgemeinde, sondern zur Gesamtkirche handelte und von diesem Verhältnisse aus die Entscheidung getroffen werden mußte.
4. Die sachliche Feststellung über das Verhältnis des Herrn Pfarrer Leimbach zum Bekenntnis der Kirche erfolgte einmütig in voller Übereinstimmung des Landeskirchenrats mit dem Landessynodalausschuß.
5. Herr Pfarrer Leimbach hat von der ihm gebotenen Möglichkeit, zunächst im Genusse der Pfründe der 2. Pfarrstelle in Oettingen, wenn

auch ohne Amtsführung, zu bleiben, keinen Gebrauch gemacht und zu einem endgültigen Bescheid gedrängt. Darum mußte eine Versetzung in den Ruhestand erfolgen, die nicht als Strafe anzusehen ist, sondern die unabweisbare Folge des Verfahrens bildet. Es ist ihm nach § 7 der Emeritierungsordnung seinem Dienstalter entsprechende Ruhegehalt ohne Abzug zuerkannt worden.

6. Daß der Landeskirchenrat seine Entscheidung in voller Unabhängigkeit von irgendwelchen fremden Einflüssen aus rein sachlichen Erwägungen getroffen hat, bedarf nicht erst der Feststellung.

Als weitere Eingaben und Protestveranstaltungen von liberaler Seite sind zu nennen: die Tagung der freier gerichteten Geistlichen in Nürnberg (8. Februar 1922)[78], die Entschließung der Protestantischen Laienbünde Augsburg, Fürth, München und Nürnberg (19. März 1922)[79], die Versammlung des Protestantischen Laienbundes Nürnberg (19. Mai 1922)[80].

Der „Fall Leimbach" zog noch weitere Kreise[81]. Nicht nur Christian Geyer überlegte, ob er aus der bayerischen Landeskirche austreten bzw. ein Lehrverfahren gegen sich anstrengen solle. Im Jahr 1922 ließ er sich deshalb für einige Wochen von der Kirche beurlauben. In dieser Zeit trug er sich intensiv mit dem Gedanken, in die von seinem Freund Friedrich Rittelmeyer gegründete Christengemeinschaft überzutreten. Schließlich verwarf er den Gedanken wieder und kehrte zurück auf seine Predigtstelle in Nürnberg.[82]

Anmerkungen zum „unmöglichen Fall" Leimbach

Der theologisch liberal, politisch deutschnational denkende Frankfurter Kirchenrat und Pfarrer Johannes Kübel sprach in der *Christlichen Welt* von einem „ganz unmöglichen Fall" und meinte insbesondere das Vorgehen der Kirchenbehörde gegen den ‚Häretiker' Leimbach. Fragt man nach den tieferen Gründen des unmöglichen Falls Leimbach, warum es gerade und nur den Oettinger Pfarrer traf, obwohl auch andere Liberale mit seiner theologischen Auffassung übereinstimmten, warum der äußerste Schritt einer Amtsenthebung getan wurde und nicht – wie vom Landessynodalausschuß vorgeschlagen – ein weniger scharfes Urteil gesprochen wurde, warum überhaupt die Fronten so verhärtet waren, daß weder Verstehen noch Verständigung möglich erschien, so wird man meines Erachtens mehrere Begründungsebenen ansprechen müssen. Erstens sind hier die *dogmatischen Differenzen* zu bedenken, die nicht nur auf inhaltlicher Ebene offenkundig divergierten, sondern durch die Verschiedenheit der

Sprachebenen der dogmatischen Aussagen eine Verständigung unmöglich machten. Zwar haben beide Seiten – Lauerer und seine „Gesinnungsgenossen" und auch der Landeskirchenrat auf der einen Seite und Leimbach andererseits – in quasi objektivistischer Weise ihre dogmatischen Ansichten dargelegt. Sofern es überhaupt zu einer dogmatischen Auseinandersetzung kam, waren die Aussagen beider Seiten von dem Pathos tiefer Glaubensüberzeugung und dogmatischer Korrektheit durchdrungen. In dem Maße, in dem man die eigene Position als vom theologisch-wissenschaftlichen Standpunkt und von der religiösen Haltung für überzeugend verfocht, mußte man dem anderen Unseriösität und Apostasie vorwerfen. Weil es hier nach Auffassung beider Seiten nur ein Wahr oder Falsch geben konnte, mußte die Gegenseite notwendigerweise mit dem Ketzerhut versehen werden. Auf beiden Seiten wurde dabei übersehen, daß die dogmatischen Aussagen auf einer jeweils völlig anderen Ebene angesiedelt waren und es schon deshalb kein gegenseitiges Verstehen geben konnte[83].

Solange Leimbach als ein *Einzelfall* betrachtet wurde, konnte seine Theologie vom quantitativen Standpunkt aus als eine Irrlehre ausgegrenzt werden. Es war deshalb wohl kein Zufall, daß die Selbstanklagen liberaler Pfarrer beim Landeskirchenrat ignoriert wurden. Das Eingeständnis, daß nicht nur Pfarrer Leimbach eine ‚falsche Theologie' lehrte, sondern viele und prominente Pfarrer der Landeskirche derselben oder einer sehr ähnlichen Theologie zuneigten, hätte in der bayerischen Landeskirche die prinzipielle Beschäftigung mit dem theologischen Liberalismus unumgänglich gemacht – ein Vorgang, der die Kirche vor eine noch viel schärfere Zerreißprobe gestellt hätte als 1919/20. Daß es dabei um mehr ging als nur um die Auslegung der Bekenntnisbindung in der Präambel der Kirchenverfassung von 1920, hätte allen Beteiligten durchschaubar sein müssen; Leimbach selbst hatte sich mittlerweile zu dem ersten Satz der Kirchenverfassung stellen können, da er eben nicht Bekenntnis mit den Bekenntnisschriften und diese nicht im engen Sinne Lauerers verstanden wissen wollte. Damit wäre dieser Anklagepunkt hinfällig geworden. Übrig blieben die von Leimbach inkriminierten „objektiven Heilstatsachen", die er in dieser Objektivität nicht gelten lassen wollte. Damit stand er zwar in der bayerischen Landeskirche nicht allein, aber die Verurteilung der liberalen Theologie traf im Endeffekt nur ihn. Unter diesem Aspekt ist den Liberalen vorzuhalten, daß sie gegen die Verurteilung Leimbachs nur halbherzig Einspruch erhoben und eine Konfrontation mit der Kirchenbehörde vermieden hatten[84]. Ich habe den Eindruck, daß Leimbach mit seiner Theologie nicht nur ein „Opfer allgemeiner wissenschaftlicher

Verhältnisse und Zeitströmungen" geworden ist, daß der Konflikt zwischen ihm und der Kirchenleitung nicht nur ein „allgemeiner Konflikt von liberaler Theologie und kirchlich biblischem Bekenntnis" gewesen ist, sondern daß Leimbach das *Bauernopfer* war, das vom liberalen Protestantismus in Bayern für seinen Verbleib in der Landeskirche gefordert wurde.

Von der Unmöglichkeit einer Verständigung ist aber auch unter einem anderen Aspekt zu reden. Der obrigkeitliche Ton, mit dem das Oberkonsistorium bzw. der Landeskirchenrat dem Pfarrer Leimbach auf dem Dienstweg Bescheide und Forderungen zukommen ließ, die Art und Weise, wie er in der mündlichen Verhandlung am 2. September 1921 peinlich befragt wurde, lassen wenig von einer oberhirtlich-seelsorglichen Kirchenleitung erkennen, dafür aber umso mehr von einer befehlsgewohnten Behörde, die sich im Besitz der theologischen Wahrheit und der jurisdiktionellen Macht gegenüber einem irrenden Geistlichen wußte[85].

Auch in dem Moment, in dem Pfarrer Leimbach durch seine dogmatische Haltung aus dem Rahmen fiel, gab es – soweit das die Akten erkennen lassen – keine oberhirtliche Leitung, die als theologische und seelsorgliche Gesprächsbereitschaft diesen Namen wirklich verdient hätte. Die Weigerung Lauerers, seiner „orthodoxen Gesinnungsfreunde" wie auch des Kreisdekans Baum und des Kirchenpräsidenten Veit, als den Oberhirten, auf Leimbachs theologische Thesen theologisch zu antworten, hat diesen in seiner Haltung sicher noch bestätigt, wenn nicht verhärtet. Es war m.E. nicht nur die „intellektuelle Redlichkeit", die Leimbach in die äußerste Konfrontation mit der Kirchenbehörde und den Hütern der Orthodoxie trieb[86], sondern auch ein starkes Bewußtsein seinerseits, die objektive Gültigkeit seiner Ansichten vertreten zu müssen. Der Formalismus, hinter dem sich der Landeskirchenrat verschanzte, sprach all den Vorsätzen Hohn, die man ein Jahr zuvor mit der neuen Kirchenverfassung verbunden hatte. Nicht nur, daß die Oettinger Gemeinde zum Fall Leimbach – mit äußerst fadenscheiniger Begründung – überhaupt nicht gehört wurde, auch die Anwendung eines bereits aufgehobenen Disziplinargesetzes verweist auf die Unbeholfenheit des Landeskirchenrats angesichts der hier nötigen geistlichen Kirchenleitung. Die Begründung des Urteils über Leimbach erinnert in Punkt 1 unangenehm an Mt 12,1–14: Obwohl Philipp Bachmann in seinem Gutachten einen ‚rechtsfreien Raum' konstatiert hatte, der es ermöglichte, primär seelsorglich mit Leimbach zu verhandeln, verschanzte sich der Landeskirchenrat hinter zweifelhaften Gesetzen und betonte noch die eigene Gebundenheit an das „Verwaltungsverfahren". Daß der Kirchenpräsident nur als

Verwaltungsspitze und eben nicht als geistlicher Leiter der Kirche in Erscheinung trat, verwundert schon gar nicht mehr, sondern zeigte wieder einmal, daß mit der personalen und strukturellen Kontinuität vor und nach der politischen Revolution von 1918 auch eine Fortschreibung der staatskirchlich bürokratischen Mentalität in der Kirche einherging.

Schließlich muß sich die *lutherische* Kirchenleitung fragen lassen, wie sie es mit der von ihrem Namengeber geforderten und praktizierten Gewissensbindung des Einzelnen hält. Mit Verweis auf den mehrheitlichen Konsens hatte sie es Pfarrer Leimbach verweigert, ihn mit Gründen aus der Schrift innerlich zu überwinden. Der Rekurs auf die objektive Geltung der Heilstatsachen und die jurisdiktionelle Entfernung Leimbachs aus dem Amt erinnern fatal an Lehrzuchtverfahren in der römisch-katholischen Kirche – eine Assoziation, vor der der Vorsitzende des Landessynodalausschusses, Eugen Rohmer, eindringlich gewarnt hatte.

Grotesk wird die Situation, als der ‚Apostat' von derselben Kirche 1942 wieder in Dienst genommen wird, ohne jemals widerrufen zu haben, noch von der Kirche *expressis verbis* rehabilitiert worden zu sein. Freilich, 1942 waren Veit und Baum und die anderen Oberkirchenräte aus dem Jahre 1922 nicht mehr im Amt. Aber war damit der Tatbestand der Irrlehre aufgehoben? Wenn Leimbach 1942 gegenüber Meiser betonte, er würde den Dienst „nach der Ordnung der bayerischen Kirche" durchführen und ihr Bekenntnis akzeptieren[87], so stellt sich umgekehrt die Frage, warum diese Zusage nicht zu einer Wiederaufnahme in die Reihen der bayerischen Geistlichen führte, die im Anschluß an das ratsame Gutachten des Landessynodalausschusses ohne weiteres möglich gewesen wäre?

Jedoch hat Pfarrer Leimbachs Intransigenz das ihre dazu beigetragen, daß der Landeskirchenrat in Einvernehmen mit dem Landessynodalausschuß den Inkriminierten aus dem Amt entfernte. Leimbachs Überzeugung war es, daß sich in seiner Person und mit der von ihm angestoßenen Diskussion Kirche, Glauben und Religion erst wahrhaft christlich entfalten könnten – ein ebenso überzogenes Selbstbewußtsein wie auf Seiten seiner Gegner, das sich aus einem quasi-objektivistischen Wahrheitsverständnis speiste. Mag man seine theologische Position und sein Vorgehen in dem Streit für problematisch halten, so erhellt doch aus der Affäre, wie wenig der Landeskirchenrat als letztlich entscheidende Instanz zu einer geistlichen Form der Kirchenleitung gefunden hatte. Deutlich dominierte das juristische Denken. Die Zurückhaltung, die sich der Landeskirchenrat in der Diskussion auferlegte zeugt m.E. beredt von der Unsicherheit, mit theologischen und geistlichen Argumenten den Streit zu führen und so die Kirche zu leiten.

Angesichts der personellen Kontinuität, der theologisch fragilen Konstitution der Kirche und der unter mentalitätsgeschichtlichen Aspekten vorgeführten Vorbehalte gegenüber einer grundlegenden Reform der Kirche vermag das nicht zu überraschen. Und doch weist der Fall Leimbach exemplarisch über die spezielle Situation hinaus auf die Differenz von Anspruch und Wirklichkeit bezüglich der Kirchenleitung hin. Ernst Henn hat die Leitung des Kirchenpräsidenten Veit rückblickend für den gesamten Zeitraum so charakterisiert:

> Die straffe äußere Führung, die ihre Herkunft von der Beamtenhierarchie des Staatskirchentums nicht verleugnete, überdeckte die Tatsache, daß es wenig oder keine innere Führung gab. Die Führung beschränkte sich auf die Verwaltung und überließ die Geistlichen vom Beginn des Studiums an, sofern sie in ihrer dogmatischen, dienstlichen und persönlichen Haltung nicht aus dem Rahmen fielen, völlig sich selber.[88]

Der Ruf nach einem Landesbischof

Der folgende Abschnitt will in einem Ausblick die Metamorphose des bischöflichen Amtes in den Jahren zwischen 1922 und 1933 verfolgen. Mit der Ernennung Hitlers zum Reichskanzler im Jahr 1933 endete die Weimarer Republik; zugleich erhielt das bischöfliche Amt in der Evangelisch-Lutherischen Kirche in Bayern einen neuen Namen und einen neuen Amtsträger. Die Hoffnungen auf einen Aufbruch zu einer neuen Kirche und zu einer neuen Form geistlicher Kirchenleitung, die sich mit dem Amtsantritt Hans Meisers verbanden, werfen ein bezeichnendes Licht auf das Verhältnis von Staat und Kirche und auf die kirchlichen Bemühungen, dieses Verhältnis durch das neu geschaffene Amt des Landesbischofs zu gestalten.

Es soll aufgezeigt werden, warum und wie der „nationale Aufbruch" in Deutschland auf die Umgestaltung des Kirchenpräsidentenamtes in Bayern einwirkte – ohne daß jedoch näher auf die Umstände des anhebenden Kirchenkampfes eingegangen werden kann [1]. Die zwiespältige Position, die das Bischofsamt unter Hans Meiser in den Jahren des Nationalsozialismus gewinnen sollte, kann hier nur kurz angerissen werden. Aber schon das vermittelt einen wichtigen Einblick in die rechtstheologische, ekklesiologische und kirchenpolitische Struktur dieses durch das Ermächtigungsgesetz erweiterten, praktisch diktatorischen Amtes [2].

Erneute Plädoyers für ein Bischofsamt

In den zwanziger Jahren ist auf den Synoden mehrfach der Wunsch nach dem „Bischof" geäußert worden, ohne daß es jedoch zu Veränderungen in der Nomenklatur oder der Befugnisse gekommen wäre. 1924 wurde auf der ersten ordentlichen Tagung der Landessynode der Antrag des Dekanats Kitzingen verhandelt, die Verfassung im bischöflichen Sinne auszubauen und die Zahl der Kreisdekane um einen zu erhöhen [3]. Dem Antrag wurde nicht entsprochen, da eine Notwendigkeit zur Novellierung nicht gegeben sei. Mit der gleichen Begründung wurde ein Antrag der Bezirkssynode Dinkelsbühl auf der zweiten ordentlichen Tagung der Landessynode im August 1927 abschlägig beschieden. Die Bezirkssynode regte die Änderung des Titels „Kirchenpräsident" in „Bischof" an, weil er „das Ansehen unserer Landeskirche in der lutherischen Welt erhöhen werde". Das Synodenprotokoll verzeichnet hier:

> Die Änderung des Titels „Präsident der evang.-luth. Landeskirche in Bayern“ würde eine Verfassungsänderung bedeuten. Die Gründe, die für die Bezeichnung Präsident sprechen, wurden gegenüber den Gründen, die seinerzeit für den Bischofstitel vorgebracht wurden, in der verfassungsgebenden Synode in reiflicher Beratung als die gewichtigeren gewürdigt und der Titel „Präsident“ in der Verfassung festgelegt. Zwingende Gründe jetzt in dieser Hinsicht eine Verfassungsänderung vorzunehmen liegen nicht vor. Der von der Bezirkssynode Dinkelsbühl vorgebrachte Grund kann in keiner Weise als ein einigermaßen für eine Verfassungsänderung ins Gewicht fallender Grund angesehen werden. Damit erübrigt sich auch in diesem Zeitpunkt eine weitere Beratung darüber, welchem Titel der Vorzug zu geben sei, da die in Hinsicht auf die geschichtliche Entwicklung unserer Landeskirche und auf die autoritative und repräsentative Stellung des Kirchenpräsidenten zu betonenden Gesichtspunkte schon von der verfassungsgebenden Synode in ausgiebigster Weise erörtert worden sind [4].

Der Synodale Steinlein machte im Anschluß noch darauf aufmerksam, daß damit „die Frage des Titels natürlich nicht ein für allemal für die Zukunft entschieden sei“ und daß es zu einem späteren Zeitpunkt nicht ausgeschlossen sei, „für den Bischofstitel einzutreten“ [5].

Es ist bemerkenswert, daß die Verhandlungen in der bayerischen Landeskirche von den Auseinandersetzungen um das Bischofsamt in der Kirche der altpreußischen Union weitgehend unbeeindruckt blieben. Dort hatte der kurmärkische Generalsuperintendent Otto Dibelius mit seinem Plädoyer für ein evangelisches Bischofsamt in dem Buch *Das Jahrhundert der Kirche* [6] äußerst zwiespältige Reaktionen hervorgerufen und die Verhandlungen der sogenannten „Bischofssynode“ [7] bis an den Rand des Schismas zwischen den Reformierten in den beiden Westprovinzen Rheinland und Westfalen und den zumeist lutherischen Befürwortern des Bischofsamtes getrieben.

Nationaler Aufbruch und Führerprinzip in der Kirche

Mit dem nationalen Aufbruch des deutschen Volkes nach der „Machtergreifung“ Hitlers am 30. Januar 1933 wurde auch in der bayerischen Landeskirche der Ruf nach einer entsprechenden kirchlichen Bewegung bzw. nach einer Führung, die dieser Bewegung Bahn und Raum verschaffen sollte, unüberhörbar. Der Paradigmenwechsel in Volk und Staat machte auch vor der evangelischen Kirche nicht halt und forderte einen personalen Wachwechsel und eine ekklesiologische Neubesinnung heraus.

Von dem über siebzigjährigen Kirchenpräsidenten Veit erwartete keiner der bayerischen Pfarrer mehr, daß er die Kirche in die neue Zeit führen könnte. Schon seit einigen Jahren galt Oberkirchenrat Hans Meiser als der „heimlich designierte kommende Führer der Landeskirche“[8], und es war nur noch eine Frage der Zeit, wann er das Amt antreten würde.

Die ersten Wochen nach der Machtergreifung, in denen Hitler sich als Hüter und Vorkämpfer der christlichen Werte und der kirchlichen Unabhängigkeit gerierte, verschafften der Bewegung der Deutschen Christen auch in Bayern einen starken Auftrieb[9]. Die von den Pfarrern und späteren Gauführern der DC, Wolf Meyer(-Erlach) und Hans Greifenstein, geführten bayerischen Pfarrer der „Glaubensbewegung“ erhielten im Frühling 1933 einen namhaften Zuwachs. Selbst solche Pfarrer, die der völkischen Bewegung fernstanden, überlegten, wie die Kirche sich zu dem Aufbruch des deutschen Volkes stellen sollte. Eine verbreitete Sorge innerhalb der Pfarrerschaft war es, daß die Kirche noch einmal den Anschluß an eine elementare Bewegung im deutschen Volk verliere, wenn sie jetzt durch Zaudern diesen Aufbruch an sich vorübergehen ließe. Im Hintergrund stand die Erinnerung an die Fehler der Kirche in der Frage der Arbeiterbewegung des 19. Jahrhunderts. Um diesen Fehler nicht zu wiederholen, bedürfe es seitens der Kirchenleitung schnellstens eines klaren orientierenden Wortes, wie die Kirche zur nationalsozialistischen Bewegung stehe und wie die immer häufiger auftretenden Forderungen der NS-Verbände nach der Bereitstellung kirchlicher Räume und Amtshandlungen zu beantworten seien.

Der Tag von Potsdam am 21. März 1933 machte die Dringlichkeit einer kirchlichen Stellungnahme überdeutlich. Nicht nur die Frage eines möglichen Glockengeläutes anläßlich des Staatsaktes[10], der mit einem Gottesdienst in der Garnisonskirche von Potsdam begann, war dabei zu klären, sondern auch ein Wort der Kirche wurde von Gemeinden und Pfarrern eingefordert, das ihren Standpunkt bestimmte.

Die Kirchenleitung aber hatte große Schwierigkeiten, diesen Standpunkt exakt zu bestimmen. Zum einen sah sie sich zunehmend Aktionen der deutsch-christlichen und nationalsozialistischen Pfarrer gegenüber, die darauf drängten, daß die Kirche sich vorbehaltlos dem Neuen öffne, was im Endeffekt auf eine Gleichschaltung der Kirche mit dem Staat hinausgelaufen wäre. Dagegen wehrten sich aber alle wacheren Geister, die einmal erlangte Freiheit der Kirche wieder preiszugeben – Julius Schieder und Thomas Breit sollen hier stellvertretend genannt werden.

Schließlich dürfte auch die Haltung Veits eine klare Stellungnahme der Kirchenleitung zumindest verzögert zu haben. Seine Motive scheinen nicht ganz durchsichtig zu sein. Die für den 4. April anberaumte und von Veit präsidierte Dekanskonferenz, die Kirchenleitung und Gemeinden zum Informationsaustausch dienen sollte, ließ ebenfalls nicht erkennen, welche Beweggründe Veit mit seinem beharrlichen Schweigen verband.

> Hoffte er auf ein baldiges Ende des Spuks? Glaubte er, die schweren Turbulenzen in Bayern wie im Bereich des Deutschen Evangelischen Kirchenbundes durch seine „Autorität, seine Ruhe und kompromißlose Festigkeit" besser in den Griff zu bekommen als allzu aktive Kirchenpolitiker? Schwieg er, weil er klarer als andere erkannte, daß zu diesem Machtwechsel seitens der Kirche redlicherweise nichts Positives zu sagen war? War es beginnende Unbeweglichkeit des Alters? [11]

Vom 13. März 1933 lag eine Anweisung des Landeskirchenrats an die Pfarrer vor, die zwar sehr allgemein auf die Öffentlichkeit und Überparteilichkeit kirchlicher Handlungen hinwies, die aber angesichts der raschen Veränderung der politischen Abläufe schon wenige Tage später überholt war:

> Die Ereignisse des politischen Geschehens wandeln sich in rascher Folge ab. Die in diesem Geschehen wirksamen starken vaterländischen Kräfte sind nicht zu verkennen. Das entbindet jedoch die Kirche nicht von der Pflicht, sich darauf zu besinnen, daß sie das Gesetz des Handelns nicht aus der Entwicklung des zeitlichen Geschehens, sondern aus dem Grunde ihres Wesens und dem unverrückbaren Ziel ihres Wirkens zu nehmen hat. Diese Besinnung verlangt von jedem Geistlichen, dessen Mitwirkung zu einer außerkirchlichen Handlung begehrt wird, die ernste verantwortungsvolle Prüfung, ob Form und Zweck der Veranstaltung derartig sind, daß sie dem Wesen der Kirche, den Verhältnissen der Einzelgemeinde und der Stellung des geistlichen Amtes entsprechen. Wird der Dienst des Geistlichen zu einer kirchlichen Handlung begehrt, so kann er nur in einer Form dargeboten werden, die den bestehenden kirchlichen Ordnungen entspricht und grundsätzlich allen Gemeindegliedern die Teilnahme ermöglicht. Daß die Darbietung des Wortes selbst nur in einer Weise geschehen darf, die dem Wesen der Kirche als einer allen Menschen dienenden Heilsanstalt entspricht, bedarf keiner Hervorhebung. Auch die den Zwekken des Gottesdienstes gewidmeten Gebäude – einschließlich ihres

Zubehörs – sind grundsätzlich einer Verwendung zu außerkirchlichen Zwecken entzogen, sofern nicht besondere Vorschriften bestehen oder im Einzelfalle Verfügungen der kirchlichen Oberbehörde erlassen werden. Wir behalten uns vor, nötigenfalls Anordnungen zu treffen. Wir erwarten, daß unsere Geistlichen in der gegenwärtigen bewegten Zeit nicht vergessen, daß ihr erster Dienst ihrer Kirche und ihrem Amt zu gelten hat; sie dürfen gewiß sein, daß sie damit auch unserem Volk am besten dienen. Der Herr der Kirche wird solches Bemühen nicht ungesegnet lassen. gez. Veit.[12]

Die Kirchenleitung sah sich in den folgenden Wochen völlig neuen Anforderungen ausgesetzt. So hatten nationalsozialistisch gesinnte Pfarrer versucht, über den Bereich ihrer Gemeinde hinaus für das neue ‚Glaubensgut' zu werben. Sie forderten obendrein den Schulterschluß mit dem neuen Staat, eine Öffnung der Kirche für die neue Bewegung[13] und die Einführung des Führerprinzips in der Kirche. Solche Pfarrer, die den „völkischen Aufbruch" nicht mit einer religiösen Wiedergeburt identifizieren mochten[14] oder der Glaubensbewegung gar kritisch gegenüberstanden, versuchten ihrerseits, die Kirchenleitung zu einem Wort an die agitierenden Pfarrer zu bewegen. Schließlich forderten die tagespolitischen Ereignisse eine klare Standortbestimmung der Kirche heraus. Nachdem Hitler mit geschickten Inszenierungen bei der mehr oder minder ‚erfolgreichen' Reichstagswahl (5. März), der Eröffnung des Reichstags, dem „Tag von Potsdam" (21. März), und seiner Regierungserklärung, in der er den Kirchen ihre bestehenden Rechte garantierte (23. März), zunächst viele in der Kirche von seinem Friedenswillen und seiner christlichen Gesinnung hatte überzeugen können, offenbarten das Ermächtigungsgesetz (23. März) sowie der zunehmende Terror der SA gegen Juden, Kommunisten, Sozialisten und andere „undeutsche Elemente" das wahre Gesicht der neuen Regierung. Die Kirchenleitung sah sich besonders nach dem Boykott jüdischer Geschäfte (1. April) und dem „Gesetz zur Wiederherstellung des Berufsbeamtentums" (7. April) vor die „Judenfrage" gestellt. Die Kirchenleitung der Evangelisch-Lutherischen Landeskirche in Bayern schwieg zu alledem – und nicht nur die Leitung der bayerischen Landeskirche[15].

Es war weniger die Judenfrage, die den Pfarrerverein unter der Leitung von Pfarrer Klingler dazu bewegte, auf einen Führungswechsel im Amt des Kirchenpräsidenten zu drängen, als vielmehr die drohende Spaltung der bayerischen Pfarrerschaft angesichts der nationalsozialistischen Bewegung[16]. Hinzu kam, daß zu der bereits erwähnten Dekanskonferenz am 4. April weder Vertreter des Pfarrervereins noch der Arbeitsgemeinschaft nationalsozialistischer Pfarrer hinzugezogen worden waren. Die Kirchenleitung hüllte sich in Schweigen und ließ ihren Pfarrern auf dem Dienstweg über die Dekane Weisungen zukommen – so mußte sich das Verhalten der Kirchenleitung vielen Pfarrern darstellen. Am 7. April wurde Klingler bei Oberkirchenrat Meiser vorstellig und berichtete über die Stimmung in der Pfarrerschaft. Bereits in diesem Gespräch ist dem Amtstagebuch Meisers zufolge von einer „Abdankung" Veits die Rede gewesen. Zu den innerkirchlichen Forderungen nach einer Ablösung Veits kamen in den folgenden Tagen noch politische hinzu. Ein Gespräch zwischen Meiser und dem Ministerialrat Metzger läßt erkennen, daß auch von politischer Seite ein Rücktritt Veits „für unerläßlich" angesehen wurde. Eine „Umgestaltung der Verhältnisse" erschien auch den nationalsozialistischen Politikern mit Veit als einem Vertreter der alten Zeit nicht denkbar [17]. Eine Vollsitzung des Landeskirchenrats am 10. April scheint nur die Frage des Rücktritts Veits und die Modalitäten einer Neuwahl des Kirchenpräsidenten zum Thema gehabt zu haben [18]. Tags darauf erklärte Friedrich Veit dem Kollegium des Landeskirchenrats gegenüber seinen Rücktritt [19], bat um seine Beurlaubung und ersuchte um einen sofortigen Zusammentritt der Synode, um seine Nachfolge zu klären. Der Rücktritt Veits wird nach Lage der Dinge kein freiwilliger gewesen sein. „Es ist das einzige Mal, daß seine Familie ihn weinen sah", erinnerte sich eine Enkelin [20].

Die Vorbereitungen zur Synode liefen nun unter großem Zeitdruck, denn eine längere Vakanz hätte von zwei Seiten einen Einbruch in der Kirche heraufbeschwören können: Einerseits beunruhigten Berichte von der Reichstagung der Deutschen Christen in Berlin (3.–5. April), die eine Gleichschaltung von Kirche und Staat forderten, andererseits legten Übergriffe des Staates in kirchliche Angelegenheiten es nahe, die Vakanz des Kirchenpräsidenten schnellstens zu beenden. Am 25. April hatte Hitler den Königsberger Militärpfarrer Ludwig Müller zum „Bevollmächtigten für die Angelegenheiten der evangelischen Kirchen" erklärt und machte damit unmißverständlich klar, daß er eine gleichgeschaltete deutsche evangelische Reichskirche unter einem Reichsbischof wünschte. Meiser, der vom 23.–27. April in Berlin im Kirchenbundesamt zu Besprechungen war, drängte von dort aus telefonisch auf eine Vorverlegung der Synode. Vom 3.–5. Mai 1933 fand in Bayreuth eine außerordentliche Tagung der Landessynode statt, deren wesentliche Arbeit darin bestand, die Nachfolge Veits zu regeln. Die drei hierbei verabschiedeten Gesetze, das „Gesetz über die Bestellung eines Landesbischofs", das „Gesetz über die Ermächtigung des Landesbischofs zum Erlaß von Kirchengesetzen" und das „Gesetz über den Landessynodalausschuß" verfolgten vor allem die Absicht, die kirchenpolitische Handlungsfähigkeit der Kirche gegenüber dem Staat so abzusichern, daß eine flexible Reaktion der Kirchenleitung auf staatliche Erlasse und Handlungen möglich wäre, ohne jedesmal die zeitraubende Einberufung der Landessynode zum Erlaß von Kirchengesetzen abwarten zu müssen. Die weitgehende Bevollmächtigung des bayerischen Kirchenführers zielte vor allem auf seine starke Verhandlungsposition angesichts der zu erwartenden Einigung der deutschen Landeskirchen in einer deutschen Reichskirche. In der damit verbundenen Verfassungsarbeit im Kirchenausschuß sollte er das Erbe des lutherischen Bekenntnisses gegenüber Reformierten und Unierten verteidigen.

Das bischöfliche Ermächtigungsgesetz

Die zweite Sitzung der Synode am 4. Mai 1933 nahm zunächst das Rücktrittsgesuch Veits entgegen und würdigte seine Verdienste um die bayerische Landeskirche und den evangelischen Kirchenbund[21]. Als zweiter Tagesordnungspunkt stand die „Wahl des Herrn Kirchenpräsidenten" nach Art. 47 der Kirchenverfassung an. Hans Meiser[22] wurde auf Vorschlag des Vertrauensausschusses einstimmig mit den Stimmen aller 89 anwesenden Synodalen zum neuen Kirchenpräsidenten gewählt. Der Präsident der Landessynode, Oberregierungsrat Bracker, versicherte den Neugewählten des „einmütigen, rückhaltlosen und unerschütterlichen Vertrauens" der Synodalen[23]. Meiser kommentierte seinen Amtsantritt mit den Worten:

> Wenn ich dem Ruf, der in dieser Stunde aus dem Munde ihres Herrn Präsidenten und durch die Wahl, die Sie vollzogen haben, an mich ergeht, Folge leiste, so weiß ich, daß ich damit den schwersten Schritt meines Lebens tue. [...] Schwer ist der Schritt auch im Blick auf den besonderen Ernst der Stunde, die ein Maß von Verantwortung auferlegt, wie es nicht leicht wieder gefunden werden kann.[24]

Mit Meiser war erwartungsgemäß der Kandidat gewählt worden, der auch in der Pfarrerschaft breites Vertrauen genoß, ein Umstand, der sich in der gespannten Situation in der Pfarrerschaft positiv auf den Zusammenhalt in der Landeskirche auswirken könnte. Meiser kam denn auch auf die anstehende Erneuerung der Kirche zu sprechen:

Ich gebe mich der Hoffnung hin, daß ich mich in der kommenden Zeit der gleichen Einmütigkeit und Geschlossenheit der Pfarrerschaft und der Synode und der Gemeinden versehen darf, die mich innerlich bewegt und erhebt.
Es kann niemand verkennen, daß in unserer Zeit ein besonderer Ruf Gottes an unsere Kirche ergangen ist zur Neugestaltung ihres Wesens und Lebens.
Wir wissen alle, daß diese Neugestaltung nicht nur auf den äußeren Bau der Kirche sich beziehen darf, daß das viel größere und wichtigere Anliegen ist, daß unsere Kirche von innen und außen neu belebt werde, um der drängenden religiösen Bewegung unseres Volkes gerecht zu werden, die mit der politischen Bewegung aufgewacht ist.[25]

Der dritte Tagesordnungspunkt dieser Sitzung war die „Beratung des Gesetzes über die Bestellung eines Landesbischofs“[26]. Die Begründung für den Gesetzentwurf trug der Synodale Friedrich Langenfaß[27] im Namen des Rechtsausschusses vor:

Die besonderen Verhältnisse, in denen sich mit dem gesamten deutschen Protestantismus auch unsere Evangelisch-Lutherische Landeskirche in Bayern gegenwärtig befindet, erfordern besondere Maßnahmen. Es kann nicht meine Aufgabe sein und war auch nicht Aufgabe des Rechtsausschusses zu dem politischen und völkischen Erleben der Gegenwart Stellung zu nehmen oder gar eine Kundgebung abzufassen. Ich beziehe mich auf die Worte, mit denen in der Eröffnungssitzung der Herr Synodalpräsident seinen Gefühlen und den Gefühlen der Synode beredten Ausdruck verliehen hat[28]. Nur so viel sei gesagt: was wir in der Gegenwart erleben – nicht als staunende Zeitgenossen, sondern als innerlichst beteiligte und ergriffene Glieder des deutschen Volkes –, ist ein Umbruch und Aufbruch dieses unseres Volkes in unerhörten, gewaltigen Ausmaßen. Er stellt auch an die Kirche außerordentliche Anforderungen. [...] Es wird von dem Landesbischof viel erwartet; hohe Ansprüche werden an ihn gestellt. Daß er entschlossen, kraftvoll und zielsicher an sein Werk gehe und ein freudiger und mutiger Führer unseres Volkes sei, das ist das Begehren aller Evangelischen. Unserer bayerischen Landeskirche kommt dabei eine wichtige Stellung zu. Auf sie wird heute geschaut. Sie soll ein Vorbild der Geschlossenheit, der Festigkeit, der Dienstbereitschaft sein. [...] Besondere Verantwortung ist – das fühlen wir alle – auf den Mann gelegt, dem die Synode nach dem Rücktritt unseres hochwürdigsten Herrn

Kirchenpräsidenten die Leitung der Kirche anvertraut hat; besondere Anforderungen sind an ihn gestellt. Darum muß ihn die Synode an ihrem Teil auch ausrüsten, so gut sie es vermag. [...] Ich habe Ihnen folgendes vorzuschlagen: Sie möchten schon in der *Amtsbezeichnung* unseres neuen Kirchenführers zum Ausdruck bringen, daß sie ihn mit besonderer Ausrüstung ausgestattet sehen wollen. Die Amtsbezeichnung soll *Landesbischof* lauten. [...] der neue Führer unserer Landeskirche soll mit dem Titel ausgestattet werden, der seine Aufgabe in der Kirche und den Auftrag der Kirche deutlich hervorhebt.

Mit der Einführung des Bischofstitels befinde man sich auf gut reformatorischem Boden und verfolge den mit der Kirchenverfassung von 1920 vorgezeichneten Weg.

Heute soll, im Sinne unserer Verfassung, gemäß den dringenden Erfordernissen der Gegenwart, entsprechend dem Willen weiter Kreise in unserer Kirche, die bischöfliche Stellung unseres Kirchenleiters ausgebaut werden; *Voraussetzung dazu ist, daß ihm der bischöfliche Titel verliehen wird.*[29]

Erinnert man sich der langatmigen Diskussionen um den Bischofstitel in und vor der Synode von 1920, so erstaunt nun die vorgetragene Begründung. Sie entbehrte jeglicher inhaltlichen Konkretion und begnügte sich mit dem Hinweis auf die Mehrheitsverhältnisse und die nebulös gefaßten „Erfordernisse der Gegenwart". Überhaupt nicht klar wurde, inwiefern die Verleihung des bischöflichen Titels in irgendeiner Form die anstehenden Probleme bewältigen helfen bzw. die Erneuerung und Belebung der Kirche erleichtern würde. Langenfaß hob hervor, daß es sich bei der Bestellung des Landesbischofs nur um ein Übergangsgesetz handele; die Notwendigkeit und Gestalt jenes Übergangs verblieb jedoch ohne Erläuterung. Deutlich wurde lediglich, daß die neue Zeit von der Kirche eine neue Gestalt erwarte, der man mit Verfasssungsänderungen entsprechen wollte. Die anstehenden Verfassungsänderungen sollten allerdings nicht in Eile vollzogen werden, sondern hierzu bedürfe es „der Ruhe, der Überlegung, der inneren und äußeren Sammlung".

Diese Aufgaben können nicht durch Notgesetz erfüllt werden. Was wir jetzt zu tun haben, ist: ihnen und ihrer Erfüllung den Weg zu bereiten. Geben wir dem Mann, der dabei die Führung haben soll, nun auch wirklich den kirchlichen Führerstab in die Hand! Das können wir, ohne daß wir voreilig an der Verfassung ändern. Die Rechtsgrundlage unserer Landeskirche bleibt vollkommen bestehen. [...] Deshalb ist die Fassung des Ihnen vorliegenden Gesetzes so gewählt, daß der Titel des Landesbischofs dem Mann zu geben ist, der die Rechte und Pflichten eines Kirchenpräsidenten wahrnimmt. Deshalb gilt für seine Stellvertretung Art. 48 KV. Deshalb ist dieses Gesetz auch befristet bis zum 1. 7. 1934; nicht damit der frühere Zustand wieder eintrete, sondern damit bis dahin das Werk am Ausbau unserer Kirche getan sei, auf das wir alle warten und das notwendig ist.[30]

Auf Antrag des Synodalen Dörfler wurden die Gesetzesvorlage über die Bestellung eines Landesbischofs angesichts des „denkwürdigen und historischen Augenblicks" ohne Debatte von der Synode einstimmig angenommen[31]:

Gesetz über die Bestellung eines Landesbischofs:

Art. 1.

1. Die in der Kirchenverfassung vorgesehenen Rechte und Pflichten des Kirchenpräsidenten werden durch einen Landesbischof wahrgenommen.
2. Die Landessynode kann dem Landesbischof weitere Aufgaben übertragen.

Art. 2.

Als Landesbischof wird der gegenwärtige Kirchenpräsident bestimmt.

Art. 3.

Für die Vertretung des Landesbischofs gilt, soweit nichts anderes bestimmt ist, Art. 48 der Kirchenverfassung .

Art. 4.

Das Gesetz tritt sofort in Kraft. Es tritt mit dem 1. Juli 1934 außer Kraft: es tritt ferner außer Kraft, wenn die Kirchenverfassung im Sinne des Art.1 Abs. 1 geändert wird oder wenn der gegenwärtige Kirchenpräsident aus dem Amt scheidet.[32]

Die daran anschließende Lesung über das „Gesetz über die Ermächtigung des Landesbischofs zum Erlaß von Kirchengesetzen" erschöpfte sich ebenfalls in einer Begründung durch den Erlanger Kirchenrechtler

Hans Liermann und einer einstimmigen Annahme des Gesetzes ohne Debatte. Dieses Gesetz bildete den Kern der auf dieser Synode erlassenen Kirchengesetze und bestimmte die Kompetenzen des Kirchenführers neu – und deutlich anders als es die Kirchenverfassung von 1920 für den Kirchenpräsidenten vorgesehen hatte:

Gesetz über die Ermächtigung des Landesbischofs
zum Erlaß von Kirchengesetzen

Art. 1.

1. Kirchengesetze können außer in dem in der Kirchenverfassung vorgesehenen Verfahren auch durch den Landesbischof nach Anhörung des Landessynodalausschusses erlassen werden.
2. Artikel 28 der Kirchenverfassung bleibt unberührt.

Art. 2.

Die vom Landesbischof nach Art. 1 erlassenen Gesetze können von der Kirchenverfassung abweichen, soweit sie nicht die Einrichtung der Landessynode, des Landessynodalausschusses, des Kirchenpräsidenten und des Landeskirchenrates als solche zum Gegenstand haben.

Art. 3.

Die vom Landesbischof nach Art. 1 erlassenen Gesetze werden im Kirchlichen Amtsblatt verkündet. Sie treten, soweit sie nichts anderes bestimmen, mit dem auf die Verkündigung folgenden Tage in Kraft. Die Artikel 31 mit 33 der Kirchenverfassung finden auf sie keine Anwendung.

Art. 4.

Die in Art. 37 Satz 1 der Kirchenverfassung hinsichtlich der Auflösung der Landessynode vorgesehene Beschränkung sowie die in Art. 37 Satz 2 a. a. O. getroffenen Bestimmungen hinsichtlich der Neubildung und Einberufung der Landessynode werden außer Kraft gesetzt.

Art. 5.

Der Landesbischof ist ermächtigt, Verträge mit dem Reich, mit den deutschen Ländern oder mit anderen Kirchen abzuschließen. Soweit sich die Verträge auf Gegenstände der Kirchengesetzgebung beziehen, gelten die Art. 1–3 dieses Gesetzes.

Art. 6.

Der Landesbischof kann die ihm nach Art. 1 und 5 eingeräumten Befugnisse einem geistlichen Mitgliede des Landeskirchenrats übertragen; eine andere Art der Stellvertretung des Landesbischofs findet nicht statt.

Art. 7.

Dieses Gesetz tritt mit dem Tage seiner Verkündung in Kraft. Es tritt mit dem 1. Juli 1934 außer Kraft, ferner wenn der gegenwärtige Landesbischof aus dem Amte scheidet.

Das kirchliche Ermächtigungsgesetz lehnte sich ganz unverblümt und bis in die Terminologie unverkennbar an das staatliche Ermächtigungsgesetz vom 23. März 1933 an, mit dem Hitler sich auf zunächst auf vier Jahre das Recht garantieren ließ, Gesetze ohne Beteiligung des Reichstages oder Reichsrates zu erlassen[33]. Der juristische Referent im Landeskirchenrat und Nachfolger Karl Gebhards, Dr. Hans Meinzolt, hatte die Gesetzesvorlagen federführend angefertigt. Das Rubrum „Ermächtigung" erklärte er als *terminus technicus* für unverzichtbar und hielt die terminologische wie inhaltliche Entsprechung mit dem Reichsgesetz für gänzlich unproblematisch[34]. Von Liermann wurde das Gesetz als Notverordnung klassifiziert, wobei er eine Notgesetzgebung im kirchlichen Rahmen als „nichts Außergewöhnliches" einstufte, da die kirchlichen Parlamente aus finanziellen und persönlichen Gründen nicht so häufig und so lange tagen könnten wie die staatlichen. Wichtig erscheint auch die Zielrichtung, die er dem neuen Gesetz beimaß:

> Ich bitte Sie daher, den Gesetzentwurf nicht so sehr vom Standpunkte der inneren Kirchenpolitik, sondern von demjenigen der äußeren Kirchenpolitik zu betrachten. Es gilt bei den Verhandlungen mit Reich und Staat und mit den anderen Landeskirchen, welche auf die irgendwie geartete Bildung einer Reichskirche hinauslaufen, aktionsfähig zu sein. Diese außerordentlichen Aufgaben lassen sich nur in außergewöhnlichen Formen erledigen.[35]

Dem Landesbischof sollten mit dem Gesetz vor allem Freiheiten und Handlungsfähigkeit in der äußeren Kirchenpolitik zugebilligt werden, wie es Liermann in der Erläuterung zu Art. 5 hervorhob. Von der Gesetzgebungskompetenz des Landesbischofs ausgeschlossen bleiben sollten nur die bestehenden Organe (Landessynode, Landessynodalausschuß, Landeskirchenrat und Kirchenpräsident) und das Bekenntnis, das als über dem Recht stehend grundsätzlich nicht zum Gegenstand der Gesetzgebung gemacht werden dürfte. Zugleich wurden dem Landesbischof auch im Bereich der innerkirchlichen Gesetzgebung (Agende, Katechismus, Gesangbuch und Lehrverpflichtung der Geistlichen) völlige Freiheit in der Gesetzgebung gewährt. „Auch das muß ihm gegeben werden, um die Kirche bei den Fragen, um die es jetzt geht, aktionsfähig zu erhalten."[36] Schließlich ist noch die erweiterte Kompetenz des Landesbischofs gegenüber der Landessynode zu erwähnen. Liermann kommentierte sie – aus heutiger Sicht reichlich lakonisch:

> Durch Art. 4 schaltet sich die Synode weitgehend aus.
> a) Die mehrfache Auflösungsmöglichkeit aus demselben Anlaß ist nicht tragisch zu nehmen. Die staatsrechtliche Praxis der letzten Zeit hat gezeigt, daß der Auflösungsanlaß immer wechselt.
> b) Dagegen gewährt die Ausschaltung von Art. 37 S. 2 KV die Möglichkeit einer längeren Regierung ohne Kirchenparlament. Sie wird korrigiert durch die Tatsache, daß das Gesetz selbst gem. Art. 7 befristet ist.[37]

Da man die entscheidenden Gesetze für eine Reichskirchenverfassung und für eventuell anstehende Verträge zwischen Staat und Kirche innerhalb der Geltungsdauer des vorliegenden Gesetzes auf den Weg gebracht haben wollte, erschien die Ausschaltung des Kirchenparlaments auf Zeit vielen Synodalen wohl weniger problematisch. Der neue Landesbischof genoß das Vertrauen der Pfarrer und Gemeinden; er würde das Ermächtigungsgesetz nicht gegen die eigene Kirche verwenden. Außerdem sollte er bei seiner Arbeit durch einen erweiterten Landessynodalausschuß unterstützt werden, der für die Geltungsdauer des Ermächtigungsgesetzes das synodale Element in der Kirchenleitung verstärkt zur Geltung bringen würde. Das „Gesetz über den Landessynodalausschuß"[38] sah vor, daß der Ausschuß um sechs vom Landesbischof zu bestimmende Mitglieder erweitert werde.

> Art. 1.
> 1. Der Landessynodalausschuß wird um 6 Mitglieder erweitert, sie werden vom Landesbischof bestellt.
> 2. Der Landesbischof kann auch Mitglieder bestellen, die nicht Mitglieder der Landessynode sind.

Art. 2.

Die durch den Landesbischof bestellten Mitglieder des Landessynodalausschusses sind vom Zeitpunkt der Bestellung an Mitglieder der Landessynode, soweit sie ihr nicht bereits angehören.

Art. 3

Das Gesetz tritt sofort in Kraft.

In der Begründung für den ebenfalls einstimmig ohne Debatte angenommenen Gesetzesentwurf[39] führte der Synodale Lindner aus, daß die Schwere der Verantwortung vom Landesbischof nicht allein getragen werden solle, sondern daß ihm in dem erweiterten Landessynodalausschuß ein handlungsfähiges Organ zur Seite gestellt werde, das als „beratende Körperschaft" rasch zusammengerufen werden könne[40].

Anmerkungen zu den Kirchengesetzen

Die Begründungen der Gesetzesvorlagen auf der Synode lassen erkennen, daß die personellen und strukturellen Veränderungen, die mit der Synode in Bayreuth durchgeführt worden sind, vornehmlich von der politischen Lage diktiert waren, die unmittelbar auf die kirchliche Atmosphäre durchschlug und hier einen scheinbaren oder tatsächlichen Handlungsdruck erzeugte. Bezeichnenderweise erschienen den Synodalen nun die Bedingungen für eine Verfassungsänderung gegeben, was in einem merkwürdigen Widerspruch steht zu der Feststellung, die Kirche lasse sich ihr Handeln nicht durch äußere Anlässe diktieren. Wie bereits erwähnt, blieb eine inhaltliche Begründung für die Bestellung und Ermächtigung des Landesbischofs aus. Der Hinweis auf den vorläufigen Charakter der Gesetze läßt einmal mehr fragen, wie eine solche kurzfristige Maßnahme einen kirchlichen Umbau bewirken sollte. Meiser deutete in seiner Rede an, daß er die Bestellung zum Landesbischof vornehmlich als „eine Verlagerung der Tätigkeit des Kirchenpräsidenten nach der geistlichen Seite seiner Wirksamkeit" verstand[41]. Genaugenommen kann man diese Aussage nur als Eingeständnis lesen, daß eine solche geistliche Leitung, die schon von der Kirchenverfassung von 1920 intendiert worden war, bisher nicht oder doch zu wenig stattgefunden hatte. Es fragt sich aber, wie sie durch einfache Änderung des Titels intensiviert werden sollte, zumal die Ermächtigung des Landesbischofs nach den Aussagen Liermanns und Meisers vor allem nach außen Wirkung zeitigen sollte. Nach innen als Kompetenzerweiterungen im Sinne einer geistlichen Kirchenleitung wurde das Ermächtigungsgesetz keineswegs verstanden. Vor allem aber fragt sich, wieso die beiden Gesetze verkoppelt wurden und wieso Langenfaß in seiner Begründung zum Gesetz über die Bestellung eines Landesbischofs diese zur Voraussetzung machte, um die „dringenden Erfordernisse der Gegenwart" bewältigen zu können.

Das Ermächtigungsgesetz und das Gesetz über die Bestellung des Landesbischofs sind nicht – wie ursprünglich vorgesehen – im Juli 1934 außer Kraft getreten. Sie wurden beide auf der außerordentlichen Tagung der Landessynode vom 12.–14. September 1933 auf unbestimmte Zeit verlängert. Diese Synode, die nach den staatlich erzwungenen Kirchenwahlen am 23. Juli durch parteihörige oder der Glaubensbewegung angehörende Synodale dominiert wurde, trat noch einmal am 23. August 1934 zusammen, um eine Eingliederung der bayerischen Landeskirche in die Reichskirche einstimmig abzulehnen. Danach trat sie bis 1946 nicht mehr zusammen. In der langen Zeitspanne von zwölf Jahren, also über zwei Synodalperioden hinweg, war der Landesbischof das einzige gesetzgebende Organ der Landeskirche, wobei Meiser sich stets um Anhörung und Einvernehmen mit dem Landessynodalausschuß bemühte.

Das Ermächtigungsgesetz, das seine Wirkung eigentlich im Kontext der Einigung der protestantischen Landeskirchen zu einer Reichskirche entfalten und Landesbischof Meiser freie Hand in den Verhandlungen mit dem bayerischen Staat und der Reichsregierung geben sollte, hatte im Endeffekt nur eine innerkirchliche Wirkung: Die „intakte" bayerische Landeskirche konnte aufgrund dieses Gesetzes weitergeführt und regiert werden. Nach 1934 wagte es in Bayern keiner im Landeskirchenrat mehr, die Synode einzuberufen; zu groß erschien die Gefahr, durch die nationalsozialistischen Kräfte unterwandert zu werden.

Allerdings wird man die innerkirchliche Wirkung der ‚ermächtigten Stellung' des Landesbischofs auch nur gering veranschlagen können: Die innerkirchliche geistliche Leitung, die Meiser auf der Synode in Bayreuth angekündigt hatte, ist im großen und ganzen ausgeblieben. Freilich, ist es von einer späteren Warte leicht, Meiser Versäumnisse vorzuhalten, aber dafür soll hier nicht der Ort sein. Klar gesagt werden muß hingegen, daß Meiser die Worte, die er hätte sprechen können und die ihm nahegelegt worden sind, nicht gesprochen hat. Das galt zum Beispiel hinsichtlich des sogenannten Arierparagraphen wie überhaupt der Diskriminierung von Juden in Staat, Gesellschaft und Kirche. Pechmann war diesbezüglich nicht nur bei dem Vorsitzenden des Deutschen Evangelischen Kirchenausschusses des Evangelischen Kirchenbundes (DEKA), Hermann

Kapler, in Berlin vorstellig geworden, sondern auch in seiner eigenen Landeskirche[42]. Das galt ebenso für die staatlich erzwungenen Kirchenwahlen im Juli 1933 und schließlich für die Synode im September 1933[43].

Ernst Henn kommt in seiner ausführlichen Untersuchung zu dem Ergebnis, „daß das beschlossene Ermächtigungsgesetz eine wohlüberlegte Notmaßnahme darstellt, die dem Wesen einer Evangelisch-Lutherischen Kirche wie der bestehenden Verfassung gerecht wurde."[44] Die hier gelieferte Darstellung läßt einige Zweifel an dem recht wohlwollenden Urteil aufkommen: Zum einen lassen die Begründungen zu den im Mai 1933 erlassenen Kirchengesetzen erkennen, daß hier eine Kirchenpolitik getrieben wurde, die sehr stark im Bann des von den Nationalsozialisten propagierten völkischen Aufbruchs stand, die zudem die Travestie der nationalsozialistischen Kirchenfreundlichkeit nicht durchschaut hatte und folglich gegen den Einbruch der von der Partei unterstützten DC-Bewegung kaum gewappnet war. Die ursprüngliche Intention der Gesetze konnte gar nicht zu ihrer Entfaltung kommen, da der Kampf um Reichsbischofsamt und Reichskirche und der damit ausgebrochene Kirchenkampf weitergehende Verfassungsverhandlungen gar nicht mehr zuließ[45].

Die Frage, ob die Ermächtigung Meisers dazu beigetragen hat, daß die bayerische Landeskirche als eine „intakte" Landeskirche die Jahre des Nationalsozialismus überstand, kann hier nicht auch nur ansatzweise beantwortet werden. Im nachhinein ließe sich die Verfassungskonstruktion sicher dafür anführen, daß in Bayern die Kirche an der DC-unterwanderten Synode nicht zerbrochen ist, daß keine Parallelstrukturen von DC-Kirche und bekennender Kirche entstanden. Andererseits darf man die problematischen Nebenwirkungen des kirchlichen Ermächtigungsgesetzes ebensowenig übersehen: Es hat bei aller terminologischen und sachlichen Anlehnung an das staatliche Gesetz zwar nicht zu einer absoluten Diktatur in der Kirche geführt – nicht zuletzt wegen der gewissenhaften Persönlichkeit Meisers selbst, der seine Befugnisse zwar durchaus im Sinne eines Führerprinzips ausgelegt und angewendet hat[46], der aber darin stets die Rückendeckung des Landessynodalausschusses und des Landeskirchenrates suchte. Aber die unbefangene Übernahme der staatlichen Formeln approbierte diese gleichsam und verschleierte die Einsicht in den totalitären Anspruch, den der Staat mit ihnen erhob. Es ist zu fragen, ob das scheinbare Einvernehmen mit der Bewegung im Staat nicht frühzeitig Widerstandskräfte in der Kirche gelähmt hat, die zu diesem Zeitpunkt noch am wirkungsvollsten hätten mobilisiert werden können. Wieder einmal war das kirchliche Führungsamt dem staatlichen weitgehend akkomodiert worden; ein Umstand, der auch die Haltung des bayerischen

Landesbischofs gegenüber dem Staat eher als Anpassung denn als Widerstand erscheinen läßt. Zwar ließe sich die Ernennung und Ermächtigung des kirchlichen Führers auch als Begrenzung des staatlichen Totalitätsanspruchs geltend machen, doch dazu hätten Abgrenzung und Kritik explizit werden müssen. Das ist gerade bei Meiser in den ersten Jahren gegenüber Hitler nicht erkennbar geworden.

Das Ermächtigungsgesetz hat daneben aber auch zu einer erhöhten Bedeutung des Landeskirchenrates beigetragen. Vornehmlich als die Synode nicht mehr existierte und der Landessynodalausschuß durch die lange Periode zermürbt und den gemeindlichen Rückhalt vermissend an Effizienz eingebüßt hatte [47], gewann der Landeskirchenrat eine zentrale Bedeutung in der Kirchenleitung. Damit dominierte wieder jenes bürokratisch-administrative Element, das man durch die Kirchenverfassung von 1920 eigentlich beschränkt wissen wollte. Das Phänomen verweist auf die Virulenz eines Problems, das seit der Kirchenverfassung von 1920 unentschieden war: Professor Liermann, Mitglied des erweiterten Landessynodalausschusses, befand in einer seiner Sitzungen 1938, daß die Stellung des Landeskirchenrates nach wie vor ungeklärt sei, daß er merkwürdig unbestimmt stehe zwischen dem Kirchenpräsidenten, der die Kirche vertrete, und der Synode, die die Gemeinden repräsentiere [48].

Das Bekenntnis, dem Meiser bei seinem Amtsantritt ganz besondere Bedeutung beigemessen und das er gegenüber allen staatlichen und kirchlichen Eingriffen zu schützen versprochen hatte [49], war ein kirchliches ‚Handlungsfeld', auf dem Meiser seine mit besonderen Befugnissen ausgestattete oberhirtliche Tätigkeit hätte profilieren können. In gewisser Weise ist ihm das auch gelungen, als er zunächst – zusammen mit anderen lutherischen Kirchenführern – den designierten Reichsbischof von Bodelschwingh desavouierte [50] und im Mai 1934 die lutherische Landeskirche aus der Bekenntnisfront in Barmen ausscheren ließ [51]. Beide Male war ihm die Unversehrheit des Bekenntnisses und eine konfliktfreie Stellung gegenüber dem Staat wichtiger als eine kirchliche Einigung.

12 Wilhelm Freiherr von Pechmann (1859–1948)

13 Christian Geyer (1962–1929)

14 Friedrich Boeckh (1859–1930)

15 Friedrich Braun (1855–1940)

16 Hans Meinzolt (1887–1957)

17 Oberkirchenrat Karl Gebhard (1864– ?))

18 Dt. Ev. Kirchentag 1924 (2.v.l. Schöffel, 6.v.l. Gebhard, 8.v.l. Ricker)

19 Nürnberg 1933, Amtsübergabe von Friedrich Veit an Hans Meiser

20 Landesbischof Hans Meiser (1881–1956)

Schluß

Ein Meisterstück der Kirchenleitung

Als die Reformation mißlang, an ihre Stelle eine neue Kirchenbildung trat, wurde zwar das Hauptamt der Kirche, das Pastorat, und zwar in gereinigter Form, hinübergerettet, aber die Hilfsämter des Pastorats, das Diakonat wie das Episkopat, verkümmerten beide. Das 19. Jahrhundert hat der evangelischen Kirche das Diakonat zurückgegeben; das 20. Jahrhundert wird ihr das Episkopat zurückgeben. Schon vor dem Zusammenbruch des Staatskirchentums regte sich in dieser Richtung allerlei; jener Zusammenbruch ist die von Gott gegebene Gelegenheit, jetzt das Erforderliche zu ordnen. Ich erwarte zwar, daß die Bureaukratie, unterstützt durch die nicht zu unterschätzende Macht der Gewohnheit, einstweilen noch einiges durchsetzen wird, das das volle selbstverantwortliche Episkopat zur höheren Ehre der Bureaukratie beschneidet, aber ich bin der Zuversicht, daß das alles mit der Zeit kraft dessen, was dem Wesen der wieder zu sich selbst kommenden Kirche entspricht, wird überwunden werden; darin steckt eine Bedingung dafür, daß die Kirche die Allüren eines Staatsdepartements voll überwindet und unter Gottes gnädigem Walten zu eigenem Stand und Wesen kommt.[1]

Ecclesiam habemus! Wir haben eine Kirche! Wir stehen vor einer Wendung, die niemand hatte voraussehen können. Das Ziel ist erreicht! Gott wollte eine evangelische Kirche! Seinem Willen mußten beide dienen, die da aufbauen und die da zerstören wollten. Wenn Gott will, muß sich immer wiederholen, was seine Schöpfungsordnung von Anbeginn gewesen ist. [...]Die Kirche braucht ein Amt, das mit einer Autorität, die sich von Gott her schreibt, das Heilige verwaltet, ein Amt, das von der Kirche kraft ihrer überlieferten Maßstäbe kontrolliert wird, das aber auch seinerseits das Leben der Kirche kontrolliert und leitet. Dies Amt ist zunächst und vor allem ein Amt an der Gemeinde. [...] Aber Kirche ist erst da, wo ein Amt sich gebildet hat, dessen Verantwortung über die einzelne Gemeinde hinausgeht, ein Amt, das recht eigentlich um der Kirchen willen da ist, das die Tradition der Kirche und ihre Eigenheit wahrt. Kirche kann nicht sein ohne das bischöfliche Amt![2]

Zwischen der Prognose des badischen Pfarrers Theodor Kaftan und dem Triumphruf des preußischen Generalsuperintendenten Otto Dibelius lagen rund sechs Jahre, in denen die evangelischen Landeskirchen die traumatischen Erfahrungen der Niederlage und der Revolutionsmonate auf den ersten Blick gut überstanden und sich in ihrem Bestand konsolidiert hatten, zu „eigenem Stand und Wesen" gekommen waren. Erstmals, so schien es, war die evangelische Kirche wirklich Kirche geworden, hatte sich in eigener Machtvollkommenheit eine Verfassung geben und durch Verhandlungen mit dem Reich und den Einzelstaaten weitgehend den Fortbestand der einstigen Privilegien erreichen können. Die neuerlangte *Selbständigkeit* erklärt zu einem guten Teil den Triumphalismus von Dibelius. Johannes Schneider sekundierte ihm 1929 und sprach von einem „Meisterstück der Kirchenleitung", das für ihn wesentlich verbunden war mit dem „empirischen Kirchenbegriff", den man der organisatorischen Neuordnung der Kirche nach 1918 zugrunde gelegt hatte [3]. Der soziologisch inspirierte Kirchenbegriff [4] implizierte auch jene Form von bischöflicher Kirchenleitung, wie sie sich in vielen deutschen evangelischen Landeskirchen nach 1918 durchsetzen konnte [5].

Die Frage nach dem Bischofsamt trat in der evangelischen Kirchengeschichte Deutschlands immer wieder hervor und wies auf das ungeklärte Problem einer geistlichen Leitung der Gesamt- bzw. Territorialkirche hin. Solange diese Aufgabe vom Staat bzw. vom Landesherrn beansprucht und wahrgenommen wurde, verwandte die evangelische Ekklesiologie auf diesen Topos keine größere Mühe. Mit dem Entstehen der modernen europäischen Staaten zu Beginn des 19. Jahrhunderts, die aufgrund ihrer ‚konfessionsindifferenten' Staatsdoktrin eine Ausdifferenzierung staatlicher und kirchlicher Rechtskreise vorantrieben, wurde das Problem für die evangelischen Landeskirchen erstmals wieder virulent. Die Versuche preußischer Könige, das evangelische Bischofsamt wiederzubeleben [6], geben davon ebenso Zeugnis wie die Stimmen evangelischer Kirchenmänner (Stahl, Löhe u.a.), die für ein evangelisches Bischofsamt plädierten, um die kirchliche Selbständigkeit zu forcieren. So finden sich im 19. Jahrhundert zwar noch nicht viele tituläre Bischofsämter, aber doch immer mehr Ämter mit einer „oberhirtlichen Tätigkeit". Das letzte Drittel des 19. Jahrhunderts verzeichnete in dieser Beziehung nur wenig Bewegung – zu sehr standen Reichseinheit und gesellschaftliche Mobilisierung, insbesondere die soziale Frage für die Kirche auf der Tagesordnung, als daß Vorschläge zu einer strukturellen Neuordnung der geistlichen Leitung der Kirche unterbreitet worden wären. Der Erste Weltkrieg, an seinem Beginn getragen von einem quasireligiösen Einheitsrausch des deutschen Volkes und an seinem Ende gekennzeichnet durch den Zusammenbruch der alten Ordnungen und überkommenen Werte, warf für die Kirche erneut und nun mit Vehemenz die Frage nach der geistlichen Leitung auf. Mit der militärischen Niederlage und der innenpolitischen Revolution wurden die „großen Symbolsysteme“[7] der Kaiserzeit abgeschafft, die bis dahin die nationale Identität definiert hatten; insofern scheint es berechtigt, von einem massiven ‚Identitätsverlust‘ zu sprechen[8]. Die evangelischen Landeskirchen – wohl noch stärker als die römisch-katholische Kirche – hatten sich durch ihr intensives „Nahverhältnis zur bestehenden Ordnung“[9] so stark mit der nationalen Ideologie verbunden, daß sie nicht weniger von der umfassenden Krise erfaßt wurden als alle andere Bereiche des öffentlichen und privaten Lebens – auch wenn kirchenoffiziell mehr als einmal das Gegenteil verlautbart wurde.

Das sozialdemokratisch regierte Deutsche Reich gewährte den Kirchen in der Weimarer Reichsverfassung größtmögliche Freiheit für die Ausgestaltung der innerkirchlichen Angelegenheiten, beschränkte die staatliche Aufsicht über die Kirchen auf ein Minimum und garantierte einen großen Teils der Privilegien, die die Kirchen in der Zeit des Staatskirchentums erworben hatten. Zugleich schaffte es aber auch allen religiösen Zwang auf Privatpersonen ab, nivellierte die Stellung der beiden Großkirchen gegenüber den anderen religiösen Gemeinschaften[10] und ließ auch kirchenkritischen Stimmen Raum in der Öffentlichkeit.

Von Kirchengliedern, insbesondere den Pfarrern und Kirchenleitungen wurde jene Freistellung der Kirche primär als kirchenfeindlicher Akt wahrgenommen; Schlagwörter wie „Kulturkampf“ und „Christenverfolgung“ gingen um. Auch wenn Hürtens Diagnose von einer langfristigen Traumatisierung durch die frühen Anfeindungen mir etwas zu scharf erscheint, so illustriert sie doch ein Dilemma, aus dem sich die evangelische Kirche in den Jahren der Weimarer Republik nicht zu befreien vermochte: Die evangelische Kirche hatte von *dem* Staat, dessen Regierungsform und Vertreter sie mehrheitlich und unverkennbar ablehnte, genau das zugesagt bekommen, was ihr von der als gottgesandt geglaubten Obrigkeit der Monarchie zuvor jahrhundertelang vorenthalten worden war: Sie war *selbständig* geworden. Überwiegend frei von staatlichen Eingriffen durfte sie nun ihre inneren Angelegenheiten verwalten und ordnen, sie hatte den Status einer Körperschaft des öffentlichen Rechts[11] und einen in Militärseelsorge, Schule und Universitäten staatlich garantierten Anspruch auf Öffentlichkeit[12].

Die strukturellen Ausgangsbedingungen nach 1918

Nur auf den ersten Blick erscheint die verfassungsrechtliche Stellung des Kirchenpräsidenten als folgerichtiger Schritt in der rechtsgeschichtlichen Entwicklung[13]. Die Übertragung der ehemals summepiskopalen Reservatrechte auf den Kirchenpräsidenten wirkt insofern konsequent, als damit auch *die* Rechte dem Vorsitzenden derjenigen Behörde anvertraut wurden, die mit der Wahrnehmung der allgemeinen summepiskopalen Rechte bisher bereits betraut war. Das Amt des Kirchenpräsidenten nimmt damit einmal die zusammengefassten summepiskopalen Rechte in sich auf, zum andern ist der Transformation des Amtes vom Oberkonsistorialpräsidenten zum Kirchenpräsidenten eine theologische wie (kirchen)politische Umorientierung eingeschrieben[14]. Das trifft zusammen mit der mehrfach beobachteten Bemühung um ein Höchstmaß an Kontinuität in der Gestalt der Kirche nach der Revolution. Im gleichen Moment muß aber hinzugefügt werden, daß jene Transformation keineswegs als geschichtlich notwendig angesehen wurde; die Strittigkeit der Bischofsfrage in den Verfassungsdiskussion deutet darauf hin.

Paul Schoen wies in seiner ausführlichen Untersuchung der evangelischen Kirchenverfassungen nach 1918 darauf hin, daß die Einrichtung eines episkopalen Amtes Merkmal sehr vieler Kirchen wurde – unabhängig davon, ob man diesem Amt tatsächlich den Titel eines Bischofs verlieh. Die Einrichtung sei aber keine Restitution des Summepiskopats gewesen, sondern habe ganz bewußt das geistliche Amt in das „eigentliche Verfassungsleben" einbeziehen wollen[15]. Mithin würden in der Institution des evangelischen Bischofsamtes nicht einfach die Kompetenzen des ehemaligen Oberkonsistorialpräsidenten mit denen des Summus Episkopus zusammengefaßt, sondern ein spezifisch geistliches Amt neu geschaffen. Die geistliche Leitung sollte, verfassungmäßig verankert, strukturell wie inhaltlich die geistliche Neugestaltung der Kirche begünstigen, die man durch die Strukturen des landesherrlichen Summepiskopats verhindert gesehen hatte. Schoen hob hervor, daß die Lösung des Problems nur auf dem Boden der jeweiligen Landeskirche angegangen werden konnte, da es galt, die jeweils territorialen Traditionen zu berücksichtigen.

Strukturgenetisch betrachtet konnte ein bischöflichen Amtes in den evangelischen Landeskirchen Deutschlands nicht an das bestehende römisch-katholische oder das außerdeutsche evangelische Bischofsamt anknüpfen. Es mußte sich hier eine völlig neue Konstruktion herausbilden, die die je spezifische Konstellation der Landeskirche aufnahm und neu durchbildete. Das bischöfliche Amt mußte sich neben den bereits bestehenden Organen, Synode und Konsistorium, etablieren. Der Prozeß, in dem diese drei Kräfte zu einem Gleichgewicht untereinander fanden, brachte es mit sich, daß sich Koalitionen zwischen der neuen und den überkommenen Institutionen anbahnten. Die verschiedenartigen Verfassungskonstruktion erklären sich folglich aus den Ausgangsbedingungen der Landeskirchen, die nach Größe, theologischer Tradition, konfessioneller Zusammensetzung politischen und kirchenpolitischen Rahmenbedingungen mannigfach differierten.

Schmidt-Clausen hat in einem Rückblick auf die Verfassungsentwicklung in der Zeit der Weimarer Republik unter diesen Rahmenbedingungen das theologische Motiv besonders akzentuiert. Je nach theologischem Ausgangspunkt sei das Bischofsamt mehr konsistorial oder mehr synodal geraten. Die Betonung des Allgemeinen Priestertums aller Gläubigen habe zu einem eher gemeindlich orientierten Kirchenbau und einem synodalen Bischofsamt geführt. Gingen die theologischen Überlegungen dagegen stärker von Wort und Sakrament als den *notae ecclesiae* aus, so sei der Kirchenbau mehr mit Blick auf die Gesamtkirche gestaltet und folglich sei das Amt eher konsistorial geraten [16].

Diese Beobachtung und Schematisierung scheint einige Richtigkeit für sich beanspruchen zu können [17]. Tatsächlich lassen sich klare Unterschiede in den Verfassungen erkennen, die sich vom Zeitpunkt der Diskussion her und aus der je verschiedenen theologischen Tradition erklären lassen. So waren die Verfassungen der lutherischen Kirchen in der Gestaltung des bischöflichen Amtes sehr viel stärker an einem gesamtkirchlichen Aufsichtsamt (*episkopé*) interessiert als unierte oder gar reformierte Kirchen. Hier schlug offenbar die besondere Wertschätzung des einen geistlichen Amtes der Wort- und Sakramentverwaltung auf die Ebene der Gesamtkirche durch [18]. Lutherische Kirchen installierten einen *pastor pastorum*, eine *episkopé*, die „personhaft ansprechbare rechtlich definierbare Vorordnungs- und Unterordnungsverhältnisse" umfasste [19]. Umgekehrt wiesen die unierten Kirchen kein mit derart reichen Befugnissen ausgestattetes bischöfliches Amt auf – der jeweilige Name ist sekundär –, was mit dem starken Widerstand reformierter Gemeinden gegen eine Verlagerung der verschiedenen gemeindeorientierten Charismen in übergemeindliche Organe zusammenhing.

Für die Evangelisch-Lutherische Kirche in Bayern rechts des Rheins wird man hinsichtlich der Ausgangsbedingungen auf den sehr frühen Abschluß der Verfassungsneubildung achten müssen. Die Kirche war ihrer Größe und Struktur nach neben der württembergischen die erste große

Landeskirche, die ihre rechtliche Ordnung abschließen konnte[20]. In kirchenpolitischer Hinsicht wird man erstens die Nähe zur dominierenden katholischen Kirche veranschlagen müssen[21]. Zweitens ist die stark zentralistische Struktur der Landeskirche zu bedenken, die trotz des katholischen Summepiskopats ein enges Verhältnis zum Staat charakterisierte. Drittens darf die insgesamt konservative Orientierung der Landeskirche nicht vergessen werden; sowohl politisch wie auch theologisch spielte der Liberalismus in den Jahren um 1918 in Bayern nur eine marginale Rolle. Viertens trifft man in Bayern auf eine sich gnesiolutherisch gerierende Amts- und Staatslehre– in Form einer durch Christoph E. Luthard inspirierten Interpretation der lutherischen Zwei-Reiche-Lehre. Sie hat mit der Betonung des Autoritätsgedankens nicht unwesentlich zur Ausformung des bischöflichen Amtes beigetragen. Abgesehen von dem letzten erscheinen diese Punkte wesentlich stärker politischen und mentalitären als theologischen Motiven zu entspringen. Wie sich diese verschiedenen Motive in der Argumentation überlagern und durchdringen, soll im folgenden entfaltet werden.

Die Kirche und ihr Lagebewußtsein

Kurt Nowak urteilte über die Evangelische Kirche in der Weimarer Republik, „daß die offizielle Kirche es zwischen 1918 und 1932 nicht verstanden hat, das nach der Novemberrevolution verstärkt aufgebrochene Problem der Weltverantwortung der Kirche – nach Maßgabe der kirchlichen Eigenart – theoretisch und praktisch zu bewältigen.“[22] Für dieses Versagen machte er das „Fehlen von lagebewußten Theologien“ verantwortlich[23]. Er moniert:

> Der Kirche jener Zeit war durchaus so viel historisches Lagebewußtsein abzuverlangen, daß sie zu den aufgeklärten neuzeitlichen Staats-, Gesellschafts- und Politikmodellen im Gefolge der Französischen Revolution durchstieß und sie theologisch bewältigte, ohne ständig in ideologische und theologische Abwehrreaktionen zu verfallen.[24]

Man wird nicht umhin können, das kirchliche und politische Handeln der evangelischen Kirche in ihren Zusammenschlüssen wie auch das der einzelnen Landeskirchen unter theologischen und politischen Aspekten als defizitär zu beurteilen. Es ist mir hingegen fraglich, ob das von Nowak eingeforderte „Lagebewußtsein“ tatsächlich so einfach zu erreichen war.

Die mentalitäre und ideologische Verhaftung in den tradierten Denk- und Handlungsmustern war offensichtlich doch größer, als daß innerhalb weniger Jahre ein vollständiger Paradigmenwechsel hätte geleistet werden können. Der Verlust der „großen Symbolsysteme", so ambivalent man ihnen mittlerweile auch gegenüberstand[25], die physische und psychische Krise der Nachkriegszeit und nicht zuletzt die Tatsache, daß der Staat die Kirche finanziell wie rechtlich zu Disposition zu stellen schien, all das waren Momente, die offenbar eine tiefe Verunsicherung hinterließen und in der Kirche die Entwicklung eines solchen „Lagebewußtseins" behinderten, wenn nicht unmöglich machten.

Das lag weniger daran, daß die Kirche zu unpolitisch war, auch wenn sie sich als eine Größe jenseits des „Parteiengezänks" und „über den Parteien" stehend definierte. Vielmehr gründet die fatale Fehleinschätzung der politischen Lage nach 1918 und erst recht um 1933 in einer offenkundig politischen Haltung der Kirche, über die sie sich selbst keine Rechenschaft geben wollte oder konnte. Die Kirche war latent, ja zum Teil unverkennbar politisiert. In der Zeit des Staatskirchentums war das sowohl vom Staat als auch von der Kirche mehr oder minder befürwortet worden. Nach 1918 drückte sich die Politisierung in einer heftigen Ablehnung der Demokratie und ihrer Institutionen durch eine konservative, deutsch-nationale Kirche aus[26].

Mit der Säkularisierung und Abnahme der kirchlichen Bindungsfähigkeit, seit 1871 unübersehbar, war im Gegenzug die Religiosität in andere Bereiche ausgewandert; politischer Glaube, politische Heilsmythen oder Ersatztheologien waren die Folge[27]. So läßt sich zwischen 1871 und 1918 eine Politisierung der Kirche auf der einen Seite beobachten, der eine religiöse Überhöhung des politischen wie gesellschaftlichen Lebens korrespondiert – ein typisch deutsches Phänomen, wie Nipperdey im Vergleich mit den anderen westlichen europäischen Ländern festgestellt hat[28].

Die Durchdringung geistlicher und weltlicher Sphären, wie sie für den deutschen Protestantismus und so für weite Teile der deutschen Gesellschaft zu konstatieren ist, gibt der Geschichtsschreibung zusätzliche Probleme auf: Wie sollen geistliche oder theologische Anliegen der Kirche beurteilt werden, wenn sie nicht von ihren politischen Implikationen und Voraussetzungen isoliert betrachtet werden können? Wieweit sind überhaupt solche geistlichen oder theologischen Anliegen in der Beschreibung zuzugestehen und als das eigentliche Motiv kirchlichen Handelns anzusetzen, wenn im gleichen Moment die politischen, soziologischen, mentalitätsgeschichtlichen Argumente als die ungleich plausibleren zur Hand sind? Man könnte mit Franz Camill Overbeck geneigt sein, das Handeln der die Kirche nach innen und außen vertretenden Personen auf ein rein weltliches Denken, Fühlen und Handeln zurückzuführen – zumal wenn die religiöse Verkleidung politischer Gedanken wie ein schlecht sitzender Anzug übergestülpt erscheint[29]. Im folgenden soll die Einsicht in die „politische Überwucherung theologischer Urteile durch politische Interessen“[30], in einer Synopse von möglichen theologischen Anliegen und gleichzeitigen politischen Interessen dargestellt und abgewogen werden.

Die politische Überwucherung theologischer Interessen

Gerade für die Analyse der Entstehung des bischöflichen Amtes in der Evangelisch-Lutherischen Kirche in Bayern scheint die Rückfrage nach den politischen Motiven angezeigt zu sein. Zugleich sollen aber die genuin theologischen Interessen der Kirche und ihr Anteil am Zustandekommen der neuen, episkopal orientierten Kirchenverfassung im Blick behalten werden. Die Zusammenschau beider Aspekte liegt umso näher angesichts der Tatsache, daß die Kirchenverfassung der Vereinigten Protestantisch-Evangelisch-Christlichen Kirche der Pfalz trotz der gleichen staatsrechtlichen Voraussetzungen zu einer ganz anderen Lösung kam als die lutherische Kirche rechts des Rheins[31]. Allein in den theologischen bzw. konfessionellen Voraussetzungen das Motiv dafür zu sehen, wäre zu einfach. Man wird also nicht umhin kommen, die politischen Optionen der überwiegend national-konservativen Pfarrerschaft, der Kirchenleitung, der Synoden und oft auch der Gemeinden in der von diesem Personenkreis geschaffenen evangelischen Kirchenverfassung ebenso zu vermuten und in Rechnung zu stellen wie in den ganz offenkundig im Sinne einer politischen Theologie verfaßten Schriften[32].

Die von Dahm aufgezeigte „Überwucherung theologischer Urteile durch politische Interessen“, die nicht allein die Krisenmentalität des Pfarrerstandes auszeichnete, läßt sich als Verfremdung theologischer Motive nicht von der Hand weisen und bis in Terminologie und Sprachgestus hinein verfolgen. Sie erklärt sich aus der aporetischen Situation, in die sich die Kirche nach der Revolution gegenüber dem Staat hineinmanöveriert hatte: Die Trennung von Staat und Kirche stellte letztere vor die Aufgabe, ihren Anspruch auf Öffentlichkeit mittels einer Kirchenverfassung kundzutun und zu begründen. Die darin enthaltene Nötigung – aber auch die Chance – zur Rechenschaft über Wesen und Aufgabe der

Kirche verstärkte die theologischen und kirchenpolitischen Bemühungen um die Ekklesiologie, die spätestens seit der Mitte des 19. Jahrhunderts zu einer zentralen Frage evangelischer Dogmatik und Kirchenleitung geworden war[33]. Zugleich standen diese ekklesiologischen Bemühungen aber in dem politischen und gesellschaftlichen Spannungsfeld. Die „ganz überwiegend republikfeindliche"[34] Haltung der Kirche gegenüber der jungen Demokratie blieb nicht folgenlos für die weitere Entwicklung der Kirche. Die „Neuentdeckung der Kirche"[35] und die Entwicklung der sie begleitenden Ekklesiologie verliefen unter denkbar ungünstigen Umständen: Die Verhältnisbestimmung gegenüber dem demokratischen Staat war von Ablehnung und Verachtung geprägt, die Rolle, die die Kirche sich selbst in der Gesellschaft anwies, basierte auf einem überspannten moralischen Anspruch und einer die Realität verkennenden Integrationsphantasie. Das an der *Gemeinschaft* orientierte Modell der Volkskirche stand in unlösbarer Spannung zu dem an westlicher Demokratie orientierte Modell einer modernen *Gesellschaft*[36] und reklamierte damit nicht nur kirchliche, sondern auch politische Interessen. Politische Interessen erwuchsen aus der dargestellten Krisenmentalität und der tatsächlich als Krise erlebten Nachkriegszeit. Sie resultierten aber auch aus einer in der evangelischen Kirche lange eingeübten Loyalität gegenüber dem Landesherrn. Der Konflikt, der sich aus dem revolutionär erzwungenen Obrigkeitswechsel ergab, schlug sich nun einmal auch in einer politischen Haltung nieder – und die bestand zumeist in Verweigerung gegenüber der Demokratie und *ihrer* Loyalitätsforderung. Sicher, man war pragmatisch genug, die von dem neuen Staat gewährten Freiheiten und Zugeständnisse in Anspruch zu nehmen, aber das doch auf eine Weise, die sie gegen den Staat zum vermeintlich höheren Wohle des Volkes wandte. In dieses Parallelogramm auseinanderstrebender Kräfte wurde das evangelische Bischofsamt hineingestellt und hatte Teil an den formalen und inhaltlichen Widersprüchen der neuen Ekklesiologie, an den politischen Überwucherung theologischer Anliegen und nicht zuletzt an der allgemeinen Orientierungslosigkeit der Gesellschaft in der Nachkriegszeit. Gerade der sollte das charismatische Bischofsamt[37] entgegenwirken:

> Je schwächer und undeutlicher ein Volkswille, desto plausibler die Vorstellung vom Steuermann, der den richtigen Kurs weiß und die Kompetenz und Kraft hat, ihn zu steuern. Furchtbar die Vorstellung, das Schiff schaukele richtungslos umher, die Besatzung versuche nichts, als über die nächste Welle zu kommen. Jeder, der an die Macht will, muß ein wenig wie ein solcher Steuermann erscheinen.

Dazu braucht er jenes gewisse Etwas, das, nach Max Weber, schon die Spezialität „des Magiers und Propheten" wie „des gekorenen Kriegsfürsten, Bandenführers, Kondottierre" war und „in der Gestalt zuerst des freien ‚Demagogen'" „und dann des parlamentarischen ‚Parteiführers' " bis in die Neuzeit und Gegenwart fortlebt: Charisma.[38]

Die politischen Anleihen in der Kirchenverfassung

Hermann Mulert warf im Juli 1921 die Frage auf, welche Art von Bischof die evangelische Kirche wirklich wolle[39]: einen an der katholischen Kirche orientierten Episkopat oder einen an den Methodisten orientierten. Gegen letzteren werde er keine Einwände erheben, wohl aber protestiere er vehement gegen jede katholisierende Tendenz, die gewollt oder ungewollt durch Amt und Titel eines Bischofs in die evangelische Kirche hineingetragen werden sollten. In seiner Schrift *Bischöfe für das evangelische Deutschland?* eruierte er die Ursachen für den Wunsch nach einem Bischofsamt in der evangelischen Kirche, stellte die Hauptargumente der Befürworter zusammen und kritisierte ihre Position grundsätzlich. Dabei rückte er die Wechselwirkungen zwischen staatlichen und kirchlichen Verfassungsidealen ins Blickfeld, die sich entweder in Anleihen oder Abstoßungen manifestierten. Es sei in der Geschichte immer wieder zu beobachten, daß einerseits die Verfassungsideale der einen Seite der anderen zum Vorbild dienten, daß andererseits aber auch „was auf dem einen Gebiet unerreichbar scheint oder verloren ging, mit verdoppelter Kraft auf dem anderen erstrebt oder festgehalten" werde:

> Die monarchischen Gesinnungen und Gewöhnungen unseres Volkes, von den evangelischen Kirchen mit besonderer Pietät gepflegt, können sich auf politischem Gebiet nicht mehr in der alten Weise betätigen. Wäre es wunderbar, wenn man von konservativer Gesinnung aus nun mit vermehrtem Eifer die Autorität der Kirche zur Geltung zu bringen, eine aristokratische oder monarchische Kirchenverfassung einzuführen suchte?[40]

Schon rein formal betrachtet, scheinen die politischen Anleihen der kirchlichen Konstruktion auf der Hand zu liegen. Die Parallelen zwischen Rechten und Stellung des Reichspräsidenten und des Kirchenpräsidenten nach der bayerischen Kirchenverfassung sind als solche nicht nur nachträglich beobachtet, sondern bereits damals angesprochen worden.

Staatsrechtliche Anleihen disqualifizieren als solche keineswegs die kirchenrechtlichen Absichten, sie legen es aber nahe, die Motive, die im politischen Bereich für diese Konstruktion sprachen, in kirchenpolitisch analoger Form auch im Bereich der Kirche zu vermuten. Wenn der Reichspräsident in seinem Verfassungsrang mehr oder minder bewußt als ein „Ersatzkaiser“ [41] verstanden wurde, dann läßt sich dieses Verständnis *cum grano salis* auch auf den Kirchenpräsidenten übertragen. Einmal mehr, wenn sein Amt als „aristokratisches Regiment“ verstanden wurde, wie es Gebhard zwischen die Zeilen der Verfassung schrieb [42].

Neben dem politischen Motiv, die Monarchie und die damit assoziierten Werte „Autorität“ und „Ordnung“ durch analoge kirchliche Bildungen wiederzubeleben [43], stand auch der theologische Gedanke, daß das Evangelium einer entsprechenden Institution bedürfe, die seinem Anspruch an die Menschen Öffentlichkeit und Nachdruck verleihe.

Der Öffentlichkeitscharakter des Evangeliums

Bei den verschiedenen Vorstellungen von Volkskirche spielte jeweils der *Öffentlichkeitswille* der Kirche eine elementare Rolle, dessen Impuls primär darin bestand, eine Segmentierung oder gar Isolierung kirchlichen Einflusses zu unterbinden [44]. Das überkommene kirchliche Leitbild eines nationalprotestantisch geprägten, christlichen Staates, das bereits im 19. Jahrhundert nicht mehr zu realisieren war, stieß sich nach dem Ersten Weltkrieg umso härter an den gesellschaftlichen Verhältnissen. Das Leitbild eines christlichen Staates verflüchtigte sich endgültig zur Utopie – dazu hatte die Kirche schon viel zu sehr an gesellschaftlicher Akzeptanz verloren [45] –, und die Einheit des deutschen Volkes, wie man sie aus der romantischen Tradition der Befreiungskriege von 1813 so eindringlich beschwor, erwies sich angesichts fortschreitender gesellschaftlichen Dissoziation und Pluralisierung als Fiktion.

Die Identifikation der Sache Gottes mit der nationalen Sache des Wilhelminischen Imperialismus hatte die evangelische Verkündigung des 19. Jahrhunderts in weiten Zügen zu einer Hoftheologie enstellt und so das Evangelium seiner kritischen Potenz gegenüber den Menschen und ihren Plänen beraubt. Der Zusammenbruch im Herbst 1918 hätte jenem ‚Irrglauben‘ den Boden entziehen und zu einer prinzipiellen theologischen Neubesinnung führen müssen. Statt dessen verdrängte man auf breiter Front mit einer fragwürdigen Gerichtsdoxologie die fällige Revision (kirchen)politischer Deutungsmuster und enthob sich damit der Möglichkeit einer tatsächlichen „Neuentdeckung der Kirche" – ohne den Ballast staatskirchlicher Kompromitiertheit. Eine Theologie und kirchliche Praxis, die in diesem Sinne unbußfertig agierte, war kaum fähig, sich kritisch und konstruktiv, „lagebewußt" und vom Evangelium angeleitet auf die eigene Zeit zu beziehen.

Öffentlichkeit war der Kirche in der Zeit des Staatskirchentums bis zuletzt fraglos zugestanden worden. Zwar lassen der Kulturkampf und die fortschreitende Ausdifferenzierung kirchlicher und staatlicher Rechtskreise etwas von konkurrierenden Ansprüchen auf die Öffentlichkeit erkennen, aber noch konnte sich die Kirche beachtlicher Protektion durch die christliche Obrigkeit erfreuen. Mit der Novemberrevolution schien es schlagartig vorbei zu sein mit solcher Begünstigung. Die kirchenkritischen Stimmen, die sich nun erhoben, ohne staatliche Sanktionen befürchten zu müssen, stießen auf große Beachtung, weil die kirchliche Begründung ihres Öffentlichkeitsanspruchs immer weniger zu überzeugen vermochte. Das wiederum wurde von der Kirche als Akt offener Kirchenfeindlichkeit verstanden. Das Legitimationsdefizit auf seiten der Kirche resultierte nicht allein aus einer problematischen Theologie, sondern auch daraus, daß ihrem Anspruch auf Öffentlichkeit kein Ansatz korrelierte, der die Gesellschaft angemessen erfassen konnte. Anders ausgedrückt: das Evangelium – besser: seine aktuelle Auslegung – wurde an der Öffentlichkeit vorbei kommuniziert, weil man diese Öffentlichkeit nicht mehr angemessen in den Blick bekam.

> Die Öffentlichkeit der Kirche wird in der Theologie der Reformatoren auf die Öffentlichkeit des Evangeliums zurückgeführt: sie ist deshalb durch die Forderung charakterisiert, daß die Verkündigung öffentlich zu geschehen habe; dem dient das kirchliche Amt. In der lutherischen Orthodoxie geht diese Dimension des Kirchenbegriffs in dem Maß verloren, in dem das kritische Kirchenverständnis der Reformatoren in ein konstruktives verwandelt, die Unterscheidung von sichtbarer und unsichtbarer Kirche statisch fixiert, die Lehre von den notae ecclesiae absolut gesetzt und die ursprünglich funktionale Bestimmung des kirchlichen Amtes verdrängt wird. Das Verhältnis von Kirche und Öffentlichkeit wird nun *nicht mehr theologisch*, es wird *vielmehr durch die Kirchenstruktur* vermittelt, in der sich die Struktur des obrigkeitlichen Staates wiederfindet; diese Struktur ermöglicht es, daß die Kirche die Funktion des cultus publicus wahrnimmt.[46]

Der Zug, einer strukturellen Vermittlung von Kirche und Öffentlichkeit taucht in der Verfassung von 1920 in den Ansprüchen an den Kirchenpräsidenten wieder auf. Er gilt als Garant, daß das Evangelium bei den Kirchenfernen wieder Gehör findet, er personifiziert die Idee von Bekenntnis und Glauben und repräsentiert die Institution. Das Problem einer Verhältnisbestimmung von Kirche und Öffentlichkeit läßt sich durch die Epochen weiterverfolgen, und so steht am Ausgang des Ersten Weltkrieges das Phänomen, daß zu den zwei Reichen Kirche und Staat noch das Reich der Bildung, Sittlichkeit und Kultur hinzugekommen ist.

> In der Relation von Kirche und Reich Gottes [sc. nach der neuprotestantischen Auffassung des Religionsbegriffs] ist eine Verhältnisbestimmung von Kirche und Öffentlichkeit enthalten, nach der zum einen die Menschheit den Horizont dieses Verhältnisses abgibt und zum andern die sittliche und religiöse Durchgeistigung der Öffentlichkeit als Aufgabe der Kirche begriffen wird. [...] In der Spätphase des Kulturprotestantismus begegnet uns eine Drei-Reiche-Lehre, in der das Reich der Sittlichkeit, der Bildung und der Kultur vermittelnd zwischen Kirche und Staat tritt.[47]

Auch für das letztgenannte Reich erhob die Kirche gemäß ihrer eingeübten Funktionszuweisung den Anspruch besonderer Kompetenz[48]. Sie übersah dabei, daß sich dieses Reich der Kultur und Sittlichkeit jenseits des überholten Ordnungsmodells von Staat und Kirche in einer eigenen Sphäre etabliert hatte. Damit isolierte sie sich aber von der Gesellschaft, die sie mit dem Evangelium erreichen wollte; denn diese hatte Kultur und Sittlichkeit auch schon *extra muros ecclesiae* gefunden. Daran konnte das Bischofsamt nichts ändern, das in seinem Amtsträger die Einheit und Eindeutigkeit evangelischer Maßstäbe verkörpern sollte. Weder innerkirchlich noch gesamtgesellschaftlich vermochte die Institution dieser Absicht zu entsprechen; zu sehr war die Gesellschaft schon segmentiert, und selbst das Segment Kirche bot in seiner Binnenstruktur kein einheitliches Verständnis von Kultur und Sittlichkeit mehr dar.

Erneuerung und Restitution in der Kirchenverfassung

Die Affirmation der „Volkskirche“ nach 1918 ignorierte schlicht die gesellschaftlichen, politischen und kirchlichen Realitäten. Hier offenbarte sich einerseits ein praktisches Wahrnehmungsdefizit und nach der theoretischen Seite hin ein Reflexionsdefizit[49] für das kirchenpolitische Handeln angesichts der veränderten Rahmenbedingungen[50]. Überhaupt ist die Frage zu stellen, ob jene Rede von der Volkskirche nicht unter das Verdikt Ernst Blochs fällt, daß mit solchen „Anti-Mechanismen" die Revolution reaktionär hintertrieben werden sollte[51]. Für alle evangelischen Landeskirchen – nicht nur für die bayerische – ist zu fragen, was mit dem Begriff „Volkskirche" konkret bezeichnet werden sollte. In Bayern war man an einer Reichskirche nicht interessiert, die den Begriff auf das deutsche Volk bezogen, sinnvoll hätte erscheinen lassen. Auch die kirchlichen Zusammenschlüsse (Kirchentag, Kirchenausschuß, lutherische Konferenzen) waren nicht so weitreichend gedacht, daß von einer das ganze Volk umfassenden Kirchenstruktur hätte gesprochen werden können. Genausowenig konnte er auf das bayerische Volk gemünzt sein, da die Evangelisch-Lutherische Kirche weder katholische, reformierte, jüdische noch gar unkirchliche „Volksgenossen" zu ihrer „Volkskirche" zählen konnte. Die statistischen Daten der bayerischen Landeskirche sprechen nicht gerade dafür, daß in einer ‚großangelegten Offensive' verlorengegangenes Terrain wettgemacht werden sollte. So waren kaum Kirchenaustritte zu verzeichnen, die Zahl der Konfessionslosen war im Vergleich mit anderen Landeskirchen verschwindend gering, die antikirchliche Agitation sozialistischer oder freigeistiger Kreise hielt sich in Bayern sehr in Grenzen, was sicher auch der dominierenden Stellung der römisch-katholischen Kirche in der Gesellschaft zu verdanken war. So bleibt zu vermuten, daß die Rede von der Bewahrung und Erneuerung der Volkskirche nicht allein die ‚geistliche Erneuerung' vorhandener kirchlicher Strukturen und Prozesse meinte. Mehr noch verband sich der Wunsch nach Erhalt der Volkskirche implizit mit dem Rekurs auf die Ordnungs- und Denkmuster der Wilhelminschen Epoche – allerdings mit einer dem Staat freier gegenüberstehenden Kirche. Die Einheit des Volkes wurde unter Aufnahme romantizistischer Bilder aus der Zeit der Befreiungskriege 1813 behauptet bzw. zu erneuern gesucht[52].

Wenngleich man in der Kirche die Situation überwiegend realistisch einzuschätzen wußte und auf die Rückkehr der Monarchie nicht mehr hoffte, blieb man den alten Bildern und Denkmustern doch treu. Und da, wo diese alten Ordnungen gesamtgesellschaftlich nicht mehr restituierbar erschienen, hat man doch versucht, sie im Raum der Kirche zu bewahren und modifiziert wiederzubeleben[53]. So erklärt sich auch der Rückgriff auf vorkonstitutionelle Ordnungsmuster für die Zuordnung von Staat und Kirche zum Beispiel bei Wilhelm Freiherr von Pechmann[54].

Aus der *Staats*kirche wurde nach 1918 die *Volks*kirche – die Terminologie deutet die Verschiebung im Bezugsrahmen kirchlichen Handelns an. In der Kaiserzeit konnte es sich fast problemlos auf die Sphäre des Staates beziehen, denn der verstand sich als ein christlicher. Mit dem Ende der Monarchie wurde solche Referenz problematisch, und so bildete nun das *Volk* oder die *Nation* den neuen Konvergenzpunkt der kirchenpolitischen Aktivitäten und Reflexionen. Das heißt: hinter der ganzen Volkskirchendiskussion stand vor allem der Wunsch, das nicht mehr erreichbare Ideal eines christlichen Staates auf einer anderen, ethnisch-metaphysischen Ebene im Raum der Kirche zu restaurieren [55]. Das Bischofsamt sollte mithelfen, diese Transformation zu leisten [56]. Ein der Soziologie entnommener Führerbegriff bot sich als Theorierahmen für das erst Gestalt gewinnende Bischofsamt an. Die theologische Berechtigung dieser Anleihe ist zwar scharf kritisiert worden, stieß aber in der Kirche auf nur wenig Resonanz.

> Solange die Macht des Bischofs analog den Machthabern im Staat aufgefaßt wird, kommt man aus Selbstwidersprüchen nicht heraus. Erst wenn an die Stelle des Bischofs, wie ihn Dibelius sieht, der „Hirte" tritt, der um seiner „Kleinheit" willen der Größte ist, finden wir zum Ursinn dieses Amtes zurück. Bei O. Dibelius kommt zu kurz der *Einspruch*, der von der Gottesstiftung der Kirche gegen den Weltgeist, auch gegen die kollektiven Großmächte und ihre Soziologie ausgeht. [...] Soziologisch, psychologisch und religionsgeschichtlich ist die echte Bischofsidee etwas wie ein Skandalon, und gerade nicht etwas, das gleichsam in der Luft liegt, nicht etwas, was zeitgeschichtlichen Bedürfnissen und modernem Verständnis entgegenkommt.[57]

Die Macht des Bischofs speiste sich nicht allein aus den Quellen alter politischer Ordnungsmodelle und soziologischer Versatzstücke, sondern lieh ebenso bei dem katholischen Bischofsamt und bei modernen politischen Leitbildern. Dafür standen Begriffe wie „Oberhirte", „Führer", „Präsident". Die damit verbundenen Herrschafts- und Dienstformen wurden jedoch nicht weiter bedacht, sondern im Bischofsamt unbesehen amalgamiert. So ergab sich schon von hier eine Überfrachtung des Amtes mit völlig heterogenen Ansprüchen. Philipp Bachmann befürchtete 1920, daß zudem mit der Einführung des Bischofsamtes eine „immer weitergehende Steigerung des persönlichen Prinzips" erfolgen werde, die eine ungewollte Eigendynamik entfalten könnte [58]. Andere haben noch eindringlicher gemahnt, so Hermann Mulert:

> Bischöfe, die nicht die Beauftragten einer kirchlichen Demokratie sind, sondern die Kirche aristokratisch oder monarchisch regieren, nicht einfach die Stellung der bisherigen Generalsuperintendenten haben, sondern mehr Rechte haben als diese. Zwar nicht ebenso viel Rechte wie die katholischen Bischöfe. [...] Aber wenn man dem künftigen Bischof etwa die Tätigkeiten zusammenübertragen will, die bisher bei uns der Generalsuperintendent und der Präsident des Konsistoriums (oder Oberkirchenrat oder wie die Behörde heißen mag) hatte, so gewinnt allerdings die Stellung sehr an Einfluß, sie nähert sich dann der eines katholischen Bischofs.[59]

Damit ist im Grunde die Stellung des Kirchenpräsidenten in Bayern umschrieben, dem man nicht von ungefähr nachsagte, daß er das „kraftvollste und inhaltsreichste evangelische Bischofsamt" innehabe[60].

Die obrigkeitliche Orientierung des Luthertums

Als gut lutherische Tradition wurde die obrigkeitliche Orientierung verstanden. Aus dieser Tradition heraus stand man der als reformiert empfundenen Synode eher skeptisch gegenüber. Obwohl die Synode von Anfang an zu den verfaßten Organe der bayerischen Landeskirche gehörte, bestand eine Reserve gegenüber der Versammlung, die im Verlauf des 19. Jahrhunderts zunehmend an Bedeutung gewonnen hatte und den Laien immer mehr als Forum kirchlicher Mitbestimmung diente. Diese Vorbehalte kamen zur Geltung, als es darum ging, das Gewicht der Synode in der neuen Kirchenverfassung zu bestimmen. Man identifizierte immer wieder jene demokratischen Strukturen mit der Synode. Auch dies war ein politisch überwuchertes theologisches Urteil; denn synodale Kirchenleitungen fanden sich seit der Reformation und nicht nur bei den Reformierten.

Mulert meinte, das Luthertum habe durch seine lange Abhängigkeit von staatlicher Verwaltung und Regierung in Form des landesherrlichen Kirchenregiments zu wenig Erfahrungen mit Kirchenverfassungen sammeln können[61], und hat gegen dieses Ausblenden kirchengeschichtliche und theologische Fakten erinnert. Es sei zwar verständlich, daß die lutherische Kirche – nach fast vierhundertjähriger Abhängigkeit vom Staat genötigt, sich eine eigene Kirchenverfassung zu geben – zur einzigen Kirchenverfassung greife, die sie kenne, nämlich zur katholischen, doch vergebe sie sich so den ganzen Reichtum reformierter Tradition.

> Es steht aber einem evangelischen Theologen, und sei er ein noch so überzeugter Lutheraner, übel an, die Formen einer vom Staat selbständigen evangelischen Kirchenverfassung überhaupt außer acht zu lassen, die auf reformiertem Boden seit Jahrhunderten hervorgebracht worden sind.[62]

Der Synode gegenüber sollte ein starkes Kirchenregiment das autoritäre Moment zur Wirkung bringen. Meiser behauptete, daß nur eine starke, autoritäre Kirchenleitung in der Lage sein würde, den volkskirchlichen Charakter der Kirche zu wahren[63]. Sein Ansinnen deckte sich mit dem von Gebhard, der verlangt hatte, die Landeskirche müsse verfassungsmäßig zwischen der reformierten und der katholischen Kirche ihren Weg finden. In politische Analogien übertragen hieß das, einen Weg zu finden zwischen einer rein demokratischen und einer monarchischen Regierungsform. Dafür bot sich die präsidiale Demokratie an, deren Vorbild man sich bei der Konstruktion des Bischofsamts bediente. Der „demokratischen Bedrohung" durch die Synode, die sich aus ihrer rein akklamativen Rolle befreien konnte und nun tatsächlich eine eigenständige Kraft im Kirchenregiment wurde, standen wie im politischen Leben ein Präsident und eine Regierung gegenüber[64]. Die monarchische Spitze im Bischofsamt und die autoritäre Stellung der Kirchenbehörde sollten gewissermaßen den pluralistischen und partizipatorischen Impuls der Synode neutralisieren. Während der Landeskirchenrat weiterhin den Charakter einer Verwaltungsbehörde behielt, stand die „persönliche Spitze" des Kirchenpräsidenten auch für den neu zu setzenden geistlichen Akzent in der Kirche[65].

Fragwürdig an dieser Konstruktion ist vor allem der Versuch, das Charisma institutionalisieren zu wollen. Die Vorstellung, daß eine geistliche Erneuerung der Kirche ihren Ausgang bei der Spitze nehmen, daß der Inhaber des bischöflichen Amtes mittels seiner „Persönlichkeit" auf die Gemeinden und verschiedenen Werke der Kirche einwirken sollte, delegierte letztlich die ‚spirituelle Verantwortung' jedes einzelnen nach oben und überforderte den ohnehin schon mit völlig disparaten Ansprüchen beladenen Amtsträger hoffnungslos[66]. Ein Scheitern war deshalb vorauszusehen. Nicht allein Mulert warnte bereits 1921 vor einer Überfrachtung des Bischofsamts und der subordinierten geistlichen Ämter der Superintendenten oder Dekane. Die geradezu „phantastischen Hoffnungen, die man in die neue Einrichtung setzt", daß sein Inhaber mittels seiner Persönlichkeit all die Desiderate, Probleme und Konflikte in den unterschiedlichsten Feldern kirchlichen Handelns zum allgemeinen Wohlgefallen würde auflösen können, provozierten Enttäuschungen, und man würde das Versagen dem Bischof als Person bzw. der Institution in ihrer Unvollkommenheit anlasten:

> Wenn die Kirche nicht in erhoffter Weise aufblühte, dann würde man klagen die Bischöfe hätten versagt, gerade wie man bisher oft klagte, die Konsistorien oder Synoden hätten versagt. [...] Der Versuch, der evangelischen Kirche durch Bischöfe aufzuhelfen, ist ein Versuch, den Geist, den wir ersehnen, aber nicht herbeizwingen können, durch das Amt zu ersetzen.[67]

Der Gedanke liefert eine erhellende Lesart für die dann nicht mehr so rätselhafte Suspendierung Friedrich Veits im Frühjahr 1933. Es war nicht allein der nationale Aufbruch, der nach neuer Führung verlangte. Es war auch die Enttäuschung, daß das Amt des Kirchenpräsidenten nicht den erwarteten geistlichen Akzent in der Kirchenführung geliefert hatte. Der Kirchenpräsident hatte in dem bischöflichen Amt nicht die in ihn gesetzten Erwartungen erfüllen können und war nun denen im Weg, die mit einem neuen Bischof und mit einer wiederum für den Bischof veränderten Kirchenverfassung den Strom der neuen Zeit auf die Mühlen der Kirche hofften leiten zu können.

Es ist noch einmal auf die eingangs angeführte Prognose von Theodor Kaftan zurückzukommen: Hat die Kirche die „Allüren eines Staatsdepartments" überwunden, ist sie zu „eigenem Stand und Wesen" gekommen? Läßt sich am Ende des 20. Jahrhunderts von einer Rückkehr oder „Rückgabe" des Episkopats sprechen und von einer „zukunftsträchtigen Ausbildung" [68], die das Bischofsamt in den lutherischen Kirchen nach 1918 erfahren habe?

Das Bischofsamt im Zentrum kirchenpolitischer Interessen

Ein sachgemäßes Verständnis für eine verfassungsmäßige Ordnung der Kirche sei 1918 noch sehr unterentwickelt gewesen, urteilte Schmidt-Clausen. Anders sei es mit der kirchlichen Verwaltung gewesen, die bereits im 19. Jahrhundert weitreichende Kompetenz und Selbständigkeit gegenüber dem Staat durchsetzen konnte [69]. Die zentrale Rolle der konsistorialen Organe habe dann das Verfassungswesen und die Gestalt der Kirche im 20. Jahrhundert nachhaltig beeinflußt [70]. Für die Gestalt des Bischofsamts wurde diese Konstellation folgenreich.

Der theologisch-kirchenrechtliche Leerraum, der mit dem Ende des landesherrlichen Kirchenregiments entstand, bot sich angesichts der Theorie- und Erfahrungsdefizite als Einfallstor für Irrationalismen an [71]. Die Einführung des Bischofsamtes hat sich in den deutschen Landeskirchen nach 1918 unter bestimmten (kirchen)politischen und mentalitätsgeschichtlichen Implikationen vollzogen, die es verbieten, die Verfassungskonstruktionen isoliert von diesen Implikationen zu betrachten.

Wenn Knopp 1976 urteilte, die Verfassung sei für die protestantische Kirche nur eine äußere Form gewesen [72], so gab er damit nur einen Teil der Innenansicht protestantischen Verfassungsdenkens wieder. Mit der Einführung des Bischofsamtes verbanden sich sehr weitreichende kirchenpolitische Absichten, die sich keineswegs auf der formalen Ebene erschöpften. Das wird bereits an der Titelfrage deutlich, die in Bayern kontrovers und langwierig diskutiert wurde [73]. Die geäußerten Befürchtungen, daß mit dem Bischofstitel unevangelische, ja sogar kirchenfremde Denkmuster in der Kirche einziehen könnten, mag ein Hinweis darauf sein, wie weit diese ‚Formalia' in das Leben der Kirche hineinreichten.

Die Verbindung des bischöflichen Amtes – unabhängig von seinem Titel – mit dem Führerbegriff mag zwar eine gewisse Anschlußfähigkeit des kirchlichen Denkmodells an zeitgenössische Theorien und Modelle dokumentieren; in diesem Fall kann das allerdings nicht als „zukunftsträchtige Ausbildung" des Amtes verstanden werden. Der Anschluß an das Modell des „Führertums" ist ekklesiologisch und politisch-ethisch bereits damals kritisiert worden – im Rückblick ist er nicht anders als fatal zu bezeichnen. Es handelt sich meines Erachtens um mehr als nur ein „Mißverständnis", weil hier eine ekklesiologisch bedenkliche Vermischung politischer und theologischer Kategorien betrieben wurde [74].

Das Bischofsamt ist 1933 gegenüber der Verfassung von 1920 noch einmal gestärkt worden. Seine Befürworter sahen in dem weiter exponierten Geistlichen an der Spitze das gesamte Ansehen der Kirche gesteigert, die Verhandlungschancen gegenüber dem Staat verbessert und versprachen sich einen direkteren Zugang zum Kirchenvolk und zu den Kirchenfremden, die die Kirche mit einer Einzelperson besser identifizieren könnten als mit einem die Kirche verwaltenden anonymen Kollegium. So wurde sowohl 1920 wie auch 1933 argumentiert. Beide Male wurde ein tiefes religiöses Erleben im Volk als Argument für die Einführung des Bischofsamtes herangezogen. In beiden Fällen ging es darum, das nebulöse, unkonkrete „Volksempfinden" in einer einzigen Führerperson zur Darstellung zu bringen, so als könnte man sich qua Amt der Unsicherheiten und Mängel entledigen, die die Kirche sich damit einhandelte, daß sie in ihrem Handeln Voraussetzungen und Bezugssystem nicht hinreichend bedacht hatte. Der Führer der Kirche sollte Orientierung und Einheit kirchlichen Handelns verkörpern; und in diesem Sinne auf die Kirche und ihre Glieder einwirken[75]. Das Bischofsamt gab eine nützliche Projektionsfläche für alle Erwartungen und Unklarheiten ab.

Für die der Kirche entfremdeten Massen sollte das autoritäre und monarchische Assoziationen nahelegende Bischofsamt keinen Gewinn darstellen. Die in Bayern geäußerte Hoffnung, der Bischof werde durch seine größere Volkstümlichkeit die entfremdeten Menschen der Kirche wieder zuführen, hat sich denn auch als haltlos erwiesen. Die kirchliche Statistik könnte die These belegen, daß das bischöfliche Amt nicht den Aufbruch in der Kirche gebracht hat, den man sich erhoffte[76]. Noch deutlicher spricht sich diese Tatsache aber darin aus, daß 1933 Hans Meiser als Landesbischof die ersehnte geistliche Leitung der bayerischen Landeskirche durch speziell geschaffene Gesetze und den Titel des Landesbischofs realisieren sollte. Das heißt doch, daß das geistliche Leitungsamt unter Kirchenpräsident Friedrich Veit nicht oder nur ungenügend zu Geltung gekommen war.

Zeitgenössische Kritiker hatten gewarnt, daß ein evangelisches Bischofsamt im Vergleich mit dem katholischen immer schlechter abschneiden werde, daß es aufgrund seiner rechtstheologischen Begründung nie den Nimbus der römisch-katholischen, *iure divino* verankerten Institution erlangen könne. Diesen Umstand gilt es besonders für Bayern zu bedenken, wo sich das Bild des römisch-katholischen Bischofs in tiefe mentale Schichten eingesenkt hatte und auch die evangelische Bevölkerung nicht unbeeindruckt ließ.

So waren die Ansprüche, die mit dem geistlichen Leitungsamt verbunden wurden, nur schwer in Strukturen zu überführen. Das lag zunächst einmal daran, daß die inhaltliche Bestimmung des geistlichen Leitungsamtes nur sehr vage und mit verfassungsrechtlichen Abgrenzungsproblemen beladen definiert worden war. Außerdem fehlte es – besonders den lutherischen Landeskirchen – schlicht an Erfahrungen mit der Gestaltung einer spezifisch kirchlichen Ordnung, die geistliche und regimentliche Leitung der Kirche vereinte. Obendrein war jeder Rückgriff auf bestehende Ordnungen Mißverständnissen ausgesetzt, was sich vor allem in konfessionell motivierter Kritik aussprach. Hinzu kam, daß das Neue in alte und „bewährte" Strukturen eingefügt werden sollte, und sich deshalb nur bedingt entfalten konnte. Der behutsame „Umbau" der Kirchenverfassung bestand vor allem in einem hohen Maß an institutioneller und personaler Kontinuität, was eine grundsätzliche Veränderung in Kirchenleitung und Kirchenverwaltung kaum erwarten ließ. Ein stärkeres Verzahnen beider Bereiche läßt sich gleichwohl erkennen, aber das lag bereits in der Entwicklung des 19. Jahrhunderts begründet und läßt sich nicht dem neugeschaffenen Bischofsamt zuschreiben[77]. Die neue Verbindung von geistlicher und regimentlicher Kirchenleitung, wie man sie dem Kirchenpräsidenten durch sein doppeltes Amt zugemessen hatte, war nur bedingt gelungen. Das zeigte der Fall Leimbach, bei dem von dem neuen geistlichen Leitungsamt praktisch nichts, dafür aber umso mehr von der alten Konsistorialkirche, die ihre Kirchenleitung auf dem Verwaltungswege ausübte, zu sehen war.

Andererseits ist anzuerkennen, daß die Kirche bereit war, seit langem vorgetragene Beschwerden über die Behäbigkeit und Unpersönlichkeit der Kirchenleitung – im Sinne einer geistlichen Erneuerung von den Gemeinden aus – zu korrigieren. So ist die Kirchenverfassung der Evangelisch-Lutherischen Kirche in Bayern rechts des Rheins gekennzeichnet durch den Versuch, die konträren Ansprüche auf zeitgemäße Erneuerung und Erhalt des bewährten Erbes auszugleichen. Davon zeugen die Widersprüche und Unausgeglichenheiten in der Verfassung. Das Bischofsamt hatte Teil an diesen Spannungen, Widersprüchen und völlig unterschiedlichen Ansprüchen. Sie lassen sich in den entsprechenden Artikeln zum Amt des Kirchenpräsidenten bzw. in der Verhältnisbestimmung des Amtes zu den anderen kirchenleitenden Organen aufzeigen. Das Amt des Kirchenpräsidenten reichte in seinen Funktionen weit über das hinaus, was sich evangelischerseits mit einem Bischofsamt vertrug. Es war nicht das „Arbeitsamt", das Kaftan sich vorgestellt hatte, sondern war ein politisch und kirchenpolitisch motiviertes Führungsamt.

Das Bischofsamt und die reformatorische Einfalt

Das Scheitern der Weimarer Republik nach 14 Jahren wird in der Geschichtsschreibung allgemein als eine der „großen Katastrophen der Weltgeschichte“[78] angesehen. Eine Geschichte der Weimarer Republik ist demnach nicht ohne dies Ende zu erzählen. Die Geschichte des evangelischen Bischofsamtes in Bayern, das wesentliche Impulse der aus der Novemberrevolution von 1918 hervorgegangenen ersten deutschen Demokratie verdankt, kann nicht ohne das Ende dieser Demokratie und die damit verbundenen Auswirkungen auf das Amt erzählt werden

Das Amt und das darin implizierte Verständnis von Kirche weist ab 1933 eine erschreckende Affinität zur nationalsozialistischen Ideologie auf. Es scheint mir nicht übertrieben zu formulieren, daß der in der Weimarer Republik entwicklelte und im bischöflichen Amt ausgedrückte Führungsanspruch und die ihm korrelierende Gefolgsbereitschaft des (Kirchen)Volkes den demokratischen Impetus der Weimarer Republik untergraben und die Machtübernahme durch den „Führer“ vorbereiten halfen. Die Kirche hatte sich mit ihrem Kirchen- und Gesellschaftsverständnis desensibilisiert und ihrer kritischen Potenz beraubt hatte, um gegen den nationalen Totalitätsanspruch Einspruch erheben zu können.

Betrachtet man die Geschichte im Panorama, von den Tage der Revolution bis zur Ermächtigung des Landesbischofs, erhebt sich die Frage, was dieses Amt des Kirchenpräsidenten eigentlich gewesen ist: nur ein Brückenglied aus der Zeit des Staatskirchentums hinüber in die Zeit des Nationalsozialismus? Interessanterweise hat das Amt des Landesbischofs nach 1945 sehr viel weniger Veränderungen erfahren. Sowohl für 1918 wie auch für 1933 erhebt sich die Frage, was das eine scheidende Amt spezifisch von seinem nachfolgenden unterschied. Deutlich ist meines Erachtens geworden, daß die jeweiligen Modifizierungen zwar theologische Motive reklamierten, letztlich aber ebenso tagespolitischen Stimmungen und mentalitätsbedingten Affekten aufsaßen.

Die politische Überwucherung theologischer Urteile, die im vorangegangen als wichtiger Faktor bei der Entstehung des evangelischen Bischofsamt in Deutschland dargestellt wurde, resultierte meines Erachtens entscheidend aus einem mangelnden Urteilsvermögen. Das heißt nicht, daß ein geschärfteres Urteilsvermögen die Institution des Bischofsamts im vornherein abgelehnt hätte, wohl aber wären andere Begründungen und Gestaltungsmerkmale für das Amt entwickelt worden. Die mangelnde Unterscheidung der Geister, die 1918 wie 1933 in der Kirche anzutreffen war, führte in beiden Fällen dazu, daß man das ‚Rauschen des Mantels der Geschichte' mit dem ‚Wehen des Geistes' verwechselte und den Geist zu fassen suchte. Doch läßt der sich nicht einfach durch Institutionen und Gesetze sichern und kanalisieren ist; darauf haben bereits damals kritische Geister hingewiesen.

Das gilt es selbstkritisch offenzulegen. Nur so lässt sich das Bischofsamt für die deutschen evangelischen Landeskirchen als theologisch und historisch begründete Institution gewinnen. Die historische Genese des Amtes, wie sie hier erarbeitet wurde, erscheint mir als der tönerne Fuß, auf dem das Amt noch heute unsicher steht,ob im gesellschaftlichspolitischen, oder im theologisch-ökumenischen Dialog. Nicht das Amt als solches ist fragwürdig, sondern die Begründung, die man ihm bisher beilegte. Hier besteht in meinen Augen – gerade auch für den ökumenischen Dialog – ein erheblicher Nachholbedarf.

Wie man das Bischofsamt einerseits durch völlig disparate Ansprüche überfrachtete und seine Wirksamkeit durch verfassungsrechtliche Unklarheiten hemmte, so hat man umgekehrt auch einen Großteil der Verantwortung – und Schuld – auf das Amt und den Amtsträger gelegt. Es kann aber nicht angehen, die ganze Last der Verantwortung und die Schuld in der Geschichte der Kirche auf diesen Punkt zu konzentrieren. So muß, wenn hier vom Versagen des Kirchenpräsidenten Veit oder des Landesbischofs Meiser die Rede war, immer auch das Versagen all derer mitgedacht und mitbenannt werden, die sich durch Delegation ihrer ureigenen christlichen Verantwortlichkeit entzogen und scheinbar salviert haben. Es ist dann immer auch von den Gremien zu reden, die nach außen zwar anonym blieben, aber deshalb genauso für Gelingen und Mißlingen in der Kirche verantwortlich waren.

Das Bischofsamt wird in der ökumenischen Diskussion als ein konstitutives Element der Kirche angesehen. Auch nach evangelischem Verständnis kann es in einer menschlichen Ordnung einen hervorragenden Platz, eine repräsentative Stellung und ganz eigene Aufgaben erhalten. Es kann als ein Dienst unter anderen gleichrangigen Diensten, als eines von vielen Charismen aufgefaßt werden, die in der Kirche zum Nutzen aller eingebracht werden. Aber es darf in keinem Moment der Hierarchie, einer heiligen, also gottgewollten Ordnung, Vorschub leisten. Und die herausgehobene Position eines Bischofs oder einer Bischöfin darf keinen in der Kirche dazu verführen, an diesen die je eigene Verantwortung und Bemühung um christliche Identität und Nachfolge zu delegieren.

Anmerkungen

1 Vgl. die Programmschrift des kurmärkischen Generalsuperintendenten Otto Dibelius, *Jahrhundert*.

2 Vgl. für Bayern die frühe, warnende Stimme des Oberkonsistorialpräsidenten Friedrich Braun, S. 190 mit Anm. 89; S. 195 mit Anm. 118 u.ö. Für Preußen sei besonders auf den Widerstand der Reformierten in den Westprovinzen gegen die Einführung eines Bischofsamtes in der Kirche der altpreußischen Union hingewiesen, die dem prominentesten Bischofsbefürworter, Generalsuperintendent Otto Dibelius, mit ähnlichen Argumenten die Stirn boten. Siehe zudem Frick, *Romantik*.

3 Pointiert formuliert von Dibelius, *Jahrhundert*, bes. S. 97, und *Nachspiel*, bes. S. 61–69. – Es ist immer im Auge zu behalten, daß es sich um die Situation in Deutschland handelt; in anderen europäischen und außereuropäischen Ländern war das evangelische Bischofsamt durchaus eine feste und alte Institution.

4 So Schoen, *Bischof*, S. 406. – Wenn im folgenden mit Blick auf die Evangelisch-Lutherische Kirche in Bayern rechts des Rheins von einem Bischofsamt oder einem bischöflichen Amt geredet wird, dann ist damit das Amt des Kirchenpräsidenten in seiner geistlichen, repräsentativen und kirchenregimentlichen Dimension gemeint.

5 Zu den Umständen des nicht ganz freiwilligen Abgangs Veits und dem Führungswechsel in der bayerischen Landeskirche siehe unten, S. 259ff.

6 Das Gesetz über die Änderung der Kirchenverfassung vom 30. September 1948 (Vgl. KABl. vom 22. Oktober 1948, 35. Jg., Nr. 20, S. 104) änderte den Titel „Kirchenpräsident" bzw. „Präsident" in „Landesbischof". „Im übrigen wurden die in der Kirchenverfassung enthaltenen Vorschriften über den Kirchenpräsidenten nicht geändert. Die in der Zeit von 1948 bis 1971 geltenden Vorschriften der Kirchenverfassung von 1920 über den L[andes]B[ischof] waren also eigentlich nicht auf den L[andes]B[ischof], sondern auf den Kirchenpräsidenten gemünzt."; Ammon/Rusam, *Verfassung*, S. 153. Das Ermächtigungsgesetz wurde auf der Synode in Ansbach vom 9. bis 13. Juli 1946 aufgehoben; vgl. dazu *Landessynode Ansbach 1946*, S. 55. Die Aufhebung wurde ohne weitere Diskussion beschlossen. Einziger Kommentar: die gesetzlichen Grundlagen von 1933 seien weggefallen.

7 Vgl. Ammon/Rusam, *Verfassung*, S. 153.

8 Die Frage nach „Restauration oder Neuanfang" innerhalb der Kirche ist nach 1945 mehrfach aufgeworfen worden, und damit die Frage, ob nicht die bisherige bischöflich-konsistoriale Kirchenleitung durch eine bruderrätliche Form ersetzt werden sollte. Vgl. dazu Diem, *Restauration oder Neuanfang*, bes. S. 33–58.

9 Der Terminus *Episkopalismus* steht zwar gewöhnlich für „alle Bestrebungen und Bewegungen, die eine Beschränkung der päpstlichen Rechte zugunsten der bischöflichen verfolgen"; Denzler/Andresen, *Wörterbuch der Kirchengeschichte*, S. 197, wurde aber in der evangelischen Debatte um die Neuverfassung der Kirchen nach 1918 auch – zum Teil recht undifferenziert und polemisch – für alle Bestrebungen und Bewegungen verwendet, die in den evangelischen Landeskirchen Amt und Titel eines Bischofs einführen wollten. Tebbe, *Bischofsamt*, S. 18, will den Begriff erst für hochkirchliche Bestrebungen ab 1925 (*Berneuchener Buch*) gelten lassen, was aber

die Verwendung vor 1925 unterschlägt; vgl. etwa KJ 48 (1921), S. 386. – Der Begriff wird hier so verwendet, daß damit *die* Tendenz zum Ausdruck gebracht wird, die neben dem synodalen und konsistorialen Element der Kirchenleitung ein drittes, episkopales, zu institutionalisieren suchte.

[10] Die offizielle Bezeichnung der Kirche nach der Verfassung vom 1. Januar 1921 lautete „Evangelisch-Lutherische Kirche in Bayern rechts des Rheins". – Von 1809 bis 1824 wurden unter der Bezeichnung „Protestantische Gesamt-Gemeine des Königreiches Baiern" alle Protestanten, ob Lutheraner, Reformierte oder Unierte, zusammengefaßt. Ab 1824 lag die königliche Genehmigung vor, sich offiziell „Protestantische Kirche" zu nennen. Die Bezeichnung „Evangelische Kirche in Bayern" oder gar „Evangelisch-Lutherische Kirche in Bayern" durfte vom Oberkonsistorium im offiziellen Schriftwechsel bis 1918 nicht verwendet werden. Vgl. zur Terminologie auch Ammon/Rusam, *Verfassung*, S. 1. Unabhängig von der zeitüblichen Schreibweise wird hier Bayern mit „y" geschrieben, außer bei Zitaten, die ein „i" vorgeben.

[11] Vgl. zur Statistik oben, S. 81.

[12] Klaus Scholder hat dieses Manko in seiner groß angelegten Darstellung *Die Kirchen und das Dritte Reich*, erkannt und für einen Neueinsatz um 1914 optiert; vgl. Scholder, *Kirchen I*, S. X. Sein Werk sollte von Gerhard Besier und Jörg Thierfelder „nach hinten" fortgesetzt werden (vgl. das Nachwort in Scholder, *Kirchen II*, S. 368), eine Erweiterung „nach vorne" um die Weimarer Republik hingegen ist nicht in Angriff genommen worden. Vgl. dazu Nicolaisen, *Kirchenkampf*, Sp. 1636.

[13] Vgl. dazu den ausführlichen Literaturbericht von Kurt Meier, *Literatur*. Die allgemeine und kirchliche Zeitgeschichtsforschung seit 1987 ist bibliographisch sehr gut zusammengetragen im jeweils 2. Jahresheft der KZG. Dort sind die die Zeit der Weimarer Republik betreffenden Publikationen gesondert erfaßt: KZG 1 (1988), S. 365–427, bes. 396–399; KZG 2 (1989), S. 525–568, bes. 547f; KZG 3 (1990), S. 532–567, bes. 551f; KZG 4 (1991), S. 585–629, bes. 601f; KZG 5 (1992), S. 330–365, bes. 348f; KZG 6 (1993), S. 595–669, bes. S. 644f; KZG 7 (1994), S. 402–522, bes. 451–454; KZG 8 (1995), S. 574–649, bes. S. 603–605; KZG 9 (1996), S. 404–520, bes. S. 449–451; KZG 10 (1997), S. 412–555, bes. S. 471–474; KZG 11 (1998), S. 411–530, bes. S. 459–461. – Eberhard Kolb hat im Herbst 1994 einen umfangreichen *Literaturbericht* über die Weimarer Republik abgeschlossen, der über die wichtigsten Neuerscheinungen aus den Bereichen 1. Editionen und Quellensammlungen. 2. Biographien und biographische Nachschlagewerke, 3. Wirtschaft und Gesellschaft in der Weimarer Republik, 4. Politisches System, Parteien, Innenpolitik informiert. Leider ist die kirchliche Zeitgeschichte gar nicht berücksichtigt.

[14] Eine überwiegend am Geschehen in Berlin und Preußen interessierte kirchliche Geschichtsschreibung läßt sich mit der allgemeinen politischen Bedeutung Preußens für das Deutsche Kaiserreich und die Weimarer Republik erklären. Es spielte sicher ebenfalls eine Rolle, daß viele kirchliche Gremien, die auf organisatorische und sachliche Zusammenarbeit der Landeskirchen hinzielten, ihren Sitz in Berlin bzw. Preußen hatten. Vor allem aber kam der Entwicklung in der Kirche der altpreußischen Union aufgrund ihrer Größe und der politischen Bedeutung Preußens

im Reich eine gewisse paradigmatische Bedeutung zu, sie diente vielen Landeskirchen als Vorbild für das je eigene kirchenpolitische Handeln. Vgl. Jacke, *Kirche zwischen Monarchie und Republik*, S. 11.

[15] Für die Behandlung des Kirchenkampfes in der kirchlichen Historiographie konstatiert Greschat eine „Theologisierung der Probleme", die sich zum einen in einem monokausalen Denken manifestiere, das alle potentiellen Faktoren der Geschichte auf ein Prinzip – die Theologie – reduziere. Zum anderen komme die Pluriformität der Realität nur noch abstrakt, nämlich als Derivate einer alles umgreifenden religiösen Dimension in den Blick. „Kurzum: die Theologisierung eines religiösen oder kirchlichen und erst recht eines sozialen oder politischen Konflikts oder auch nur eines Spannungsverhältnisses droht schlicht die Erfassung des in aller Regel sehr viel breiteren Spektrums von Ursachen und Wirkungen zu behindern."; Greschat, *Bedeutung*, S. 67f. Solche Theologisierung offeriere „ein fundamentales theologisch-kirchliches Deutungsmuster, das bewußt über die Erhellung der Historie hinausgreift."; (S. 70). Diese Deutung von Geschichte intendiere vor allem die Proklamation eines „Gedächtnisses". Die so ganz andere Art des „Gedächtnisses", sich mit der Vergangenheit auseinanderzusetzen, leiste zwar einen unverzichtbaren Beitrag für die kirchengeschichtliche Arbeit, sie sei aber von der Historik methodisch streng zu unterscheiden. Die methodische Differenzierung zwischen kritisch-wissenschaftlicher Rekonstruktion und ‚kollektivem Gedächtnis', ihre Korrelation in der kirchengeschichtlichen Arbeit sowie ihr hermeneutischer und materialer Ertrag führt Greschat unter Einschluß sozialgeschichtlicher Daten und mentalitätsgeschichtlicher Forschungsergebnisse anhand der Barmer Synodalen vor. Über deren Herkunft und gesellschaftliche Stellung sowie politische Position herrsche noch immer weitgehend Unkenntnis. Greschat kommt zu dem Ergebnis, daß die sozialgeschichtlichen Fragestellungen zu einer unverzichtbaren Erweiterung des kirchengeschichtlichen Blickwinkels führen, wenn man Kirchengeschichte begreife als „das Bemühen um das Verstehen des kirchlichen Lebens, Denkens und Handelns im Kontext der allgemeinen politischen und sozialen, ökonomischen und geistigen und nicht zuletzt der religiös-kulturellen Sehnsüchte und Gegebenheiten, Hoffnungen und Zwänge einer Epoche." (S. 73).

[16] Meier, *Konzeptionen*, S. 66ff, konstatiert für die Kirchenkampfforschung einen „Konzeptionspluralismus", der dem religiösen Pluralismus innerhalb der Kirche entspreche und darum schlicht hingenommen werde. – Was für die Kirchenkampfforschung gilt, gilt *mutatis mutandis* auch für die Erforschung der Weimarer Republik, nur ist hier die Fülle der Literatur (und der Methoden) noch nicht so erdrükkend. – 1988 hat Joachim Mehlhausen im Rekurs auf Helmut Gollwitzer (*Kirchenkampf und „Judenfrage"*) in einem Aufsatz, *Zur Methode*, die Defizite kirchlicher Zeitgeschichtsschreibung hinsichtlich ihres Gegenstandes, ihrer Aufgabe und ihrer Methoden beklagt (S. 513), und eingefordert, daß dieser „Pluralismus der Konzeptionen [...] Gegenstand innerdisziplinärer und dann nach Möglichkeit auch interdisziplinärer Reflexionen werden" müsse, da sonst die kirchliche Zeitgeschichtsforschung ihre Anschlußfähigkeit an die allgemeine Geschichtswissenschaft und die Gesellschaftswissenschaften verlöre (S. 517). Die Diskrepanz gegenüber dem Re-

flexionsniveau allgemeiner Zeitgeschichtsforschung sei unübersehbar und auch die neuerdings einsetzende Konjunktur zeitgeschichtlicher Forschungsbeiträge sei eher vom „Festkalender" der Jubiläen diktiert, denn von einer klaren theologisch und methodologisch reflektierten Zielvorgabe her entworfen (S. 514f). Mehlhausen formulierte die Aufgaben kirchlicher Zeitgeschichtsschreibung folgendermaßen: Sie müsse 1) „mit Hilfe der klassischen historisch-kritischen Methoden für die jüngste Vergangenheit festzustellen versuchen, ‚wie es eigentlich gewesen ist'", 2) „sich um solidarisches Verstehen bemühen" und 3) „die erkannten Sachverhalte mit historischem Verständnis in einen theologie- und kirchengeschichtlichen Gesamtzusammenhang" einordnen. „Das erstrebenswerte Ziel der kirchlichen Zeitgeschichtsforschung ist die Entdeckung relevanter heuristisch-kritischer Fragen für die Theologie und Kirche *heute*." (S. 519).

17 1991 haben Gerhard Besier und Hans G. Ulrich gemeinsam einen „diskursiven Versuch" über die Aufgabe der kirchlichen Zeitgeschichte vorgelegt. Neben der Verständigung über historiographische Selbstverständlichkeiten (keine zweckrationale Forschung, keine Tribunalisierung, Rechenschaftspflicht) sei zu fragen, ob kirchliche Zeitgeschichte eine Ethik darüber hinaus enthalte – z.B. „daß sich Zeitgeschichte selbst als eine Praxis der Verständigung über die Geschichte begreift, die nicht diese oder jene gut begründeten Auffassungen durchzusetzen sucht, sondern durch alle Auseinandersetzungen hindurch bestrebt ist zu entdecken, was die Zeiten denn eigentlich trägt."; Besier/Ulrich, *Aufgabe*, S. 170. Eine kirchliche Zeitgeschichtsforschung, die sich ihrer Ethik bewußt bleibe und die innere Dialektik von kirchlicher Verkündigung und ihrer jeweiligen Zeit, in die hinein sie geschieht, methodisch reflektiert wahrnehme und zum Ausdruck bringe, werde der Gefahr der Ideologisierung entgehen und über den Pluralismus der Interpretationen hinausführen zu einer „notwendigen Vielseitigkeit der Wahrnehmung" (S. 181).
Vom 18. bis 21. Juli 1991 fand in Erfurt ein internationales Symposion „Zur Historik Kirchlicher Zeitgeschichte" statt. Vgl. zur Dokumentation: KZG 5 (1992), S. 3–99. Hier wurde zwischen Kirchenhistorikern, Allgemeinhistorikern und Vertretern der systematischen Theologie „über die Voraussetzungen weltanschaulich-kultureller, historisch-politischer und theologischer Art" (S. 3) diskutiert, die bisher weitgehend implizit den Prozeß der Geschichtsschreibung beeinflußten. Neben der Offenlegung dieser Voraussetzungen der allgemeinen wie der kirchlichen Historiographie sollten vor allem wissenschaftstheoretische und methodologische Aspekte der kirchlichen Zeitgeschichtsforschung thematisiert werden. Der Dokumentationsband, der leider nur einen Teil der Diskussionsbeiträge enthält, zeigt zwar vereinzelte Ansätze zu einer methodischen Konzeption, nimmt auch explizit die Anregungen Mehlhausens auf, verbleibt aber insgesamt mehr in der Diskussion wissenschaftstheoretischer und geschichtstheoretischer Prolegomena, als daß gangbare Schritte zumindest exemplarisch vorgeführt würden; vgl. die Zusammenfassung von Gerhard Ringshausen und Hans G. Ulrich, die das Problem des Methoden- und Perspektivenpluralismus noch einmal sehr deutlich vor Augen führt (S. 94–98).
Auf der 39. Versammlung deutscher Historiker in Hannover vom 23. bis 26. September 1992 arbeitete eine Sektion unter der Leitung von Jochen-Christoph Kaiser

über „Kirchliche Zeitgeschichte und Allgemeingeschichte. Zwischenbilanz und Perspektiven". Kaiser wies in seinem einleitenden Referat auf die erfreuliche Renaissance von „Religion, Konfession und Kirchen als Gegenstand der Zeitgeschichte wie auch der Kirchengeschichte" hin, bedauerte aber die Abschottungstendenzen in der Zunft der Kirchengeschichtler und kritisierte im Anschluß an Wolfgang Schieder ihre „Beschränkung auf kirchliche Institutionenkunde und auf eine Theologiegeschichte, die gesellschaftliche Rahmenbedingungen nur unzureichend oder gar nicht beachtete." Kaiser, *Kirchliche Zeitgeschichte*, S. 273. Noch heute vertrete der Herausgeberkreis der Zeitschrift *Kirchliche Zeitgeschichte* eine traditionelle, theologiezentrierte Konzeption von Zeitgeschichtsforschung, die sich einem sozialgeschichtlichen Ansatz weitgehend versperre, um nicht einem beliebigen Methodenpluralismus das Wort zu reden. „Damit wird in dieser Konzeption ein Verständnis von Kirchengeschichte reformuliert, das schon die erste Phase der Kirchenkampfgeschichtsschreibung bestimmte (Ernst Wolf)." (S. 274). Im Gegensatz dazu sei der Kreis um die Reihe „Konfession und Gesellschaft. Beiträge zur Zeitgeschichte", zu dem Kaiser selbst gehört, um einem multiperspektivischen Ansatz bemüht, der eine Annäherung an konfessions– und religionsgeschichtliche Themen von der allgemeinen wie der kirchlichen Zeitgeschichtsforschung her versuche.
Im Frühjahr 1993 hat sich Martin Greschat, ebenfalls Mitherausgeber der Reihe „Konfession und Gesellschaft", mit einem Aufsatz zu Wort gemeldet, der das methodologische Problem kirchlicher Zeitgeschichtsschreibung pragmatisch angeht und anhand sozial- und mentalitätsgeschichtlicher Arbeitsschritte „die Bedeutung der Sozialgeschichte für die Kirchengeschichte" erweisen will.

18 Vgl. dazu auch die Rezension von Helmut Baier in: ZBKG 52 (1983), S. 240f. Baier, der die Geschichte der Weimarer Republik immer noch als Vorgeschichte zum Kirchenkampf apostrophiert (S. 240), begrüßt die Darstellung auch für Bayern, da es hier noch „keine intensive Regionaluntersuchung" gebe.

19 Vgl. Nowak, *Evangelische Kirche*, S. 16.

20 Nowak, a.a.O., S. 14.

21 Für weitere Literatur verweist Nowak auf den Forschungsbericht von Gaede, *Kirche – Christen – Krieg und Frieden*, S. 11–19, und ergänzt diesen durch Hinweis auf die Untersuchungen von Motschmann, *Evangelische Kirche und preußischer Staat*; Wright, *Über den Parteien*, Jacke, *Kirche zwischen Monarchie und Republik*, Meier, *Kirchenkampf*, und Scholder, *Kirchen I*.

22 Nowak, a.a.O., S. 15.

23 Nowak, a.a.O., S. 13.

24 Vgl. KZG 1 (1992), S. 6, und Kaiser, a.a.O., S. 279.

25 Zum Begriff der Binnenperspektive, vgl. oben, S. 25.

26 Vgl. Mehlhausen, *Zur Methode*, S. 518.

27 Auf die grundlegende Differenz von partiellen Aussagen in der historischen Wissenschaft und universalen Ansprüchen in der Theologie, wie sie von Kosseleck auf dem erwähnten Symposion ausgemacht wurde, kann an dieser Stelle nur hingewiesen werden; vgl. KZG 5 (1992), S. 94.

[28] Sperber, *Kirchengeschichte*, S. 11. – Was Sperber „Sozialgeschichte" nennt, erweist sich weitgehend kongruent mit dem, was andernorts unter „Gesellschaftsgeschichte" verhandelt wird. Vor überhöhten Erwartungen an solche Totalperspektive hat Wehler, *Gesellschaftsgeschichte*, S. 116, gewarnt, im Gegenzug aber auch die forschungsgeschichtlichen Vorzüge dieses „Synthesekonzeptes" herausgehoben.

[29] In diesem Sinne ist auch Sperbers Plädoyer, *Kirchengeschichte*, zu verstehen. Er fragt einmal nach dem spezifischen Nutzen der Sozialgeschichte für die Kirchengeschichtsschreibung und meint, daß durch jene das Bild der Institution Kirche, der kirchlichen Mitarbeiter und des Kirchenvolkes, die Spannungen zwischen Staat und Kirche wie auch zwischen Amtskirche und Volksfrömmigkeit erst wirklich erfaßt werden können. In einem zweiten Teil fragt Sperber nach dem Nutzen der Kirchengeschichte für die Sozialgeschichte und zeigt auf, daß in dieser Zuordnung die Bedeutung von Religion, Spiritualität und Konfession für gesamtgesellschaftliche Prozesse wieder erkennbar werde.

[30] Greschat, *Bedeutung*, S. 75. – Die scheinbare Banalität der These wird durch die hier folgende Entgegnung zur weiteren Kritik an der sozialgeschichtlichen Betrachtungsweise, sie verabsolutiere ökonomische und gesellschaftliche Prozesse und relativiere die Bedeutung des Individuums, widerlegt.

[31] Vgl. *Territorialgeschichtliche Berichte* in: *Mitteil.EvAGKZG* Heft 12 (1992), S. 16–85.

[32] Vgl. Baier, *Literaturbericht*, und Baier/Kantzenbach, *Literaturbericht*. Die Jahrgänge 1982–1998 weisen keine wichtige neue Literatur aus.

[33] Ich verwende im weiteren, wenn nicht anders zitiert, die 1. Auflage von 1942, da sie über einen ausführlichen Anmerkungsteil verfügt, der in der zweiten Auflage des Werkes, 1952, zugunsten von Erweiterungen fortgefallen ist; vgl. Simons Vorwort zur zweiten Auflage, *Kirchengeschichte II*, S. 3–4. Die Veränderungen in der Darstellung der Weimarer Republik, *Kirchengeschichte II*, S. 654–663, bestehen vor allem in einer Streichung martialischer und pathetischer Stellen. Der Überblick über das Leben der evangelischen Kirche in Bayern ist ansonsten recht abbreviatorisch und assoziativ gehalten. Neben der Kirchengeschichte von Simon ist noch seine Kurzdarstellung *Evangelisch-lutherische Kirche in Bayern* zu erwähnen, die an manchen Stellen noch einmal anders akzentuiert ist, zur Bischofsfrage aber nichts austrägt.

[34] Hirschmann, *Evangelische Kirche*.

[35] Pfeiffer, *Bayern*, und ders., *Bayern und Brandenburg-Preußen* .

[36] Zorn, *Der bayerische Staat*.

[37] Eine neuere umfassende Darstellung der evangelischen Kirchengeschichte Bayerns fehlt nach wie vor und wird bei Brandmüller, *Handbuch*, S. XV, als Desiderat eingeklagt. Vgl. die Rezension von Dieter Wölfel in: NELKB 47 (1992), S. 311.

[38] Maser hat in dem Buch zum Teil die Ergebnisse seiner früheren Studie *Evangelische Kirche im demokratischen Staat* verarbeitet. Vgl. Rusam, *Rezension*.

[39] Sandberger, *Bischofsfrage*, S. 88.

[40] Vgl. Rohn, *Vergleich*, S. 99.

[41] Vgl. Tebbe, *Bischofsamt*, S. 10.

42 Tebbe bejaht das 1920 eingerichtete lutherische Bischofsamt vor allem wegen der geistlichen Dimension, die es gegen die beiden anderen kirchenleitenden Organe, Synode und Konsistorium, in der Kirche zur Geltung bringe. Etwas kurzschlüssig erscheint mir aber seine Ableitung des bischöflichen Amtes aus dem lutherischen Superintendentenamt der vergangenen Jahrhunderte – zumindest für Bayern. Seinem Verweis auf Elert: *Superintendenturverfassung*, kann ich soweit zustimmen, daß im Superintendentamt tatsächlich bischöfliche Züge in die frühen evangelischen Kirchenordnungen übernommen wurden und von da aus Eingang in Kirchenverfassungen nach 1918 gefunden haben. Für Bayern ist mir allerdings fraglich, ob eine Vermittlung über das Amt der Dekane möglich war. Vgl. dazu oben, S. 213.

43 Tebbe, a.a.O., S. 33.

44 Tebbe, a.a.O., S. 18. Ob diese Untergründe und Urgründe tatsächlich so tief und archaisch sind, oder ob es sich hierbei vielleicht um eine recht seichte Angelegenheit handelt, wird sich im Laufe der Darstellung erweisen, die sich in den Raum der Frömmigkeitsgeschichte vorwagen wird, aber dann auch die Türen zu den benachbarten Räumen der politischen und sozialen Mentalitätsgeschichte aufstoßen will. – „Mentalität, wie sie im einzelnen auch definiert werden mag, steht für die nicht eindimensional aus einem Ideenkonstrukt, sei es Ideologie oder Theologie, ableitbaren Meinungskomplexe, die sinndeutend und handlungsleitend fungieren." Dem Definitionsversuch von Hürten, *Alltagsgeschichte*, S. 29, schließe ich mich vorläufig an und werde den Begriff der Mentalität oben, S. 32ff, noch genauer fassen.

45 Tebbe, *Bischofsamt*, S. 8. Siehe dazu oben, S. 300ff.

46 Knopp, *Verfassung*, S. 509 mit Anm. 1399.

47 Mit Hinweis auf Wilhelm Kahl formuliert Knopp, *Verfassung*, S. 510: „Die Verfassung ist und bleibt für die protestantische Kirche nur Form [...]." Zur Kritik an dieser Position siehe oben, S. 300.

48 Die Erlanger Leitlinien sehen einen in das Kollegium der Oberkirchenbehörde eingebundenen Präsidenten (geistlichen oder weltlichen Standes) vor. Auch wenn der nachmalige Kirchenpräsident nicht den Titel eines Landesbischofs trägt, so steht seine rechtliche Stellung (Art 46–55 KVerf) doch in deutlichem Widerspruch zu den Intentionen der Erlanger Leitlinien; bes. XII.c; XIII. Vgl. dazu oben, S. 183ff.

49 Vgl. dazu Knopp, *Verfassung*, S. 459.

50 Zu nennen sind hier vor allem: Tempel, *Bischofsamt*; Tröger, *Bischofsamt*; Bullinger, *Landesherrliches Kirchenregiment*. Bullingers Arbeit steht – nicht nur zeitlich – zwischen der Arbeit von Knopp und den Arbeiten von Tröger und Tempel; sie konzentriert sich auf die Jahre nach 1918 und versucht, in einer Synopse der Landeskirchen das Typische und Spezifische der staatsfreien Neuorganisation aufzuzeigen.

51 „The proof of the pie is in the eating", Wehler, *Gesellschaftswissenschaft*, S. 129, im Hinblick auf die methodologisch unabgeschlossene Diskussion um die Gesellschaftswissenschaft als einer äußerst komplexen, gleichwohl aber heilsam korrigierenden, regulativen Idee für die Geschichtswissenschaft. – In diesem Sinne verstehe ich auch meine folgenden historiographisch-methodologischen Ausführungen. Ich kann hier keine neue Konzeption für die Kirchengeschichtsschreibung vorfüh-

ren, wohl aber Anregungen aus verschiedenen Bereichen dankbar aufnehmen und denkbare Verknüpfungen zur Diskussion stellen. Letztlich wird aber der Erklärungswert der einzelnen Fragestellungen und die Kohärenz der verschiedenen Perspektiven über die „Genießbarkeit" der Darstellung entscheiden.

[52] Grundsätzlich zum hermeneutischen Dilemma von Historiographie und Theologie: Jaspert, *Hermeneutik*.

[53] Vgl. Greschat, *Bedeutung*, S. 73.

[54] Vgl. KZG 5 (1992), S. 4.

[55] Bekanntgegeben im KABl. vom 29. September 1920, Nr. 28, S. 413–426, Akt.Nr. 6068, ausgefertigt am 16. September 1920, abgedruckt auch bei Maser, *Weimarer Republik*, S. 150–161.

[56] Im Hinblick auf die Verfassungsbildungen nach 1918 konstatiert Frank, *Verfassungen*, S. 41: „Zu intensiver Verfassungsarbeit und theologisch-kirchenrechtlicher Besinnung waren die Verhältnisse nicht angetan; der Übergang von den staatskirchlichen Formen zur kirchlichen Eigenständigkeit konnte sich nur allmählich vollziehen, und die mit ihm verbundenen Probleme traten im Grunde erst in der Zeit des Kirchenkampfs in Erscheinung."

[57] Tebbe hatte sich bereits in diese Richtung geäußert, vgl. dazu oben, S. 23.

[58] Gesellschaftsgeschichte verstehe ich im Sinne Wehlers als eine Synthesekonzeption, die im Kontrast zur konventionellen Politikgeschichte nicht den Aspekt der Herrschaft, sondern den der Kultur und Ökonomie zu betonen sucht, um einen vollständigeren Blick auf die geschichtlichen Prozesse zu gewinnen. Vgl. dazu Wehler, *Gesellschaftsgeschichte*, und eine exemplarische Durchführung des Konzeptes sowie methodologische Reflexionen dazu in dem von Hettling u.a. herausgegebenen Band *Was ist Gesellschaftsgeschichte?*

[59] Mit der Formulierung soll darauf hingewiesen werden, daß hier nicht etwa auf ein überzeitliches Dogma rekurriert werden könnte, an dem die damals zeitgenössische dogmatische Diskussion zu bemessen sei. Das schließt aber nicht aus, daß es in der evangelischen dogmatischen Tradition doch so etwas wie „implizite Axiome" gibt, die den dogmatischen Diskurs regeln – und schon immer geregelt haben; vgl. dazu Ritschl, *Logik der Theologie*, bes. S. 109ff. Zweitens soll mit der Formulierung ekklesiologischen Beckmessereien vom Standpunkt der Späteren gewehrt werden – es ist ja ein Leichtes, die Ekklesiologie der frühen zwanziger Jahre mit dem Wissen und den Erfahrungen des Kirchenkampfes zu problematisieren. Das darf jedoch nicht Gegenstand der historischen Darstellung sein!

[60] Diese in der je eigenen Tradition ausgebildeten Denk- und Handlungsmuster möchte ich in Anlehnung an KZG 5 (1991), S. 4, als *Binnenperspektive* bezeichnen.

[61] Vgl. Ehnes, *Das Recht in der Kirche*, S. 213. – Freilich ist die These, daß die kirchliche Ordnung unmittelbar mit dem Auftrag der Kirche zusammenhänge und nicht nur eine äußere Form sei, eine Erkenntnis, die sich im Kirchenkampf gebildet und in der Barmer Theologischen Erklärung (These 3) ausgesprochen hat. Gleichwohl darf man in der Neuordnung der Kirche in der Weimarer Republik einen Reflex

auf gesellschaftliche Verhältnisse erkennen – nur fehlte hier die explizite theologische Motivierung, die in Barmen betont wurde.

62 Kaiser, *Kirchliche Zeitgeschichte*, S. 277f. Auf eine ausführliche Paraphrase kann hier verzichtet werden, es werden nur die wichtigsten Stichpunkte genannt.

63 Kaiser, a.a.O., S. 278.

64 Zur Kontroverse zwischen Politik- und Institutionengeschichte auf der einen und dem gesellschaftswissenschaftlichen Ansatz auf der anderen Seite, der stärker als bisher kulturelle und ökonomische Faktoren in die Gesamtschau einzutragen versucht, vgl. Wehler, *Gesellschaftsgeschichte*, bes. S. 117–122, und Schulze, *Geschichtswissenschaft*, S. 281–301.

65 Vgl. dazu die grundlegenden Überlegungen von Blessing, *Staat und Kirche*, S. 13–22, und die Ausführungen oben, S. 32ff. Zur Sozialgeschichte insgesamt siehe die bei Wehler, *Bibliographie*, zusammengetragene Literatur. Im einzelnen wird in den Kapiteln auf entsprechende Literatur verwiesen.

66 Vgl. zum personenbezogenen Zugriff in der Geschichtswissenschaft: Pohl, *Kurt Eisner*, der an der Figur Kurt Eisners die Tragfähigkeit eines solchen Zugangs nachweist. Für den kirchengeschichtlichen Kontext vgl. auch Nowak, *Biographie*, der neben einem Literaturüberblick auf die methodischen Probleme hinweist.

67 Zum Begriff der Institution, der Institutionengeschichte und der Institutionentheorien vgl. Lipp, *Institution*, und Mechels, *Kirche als Institution.*

68 Eine begriffs- und territorialgeschichtliche Untersuchung zu den Begriffen *Protestantismus* und *Protestantische Kirche in Bayern* hat Maurer in den unter gleichnamigen Kurztiteln aufgeführten Aufsätzen vorgelegt.

69 Vgl. zur Verwendung als konfessionskundlichem und als kulturgeschichtlichem Terminus: Thadden/Klingebiel, *Protestantismus.*

70 Vgl. zum Begriff der Wertidee und ihrer kulturellen Transformation: Graf, *Christliche Kultur*, S. 217f. (Hervorhebung von mir): „Die Wertideen, die Theologen formuliert haben, sind – wie Gangolf Hübinger in einer noch unveröffentlichten Habilitationsschrift über den Kulturprotestantismus gezeigt hat – über bestimmte Trägergruppen zu ***kollektiven Deutungsmustern von Wirklichkeit*** gebündelt worden und haben so erhebliche politisch-soziale Gestaltungskraft weit über die Grenzen von Theologie und Kirche hinaus gewonnen." Die Problematik, die in dem modernisierungstheoretischen Ansatz von Graf und seiner Konzentration auf die Theologen als den eigentlichen Trägern einer protestantischen Kultur liegt, kann hier nicht weiter bedacht werden. Es geht nur um die zutreffende Beobachtung, daß sich „Deutungsmuster von Wirklichkeit" herausgebildet haben und über die Binnenperspektive der Kirche hinaus eine gesamtgesellschaftliche Wirkung entfalten konnten.

71 Vgl. zur Wirkung der protestantischen Ethik über den Raum der Kirche hinaus: Nipperdey, *Religion im Umbruch*, bes. S. 124–153.

72 So die Einleitung „Zur Historik Kirchlicher Zeitgeschichte", KZG 5 (1992), S. 4.

73 Vor allem: Fleck, *Entstehung und Entwicklung.*

74 Douglas, *Institutionen*, bes. S. 41ff.

[75] Mary Douglas hat sich ausführlich mit den Argumenten gegen eine funktionalistische Begründungsweise soziologischer Erkenntnisse beschäftigt (bes. S. 58–78) und überzeugend dargelegt, daß es unmöglich wäre, ohne solche Begründungsform, wenn sie denn logisch einwandfrei durchgeführt wird, zu erklären, „wie eine Denkwelt den Denkstil hervorbringt, der die darin gemachten Erfahrungen steuert."; vgl. a.a.O., S. 77.

[76] Douglas, *Institutionen*, S. 181.

[77] Douglas, *Institutionen*, S. 205, mit Verweis auf Sandel, *Liberalism*.

[78] Theologisch-dogmatisch ist solche Beschreibung natürlich nicht korrekt, da sich die Glieder einer Kirche nicht aufgrund kongruenter Glaubensinhalte zusammenschließen, sondern von dem *Christus praesens* berufen und in den Leib der *ecclesia* eingefügt werden.

[79] Obwohl Ritschl, *Logik der Theologie*, S. 93–96, für eine Kirchengeschichtsschreibung plädiert, die das „‚Drin-Stehen' in der Story Israels und der Kirche" (S. 96) zur Voraussetzung macht, läßt sich m.E. über den Begriff der impliziten Axiome eine Vermittlung mit allgemeingeschichtlichen Überlegungen zum kollektiven Gedächtnis und ihrer steuernden Funktion für die Institution Kirche erreichen. Das kann hier freilich nur angedacht werden; ein grundlegendes interdisziplinäres Gespräch zwischen Historikern und Theologen zu diesem Thema halte ich für sehr wünschenswert. – Vgl. zum „kollektiven Gedächtnis" auch die Hinweise bei Greschat, *Bedeutung*, S. 70, Anm. 4. – In diesem Zusammenhang bleibt mir die Frage, ob die ‚dogmatische Metapher' „was die Zeiten denn eigentlich trägt" (Besier/Ulrich, *Aufgabe*, S. 170) historiographisch anders als im „kollektiven Gedächtnis einer Gruppe" zu verorten ist.

[80] Vgl. den bereits 1982 im Amerikanischen erschienenen Band *Zachor* (dt. 1988), sowie die im Aufsatzband *Ein Feld in Anatot* versammelten Versuche *Über das Vergessen* und *Geschichte der jüdischen Hoffnung*.

[81] Wieweit in dem Zusammenhang die „Psychohistorie" als weitere Facette zeitgeschichtlichen Arbeitens hinzuzufügen ist, müßte eigens noch reflektiert werden. Hier kann lediglich auf die exemplarischen Versuche multiperspektivischer kirchlicher Zeitgeschichtsforschung hingewiesen werden; vgl. KZG 7 (1994), Heft 1.

[82] Die Verschränkung der institutionengeschichtlichen Überlegungen von Douglas und der „historiosophischen" Versuche (Vorwort zu *Ein Feld in Anatot*, S. 9) Yerushalmis mit neueren sozialgeschichtlichen Fragestellungen und einem theologischen Ansatz, der die story Israels und der Kirche geprägt sieht durch die impliziten Axiome, die das Erinnern und Vergessen, das Erinnern und das Hoffen steuern, dürfte einer wichtigen Forderung Ritschls entgegenkommen, daß der christlich-jüdische Dialog auch auf einer historiographisch-theologischen Ebene wieder neu belebt und geführt wird.

[83] Le Goff, *Mehrdeutige Geschichte*, S. 23.

[84] Zur Sozialgeschichtsschreibung vgl. Schulze, *Geschichtswissenschaft*, S. 281–301. Zur Rezeption der Sozialgeschichtsschreibung in der Kirchengeschichte vgl. die in den Mitteilungen der EAKZG 12 (1992), S. 108f, aufgeführten Beiträge und die Vor-

träge von Sperber, François und Hürten, gehalten auf dem Symposion *Zur Historik Kirchlicher Zeitgeschichte*, in KZG 5 (1992) Heft 1. Greschat, *Bedeutung*, hat anhand der Zusammensetzung der Barmer Synode 1934 exemplarisch die Fruchtbarkeit und Tragfähigkeit solcher Zugangsweise vorgeführt und zugleich auf die Einbettung sozial-, alltags- oder mentalitätsgeschichtlicher Fragestellungen in den historischen Gesamtkontext verwiesen. Doerry, *Übergangsmenschen*, S. 9, hat darauf aufmerksam gemacht, daß die Erforschung der Mentalität direkten Erkenntnisgewinn für die politische – und nicht nur kulturphilosophische – Historiographie verspricht.

85 Vgl. Le Goff, a.a.O., S. 31: „Trotz oder vielmehr wegen ihres unbestimmten Charakters ist die Mentalitätengeschichte auf dem besten Wege, sich angesichts der historischen Problematik zu behaupten. Wenn man dafür sorgt, daß sie nicht zur Rumpelkammer, zum Dekorationsstück oder zum Alibi der epistemologischen Faulheit wird, wenn man ihr ihr Werkzeug und ihre Methoden zugesteht, wird sie demnächst ihre Rolle einer anderen Geschichte spielen, die auf der Suche nach Erklärung den Schritt hinter den Spiegel wagt." Zur Entwicklung der Disziplin und ihren verschiedenen Ausprägungen vgl. Raulff, *Mentalitäten-Geschichte. Vorwort*, im selben Band. Zur theologischen Rezeption vgl. Hürten, *Alltagsgeschichte.* Gleichwohl muß man zugestehen, daß mentalitätsgeschichtliche Forschungsansätze in der historischen Theologie eher noch die Ausnahme darstellen – und das, obwohl doch der Zusammenhang von (kirchen)geschichtlichen Prozessen und den ihnen zugrundeliegenden Verhaltens-, Wahrnehmungs- und Denkmustern der involvierten Menschen als evident angesehen werden kann. Freilich wird man die Kritik an dilettierender Alltags- und Mentalitätsgeschichte, wie sie etwa Wehler, *Aus der Geschichte lernen?*, S. 15ff, vorgetragen hat, ebensowenig übersehen dürfen wie ihre Einordnung in den historischen Gesamtzusammenhang.

86 Vgl. Le Goff, a.a.O., S. 26ff, und Raulff, a.a.O., S. 13.

87 Einführend dazu Schulz, *Zeitgeschichte*, S. 98ff. Vgl. auch die Skizzen und Entwürfe in dem von Hettling u.a herausgegebenen Band *Gesellschaftsgeschichte*, der mentalitätsgeschichtliche Fragestellungen in das Projekt der Gesellschaftsgeschichte zu integrieren sucht.

88 Raulff, a.a.O., S. 14.

89 Vgl. Raulff, a.a.O., S. 15, und oben, S. 29.

90 Für eine Abgrenzbarkeit der Gruppe evangelischer Christen in Bayern sprechen folgende Argumente: Einmal lassen sich die Evangelischen noch sehr genau lozieren, nämlich in Ober- und Mittelfranken, einigen ehemals freien Reichsstädten und den Diasporagebieten. Hier hat sich so etwas wie protestantische Mentalität durchaus halten und entwickeln können. Dann hat sich gerade unter der katholischen Dominanz in Bayern ein spezifisch protestantisches Bewußtsein entwickelt; vgl. dazu Schindler-Joppien, *Von der Macht*, bes. S. 121–157; und Turtur/Bühler, *Dekanat.*

91 Insofern wäre die Differenzierung Geigers, *Die soziale Schichtung*, S. 77–82, in Mentalität und Ideologie noch um das Moment der „theologischen Disposition" zu erweitern; diese liegt quer zu Ideologie und Mentalität, weist aber Berührungspunkte nach beiden Seiten hin auf. Von der Ideologie ist sie zu unterscheiden, weil das ihr

zugrundeliegende Material von Bibel, Bekenntnis und Auslegungsgeschichte zwar auch weltdeutenden Charakter hat, sich demgegenüber aber einem ideologisierenden Mißbrauch des Materials tendenziell versperrt und so zugleich ideologiekritische Potenzen birgt. Zur Mentalität hin ist die „theologische Disposition" deshalb abzugrenzen, weil sie jenseits der sozialen, historisch kontingenten Prägung einer Gruppe ein quasi überzeitliches Moment von Wahrheit und Objektivität darstellte. Freilich wird der Anspruch der Theologie heute nicht mehr in einem quasiobjektiven Anspruch liegen, überzeitliche Wahrheiten zu vermitteln, doch muß dieser Anspruch deskriptiv für die Zeit um 1918 wahr- und ernstgenommen werden.

92 Es steht uns aus dieser Zeit keine andere Untersuchung und damit auch kein anderes Modell zur Verfügung, sieht man einmal von der soziologisch problematischen, hochideologischen Interpretation von Ernst Jünger, *Der Arbeiter*, ab. Geiger versteht Schichten als Träger von Mentalitätstypen, wobei Mentalität von Ideologie eindeutig unterschieden ist, und nicht als Träger von ökonomischen Rollen. Die verschiedenen Mentalitätstypen werden dann aber doch ökonomischen Rollen zugeschrieben. Vgl. zu Geigers Untersuchung, der „einzig ernstzunehmenden" soziologischen Analyse dieser Jahre, die ausführlichen Überlegungen und Interpretationen bei Kehrer, *Soziale Klassen*.

93 Vgl. Geiger, *Die soziale Schichtung*, S. 82–109; zur Unterscheidung von Ideologie und Mentalität ebd., S. 77–82. Als Haupttypen spricht Geiger an: 1) die kapitalistische Schicht (ca. 0,8 %), 2) die Schicht des kleineren und mittleren Unternehmertums (ca. 18,3 %), 3) die Tagewerker auf eigene Rechnung (Proletaroide, ca. 13,9 %), 4) die Lohneinkommensbezieher ohne besondere Qualifikation (ca. 50,8 %) und 5) den neuen Mittelstand (ca. 16,1 %). Letzterer entspricht etwa den heutigen Angestellten. Neu ist er damals insofern, als hier noch keine Generationenfolge bestand, die Mentalitäten hätte ausbilden können; vgl. Kehrer, *Soziale Klassen*, S. 87. Geiger selbst hat den Pfarrerstand in seiner Typologie nicht berücksichtigt; in gewisser Weise sperrt er sich auch gegen eine ökonomisch orientierte Kategorisierung. M.E. ist er unter mentalitären und sozialen Aspekten am ehesten der Schicht des kleinen und mittleren Unternehmertums zuzurechnen; sie entstammt der Kultur der frühkapitalistischen, vorindustriellen Gesellschaftsepoche. Charakteristisch für sie ist noch immer ein ständisches Bewußtsein, eine dem Kapitalismus trotzende moralische Kraft und eine allen Dissoziationsmechanismen zuwiderlaufende Orientierung an der Familie. Dem entspricht es, „daß im Altbürgertum Religiosität als Haltung und Kirchlichkeit als konventionelles Attribut ihren zentralen Ort noch immer haben."; vgl. Geiger, a.a.O., S. 84–90, Zit.: S. 85. Andererseits ist der Pfarrerstand unter ökonomischen Aspekten eher dem neuen Mittelstand zuzuordnen, dem auch die Beamten des Reichs, der Länder und Gemeinden angehören. Wie diese ist der Pfarrer vor 1918 durch seine soziale Sonderstellung privilegiert; zugleich verkörpert der Pfarrer aber auch noch Relikte des Standes der Gebildeten, aus dem der neue Mittelstand hervorgegangen ist; vgl. Geiger, a.a.O., S. 97–105, bes. S. 98 und 100.

94 Als Boden einer gemeinsamen Mentalität sieht er folgende Kategorien an: 1) das Gewissen, 2) die christliche Verantwortung, 3) die vaterländische Not, 4) die verderbte moralische Zeitlage und 5) die Notwendigkeit einer „neuen, die unerfreuli-

chen Verhältnisse der Weimarer Republik aufhebenden gesellschaftlichen Ordnung"; Dahm, *Pfarrer und Politik*, S. 25.

95 Dahm unterscheidet vier Pfarrertypen: 1) den konservativ-nationalen Pfarrertypus, dem ca. 70–80% der Pfarrer zuzuordnen sind; 2) den religiös-sozialistischen; 3) den demokratisch-liberalen und 4) den völkisch-deutschgläubigen Typus. Der Anteil der Typen 2)–4) variiert innerhalb der Jahre 1918–1933. „Insgesamt aber werden auch während der jeweiligen Blütezeit der drei letztgenannten Einstellungstypen nicht mehr als höchsten 5 bis 8 Prozent aller Pfarrer als deren dezidierte Anhänger gelten können."; Dahm, *Pfarrer und Politik*, S. 25. Zur Aufnahme der sozialwissenschaftlichen Kategorien „Mentalität" und „Ideologie" vgl. ebd., S. 20–27. Problematisch ist hier die negative Aufladung der Begriffe, wenn Dahm definiert: „Unter ‚Mentalitäten' verstehen wir: Gruppenspezifische Komplexe von Meinungen und Vorstellungen, *die der jeweiligen Wirklichkeit sachlich nicht gerecht werden* und die in den Affekten und Interessen der betreffenden Gruppe in Wechselbeziehung zu tiefgreifenden sozialen Wandlungsprozessen stehen"; ebd., S. 24 [Hervorhebung von mir]. Gleiches trifft für den Ideologiebegriff zu: „Als ‚Ideologien' wollen wir verstehen: reflexiv sich verdichtende gedankliche Kristallisationen einer Mentalität, *wirklichkeitsinkongruente Leitbilder* also, denen eine Tendenz zur Verabsolutierung eigen ist"; ebd., S. 24; [Hervorhebung von mir]. Damit ist die erst noch aufzuweisende „Krisenmentalität" bereits definitorisch antizipiert worden, außerdem wird die Mentalität ihrer ‚historischen Tiefendimension' beraubt, wenn sie auf eine „Wechselbeziehung zu tiefgreifenden sozialen Wandlungsprozessen" reduziert wird.

96 Wie bei fast allen Arbeiten zu der Weimarer Zeit ist auch die von Dahm auf die preußischen Verhältnisse konzentriert, wie auch sonst findet der bayerische Kontext nur wenig Berücksichtigung. Freilich läßt sich vieles, was für die preußischen Landeskirchen gesagt wird, auch auf bayerische Verhältnisse übertragen. Es muß dann aber immer noch bedacht werden, daß die territorialpolitische Situation Bayerns im Reich und die verfassungsrechtliche Konstruktion des bayerischen Summepiskopats Differenzpunkte markieren, die ihre Auswirkungen auf die Mentalität des Pfarrstandes und der Gemeinden hatten und die politischen und kirchenpolitischen Entwicklungen in besonderer Weise beeinflußten.

97 Zum epistemologischen Zugang der Mentalitätenforschung im Anschluß an Geiger vgl. Breuer, *Anatomie*, S. 33: „Sie [sc.: die Mentalitäten] sind formlos fließend, entbehren der begrifflichen Systematik und logischen Durchgliederung, sind aber keineswegs willkürlich oder zufällig. Das Spannungsfeld, in dem sie sich konstituieren, ist durch Faktoren der *longue durée* wie Klassen- und Schichtzugehörigkeiten, Geschlechtscharaktere und ähnliches bestimmt, daneben aber auch durch historische Erfahrungen, die besonders auf die jüngeren Jahrgänge eine erhebliche Prägewirkung entfalten."

[1] Liermann, *Landesherrliches Kirchenregiment*, Sp. 1953. Man wird aber das landesherrliche Kirchenregiment nicht einfach als ein typisch deutsches Phänomen bezeichnen können; ähnliche Erscheinungen lassen sich zur gleichen Zeit auch in Frankreich, England oder Spanien nachweisen, und in der Gegenwart findet es sich noch im – sich auflösenden – Staatskirchentum der skandinavischen Länder.

[2] Vgl. Liermann, ebd. Außerdem Manfred Schulze, *Fürsten und Reformation.*

[3] Vgl. Martin Heckel, *Cura religionis*, Sp. 425f. – Für das Mittelalter vgl. insgesamt: Duby, *Kunst und Gesellschaft.* Für die Reformationszeit vgl. Hintze, *Epochen*, S. 57f: „Es galt als das Recht und die Pflicht christlicher Obrigkeit, nicht bloß für Rechts- und Friedensschutz, sondern auch für die geistliche Wohlfahrt der Untertanen zu sorgen, natürlich in enger Verbindung mit den kirchlichen Organen, eben vermittelst der vom Landesherrn zu berufenden Bischöfe. Als aber mit der Reformation die Bischöfe fortfielen, blieb als Inhaber des Kirchenregiments nur der Landesherr übrig."

[4] Zur politischen Konstellation zwischen Reich und Territorialherrschaften zu Beginn des 16. Jahrhunderts vgl. Press, *Reich und Reformation*, mit reichhaltigen Literaturangaben.

[5] Vgl. vor allem Hamm, *Verdichtungsvorgänge*, bes. S. 173f.: „Die mittelalterliche Landesherrschaft entwickelte sich zur Landeshoheit, d.h. es entstand im 15. und 16. Jahrhundert der moderne Territorialstaat, dessen Kennzeichen die Abschließung nach außen und die herrschaftliche Intensivierung, Durchdringung und Vereinheitlichung nach innen war, die verdichtende Konzentration der Territorialherrschaft und ihre Ausweitung auf alle Bereiche des öffentlichen und sogar des privaten Lebens. Erstrebt wurde ein zentrierender Zugriff der Fürstenmacht auf die Untertanen, der konkurrierende Zwischengewalten, z.B. den niederen Adel oder die bischöfliche Jurisdiktion, weitgehend ausschalten konnte."; Zitat: S. 174. – Zum Begriff der „Verdichtung" insgesamt vgl. die bei Hamm, a.a.O., S. 163f, Anm. 2 angegebene Literatur.

[6] Zum Zusammenhang von „systemsprengender Rechtfertigungslehre" und einer aus ihr resultierenden, in das Schisma führenden Kirchenkritik vgl. Hamm, *Rechtfertigungslehre*, bes, S. 22f, 38.

[7] Hier kommt der pneumatische Vorbehalt aus CA 5 *„ubi et quando visum est Deo"* zum Ausdruck, daß, anders als in dem habitualisierten und sakramentalisierten Gnadenverständnis der Altgläubigen, Gottes Heilswirken dem Menschen grundsätzlich unverfügbar bleibt.

[8] J. Heckel, *Lex Charitatis*, S. 362, mit Verweis auf Luther, *Wider Hans Worst*, 1541 (= WA LI, 515, 23).

[9] Luther, *Von den Konziliis und Kirchen, 1539* (= WA L, 632, 35): „Es muß einem befohlen werden und allein lassen predigen, teufen, absolvieren und Sakrament reichen, die andern alle des zufrieden sein und drein willigen. Wo du nun solchs siehest, da sei gewiß, daß da Gottes Volk und das christlich heilig Volk sei."

[10] AC 7,7 (BSLK, S. 235).

[11] *„Et haec ecclesia sola dicitur corpus Christi, quod Christus spiritu suo renovat, sanctificat et gubernat.“*; AC 7,5 (BSLK, S. 234f).

[12] AC 7,3 (BSLK, S. 234).

[13] CA 8 (BSLK, S. 60f).

[14] CA 5 (BSLK, S. 57f).

[15] CA 7 (BSLK, S. 59f).

[16] Zu dem Begriffspaar „Institution und Konstitution der Kirche“ vgl. Huber, *Die wirkliche Kirche*, S. 257. Im Anschluß daran auch Mechels, *Kirche als Institution*, S. 156.

[17] So Luther, *Galaterkommentar, 1519* (= WA II, 617, 1); zit. nach J. Heckel, a.a.O., S. 213f, Anm. 1135.

[18] Vgl. J. Heckel, *Lex Charitatis*, S. 208–214, mit den entsprechenden Belegstellen. Grundlage ist die lutherische Auslegung von 1Kor 9,19 und Röm 13,8 in seinem Traktat „*Von der Freiheit eines Christenmenschen, 1520*“ (= WA VII,12–38). Kirche ist für Luther grundsätzlich antihierarchisch, weil nur Gott in der Kirche regiert! Vgl. Luther, *Sequentes Propositiones sustine favente Christo D. Martinus Luther, Sanctae Ecclesiae Wittembergensis Doctor, adversus totam synagogam Sathanae & universas portas inferorum* (= WA XXX,II, 420), Thesen 1–8; im folgenden: *Propositiones adversus totam synagogam.*

[19] Tempel, *Bischofsamt*, S. 23.

[20] Vgl. Mildenberger, *Theologie der Bekenntnisschriften*, S. 103f.

[21] Vgl. Tempel, a.a.O., S. 25, Anm. 82 mit Verweis auf Elert, *Morphologie*, S. 335. Vgl. aber auch Johannes Heckel. *Kirche und Kirchenrecht*, S. 357. Die Ähnlichkeit der Formulierungen täuscht darüber hinweg, daß hier zwei verschiedene Wege gegangen werden: Während Luther für Heckel aus dem Kirchenbegriff ein prinzipiell geistliches Kirchenrecht ableitet und folglich auch nur das geistliche Kirchenregiment Christi in der *ecclesia universalis* gelten lassen will, bei dem es keine Herrschaft der Christen über andere Christen geben kann, gelangt Elert sehr wohl zu der Anschauung, daß die Kirche in der Welt mit weltlichen Mitteln regiert werden darf. Neben dem *ius divinum*, das im Mandat zur Wortverkündigung und Sakramentsverwaltung zum Ausdruck kommt, gebe es für die „Durchführung des ius divinum“ die Unterscheidung in anordnende Organe und gehorchende Glieder. Jene müssen zwar ihre Anordnungen aus dem *ius divinum* rechtfertigen, diese aber müssen sich den Anordnungen fügen „aufgrund des vierten Gebotes oder, was in der Kirche praktisch dasselbe ist, aus Liebespflicht“; Elert, *Der christliche Glaube*, S. 417. Elert kann sich scheinbar auf Luther berufen, denn der handelte den Gehorsam gegenüber der Obrigkeit parallel zu dem gegenüber den Eltern ab; vgl. Luther, GrKat; BSLK, S. 586–605, bes. S. 598f und S. 601ff. Gleichwohl bleibt Elerts Rekurs problematisch, übersieht er doch, daß er mit der Analogie zum 4. Gebot einen quasi schöpfungsmäßigen Unterschied der Stände impliziert und dem ‚Stand‘ der Kirchenleitung divinatorischen Charakter verleiht. Außerdem verkennt er die völlig anderen politischen und gesellschaftlichen Rahmenbedingungen, die Luthers Äußerungen zugrunde lagen; vgl. dazu auch Duchrow, *Zwei Reiche und Regimente*, S. 18.

[22] Vgl. CA 5 (BSLK, S. 57f). *Ministerium verbi* und *ministerium ecclesiasticum* sind promiscue zu verstehen.

[23] Vgl. J. Heckel, *Kirche und Kirchenrecht*, S. 393.

[24] Vgl. dazu auch Tract. 25,26 (BSLK, S. 479), wo das die Kirche begründende *ministerium professionis* sich allein auf das Wort von Christus stützt: „*Porro ministerium Novi Testamenti non est alligatum locis et personis sicut ministerium Leviticum, sed est dispersum per totum orbem terrarum et ibi est, ubi Deus dat dona sua, apostolos, prophetas, pastores, doctores (Eph 4,11). Nec valet illud ministerium propter ullius personae autoritatem, sed propter verbum a Christo traditum.*"

[25] J. Heckel, *Lex Charitatis – Untersuchung*, S. 210, Anm. 1118.

[26] Vgl. Teuffel, *Recht der Kirchengemeinde*, S. 14–22.

[27] Vgl. zur Vokation auch Wolf, *Sozialethik*, bes. S. 234–243.

[28] Das ist Heckel'sche Terminologie; konventionell wird vom *ius humanum* geredet. Zur Bedeutung des Naturrechts für Luther vgl. Wolf, *Naturrechtslehre*, bes. S. 41f.

[29] Vgl. J. Heckel, *Lex Charitatis*, S. 391f, und Mühlen, *Luther*, S. 552.

[30] „Das göttliche Recht verlangt die Einrichtung eines geordneten öffentlichen Dienstamtes und gebietet der Ekklesia in göttlicher Autorität, dafür die institutionellen Formen zu schaffen."; Maurer, *Pfarrerrecht*, S. 113.

[31] Vgl. CA 28, 20–21 (BSLK, S. 123f) und Tract. 30 (BSLK, S. 480), wo der Gedanke ähnlich auftaucht: „*Jubet enim pascere, hoc est docere verbum seu ecclesiam verbo regere*[...]".

[32] Vgl. Harding Meyer, *Bischofsamt nach CA 28*, S. 497.

[33] Vgl. Luthers Brief an den Kurfürsten Johann von Sachsen vom 31.10.1525 (= WA BR 3, Nr. 937, S. 594–596; Zit.: S. 595, 38–46): „Das erst, das die pfarren allenthalben so elend liegen. Da gibt niemand, da bezalet niemand, opffer und seelpfennige sind gefallen, Zinse sind nicht da odder zu wenig, so acht der gemeyn man widder prediger noch pfarrer, das wo hye eine dapffer ordnung und stattlich erhaltunge der pfarren und predigtstulen wird furgenommen von E.C.f.g., wird ynn kurtzer zeyt widder pfarrhoffe noch Schulen etwas seyn und also gotts wort und dienst zu boden gehen."

[34] „Das war eben den Reformatoren das Anstößige an den Bischöfen der mittelalterlichen Kirche gewesen, daß sie den Inhaber nicht blos einer geistlichen, durchs Wort zu übenden, sondern auch einer rechtlichen, einer Zwangsgewalt, daß sie – mit einem Worte – weltliche Herren geworden waren und die Kirche selbst zu einem weltlichen Institut gemacht hatten."; Rieker, *Sinn und Bedeutung*, S. 11. – Zum Bedeutungswandel des Bischofsamtes im 13. Jahrhundert vgl. Duby, *Kunst und Gesellschaft*, bes. S. 67–98.

[35] „Insellösungen" als Form der Kirchenorganisation waren Luther fremd. Nur in der übergemeindlichen Organisation wird der Aspekt der *ecclesia universalis* festgehalten.

[36] Vgl. insgesamt auch Honecker, *Cura Religionis*, S. 31–40.

[37] „Nun aber ynn E.C.f.g. furstenthum Bepstlich und geystlicher zwang und ordnung aus ist, Und alle kloster und Stifft E.C.f.g. als dem obersten heubt ynn die hende fallen, komen zugleich mit auch die pflicht und beschwerde, solche dinge zu ord-

nen. Denn sichs sonst niemand annympt noch annehmen kann und soll. Derhalben, wie ich allhie mit E.C.f.g. Cantzeler, auch Er Niclas vom Ende geredt, wills von notten sein, auffs fodderlichst von E.C.f.g., als die gott ynn solchen fall dazu gefoddert und mit der that befihlet, vier person lassen das land zu visitieren, zween, die auff die zinse und guter, zween, die auff die lere und person verstendig sind, das die selbigen auf E.C.f.g. befehl die Schulen und pfarhen, wo es not ist, anrichten, heissen und versorgen." (= WA Br 4, Nr. 1052, S. 133,21–31)

38 WA XXVI, S. 195–201.

39 Vgl. J. Heckel, *Cura Religionis*, S. 312 mit Anm. 1508.

40 Zu den unterschiedlichen Begründungsmomenten der Kirchenleitung bei Luther und Melanchthon vgl. Duchrow, *Zwei Reiche und Regimente*, S. 18.

41 Zur Textgeschichte vgl. Maurer, *Kommentar I*, S. 73–84. Zur Auslegung: Grane, *Die Confessio Augustana*, S. 120–126, 185–192, der den dogmatischen wie historischen Zusammenhang mit CA 14 betont.

42 Vgl. den von Iserloh herausgegebenen Diskussionsband *Confessio Augustana und Confutatio*. Außerdem Lehmann/Schlink, *Evangelium – Sakramente – Amt* zu den ökumenischen Gesprächen um das Amt in evangelischem und katholischem Verständnis. Zur evangelischen Rezeption des Bekenntnisses unter hermeneutischen, historischen wie ekklesiologischen Gesichtspunkten: Brecht/Schwarz, *Bekenntnis und Einheit der Kirche*.

43 Vgl. dazu Wallmann, *Kirchengeschichte*, S. 70ff, und die S. 285ff angegebene Literatur.

44 WA XXVI, S. 195–201, bes. S. 196f. Vgl. Maurer, *Kommentar I*, S. 73, der ein Gutachten Melanchthons bezüglich der kurfürstlichen Visitationen referiert: „Der Landesherr will also zusammen mit den zuständigen Diözesanbischöfen eine neue Ordnung einrichten, durch die die evangelische Freiheit und das evangelische Pfarramt gewährleistet ist, das heißt, er will die Bischöfe mit den durch die kirchlichen Visitationen hergestellten kirchlichen Zuständen versöhnen. Er will das um der allgemeinen Gewissensverantwortung willen."

45 Vgl. Maurer, a.a.O., S. 85.

46 Vgl. Maurer, a.a.O., S. 85ff. Aber: „Daß Luther den Kompromiß schon Anfang Juli nicht mehr festgehalten hat, zeigt sein Brief an den Kardinalerzbischof Albrecht von Mainz vom 6. Juli (= WA XXX, 2, 397–412; bes. 391), in dem er die Herstellung einer Lehreinheit nicht mehr für möglich hält[...]"; S. 86, Anm. 6.

47 Lindbeck, *Rite vocatus*, hat ein hermeneutisches Modell für den Umgang mit den lutherischen Bekenntnisschriften im ökumenischen Dialog vorgestellt, das m.E. in historischer wie exegetischer Weise die Bekenntnisschriften nur in verzerrter, „katholisierender" Weise zur Geltung bringen kann. So kann es nicht angehen, sich ausschließlich auf die Confessio Augustana zu konzentrieren, wenn man das lutherische Amtsverständnis auf ökumenischem Parkett präsentieren will – das wird weder der historischen Situation der CA noch den Bekenntnisschriften im ganzen gerecht und auch nicht der Theologie Luthers, die doch immerhin Kern und Stern einer lutherischen Kirche sein soll. Vgl. auch Decot, *Augsburger Bekenntnis*, hier S. 109: „Der versöhnliche Charakter, die Ausklammerung von Streitfragen (z.B.

Papsttum, Fegfeuer) sowie die kirchenoffizielle Stellung machen das A.B. zu einer brauchbaren Basis für das interkonfessionelle Gespräch, lassen es aber nicht als vollgültige Darstellung des lutherischen Glaubens erscheinen, vielmehr ist es vom theologischen Gesamtwerk Luthers her zu interpretieren."

48 Vgl. Brunner, *Vom Amt*, bes. S. 259ff.

49 Vgl. Maurer, *Kommentar I*, S. 96–100.

50 Vgl. Hans Philipp Meyer, *Kirchenleitung*, S. 115. Daß Luther „durchaus bewußt praktisch wie theoretisch ein bestimmtes Verständnis von ‚Kirchenleitung' entwikkelte oder wenigstens ein dem von ihm praktizierten Verständnis entgegenstehendes Verständnis von Kirchenleitung mit Schärfe ablehnte", hat Meyer m.E. überzeugend dargelegt. Es ist also keineswegs so, daß Luther in Kirchenverfassungsfragen – denn darum handelt es sich ja schließlich auch bei der Kirchenleitung – „im ganzen konservativ" oder gar an Details desinteressiert gewesen sei; so Lohse, *Stellung zum Bischofsamt*, S. 82, 84f; hier lebt wohl das Vorurteil über den in Rechtsfragen indifferenten Luther beharrlich fort.

51 Die Kritik am Papat fällt in CA 28 zum Bedauern Luthers; vgl. Maurer, *Kommentar I*, S. 75 mit Anm. 8.

52 Vgl. Lohse, *Stellung zum Bischofsamt*, S. 91ff.

53 Zum Briefwechsel vgl. vor allem Maurer, *Kommentar I*, S. 84–96, und Hans Philipp Meyer, *Kirchenleitung*, S. 124–128. Auch Iserloh, *Von der Bischofen Gewalt*, stellt den Briefwechsel zwischen Melanchthon und Luther während der Verhandlungen auf dem Reichstag zu Augsburg 1530 dar. Melanchthon sei hinsichtlich Konzessionen gegenüber dem katholischen Episkopat deutlich zuvorkommender gewesen als der skeptischere Luther. Jener habe eindeutig die den Pfarrern übergeordneten Bischöfe im Blick, die qua Jurisdiktion auch für die Einheit und Reinheit der Lehre einstehen sollten; dieser hingegen habe die evangelische Freiheit immer höher gestellt als Konzessionen gegenüber dem Episkopat. „Diese Äußerungen Melanchthons wie die übrigen angedeuteten historischen Begleitumstände der Augsburger Verhandlungen werfen ein erhellendes Licht auf Artikel 28 der CA. Auch in diesem Artikel geht es um Bischöfe im traditionellen Sinn, allerdings ohne die selbstverständliche Verbindung mit der Territorialherrschaft."; S. 476. Daß Anerkennung bzw. Rückgabe der bischöflichen Jurisdiktion keine Restitution der weltlichen Herrschaft und Rückgabe ihrer Güter meine, werde durch die in CA 28 eingangs entwickelte Zwei-Regimenten-Lehre hinreichend deutlich. Für Iserloh impliziert die CA ein Gefälle zwischen Pfarrern und Bischöfen; S. 478f. CA 28 sei insofern inkonsistent, als einerseits den Bischöfen die Jurisdiktion zuerkannt werde, was die Beobachtung der Lehre beinhaltet, und andererseits an diese Bischöfe appelliert wird, sie mögen die Lehre der Protestanten dulden. In seinem Schlußwort resümiert er folglich: „Immerhin scheint Einigkeit darüber zu bestehen, daß die CA ein Bischofsamt göttlichen Rechts vorsieht, das dem Amt des Pfarrers übergeordnet ist, und daß Dissens mit der Confutatio nur im Bereich des *ius humanum*, d.h. bezüglich der konkreten Gestaltung dieses Amtes besteht."; Iserloh, *Schlusswort*, S. 721. – Meines Erachtens läßt sich dieses Resümee weder hinsichtlich der im Band

versammelten Diskussionsbeiträge halten, noch ist diese Anschauung den von Iserloh herangezogenen Texten angemessen. Die CA konzediert ein modifiziertes Bischofsamt, das aber nur funktional und *iure humano* dem Pfarramt übergeordnet ist. Daß die Altgläubigen ein solches Bischofsamt nicht akzeptieren mochten, erhellt aus der Confutatio und deckt sich mit der Einschätzung Luthers in seiner Schrift *Predigt, daß man Kinder zur Schule halten solle, 1530* (= WA XXX, 2, 508–588, bes. 557ff.), in der er „ein Zukunftsbild des territorialen und städtischen Beamtenstaates," entwirft, „in dem Rom und die Bischöfe ihre Rolle ausgespielt haben und Theologen und Juristen regieren"; Maurer, *Kommentar I*, S. 88.

54 Vgl. Maurer, *Kommentar I*, S. 77, 79; zur Textgeschichte von CA 28 vgl. ebd. S. 73–84. Schließlich wäre noch e) auf den Verzicht zur Wiedereinführung von Privatmessen zu verweisen. Die Punkte b), c) und e) sind grundsätzlich schon in CA 22–24 behandelt worden; vgl. Harding Meyer, *Bischofsamt nach CA 28*, S. 492.

55 Vgl. Harding Meyer, *Bischofsamt nach CA 28*, S. 492. Er äußert sich in diesem Vortrag nur zu den beiden letztgenannten Punkten; sie sind im weiteren noch zu referieren. Zur Frage nach der Zuordnung von weltlicher und geistlicher Macht der Bischöfe vgl. Iserloh, *Von der Bischofen Gewalt*, und Lohse, *Stellung zum Bischofsamt*, bes. S. 95–100. Vor allem aber ist auf die Analyse Luthers zu verweisen in: *Propositiones adversus totam synagogam* (= WA XXX, 2, S. 420–424), und auf seinen Brief an Melanchthon vom 21.7.1530 (= WA Br 5, Nr. 1656, S. 491–495), in dem er die Autorität der Bischöfe unter dem Aspekt ihrer weltlichen und ihrer geistlichen Macht in geradezu scholastischer Stringenz beleuchtet.

56 Harding Meyer, *Bischofsamt nach CA 28*, S. 493, sieht in CA 28,21 auch ein *ius divinum* für die Lehr- und Kirchenzucht gegeben, was Hans Philipp Meyer, *Kirchenleitung*, S. 119, mit Hinweis auf dieselbe Stelle (CA 28, 21; BSLK, S. 123f) bestreitet: „CA 28 billigt also in den positiven Aussagen den Bischöfen, der Kirchenleitung, praktisch nicht mehr zu als dem Predigtamt, so wie es von den Reformatoren verstanden wurde." Damit wäre wieder die Gleichheit von Bischofsamt und Pfarramt *iure divino* betont. *Iure humano* könne dann durchaus eine Unterordnung von diesem unter jenes konstruiert werden, aber so sei das Bischofsamt zumindest kein übergeordnetes Amt nach göttlichem Recht, wie das Iserloh, *Schlusswort*, S. 721, als common sense des Symposions „Confessio Augustana und Confutatio" behauptet. Die Inkonsistenz, die Iserloh in CA 28 aufgespürt zu haben meint, *Von der Bischofen Gewalt*, S. 481f mit Anm. 30, beruht eben auf einer die reformatorischen Schriften mißinterpretierenden Subordination des Pfarramtes unter das Bischofsamt – *iure divino*! Das hat auch der von ihm zitierte Hans Asmussen übersehen.

57 Vgl. Hans Philipp Meyer, *Kirchenleitung*, S. 119, und Harding Meyer, *Bischofsamt nach CA 28*, S. 493f. Wenn Iserloh, *Von der Bischofen Gewalt*, S. 481, die Weihe- und Jurisdiktionsgewalt der kanonischen Bischöfe durch CA 28 und AC 28 grundsätzlich bestätigt und nur darin begrenzt sieht, „daß Anordnungen, die nicht direkt im Evangelium gegeben sind, nicht im Gewissen verpflichten", dann hat er m.E. die Texte in katholisierender Tendenz interpretiert und übersehen, daß die bischöfliche Weihe- und Jurisdiktionsgewalt in den Augen der Reformatoren eine grundsätzlich andere ist als die damals bestehende kanonische. Vgl. Lohse, *Stellung zum Bischofs-*

amt, S. 97: „Aber – und dies muß mit allem Nachdruck betont werden – bei aller Kompromißbereitschaft ist das Bischofsamt, dessen Konturen in CA 28 begegnen, nicht das katholische, sondern ein evangelisches".

[58] Harding Meyer, *Bischofsamt nach CA 28*, S. 494f, mit Verweis auf AC 14,1 (BSLK, S. 296), und Tract. 60ff, bes. 63–65 (BSLK, S. 490).

[59] Harding Meyer, a.a.O., S. 496. – Bezüglich der Lehr- und Kirchenzucht hat Hans Philipp Meyer, *Kirchenleitung*, S. 129, auf das reformatorische Schema von Konsens und Rezeption hingewiesen, d.h. eine Kirchenleitung könne auch in diesen Bereichen keine Ordnungen erlassen und auf deren Durchsetzung insistieren, sofern in der Gemeinde bzw. Kirche kein Konsens darüber erreicht worden sei. Vgl. Maurer, *Kommentar I*, S. 89, der auf das liturgische Recht der Einzelgemeinde hinweist und darauf, daß der Pastor nur mit Zustimmung seiner Gemeinde handeln könne; dies unter Hinweis auf Luthers *Propositiones adversus totam synagogam.*

[60] Harding Meyer, *Bischofsamt nach CA 28*, S. 496f.

[61] Melanchthon hat das katholische Bischofsamt nicht zuletzt deshalb präferiert und war in Augsburg zu allergrößten Zugeständnissen bereit, weil er befürchtete, daß die Leitung der Kirche durch die weltliche Obrigkeit eine noch größere Tyrannei für die Kirche bedeuten könnte: „*Video multo intolerabiliorem futuram Tyrannidem nostrorum synodorum, quam illa* [sc. die Herrschaft der früheren katholischen Bischöfe] *fuit.*"; Brief an Camerarius vom 31. August 1530, in: Melanchthon, *Werke VII/2*, Nr. 218, S. 24–26.

[62] *Confessio Augustana* formuliert hier noch wesentlich vorsichtiger als etwa die *Schmalkaldischen Artikel* und der *Tractatus de potestate et primatu papae*; vgl. CA 28 (BSLK, S. 120ff), mit ASm III,X (BSLK, 457f) und Tract. 66–72 (BSLK, S. 491ff). Die verschärfte Diktion in den letzteren Schriften erklärt sich so, daß die Protestanten auf dem Reichstag zu Augsburg um der Anerkennung der eigenen Positionen zu größeren Konzessionen gegenüber den Bischöfen bereit waren; zumal sie weder auf eine eigene Kirchenordnung noch eine überzeugende Praxis verweisen konnten; vgl. Mildenberger, *Theologie der Bekenntnisschriften*, S. 103.

[63] Zur Argumentation der Confutatio vgl. Lohse, *Stellung zum Bischofsamt*, S. 104–106, Maurer, *Kommentar I*, S. 93f, und Hans Philipp Meyer, *Kirchenleitung*, S. 120f.

[64] Luther hat 1530 klar gesehen, daß die römisch-katholischen Bischöfe diese theologische Distinktion nie mittragen würden, denn sie bedeutete eine „grundsätzliche Trennung von Kirchengemeinde und politischer Gemeinde, rechtlich in Deutschland erst im 19. Jahrhundert erreicht"; vgl. Maurer, a.a.O., S. 90, Anm. 25.

[65] Vgl. Hamm, *Rechtfertigungslehre*, und oben, S. 39.

[66] Vgl. Press, Reich und Reformation, S. 37f.

[67] Vgl. Teuffel, *Recht der Kirchengemeinde*, S. 19–24.

[68] So wurde in Naumburg Nikolaus von Amsdorf von Luther als Bischof eingeführt. Zu diesem Anlaß verfaßte Luther den Traktat *Exempel, einen rechten, christlichen Bischof zu weihen, geschehen zu Naumburg Anno 1542, 20. Januar.* (= WA LIII, 219–260, bes. 230–260). In Merseburg wurde Fürst Georg III. von Anhalt-Dessau als Bischof von Luther ordiniert. Beide mußten im Verlauf des Schmalkaldischen Krieges den

Altgläubigen weichen. Das evangelische Bischofsamt in Kammin unter Bartholomäus Suawe bestand nur in den Jahren von 1545 bis 1565 und fiel dann an das Herrscherhaus; vgl. Tröger, *Bischofsamt*, S. 27f. Außerdem Brunner, *Nikolaus von Amsdorf*, und Lau, *Georg von Anhalt*, S. 139ff.

69 Vgl. hierzu Tröger, *Bischofsamt*, S. 27f, der die Bischöfe vom Samland, Georg von Polentz, und von Pomesanien, Erhard von Queiß und dessen Nachfolger Paulus Speratus, nennt. Beide Bistümer wurden nach dem Ableben von Polentz bzw. Speratus (1550 bzw. 1551) vom Landesherrn nicht mehr besetzt. Außerdem ist noch Mathias von Jagow zu nennen, der in der Mark Brandenburg als den Evangelischen wohlgesonnener Bischof von 1526 bis 1544 amtierte; vgl. Heinrich, *Brandenburg*, S. 112. Bei diesen Bischofsämtern – von Jagow, der eine Ausnahme als Altgläubiger bildete, einmal abgesehen – darf man nicht übersehen, daß sie zwar „‚Lenker und Aufseher des kirchlichen Lebens' waren, aber an die Autorität des Landesherrn, von dem sie berufen wurden, gebunden blieben."; Tempel, *Bischofsamt*, S. 38.

70 Zur Homberger Synode vgl. Müller, *Lambert von Avignon*; Maurer, *Reformatio ecclesiarum Hassiae*; ders., *Theologie und Laienchristentum*; ders., *Philipp Melanchthon und die Reformation in Hessen.*

71 Zum doch sehr anderen Verlauf der Reformation in den freien Städten, die erst in jüngerer Zeit intensiver erforscht wurde, vgl. Scribner, *Paradigms of Urban Reform*, S. 111ff. Möller, *Reichsstadt und Reformation*; ders., *Stadt und Kirche*; Schilling, *Konfessionalisierung*; Kuhlemann, *Protestantismus.*

Das landesherrliche Kirchenregiment

1 Ris, *Konstitutionalismus*, S. 19f.

2 Vgl. Diem, *Restauration*, S. 29, der hier die Rechtsschwäche der Lutheraner im unterlassenen Rekurs auf das Neue Testament begründet sieht – anders als das in der reformierten Tradition der Fall sei. Diem, *Die Kirche und ihre Praxis*, S. 337, sieht solche Rechtsschwäche aber nicht durch Luther selbst hervorgerufen; der habe theologische Gründe für seine Reserve gegenüber Kirchenordnungen gehabt; vgl. ebd. mit Anm. 73 und Verweis auf Johannes Heckel.

3 Vgl. Kuhlemann, *Protestantismus*, bes. S. 305, und oben, S. 38 mit Anm. 5.

4 Interessanterweise hat Adolf von Stählin, *Das landesherrliche Kirchenregiment*, eine gegen Theodosius Harnack, *Die freie lutherische Volkskirche*, gerichtete Apologie des Staatskirchentums verfaßt, in der er das landesherrliche Kirchenregiment als eine von Luther intendierte, rechtliche Konstruktion affirmiert. Vgl. auch Kantzenbach, *Adolf Stählin*, S. 212.

5 Vgl. dazu CA 14 und 28,5 (BSLK, S. 66 und 121).

6 Zur Zurückhaltung Luthers gegenüber dem Erlaß von Kirchenordnungen, die falsche geistliche Verbindlichkeiten hervorrufen könnten, vgl. Heckel, *Kirche und Kirchenrecht*, S. 381ff, mit Verweis auf Briefe Luthers aus den Jahren 1527–1545.

7 Vgl. Honecker, *Cura Religionis*, S. 19–23; zur Entstehung der Konsistorialverfassung, ebd. S. 23–31.

[8] Diese Ansicht ist nach den Quellen umstritten; vgl. Rieker, *Sinn und Bedeutung*, S. 5f. Er weist darauf hin, daß die Theorie des Episkopalismus lediglich die Stellung der evangelischen Landesherren reichsrechtlich habe absichern wollen; „nicht aber war die Absicht dieses Episkopalsystems, den evangelischen Ständen eine bischöfliche Qualität beizulegen, wie schon die Unterscheidung der *interna* und der *externa potestas ecclesiastica* beweist."; a.a.O. S. 6. Anders Ris, *Konstitutionalismus*, S. 24, der im Episkopalismus eine evangelisch umgeformte Kanonik erkennt, die „den Ergebnissen der Reformation in der Praxis einen theoretischen Unterbau untergeschoben hatte".

[9] Vgl. Martin Heckel, *Episkopalsystem*, Sp. 728ff. Heckel betont den historisch-pragmatischen und staatskirchenrechtlich neutralen Charakter des Episkopalsystems [729]. Seine kirchliche, lutherisch-orthodoxe Bindung erhalte es erst durch seine Verbindung mit der Drei-Stände-Lehre, wie sie Johannes Gerhard in seiner Dogmatik unternommen hat [730]. Vgl. dazu Honecker, *Cura Religionis*, S. 83ff.

[10] Vgl. Holl, *Luther und das landesherrliche Kirchenregiment*, S. 59. – Zum Thema Herrschaftsbegrenzung vgl. Nowak, *Protestantismus und Demokratie.*

[11] Ris, *Konstitutionalismus*, S. 26.

[12] Der Augsburger Religionsfriede von 1555 billigte lediglich den Augsburger Religionsverwandten einen reichsrechtlich anerkannten Status zu; die Reformierten waren hiervon ausgeschlossen. Erst der Westfälische Friede gewährte ihnen die gleichen Rechte wie Katholiken und Lutheranern.

[13] Vgl. zur Begriffsgeschichte und zu den divergenten Interpretationen: Honecker, *Zwei-Reiche-Lehre.*

[14] Vgl. M. Heckel, *Staatskirchenrecht*, S. 10.

[15] Vgl. M. Heckel, a.a.O., S. 14.

[16] Das heißt die Säkularisierung des staatlichen Rechtes als Emanzipation von den hergebrachten Autoritäten, wie sie dann in der Aufklärung angestrebt wurde.

[17] M. Heckel, a.a.O., S. 15.

[18] M. Heckel, a.a.O., S. 16. Das meint der Terminus *itio in partes.*

[19] Mit dem Augsburger Religionsfrieden (1555), wurde den katholischen Bischöfen die kirchliche Gewalt in den evangelischen Territorien entzogen. Dieses Recht ging auf die evangelischen Landesherrn über, die als *summi episcopi* via Konsistorien die Kirchenleitung ausübten; vgl. Liermann, *Kirchenverfassung*, Sp. 1714.

[20] Vgl. Heun, *Konsistorium*; dort weitere Literatur.

[21] So geschehen bei der Konversion des Kurfürsten Johann Sigismund von Brandenburg im Dezember 1613. 1616 wurde ein Toleranzedikt erlassen, das den Lutheranern unter dem calvinistischen Herrscherhaus weiterhin religiöse Freiheit und Gleichheit garantierte; zu den politischen Motiven der kurfürstlichen Konversion, die in dieser Form gegen (!) das Reichsrecht verstieß; vgl. Hintze, *Epochen*, S. 72. Zu den Konversionen in der Grafschaft Neuburg/Donau vgl. Roepke, *Protestanten*, S. 223ff. Einen Vergleich stellt Pfeiffer, *Bayern und Brandenburg-Preußen*, S. 102, an.

[22] Vgl. Scheuner, *Kirche und Staat*, S. 233.

[23] Vgl. Zippelius, *Staatsideen*, S. 128ff.

[24] Scheuner, a.a.O. S. 234.

[25] Hier emanzipiert sich der Gedanke der Wohlfahrt und des Heils von seinem kirchlichen Kontext. Die altprotestantische Dogmatik hatte die staatliche Rechtssetzung (*status politicus*) nur so akzeptieren können, daß diese letztlich darauf ziele, das Gedeihen der Kirche zu fördern und damit das ewige Heil des Menschen; vgl. Johannes Gerhard, *loci theologici*, ed. Preuss, Berlin 1863ff. Hier nun ist der Heilsgedanke in Form der „Welt- oder Menschenverbesserung" säkularisiert worden; er bedurfte nicht mehr der Legitimation durch die Kirche. Zur Kirchenordnung bei Gerhard vgl. Honecker, *Cura religionis*, S. 51–73, und zur nachreformatorischen Auffassung von *cura religionis* durch den Landesherren ebd., S. 105–136.

[26] Vgl. M. Heckel, *Episkopalsystem*, Sp. 730; Ris, *Konstitutionalismus*, S. 29f. Die Abseitigkeit der Theorie erklärt sich wohl nur aus dem Bedürfnis, das Territorialstaatsrecht und das Reichsrecht miteinander zu verbinden.

[27] Scheuner, a.a.O., S. 235.

[28] Krummwiede, *Kirchenregiment*, S. 65f.

[29] Ris, *Konstitutionalismus*, S. 37.

[30] Ris, a.a.O., S. 41.

[31] Dazu vgl. Grundmann, *Säkularisation*, bes. Sp. 3034.

[32] Zitiert nach Grundmann, a.a.O., Sp. 3034.

[33] Vgl. Ris, a.a.O., S. 50.

[34] Vgl. Ris, a.a.O., S. 52, Anm. 32. Die kirchliche Verwaltung wurde gänzlich in die Staatsverwaltung integriert, was mit einer „landesweiten Vereinheitlichung der Verfassung, Verwaltung, des Personal- und Liturgiewesens" einherging; ebd. S. 52. Für Preußen vgl. Foerster, *Preußische Landeskirche I*, S. 125ff. und Hintze, *Epochen*, S. 84ff. Vgl. im näheren dazu oben, S. 59ff.

Der landesherrliche Summepiskopat in Bayern

[1] „... ein wenig glücklicher Ausdruck für die Sonderstellung, die in den deutschen evg. Landeskirchen der Landesherr als Kirchenglied einnimmt.", Foerster, *Summepiskopat*. – Zu Bedeutung und Entstehung des Begriffs vgl. Heckel, *Summepiskopat*.

[2] Das war eigentlich nur in Sachsen und in Bayern der Fall.

[3] Vgl. Scheuner, *Summepiskopat*, Sp. 525f.

[4] Obwohl Rieker, *Kirchenregiment*, S. 3f, darauf hingewiesen hat, daß die Bezeichnung „Episkopat" oder „oberstes Episkopat" historisch inadäquat sei, weil sie der „falschen historischen Ansicht entsprungen ist, als ob die Landesherrn in den protestantischen Territorien seinerzeit an die Stelle der Bischöfe getreten seien, als ob das landesherrliche Kirchenregiment im Reformationszeitalter als ein Ersatz für das in Wegfall gekommene bischöfliche Kirchenregiment entstanden sei", wird hier der Ausdruck „Episkopat" bzw. „Summepiskopat" beibehalten. Die später heranzuziehenden Quellen des späten 19. und frühen 20. Jahrhunderts verwenden alle diesen Begriff – eine andere, historisch angemessenere Terminologie würde nur ver-

wirren. Literatur zum bayerischen Summepiskopat stammt vor allem aus der Zeit des 19. und frühen 20. Jahrhunderts: Ernst Mayer, *Kirchenhoheitsrechte*; Reinhard, *Kirchenhoheitsrechte*; Ebert, *Territorialismus*; Oeschey, *Verfassungsurkunde*; Patin, *Religionsedikt*; außerdem die bei Ammon/Rusam, *Verfassung*, S. 1, angegebene Literatur.

5 Zum Vergleich mit Preußen: Pfeiffer, *Bayern und Brandenburg-Preußen*, bes. S. 110ff; Hintze, *Epochen*, S. 61ff; *Denkschrift des EOK* in Berlin zum 50jährigen Jubibläum.

6 Darauf hat Rieker, *Kirchenregiment*, S. 2 hingewiesen. Neben der Kirchenhoheit, die der bayerische König über beide Kirchen (katholische wie protestantische) ausübe, habe er – als Träger der Staatsgewalt, nicht als König – mittels des landesherrlichen Kirchenregiments auch noch die Kirchengewalt in der protestantischen Kirche inne. – Zur Entstehung und Frühgeschichte der evangelischen Kirche in Bayern und der rechtstheoretischen Begründung des Summepiskopats vgl. Oeschey, *Frühgeschichte*; Henke, *Niethammer*, bes. S. 15–41; und Voll, *HdbBayStKirchR*, S. 20ff.

7 Rieker, *Kirchenregiment*, S. 5. Deutlich wird hier der historische Hintergrund der Rieker'schen Schrift: 1913 ist der 1912 als Prinzregent eingesetzte Ludwig zum König Ludwig III. gekrönt worden. Die Krönung war umstritten, lebte doch noch der direkte Thronfolger Otto – allerdings in geistiger Umnachtung. So kann die Schrift Riekers auch als eine kirchliche Loyalitätserklärung gegenüber dem dynastisch umstrittenen König gelesen werden.

8 Vgl. Rieker, *Kirchenregiment*, S. 6, wo er ein konfliktfreies Miteinander von Kirchengewalt und Kirchenhoheit in der Person des Monarchen voraussetzt, was den Zeitläuften nicht immer gerecht wird.

9 Text bei Huber/Huber, *Dokumente I*, Nr. 59 und 60, S. 126–139.

10 Scheurl, *Verfassungsmäßige Stellung*, S. 12. – Christoph Gottlieb Adolf Frhr. von Scheurl (1811–1893), Prof. des römischen Rechts und des Kirchenrechts in Erlangen von 1840–81, Mitglied der Kammer und Generalsynode entfaltete eine starke Wirksamkeit in der bayerischen Kirche.

11 Vgl. Rieker, *Kirchenregiment*, S. 14, mit Hinweis auf einen bei Seydel notierten Schlußsatz, der die Selbständigkeit des Oberkonsistoriums in der Weise interpretiert, daß es nun dem Staatsministerium des Innern unterstellt ist. Außerdem stellte eine königliche Entschließung vom 12.1.1829 fest, daß das Oberkonsistorium als ein „selbständige[s], d.h. für sich bestehende[s], mit keiner anderen Geschäftsstelle als Bestandteil verbundenes Collegium" anzusehen sei; vgl. ebd. S. 15. Die Kompetenzenverteilung zwischen Staatsministerium und Oberkonsistorium wird in der Entschließung genau definiert; Text bei Rieker zitiert, a.a.O., S. 26.

12 Rieker, a.a.O., S. 15.

13 In Ländern wie Württemberg oder Sachsen sind für den Fall, daß der König nicht der evangelischen Konfession angehört, Zusatzbestimmungen festgehalten. In Sachsen sollten mindestens drei Staatsminister in Evangelicis das Kirchenregiment an Statt des Königs das Kirchenregiment ausüben, ohne daß der König damit die Kirchengewalt verliert; vgl. VU § 41. In Württemberg ist diese Stellvertretung in ähnlicher Weise geregelt; vgl. VU §§ 75, 76. Insgesamt vgl. Rieker, a.a.O., S. 12, 19.

14 Rieker, a.a.O., S. 22.

15 Zur Revolution von 1848 vgl. insgesamt: Baier, *Revolution 1848*. – Zum gesellschaftsgeschichtlichen Aspekt der Revolution und ihrer Wirkung auf die protestantische Mentalität vgl. Kuhlemann, *Protestantismus*, bes. S. 309. Die Revolution habe den deutschen Protestantismus im großen und ganzen auf die Seite der konservativ-reaktionären Kräfte getrieben, da man in der Revolution – von Ausnahmen wie Rothe und anderen einmal abgesehen – nur Sündenfall und Gericht Gottes darin habe erkennen können. Diese Haltung gehe vor allem zurück auf die „durch die Reformation geschaffenen strukturellen Bedingungen, vor allem auf die territorialstaatliche Fürstenreformation, die ausgebliebene politische Revolution während des 17. und 18. Jahrhunderts, das durch den Pietismus und die Erweckungsbewegung in die religiöse Innerlichkeit abgedrängte Emanzipationsbedürfnis des ‚dritten' und ‚vierten Standes' – das alles wirkte als mentalitätsbildende Kraft ungleich stärker als reformerische oder gar revolutionäre politische Konzepte." Im Gegensatz zu den westlichen Nachbarstaaten habe man im protestantischen Deutschland die Revolution nicht als historische Chance wahrzunehmen vermocht. Entsprechend habe sich der Protestantismus in der Folgezeit immer stärker als antimoderne, antidemokratische und antiliberale Größe verstanden.

16 Zur Person des Königs vgl. Gollwitzer, *Ludwig I.*, zu seinem Innenminister, ders., *Karl von Abel*.

17 Vgl. Spindler, *Ludwig I.*, S. 210–223.

18 Es erscheint nicht unangemessen, wenn Spindler behauptet, Bayern habe seine Revolution bereits ein Jahr vor 1848 erlebt, so daß die Märzunruhen und die „Demission" Ludwigs I. nur noch der durch die französische Bewegung angestoßene Epilog gewesen sei; vgl. Spindler, *Ludwig I.*, S. 212.

19 Vgl. im einzelnen Magen, *Protestantische Kirche*, S. 85ff.

20 Vgl. Voll, *HdbStKirchR*, S. 20f.

21 Harleß urteilte rückblickend über das liberale Oberkonsistorium, daß es „an der Zerstörung der Konfessionellen" gearbeitet habe; zit. nach Th. Heckel, *Harleß*, S. 73f. Allerdings habe mit der Einsetzung Friedrich von Boeckhs – auf Anraten Harleß' – auch „eine Umformung des Oberkonsistoriums zur leitenden Behörde einer sich ausschließlich lutherisch verstehenden Landeskirche" begonnen; Magen, *Protestantische Kirche*, S. 88. – Hugo Maser hat in seiner Darstellung Christian Friedrich von Boeck (1795–1875), Friedrich Boeckh (s. Register) und Karl Boeckh (1877–1947) verwechselt.

22 Vgl. Magen, *Protestantische Kirche*, S. 258.

23 Über die anderen Wege, „um die Kirche aus den Fesseln des Staatskirchentums zu befreien", informiert Kantzenbach, *Theologie und kirchliche Praxis*, S. 197ff.

24 § 147 der Paulskirchenverfassung formuliert: „Jede Religionsgemeinschaft ordnet und verwaltet ihre Angelegenheiten selbständig, bleibt aber den allgemeinen Staatsgesetzen unterworfen." Vgl. zum Staatskirchenrecht der Frankfurter Reichsverfassung (§§ 144–156): SKNZJ II, Nr. 9, S. 33f.

25 Friedrich Wilhelm IV. verweigerte am 3. April 1849 die deutsche Kaiserkrone aus revolutionärer Hand.

[26] Die Generalsynode tagte vom 28. Januar bis 22. Februar 1849 im Schloß Ansbach erstmalig mit der Bayreuther Synode vereinigt, was mit dem Gesetz vom 4. Juni 1848 ermöglicht worden war.

[27] Zum Verhältnis Oberkonsistorium – Ministerium des Inneren (für Kirchen- und Schulangelegenheiten) vgl. Rieker, *Kirchenregiment*, S. 24ff.

[28] Zum Verständnis der Synoden als kirchliche Parlamente vgl. Ris, *Konstitutionalismus*, S. 138–162, und exemplarisch an einzelnen Landeskirchen nachgewiesen, ebd. S. 177–218. Närger, *Synodalwahlsystem*, S. 40–59, hat für das Selbstverständnis und die Rolle der Synoden das Zusammenfließen von lutherischen und reformierten Ordnungsmodellen sowie staatlichen Einflüssen namhaft gemacht.

[29] Vgl. Magen, *Protestantische Kirche*, S. 120.

[30] Charakteristisch ist das Votum des liberalen Kirchenhistorikers Karl von Hase über die Ausübung des landesherrlichen Kirchenregiments durch den Evangelischen Oberkirchenrat (EOK) in Berlin. Der EOK war 1850 als eigenständige Verwaltungsbehörde des Summepiskopats eingerichtet worden und sollte die Trennung von Staat und Kirche demonstrieren. Nachdem aber die in Aussicht gestellte Synodalordnung kassiert wurde, manifestierte sich im EOK das landesherrliche Kirchenregiment in Reinkultur: „Vielleicht ist nie sophistischer der Versuch gemacht worden, ein bestehendes oder verheißenes Recht umzustürzen als hier. Es war wie ein höhnisches Spiel mit der Selbständigkeit der Kirche."; zit. nach Wallmann, *Kirchengeschichte*, S. 217f. Vgl. auch Magen, *Protestantische Kirche*, S. 307: Die antiliberale Haltung des bayerischen Oberkonsistoriums nach 1849 sei damit begründet, daß man „eine Gefährdung der lutherisch-kirchlichen Durchdringung des bayerischen Protestantismus" fürchtete.

[31] So die erneute Trennung der Synoden von Bayreuth und Ansbach, der Ausschluß der Öffentlichkeit von den Synodalverhandlungen; alles Errungenschaften, die ab 1850 schrittweise wieder zurückgenommen wurden.

[32] Vgl. Magen, *Protestantische Kirche*, bes. S. 280–297, und Blessing, *Staat und Kirche*, S. 113–161.

[33] Auf den Zusammenhang der Kontroverse zwischen Liberalismus und Konservatismus mit dem sozialen Wandel von der ständischen zur bürgerlichen Gesellschaft, dem staatlichen Wandel von 1871 und den daraus resultierenden Identitätsproblemen der kleindeutschen Lösung weist Stache, *Liberalismus und Konservativismus*, speziell für Bayern hin.

[34] Zu Person und Werk vgl. bes. Link, *Harnack*.

[35] Harnack, *Die Kirche, ihr Amt, ihr Regiment*, S. VI.

[36] F.J. Stahl zit. nach Magen, *Protestantische Kirche*, S. 304.

[37] Vgl. Magen, *Protestantische Kirche*, S. 305.

[38] Im Jahr 1908 wurde die bayerische Landeskirche wie die Preußens durch Einrichtung einer eigenen Steuersynode finanziell selbständig. 1912 wurden die Kirchengemeinden als eigene Rechtspersönlichkeiten anerkannt und erstmalig eine Kirchengemeindeordnung erlassen.

[39] Die Diskussion um freiwilligkeits- und volkskirchliche Kirchentypen in der Zeit von 1900 bis 1918, bei der sich immer wieder auf Luther berufen wurde, wird referiert von Meier, *Volkskirchliche Konzeptionen*, S. 31ff. Zum Modell der Volkskirche nach 1918 siehe oben, S. 111ff.

[40] Vgl. Stählin, *Das landesherrliche Kirchenregiment*, S. 56ff.

[41] Rieker, *Die Stellung des modernen Staates zur Religion und Kirche.*

[42] Vgl. Rieker, a.a.O., S. 5.

[43] Rieker, a.a.O., S. 7.

[44] SKNZJ II, Nr. 9–18, S. 32–50; zur Verfassung des deutschen Reiches, Nr. 9, S. 33.

[45] Dazu zählte er vor allem die politische und bürgerliche Gleichstellung aller, die nicht Mitglieder einer der drei großen Religionsgesellschaften sind, also Dissidenten, Freikirchler, Juden und nun auch Religionslose. Außerdem nannte er die Möglichkeiten der bürgerlichen, konfessionsverschiedenen und auch christlich-nichtchristlichen Ehe, das Recht auf freie Gründung religiöser Vereine und die Änderung des Blasphemieparagraphens; Rieker, *Stellung*, S. 9–11.

[46] Er verwies auf den Fortbestand des Staats- bzw. Landeskirchentums in allen deutschen Staaten, die Privilegierung der christlichen Religion in der Öffentlichkeit; z.B. durch Statuierung als Körperschaft des öffentlichen Rechts, ihre Vertretung im Landtag, die Schaffung staatlicher Ausbildungsstellen für die kirchlichen Bediensteten und deren beamtenrechtliche Privilegien; a.a.O., S. 13f; Zitat: S. 13.

[47] Rieker zählte als Beispiele die Abhaltung der christlichen Sonn- und Feiertage, die Bedeutung des Eides als eines eminent religiösen Aktes im gesamten öffentlichen Leben, die konfessionellen Schulen und den staatlichen Religionsunterricht, zu dem auch Kinder konfessionsloser Eltern angehalten werden, und schließlich das Institut des landesherrlichen Kirchenregiments, das den Staat und die evangelische Kirche auf besonders enge Weise verbinde, auf; vgl. a.a.O., S. 14–18.

[48] Vgl. Mehlhausen, *Kirchenpolitik*, S. 286, der ebenfalls betont, die Trennung zwischen Staat und Kirche sei nie so radikal ausgefallen, wie die Theorie sie intendiert habe.

[49] Rieker, *Stellung*, S. 20.

[50] Rieker, a.a.O., S. 24f.

[51] Zitiert nach Korr.Bl. vom 28. Januar 1918, 43. Jg., Nr. 4, S. 27f.

[52] Vgl. Kerner, *Reform des Gottesdienstes,* und Loewenich, *Christian Geyer*, S. 294. – Schindler-Joppien, *Von der Macht*, hat die Vorgeschichte der konfessionellen Landeskirche in den Jahren 1825–1838 untersucht. Es läßt sich m.E. anhand seiner Arbeit sehr gut nachweisen, daß sich die konfessionalistischen Bestrebungen bis zum Erscheinen der *Zeitschrift für Protestantismus und Kirche*, 1838, in den liturgischen und theologischen Uniformisierungsbestrebungen nach dem Antritt Harleß' als Oberkonsistorialpräsident, 1852, fortsetzten. Die „Programmschrift der Erlanger Theologie“ im Vorwort zur Nummer 1 (ZPK 1 (1838), S. 1–13) gewann ihre volle Tragweite erst mit dem Eintritt von Harleß und Höfling ins Oberkonsistorium und mit der von ihnen angeschobenen Konfessionalisierung der Landeskirche.

[53] So die Einschätzung von Geyer und Rittelmeyer in ihrem Antwortschreiben an Bezzel, abgedruckt in *Noris 1911*, S. 116. Vgl. auch Steinlein, *Kirchliche Lage 1907/8*, S. 150, zum Wechsel Pfarrer Pregers nach Kassel.

[54] Zu den Personen, siehe Register. Zu Geyer, vgl. *Heiteres und Ernstes.*

[55] So im Antwortschreiben Geyers und Rittelmeyers auf den amtsbrüderlichen Erlaß Bezzels; zit. nach Noris 1911, S. 115 (Ebenfalls abgedruckt in JbELKB 11 (1911), S. 138–141). – Loewenich, *Christian Geyer*, S. 286, hat die Bedeutung der beiden Prediger zusammengefaßt in den Worten: „Vielleicht hat sich niemals in der Kirchengeschichte Nürnbergs das Evangelium derart als Bildungsmacht bewährt wie damals in den ersten Jahrzehnten des zwanzigsten Jahrhunderts." Ganz anders Seitz, *Bezzel*, bes. S. 43–53. Geyer und Rittelmeyer hätten den christlichen Glauben auf Humanismus reduziert. „Sie staunten vor den göttlichen Möglichkeiten des Menschentums und verwandelten die Lehre von Gott in eine Lehre vom Leben, Theologie in Biologie. [...] Vor die volle Wirklichkeit Gottes in Christo stellten sie sich nicht."; a.a.O., S. 45. Seitz hat in der Einleitung zur zweiten Auflage (1987) zumindest angedeutet, daß er heute so nicht mehr über Geyer und Rittelmeyer schreiben würde.

[56] Zu den Personen, siehe Register. Vgl. zur Auseinandersetzung 1909–1913: Seitz, *Bezzel*, bes. S. 43–53.

[57] Geyer war 2., Landgerichtspräsident Eugen Rohmer 1. Vorsitzender. Zum Vorgang vgl. Steinlein, *Kirchliche Lage 1907/8*, bes. S. 150f.

[58] Als Oberkonsistorialpräsident habe Bezzel „die künftige bischöfliche Entwicklung" vorausgenommen, indem er an dem Amt des Oberkonsistorialpräsidenten die poimenische Seite akzentuiert und somit seine eigentliche geistliche Dimension eröffnet habe; so Seitz, *Bezzel*, S. 43. Die Interpretation impliziert eine Folgerichtigkeit in der Entwicklung vom weltlich oder geistlich besetzten Amt des Oberkonsistorialpräsidenten zum geistlichen Amt des Kirchenpräsidenten bzw. Landesbischof, die *ex eventu* zwar behauptet, aber keineswegs als historisch konsequent dargestellt werden darf. Wie problematisch und strittig das von Bezzel usurpierte oder antizipierte Hirtenamt sich erweisen sollte, darf über der scheinbar konsequenten Entwicklung nicht vergessen werden.

[59] Vgl. Loewenich, *Christian Geyer*, S. 306f, und Geyer, *Heiteres und Ernstes*, S. 226f.

[60] Zur Person, siehe Register.

[61] Vgl. den Programmartikel *Was wir wollen.* – In: *Christentum und Gegenwart* Nr. 1. vom 1. Februar 1910. – Zur Entstehung der Zeitschrift vgl. auch Steinlein, *Kirchliche Lage 1909/10*, bes. S. 127–132.

[62] Korr.Bl. vom 28. Februar 1910, 35. Jg., Nr. 9, S. 67. – Vorausgegangen war ein von Geyer, Rittelmeyer und dem Nürnberger praktischen Arzt Julius Herbst gezeichneter Artikel *Der Ansbacher Ausschuß und das neue Monatsblatt „Christentum und Gegenwart".* – In: Korr.Bl. vom 21. Februar 1910, 35. Jg., Nr. 8, S. 62f. Die Vorwürfe des Ansbacher Ausschusses wies Geyer in einer Erklärung im Korr.Bl. vom 7. März 1910, 35. Jg., Nr. 10, S. 77, als „unbegründet und unberechtigt" ab.

[63] So lautete schon bald die gängige Bezeichnung für das Schreiben. – „Daß dieser Hirtenbrief, und zwar weit über die Grenzen unserer Landeskirche hinaus, großes Aufsehen erregte und öffentlich wie privatim viel besprochen wurde, ist wohl begreiflich. Schon der äußere Umstand, daß es die erste Enunziation war, die ein bayerischer Oberkonsistorialpräsident direkt und persönlich, also nicht als amtlichen Erlaß der obersten kollegialen Kirchenbehörde, hinausgehen ließ, gab ihm eine besondere Bedeutung."; Steinlein, *Kirchliche Lage 1909/10*, S. 134.

[64] Vgl. JbELKB 11 (1911), S. 133f; abgedruckt auch in Noris 1911, S. 113f.

[65] JbELKB 11 (1911), S. 134.

[66] JbELKB 11 (1911), S. 134. – Über die Legitimation eines solchen Erlasses ist heftig gestritten worden: vgl. Steinlein, a.a.O., S. 136ff.

[67] Noris 1911, S. 105. Vgl. auch vom Herausgeber des Noris, Pöhlmann: *Kirchenvater.*

[68] Vgl. dazu die Dokumentation *Der Nürnberger Kirchenstreit 1912/13. Eine Sammlung der Akten und Zeitungsartikel mit Schlußbetrachtungen von Julius Herbst, Dr. med., und Adolf Meixner, Rechtsanwalt in Nürnberg.* Ulm 1913. – Die Auseinandersetzung zwischen Rittelmeyer und Nägelsbach, die mit einer Äußerung Rittelmeyers zum Fall Traub im Heft 5 von *Christentum und Gegenwart* 1912 einsetzte und am 15. Juli 1912 mit einem Vergleich vor dem kirchlichen Schiedsgericht endete, ist ausführlich dokumentiert und mit den Briefwechseln Rittelmeyers zusammengestellt in: *Die Auseinandersetzung Nägelsbach – Rittelmeyer 1912.* – In: LkAN Bestand: Personen LI: Rittelmeyer.

[69] Der Protestantische Laienbund wurde am 24. Februar 1913 auf die Initiative des praktischen Arztes Dr. med. Julius Herbst in Nürnberg gegründet. Herbst war über lange Jahre sein Vorsitzender. Neben den unregelmäßig erscheinenden *Flugblättern* des Protestantischen Laienbundes brachte der Bund ab 1914 *Die Veste* als Jahresbuch heraus. – Am Ende des Nürnberger Kirchenstreits hätten circa einhundert Pfarrer auf der ‚liberalen Seite' gestanden und den Protestantischen Laienbund mitgegründet, „der die notwendige Freiheit in der Kirche zu schützen entschlossen war.", Rittelmeyer, *Aus meinem Leben*, S. 310.

[70] Der Bund der Bekenntnisfreunde wurde am 23. April 1913 gegründet. Friedrich Boeckh, Philipp Bachmann und Freiherr Wilhelm von Pechmann hielten die Eröffnungsreden; vgl. *Flugschriften des Bundes der Bekenntnisfreunde* Nr. 1, Nürnberg 1913.

[71] Wieder war es die Kapitelsynode Thalmässing, die einen Ausschluß der Liberalen aus der Kirche forderte und mit der Bekenntniswidrigkeit ihrer Lehre begründete.

[72] Die bemerkenswerte Haltung des katholischen Summus Episkopus ist notiert bei Geyer, *Heiteres und Ernstes,* S. 229. Vgl. außerdem Geyer, *Lage der Theologen*, S. 21.

[73] Dazu Kantzenbach, *Friedrich Rittelmeyer.*

[74] Geyer, *Heiteres und Ernstes*, S. 222, vermutete, daß es sich zu Beginn der Auseinandersetzungen etwa 100 Theologen zu den „freier Gerichteten" zählten.

[75] Dazu siehe oben, S. 82ff.

[76] Zur Person, siehe Register. Vgl. auch die kurze Charakterstudie von Maser, *Weimarer Republik*, S. 65ff, und die Literaturhinweise dort.

[77] Vgl. Doerry, *Übergangsmenschen*, und oben, S. 91 mit Anm. 175.

[78] Bezzel bestritt 1914 mehrfach die Schuld Deutschlands am Ausbruch des Weltkrieges: „*Aufruf deutscher Kirchenmänner und Professoren: An die evangelischen Christen im Ausland*" vom 4. September 1914 – abgedruckt bei Besier, *Die protestantischen Kirchen*, S. 40–45. In einem Brief an Söderblom vertrat er die These erneut und betonte, gegenteilige Behauptungen würden seinem „Volksempfinden" wie seiner „christlichen Überzeugung" nicht gerecht; abgedruckt bei Besier, a.a.O., S. 97.

[79] Vgl. Veit, *Zum neuen Jahre 1919*, S. 5.

Bayern in der Revolution von 1918

[1] Braudel, *Les responsabilités de l'histoire*, S. 5.

[2] Vgl. Mehnert, *Kirche und Politik*, bes. S. 93–128; Nowak, *Evangelische Kirche*, S. 17–53; ders., *Protestantismus*, bes. S. 220–228; und ders., *Geschichte des Christentums*, bes. S. 149–242. Grundlegend ist nach wie vor das Werk von Scholder, *Kirchen I*, bes. S. 3–274. Viel stärker auf Preußen konzentriert haben sich Wright, *Über den Parteien*, bes. S. 66–102; Jacke, *Kirche zwischen Monarchie und Republik*, bes. S. 41–79; und Motschmann, *Evangelische Kirche und preußischer Staat*, bes. S. 12–22. Eine neuere Untersuchung stammt von Hürten, *Novemberrevolution 1918/19*, der sowohl die evangelische wie die katholische Kirche berücksichtigt, dabei aber allzu harmonisierend davon spricht, daß die Kirchen die neue politische Ordnung akzeptiert hätten und gewillt gewesen seien, „der politischen Neugestaltung nicht hindernd entgegenzutreten" (S. 37). Davon kann angesichts der massiven Reserve der Kirchen und deutlicher antidemokratischer Affekte gegenüber der neuen Ordnung nicht die Rede sein. Vgl. auch Martin Greschata Rezension zu Hürtens in: ZKG 100 (1989), S. 279f.

[3] Vgl. besonders die in dem von Bosl herausgegebenen Band, *Bayern im Umbruch*, versammelten Aufsätze.

[4] Zur politischen Debatte – auch unter den Stichworten Separatismus und Unitarismus – zwischen Bayern und dem Reich, vgl. Heiber, *Republik*, S. 37ff; und Craig, *Deutsche Geschichte*, S. 365ff.

[5] Vgl. Dahm, *Pfarrer und Politik*, S. 11ff. Er bezieht die Kategorie primär auf den Stand der Pfarrer; das ist unter zwei Aspekten zu rechtfertigen: Erstens läßt das Quellenmaterial wenig Rückschlüsse auf das Selbstverständnis der übrigen „nichtgeistlichen" Kirchenglieder zu, zweitens ist die Kirche um 1918 noch immer eine „Pastorenkirche", die den Laien wenig Partizipationsmöglichkeiten einräumt. So wird das kirchenpolitische Denken und Handeln notwendigerweise mit dem ihrer „Funktionäre" identifiziert. Nur unter diesem Vorbehalt ist es im folgenden berechtigt, pauschal von einer „Krisenmentalität des Protestantismus" zu sprechen.

[6] Exemplarisch sei hier genannt die *Theologie der Krise*, die mit Barths *Römerbrief* von 1919 einen fulminanten Auftakt fand. Dazu siehe die *Anfänge der dialektischen Theologie*, in deren Vorwort der Herausgeber Jürgen Moltmann die Zeit von einer durchgehenden „Staats-, Kultur- und Christentumskrise" geprägt sieht; a.a.O. S. IXf. In anderer Weise ist die Krise auch bei Karl Holl thematisiert worden, vgl. dazu Assel,

Aufbruch, bes. S. 112–131. Auch der Erlanger Systematiker Philipp Bachmann spricht in einer Analyse der Zeit von einer „Krisis des 20. Jahrhunderts“, *Von Innen nach Außen*, S. 24. So kann der Begriff der Krise allgemein als Konvergenzpunkt unterschiedlicher theologischer Richtungen und Deutungen verstanden werden; vgl. Tanner, *Antiliberale Harmonie*, bes. S. 193–197. Die philosophische Diskussion hat untersucht: Krockow, *Die Entscheidung*. Zum allgemeinen akademischen Kontext vgl. bes. Ringer, *Die Gelehrten*, und oben, S. 75.

[7] Kuhn, *Gesicht der Weimarer Zeit*, S. 215ff, der den Begriff der Katastrophe als Deutungskategorie der „nachdenklichen Geister“, insbesondere der Künstler ansieht.

[8] Statt dessen wurde zumeist mittels Einheitssemantik die Reduktion der Wirklichkeit auf die eigenen, vertrauten Muster betrieben. Termini wie „Volk“, „Vaterland“, „Gemeinschaft“ oder „Nation“ waren in keiner Weise dazu tauglich, den gesellschaftlichen Differenzierungsprozeß angemessen wahrzunehmen, zu beschreiben oder ihn mitzugestalten. Sehr hellsichtig hat Ernst Bloch diese Sprechweise bereits in der Zeit kritisiert. In *Erbschaft dieser Zeit*, herausgegeben erstmalig 1935, zeichnen die versammelten Aufsätze und Stimmungsberichte ein gutes Bild des Alltagslebens der verschiedenen Schichten und Milieus in der Weimarer Epoche aus unmittelbarer Zeitgenossenschaft. Dort heißt es, S. 18: „‚Leben‘, ‚Seele‘, ‚Unbewußtes‘, ‚Nation‘, ‚Ganzheit‘, ‚Reich‘ und ähnliche Anti-Mechanismen wären nicht so hundertprozentig reaktionär verwertbar, wollte die Revolution hier nicht bloß, mit Recht, entlarven, sondern mit ebensoviel Recht konkret überbieten und sich des alten Besitzes gerade dieser Kategorien erinnern.“ Zum Problem der Wirklichkeitsreduktion durch Einheitssemantik vgl. auch Fuchs, *Erreichbarkeit*, S. 89–116, bes. S. 98–100. Genau genommen war die Krise der Weimarer Republik keine ganz neue Krise, sondern die Fortsetzung der „Krise des Kaiserreichs“, über deren Einsatzpunkt man sicherlich streiten kann, deren Struktur aber auch in den Jahren nach 1918 virulent bleiben sollte. Es ist das „Mißverhältnis zwischen ökonomischer und soziopolitischer Modernisierung“; vgl. Doerry, *Übergangsmenschen*, S. 12, mit Verweis auf Dahrendorf, *Gesellschaft*, S. 59ff.

[9] Vgl. Kuhn, *Gesicht der Weimarer Zeit*, S. 223.

[10] Hümmert, *Königreich*, S. 85. Über die kritische Situation in Bayern am Vorabend der Revolution informiert ausführlich Albrecht, *Vorabend*.

[11] Als Einführung in Persönlichkeit und Politik Kurt Eisners siehe Freya Eisner, *Kurt Eisner*; Wiesemann, *Kurt Eisner*; außerdem unter gesellschaftsgeschichtlicher Perspektive Pohl, *Kurt Eisner*. Die stark wertende Darstellung Eisners bei Karl Schwend, *Zwischen Monarchie und Diktatur*, bes. S. 41–57, verengt sich auf die Frage nach der föderativen Stellung Bayerns im Reich und vollzieht sich auf dem Hintergrund konservativer, antikommunistischer Attitüden – Schwend war Mitglied der BVP und von 1950–54 Leiter der bayerischen Staatskanzlei. Wesentlich sachlicher Hümmert, *Königreich*, bes. S. 86–113. Der marxistisch-leninistischen Geschichtsbetrachtung verpflichtet sich Kopp, *Emanzipation*, und begründet das Scheitern der Revolution mit den ungünstigen gesellschaftlichen Bedingungen; a.a.O., S. 267.

[12] Vgl. Stammen, *Das schwere Erbe*, S. 109; und Kritzer, *Freistaat*, S. 106ff.

[13] Kritzer, *Freistaat*, S. 105f. – Die nur halbherzig betriebene Parlamentarisierung Deutschlands während des Kaiserreiches, die prekäre Lage, in der sich die Sozialdemokratie befand, als stärkste Reichstagsfraktion keine parlamentarische Mehrheit gegen Zentrum und Nationalliberale durchsetzen zu können, und der Primat des Kaisers in militärischen Belangen, die ihn problemlos am Parlament vorbei regieren ließ, hatten in den Jahren 1912–1918 genügend revolutionären Sprengstoff anwachsen lassen; vgl. auch Doerry, *Übergangsmenschen*, S. 12–29. Daß die folgende Revolution sich beileibe nicht so dramatisch ausnahm, wie es in anderen europäischen Ländern der Fall war, lag wohl an dem „Anti-Chaos-Reflex" der industriellen Gesellschaft in Deutschland, die einen völligen Zusammenbruch der Verwaltung, der Industrie und des öffentlichen Lebens nicht zuließ; vgl. Winkler, *Weimar*, S. 14.

[14] Zwei Ursachen gibt Schwarz, *Bayern 1918–1920*, S. 404f, für Eisners Erfolg an: Erstens sei eine „demoralisierte Masse", geführt von einer „Handvoll Doktrinäre", darauf aus gewesen, das sinnlose Blutvergießen des Krieges zu beenden. Ihnen sei der Monarch als Hauptschuldiger für den Krieg und als Hindernis zu seiner Beendigung erschienen. Gerade Eisner habe ihn erfolgreich zum Sündenbock stempeln können. Zweitens hätten die Halbheiten der königlichen Regierung bei der Verfassungsreform und die Entschlußlosigkeit des Monarchen das bestehende System diskreditiert. Im entscheidenden Moment sei dann die Monarchie bei völliger Verkennung der innenpolitischen Lage durch die Münchener Polizei dem Mob der Straße schutzlos ausgeliefert gewesen. Eisner habe sich in der Situation als ein geschickter Volkstribun und „Koordinator" des Volkszorns erwiesen.

[15] Jesse, *Geschichte*, S. 16. Die Aussage steht keineswegs im Widerspruch zu der noch zu schildernden monarchistischen Gesinnung weiter Kreise der Bevölkerung. Auch wenn antidemokratische Attitüde und monarchistisch-konservative Rückwärtsgewandtheit das Gros der evangelischen Christen auszeichnete, war ein aktives Eintreten für die Herrscherhäuser kaum auszumachen; vgl. Mehnert, *Kirche und Politik*, bes. S. 10ff, 93–115. Für die bayerische Situation vgl. Hümmert, *Königreich*, bes. S. 89ff, 94f, und Knopp, *Verfassung*, S. 4 mit Anm. 8. Schwarz, *Bayern 1918–1920*, S. 403f, spricht von einem „faktischen Verzicht" der Monarchie auf ihre Rechte angesichts der Revolution. Zusammenfassend hält Albrecht, *Vorabend*, S. 420, fest: „So glich die bayerische Revolution in vielen Dingen einem Regierungswechsel, bei dem lediglich die Rechte des Monarchen auf die Gesamtstaatsregierung übergingen, die sie aber de facto weitgehend schon vorher besaß, wenn auch [...] die Macht des Monarchen nicht so gering war, wie es öfter in der Literatur behauptet wird." Die Erklärung Ludwigs III. vom 13. November 1918, mit der er das Ende seiner Regentschaft konstatierte und Beamte, Offiziere und Soldaten von ihrem Treueeid entband, ist abgedruckt in *Ursachen und Folgen III*, Nr. 594, S. 107. Die Erklärung thematisierte zwar an keiner Stelle ausdrücklich den *Thronverzicht* des Monarchen, wurde aber vom Ministerrat so interpretiert, vgl. *Staatsanzeiger* Nr. 266: „Der Ministerrat des Volksstaates Bayern nimmt den Thronverzicht zur Kenntnis." Vgl. auch Schwarz, *Bayern 1918–1920*, S. 403.

[16] Heiber, *Republik*, S. 39. – Zur Idee eines süddeutschen Bundes, an der Eisner mit seinem Antipreußentum maßgeblichen Anteil hatte, vgl. Benz, *Nachbarn*. Schwend,

Zwischen Monarchie und Diktatur, S. 48–57, begrüßt Eisners föderalistische Tendenzen, soweit sie geeignet erscheinen, Bayerns frühere Größe und Unabhängigkeit wiederherzustellen, wirft ihm aber andererseits vor, daß er durch sein unprofessionelles Vorgehen und seinen Moralismus eher das Gegenteil bewirkt habe.

[17] Zur Weimarer Verfassung und ihren Vorentwürfen vgl. Boldt, *Reichsverfassung*; dort, S. 44, Anm. 1, auch ausführliche Literaturhinweise. Außerdem Jasper, *Improvisierte Demokratie*; und ders., *Geist von Weimar*. Die Verfassung ist veröffentlicht worden im Reichsgesetzblatt vom 11. August 1918, Nr. 6982, S. 1383–1418.

[18] Vgl. Heiber, *Republik*, S. 40f, für die Situation in Preußen; und Schieck, *Sozialisierungsfrage*, bes. S. 143, 145 für Bayern. Man darf nicht übersehen, daß die Regierung Ebert den Beamten des Reiches schon sehr früh den Fortbestand ihrer beamtenrechtlichen Privilegien garantierte. Die Garantie für die Rechte der Beamten wurde in Art. 129, § 1 und Art. 130, § 2 WRV und bes. Art. 131 festgehalten. Das bedeutete, einen latenten Antidemokratismus des monarchisch erzogenen Beamtentums in der jungen Demokratie zu legitimieren; vgl. Craig, *Deutsche Geschichte*, S. 367, und Bracher, *Auflösung*, S. 177, 180ff. Zugleich wurde damit in der jungen Demokratie das Standesdenken des 19. Jahrhunderts etabliert – eine Tatsache, die im Zusammenhang besonders interessant wird, wo es um die kirchenpolitischen Optionen und Aktionen der Konsistorialbehörden gehen wird; dazu siehe oben, S. 91.

[19] Vgl. zu Eisners bildungspolitischen Ansätzen zur Demokratisierung des Volkes und zu seiner Formel „Räte und Parlament“: Pohl, *Kurt Eisner*, S. 231ff, und Wiesemann, *Kurt Eisner*, S. 416–419. Die Rolle der Räte läßt sich in ihrer Breitenwirksamkeit am ehesten mit der der Gewerkschaften in den Jahren 1890–1914 vergleichen. Auch sie standen den Arbeitern weit näher als die Parteien – näher als eine Arbeiterpartei es vermochte; vgl. Schnorbus, *Wirtschaft und Gesellschaft*, S. 139–148; Kolb, *Rätewirklichkeit*, und Kopp, *Emanzipation*, S. 24–38 zum allgemeinen Rätegedanken, und S. 108–115 zur Situation der Räte in Bayern. Kopp ist der Meinung, die Räte haben in Bayern nur eine untergeordnete Rolle spielen können, weil sie nicht wie die Parteien – insbesondere die SPD – über einen Machtapparat verfügten. Außerdem habe es Eisner versäumt, durch Aufklärungspolitik ein revolutionäres Bewußtsein bei den Massen zu schaffen, um so die Räte gesamtgesellschaftlich zu tragen; statt dessen verstanden sich die Räte als Mandatare ihrer Partei. – Es ist das Verdienst der neueren Geschichtswissenschaft, das noch lange nach 1945 gängige Vorurteil widerlegt zu haben, daß nach der Novemberrevolution 1918 nur die Alternative zwischen einer bürgerlich-konservativen Regierung à la Ebert und einer Bolschewisierung Deutschlands durch die Räte bestanden habe. Der Spielraum war doch größer; vgl. Wehler, *Geschichtswissenschaft*, S. 25, mit Literaturhinweisen.

[20] Vgl. Pohl, *Kurt Eisner*, S. 231f.

[21] Bereits am 12. Januar 1919 hatten die Wähler – und erstmals Wählerinnen – Bayerns der Politik Eisners und seiner USPD eine deutliche Absage erteilt: Die USPD erhielt ganze 3 Sitze; BVP 66; SPD 61, DVP 25 Sitze; vgl. zum genauen Ergebnis der Landtagswahlen *Ursachen und Folgen III*, Nr. 600, S. 120.

[22] Friedrich Stampfer im Leitartikel des *Vorwärts* vom 1. Dezember 1918; zit. nach Pohl, *Kurt Eisner*, S. 225. Interessant ist, daß die Metapher des Theaters im Zusammenhang mit der Regierung Eisners häufig begegnet: G.M: *Zur neuen Lage*. – In: Korr.Bl. vom 18. November 1918, 43. Jg., Nr. 46, S. 360, Schwend, *Zwischen Monarchie und Diktatur*, S. 48, und Kuhn, *Gesicht der Weimarer Zeit*, S. 220. – Zum Theater als „Dreh- und Angelpunkt der Gesellschaft" vgl. Schöne, *Neuigkeiten*.

[23] Zum Hergang der Attentate auf Eisner und Auer vgl. den Korrespondenzbericht des Berliner Tagblatt, Nr. 83, vom 21. Februar 1919, abgedruckt in *Ursachen und Folgen III*, Nr. 601, S. 120ff. Nach Craig, *Deutsche Geschichte*, S. 358, markierten die Schüsse auf Eisner den Beginn einer zweiten revolutionären Welle in der bayerischen Hauptstadt. Immer deutlicher wurde die Polarisierung zwischen den Parteien auf der einen und den örtlichen Arbeiter- und Soldatenräten auf der anderen Seite.

[24] Zwischen dem neukonstituierten Landtag und den Arbeiter- und Soldatenräten war es nach dem Mord an Eisner im Februar zu Uneinigkeit über den weiteren Kurs des Freistaates gekommen. Der vorläufigen Reichsgesetzgebung entsprechend war nur eine aus allgemeinen, gleichen und geheimen Wahlen hervorgegangene Volksvertretung berufen, die Staaten in Gesprächen gegenüber dem Reich zu vertreten. Die Räte erkannten diese Regelung nicht an und versuchten ihrerseits, die Revolution in Bayern fortzuführen. In der Konsequenz ihrer Bemühungen lag die Ausrufung der Räterepublik am 7. April 1919. Vgl. zu den Vorgängen Schwarz, *Bayern 1918–1920*, S. 425–435; insgesamt dazu Craig, *Deutsche Geschichte*, S. 359f.

[25] Heiber, *Republik*, S. 42.

[26] Zum „Putsch" gegen die Regierung Hoffmann im Gefolge des Kapp-Putsches in Berlin vgl. Craig, *Deutsche Geschichte*, S. 377ff; und Heiber, *Republik*, S. 81ff.

[27] Einen guten Einblick in die bayerische Mentalität, ihre politischen Usancen und die Reserviertheit gegenüber der als preußisch empfundenen Reichsregierung vermittelt Lion Feuchtwanger in seinem 1928 erschienenen Roman *Erfolg*.

[28] Die Bezeichnungen „Freistaat" und „Volksstaat" werden in den Quellen selbst synonym verwendet.

[29] Heiber, *Republik*, S. 91. Bayern begründete den Schutz diverser im Reich gesuchter Attentäter aus rechten Kreisen mit der Landeshoheit über Polizei und Justiz, die nicht durch Eingriffe des Reiches geschmälert werden sollte; vgl. dazu Heiber, a.a.O., S. 110–114, und Sabrow, *Rathenau ermordet*, bes. S. 50, zur Agitation der „Organisation Consul". In Bayern verband man mit dieser eigenwilligen Politik die Gründung der „Ordnungszelle Bayern" in bewußtem ideologischen Gegensatz zum Reich.

[30] Gegen den vor allem mit Preußen identifizierten Unitarismus hat Bayern immer wieder seine Eigenstaatlichkeit betont. Das Konkordat zwischen dem Bayerischen Staat und der Katholischen Kirche sowie der Kirchenvertrag zwischen dem Bayerischen Staat und der Evangelisch-Lutherischen Kirche in Bayern rechts des Rheins dürfen als solche Demonstration bayerischer Eigenstaatlichkeit gewertet werden; so Pfeiffer, *Bayern*, S. 381. Zu beiden Verträgen vgl. auch Maser, *Evangelische Kirche*, bes. S. 57–101. Zu den Verträgen: *Konkordat zwischen Seiner Heiligkeit Papst Pius XI*

und dem Staate Bayern, vom 29. März 1924. – In: GVBl. vom 22. Januar 1925, Nr. 3, S. 53–60. *Vertrag zwischen dem Bayerischen Staate und der Evangelisch-Lutherischen Kirche in Bayern rechts des Rheins*, vom 15. November 1924. – In: GVBl. vom 22. Januar 1925, Nr. 3, S. 61–64. *Vertrag zwischen dem Bayerischen Staate und der Vereinigten protestantisch-evangelisch-christlichen Kirche der Pfalz (Pfälzische Landeskirche)*, vom 15. November 1924. – In: GVBl. vom 22. Januar 1925, Nr. 3, S. 65–67. – Das neue Reich blieb ein Bundesstaat, und obwohl der Reichsregierung wichtige Kompetenzen zuerkannt wurden, verblieb den Einzelstaaten doch ein gutes Stück der Macht. So haben sie besonders im Bereich des Zivil- und Strafrechts, der Wohlfahrtspflege, der Religion, Erziehung und Bildung wesentliche Einflußsphären sich vorbehalten können; vgl. dazu Craig, *Deutsche Geschichte*, S. 366, und Ribhegge, *Im Geiste von Weimar*, S. 70.

31 Max Weber hat diese Stimmung auf den Punkt gebracht: „Damit das deutsche Reich geschaffen wurde, sind Illusionen ungeheurer Art nötig gewesen, die jetzt mit den Flitterwochen der Reichseinheit verflogen sind und die wir uns nicht künstlich und nicht auf dem Wege der Reflexion zu reproduzieren vermögen." Weber, *Arbeitsverfassung*, S. 468.

32 Vgl. *Schlaglichter der deutschen Geschichte*, S. 209.

33 Zu den Vorgängen um die deutsche Kriegserklärung vgl. Zank, *„Jetzt oder nie!"* und die bei Besier, *Die protestantischen Kirchen*, S. 14, Anm. 8, angegebene Literatur. Zum Militarismus Wilhelms II. und der wilhelminischen Epoche im ganzen vgl. Craig, *Deutsche Geschichte*, S. 205–210 und S. 285–297; Doerry, *Übergangsmenschen*, S. 44 passim. Zum Kriegsausbruch: Craig, *Deutsche Geschichte*, S. 298ff. Zu den theologischen Wertungen des Kriegsausbruchs vgl. Huber, *Kirche und Öffentlichkeit*, S. 135–219.

34 Vgl. Besier, *Die protestantischen Kirchen*, S. 11. – Zum spezifisch deutschen Verständnis von „Kultur" seinerzeit vgl. Ringer, *Die Gelehrten*, S. 83–86; und S. 171–177 zum als „Kulturkrieg" verstandenen Ersten Weltkrieg. Besonders sei auf die umfangreiche begriffsgeschichtliche Untersuchung von Bollenbeck, *Bildung*, hingewiesen.

35 Vgl. Hümmert, *Königreich*, S. 58ff, bes. 60f. Aus der organisatorischen Unmündigkeit und der Angst vor Benachteiligung gerade bei Nahrungsmittelzuteilungen – all diese Obliegenheiten waren an Reichsämter in Berlin (also Preußen) übertragen worden – habe sich der sprichwörtliche Preußenhaß entwickelt. Jaroschka, *Lernziel: Untertan*, S. 100–107, hat auf die Unterschiede in Vermittlung und Bedeutung der deutschen Einigung 1871 und die Stellung des Kaisers in bayerischen und preußischen bzw. sächsischen Lehrbüchern für die Volksschule hingewiesen und damit ein weiteres Motiv für die föderalistischen Tendenzen und einer gegenüber Preußen reservierten Haltung Bayerns vorgetragen. – Ressentiments der eigenen Untertanen bekam auch Ludwig III. ab 1915/16 zu spüren, weil er die Eigenständigkeit Bayerns gegenüber Preußen nicht zu wahren gewußt und mit seiner Begeisterung für das Militärische Bayern in den Krieg hineingetrieben habe. Auch habe Ludwig III. eine ehrgeizige Annexionspolitik im Auge gehabt und für einen Siegfrieden optiert, die in großen Teilen der Bevölkerung auf Ablehnung stieß; vgl. Hümmert, a.a.O., S. 71, und Dieter Albrecht, *Bayern 1871–1918*, S. 367. Es war

aber wohl nicht nur aktuelle Machtlosigkeit der bayerischen Regierung, sondern auch deren schon lange andauernde Führungsschwäche, die letztlich die für das Ende des monarchisch-konstitutionellen Regierungssystems verantwortlich war; vgl. Willy Albrecht, *Vorabend*, S. 339ff und 433.

[36] Vgl. Schneider, *Kirchliche Zeitlage 1918*, bes. S. 332f.

[37] Vgl. Schulenburg, *Welt um Hindenburg*, bes. S. 35–50, der den Mythos der Kriegsjahre 1935 zu einer wahren Hagiographie aufbereitet hat. Außerdem: Rocholl, *Hindenburg*; Ludendorff, *Kriegserinnerungen*. Vgl. auch Schneider, *Kirchliche Zeitlage 1918*, S. 330: „Die Feldherrnkunst eines Hindenburg, der im Osten der russischen Dampfwalze die Achse brach und nun im Westen nach scharfem, drohendem Standhalten die Hand erhebt, läßt uns voll Vertrauen in die Zukunft sehen. ‚Wir sind Sieger'. Sieger über den Erdkreis, das stolze Bewußtsein erfüllt jeden Feldgrauen. Es hat wohl kaum je ein Feldheer gegeben, das ein so unbeschränktes Vertrauen gehabt hätte zur Führung, und nie eine Führung, die dieses Vertrauens in höherem Maße wert gewesen wäre als unsere Feldherrn und unser Heer." (Der Bericht wurde abgeschlossen im Juni 1918; vgl. ebd. S. 326.) Die Assoziation zu Mose, der im Krieg gegen die Amalekiter durch Heben seiner Hand den Sieg für Israel herbeiführt (Ex 17, 8–13) ist nicht übersehen.

[38] Freilich gilt letzteres wohl nur für den „ahnenden Geist von Künstlern und Denkern", bei denen sich die „geistig-künstlerische Revolution" vor der politischen Katastrophe ereignet hatte. Vgl. Kuhn, *Gesicht der Weimarer Zeit*, S. 215: „Da das Denken sich den tragischen Möglichkeiten des Daseins geöffnet hatte, konnte das Ertragen des nationalen Unglücks sinnvoll werden: die der äußeren Form nach beschämende Existenz eines zerrissenen, besiegten, mit seiner eigenen Existenzform hadernden Volkes barg die Würde geistiger Leidensbereitschaft in sich."

[39] Vgl. dazu Niedhardt, *Ultimaten, Konferenzen, Repressalien.*

[40] Zank, *Die Stunde der Abrechnung*, hat herausgestellt, wie fatal die revanchistische Einstellung besonders Frankreichs für den Verlauf und das Ergebnis der „Friedensverhandlungen" war. Die intendierte totale Ausschaltung Deutschlands als wirtschaftlichem und politischem Faktor in der Mitte Europas mußte binnen kurzer Zeit negativ auf die umliegenden Staaten zurückwirken.

[41] Zum Versailler Vertrag und den Reaktionen auf sein Bekanntwerden in Deutschland am 7. Mai 1919 vgl. auch Craig, *Deutsche Geschichte*, S. 371ff. Zur auswärtigen Politik der kaiserlichen Regierung und der Regierung der Volksbeauftragten bezüglich Friedensverhandlungen vgl. Grupp, *Waffenstillstand.*

[42] Im Rückblick beschrieb Friedrich Ebert die Sicht der MSPD nach der Machtübernahme: „Wir waren im eigentlichen Wortsinne die Konkursverwalter des alten Regimes: alle Läger waren leer, alle Vorräte gingen zur Neige, der Kredit war erschüttert, die Moral tief gesunken. Wir haben gestützt und gefördert vom Zentralrat der Arbeiter- und Soldatenräte, unsere beste Kraft eingesetzt, die Gefahren und das Elend der Übergangszeit zu bekämpfen. [...] Wenn der Erfolg nicht unseren Wünschen entsprach, so müssen die Umstände, die das verhinderten, gerecht gewürdigt werden."; zit. nach Winkler, *Weimar*, S. 39.

[43] Die Verantwortlichkeit Ludendorffs für die „verhängnisvollen militärischen und politischen Fehlkalkulationen in der letzten Kriegsphase" ist erst in den Jahren nach 1945 historisch aufgearbeitet worden, bis dahin bestand vor allem im konservativ-nationalistischen Lager ein großes Interesse, diesen Tatbestand zu verschleiern; vgl. Kolb, *Kaiserreich*, S. 13, und den Forschungsüberblick von Fries-Thiessenhusen, *Politische Kommentare*, im selben Band.

[44] Vgl. zur wirtschaftlichen und gesellschaftlichen Entwicklung in Bayern in den Jahren 1890–1914 Schnorbus, *Wirtschaft und Gesellschaft*, und Zorn, *Bayerns Gewerbe*, bes. S. 808–823

[45] Vgl. Schnorbus, a.a.O., S. 113.

[46] Vgl. Schnorbus, a.a.O., S. 108–111.

[47] Vgl. Schnorbus, a.a.O., S. 114f.

[48] Von 1871 bis 1915 erhöhte sich die Bevölkerungszahl des deutschen Reiches von ca. 41 auf 68 Millionen Einwohner. Zur Bevölkerungsentwicklung vgl. auch Nipperdey, *Deutsche Geschichte I*, S. 9–42.

[49] Die Antithese von „Obrigkeitsstaat" und „Volksstaat" stammt wohl von Hugo Preuß oder Friedrich Naumann; polemisch aufgegriffen wird sie bei Hermann Jordan, *Not und Zukunft*, S. 62–65, der im Dezember 1921 das Fehlen von tatsächlicher Autorität und Obrigkeit für die Dekadenz des deutschen Staatswesens verantwortlich machte.

[50] Schnorbus, a.a.O., S. 132.

[51] Vgl. Schnorbus, a.a.O., S. 130.

[52] Vgl. Schnorbus, a.a.O., S. 127.

[53] Vgl. dazu Ortega y Gasset, *Aufstand der Massen*, dort bes. S. 56–63 zur Analyse des sog. Massenmenschen, und Jaspers, *Die geistige Situation*, bes. S. 29–64.

[54] Daß der historiographische Wert des Romans umstritten ist, hat Alter, *Kaiserreich-Debatte*, anhand der Positionen Nipperdeys und Wehlers exemplarisch gezeigt. M.E. hat er überzeugend dargelegt, daß Manns Protagonist Diederich Heßling sehr wohl typisch ambigue Züge des aufsteigenden Mittelständlers trägt, der in seiner Untertänigkeit nicht nur die konservative Rückwärtsgewandtheit, sondern zugleich die Anpassungsfähigkeit an die Anforderungen der Moderne verkörpert. Insofern illustriert Manns *Untertan* sehr gut die antidemokratischen, chauvinistischen und durchaus nicht unpolitischen Tendenzen des Bürgertums der wilhelminischen Epoche. Das bestätigt auch die Untersuchung von Jaroschka, *Lernziel: Untertan*, die das Produkt der Erziehungsbemühungen jener Epoche so charakterisiert: „ein treu ergebener Verehrer seines Kaisers mit starr konservativem Welt- und Gesellschaftsbild, ein Vertreter von Sekundärtugenden – eine Person, die der Figur des Diederich Heßling aus Heinrich Manns Roman ‚Der Untertan' nicht ganz unähnlich ist."; a.a.O., S. 7.

[55] Vgl. Elias, *Zivilisation II*, S. 417ff.

[56] Doerry, *Übergangsmenschen*, S. 47f. Doerry schränkt selbst ein, daß eine historische Anthropologie für sich genommen noch nicht die Phänomene Systemkonformität

und Autoritarismus erklären könnten, doch verdeutlicht sie noch einmal, wie stark die vorhandenen Strukturen und Entwicklungen die Menschen in ihrem Handlungsspielraum eingeschränkt haben.

57 Schnorbus, a.a.O., S. 159, mit Verweis auf Loewenstein: *Antidemokratismus*, S. 168. Wie sehr die Mittelstandsideologie auf die evangelische Pfarrerschaft zutraf, wird im folgenden noch zu zeigen sein; siehe oben, S. 91f.

58 Vgl. *Die Nürnberger kirchliche Woche*. – In: Korr.Bl. vom 17. Juni 1918, 43. Jg., Nr. 24, S. 184, und Veit: *An der Westfront und in Belgien*, S. 232 passim, in denen das Einheitserlebnis immer wieder beschworen wurde, um zum Durchhalten angesichts der drohenden Niederlage zu ermutigen. Zum August 1914 vgl. auch Meinecke, *Erhebung*. Außerdem Besier, *Die protestantischen Kirchen*, S.17f, und die Alldeutschen Blätter 24 (1914), S. 285; zit. nach Besier, *Die protestantischen Kirchen*, S. 34f. Kriegs-Korrespondenz des Evangelischen Presseverbandes für Deutschland e.V.; zit. ebd. S. 35–37. Zwei Momente werden als wesentlich für das Einheitserlebnis des August 1914 angesehen. Zum ersten das Ende des Parteienhaders im Deutschen Reichstag: „Es gibt keine Parteien mehr, es gibt nur noch ein einig deutsches Volk von Brüdern". Zweitens wird der Aufbruch als ein religiöser gewertet: „Und der 5. August, der unvergeßliche Kriegs-, Buß- und Bettag, zeigt's der Welt, daß das deutsche Volk nun und nimmermehr von Gott verlassen sein kann, denn *heut hat Deutschland seinen Gott wiedergefunden.*"; Zitate nach Besier, a.a.O., S. 36.

59 Ein mit Antisemitismus, Rassenlehre, biologistischem Sozialdarwinismus und idealistischem Volksgedanken aufgeladener Nationenbegriff und die von ihm hervorgebrachte, allen anderen überlegene Kultur sollten im 1. Weltkrieg „gegen die barbarische Massengesellschaft in Rußland, die verweichlichte Dekadenz in Frankreich, den technischen Alptraum der Vereinigten Staaten und das unheroische Krämertum Englands" verteidigt werden; vgl. Gay, *Republik der Außenseiter*, S. 230. Die Niederlage im Krieg hatte für die meisten Deutschen nur scheinbar die Überlegenheit der „westlichen" Werte bewiesen. Nur wenige waren zu einer Revision der eigenen Ideologie „zugunsten einer Annäherung an die alten humanitärnaturrechtlichen Traditionen des Abendlandes" bereit; vgl. Scholder, *Neuere deutsche Geschichte*, S. 79.

60 Zur Geisteslage im imperialistischen Deutschland vgl. Henry Cord Meyer, *Imperialismus*, bes. S. 66–74. Mentalitätsgeschichtlich aufschlußreich sind obendrein: Doerry, *Übergangsmenschen*, bes. S. 44–65, und Jaroschka, *Lernziel: Untertan*, bes. S. 47–68.

61 „Wie nie fühlten [im August 1914] die Tausende und Hunderttausende Menschen, was sie besser im Frieden hätten fühlen sollen: daß sie zusammengehörten, [...] daß sie einen nie wiederkehrenden Augenblick miterlebten und daß jeder aufgerufen war, sein winziges Ich in diese glühende Masse zu schleudern, um sich dort von aller Eigensucht zu läutern. Alle Unterschiede der Stände, der Sprachen, der Klassen, der Religionen waren überflutet für diesen einen Augenblick von dem strömenden Gefühl der Brüderlichkeit. Fremde sprachen sich an auf der Straße, Menschen, die sich jahrelang ausgewichen, schüttelten einander die Hände, überall sah man belebte Gesichter. Jeder einzelne erlebte eine Steigerung seines Ichs, er war nicht mehr der isolierte Mensch von früher, er war eingetan in eine Masse, er war Volk,

und seine Person, seine sonst unbeachtete Person hatte einen Sinn bekommen [...] Er konnte Held werden und jeden, der eine Uniform trug, feierten schon die Frauen, grüßten ehrfürchtig die Zurückbleibenden im voraus mit diesem romantischen Namen."; so Stefan Zweig, *Die Welt von Gestern. Erinnerungen eines Europäers.* Stockholm 1944, zitiert nach: Besier, *Die protestantischen Kirchen*, S. 17. Vgl. auch Breuer, *Konservative Revolution*, S. 42

62 Die Karikatur findet sich in *Politische Geschichte Bayerns*, S. 45.

63 Wie stark auch kirchliche Kreise an der nationalen Propaganda beteiligt waren, erhellen die kirchlichen Rückblicke und Rundschauen, die Berichte von Frontbesuchen, die Aufrufe zur Zeichnung von Kriegsanleihen und nicht zuletzt auch die an die Front geschickten „geistlichen Ratschläge" von Pfarrern, die zum Durchhalten aufriefen. Stellvertretend für vieles andere seien hier genannt: Schneider, *Kirchliche Zeitlage 1918*, Steinlein, *Kirchliche Lage 1916*, bes. S. 94–98, Bezzel, *Aus jüngst vergangenen Tagen* (Frontbesuch), Bezzel, *Erinnerungen 1916* (Bezzel hatte zwischen März und April 1916 bayerische Truppenteile in der Umgebung von Lille besucht. Drei Fotoalben im LKA Nürnberg geben Zeugnis von der Reise und dem mittlerweile sichtlich angegriffenen Bezzel; vgl. das Foto auf S. 125), Veit, *An der Westfront und in Belgien*, Falkenheim, *Idealismus und Wehrmacht.*

64 „[...] kurz, das Bürgertum fühlte sich in der Weimarer Republik staatspolitisch unbehaust, betrachtete sie als ein Übergangsstadium, war bereit zu neuen Ufern aufzubrechen, wußte aber nicht, wo und wie die Ufer sein würden."; Dahm, *Pfarrer und Politik*, S. 28

65 „Friedrich Nietzsche gilt noch immer als Typus und Lehrer des modernen Menschen. Der Krieg hat seinen Einfluß nicht gebrochen, sondern vielleicht gestärkt. Sein Hauptwerk, der ‚Zarathustra' war mit vielen Kämpfern ins Feld gewandert; man behauptet, er sei gerade jetzt nach der Bibel und dem Faust das meist gelesene Buch geworden."; Grützmacher, *Zarathustra*, S. 93. Vgl. in der Einschätzung auch Kuhn, *Das geistige Gesicht*, S. 217, und ganz ähnlich Nipperdey, *Bürgertum*, S. 84.

66 Vgl. den gleichnamigen Aufsatz von 1930.

67 Vgl. Nipperdey, *Bürgertum*, S. 82f.

68 Heidegger, *Sein und Zeit*, S. 251. Eine hilfreiche Einführung in Heideggers Philosophie in Hinblick auf die zeitgeschichtlichen Umstände bietet Fahrenbach, *Philosophie*, S. 237–241. Danach erklärt sich die außerordentliche Breitenwirkung von Heideggers Philosophie durch die Aufnahme „die menschliche Existenz betreffender Fragen", „zumal in sie natürlich auch Elemente des unsicheren Lebensgefühls und des Krisenbewußtseins der Zeit eingegangen waren."; a.a.O., S. 238.

69 Das Bürgertum des ausgehenden 19. Jahrhunderts war der Politik weitgehend ausgewichen und hatte sich auf den Bereich der Kunst als einem Raum der Auseinandersetzung mit der Moderne kapriziert. Hier war ein Ort, der im Gegensatz zum hermetisch erscheinenden System der Politik Möglichkeiten bot, einen Ausgleich zwischen Tradition und Modernitätsbedarf zu schaffen. Vgl. zum Problem Nipperdey, *Bürgertum*, S. 70–88, und Kuhn, *Das geistige Gesicht*, S. 214–218.

70 Vgl. Breuer, *Anatomie*, S. 44ff.

[71] Breuer, a.a.O., S. 45.

[72] Das Stichwort von der „Vermassung", das später zur Signatur des ganzen 20. Jahrhunderts werden sollte, findet hier erstmals als Interpretament seinen Weg in die Öffentlichkeit. Der Vermassung der Gesellschaft als Interpretament der Geistesgeschichte steht die Herausbildung des Führerkultes komplementär gegenüber. Vgl. Schulze, *Geschichtswissenschaft*, S. 77–80, und Schreiner, *Messianismus*, bes. S. 239f.

[73] „So haben die geschichtlichen Ereignisse [sc.: Krieg und Revolution] die Schande der materialistischen, aller idealen Ziele baren Grundrichtung der Zeit enthüllt. Getrost! So niedrigen, jämmerlichen Ursprungs die jüngsten folgenschweren Konflikte sind, hoch sind die Ziele des allwaltenden Gottes. Er baut aus den Trümmern und sammelt in der Auflösung, was sich mit seinem Geist füllen läßt. Er weckt den Hunger nach seinem Wort und die Erkenntnis, daß wir ohne ihn am Ende sind. Was die Feinde ausgeklügelt haben, wird zerbrechen. Es reifen die Trauben am Weinstock der Erde, die in die Kelter des Zorns geworfen werden (Offenb. 14, 18–19)."; Herausgeber Siegfried Kadner im Vorwort zu JbELKB 18 (1919/20), S. 1. – Ähnliche Klagen über die sittliche Erlahmung des deutschen Volkes und seinen selbstsüchtigen Defätismus in der Endphase des Krieges sind allerorten in den kirchlichen Blättern zu finden. Als ein Beispiel sei das Evangelische Sonntagsblatt aus Bayern genannt: ESBl. vom 4. August 1918, 34. Jg., Nr. 31, S. 167; ESBl. vom 27. Oktober 1918, 35. Jg., Nr. 43, S. 238 und S. 239.

[74] Eine aufschlußreiche Studie hierfür bietet Schöllgen, *Ulrich von Hassell*. Von Hassell kann als „in vieler Hinsicht durchaus repräsentativ für eine politisch einflußreiche Schicht in der Weimarer Republik und im ‚Dritten Reich'" angesehen werden; allerdings müsse auch die Differenz gesehen werden: Hassell sei in vielem auch isoliert gewesen, weil zu progressiv denkend; a.a.O:, S. 479 (Zitat) und S. 485.

[75] Zur Differenz von Alt- und Jungkonservativen vgl. Sontheimer, *Antidemokratisches Denken*, S. 28–31.

[76] „Das Deutschland Kaiser Wilhelms und das Deutschland Ebert-Scheidemanns – der Vergleich fällt nicht eben sehr zu gunsten des letzteren aus. [...] Welten liegen zwischen ihnen. Ein Aufstieg sondergleichen dort, dessen scheidende Sonne den Sessel des Reichspräsidenten vergoldete, und ein unerhörter Absturz, dessen unermeßliche Tiefe wir mit Schaudern ahnen, wo die Rache haßerfüllter Feinde unser gesamtes deutsches Volk zu einem Haufen von Proletarieren und Heloten, zu einer Schar von Menschen nicht zweiten, sondern dritten Ranges herunterreißt." – So ein nicht gezeichneter Artikel *Tageszeitung*. – In: Beilage zur EKZ vom 2. März 1919, 93. Jg., Nr. 9, S. 105f:
Zum 1. Jahrestag der Revolution verspürte die AELKZ 56 (1919), Sp. 960f, unter der Rubrik *Kirchliche Nachrichten – Wochenschau* ebenfalls wenig Sympathie für die neue Republik. Vgl. auch die Schilderung des ‚Vernunftrepublikaners' Harnack bei Nowak, *Evangelische Kirche*, S. 46. Außerdem Friedrich Niebergall: *Evangelischer Sozialismus*. Tübingen 1920, S. 10f.

[77] Vgl. Nowak, *Evangelische Kirche*, S. 85.

[78] Vgl. Heinemann, *Die Last der Vergangenheit*, der Genese, Verbreitung und Folgen der beiden politischen Deutungsmuster untersucht. Außerdem: Winkler, *Die verdrängte Schuld*, und ders., *Weimar*, S. 87–98. Ich möchte die Frage hier nicht diskutieren, ob man Deutschland eine Alleinschuld am ersten Weltkrieg zuschreiben kann – daß das in den Pariser Verträgen vom Mai 1919 getan worden ist, dürfte außer Frage stehen (Vgl. dazu auch die durch Fischer, *Deutschlands Griff nach der Weltmacht*, ausgelöste Kontroverse; dokumentiert bei Wehler, *Geschichtswissenschaft*, S. 23ff.) – verweise aber auf das Resultat: „Im Kampf gegen die ‚Kriegsschuldlüge' fanden sich Vertreter unterschiedlichster Richtungen zusammen; das Auswärtige Amt förderte entsprechende Aktivitäten, und die deutsche Geschichtswissenschaft stellte sich nahezu geschlossen in den Dienst der vermeintlich guten Sache. Aus der Abwehr der falschen These, Deutschland sei allein schuld am Weltkrieg erwuchs binnen kurzem eine deutsche Kriegsunschuldslegende. Sie trug kaum weniger als ihre Zwillingsschwester, die Dolchstoßlegende, dazu bei, jenes nationalistische Klima zu erzeugen, in dem sich das politische Leben der Weimarer Republik entwickelte."; Winkler, *Weimar*, S. 98.

[79] Vgl. Winkler, a.a.O., bes. S. 89ff.

[80] Vgl. Nowak, *Evangelische Kirche*, S. 58, und ders., *Protestantismus*, S. 225–228. – „Die Feindschaft gegen Versailles war, wie Hagen Schulze schreibt, vielleicht das einzige ‚emotional wirksame Integrationsmittel, ... das die Republik überhaupt besaß'. Der ‚Kampf gegen die Kriegsschuldlüge' war *die* Integrationsklammer der politischen Kultur Weimars – eine Klammer freilich, deren Zwingkräfte das ohnehin schwach ausgebildete demokratische Bewußtsein pulverisierten." Heinemann, *Die Last der Vergangenheit*, S. 385, mit Verweis auf Hagen Schulze: *Weimar. Deutschland 1917–1933*. Berlin 1984, S. 418.

[81] Geiger, *Die Masse und ihre Aktion*, S. 135. – Hier gilt einmal mehr die von Heine geäußerte Sottise: „Auch letzteres [sc.: Deutschland; so wie das Volk der Juden] erwartet einen Befreier, einen irdischen Messias, [...] einen König der Erde, einen Retter mit Szepter und Schwert [...]"; Heine, *Ludwig Börne*, S. 203

[82] So die These in Geigers gleichnamigem Aufsatz, in: *Die Arbeit* 1930/10. Vgl. auch Jaspers, *Die geistige Situation*, S. 49–53.

[83] Vgl. insgesamt Schreiner, *Messianismus.*

[84] Schreiner, a.a.O., S. 242.

[85] „Im Begriff der ‚Führerschaft' glaubten Soziologen der 20er Jahre ein durchgängiges Strukturprinzip politisch-sozialer Ordnung gefunden zu haben, das den Erwartungen demokratiemüder Bürger entgegenkam. Das ‚Bedürfnis nach Führerschaft', meinte Vierkandt in seiner ‚Gesellschaftslehre', sei tief in der Natur des Menschen verwurzelt; ein ‚Instinkt der Unterordnung' sei Menschen angeboren; das ‚Verlangen der Masse', ‚zu Heroen emporzublicken' sei eine Naturtatsache. Dem gesteigerten ‚Selbstwertgefühl des Führers' entspreche die Bereitschaft der Geführten, sich in ihrem Denken und Handeln durch den überlegenen Führungswillen eines anderen bestimmen zu lassen."; Schreiner, a.a.O., S. 239. Zur systematischen Führererziehung und Führerauslese vgl. die Gesellschaftslehre Othmar

Spanns, erstmals 1914, dann 1918 in zweiter, 1930 in dritter Auflage: „Der Führer, ein begnadeter Seher der ewigen Ordnung, durch den sich das Göttliche in der Geschichte offenbare, habe den Staat so zu gestalten, daß dieser zur ‚Totalität des Lebens' wird. Zum ‚Erlöser der Zeit von finsteren Gewalten' könne der Führer nur dann werden, wenn ihm vom Volk ein unbedingter ‚Verehrungs- und Gefolgschaftswille' entgegengebracht werde."; Schreiner, a.a.O., S. 240.

86 Jordan, *Not und Zukunft*, S. 62–65: „Aber wer empfindet den gegenwärtigen ‚Volksstaat' wirklich als den Staat seines Volkes? Weder der Arbeiter noch der Bauer, weder der Gelehrte noch der Handwerker, weder der, der trotz allem diesem Staate getreulich seine Steuern zahlt, noch der Schieber und der Steuerhinterzieher, weder der Anhänger des Kaisertums, noch auch im Grunde der Republikaner. Und das liegt nicht bloß daran, daß man diesen ganzen Staat, wie er seit der Revolution geworden ist, soweit sich in ihm nicht die alten guten Gewalten wieder geltend machen, *überhaupt nicht für einen achtungswerten Staat ansieht*, überhaupt nicht als eine Autorität empfindet. Was fehlt uns denn? Ich glaube, das läßt sich mit einem Worte ausdrücken, uns fehlt eine ‚*Obrigkeit*'. [...] Und gerade der Deutsche ist so, er will eine Obrigkeit haben, er will eine feste Hand haben, die die Zügel des Staates hält, erst dann fühlt er sich geborgen." Zitat S. 62f. Im weiteren Verlauf wird dann auf das „lehrreiche Beispiel" Bayern eingegangen, wo sich unter der Regierung von Kahr allgemeine Erleichterung breit gemacht habe, daß wieder eine Obrigkeit vorhanden sei.

87 Breuer, *Anatomie*, S. 46, hat den Begriff übernommen: Turner, *Ritual*.

88 Vgl. dazu bes. Funke, *Friedlosigkeit*, der darauf aufmerksam macht, daß in der zeitgenössischen Wahrnehmung die Weimarer Republik als „Nachkriegszeit" massiv empfunden und erlitten wurde und weniger als ein Durchgangsstadium, vor allem aber verstelle die Sicht als eines „Vorspiel[s] zu Hitler" (S. 11) wichtige Wahrnehmungsmuster der damaligen Zeit.

89 Breuer, a.a.O., S. 46f.

90 Es gibt immer wieder Voten, die die innere Reserve der Kirche gegenüber der Demokratie aussprechen. Das sind keine Einzelfälle, sie durchziehen die ganze Zeit der Weimarer Republik. Sie stehen keinesfalls im Widerspruch zu dem erwähnten pragmatischen Arrangement mit der ‚neuen Obrigkeit', sondern verdeutlichen einmal mehr, daß die evangelische Kirche ihre Ablehnung sehr wohl mit Forderungen an jene Obrigkeit zu verbinden wußte, die ihr in großem Maße die Restitution der vertrauten Zustände ermöglichte. So war es ein wesentliches Motiv für das politische Engagement der Pfarrer, auf diesem Weg die Monarchie mit ihrer ständischen Ordnung wiederherzustellen; vgl. dazu Dahm, *Pfarrer und Politik*, S. 132.

91 Es wäre eine reizvolle und lohnende Aufgabe, die Sprache der Zeit auf Gestus und Intention hin zu untersuchen. Gerade die kirchliche Sprache, die sich an Formularen und Gattungen der Bibel orientierte, barg in ihrer scheinbar biblischen Authentizität und liturgischen Plausibilität ein ungeheuer politisches Potential.

92 Vgl. Dahm, *Pfarrer und Politik*, S. 145f.

[93] Einerseits erscheint eine gewisse ‚Halbherzigkeit' im Umgang mit der Kriegsschulddebatte angesichts der massiven Formulierungen der Versailler Verträge nachvollziehbar – die Zuweisung der Alleinschuld (Art. 231) mußte Widerspruch und Relativierungsversuche provozieren. Es fragt sich andererseits – und zwar gerade für den kirchlichen Bereich –, ob nicht das Evangelium in der damaligen Lesart seiner befreienden Macht völlig entkleidet wurde. Dazu vgl. Sauter, *Vergib uns unsere Schuld*, bes. S. 118–128.

[94] Siehe oben, S. 292ff.

[95] So heißt es in dem nicht gezeichneten Artikel *Warum wir nicht siegen können*. – In: Korr.Bl. vom 28. Oktober 1918, 43. Jg., Nr. 43, S. 336. Vgl. dazu auch die oben, Anm. 165, aufgeführten Artikel. Die Frage, ob Gott der „große Alliierte im Himmel" genannt werden dürfe, wurde durchaus kontrovers diskutiert, auch waren Stimmen zu vernehmen, die es sich mit einer theologischen Deutung der Niederlage nicht so einfach machten: „Ich meine, die Frage, warum wir besiegt wurden, ist nicht so ganz einfach zu lösen, sie bietet für den forschenden Glauben Schwierigkeiten, die mit dem Hinweis auf des deutschen Volkes Sünde noch lange nicht beseitigt sind. Warum läßt Gott den hochmütigen, treulosen, rachsüchtigen, habgierigen, verlogenen Feinden alle ihre Pläne hinausgehen. Wir können darauf nur sagen: Wir wissen es nicht. Lediglich unserm Volk die Schuld in die Schuhe schieben ist nicht gerechtfertigt."; *Nüchterne Erwägungen* – In: Korr.Bl. vom 4. November 1918, 43. Jg., Nr. 44, S. 344. Aber auch hier sind zwei Dinge nicht zu übersehen: Erstens gilt es als ausgemacht, daß Deutschlands Feinde auch Gottes Feinde sind. Zweitens wird die Schuld nicht klar benannt und – einer *petitio principii* gleich – zumindest teilweise von „unserm Volk" abgewälzt auf die anderen.

[96] Ein gutes Beispiel für eine auf die Innerlichkeit reduzierte, an der Zeitlage vorbeigehenden Redeweise liefern die nicht gezeichneten Artikel *Ewigkeitsmenschen*. – In: ESBl. vom 17. November 1918, 35. Jg., Nr. 46, S. 255, *Was tut die christliche Sitte?*, a.a.O. S. 256, und *Pflegt die Hausandacht!*, ebd. Zwar wurde in der Rubrik „Politischer Wochenbericht" wöchentlich von der Front bzw. den Friedensverhandlungen Bericht erstattet – und das durchaus in tendenziöser, propagandistischer Weise –, aber das stand merkwürdig unverbunden neben den christlichen Andachten, Bibelauslegungen und Aufrufen zu religiöser Erneuerung in dem Wochenblatt. Erklären läßt sich die Diastase wohl nur so, daß für einen Großteil der evangelischen Christen Politik sich in frommer Untertänigkeit erschöpfte. Hierbei laufen zwei verschiedene Linien zusammen: auf der einen Seite förderte eine bestimmte Interpretation der Zwei-Reiche-Lehre Luthers die Unterordnung unter die Obrigkeit; auf der anderen Seite forderte die Wilhelminische Epoche auch genau solche Untertanen.

[97] So gilt denn auch im kirchlichen Kontext, was Rürup, *Probleme*, S. 4, festgestellt hat: Die der Revolution abgerungene Kontinuität zum Kaiserreich war die eigentliche Basis der Demokratie von Weimar.

[98] Diese Argumentation läßt sich fast unisono für die führenden Männer der Kirche nachweisen, und auch unter den Pfarrern sind es nur wenige, die die Zäsur der Revolution zum Anlaß nehmen, Struktur und Auftrag grundsätzlich neu zu überden-

ken. Vgl. Pechmann, *Kirchenverfassung*, S. 46; Bachmann, *Von Innen nach Außen*, S. 8. Exemplarisch soll hier der Oberkonsistorialpräsident Veit zitiert werden, der zur Eröffnung der außerordentlichen Generalsynode 1920 sagte: „Wir haben unsere Aufgabe nicht darin gesehen, um jeden Preis etwas Neues zu schaffen; denn wir sind nicht der Meinung, daß alles, was war, in jeder Beziehung untauglich und zum Untergang reif war. Nicht von innen ist der Kirche die Aufgabe, vor der wir stehen, erstanden, sondern von außen ist sie zunächst ihr aufgezwungen worden. Dabei geben wir gerne zu, daß, wie das beim Bauen zu gehen pflegt, manche Mauer sich als morsch und mancher Pfeiler als nicht mehr tragfähig erwiesen hat. Aber wie wir auf die stetige Folge der Entwicklung von Anfang an das größte Gewicht gelegt haben, so schien es uns auch bei der Ausarbeitung des Verfassungsentwurfs nicht etwa nur ein Gebot der Pietät, sondern eine Förderung gesunder Weiterbildung zu sein, Lebensfähiges zu erhalten, Neues dem Alten nicht aufzupfropfen, sondern vom Alten zum Neuen hinüberzugleiten und den Ordnungen unserer Kirche den vertrauten heimatlichen Charakter zu erhalten."; *Verhandlungen Ansbach 1920*, S. 86f.

[99] *Ansprache an die protestantischen Gemeinden zum 1. Adventssonntag 1918.* – In: KABl. vom 16. November 1918, Nr. 36, S. 329 (= Korr.Bl. vom 2. Dezember 1918, 43. Jg., Nr. 48, S. 376).

[100] Zur kirchlichen Statistik der Protestantischen Kirche in Bayern rechts des Rheins, später Evangelisch-Lutherische Kirche in Bayern vgl. neben den einschlägigen Statistischen Jahrbüchern auch die *Kirchliche Statistik für die Jahre 1917–1921.* – In: LkAN Bestand: LKR XVII, 1750 b (5720 a). Dort sind die handschriftlichen Meldungen der Pfarrämter an die Dekanate und von den Dekanaten an das Oberkonsistorium bzw. an den Landeskirchenrat gesammelt. Weiteres statistisches Material bieten: *Statistische Mitteilungen.* – In: KJ 45 (1918), S. 8–13, und *Personalstand.* – In: KJ 45 (1918), S. 574ff. Zu den Kirchenaustritten und den Konfessionslosen (Bayern hatte mit 4,6 ‰ den niedrigsten Stand im ganzen Reich) vgl. Kehrer, *Soziale Klassen*, Tab. 2, S. 76f, und ihre Interpretation, S. 74ff und S. 79ff. Schließlich Maser, *Weimarer Republik*, S. 41–44.

[101] Zur Entstehung der bayerischen Landeskirche vgl. bes. Henke, *Niethammer*, und Turtur/Bühler, *Dekanat*, bes. S. 72–140; Hirschmann, *Evangelische Kirche*, S. 883–887, und Pfeiffer, *Bayern*, und ders., *Bayern und Brandenburg-Preußen*, bes. S. 52–67.

[102] Vgl. *Kleine Mitteilungen.* – In: AELKZ 52 (1919), Sp. 292.

[103] Siehe Albrecht, *Bayern 1871–1918*, S. 366f.

[104] Vgl. KABl vom 18. September 1918, 5. Jg., Nr. 28, S. 254. Das Oberkonsistorium empfahl ausdrücklich die Verbreitung „dieses neuerlichen packenden Aufrufs". Schätzungen zufolge optierten ca. 80% der evangelischen Pastoren konservativ-national nach dem Krieg – das spiegelt ungefähr das Zahlenverhältnis wider zwischen denen, die ab 1917 von den nationalchauvinistischen Träumen eines Siegfriedens abrückten (der Kreis um die Christliche Welt: Rade, Troeltsch, Harnack, der evangelisch-soziale Kongress, der Volksbund für Frieden und Freiheit) und auf Verständigung mit den Alliierten drängten, und der breiten Mehrheit, die sich nach wie vor der Illusion hingab, am kulturell höher stehenden deutschen Wesen werde

die Welt genesen. Wie sehr der erste Weltkrieg – zumindest zu Beginn und nicht nur in Deutschland – als ein Kampf um die Kultur verstanden wurde, zeigt der „Aufruf der 93 an die Kulturwelt" vom 4. Oktober 1914; abgedruckt bei Besier, *Die protestantischen Kirchen*, S. 78–83, Zitat: S. 79:
„*Es ist nicht wahr*, daß der Kampf gegen unseren sogenannten Militarismus kein Kampf gegen unsere Kultur ist, wie unsere Feinde heuchlerisch vorgeben. Ohne den deutschen Militarismus wäre die deutsche Kultur längst vom Erdboden getilgt. Zu ihrem Schutz ist er aus ihr hervorgegangen in einem Lande, das jahrhundertelang von Raubzügen heimgesucht wurde wie kein zweites. *Deutsches Heer und deutsches Volk sind eins.* Wir können die vergifteten Waffen der Lüge unseren Feinden nicht entwinden. Wir können nur in alle Welt hinausrufen, daß sie falsches Zeugnis ablegen wider uns. Euch, die ihr uns kennt, die ihr bisher gemeinsam mit uns den höchsten Besitz der Menschheit gehütet habt, euch rufen wir zu: *Glaubt uns!* Glaubt, daß wir diesen Kampf zu Ende kämpfen werden als ein Kulturvolk, dem das Vermächtnis eines Goethe, eines Beethoven, eines Kant ebenso heilig ist wie sein Herd und seine Scholle."

105 Hier sind folgende Blätter zu nennen und kurz zu charakterisieren:
Das *Korrespondenzblatt für die evangelisch-lutherischen Geistlichen in Bayern* (Korr.Bl.) wurde 1875 von Ferdinand Weber gegründet und erschien als Standesorgan der Pfarrerschaft in einer Auflage von ca. 1 200 Exemplaren wöchentlich zu einem Bezugspreis von 4,- M pro Jahr. 1918–1920 wurde es von Pfarrer Heinrich Gürsching, Leutershausen herausgegeben, danach von Pfarrer *Hans* Hofer, Nördlingen.
Das *Evangelische Sonntagsblatt aus Bayern* (ESBl.) wurde 1884 gegründet und erschien 1918/19 im 35. Jahrgang unter der Redaktion von Oberkonsistorialrat Ostertag wöchentlich mit einer Auflage von 70 000 Exemplaren zu einem Bezugspreis von 2,08 M (1919) bzw. 8,- M (1921) pro Jahr. Zum Vergleich: Stuttgarter Evangelisches Sonntagsblatt: 113 000 Stück; Thüringer Evangelisches Sonntagsblatt: 40 000 Stück; Hannoversches Sonntagsblatt: 80 000 Stück.
Freimunds kirchlich politisches Wochenblatt für Stadt und Land (Freimund) war 1858 in Neuendettelsau gegründet worden, erschien im Verlag der Missions-Anstalt Neuendettelsau unter der Redaktion von Missionsdirektor Ruf wöchentlich mit einer Auflage von 1.200 Exemplaren (1921 1 300 Stück) bei einem Preis von 2,60 M (1921 6,- M + Porto) jährlich.
Für die in lutherischen Kreisen ganz Deutschlands gelesenen Zeitschriften AELKZ und EKZ liegen in Müller, *Zeitschriften- und Zeitungs-Adreßbuch.* Leipzig 11. Jg., 1919, bzw. 12. Jg., 1921, keine Daten über Auflagenhöhe und Bezugsbedingungen vor.

106 Noch am 17. Oktober 1918 ging ein Brief an die im Felde Stehenden von einem bayerischen Pfarrer hinaus, in dem er die „Feldgrauen" dazu aufrief, sich nicht zu ergeben, sondern für die Ehre, die Freiheit und die deutschen Werte wie Treue und Gerechtigkeit zu kämpfen. Vgl. X: *Ein Brief ins Feld.* – In: Korr.Bl. vom 28. Oktober 1918, 43. Jg., Nr. 43, S. 340. Aufrufe zu solchen Briefen ins Feld, zu einem Flugblatt der Inneren Mission und einem „zündenden, aufrüttelnden Aufruf an unsere Gemeinden" durch das „hohe Kirchenregiment" hatte der Hilfsgeistliche Fr. Luther, Nürnberg, noch einmal am 10. Oktober 1918 formuliert: *Entscheidung.* – In:

Korr.Bl. vom 14. Oktober 1918, 43. Jg., Nr. 41, S. 319f. Ziel der Appelle sollte es sein, bei Scheitern der Waffenstillstandsverhandlungen mit den Alliierten das deutsche Volk zu einer „*sittlichen Erhebung* wie 1813" zu führen und die „*sittlichen und moralischen* Kräfte" noch einmal für eine Entscheidung zu mobilisieren; Zitate: S. 319.

[107] ESBl. vom 3. November 1918, 35. Jg., Nr. 44, S. 245 und S. 247: „Wir hören es gerne. Zum Zeichnen der 9. Kriegsanleihe ist die Frist noch um *acht Tage* verlängert worden. Sehr wohlgetan! Ein mächtiger Unwille über die Forderungen des Feindes und über die beklagenswerte Haltung vieler im Volk ist endlich erwacht und wird sich verstärken. Was sind bloße Worte dagegen? Viel besser ist die Tat, die zunächst mit der Förderung der Kriegsanleihe geschieht. Daß noch eine Frist zum Zeichnen gegeben wird – wir hören es gerne. Die Frist währt bis zum 6. November."

[108] Baumgarten, *Meine Lebensgeschichte*, S. 356. Zu Otto Baumgarten vgl. auch die Biographien: Bassi, *Otto Baumgarten*, und Brakelmann, *Krieg und Gewissen*.

[109] Lauter, *Rundschau 1918/20*, S. 139. – Eisner war kein galizischer Jude; geboren wurde er 1867 in Berlin als Sohn mährischer Einwanderer. Der niederbayerische Bauer ist der Bauernführer Karl Gandorfer. Er und sein am 11. November 1918 bei einem Verkehrsunfall verunglückte Bruder Ludwig, hatten im Kabinett Eisner die Führung der Bauernräte übernommen.

[110] Mit Landeskirchen sind hier zunächst die Behörden und die Pfarrerschaft gemeint, die sich die nationale Propaganda – theologisch transformiert – zur eigenen Aufgabe gemacht hatten; vgl. Pressel, *Kriegspredigt*, bes. S. 175–336. Zur Entwicklung des deutschen Nationalprotestantismus, der für die Vermischung von nationaler und christlicher Sache weitaus anfälliger war als der Katholizismus, vgl. Nipperdey, *Religion im Umbruch*, S. 96–100. Die Problematik des Begriffs „Nationalprotestantismus", der ja auch auf die Zeit der Weimarer Republik angewandt wurde, zeigt Nowak, *Protestantismus*, S. 226ff, auf.

[111] Zur Identifizierung der deutschen evangelischen Kirche mit den deutschen Kriegsinteressen (für die anderen kriegführenden Mächte lassen sich analoge Konstellationen nachweisen) siehe Nowak, *Evangelische Kirche*, S. 55, und die bei Besier, *Die protestantischen Kirchen*, versammelten Dokumente. Als charakteristisch für die theologische Legitimation des Krieges und zugleich als Indikator dafür, wie stark sich die Pfarrerschaft mit dem Kriegsziel der Obersten Heeresleitung unter Ludendorff und Hindenburg identifizierte, mag das folgende Gebet der 131. bayerischen Kriegsgebetstunde dienen. Die Kriegsgebetsstunden wurden seit dem 13. Juli 1915 vom Pfarrerverein der protestantischen Landeskirche in Bayern diesseits des Rheins herausgegeben. Die 131. Kriegsgebetsstunde datiert – nach eigenen Berechnungen – vom 2. März 1918, also noch vor der großen Märzoffensive. Unter der Überschrift „Mut – Opfermut – Demut" wird nach dem Lied 263, „Du Herr bist meine Zuversicht", der Text 2.Sam 10,12 ausgelegt und dann das folgende Gebet angegeben:

„Wie gar unbegreiflich, o Herr, sind Deine Gerichte und unerforschlich Deine Wege! Du, Gott des Friedens, läßt es geschehen, daß Unfriede und Krieg jahrelang herrschen unter den Völkern; Du, Gott der Wahrheit läßt es zu, daß die Lüge Erfolge feiere. Nur ein Wort brauchtest Du zu sprechen und die Wolken des schrecklichen Krieges müßten sich verziehen und vor der Sonne Deiner Wahrheit und Gerechtigkeit müßten die Nebel des Luges und Truges weichen. Noch immer hast Du solches Wort nicht gesprochen. Aber wir hoffen und vertrauen, daß Du es noch sprechen wirst und wirst zerstreuen, die den Frieden hassen. So sind derer, die bei ihnen sind, mehr, viel mehr als derer, die bei uns sind. Aber wir wissen Dich auf unserer Seite und bitten Dich, weiche nicht von uns, bekenne Dich ferner zu uns und zu unserer Sache! Du bringst die Lügner um, Du hast Greuel an den Blutgierigen und Falschen. Das wirst Du zeigen auch in diesem Ringen der Völker. Wir möchten Dich bitten, zeige es bald, daß alle Welt erkenne, daß Du Gott bist, ein Rächer der Gottlosen. Doch wie es Dir gefällt! Es gebührt uns nicht, Zeit und Stunde Dir vorzuschreiben, welche Du Deiner Macht vorbehalten hast. Es gebührt uns aber auszuhalten in der Trübsal und Kreuzesschule, solang Du es noch für nötig hältst, uns in ihr zu behalten. Hilf uns dazu! Erfülle unsere Herzen mit heiligem Mute im Vertrauen auf Dich, mit frohem Opfermute, der hingibt, was Du forderst, und trägt, was Du auferlegst, und mit christlicher Demut, die sich beugt unter Deine gewaltige Hand. Laß uns stark sein, daß beide, Volk und Heer, aushalten und ritterlich kämpfen gegen den Widerwärtigen, bis der Tag der Hilfe und der Errettung erscheint. Schütze unsere Krieger in den Gefahren, von denen sie Tag für Tag umgeben sind. Die da schwach und verzagt werden wollen, die stärke mit Kraft aus der Höhe! Die da fallen und sterben in deiner [sic!] Gemeinschaft, die nimm um ihres Heilandes willen auf in Deinen Frieden. Sei den Verwundeten und Kranken Arzt und heile sie! Sei der Gefangenen Trost und beschütze sie. Sei allen Witwen und Waisen Stecken und Stab. Die Verirrten bringe zurecht. Uns alle bringe aus der Not dieser Welt und Zeit, von all den Kreuzeswegen, darauf wir wandeln mit Seufzen, mit Klagen und Tränen, heim in Deine Friedensstadt, Du, unser Gott, unser Helfer und Erlöser. Amen."

112 „Was Thron und Altar äußerlich zusammenband, war das landesherrliche Summepiskopat. Fiel das eine, so mußte zwar nicht auch das andere fallen, aber durch den Kirchenkörper hindurch ging doch eine Erschütterung, an deren Ende wir bis heute nicht gekommen sind."; Boeckh, *Revolution und Kirche*, S. 369.

113 „In der neuen Nationalversammlung wird verhandelt werden über Trennung von Kirche und Schule und über Trennung von Staat und Kirche. Da handelt es sich um sehr wichtige Interessen der Kirche. Man kann die Trennung vornehmen in kirchenfreundlichem Sinn, wie sie in Amerika Washington vorgenommen hat. Man kann die Trennung vornehmen aber auch in kirchenfeindlichem Sinn, wie dies in Frankreich geschehen ist."; E.E.: *Die Mitgliederversammlung des Pfarrervereins und die Evang. Volkspartei*. – In: Korr.Bl. vom 9. Dezember 1918, 43. Jg., Nr. 49, S. 385. – Zehn Tage später bestand noch die gleiche Unsicherheit, welche Formen die Trennung von Staat und Kirche annehmen könnte: „Wir wissen nicht, ob sie ohne weiteres nach französischem Muster dahin erfolgen würde, daß wir auf die Stufe von Kulturvereinen herabgesetzt würden, ob der Staat irgendwelche Verpflichtungen seinerseits, zu denen ein Rechtsgrund besteht, anerkennen wird."; Veit, *Protokoll 19.12.1918*, S. 5. Vgl. auch Baumgarten, *Meine Lebensgeschichte*, S. 359–366.

114 Vgl. dazu Scholder, *Kirchen I*, S. 26–45.

[115] Zum Spektrum der kirchlichen Parteien und Gruppierungen in Bayern siehe Nowak, *Evangelische Kirche*, S. 28f, 40, 43.

[116] Gustav Bub: *Aufruf!* – In: Korr.Bl. vom 18. November 1918, 43. Jg., Nr. 46, S. 359f. Zu dem Vorgang und weiteren Parteigründungsversuchen von evangelischer Seite vgl. Mehnert, *Kirche und Politik*, S. 130–139.

[117] Licht und Leben 49 (1918), S. 470f. Vgl. dazu auch Mehnert, a.a.O., S. 131–133. Der Aufruf Müllers wurde auf der Mitgliederversammlung des Pfarrervereins am 25. November 1918 „lebhaft diskutiert", aber wegen seiner „praktischen Aussichtslosigkeit", theologischen Abwegigkeit und kirchenpolitischen Nebensächlichkeit nicht näher verfolgt; vgl. Korr.Bl. vom 2. Dezember 1918, 43. Jg, Nr. 48, S. 377.

[118] „Der tiefere Grund: Eine evangelische Partei mußte scheitern, weil der evangelische Volksteil zwischen Konservativen und Liberalen keine Einheit war, weil es für die Frommen keine Bedrängungssituation – wie für die Katholiken oder die holländischen und schweizerischen Protestanten – gab. Schließlich weil die lutherische Tradition solcher Verflechtung mit der Politik widersprach." So analysiert Nipperdey, *Religion im Umbruch*, S. 110, das Scheitern einer evangelischen Partei in der Ära Bismarck. Die gesellschaftlichen und politischen Rahmenbedingungen hatten sich seit 1890 nicht in der Weise verschoben, daß die Bedingungen 1918 wesentlich günstiger waren. Allenfalls kann man 1918 eine größere „Konfusion der Positionen" feststellen, die eine schematische Zuordnung von liberal = politisch aktiv, und konservativ = politisch abstinent noch weniger angemessen erscheinen läßt.

[119] Gegen Nowak, *Protestantismus*, S. 223.

[120] Vgl. erstens Stoecker, der im November 1891 vom Kaiser seines Amtes als Hofprediger enthoben wurde, zweitens die Fortschrittspartei, die immer mehr ihr protestantisches Profil einbüßte, drittens Friedrich Naumann, der Protestantismus und Politik nicht mehr zu verbinden wußte und sich ganz der Politik zuwandte.

[121] *Ganz ungewohnt.* – In: ESBl. vom 22. Dezember 1918, 35. Jg., Nr. 51, S. 292: „Aber vor einer Wahlenthaltung muß schon jetzt nachdrücklich gewarnt werden. Zu hohe Güter stehen auf dem Spiel! Das Wahlrecht bringt eine *Wahlpflicht* mit sich. Die Erfüllung der Wahlpflicht ist diesmal das Ablegen eines Bekenntnisses und *niemand* darf sich diesem Bekenntnis entziehen.". Noch eindeutiger äußert sich der Freimund vom 9. Januar 1919, 65. Jg., Nr. 2, S. 8: „Gebt eure Wahlstimmen nur den Kandidaten der bayerischen Mittelpartei; ist ein solcher in eurem Wahlkreis nicht aufgestellt, so wählt den Kandidaten der bayerischen Volkspartei! (womöglich aber nicht den der deutschen demokratischen Volkspartei, und auf keinen Fall den Sozialdemokraten). [...] Ebenso [wie bei der Wahl zum bayerischen Landtag] wird es unabweisbare Pflicht für alle christlichen Wähler und Wählerinnen sein, am 19. Januar bei der Wahl zur deutschen Nationalversammlung (Reichstag) zu erscheinen und ihre Stimme der Partei zu geben, die für das Recht und die Freiheit des Vaterlandes und der Kirche eintritt."

[122] So votierte der Nordbayerische Gemeinschaftsverband klar gegen jede politische Betätigung: *Bekenntnis und Bitte des Nordbayerischen Gemeinschaftsverband an die Glaubensgenossen unserer teueren evangelischen Landeskirche.* – In: Korr. Bl. vom 9. Dezember

1918, 43. Jg., Nr. 49, S. 386ff. Unterzeichnet wurde der Artikel vom Vorstand Friedrich Eppelein, Ernst Krupp, Karl Weckerle und Freiherr Gustav von Lindenfels. Eppelein war der eigentliche Autor, der sich im Januar gegen die aufgekommene Kritik noch einmal verwahrte: Eppelein: *Noch ein letztes Wort über die großen Gefahren der Gründung einer Evang. Volkspartei.* – In: Korr.Bl. vom 27. Januar 1919, 44. Jg., Nr. 4, S. 29f. Mit evangelischer Volkspartei ist genau genommen der Versuch gemeint, eine eigene, vom evangelischen Standpunkt motivierte politische Partei zu gründen. Vgl. die Kritik von Gürsching: *Politische Pflichterfüllung.* – In: Korr.Bl. vom 23. Dezember 1918, 43. Jg., Nr. 51, S. 404, und E. E.: *Die Evangelische Volkspartei und der Vorstand des Nordbayerischen Gemeinschaftsverbandes.* – In: Korr.Bl. vom 30. Dezember 1918, 43. Jg., Nr. 52, S. 410ff.

[123] Gr.: *Nachklang zur Pfarrerversammlung.* – In: Korr.Bl. vom 9. Dezember 1918, Nr. 49, S. 384. Vgl. H.P.: *Volksabstimmung.* – In: Korr.Bl. vom 16. Dezember 1918, 43. Jg., Nr. 50, S. 395, wo eine Agitation zugunsten kirchenfreundlicher Parteien im Wahlkampf als *ultima ratio* angesehen wird und zunächst dazu aufgerufen wird, per Volksabstimmungen und Resolutionen die eigenen Interessen zu Gehör zu bringen. — Von nicht wenigen wurde auf „die Macht des Zentrums“ vertraut, von deren politischer Stärke im Reich und im Land man sich protestantischerseits einige Vorteile in den Auseinandersetzungen zwischen Kirche und Staat versprach. Vgl. auch Ecclesiasticus, *Zur kommenden Neuordnung*, S. 362, und =ied–: *Quid faciamus?* – In: Korr.Bl. vom 23. Dezember 1918, 43. Jg., Nr. 51, S. 403: „Wir Protestanten müssen jetzt wirklich den Feind sehen, wo er steht, links [...] Auch wenn uns von der katholischen Kirche in der Anschauung über das Wesen der Kirche ein tiefer Graben trennt, so gilt es doch jetzt, für den äußeren Bestand der Kirche einzutreten.“ Da eine evangelische Volkspartei „keine Aussicht [hat], sich als Machtfaktor durchzusetzen“, sei es ratsam, kirchenfreundliche Parteien zu unterstützen.

[124] Vgl. Nowak, *Evangelische Kirche*, S. 28 mit Anm. 51.

[125] Die BVP, gegründet am 12. November 1918, war monarchistischer und partikularistischer gesinnt als das reichsweite Zentrum. Sie sah „ihren Platz deutlich rechts vom Zentrum“, um so den dort aufgekommenen „linken Arbeiterflügel“ zu kompensieren; vgl. Winkler, *Weimar*, S. 63. In der Nationalversammlung gelang es zwar, eine Fraktionsgemeinschaft zu errichten, doch deutete sich hier bereits ein folgenschwerer Riß im politischen Katholizismus an; vgl. Jasper, *Parteienstaat*, S. 204f.

[126] Ein Gründungsaufruf der Bayerischen Mittelpartei war dem Korr.Bl. vom 18. November 1918, 43. Jg., Nr. 46, beigelegt worden. Gustav Bub: *Die deutsche christliche Volkspartei (bayerische Mittelpartei).* – In: Korr.Bl. vom 30. Dezember 1918, 43. Jg., Nr. 52, S. 412f, beschrieb ausführlich Genese und Programm der Partei. „In ihr haben sich eine Reihe von Organisationen zu einer ganz neuen Partei zusammengeschlossen. Hiezu gehören der überwiegende Teil der früheren konservativen Partei, die Mehrheit der Reichspartei, die christlich-soziale Gruppe, die deutschnationalen Gruppen, fast die gesamte Mittelstandspartei, der Bund der Landwirte, der mittelfränkische Bauernbund, der Windsheimer Bauernbund. So kommt es, daß unsere Partei einen überwiegend evangelischen Charakter trägt, ohne andersgläubige Christen auszuschließen.“ (412) Für die Bayerische Mittelpartei kandi-

dierten bei der Landtagswahl am 12. Januar 1919 der Professor für Neues Testament an der Universität Erlangen, Hermann Strathmann, und der Katechet Gustav Bub, Nürnberg; Senior Seidel, Dillingen, hatte seine Kandidatur wieder zurückgezogen. Es gab im Januar deutliche Stellungnahmen, dem älteren Kandidaten Strathmann den Vorzug zu geben – man wollte eine Zersplitterung der evangelischen Stimmen vermeiden:. Vgl. Steinlein: *Kandidaturen protestantischer Theologen für den Landtag*. – In: Korr.Bl. vom 6. Januar 1919, 44. Jg., Nr. 1, S. 5f; hier: S. 6, und *Ein letztes Wort vor der Wahl (Bitte zu lesen!)*, ebd. S. 7: „[…] erlauben wir uns doch allen, die die Wahl eines evangelischen Theologen wenigstens führen wollen, die Losung auszugeben, es sei besser, dem älteren Bewerber, *Herrn Professor D Strathmann in Erlangen* alle unsere Stimmen zuzuführen, als daß durch Zersplitterung beide Kandidaturen gefährdet würden. Kollege Bub weiß, daß das kein Mißtrauensvotum ist." Ein Wahlaufruf für die Bayerische Mittelpartei, die eine Liste mit der Nationalliberalen Partei gebildet hatte, findet sich auch im Kirchenboten vom 12. Januar 1919, 1. Jg., Nr. 3, S. 6f; Strathmann hatte Listenplatz 17, Bub stand auf Platz 20 der gemeinsamen Liste. Ein ähnlicher Aufruf erfolgte eine Woche später noch einmal zu den Reichstagswahlen. – Mehnert, *Kirche und Politik*, S. 239, hat Strathmann irrtümlich der DNVP zugeordnet; die stand 1919 in Bayern jedoch gar nicht zur Landtagswahl.

[127] Vgl. Nowak, *Evangelische Kirche*, S. 28.

[128] Vgl. Schwarz, *Bayern 1918–1920*, S. 410f, zu den Parteigründungen und -formationen nach der Revolution; ebd. S. 468–471 zur Rolle der BVP. Vgl. auch Korr.Bl. vom 16. Dezember 1918, 43. Jg., Nr. 50, S. 396.

[129] Vgl. Schwarz, *Bayern 1918–1920*, S. 409, und Nowak, *Evangelische Kirche*, S. 28. Ihren Kern bildeten aus der BVP ausgeschiedene Evangelische wie der damalige Präsident der Landessynode, Freiherr Wilhelm von Pechmann. Ab 1924 unterhielt Pechmann dann regelmäßige Kontakte zur DNVP im Zusammenhang mit der Ausfertigung des Konkordates zwischen dem Heiligen Stuhl und der bayerischen Staatsregierung; vgl. LkAN Bestand: Personen XXIII Pechmann Nr. 15.

[130] =ied–: *Quid faciamus?* – In: Korr.Bl. vom 23. Dezember 1918, 43. Jg., Nr. 51, S. 402f.

[131] „Durch nichts schaffen wir so viele erbitterte Gegner, als durch den Versuch politischer Beeinflußung unserer Gemeindeglieder. Mit Recht; denn in allen Parteien finden sich gläubige Christen oder wenigstens ehrliche Gottessucher. Für *alle* sind wir da, *alle* wollen wir zu erreichen suchen, *alle* sollen wir zu Christi Jüngern machen. Durch politische Agitation aber verschließen wir uns den Weg zu Unzähligen, *durch politische Agitation zerstreuen wir, statt zu sammeln*." *Aufruf an alle Amtsbrüder* – In: Korr.Bl. vom 23. Dezember 1918, 43. Jg., Nr. 51, S. 403, unterzeichnet von Pfr. Dr. Bickel und Pfr. Blendinger.

[132] Veit, *Zum Neuen Jahre 1919*, S. 9: „Aber sich mit irgendeiner politischen Partei zu identifizieren oder gar selbst als solche in die politische Arena einzutreten, muß die evangelische Kirche einer anderen Auffassung des Verhältnisses von Kirche und Staat überlassen, wenn sie nicht ihrem innerlichen, umfassenderen Berufe selbst Schranken ziehen will. Ihre Waffen sind nicht fleischlich, sondern geistlich, und ih-

ren Einfluß übt sie dadurch aus, daß sie Menschen Gottes erzieht, die zu allem guten Werk geschickt sind. Gott gebe ihr zu solcher Selbstverleugnung, die ihr in den Augen der nach äußerem Erfolg urteilenden Masse die Geringschätzung der ohnmächtigen Kirche einträgt, den Mut und die Demut!"

133 KABl. vom 30. Dezember 1918, 5. Jg., Nr. 38, S. 350. Solche Aufklärung hat dann nicht erst nach den Wahlen stattgefunden, sondern noch in den ersten Januarwochen; vgl. Knopp, *Verfassung*, S. 83, 87f.

134 Lauter, *Rundschau 1918/20*, S. 172f.: „Im allgemeinen dürften die Pfarrer ja Zurückhaltung im Wahlkampf gezeigt, aber in der Mehrzahl aus ihrer politischen Stellung kein Hehl gemacht haben. Und es kann nicht geleugnet werden, daß sehr viele Gemeindeglieder eine Stellungnahme ihres Pfarrers als Richtung gebend wünschten."

135 Zum *Nürnberger Ortsverband evangelischer Vereine*, als einem Sammelbecken und Koordinationsbüro evangelischer Vereinstätigkeiten vgl. Knopp, *Verfassung*, S. 94. Der Ortsverband hat am 11. Dezember 1918 in einem Schreiben an alle evangelischen Vereine in Bayern um Zustimmung zu den aufgestellten Mindestforderungen an die Parteien bezüglich der Trennung von Staat und Kirche gesucht. Das Schreiben findet sich in LkAN Bestand: BKB Fach 1 Nr. 4. Pfarrer Rudolf Brendel (siehe Register) war der Vorsitzende des Vereins. Er hatte die Befragung der Parteien bezüglich der Kirchenfrage wesentlich initiiert und durchgeführt; mit seinem Kommentar versehen, erschienen die Antworten der Parteien im Korr.Bl. vom 6. Januar 1919, 44. Jg., Nr. 1, S. 1ff.

136 Vgl. dazu Craig, *Deutsche Geschichte*, S. 171f, der diese „Tradition" an der Haltung des Evangelischen Oberkonsistoriums gegenüber der Politik Stoeckers nachweist. So war die soziale Frage nur so lange als eine politische opportun, wie „Kaiser Wilhelm II. seine liberale Phase durchmachte". In dem Moment, wo der Kaiser umschwenkte, rief auch der EOK die „sozialen Pfarrer" zurück und verpflichtete die Kirche auf eine Stellung „über den Parteien". Diese Stellung über den Parteien war genau besehen aber die Approbation der amtlichen Regierungspolitik durch die Kirche. Ähnliches läßt sich auch in der evangelischen Kirche Bayerns beobachten, wobei hier nähere Untersuchungen noch ausstehen; vielleicht auch deshalb, weil es hier nicht so exponierte Protagonisten der sozialen Frage gab, wie es Stoecker in Preußen war.

137 Vgl. Boeckh, *Lage und Aufgabe*, S. 409.

138 Ecclesiasticus, *Zur kommenden Neuordnung*, S. 361. – Man wird dem Autor zugute halten, daß er durch typographische Hervorhebung des Konditionalis die Vorläufigkeit seiner Aussage unterstreicht; zugleich ist sie aber ein gutes Beispiel für die Positionsverunsicherung im Pfarrerstand kurz nach der Revolution. Vgl. auch Dahm, *Pfarrer und Politik*, S. 33–56.

139 Die Schulfrage unterlag einzelstaatlicher Regelung (Art. 143–149 WRV).

140 „Hier entstehen der Kirche Schwierigkeiten der allerschwersten Art, sowohl nach Seite der für den Unterricht erforderlichen Lehrpersonen, wie nach der Seite der Unterrichtslokale, die aufgebracht werden müssen."; Boeckh, *Lage und Aufgabe*, S. 409.

[141] Vgl. Lauter, *Rundschau 1918/20*, S. 149ff. – Die Leidenschaft in der Schulfrage sei ein Indiz für die Prägung der Gesellschaft durch das 19. Jahrhundert, meint Ribhegge, *Im Geiste von Weimar*, S. 70.

[142] Zum 1. Januar 1919 war die geistliche Schulaufsicht von der bayerischen Staatsregierung aufgehoben und das als große Befreiungstat gefeiert worden. Dagegen hatte das Oberkonsistorium Verwahrung eingelegt und betont, die Kirche habe das Amt immer nur verfassungsgemäß und aus Loyalitätsgründen ausgeübt. Vgl. *Mitteilungen*. – In: KABl. vom 30. Dezember 1918, 5. Jg., Nr. 38, S. 350, und die unten, Anm. 160, angegebenen Verlautbarungen. Der Erlaß war ab 16. Dezember 1918 veröffentlicht worden; sogar die Juden hätten gegen den „berüchtigten Erlaß des bayerischen Kultusministeriums" protestiert: *Kleine Mitteilungen*. – In: AELKZ 52 (1919), Sp. 172.

[143] Für diese „unangenehme Polizeiaufgabe" habe man sich seitens des Staates gerne der Pfarrer bedient; Lauter, *Rundschau 1918/20*, S. 152.

[144] Vgl. Boeckh, *Revolution und Kirche*, S. 387–395. Die Reorganisation des schulischen Religionsunterrichtes wurde zu einem zentralen Thema im Kirchlichen Amtsblatt der Jahre 1918–1920. Nur im Zusammenklang von elterlicher Christenlehre, kirchlicher Verkündigung und schulischer Unterweisung könne die Sittlichkeit des Volkes wieder emporgehoben werden und den schlimmsten Folgen der Revolution (Gewinnstreben, Vereinzelung, Unbotmäßigkeit, Lasterhaftigkeit) gewehrt werden.

[145] Vgl. Craig, *Deutsche Geschichte*, S. 189, und S. 178–190, zur Lage an den Universitäten vor 1914.

[146] Zur Besetzung der Fakultät in den Jahren der Weimarer Republik vgl. den *Personalstand der Universität* in den entsprechenden Jahrgängen. Zu den Theologen: Loewenich, *Erlanger Fakultät*, S. 637–643, und Beyschlag, *Erlanger Theologie*, S. 146–160.

[147] Vgl. Craig, *Deutsche Geschichte*, S. 369. Ringer, *Die Gelehrten*, hat zwar weder die Theologen in Deutschland noch die Erlanger Fakultät näher untersucht, gleichwohl vermittelt er ein eindrückliches Bild von der geistigen Lage an den deutschen Fakultäten nach 1918. Blendinger, *Erlanger Theologie*, S. 147, charakterisiert die Theologen die nach 1918 an der Erlanger Fakultät lehrten – zur Besetzung vgl. a.a.O., S. 142, Anm. 273 – etwas euphemistisch als „politisch national gesonnen". Loewenich, *Erlanger Fakultät*, S. 644, resümiert: „Begeisterte Anhänger der Weimarer Republik waren sie allerdings samt und sonders nicht. Sie waren im Bismarckreich groß geworden und litten unter dem furchtbaren Zusammenbruch von 1918."

[148] Anders als in Preußen, wo der theologische Liberalismus sich an den Fakultäten etablieren und eine große Breitenwirkung erzielen konnte.

[149] Jordan hatte sich im Oktober 1917 massiv gegen eine pazifistische Stellungnahme der Berliner Pastoren Aner, Rittelmeyer u.a. gewandt, vgl. *Offener Brief an Herrn Pfarrer Lic. Dr. Aner*. – In: ChW vom 13. Dezember 1917, 31. Jg., Nr. 50, Sp. 858f. Noch kurz vor der Revolution hatte er sich gegen eine „uferlose Demokratisierung" gewandt: *Die Demokratie und Deutschlands Zukunft*. Zu seiner publizistischen Tätigkeit nach 1918 vgl. seine gesammelten Aufsätze *Von Deutscher Not*.

150 Hass, *Strathmann*, sucht in der Biographie des Erlanger Neutestamentlers und Politikers das politische Handeln Strathmanns von seinen theologischen und idealistischen Traditionen her zu erklären.

151 Vgl. Hass, *Strathmann*, S. 156–168. Zu dessen politischem Engagement in der Weimarer Republik siehe ebd., S. 95–144. Vgl. auch Nowak, *Evangelische Kirche*, S. 264ff.

152 So seine Amtsbezeichnung nach dem *Personalstand der Universität Erlangen*, Jg. 1918. Zu Person und Werk vgl. Haas, *Reformierte Kirche*, S. 246f.

153 Zahn, *Staatsumwälzung*.

154 Von den Erlanger Professoren initiiert und im wesentlichen getragen wurde die NKZ, herausgegeben von Wilhelm Engelhardt, Gymnasialprofessor und Kirchenrat in München, unter Mitwirkung von 30 Mitherausgebern. Von diesen 30 sind 7 Professoren an der Erlanger theologischen Fakultät, Bachmann, Caspari, Grützmacher, Jordan, Lotz, Preuß und Zahn, also alle, mit Ausnahme von Strathmann, dem Reformierten Müller und dem Universitätsmusikdirektor Schmidt. Der Oberkonsistorialpräsident Friedrich Veit sowie der Direktor der Neuendettelsauer Anstalten Lauerer gehörten ebenso zum Herausgeberkreis.
Ebenfalls mit großer Erlanger Beteiligung ist die Zeitschrift *Theologie der Gegenwart* erschienen; sie wurde im 11. Jahrgang 1917 herausgegeben von: H. Grützmacher (Erlangen), G. Grützmacher (Münster), Jordan (Erlangen), Sellin (Kiel), Uckeley (Königsberg), Wilke (Wien) und Deissner (Greifswald).
Zu den Programmen der Zeitschriften vgl. Mildenberger, *Theologiegeschichte*, S. 239–252; zur EKZ: S. 243; zur NKZ: S. 244f, und die Tabelle im Anhang.

155 Dahm, *Pfarrer und Politik*, S. 38, über die Dialektische Theologie. – Von einer von Karl Holl initiierten *Lutherrenaissance* zeugen in Erlangen zumindest formal zahlreiche Aufsätze in der NKZ 29 (1918), die sich mit Luthers Theologie beschäftigen. Vgl. zur Lutherrenaissance als theologiegeschichtlichem Problem: Assel, *Aufbruch*, bes. S. 17–40.

156 Nowak, *Protestantismus*, S. 229f. Im näheren siehe oben, S. 287ff.

157 Zur Moblisierung apokalyptischer Deutungsmuster im nichtkirchlichen Kontext vgl. Breuer, *Anatomie*, S. 38. Außerdem in einer scharfen, zeitgenössischen Analyse und Kritik: Bry, *Verkappte Religionen.* Zur Person des unter dem Pseudonym Carl Christian Bry publizierenden Journalisten Karl Decke (gest. am 9. Februar 1926) vgl. Mohler, *Handbuch*, S. 18, 200. Zur positiven Aufnahme der Gedanken Brys vgl. auch Tucholsky, *Gesammelte Werke*, Bd. 5, S. 148 und Bd. 8, S. 114, und Friedrich Fuchs: *In memoriam C. Ch. Bry.* – In: Hochland, Bd. 2, 23 (1925/6), S. 502–505, und die Rezension in: Hochland Bd. 1, 22 (1924/25), S. 701. – Ein typisches Beispiel, den Zusammenbruch von 1918 zu deuten, hat Hass, *Strathmann*, S. 90–99, anhand des Neutestamentlers Hermann Strathmann herausgearbeitet. Problematisch erscheint mir allerdings Hass' Charakterisierung Eisners und dessen Bemühungen um die Kriegsschuldfrage; vgl. a.a.O., S. 101f.

158 „Die sich überstürzenden Erschütterungen der jüngsten Tage sind nicht wenigen Christen ein Anlaß geworden, in die Glut apokalyptischer Erwartungen einzutauchen."; Rade, *Glaube an Gott*, Sp. 462. Ähnlich AELKZ 51 (1918), Sp. 940–942.

Bachmann, *Von Innen nach Außen*, S. 32–41, redete von der „Endkirche“ und der „Krisis des 20. Jahrhunderts“. Vgl. auch Nowak, *Protestantismus*, S. 229f.

[159] Der Titel stand, wie Spengler im Vorwort zur ersten Ausgabe des ersten Bandes betont, bereits 1912 fest und „bezeichnet in strengster Wortbedeutung und im Hinblick auf den Untergang der Antike eine welthistorische Phase vom Umfang mehrerer Jahrhunderte, in deren Anfang wir gegenwärtig stehen.“; a.a.O., S. X. Spengler verstand sein Werk als Zeitdiagnose; die Härte des Lebens sei Indiz für das Durchlaufen der Endphase einer Kultur, der Zivilisation. Dabei werde das eschatologische Moment „Es geht zu Ende“ weniger als eine Wahrheit affirmiert als vielmehr als der „zeitnotwendige Ausdruck der abendländischen und insbesondere der deutschen Seele“ aufgefaßt; so Kuhn, *Gesicht der Weimarer Zeit*, S. 218. Der Erlanger Systematiker Grützmacher, setzte sich mit Spenglers Werk auseinander: *Geschichtsphilosophische Prinzipien*. Beyschlag, *Erlanger Theologie*, S. 155ff, hat auf die Bedeutung der Spengler'schen Schicksalsauffassung für die Theologie Elerts hingewiesen – freilich ohne sie einer theologischen Kritik zu unterziehen. Zur Rezeption Spenglers in der Geisteswelt der Weimarer Republik vgl. auch Ringer, *Die Gelehrten*, S. 204. Die wesentlichen Züge der Geschichtsphilosophie Spenglers faßt Fahrenbach, *Philosophie*, S. 234–237, zusammen.

[160] Vgl. Nowak, *Evangelische Kirche*, S. 81–84. Bachmann, *Von Innen nach Außen*, S. 35ff; Schneider, *Kirchliche Zeitlage 1918*, S. 450–500; *Kirchliche Nachrichten – Wochenschau*. – In: AELKZ 52 (1919), Sp. 242 u.ö.; und die Bekanntmachungen des Oberkonsistoriums betreffend die *Fürbitte für unsere Kriegsgefangenen*. – In: KABl. vom 28. Februar 1919, 6. Jg., Nr. 5, S. 48f, bzw. betreffend die *Trennung des Schul- und Kirchendienstes*. – In: KABl. vom 10. Dezember 1919, 6. Jg., Nr. 27, S. 296–306, Akt.Nr. 6157.

[161] Zur Kriegsschuldfrage im kirchlichen Kontext vgl. Nowak, *Evangelische Kirche*, S. 53–63, Besier, *Krieg – Frieden – Abrüstung*, sowie die sehr kritische Rezension dazu von Graf, *Historie in höherer Absicht*. Im Korrespondenzblatt setzte im Oktober 1918 eine ausgedehnte Kontroverse zur Kriegsschuldfrage ein. Der Weltkrieg wie sein Ausgang wurden dabei als Gericht über das unbußfertige, sündige deutsche Volk verstanden, wobei allerdings die Schuld allein gegenüber Gott bestünde. Die Bußfertigkeit gegenüber Gott dürfe keineswegs in eins gesetzt werden mit einem Schuldbekenntnis zum Kriegsausbruch. Bei solchen Verquickungen handele es sich um einen „Verleumdungsfeldzug“, dem man widerstehen müsse in der Hoffnung, Gott werde die Lügner umbringen; Daum: *Offenes Schreiben an Herrn Kirchenrat Schiller in Nürnberg*. – In: Korr.Bl. vom 28. Oktober 1918, 43. Jg., Nr. 43, S. 336f, Zitat: 337; auch a.a.O., S. 345, 353f, 369ff u.ö.

[162] *Si tacuisses*. – In: Korr.Bl. vom 16. Dezember 1918, 43. Jg., Nr. 50. S. 393–395. Die Frage, ob der verlorene Krieg ein gerechter oder ungerechter Krieg gewesen sei, lasse sich zur Zeit nicht entscheiden, „augenblicklich ebenso unmöglich, wie der Versuch dazu unzeitgemäß ist“, aber: „Für uns Pfarrer ist das freilich doppelt peinlich, weil wir uns Jahre lang für die *volle* Gerechtigkeit unserer Sache selbst an heiliger Stätte mit unserer ganzen sittlichen Autorität verbürgt haben; deswegen besteht für uns die *Gewissenspflicht*, so bald wie möglich unseren Gemeinden über unsere ganze Stellung zum Krieg so ehrlich wie möglich Rechenschaft abzulegen.“; a.a.O.,

S. 393, Hervorhebungen im Text. Der Artikel wandte sich scharf und differenziert gegen die Anwürfe von Pfarrer Zezschwitz: *Die Erklärung der protestantischen Geistlichen in den Nürnberger Kirchen.* – In: Korr.Bl. vom 25. November 1918, 43. Jg., Nr. 47, S. 368f; vgl. dazu oben, S. 105.

[163] Vgl. Dahm, *Pfarrer und Politik*, S. 113–127.

[164] Vgl. etwa die 168. *Kriegsgebetsstunde* aus dem November 1918 zu Jes. 30,15–19. Die Perikope wird als Aufforderung ausgelegt, die Ereignisse als Gericht Gottes anzunehmen und durch Stillesein, Hoffen und Beten Gottes Gnade erneut zu erfahren.

[165] Vgl. die Auseinandersetzungen im Korrespondenzblatt: *Warum wir nicht siegen können.* – In: Korr.Bl. vom 28. Oktober 1918, 43. Jg., Nr. 43, S. 335f; Daum: *Offenes Schreiben an Herrn Kirchenrat Schiller in Nürnberg*, a.a.O., S. 336f; die Bemerkung der Schriftleitung zum Streit, a.a.O., S. 337: „Eines halten wir für erwiesene Tatsache, daß gegen unser Volk ein schändlicher Verleumdungsfeldzug in aller Welt geführt wird und wir halten es für eine Trübung der sittlichen Klarheit, die unser Volk jetzt besonders braucht, wenn unser Selbstgericht diesem Verleumdungsfeldzug, der auch *intra muros* geführt wird, irgend in die Hände arbeitet. Gottes Gerichte machen nicht Halt vor unserem Volke, aber es bleibt doch unseres Volkes Trost, wenn es glauben gelernt hat: Du bringest die Lügner um." – Luttenberger: *Nüchterne Erwägungen.* – In: Korr.Bl. vom 4. November 1918, 43. Jg., Nr. 44, S. 344; Bickel: *Fahr' hin Menschenfurcht!*, a.a.O., S. 344f, als Antwort auf Daums Artikel; S.S.: *Bußpredigt in unserer Zeit.* – In: Korr.Bl. vom 11. November 1918, 43. Jg., Nr. 45, S. 351; Daum: *Meine Antwort an Herrn Kollegen Bickel*, a.a.O., S. 352ff; und die erneute Einlassung der Schriftleitung, a.a.O. S. 354; Steinlein: *Die Verbindung von ernster Bußpredigt mit kraftvoller Ermunterung bei Luther.* – In: Korr.Bl. vom 25. November 1918, 43. Jg., Nr. 47, S. 369f, u.ö. Ähnlich auch in ESBl. 35. Jg., Nr. 47 vom 24. November 1918, S. 262, wo der Trost, das „*Andere aufmuntern*" als das evangelische Gebot der Stunde angesehen wird.

[166] Vgl. *Warum wir nicht siegen können.* – In: Korr.Bl. vom 28. Oktober 1918, 43. Jg., Nr. 43, S. 335f. Zum moralisch verwerflichen Zustand des deutschen Volkes vgl. auch KJ 46 (1919), S. 307ff; KJ 47 (1920), S. 309ff. u.ö. Die o.a. Analyse steht exemplarisch für eine weitverbreitete Auffassung, daß die Sünde des deutschen Volkes vornehmlich in ‚privaten Verfehlungen' wie eben der Prostitution, der Lektüre von pornographischer Literatur, materieller Kriegsgewinnlerei und sinkender Glaubenskraft und Dankbarkeit gegenüber Gott bestehe. Das Töten von Soldaten und Zivilbevölkerung wird dabei schon nicht mehr durch den reichlich blinden ‚Beichtspiegel' erfaßt und erst recht nicht die Dimension des Weltkrieges und die heute blasphemisch anmutende Vereinnahmung Gottes für die eigenen, nationalen Ziele. Interessant ist auch, daß die „heidnische Habgier", die „Engländerei" bzw. der „Amerikanismus", die dem deutschen Volk als Sünde vorgeworfen wird, als eine wesensfremde Verfehlung interpretiert wird und eher geeignet ist, die anderen Länder und Völker zu diskriminieren, als den eigenen Nationalismus und Imperialismus als Sünde zu erkennen und zu bekennen. Zu diesem Komplex siehe die für sich sprechende Zusammenstellung von Kriegspredigten bei Pressel, *Kriegspredigt.*

[167] *Warum wir nicht siegen können.* – In: Korr.Bl. vom 28. Oktober 1918, 43. Jg., Nr. 43, S. 336. Zur sittlichen Erlahmung des deutschen Volkes an und hinter der Front vgl. auch Veit, *Zum neuen Jahr 1919*, S. 3f.

[168] So wurde in ESBl. vom 27. Oktober 1918, 35. Jg., Nr. 43, S. 238, *Das Volk war verdrossen*, Deutschlands Geschick von der Geschichte Israels in der Wüste gedeutet. Die Kriegsmüdigkeit angesichts der innen- und außenpolitischen Schwierigkeiten wurde als Verdrossenheit Gott gegenüber verstanden, der doch Deutschland im ganzen Krieg wunderbar geführt habe. „Das Heilmittel gegen die Verdrossenheit ist der Geist der Buße und des Dankes, der Einkehr und der Umkehr, des Glaubensmutes und der Glaubenszuversicht. Helfen wir doch diesem Geist Raum machen." Mit gleichem Duktus *Wir haben nachgelassen*; a.a.O.; dem religiösen Aufbruch vom August 1914 sei nicht wie einhundert Jahre zuvor die Einheit des Volkes in einem „vaterländischen Sinn" gefolgt, sondern das Nachlassen im Gebet, im Hören auf Gott und im Dank für seine wunderbare Hilfe.

[169] Schneider, *Kirchliche Zeitlage 1919*, S. 379.

[170] Ein prägnantes Beispiel nationaler Geschichtstheologie, die sich eine – wenn auch behutsame – Deutungskompetenz anmaßte, ist der Artikel von Pfarrer Christian Hopfmüller: *„Glück und Sieg der Gottlosen", Versuch einer Wegweisung durch die Irrsale der Gegenwart nach Gottfried Menken.* – In: Korr.Bl. vom 3. Februar 1919, 44. Jg., Nr. 5, S. 33–35. – Gegen solchen Irrglauben an die „unerbittlichen Gesetze eines weltgeschichtlichen Ablaufs" hat Popper, *Historizismus*, heftig Front bezogen. Es ist m. E. nicht unerheblich, daß der Historismus des ausgehenden 19. Jahrhunderts die Gesellschaft um 1914–1918 tief geprägt hatte. Daß sich seitens der Kirche eine prophetische Kompetenz hinsichtlich der Geschichte angemaßt wurde, und das, obwohl im November 1918 alle „Hoftheologie" als Pseudoprophetie entlarvt wurde, verdeutlicht einmal mehr den Irrglauben – im doppelten Sinn des Wortes.

[171] Zur Führerschaft in der Kirche siehe oben, S. 122 und S. 203. – Tilgner, *Volksnomostheologie*, bes. S. 88–211, hat die Verbindung von völkischem Gedankengut mit theologischen Ansätzen in den 20er Jahren dieses Jahrhunderts untersucht und aufgezeigt, daß das Eindringen solchen Gedankengutes in die Theologie nicht zuletzt der Antihaltung des Bürgertums zu verdanken ist, daß also auch der Führergedanke in der Volkskirche ein Residuum kleinbürgerlichen Romantizismus war, der sich gegen die technische, soziale und politische Moderne stemmte.

[172] Zur Führerideologie in allen Lebensbereichen vgl. Bry, *Verkappte Religionen*, S. 78ff.

[173] Vgl. dazu oben, S. 111ff.

[174] „Denn [...] wenn überhaupt von Gemeinsamkeiten einer Generation die Rede sein darf, so liegen sie im ‚mentalen Apparat', also in jenem Bodensatz tiefverwurzelter Denk- und Verhaltensformen, der, anders als aktuelle Einstellungen und Meinungen, die Jahrzehnte überdauert."; Doerry, *Übergangsmenschen*, S. 43.

[175] Vgl. Doerry, a.a.O., S. 9. Kaiser Wilhelm II. wurde am 27. Januar 1859 geboren; König Ludwig III. am 7. Januar 1845. Die Geburtsjahre der führenden Kirchenmänner Bayerns lauten: Braun, Nägelsbach (1855), Hofstaetter (1858), Boeckh, von Pechmann (1859), Veit (1861), Gebhard, Bachmann (1864).

[176] Vgl. Theodor Kaftan: *Die staatsfreie Volkskirche.* – In: AELKZ 51 (1918), Sp. 933–940, 960–966. Staatskirchentum sei „Beugung der Religion unter die Politik", es sei eigentlich ein „Mißlingen der Reformation" (935). Das Staatskirchentum habe sich überlebt; deutlich sei das in der Lähmung geworden, die die Kirche durch die aus dem Staat ‚importierte Bürokratie' erfaßt und fremden Zwecken dienstbar gemacht habe (937f). „Daß die Kirche wieder Kirche wird, daß sie herauskommt aus dem Staatsdepartment, ist für sie eine *Lebensfrage.*" (938) Die Kirchenmüdigkeit der Arbeiter und Gebildeten sei oft auch ein Protest gegen den Staat, mit dem sich die Kirche zu eng verbündet habe. „Es ist eine Existenzfrage der Kirche, daß sie aus dem Staatskirchentum herauskommt und im öffentlichen Leben als das dasteht und wirkt, *was sie nach Wesen und Aufgabe ist.*" (939).

[177] Vgl. dazu Fagerberg, *Bekenntnis*, S. 99–120, und bes. S. 273–285, Müller, *Amtsverständnis*, Hein, *Erlanger Theologie*, bes. S. 196ff, und zu den politischen Implikationen der Erlanger Theologie: Rieske-Braun, *Luthertum*, bes. S. 23–173.

[178] Eine Kirchenleitung müsse auch weiterhin sein, jedoch solle sie sich nicht wie zuletzt mit Bagatellen, sondern dem Wesentlichen beschäftigen: „So muß denn die Einzelgemeinde ein beträchtliches Teil der Kirchengewalt, ein gewisses Maß von Freiheit in der Ausgestaltung des ihr eignenden Lebens erhalten. Hierzu bedarf es Gemeindevertretungen, die sich ihrer Aufgabe bewußt sind, die fern von eigensinniger Eigenbrödelei das in der Gemeinde vorhandene Leben zur Entfaltung zu bringen suchen innerhalb des Rahmens des Gesamtlebens der Kirche"; Boeckh, *Kirche und Revolution*, S. 374; vgl. auch Lauter, *Rundschau 1918/20*, S. 148f.

[179] Kaftan, *Wesen der Kirche*, S. 36.

[180] Erik Peterson an Adolf von Harnack, in: Peterson, *Theologische Traktate, 1951*; zit. nach Bethge, *Bonhoeffer*, S. 160.

[181] Nipperdey, *Religion im Umbruch*, S. 78. – In einem Rückblick mutmaßte der Alumnendirektor Konrad Lauter aus Ansbach, das protestantische Franken wäre dem bayerischen König eine bessere Stütze gegen die Revolution gewesen als das katholische Altbayern; der Grund hierfür ist unschwer zwischen den Zeilen heraus zu lesen: es ist die größere Treue der Obrigkeit gegenüber, die die Protestanten auszeichne; Lauter, *Rundschau 1918/20*, bes. S. 139ff.

[182] Vgl. dazu Hölscher, *Frömmigkeitskultur*, bes. S. 188f und 200ff, der den Rückzug der Gebildeten aus der Kirche vor allem damit begründet, daß die konservative Kirchenleitung liberalem und demokratischem Gedankengut keinen Platz einräumen wollte. Daß der ‚vierte Stand' der Kirche den Rücken kehrte, lag wohl nicht nur daran, daß eine theologische Drei-Stände-Lehre ihn gar nicht berücksichtigte, sondern eben auch an der kirchenpolitischen Option der Kirchenregierung, das „Nahverhältnis zur bestehenden Ordnung" nicht durch regierungskritische Parteinahme zu gefährden.

[183] Vgl. Nipperdey, *Religion im Umbruch*, S. 77ff. Auf juristischem Gebiet war zwar eine Lösung von Kirche und Staat, eine Ausdifferenzierung der beiden Rechtskreise festzustellen, aber mentalitätsmäßig und ideologisch hatte sich die evangelische Kirche fest mit der landesherrlichen Obrigkeit verbunden. Auf die Sonderstellung

der kirchlichen Vereine und ihrer Vereinsgeistlichen kann hier nur hingewiesen werden, hier waren die Verhältnisse zum Teil etwas anders gelagert.

[184] Dahm, *Pfarrer und Politik*, bes. S. 34–130.

[185] Bry, *Verkappte Religionen*, S. 4: „Glückliche Zeiten, als die Menschheit noch in Irrtümern befangen war! Wir hingegen stöhnen unter der Last von einigen Schock Meinungen, von denen jede einzelne nicht Unrecht hat und die doch weder einzeln, noch zusammen das Gefühl der Wahrheit geben."

[186] Es liegen mir keine Untersuchungen zur Mentalität von Gemeinden vor; solche Untersuchung könnten sich allerdings nur auf eine sehr schmale Quellenbasis stützen. Verkündigung und politische Äußerungen des Pfarrerstandes erlauben dennoch gewisse Rückschlüsse auf seine ‚Klientel'.

[187] Zum Wahlverhalten der evangelischen Kirche in der Weimarer Republik vgl. Falter, *Wahlen*, S. 161ff.

[188] Vgl. oben, Seite 353, Anm. 122.

Politik und Kirchenpolitik im Freistaat Bayern

[1] Mehlhausen, *Kirchenpolitik*. Die Literatur zu dem ubiquitären Terminus sei dürftig und abgesehen von Herzog, *Kirchenpolitik*, veraltet. Als Beispiel für mangelnde Trennschärfe sei hier auf Nowak, *Evangelische Kirche*, S. 22, 33 pas. hingewiesen.

[2] Mehlhausen, *Kirchenpolitik*, S. 280.

[3] Vgl. zur staatlichen Kirchenpolitik in der Weimarer Politik: Schreiber, *Deutsche Kirchenpolitik*, S. 296–333, der vor allem die katholische Kirche berücksichtigt; Thimme / Rolffs, *Revolution und Kirche*, als zeitgeschichtliches Dokument für die Politik der Kirche. Die bei Nowak, *Evangelische Kirche*, S. 23 Anm. 32, notierte Literatur beschäftigt sich überwiegend mit der preußischen Kirche. Zur Kirchenpolitik in Bayern unter dem juristischen Aspekt der Neukonstitution der evangelisch-lutherischen Kirche liegt meines Wissens bisher nur die Arbeit von Knopp vor.

[4] Mehlhausen, *Kirchenpolitik*, S. 280.

[5] Ebd., S. 281.

[6] Mehlhausen, a.a.O., S. 281.

[7] Vgl. dazu die Thesen 1–3 bei Mehlhausen, a.a.O., S. 285, 294, 299.

[8] Vgl. dazu die Regierungserklärung vom 15. November 1918, auszugsweise bei Kritzer, *Freistaat*, S. 111ff. Auch Boeckh, *Lage und Aufgabe*, S. 400, referierte den Passus, allerdings ist bei ihm wie bei vielen anderen Kirchengliedern unverhohlene Skepsis erkennbar; denn dem einen Satz stand der andere programmatische von der Trennung von Staat und Kirche und der Weltlichkeit der Schule gegenüber.

[9] Vgl. *Ursachen und Folgen III*, Nr. 594, S. 107.

[10] Proklamation der Republik Bayern vom 8. November 1918, zit. nach Stammen, *Das schwere Erbe*, S. 109.

[11] GVBl 1918, Nr. 79 vom 16. November 1918, S. 1231. Zum Programm der Regierung Eisner und ihrem Anspruch „die gleiche Freiheit für die Schule wie für die

Kirche" vgl. die programmatischen Äußerungen des Kultusministers Johannes Hoffmann vom 2. Dezember 1918 „freier Staat, freie Schule, freie Kirche", abgedruckt bei Friedrich Purlitz: *Die deutsche Revolution.* Bd. I, Berlin 1919, S. 78 und 273.

12 Knopp, *Verfassung*, S. 14. Das Oberkonsistorium betonte, man werde mit diesem Provisorium leben können, „als ein Definitivum aber lehnen wir sie [sc.: die Ausübung der Kronrechte durch den Kultusminister] ab. Auf die Dauer wird ein derartiges Verhältnis der auf der jeweiligen Parlamentsmehrheit beruhenden Regierung zur Kirche nicht bestehen können."; so Oberkonsistorialpräsident Friedrich Veit, *Protokoll 19.11.1918*, S. 5.

13 GVBl. vom 2. April 1919, Nr. 18, S. 113. – § 15 des Vorläufigen Staatsgrundgesetzes vom 17. März 1919 (ebd., S. 111) formuliert: „Die Glaubensgesellschaften sind gleichberechtigt und ordnen und verwalten ihre Angelegenheiten selbständig nach Maßgabe der Staatsgesetze. Niemand kann zum Eintritt in eine Glaubensgesellschaft oder zum Verbleiben in ihr, zur Teilnahme oder Nichtteilnahme an Kultushandlungen gezwungen werden. Bestehende Rechte der Glaubensgesellschaften können nur durch Gesetz abgelöst werden.".

14 Vgl. oben, S. 101, und S. 171ff.

15 Zur Schulfrage einleitend und mit guten Informationen über den historischen Hintergrund: Ringer, *Die Gelehrten*, S. 62–77, und Nowak, *Evangelische Kirche*, S. 81–84.

16 Zur Kritik der Gelehrten an der „Gleichmacherei" der sozialistischen Schul- und Bildungspolitik siehe Ringer, *Die Gelehrten*, bes. S. 75ff.

17 *Verordnung der Regierung des Volksstaates Bayern, betreffend Beaufsichtigung und Leitung der Volksschulen* vom 16. Dezember 1918; SKNZJ IV, Nr. 72, S. 86f. (= GVBl. 1918, S. 1275f.).

18 *Verordnung über den Besuch des Religionsunterrichts und die Teilnahme der Schüler und Schülerinnen an religiösen Übungen.* – In GVBl. vom 29. Januar 1919, S. 25, Nr. 3563. Das bayerische Staatsministerium für Unterricht und Kultus vom 25. Januar 1919 hatte damit den Besuch des Religionsunterrichts in das freie Ermessen der Eltern gestellt. – Dadurch sei der „Religionsunterricht im Lehrplan der Schule sehr in den Winkel" geschoben und schlechter „als irgend ein Wahlfach" gestellt worden; KJ 47 (1920), S. 377. Das Oberkonsistorium in München hatte auf die beiden Verordnungen mit Einsprüchen reagiert: KABl. vom 30. Dezember 1918, 5. Jg., Nr. 38, S. 350f, ausgefertigt am 24. Dezember 1918, und KABl. vom 1. Februar 1919, 6. Jg., Nr. 3, S. 27f, ausgefertigt am 29. Januar 1919, Akt.Nr. 661. In einer *Ansprache des Protestantischen Oberkonsistoriums aus Anlaß der Verordnung des Staatsministeriums für Unterricht und Kultus vom 25. Januar 1919 über den Besuch des Religionsunterrichts* wandte sich das Oberkonsistorium noch einmal direkt an die Gemeinden; vgl. Beilage zu KABl. vom 1. Februar 1919, 6. Jg., Nr. 3.

19 Von einem „Sturm der Entrüstung im Lande" war in KJ 47 (1920), S. 377 rückblickend die Rede. Dokumente aus dem „Kampf um die Schule" sind z.B.: Dibelius, *Erziehungsschule*, und die bei SKNZJ IV, Nr. 43–88, S. 61–106, versammelten Schriftwechsel zwischen den Landeskirchen und ihren Staatsregierungen.

[20] In Preußen wurde das Amt gemäß der Vereinbarung zwischen SPD und USPD doppelt besetzt und wurde von dem SPD-Mitglied Konrad Haenisch und dem USPD-Mann Adolf Hoffmann, einer populäre Gestalt der Berliner Freidenkerszene, paritätisch wahrgenommen. Adolf Hoffmann mußte aufgrund parteiinterner Differenzen, seiner Erkrankung und der massiven Proteste, die seine Verordnungen bei der evangelischen Bevölkerung hervorgerufen hatten, am 3. Januar 1919 von seinem Amt zurücktreten. – In Bayern war Johannes Hoffmann (SPD), ein ehemaliger Gymnasiallehrer aus der Pfalz, mit der Revolution am 8. November 1918 zum Kultusminister ernannt worden. Er wurde nach dem Attentat auf Kurt Eisner im Februar 1919 Ministerpräsident Bayerns (unter Beibehaltung seines Amtes als Minister für Unterricht und Kultus bis März 1920) bis Frühjahr 1921, als er von von Kahr ‚abgelöst' wurde.

[21] Die Ortsschulaufsicht blieb in Bayern – trotz des Generalmandats von 1802, das die Schule zu einer staatlichen Angelegenheit erklärt hatte – bis 1919 an die Geistlichkeit delegiert; vgl. Bockwoldt, *Schule.*

[22] Die geistliche Schulaufsicht hätte nach Ansicht des Nürnberger Dekans Boeckh, *Revolution und Kirche*, S. 387ff, schon viel früher fallen müssen. Allerdings: „Nicht daß die geistliche Schulaufsicht fiel, soll bedauert werden – sie war längst reif zum Fallen und hätte längst schon fallen sollen, – aber wie sie fiel, war kennzeichnend für die Revolution." (388). Nachdem die Regierung die Beschränkungen und Schikanen bezüglich des Religionsunterrichtes angesichts des massiven Widerstands der Bevölkerung hatte wieder zurücknehmen müssen, stünde jetzt eine grundlegende didaktische, inhaltliche und organisatorische Reform des Unterrichtsfaches sowie des dazugehörenden Ausbildungswesens an. Vgl. dazu neben seinen Ausführungen, a.a.O., S. 387–395: Kabisch, *Schulaufsicht*; ders., *Trennung von Schule und Kirche*; ders., *Kirche und Schule*; Elisabeth Weber: *Zur Reform des Religionsunterrichts.* – In: JbELKB 18 (1919/20), S. 130–138; Christian Bürckstümmer, *Das Recht des kirchlichen Religionsunterrichtes.* - In: NKZ 30 (1919), S. 591–617; Leonhard Theobald, *Die zukünftige Gestalt des evangelischen Religionslehramts an den höheren Schulen.* – In: NKZ 31 (1920), S. 133–152; und die Forderungen des DEKA an die verfassunggebende Nationalversammlung vom 13. März 1919, abgedruckt in: AELKZ 51 (1919), Sp. 335f, und Besier, *Die protestantischen Kirchen*, S. 241ff, bes. Punkt 7.

[23] So berichtete AELKZ 51 (1919), Sp. 288ff über *Die Zwickauer Thesen*, die als Programmschrift der fortschrittlichen Lehrerschaft einen Religionsunterricht ohne geistliche Aufsicht forderten. Weiter noch gingen die Überlegungen sozialistisch gesinnter Lehrer, den Sozialismus als „Gesinnungsunterricht" in Analogie zur früheren Menschenbildung durch Religion einzuführen; a.a.O., S. 789f.

[24] Daß man nicht überall in der Kirche so dachte, zeigt eine Eingabe der Distriktschulinspektoren der bayerischen Rheinpfalz an das Konsistorium. In der Rheinpfalz war der staatliche Erlaß durch die französischen Besatzungsbehörden sistiert worden: „Nun haben kürzlich sämtliche protestantischen Distriktsschulinspektoren der Pfalz eine dringliche Eingabe an das Konsistorium gerichtet, es wolle wiederholt Schritte tun, daß ihre Amtsniederlegung genehmigt werde. Sie wollen nicht länger ein Hindernis dafür bilden, daß die Schulaufsicht ausschließlich durch weltli-

che Fachleute besorgt werde. (Diese Mitteilung bedarf wohl noch der Ergänzung. So, wie sie lautet, ist sie eine Schmach für die protestantische Kirche. Das hätten katholische Pfarrer nie getan. Die Schriftl.)"; AELKZ 52 (1919), Sp. 474.

25 Die Auseinandersetzungen um den Religionsunterricht kamen in einer Linie zu stehen mit dem staatlich vereinfachten Kirchenaustritt. Sozialisten und Areligiöse hätten den Niedergang Deutschlands gemeinsam beschworen, indem sie die ethischen Fundamente des Volkes unterhöhlt hätten; vgl. AELKZ 52 (1919), Sp. 234–238. Anhand der Ansprache des Münchener Oberkonsistoriums an die Gemeinden anläßlich des fünften Jahrestags des Kriegsbeginns läßt sich der mit der Schulfrage verbundene Öffentlichkeitsanspruch der Kirche und ihr Anspruch auf ethische Führungskompetenz gut veranschaulichen: „Es hängt von der Erhaltung und Arbeit unserer evangelischen Volksschule und von einem harmonischen Zusammenwirken von Kirche und Schule zum großen Teil die Zukunft unseres Volkes ab, und wie Christeneltern sich im eigenen Haus um die Erziehung ihrer Kinder zu Gottesfurcht und Glauben mühen sollen, so dürfen sie auch nicht dulden, daß eine religionslose Schule ihre Arbeit in Frage stellt und die Kinder gefährdet. Wo aber Haus und Kirche und Schule dem Geist Gottes Raum geben und auf dem festen Grund des Evangeliums stehen, gibt es eine gesegnete Arbeit und die Bürgschaft einer neuen Zeit."; KABl. vom 16. Juli 1919, 6. Jg., Nr. 16, S. 203ff, Akt.Nr. 3642.

26 So in den Forderungen des Evangelischen Bundes; vgl. Korr.Bl. vom 2. Dezember 1918, 43. Jg., Nr. 48, S. 377. Ebenso die Forderungen bei der Versammlung des Evangelischen Ortsverbandes am 15. Dezember 1918, Korr.Bl. vom 23. Dezember 1918, 43. Jg., Nr. 51, S. 404: „Hierfür fordern wir: völlig freie Religionsausübung, Erhaltung der Kirche als einer öffentlich rechtlichen Körperschaft, gesetzliche und gerechte Regelung der finanziellen Verpflichtungen des Staates, Wahrung ihres Besitz- und Vermögensstandes, Recht der Selbstbesteuerung und freier, ungehinderter Vermögensverwaltung. Wir verlangen weiter: Gewährleistung christlichen Religionsunterrichts in der Schule für die Kinder, deren Eltern ihn wünschen, Wahrung der Gewissensfreiheit für Lehrer und Schüler, Ausschluß eines pflichtgemäßen staatlichen Moralunterrichts."

27 Boeckh, *Lage und Aufgabe*, S. 409.

28 Geistliche waren nicht *Staats-*, sondern *öffentliche* Beamte; vgl. Knopp, *Verfassung*, S. 16f mit Anm. 47.

29 Boeckh, *Lage und Aufgabe*, S. 409. – Auf der Versammlung des Pfarrervereins am 25. November 1918 in Nürnberg war von 2¼ Millionen Mark die Rede; Korr.Bl. vom 2. Dezember 1918, 43. Jg., Nr. 48, S. 376. Die Zahlen bezogen sich auf das *Referat über die Finanzlage*, das Oberkonsistorialrat Gebhard den *Richtlinien* am 19. November 1918 beigelegt hatte. Dort war auf S. 5–9 und 15, genau aufgeschlüsselt, welche Mittel die Kirche bei einer radikalen Trennung aufzubringen hätte; Berechnungsgrundlage war das Jahr 1917. Er sprach von einem Mehraufwand bei der Kirchensteuer von 28,5 % (= 4 254 065 M), also 23,5 % mehr als bisher.

30 Boeckh, *Lage und Aufgabe*, S. 409.

31 Boeckh, a.a.O., S. 401.

[32] Exemplarisch für viele Historiker und Juristen; vgl. Jasper, *Geist von Weimar*, S. 164.

[33] Vgl. dazu Knopp, *Verfassung*, S. 16. Zur Person Hoffmanns vgl. die Biographie von Hennig, *Johannes Hoffmann*, und die ausführliche und durchweg zustimmende Rezension von Kolb, *Literaturbericht*, S. 644–646.

[34] So die *Forderung des Deutschen Evangelischen Kirchenausschusses* vom 13. März 1919. – In: AELKZ 51 (1919), Sp. 335f:
„Die im Deutschen Evangelischen Kirchenausschuß vertretenen Landeskirchen fordern 1. *die Anerkennung der bestehenden Landeskirchen als Körperschaften des öffentlichen Rechts.* Nur als öffentlich-rechtlicher Verband ist die Kirche in der Lage, ihren sittlich-religiösen und kulturellen, auch für das Staatsleben unentbehrlichen Aufgaben zu genügen. [...] 4. Zur Sicherung ihres Bestandes, um der Gerechtigkeit willen und zur Vermeidung schwerer wirtschaftlicher Schädigung weitester Volkskreise fordern die Landeskirchen ferner die *Sicherung ihres Vermögensbesitzes und das Recht zum Vermögenserwerb, das Recht der Besteuerung ihrer Mitglieder* und die Anerkennung, daß grundsätzlich die bisher geleisteten *Staatszuschüsse* nur gegen volle Entschädigung und nur im Einvernehmen mit den Kirchenbehörden abgelöst werden dürfen. [...] Verschiedene Freistaaten haben für die Stellung der Landeskirchen ihres Hoheitsgebiets bereits befriedigende Grundlagen geschaffen und die kirchlichen Rechte in ihrer Staatsverfassung anerkannt. Es kann nicht Aufgabe des Reichs sein, in diese Regelung einzugreifen. Wohl aber muß dem Reiche gegenüber für eine Regelung kirchlicher Fragen die Forderung erhoben werden, daß die in dieser Eingabe als Mindestmaß gekennzeichneten kirchlichen Rechte in der Verfassung des Reichs allgemein anerkannt werden."

[35] Die Neukonstitution von Staat und Kirche ließ nur bedingt nach einer Neubegründung der staatlichen Kirchenhoheit fragen; in der Praxis ging man aber allgemein vom Fortbestand dieser staatlichen Kirchenhoheit aus (erneute Kodifikationen des Aufsichtsrechtes allein in den Verfassungen von Baden, Preußen und Württemberg). Die Auffassung, daß kirchliche Selbständigkeit und staatliche Kirchenhoheit miteinander unvereinbar seien (Godehard Ebers), konnte sich nicht durchsetzen; vgl. Scheuner, *Kirche und Staat*, S. 246.

[36] Vgl. oben, Anm. 11.

[37] Knopp, *Verfassung*, S. 13.

[38] Veit, *Protokoll 19. 11.1918*, S. 5.

[39] Das machen schon Gebhards *Richtlinien*, S. 1–6, deutlich, die davon ausgehen, daß die Trennung von Staat und Kirche letzterer eine entschieden größere Freiheit beim Kirchenregiment eintragen würde.

[40] Die Haltung des Oberkonsistorium – das machen die Ausführungen bei Knopp, *Verfassung*, S. 9–15, deutlich – war primär von juristischen Erwägungen geleitet. Für diese Annahme spricht auch, daß die *Richtlinien für einen eigenständigen kirchlichen Weg* vom 15. November 1918, die dem vertraulichen Rundschreiben des Oberkonsistoriums an alle Pfarrer der Landeskirche zugrunde lagen, von dem damaligen Juristen und Oberkonsistorialrat Karl Gebhard angefertigt worden waren. Außerdem darf angenommen werden, daß die Konsistorialbehörden als staatliche Behörden allein

schon um ihrer Weiterexistenz willen auf das Wohlwollen und Entgegenkommen der Staatsregierung bedacht waren. Siehe auch oben, S. 155.

41 Zur Person, siehe Register.

42 Gebhard, *Richtlinien*, S. 1 und 3.

43 „Die Annextheorie besagt, daß der Inhaber der Staatsgewalt als *Annex* die Kirchengewalt innehat; das Annex verbindet sich jedoch nicht mit seiner Person, sondern mit seinem Staatsamt; in dem Augenblick, wo er dieses einbüßt, geht ihm auch das Annex verloren."; Bullinger, *Landesherrliches Kirchenregiment*, S. 29, Anm. 90. Anders verhält es sich mit dem *Inhärens*: wäre die Kirchengewalt Inhärens der Person des Landesherren, so verbliebe sie ihm auch noch nach seiner Abdankung.

44 Genau das erwartete man auch von Kultusminister Johannes Hoffmann, wenn dieser im Programm der neuen Regierung vom 15. November 1918 formulierte: „Die Regierung wird die volle Freiheit der Religionsgesellschaften und die Ausübung ihres Kultus gewährleisten." Innerkirchlich war man sich einig, daß diese Fomulierung auf eine völlige Trennung von Staat und Kirche zielte, jedoch solche aus wahltaktischem Kalkül nicht *expressis verbis* formuliert worden sei; vgl. Boeckhs Stellungnahme, *Protokoll 19.11.1918*, S. 6.

45 *Versammlung 19. Dezember*. – In: Korr.Bl. vom 13. Januar 1919, 44. Jg., Nr. 2, S. 11. – Daß aus dem Kreis der Pfarrerschaft auch Forderungen kamen, als Kirche das Heft in die Hand zu nehmen und aktiv für die eigenen Interessen einzutreten, darf an dieser Stelle nicht verschwiegen werden: „Sollen wir abwarten, bis die Regierung mit Anregungen und Vorschlägen an uns herantritt? Die Frage bejahen, hieße meines Erachtens den Geist der Zeit aufs gröblichste zu verkennen. [...] Wir müssen selbst das Heft in die Hand nehmen, wenn wir uns nicht unverzeihlicher Kurzsichtigkeit schuldig machen wollen, und wir müssen unsere Aufgabe mit aller Kraft und ohne Zaudern anpacken, wenn wir der Kirche nicht durch Saumsal den nachhaltigsten Schaden zufügen wollen: das Rad der Geschichte wird in unseren Tagen vom Sturmwind getrieben, und die Frist, die uns zum Überlegen und Beraten bleibt, wird nur zu bald verflossen sein."; J.H.: *Klar zum Gefecht*. – In: Korr.Bl. vom 23. Dezember 1918, 43. Jg., Nr. 51, S. 401. Insgesamt aber haben sich solche Stimmen nicht durchsetzen können; sicher auch, weil das Gewicht der Kirchenbehörden gegenüber einzelnen Pfarrern oder Gruppen größer war. Vgl. zum innerkirchlichen Diskurs über die kirchliche Neugestaltung auch oben, S. 113ff.

46 In ganz Deutschland wurden von kirchlichen Kreisen und Verbänden Fragebögen an die zur Wahl stehenden Parteien verschickt, in denen die Haltung der Parteien zu kirchlichen Belangen und Forderungen erhoben wurde. Entsprechend der Antworten haben die Kreise dann auch direkte Wahlempfehlungen ausgesprochen. Vgl. dazu den Bericht des Vorsitzenden des Generalsynodalausschusses, Friedrich Boeckh, *Bericht*, bes. S. 107. Zu den Antworten der Parteien vgl. Brendel: *Evangelischer Volksbund in Bayern*. – In: Korr.Bl. vom 6. Januar 1919, 44. Jg., Nr. 1, S. 1ff.

47 *Forderungen der evang. Kirche in Bayern*. – In: Korr.Bl. vom 16. Dezember 1918, 43. Jg., Nr. 50, S. 395. Vgl. auch Boeckh, *Revolution und Kirche*, S. 372f; und die Forderungen des Ortsverbandes der evangelischen Vereine. – In: Korr.Bl. vom 25. November

1918, 43. Jg., Nr. 47, S. 367; und Geyer, *Trennung*, S. 64–68: Forderungen an den Staat, und S. 68–70: Forderungen an den Neubau der Landeskirche.

48 Vgl. Schwarz, *Bayern 1918–1920*, S. 407f: „Es war keine *schwere* Aufgabe, die Beamtenschaft als unpolitisches Element, als das sie sich jetzt in der Tat zeigte, in neue Dienste zu nehmen".

49 Die bei Mehnert, *Kirche und Politik*, S. 95, notierte Weigerung der bayerischen Staatsbeamten, „sich eidlich auf die neue Regierung verpflichten zu lassen", ist weder in der Quellenangabe (Korr.Bl. Nr. 47, 1918) noch anderswo zu verifizieren.

50 Ursprünglich abgedruckt in *Bayerischer Volksfreund* vom 16. November 1918, nachgedruckt unter: Zezschwitz: *Die Erklärung der protestantischen Geistlichen in den Nürnberger Kirchen*. – In: Korr.Bl. vom 25. November 1918, 43. Jg., Nr. 47, S. 368f.

51 Zezschwitz, a.a.O., S. 369. – Es handelte sich nicht – wie Mehnert, *Kirche und Politik*, S. 95, vermerkt hat – um den Erlanger Professor für Praktische Theologie, Carl Adolf Gerhard von Zezschwitz (1825–1886), sondern um seinen Sohn, den zweiten Pfarrer von Markt Burgbernheim, Gerhard Paul Martin Friedrich von Zezschwitz (1859–1942). Vgl. *Stammbau derer von Zezschwitz 1486–1986*, zusammengestellt von Ecke von Zezschwitz, S. 43, und *Personalstand* 23 (1916), S. 65.

52 Vgl. den Bericht zur Versammlung des Pfarrervereins in Korr.Bl. vom 2. Dezember 1918, 43. Jg., Nr. 48, S. 377. Ähnlich argumentiert auch Pfarrer Blendinger: *Was tun?* – In: Korr.Bl. vom 18. November 1918, 43. Jg., Nr. 46, S. 360, Er zitiert vor allem aus Franks System der christlichen Ethik, 2. Teil, § 47, Nr. 6. Darin fordert der die Unterordnung des Christen unter die bestehende Ordnung in dem Bewußtsein, daß irdische Reiche kommen und gehen und nur das Reich Christi von Dauer sei. „In solchem Sinne leistet er mit gutem Gewissen der ‚bestehenden' Obrigkeit Gehorsam, in dem Bewußtsein, daß die Schuld des Umsturzes niemals bloß auf der einen Seite liegt, und daß auch durch solche, von der Sünde bedingte und infizierte Entwicklungen, Gottes Wille, Gottes Gerichts- und Gnadenwille, sich vollzieht."

53 *Staatsumwälzung*. Vgl. dazu auch Nowak, *Evangelische Kirche*, S. 43, und Mehnert, *Kirche und Politik*, S. 98f.

54 Zahn, *Staatsumwälzung*, S. 309f.

55 Zahn, a.a.O., S. 319f.

56 Zahn, a.a. O., S. 311.

57 Vgl. Zahn, a.a.O., S. 353.

58 So rügt Zahn, a.a.O., S. 313f, Luthers mißverständliche Übersetzung von Röm 13,1.

59 Vgl. Zahn, a.a.O., S. 352f. Die Gewissensbindung mußte zumindest für alle Angehörigen des Heeres gelten, für alle Staatsbeamten und nicht zuletzt für alle Geistlichen, die als öffentliche Beamte ja auch ihren Treueeid gegenüber dem Landesherrn geleistet hatten. Der Hinweis auf die Erklärung Ludwigs III. vom 13. November 1918, in der der König öffentlich erklärte, daß er derzeit auf die Ausübung der königlichen Regierung verzichte, weil äußere Umstände ihn daran hinderten, daß er alle durch Treueeid ihm Verpflichteten von diesem Eid entbände, aber nicht seinen Thronverzicht erkläre, macht im Duktus der von Zahn'schen Argumentati-

on einmal mehr deutlich, daß die durch Treueeid gegenüber dem König gebundenen Gewissen rein formal frei seien, daß aber diese Freiheit eigentlich eine durch Unrecht und Gewalt erzwungene sei. Im folgenden hebt er dann auch noch einmal hervor, daß für einen „deutschen Christen" – jenseits des Eides – es mehr noch eine Sache des Wesens und der Ehre sei, die einmal geschworene Treue durch alle Widrigkeiten hindurch zu bewahren, vgl. a.a.O. S. 354f.

[60] Denen, die sich auf den vermeintlichen Boden der Tatsachen stellen wollten, indem sie die Losung ausgaben: ‚Was zusammengebrochen und begraben ist, ist für immer tot', hielt von Zahn entgegen: „Als ob der Herr Christus nicht aus Tod und Grab wieder erstanden wäre, oder als ob die Reformation etwas anderes wäre, als ein Wiederlebendigwerden des unter menschlichen Erdichtungen und Satzungen jahrhundertelang gleichsam begrabenen Evangeliums Jesu und seiner Apostel."; a.a.O., S. 310.

[61] KABl. vom 13. November 1918, 5. Jg., Nr. 35, S. 325f, ausgefertigt am 12. November 1918, Akt.Nr. 5681. Die Erklärung wurde 14 Tage später kommentarlos wiedergegeben in: ESBl. vom 1. Dezember 1918, 35. Jg., Nr. 48, S. 268f.

[62] Veit, *Zum Neuen Jahre 1919*, S. 7. Derselbe Gedanke findet sich auch in der vom Oberkonsistorium angeordneten Ansprache zum neuen Kirchenjahr; KABl. vom 26. November 1918, 5. Jg., Nr. 36, S. 329f, Akt.Nr. 6046:
„Wie stellen wir uns als Glieder unserer Kirche zu den Fragen der Gegenwart? Wir verkennen nicht, daß auch das stürmische Geschehen dieser letzten Zeit, so sehr es in seinem Hergange den Weisungen des göttlichen Wortes und der christlichen Erkenntnis von Untertanenpflicht und Treue widerstreitet, in Gottes Weltregierung eingeschlossen ist, und würden uns gegen ihn versündigen, wenn wir seinem Gerichte widerstreben und gegen das, was er zugelassen hat, in blindem Eifer ankämpfen wollten. Ihm muß auch die neue Zeit mit ihren Ordnungen und Weisungen dienen und er führt auch durch Aufruhr und Umsturz seine Friedensgedanken hinaus."

[63] Zur akademischen Agitation gegen die Republik vgl. vor allem: Ringer, *Die Gelehrten*, bes. S. 70–77; Craig, *Deutsche Geschichte*, S. 369–371, 419–432.

[64] So Veit, *Zum Neuen Jahr 1919*, S. 1–12. Der Ruf nach Ruhe und Ordnung hallte auch im Politischen wider. Ebert sah es nach der Proklamation der Republik durch Scheidemann als eine seiner Hauptaufgaben an, durch Appell an die Beamten den neuen Staat vor Bürgerkrieg und Anarchie zu bewahren und „an Legalität und Kontinuität zu retten, was noch zu retten war"; zitiert nach Winkler, *Weimar*, S. 34. – Die Differenz in der Argumentation von Zahns und des Kirchenregiments in der Frage der Gewissensbindung gegenüber der Obrigkeit illustriert einmal mehr die mit der Modernisierung vehement an die Oberfläche der Öffentlichkeit getretene Pluralität. Auch wenn der innere Abstand zur Revolutionsregierung der gleiche sein mochte, traten sie in der Öffentlichkeit als divergente Stimmen auf, die im kirchlichen Diskurs die Orientierung erschwerten.

[65] Vgl. dazu Wehler, *Geschichtswissenschaft*, S. 25.

[66] Nowak, *Evangelische Kirche*, S. 47.

[67] Der Begriff meint hier die landeskirchlich verfaßte Volkskirche im Gegensatz zu den vereinsmäßig organisierten religiös-sozialen Gruppierungen.

[68] Zum Tillich-Kreis vgl. Schellong, *Ein gefährlichster Augenblick*, S. 127–129.

[69] Vgl. zum Problem Nowak, *Evangelische Kirche*, S. 46–53; Zitate ebd. S. 53.

[70] Zur Person, siehe Register.

[71] Boeckh, *Revolution und Kirche*, S. 370; Huschenbett: *Gräben und Brücken zwischen dem Evangelium und dem Seelenleben des modernen Arbeiters.* – In: NKZ 30 (1919), S. 13–42; Kirchberg: *Leichenrede am Sarge eines Sozialistenführers.* – In: NKZ 31 (1921), S. 482–488. Lic. Schöffel, Schweinfurt, resümierte in einem Vortrag auf dem Theologischen Ferienkurs in Erlangen, veranstaltet vom Bund der Bekenntnisfreunde unter Leitung der Professoren Grützmacher und Bachmann zum Thema: „Kirche und Arbeiterschaft", es erscheine „aussichtslos, daß in ihr [sc.: der evangelischen Kirche] Kirche und Arbeiterschaft sich zu ernster und herzlicher Gemeinschaft zusammenfinden, und auf der anderen Seite ist es doch eine Zukunftsfrage allerersten Ranges für unsere Kirche als Volkskirche."; vgl. Korr.Bl. vom 25. September 1918, 43. Jg., Nr. 38, S. 296. Ähnlich wie bei Erich Schäder wird hier zwar eine Differenz in der Weltanschauung wahrgenommen, jedoch nicht nach den Gründen dafür gefragt. Vielmehr wird durch Verweis auf die Zwei-Reiche-Lehre die sozialistische Anschauung als prinzipiell defizient, weil rein innerweltlich orientiert, charakterisiert: „Wir haben ja alle den starken, mächtigen Zug zur Welt und ihren Gütern in uns. Wir tragen alle die tiefe Neigung der Weltseligkeit mit uns herum oder, wie man es genannt hat, die Anklebigkeit an die Welt. Was aber in uns allen ein Bestandteil unserer Natur, unserer gottentfremdeten, sündigen Natur ist und womit wir herzhaft, bis in die letzten Fasern unseres Innern zu kämpfen haben, das ist in der Lebensanschauung der Sozialdemokratie ohne Schranke zum Ziel des Willens geworden. Und das bestimmt dort beherrschend die Auffassung von Welt und Leben. Alles, was an Verkehrtem in der Menschenbrust lebt, findet irgendwann einmal in der Geschichte den geöffneten, breiten Raum, in dem es sich voll entfalten und nach allen Seiten ausleben kann. So ist heute der Tag der entschlossenen Weltgebundenheit und Weltseligkeit gekommen. Der demokratische Sozialismus aller Länder aber ist eine seiner hervorstechendsten Aeußerungen." Schaeder: *Der Christ ein Bürger zweier Welten.* – In: AELKZ 52 (1919), Sp. 251.

[72] Daß der Appell zum vereinten Einsatz sozialistischer und christlicher Kräfte für den Wiederaufbau Deutschlands nicht völlige Gleichwertigkeit und Gleichberechtigung beider Kräfte meint – so im Vorwort von Thimme/Rolffs, *Revolution und Kirche*, S. Vf. –, geht auch aus Thimmes Beitrag im angegebenen Band hervor: „Wenn die Dinge so stehen, wenn die sozialistische Arbeiterschaft in dem für sie bedeutendsten Moment der Geschichte, wo sie größer und höher als je dastehen müßte in der Erfüllung des kategorischen Imperativs der Pflicht vor allem zur Arbeit und zur Solidarität, wo die Parole des Marxismus ‚Proletarier aller Länder vereinigt Euch' zur vollen Verwirklichung werden müßte, in sich selbst, in ihrem Sozialismus nicht die sittliche Kraft findet, deren der große zukunftsentscheidende Augenblick bedarf, so muß sich der Sozialismus nach Hilfe umsehen. Und diese

Hilfe kann er doch nur bei der einzigen anderen sittlichen Macht finden, die die Geschichte kennt, bei der Religion und ihrer Trägerin, der Kirche. Nur unter stärkster Mitwirkung von Christentum und Kirche kann sich die sittliche Erneuerung unseres armen und gebrochenen Volkes vollziehen."

[73] Kadner, *Erlösung dem Erlöser*, S. 8, These 2.

[74] Kadner, a.a.O., S. 9, These 7.

[75] Ebd., S. 9f, These 8. Das Zitat ist dem Vorwort Neanders zu der Vinet'schen Schrift „*Der Sozialismus in seinem Prinzip betrachtet*" entnommen. Einmal mehr wird in dem Bild von Kind und Eltern das überspannte Weltbild der Kirche erkennbar: man träumt hier immer noch den Traum von der zwar in Konfessionen gespaltenen, aber immer noch alle Menschen umfassenden und leitenden *mater ecclesia*. Noch immer gibt es kein Leben, geschweige denn Heil außerhalb der Kirche.

[76] Ebd., S. 12, These 15.

[77] Ebd., S. 12, These 19.

[78] Vgl. Heinemann, *Die Last der Vergangenheit*, S. 371.

[79] „Was jene Denkschrift [sc.: von Konrad Haenisch zur Frage nach der Trennung von Staat und Kirche verfaßt] wollte, erinnert fast an die Verfolgungsdekrete der alten römischen Kaiser, wenn auch nicht das Blut der Bekenner gefordert wird. Und sie war nicht der wüste Erguß eines einzelnen, sondern wurde von den Gewalthabern als wertvolle Unterlage für ihre Beratungen anerkannt."; AELKZ 52 (1919), Sp. 37. – Das Motiv der Christenverfolgung (durch die Kommunisten) taucht seit der russischen Revolution in den 20er und 30er Jahren immer wieder vor allem auf konservativer Seite – nicht nur in Deutschland – auf.

[80] Vgl. Schneider, *Kirchliche Zeitlage 1920*, S. 342, 365 u.ö. Ähnlich Lauter, *Rundschau 1918/20*, S. 177.

[81] Die Problematik, die die Rede vom „gesamten deutschen Volk" in sich barg, ist mir bewußt, kann hier aber nur am Rande vermerkt werden. Hinter solcher nationalen Einheitsmetaphysik steckte sehr wohl mehr als nur ein biblisch begründeter Auftrag (Mt 28, 18ff.) zur Verkündigung des Evangeliums. Gerade angesichts der durch den Friedensvertrag von Versailles abgetrennten Gebiete und Kolonien wies solche Redeweise auch eminent politische Implikationen auf.

[82] Rürup, *Probleme*, S. 4f.

[83] Vgl. Foerster, *Kirche*.

[84] Siehe oben, S. 97ff.

[85] Die Volkskirche als Referenzpunkt evangelischen kirchenpolitischen Denkens war gegen Ende des 19. Jahrhunderts nationalistisch konnotiert; vgl. dazu Nipperdey, *Religion im Umbruch*, S. 95.

[86] Meier, *Volkskirche*, S. 45.

[87] Meier, a.a.O., bes. S. 14–46.

[88] Vgl. Tilgner, *Volksnomostheologie*, bes. S. 36–58, und Nipperdey, *Religion im Umbruch*, S. 92ff.

[89] Vgl. Nipperdey, *Religion im Umbruch*, S. 95-100.

[90] Der Ausdruck und ähnliche finden sich in der kirchlichen Literatur der Kriegsjahre zuhauf; vgl. etwa die bei Pressel, *Kriegspredigt*, zusammengestellten Texte. Auch wäre es eine reizvolle Aufgabe, den kirchlichen Jargon auf seine biblischen Anleihen und Implikationen zu untersuchen.

[91] Ein *locus classicus* für die deutsche Sicht ist zweifelsohne die Schilderung der Kirchlichen Zeitlage im *Kirchlichen Jahrbuch 1918* durch seinen Herausgeber Johannes Schneider, a.a.O., S. 326–526. Schneider ließ keinen Zweifel daran, daß es in dem Krieg um einen Kampf der Weltanschauungen – hier Recht, Freiheit, Ehre und Sitte des deutschen Wesens, dort der angelsächsische Götzendienst des Geldes – gehe; a.a.O., S. 351. Die deutsche Kultur sei „haltbarer" als die „brüchige Firnis der Kultur des Westens"; Schneider, a.a.O., S. 334.

[92] Hilbert, *Was ist uns unsere Kirche*, S. 18.

[93] So leitet Kurt Meier, *Volkskirche*, S. 7f, seine Untersuchung über volkskirchliche Konzeptionen in den Jahren 1918–1945 ein. Schon der Kirchenrat und Ökumeniker Erich Stange sah 1925 hier den „wunden Punkt" der Kirche offen zutage treten, der aus einer ekklesiologischen Vernachlässigung der im Säkularisationsprozeß beförderten Rahmenbedingungen kirchlicher Existenz resultierte; vgl. Stange, *Die kommende Kirche*, S. 36.

[94] Boeckh, *Zukunft der Kirche*, S. 63. Die Analyse stammt aus den letzten Februarwochen 1918, ist also rund einen Monat vor den deutschen Frühjahrsoffensiven verfaßt worden.

[95] Vgl. Huber, *Kirche und Öffentlichkeit*, bes. S. 96–98, und oben, S. 292.

[96] Siehe dazu oben, S. 100.

[97] Vgl. Anthes: *Die Neugestaltung der Kirche.* – In: Korr.Bl. vom 20. Januar 1919, 44. Jg., Nr. 3, S. 21. Vgl. auch Ecclesiasticus, *Neuordnung*, S. 361: „Wenn die Kirche das ‚Volk' hat, bleibt sie auch unter der nun veränderten Lage ‚Volkskirche'; wenn nicht – und das wird vielleicht mehr der Fall sein, als uns lieb ist –, dann wird es wohl zu einer mehr vereinsmäßig gestalteten Freikirche kommen."

[98] Der Zielvorgabe ist in der Sitzung nicht widersprochen worden, im Gegenteil: es bestand allgemeines Einverständnis. Der Vorsitzende des Generalsynodalausschusses Boeckh, *Protokoll 19.11.1919*, S. 5, wies darauf hin: „Die Geistlichkeit und die Gemeinden wissen, dass Kirchenleitung und Gen.Syn.A. am Werke sind, um unsere Kirche als Volkskirche zu erhalten. [...] Es wird beruhigend wirken, zu wissen, dass alles versucht wird, die Kirche zu erhalten und zu retten."

[99] *Ansprache an die Gemeinden.* (Bekanntmachung des Oberkonsistoriums zum neuen Kirchenjahr 1918/1919.) – In: KABl. vom 26. November 1918, 5. Jg., Nr. 36, S. 329f, Akt. Nr. 6046; Zitat: S. 330.

[100] Interessanterweise findet sich als Mitunterzeichner des „*Aufruf der 93 an die Kulturwelt*" kein Erlanger Theologe oder Philosoph. Der Aufruf ist abgedruckt bei Besier, *Die protestantischen Kirchen*, S. 78–83. Gleichwohl hatte der bayerische Protestantismus in seinen theologischen wie kirchenregimentlichen Spitzen und in der Pfarrerschaft Anteil an der nationalen Euphorie im August 1914. So haben der damalige Oberkonsistorialpräsident Bezzel und der Münchener Bankier Freiherr Wilhelm

von Pechmann, einer der führenden kirchlichen Laien in Bayern, einen Aufruf vom 4. September 1914 unterschrieben, in dem sie Kaiser Wilhelm II. von jeder Aggression und Schuld am Ausbruch des Krieges freisprachen. Vgl. *Aufruf deutscher Kirchenmänner und Professoren: An die evangelischen Christen im Ausland.* Abgedruckt ebenfalls bei Besier, *Die protestantischen Kirchen*, S. 40–45.

101 Schneider, *Kirchliche Zeitlage 1918*, S. 398.

102 Die Neukonstitution der Kirche wurde hauptsächlich auf der Ebene der Pfarrer, Konsistorialbeamten und Professoren diskutiert; erst im Verlauf der Synodalverhandlungen finden sich dann auch Stimmen „evangelischer Laien". Sieht man in Bayern einmal vom Protestantischen Laienbund ab, so habe ich im Vorfeld der Synodalverhandlungen keine schriftlichen Äußerungen vorliegen, die nicht von kirchlichen Amtsträgern stammen.

103 Für den Raum des gesamten Deutschen Reiches: Schian, *Volkskirche*; Pfannkuche, *Staat und Kirche*; Feesche, *Zukunftsaufgaben*, der Aufsätze von Liberalen und Konservativen über eine mögliche gemeinsame kirchliche Zukunft zusammengestellt hat; Boeckh, *Zukunft der Kirche*; R.J. Müller, *Kirche und demokratischer Staat*; Pfennigsdorf, *Volkskirche*; Lemme, *Der geistige Neubau.* Vgl. außerdem Schneider, *Kirchliche Zeitlage 1918*, S. 459–462. Für Bayern: Ecclesiasticus: Zu unserer landeskirchlichen Verwaltung. – In: Korr.Bl. vom 4. März 1918, 43. Jg., Nr. 9, S. 66f; nicht gezeichnet: *Der evangelische Bischof.* – In: Korr.Bl. Nr. vom 9. Sept. 1918, 43. Jg., Nr. 36, S. 281f. Eine zeitgenössische Zusammenstellung von Literatur, die Trennung von Staat und Kirche betreffend, hat zusammengestellt: Johannes Schneider: *Literatur zur Kirchenfrage der Gegenwart.* Erschienen im Flugschriftenverlag des Evangelischen Preßverbandes für Deutschland, Berlin 1919. Auf eine einprägsame Formel hat Theodor Kaftan das anzustrebende Verhältnis zwischen Staat und Kirche gebracht: *ceterum censeo imperium rei publicae in ecclesia esse delendum*; Schneider, *Kirchliche Zeitlage 1918*, S. 460. Seit 1916 bestand in der AELKZ eine Rubrik „Allerlei Gedanken zum kommenden religiösen Neubau". Sehr instruktiv ist auch das Literaturverzeichnis bei Geyer, *Trennung*, S. 74ff, der wichtige Literatur zum Thema seit der Jahrhundertwende verzeichnet. Insgesamt läßt sich für die evangelischen Kirchen im Deutschen Reich die Tendenz feststellen, mit den Umbauplänen eine größere kirchliche Unabhängigkeit gegenüber dem Staat zu erreichen, die innerkirchlichen Angelegenheiten von staatlicher Intervention möglichst völlig zu befreien und zugleich weiterhin von staatlichen Mitteln und Privilegien gefördert zu werden. Hier finden sich nur graduelle Unterschiede zwischen den einzelnen Landeskirchen. Die konfessionellen Differenzen zwischen Summus Episkopus und Landeskirche haben dabei in Bayern kaum zu Irritationen geführt; vgl. oben, S. 60.

104 So auch im *Protokoll 19.11.1918*, S. 9, wo Veits Auffassung summarisch wiedergegeben wird: „Unter Hinweis auf die Richtlinien erläutert Redner, dass es der Gedanke der Kirchenleitung war, dass bei Belassung eines Verhältnisses von Staat und Kirche [d.h. im Falle einer nicht radikalen Trennung] jedenfalls einschneidende Aenderungen im Sinne einer freieren Bewegungsfähigkeit der Kirche anzustreben wäre." Und dann wörtlich: „Es ist wohl unsere Meinung, dass wir mit dem ganzen Kirchenbestand womöglich in die neuen Formen hinüberzukommen suchen und

nach wie vor eine – vom Staat nun freie – Volkskirche bilden sollen, die aber nicht ein blosser Zweckverband sein darf."; a.a.O., S. 10.

[105] Schneider, *Kirchliche Zeitlage 1918*, S. 497ff, hoffte noch, es gehe dabei um die „Lokkerung des beiderseitigen Verhältnisses", S. 499. Eine völlige Scheidung würde den Staat vom Kulturstaat auf einen „bloßen Nachtwächterstaat" reduzieren; a.a.O. S. 455. – Boeckh, *Revolution und Kirche*, S. 369f, formuliert gut ein Jahr später deutlicher: „So überraschend die Revolution kam, so völlig unvorbereitet das deutsche Volk die Beseitigung seiner bisherigen Staatsverfassung erlebte: die mit der Revolution aufgestellte programmatische Forderung der Trennung des Staates von der Kirche lag hinsichtlich ihrer Erfüllung vor der Revolution wohl noch nicht im Bereich der Möglichkeit, bildete aber seit mehr als einem Jahrzehnt das gewisse Ziel kirchlicher Wünsche und Erwartungen, ja man kann wohl sagen: Forderungen. Daß es in absehbarer Zeit zu einer Trennung der Kirche vom Staat kommen mußte, war jedem klar, der die Entwicklung der politischen Verhältnisse mit wachem Auge verfolgte; daß die Entstaatlichung der Kirche ein dringendes Erfordernis für die Zukunft der Kirche war, hatte kein Verständiger mehr bestritten."

[106] Boeckh, *Zukunft der Kirche*, S. 63, sieht genau in den Tendenzen einen Grund für die fortschreitende Entchristlichung und Entkirchlichung der Massen: „Als Parallelerscheinung ging hiezu [zu der fortschreitenden Entchristlichung und Entkirchlichung der Massen] das ersichtliche Bemühen der öffentlichen Gewalten, den Einfluß der Kirche immer weiter zurückzudrängen auf allen Gebieten des öffentlichen Lebens. Die Bestrebungen auf Verstaatlichung und Verstadtlichung auf sozialcaritativem Gebiet gingen Hand in Hand mit der Entchristlichung und Entkirchlichung des Volkslebens im Allgemeinen."

[107] Boeckh, *Protokoll 19.11.1918*, S. 10f.

[108] Die Beurteilung erklärt sich aus Boeckhs spezifischer Optik; als Mitglied des Bundes der Bekenntnisfreunde sieht er dessen Position als Mitte an, von der dann die Liberalen graduell verschieden nach links, die Gemeinschaftskreise und Neuendettelsauer nach rechts abweichen. Boeckh hat diese Gedanken noch einmal ausführlicher dargelegt in: *Revolution und Kirche*, bes. S. 395–402.

[109] Vgl. dazu den Aufsatz von Gymnasialprofessor Dr. M. Schunk, Mitglied des Protestantischen Laienbundes: *Zum Neubau der Kirche. Flugblatt Nr. 6 des Protestantischen Laienbundes*, sowie die Forderungen an Staat und Kirche, von Geyer zusammengestellt in: *Trennung*, S. 65–70.

[110] Vgl. oben, S. 61ff.

[111] Es muß hier auf eine nähere Explikation der unterschiedlichen Ansprüche an die neu zu konstituierende Volkskirche verzichtet werden; im Verlauf der Schilderung der Synodalverhandlungen wird auf die Bekenntnisfrage nochmal zurückzukommen sein; siehe oben, S. 165ff.

[112] Zur Person, siehe Register. – Sammetreuther hat im Korr.Bl. vom 19. Mai 1919, 44. Jg., Nr. 20, S. 154ff, die Synthese von Volkskirche und Bekenntniskirche vom Standpunkt der Wahrhaftigkeit und der Religion als unmöglich bezeichnet. „Mit einem Wort: wir haben überhaupt kein Bekenntnis, was man so unter Bekenntnis

versteht, nämlich eine in ihrem Sinne völlig klare, nicht mißzuverstehende, eindeutige Formulierung der Glaubensfragen. Das Bekenntnis besteht mehr als Stimmung und Gefühl, denn als begrifflich formulierter Glaubenssatz."; a.a.O. S. 155. Sammetreuther hat noch einmal Stellung genommen: *Zur Bekenntnisfrage.* – In: Korr.Bl. vom 30. Juni 1919, 44. Jg., Nr. 26, S. 200f.

[113] Veit, *Zum Neuen Jahre 1919*, S. 10.

[114] Boeckh, *Zukunft der Kirche*, S. 63.

[115] Zu den Stimmen, die recht gelassen für eine Trennung von Staat und Kirche plädierten, zählt auch P.St.: *Grundsätzliches zur Neuordnung unserer kirchlichen Verhältnisse.* – In Korr.Bl. vom 27. Januar 1919, 44. Jg., Nr. 4, S. 5f: „Mit der Aufhebung des Staatskirchentums kommt eine überlebte, innerlich unwahr gewordene Sache zum Abbruch. [...] Die weitgehende Katholisierung unserer kirchlichen Zustände hängt doch stark damit zusammen, daß unsere Kirche als Staatskirche sich nicht frei nach den ihr innewohnenden Gesetzen entfalten konnte. [...] Was unser Volk braucht sind glaubensfreudige Gemeinden und nicht eine unveränderte Neuauflage der alten trägen Massengemeinden, die die Kirche als hübsches Beiwerk bei Familienfesten schätzen und ehren. Es soll auch nicht heißen: Volkskirche um jeden Preis." Auch die dem freikirchlichen Luthertum zuneigenden Neuendettelsauer Lutheraner wollten eine Volkskirche nicht um den Preis von Abstrichen am Bekenntnis haben; vgl. die *Kundgebung der Gesellschaft für innere und äußere Mission im Sinne der lutherischen Kirche über die gegenwärtige kirchliche Lage.* – In: Korr.Bl. vom 24. Februar 1919, 44. Jg., Nr. 8, S. 56f.

[116] Vgl. oben, S. 92.

[117] Boeckh, *Revolution und Kirche*, S. 371.

[118] *Ansprache an die Gemeinden zum neuen Kirchenjahr 1918/1919.* – In: KABl. vom 26. November 1918, 5. Jg., Nr. 36, S. 329f, Akt. Nr. 6046, Zitat: S. 330.

[119] Die Angabe ist dem Statistischen Jahrbuch für das Deutsche Reich, herausgegeben vom Statistischen Reichsamt, 48. Jg., 1929, S. 16, entnommen und gilt für das Jahr 1925. Die ‚leichtere Erreichbarkeit' entnehme ich den Abendmahlsziffern, die in Bayern durchschnittlich immer noch deutlich höher lagen als in anderen Landeskirchen. So weisen die *Statistischen Mitteilungen*, S. 11, für 1919 eine Abendmahlsquote von 61,19 % aus, d.h. 872 192 Evangelische besuchten im Jahr 1919 in Bayern das Abendmahl; damit weist Bayern den höchsten Wert auf und liegt um genau 20 % höher als bspw. Württemberg. Auch bei den anderen ‚Parametern kirchlichen Lebens' liegt Bayern immer klar über dem Durchschnitt; vgl. a.a.O. S. 8–13.

[120] Troeltsch, *Spectator-Briefe*, S. 80f. – Troeltsch wurde auch 1916 noch im Personalstand der evangelisch-lutherischen Kirche in Bayern geführt. – Zu Troeltsch vgl. die *Mitteilungen der Troeltsch Gesellschaft* 1982ff, und die von Horst Renz und Friedrich Wilhelm Graf herausgegebenen *Troeltsch-Studien.* Zur Biographie siehe: Drescher, *Ernst Troeltsch*; zur Bibliographie siehe Graf/Ruddies, *Bibliographie.*

[121] Die DNVP erreichte bei 10,3 % Stimmen 44 der insgesamt 423 Mandate. Man hatte in der Kirchenleitung der bayerischen evangelischen Kirche anfangs auf das Zentrum gesetzt, weil man sich davon günstigere Konditionen bei der Trennung

von Staat und Kirche erhoffte. Bei einem entsprechenden Stimmengewinn des Zentrums „ist mit Sicherheit anzunehmen, dass es zu einer vollständigen Trennung nicht kommt, sondern dass immerhin der Fall eintritt, dass eine gewisse Beziehung zwischen Staat und Kirche erhalten bleibt."; so Veit, *Protokoll 19.11.1918*, S. 9.

[122] Vgl. Greschat, *Protestantismus*, S. 18f; als Beleg mag dienen: Lauter, *Rundschau 1918/20*.

[123] So Greschat, *Protestantismus*, S. 18f.

[124] Vgl. den Bericht von der *Nürnberger Kirchlichen Woche*. – In: Korr.Bl. vom 17. Juni 1918, 43. Jg., Nr. 24, S. 184, und Veit, *An der Westfront und in Belgien*, S. 232.

[125] Auf politischer Ebene ist 1923 der Begriff der Integration von Rudolf Smend in die Politikwissenschaft eingebracht worden und hat dort große Resonanz gefunden; vgl. Mehlhausen, *Kirchenpolitik*, S. 297f.

[126] Zu staatspolitischen Integrationstheorien vgl. Tanner, *Verstaatlichung des Gewissens*, bes. S. 103–186; auch hier spielte – wie im kirchlichen Bereich – der Organismus- und der Gemeinschaftsgedanke eine zentrale Rolle.

[127] Für die Verhältnisse in der Kirche der ApU hat das Wright, *Über den Parteien*, untersucht. In Bayern lassen sich analoge Perspektiven bei den bayerischen evangelischen Kirchenmännern feststellen. Paradigmatisch ist hier die Stellungnahme Veits, vgl. oben, S. 84.

[128] Forderungen nach einem *Corpus Evangelicorum* wurden auf reichsweiter Ebene mehrfach – vor allem in Preußen – angedacht, haben aber in Bayern wenig Resonanz gefunden; vgl. Koch: *Grundfragen und Grundlagen der neuen evangelischen Volkskirche*. – In: KJ 47 (1920), S. 34–47, bes. S. 45ff; die Erwartungen, die an den Deutschen Evangelischen Kirchentag und den daraus hervorgehenden Deutschen Evangelischen Kirchenbund geknüpft wurden, schildert Schneider, *Kirchliche Zeitlage 1920*, S. 343ff. – Vgl. zum Corpus Evangelicorum die Untersuchung von Fritz Wolff: *Corpus Evangelicorum und Corpus Catholicorum auf dem Westfälischen Friedenskongreß. Die Einfügung der konfessionellen Ständeverbindung in der Reichsverfassung*. Münster 1966.

[129] Pechmann, *Landeskirche – Kirchenbund*, S. 23ff. – In ähnlicher Weise findet sich der Gedanke in E.E.: *Die Evangelische Volkspartei und der Vorstand des Nordbayerischen Gemeinschaftsverbandes*. In: Korr.Bl. vom 30. Dezember 1918, 43. Jg., Nr. 52, S. 411.

[130] Rade, *Glaube an Gott*, Sp. 463.

[131] Zu den Bemühungen um eine kirchliche Reformation oder Neuordnung nach dem November 1918 vgl. die Übersicht bei Dibelius, *Volkskirchenräte* und Mehnert, *Kirche und Politik*, bes. S. 115–128.

[132] Vgl. auch Nowak, *Evangelische Kirche*, S. 76–81, der die dezidiert antidemokratischen Affekte in der evangelischen Kirche von ihrem gesellschaftspolitisch motivierten Entwurf einer Volkskirche um 1919 bis zu Emanuel Hirschs „geheimen Suverän", dem Volk, in den frühen 30er Jahren (vgl. dazu auch Assel, *Aufbruch*, bes. S. 202–218) als demokratiefeindliche, staatszersetzende Momente wahrnimmt.

[133] Sehr gut erkennbar wird das kirchliche Selbstverständnis dem Staat gegenüber in den Richtlinien, die das Ansbacher Konsistorium ausgearbeitet hatte für Vorträge

in den Gemeinden über die Trennung von Staat und Kirche. Darin heißt es: „ I: Die Verbindung von Staat und Kirche 1. Erklärt sich aus der Aufgabe beider Körperschaften; es arbeiten beide am Volk; der Staat mit Recht und Gesetz; die Kirche mit religiös-sittlichen Kräften."; zitiert nach Knopp, *Verfassung*, S. 91.

[134] Scholder, *Neuere deutsche Geschichte*, S. 87

Auf dem Weg zur staatsfreien Volkskirche

[1] Boeckh, *Revolution und Kirche*, S. 371.

[2] *Vertrauliches Schreiben 22.11.1918*, S. 2: „Das landesherrliche Summepiskopat ist mit der Monarchie hingefallen und damit der Teil der verfassungsmäßigen Grundlagen unseres Kirchenwesens, der sich unmittelbar auf die Person des Monarchen bezieht." Vgl. auch das *Protokoll 19.11.1918*, S. 4.

[3] Im folgenden wird die außerordentliche Generalsynode 1920, um Verwechslungen zu vermeiden, als „Konstituante" bezeichnet. Der Begriff wurde in Bayern wohl mehrfach, aber nicht als offizielle Bezeichnung für die Versammlung verwendet.

Die nichtkonsistoriale Diskussion

[1] So etwa Krummwiede, *Geschichte des Christentums*, S. 192f; Mehnert, *Kirche und Politik*, S. 115–128; Scholder, *Kirchen I*, S. 11ff.

[2] Vgl. oben, S. 177 mit Anm. 19.

[3] Am 18. November 1918 gründete Arthur Titius den Volkskirchenbund gegen die Bedrohung der Kirche von außen und mit dem Ziel, echte volkskirchliche Reformen im Innern durchzuführen. Einzelne Programmpunkte: „1. Überleitung der Kirchen in staatsfreie Kirchen. 2. Umgestaltung der Kirchen in wahre Volkskirchen und Pflege des kirchlichen Lebens. 3. Bekämpfung kirchenfeindlicher Bestrebungen und *öffentliche Mission* an den der Kirche Entfremdeten."; Dibelius, *Volkskirchenräte*, S. 206.

[4] Vgl. zu Baden: Schneider, *Kirchliche Zeitlage 1918*, S. 392–395. Die konstituierende Generalsynode für den Juni 1919 wurde dort mittels modifizierter Urwahl gewählt. „Sie [die Wahlen] ergaben eine alle Richtungen überraschende Stärkung der kirchlichen Rechten."; a.a.O., S. 392. Aber auch in Preußen wurden solche ‚basiskirchlichen' Bestrebungen in dem Moment von den konsistorialen dominiert, in dem die Revolution ihren Schwung verlor und in die Bahnen eines moderaten Umbaus der bürgerlichen Gesellschaft geleitet wurde; vgl. auch Nowak, *Evangelische Kirche*, S. 67.

[5] Pechmann, *Kirchenverfassung*, und ders., *Landeskirche – Kirchenbund*. Pechmann hatte bereits 1913 *Mehr Laiendienst in der Kirche* eingefordert. Daß die jeweiligen Milieus in sich auch nicht homogen waren, kann hier nur angemerkt werden. Der Monarchist Pechmann stand mit seinen Anschauungen auch im konservativen Lager in gewisser Weise für sich. Zur Person vgl. die biographischen Daten und eine kurze Charakterstudie bei Kantzenbach, *Widerstand und Solidarität*, S. 1ff.

[6] Die Gemeinschaftskreise haben auch hier eine Sonderstellung, die als solche wahrgenommen werden muß und deren nähere Untersuchung noch aussteht.

[7] Zunächst ist der Begriff der Öffentlichkeit hier auf die kirchliche einzuschränken, aber gerade die partizipatorischen Momente, die etwa vom Protestantischen Laienbund für eine neue Kirchenverfassung eingefordert wurden, drängten auch auf eine weitere Öffentlichkeit: Kirche sollte hier auch für die der Kirche Entfremdeten und Fremden wieder offen sein.

[8] Lauter, *Rundschau 1917*, S. 74ff, merkte dazu an: „Dabei wird es immer wieder von vielen Geistlichen als schwere Last empfunden, einerseits einen geistlichen Vertreter *wählen* zu müssen, andererseits bezüglich dieser Wahl nicht rechtlich, aber moralisch gebunden zu sein; denn um des Friedens willen oder auch wegen des Eindrucks auf die Außenwelt bleibt ihnen kaum etwas anderes übrig, als den Dekan zu wählen."; Zitat, S. 74. Ähnlich auch Steinlein, *Vertrauensmänner*, S. 383: „Und doch wäre es bei uns weit mehr als in anderen Landeskirchen notwendig, über den Kreis der Generalsynode hinauszugehen. Denn dieselbe gibt in ihrer Zusammensetzung absolut kein getreues Bild der Landeskirche. Man bedenke nur, daß in ihr, was die geistlichen Mitglieder anlangt, fast ausschließlich die *Dekane* vertreten sind, während – im Unterschied von früheren Zeiten – seit Jahrzehnten die Pfarrerschaft nahezu völlig ausgeschlossen ist." Steinlein berief sich im folgenden auf den Kirchenrat Friedrich Boeckh und den Kirchenhistoriker Theodor Kolde, die beide in der Synode nur ein unselbständiges Anhängsel der konsistorialen Organe sahen, ohne zu diesen ein Gegengewicht zu bilden; a.a.O, S. 383.

[9] Pfarrer Steinlein mahnte bereits am 9. Dezember 1918 das Kirchenregiment an, den kirchlichen Umbau auf eine möglichst breite Grundlage zu stellen und nicht allein die verfaßten Organe zu dem innerkirchlichen Gespräch heranzuziehen; im näheren dazu oben, S. 157f.

[10] Vgl. dazu oben, S. 150ff.

[11] Rudolf Oeschey, Privatdozent an der juristischen Fakultät in Jena, in der Besprechung im Oberkonsistorium am 19. Dezember 1918 in Aufnahme eines Wortes von Leon Gambetta zur Trennung Elsaß-Lothringens von Frankreich 1871. Gemeint ist von Oeschey, sehr wohl an die bevorstehende Trennung von Staat und Kirche zu denken und sich in der Kirche darauf vorzubereiten, aber nach außen solle von diesen Überlegungen so wenig wie möglich dringen, um nicht den Eindruck zu erwecken, die Kirche habe die Trennung gewollt und befürwortet. Vgl. *Protokoll 19.12.1918*, S. 106; ähnlich auch Boeckh, a.a.O., S. 30.

[12] *Mitgliederversammlung des Pfarrervereins.* – In: Korr.Bl. vom 2. Dezember 1918, 43. Jg., Nr. 48, S. 376f; hier: S. 377.

[13] In der Abhandlung *Trennung von Staat und Kirche*, S. 33f, verlieh Steinlein diesen Forderungen noch einmal Nachdruck. Seine Schrift dürfte relativ große Verbreitung gefunden haben, da sie neben dem öffentlichen Verkauf vom Pfarrerverein an alle Mitglieder verschickt worden ist. Vgl. dazu die Ankündigung in Korr.Bl. vom 23. Dezember 1918, 43. Jg., Nr. 51, S. 404. – Zum Artikel von Ecclesiasticus siehe oben, S. 137.

[14] Hier eine Nebenbemerkung der Schriftleitung: „Bei den Verhandlungen des erweiterten Generalsynodalausschusses am 19. Dez. wurde dagegen bereits den triftigen inneren und praktischen Gründen des Kirchenregiments zugestimmt, für die erst zur Aenderung des Wahlmodus einzuberufende Generalsynode von einer Aenderung abzusehen." Vgl. zum Zusammenhang oben, S. 150ff.

[15] *Zum künftigen Neubau der Kirche.* – In: Korr.Bl. vom 23. Dezember 1918, 43. Jg., Nr. 51, S. 400. Ganz ähnliche Forderungen wurden an einem Gemeindeabend in St. Lorenz, Nürnberg, am 5. Dezember 1918 erhoben. Die Beteiligten forderten 1) eine weitgehende Partizipationsmöglichkeit bei der Neugestaltung des Kirchenwesens und 2) die Lockerung der Parochialstruktur, so daß Gemeindeglieder die Möglichkeit haben, sich zu einer Kirchengemeinde eigener Wahl zu halten, wo sie dann auch ihre Rechte ausüben könnten; vgl. Korr.Bl. vom 13. Januar 1919, 44. Jg., Nr. 2, S. 13.

[16] Die gleiche Begriffsverwirrung liegt auch beim Protestantischen Laienbund in seinem Leitgedanken 8 vor.

[17] Th. Z.: *Zur kirchlichen Lage.* – In: Korr.Bl. vom 9. Dezember 1918, 43. Jg., Nr. 49, S. 384f. Das Kürzel ist aufzulösen in: Theodor Zinck (siehe Register). Zinck hat seine Erwägungen fortgeführt in *Zur kirchlichen Lage.* – In: Korr.Bl. vom 6. Januar 1919, 44. Jg., Nr. 1, S. 6f, und *Zur kirchlichen Lage.* – In: Korr.Bl. vom 17. Februar 1919, 44. Jg., Nr. 7, S. 51f.

[18] Ecclesiasticus, *Zur kommenden Neuordnung*, S. 361.

[19] W. St.: *Zur kommenden Neuordnung unserer Evangelischen Landeskirche in Bayern* – In: Korr.Bl. vom 25. November 1918, 43. Jg., Nr. 47, S. 372. – Steinlein, *Trennung von Staat und Kirche*, S. 34f, meinte hingegen, der Diözesansynode werde in Zukunft eine geringere Bedeutung beschieden sein, das „Rückgrat der landeskirchlichen Organisation" werde die Generalsynode sein. Ähnlich auch Rieker, *Neugestaltung*, S. 57 (= Erlanger Leitsatz XVII, Zusatz), der für eine Wahl der Generalsynode durch die Kirchenvorstände plädierte und damit die Legitimation der Diözesansynode in Frage stellte.

[20] Sicher kann läßt sich sein Bedauern, daß „so wenig Möglichkeit gegeben ist", auch als vorsichtige Kritik an den verfassungsmäßigen Zuständen lesen, und es ist ja an diesem wie an anderen Punkten auch immer wieder Kritik geübt worden, doch eine Veränderung der Verhältnisse erhoffte man frühestens nach dem Krieg.

[21] Lauter, *Rundschau 1917*, S. 78.

[22] *Der evangelische Bischof.* – In: Korr.Bl. vom 9. September 1918, 43. Jg., Nr. 36, S. 281f. Mit ähnlichen Erwägungen trug sich der ebenfalls nicht gekennzeichnete Artikel *Lesebuch – Agende – Statistik – Ortsverzeichnis –Gesangbuch.* – In: Korr.Bl. vom 11. November 1918, 43. Jg., Nr. 45, S. 355f. Im Zusammenhang mit den schlagwortartig bezeichneten anstehenden Veränderungen im Raum der Kirche wird auch auf die Änderung der Titel eingegangen: „Bischof ist nach meiner Meinung kein Fremdwort mehr, so wenig als Fenster oder Förster. Bischof statt Oberkonsistorialrat wäre sehr einfach."; a.a.O. S. 356.

[23] *Der evangelische Bischof.* – In: Korr.Bl. vom 9. September 1918, 43. Jg., Nr. 36, S. 282.

[24] Vgl. Korr.Bl. vom 2. September 1918, 43. Jg., Nr. 35, S. 275.

[25] *Zur Verfassung.* – In: Freimund vom 19. Dezember 1918, 64. Jg., Nr. 51, S. 202ff, Zitat: S. 203.

[26] Vgl. hierzu Müller, *Amtsverständnis*, bes. S. 47–61, und ders., *Löhes Theologie.* Kritisch dazu: Schoenauer: *Wilhelm Löhe.*

[27] *Leitgedanken des Protestantischen Laienbundes zur Neugestaltung der Kirche.* – In: Christentum und Gegenwart vom Januar 1919, 10. Jg., Nr. 1, S. 14f. Die Leitgedanken sind dem Oberkonsistorium bereits am 8. Dezember 1918 schriftlich zugegangen; vgl. Knopp, *Verfassung*, S. 122f.

[28] Leitgedanke 3.

[29] Leitgedanke 2.

[30] Geyer, *Trennung*, S. 71ff, hat den Leitgedanken durch seine Veröffentlichung noch einmal eine breitere Öffentlichkeit verschafft. Geyers Schrift ist kurz nach der von Steinlein im Frühjahr 1919 erschienen. Dazu eine nicht gezeichnete Kritik, die auch sehr viel Übereinstimmung äußert: H.R.: *Neugestaltung der Kirche.* – In: Korr.Bl. vom 17. Februar 1919, 44. Jg., Nr. 7, S. 49f.

[31] Vgl. Huber, *Kirche und Öffentlichkeit*, S. 93ff.

[32] Der Artikel erschien ursprünglich im *Fränkischen Kurier*; hier zitiert nach: AELKZ 52 (1919), Sp. 292.

[33] Mit großem Bedauern nahm man in den Münchener Gemeinden die Forderung nach dem Umzug des Kirchenregiments nach Franken zur Kenntnis, wäre aber „mit Rücksicht auf die evangelischen Landesteile“ zu einem Verzicht bereit; Kirchenbote vom 15. Februar 1920, 2. Jg., Nr. 8, S. 1.

[34] Die Bekenntnisfrage blieb brisant. Das zeigte sich, als über die Präambel der Verfassung und das Selbstbild der Kirche verhandelt wurde. Siehe oben, S. 165ff.

[35] Schneider, *Kirchliche Zeitlage* – In: KJ 52 (1925), S. 517: „Die überaus große Buntscheckigkeit der Bezeichnungen für die kirchlichen Ämter und Instanzen, die früher schon beträchtlich war, ist freilich ins fast unübersehbare gesteigert, so daß das scherzhafte Wort nicht ganz abwegig erscheint, man bedürfe zunächst eines Kirchenlexikons, um all die verschiedenen Amts- und Instanzenbezeichnungen zu verstehen.“

[36] In: *Licht und Leben* vom 1. Dezember 1918, 30. Jg., Nr. 48, S. 591.

[37] Daß viele Pfarrer mit dem konsistorialen Kirchenregiment nicht einverstanden waren, zeigt ein Brief des Vorsitzenden des Generalsynodalausschusses Boeckh an den Vorsitzenden des Pfarrervereins, Senior Zindel, vom 2. Dezember 1918. Boeckh hatte sich von der Versammlung des Vereins am 25. November 1918 in der Gaststätte *Zum Krokodil* in Nürnberg berichten lassen und zeigte sich entsetzt darüber, daß vor allem „jüngere Kollegen“ mit „höhnischem Lachen bei jedem Angriff auf das Kirchenregiment“ sich hervorgetan hätten; a.a.O., S. 1. Vgl. außerdem die Erwägungen *Zur kirchlichen Lage* des Schriftleiters Hilmar Schaudig in: Kirchenbote vom 30. März 1919, 1. Jg., Nr. 14, S. 2, der sich mit einem Artikel aus der MAA auseinandersetzte, in dem der konsistoriale Führungsstil kritisiert wurde.

[38] Bachmann, *Gedankenaustausch*.

[39] Das macht Knopp, *Verfassung*, S. 166, Anm. 421, noch einmal deutlich.

[40] Vgl. zu den beiden frühen Verfassungsurkunden der evangelischen Kirche in Bayern vor allem Ammon, *Entstehung*, und Ammon/Rusam, *Verfassung*, S. 1–12. Neben der ebd. S. 1 aufgeführten Literatur siehe auch Pfeiffer, *Bayern*, bes. S. 369–374, und Hirschmann, *Evangelische Kirche*, bes. S. 883–887. Die Edikte sind abgedruckt in SKNZJ I , Nr. 59f, S. 126–139.

[41] *Verwahrung des OK bei dem bayerischen Staatsministerium für Unterricht und Kultus gegen den Entwurf der Reichsverfassung.* – In: KABl vom 17. Februar 1919, 6. Jg., Nr. 4, S. 37f, ausgefertigt am 7. Februar 1919, Akt. Nr. 718. – Dem Reich wurde eine Regelungskompetenz in der Frage des Kirchenregiments abgesprochen, das sei allein Sache der Staatsverfassungen der Länder. § 4 Ziff. 12 i.V. §§ 19 und 20 des Entwurfs für eine neue Reichsverfassung stellten den Versuch einer „Erweiterung der Zuständigkeiten des Reiches" dar und müßten von den Staatsregierungen der einzelnen Gliedstaaten zurückgewiesen werden. Aber auch die Kirche protestierte gegen solche unitaristischen Tendenzen „feierlich". Die Umwandlungen von Grundrechten in Rechtssätze wäre „eine Beeinträchtigung der freien Entwicklung, die an die Stelle der seitherigen Bindung zwischen Staat und Kirche treten soll, im Neuaufbau unserer Kirchenverfassung einen unberechtigten Eingriff des Reichs in einzelstaatliche Verhältnisse und die Hinwegnahme und das Herausgreifen einzelner wichtiger Fragen aus dem ganzen Problem der Auseinandersetzung, das von jedem Einzelstaat einheitlich und ohne Beeinflussung in bestimmten, die Einzeldurchführung erschwerenden Richtpunkten gelöst werden muß und das nur von dem Gliedstaate als dem seitherigen allein verhandlungsfähigen Beteiligten mit der durch das Territorialprinzip historisch mit ihm verbundenen Kirche vorgenommen werden kann." In dem Moment, in dem die Gesetzgebung des Reiches der Kirche mehr Freiheiten zu geben scheint als die der bayerischen Landesregierung, wird die schroff partikularistische Haltung zurückgestellt.
In den weiteren Verfassungsentwürfen für die Reichsverfassung war von solchen Kompetenzen des Reiches nicht mehr die Rede. Die endgültige Verfassung beschränkt sich darauf, in Art. 10 WRV festzulegen: „Das Reich kann im Wege der Gesetzgebung Grundsätze aufstellen für ; 1. die Rechte und Pflichten der Religionsgesellschaften; 2. das Schulwesen [...]."

[42] Vgl. dazu den Text oben, S. 102, mit Anm. 42.

[43] Knopp, *Verfassung*, S. 169.

[44] Knopp, *Verfassung*, S. 167.

Der konsistorial regulierte Diskurs zur Neuverfassung

[1] Zu den Verfassungen der genannten Länder vgl. Giese/Hosemann, *Verfassungen*; Schneider, *Kirchliche Zeitlage 1920*, S. 387–392 (Württemberg), S. 392–395 (Baden), S. 400f (Sachsen-Weimar), und S. 409f (Oldenburg).

[2] Vgl. Boeckh, *Revolution und Kirche*, S. 371f, und *Die Versammlung vom 19. Dezbr.* [sic] – In: Korr.Bl. vom 13. Januar 1919, 44. Jg., Nr. 2, S. 11ff.

[3] Vgl. dazu oben, S. 98.

[4] Anwesend waren für das *Oberkonsistorium*: Oberkonsistorialpräsident Friedrich Veit, die geistlichen Oberkonsistorialräte Friedrich Braun, Friedrich Nägelsbach, Albrecht Hofstätter der weltliche Oberkonsistorialrat Karl Gebhard; für das *Konsistorium Ansbach*: Konsistorialdirektor Ludwig Castner, geistlicher Konsistorialrat Maximilian von Ammon und weltlicher Konsistorialrat Karl Böhner; für das *Konsistorium Bayreuth*: Konsistorialdirektor Johannes Schmetzer und weltlicher Konsistorialrat Wilhelm Moeglin; für den *Generalsynodalausschuß*: Kirchenrat Friedrich Boeckh, Kirchenrat Karl Haussleiter, Prof. Dr. Ernst Hartwig, Landgerichtspräsident Hans Walch, Landgerichtspräsident Eugen Rohmer und Bezirksamtmann Eduard Meyer; für die *theologische Fakultät der Universität Erlangen*: Prof. Dr. Philipp Bachmann. Das Treffen fand zwischen 9:30 und 13:20 in den Amtsräumen des Oberkonsistoriums in der Elisenstraße statt. Zum Verlauf der Diskussion vgl. *Protokoll 19.11.1918*. – Am Nachmittag waren die weltlichen Mitglieder der Konsistorien zu einem Gespräch mit dem Sachreferenten des Oberkonsistoriums Gebhard geladen. Hier sollte über „Verfassungsfragen und die Vorbereitung damit zusammenhängender Arbeiten, die den Gegenstand späterer Beratungen bilden werden", gesprochen werden; Schreiben des OKM an BKB vom 13.11.1918 (r. 5886). – In: LkAN Bestand: BKB Fach 1, Nr. 4, Reg. Nr. 9334.

[5] Gebhard hatte die Richtlinien (7 Seiten masch.schr.) am 15. November ausgefertigt und mit einem Referat über die Finanzlage (18 Seiten masch.schr.) versehen. Punkt A. der Richtlinien betraf die „Kirchenverfassung" und stand ganz im Vordergrund der Besprechung am 19. November. Der Punkt B. „Das Predigerseminar" wurde unter dem Eindruck der Ereignisse „bis zur Klärung der allgemeinen politischen und der Finanzlage der Kirche" zurückgestellt. Zu Punkt C. „Druck der Agende" wurde lediglich bekannt gegeben, daß durch die Änderung der Staatsform Änderungen in der im Druck befindlichen Agende vorzunehmen seien, wozu um „Ermächtigung zur Verausgabung der etwa entstehenden erhöhten Druckkosten" ersucht wurde; *Richtlinien*, S. 6f.

[6] Vgl. Gebhard, *Richtlinien*, S. 1f.

[7] Veit, *Protokoll 19.11.1918*, S. 4.

[8] Gebhhard, *Richtlinien*, S. 2: „Von dem Gesetzentwurf, wonach die dem König nach der Verfassung seither vorbehaltenen Rechte künftig von dem einzelnen Ressortminister ausgeübt werden, haben wir Kenntnis genommen und dagegen aus Zweckmäßigkeitsgründen nicht protestiert." Das geschah unter der Prämisse, daß der Staat die Ausübung der *iura vicaria* und der *iura propria* für sich beanspruchte; vgl. ebd. S. 1.

[9] Vgl. oben, S. 97–103. – Gebhard, *Richtlinien*, S. 3, hatte unter Punkt II „Verhältnis von Staat und Kirche gegenüber einer künftigen definitiven Regierung" formuliert: „1. Die Initiative der Aenderung des Verhältnisses ist dem Staate zu überlassen. 2. Die Kirche bereitet sich sofort auf alle Fragen vor, die an sie gebracht werden."

[10] Veit, *Protokoll 19.11.1918*, S. 10.

[11] Veit, *Protokoll 19.11.1918*, S. 9. – Ich möchte mit Nachdruck darauf hinweisen, daß wenige Tage nach der Revolution im Kreise der Versammelten Einigkeit darin bestand, daß eine „hinkende Trennung" – wie das später von Ulrich Stutz (vgl. Scheuner, *Staat und Kirche*, S. 245) genannt wurde – einer radikalen Trennung von Staat und Kirche eindeutig vorzuziehen sei, und daß bei einer solchen Lösung ein Einfluß des Staates – und das war immerhin eine durch Revolution an die Macht gelangte Obrigkeit – auf die innerkirchliche Leitung für durchaus angemessen erachtet wurde.

[12] Vgl. Gebhard, *Richtlinien*, S. 5.

[13] „Nun haben wir grundsätzlich auszusprechen zu müssen geglaubt, wir lehnen die einfache Uebernahme des Prot.Ed. [Protestantenedikts] auf die neuen Verhältnisse ab. Es müsste dann eine neue Rechtsgrundlage gefunden werden"; Veit, *Protokoll 19.11.1918*, S. 9.

[14] Gebhard, *Richtlinien*, S. 5f. Zur Gewaltenteilung beim Kirchenregiment vgl. außerdem die Leitsätze im *Protokoll 19.11.1918* unter A. II.5. – Es ist auffällig, daß der Begriff der Kirchenleitung völlig im Bereich der Verwaltung angesiedelt wurde. *Leitung* wurde gleichgesetzt mit *Verwaltung*. Der Aufbau der Kirche von unten wurde insofern konterkariert, als die Kirchen*leitung* nur auf übergeordneter, die Gemeinden koordinierender und verwaltender Ebene angesiedelt wurde.

[15] Vgl. dazu oben, S. 115. – Die Diskussion um die Bekenntnisfrage ist in dem *Protokoll 19.11.1918*, S. 10–20, dokumentiert.

[16] Boeckh, *Protokoll, 19.11.1918*, S. 5.

[17] Für eine Veröffentlichung im Korrespondenzblatt oder im Amtsblatt sei es noch zu früh, meinte Boeckh in der Versammlung, vgl. *Protokoll 19.11.1918*, S. 28.

[18] *Vertrauliches Schreiben 22.11.1918*. – Das Deckblatt des Schreibens vermerkte: „Das Dekanat wolle nachstehende Mitteilung sämtlichen Geistlichen in vertraulicher Weise zur Kenntnisnahme und zur Besprechung in Pfarrkonferenzen und mit den Kirchenvorständen aushändigen. Wir versehen uns zu den Geistlichen, daß sie mit der Kirchenleitung und den Gemeinden in Einmütigkeit des Glaubens und der Liebe an den schweren und großen Aufgaben der Zeit mitarbeiten."

[19] So Knopp, *Verfassung*, S. 59. Einerseits wirkt diese Offenheit des Oberkonsistoriums recht sympathisch, andererseits kontrastiert diese um Kooperation bemühte Haltung eigenartig mit den orakelhaften Verdammungen der Obrigkeit, wie sie sich in Ansprachen und Gebeten derselben Behörde finden.

[20] Vgl. *Vertrauliches Schreiben 22.11.1918*, S. 3f.

[21] Es finden sich einige kurze Notizen dazu in: *Sitzungsprotokolle des Protestantischen Oberkonsistoriums*. Sitzung vom 13. Dezember 1918, S. 49f, Punkt 5 der Tagesordnung macht auf die Tagung aufmerksam. In der Sitzung vom 18. Dezember 1918 findet sich ein kurzer Hinweis, daß die Sitzung am Tag darauf mit Gebet begonnen werden sollte; a.a.O. S. 51, Punkt 13 der Tagesordnung.

[22] Generalsynodalausschuß und Oberkonsistorium hatten neben der Versammlung am 19. Dezember noch je eigene offizielle Sitzungen. Parallel zu der Sitzung des Oberkonsistoriums fand eine Sitzung des Generalsynodalausschusses statt. Am 19. Dezember tagte er nach der großen Versammlung; im Protokoll wurde festgehalten: „Der Generalsynodalausschuß spricht über den heute gewählten Arbeitsausschuß [am Rande hinzugefügt: zur Schaffung eines Entwurfs einer Wahlordnung zur konstitutierenden Generalsynode] und kann sein Bedenken nicht unterdrücken, daß durch den so entstandenen Entwurf das freie ratsame Gutachten des Generalsynodal-Ausschusses über ihn beeinflußt wird." (2 S. unpag., hsl.) – In: *Sitzungsprotokolle des Generalsynodalausschusses.* – Außerdem vorhanden als 1 S. masch. in: *Niederschriften über die Verhandlungen des Generalsynodalausschusses zur Vorbereitung einer neuen Kirchenverfassung 1918–1920.* Ich lese das als einen Hinweis für den inoffiziellen und beratenden Charakter der Versammlung und dafür, daß die eigentliche Arbeit in den beiden kirchenregimentlichen Organen geleistet werden sollte.

[23] Geladen waren: „neben den Vertretern der Kirchenbehörden und den Mitgliedern des Generalsynodalausschusses, Abgeordnete der theologischen Fakultät, des Pfarrervereins, des evang. Bundes, des Bundes der Bekenntnisfreunde, des Brüderrates der landeskirchlichen Gemeinschaft, des Kartells der evang. Vereine Bayerns, der Gesellschaft für inn. und äuß. Mission, des Landesverbandes der evang. Arbeitervereine, des evang. Jünglingsbundes, des prot. Laienbundes, dann der Redaktion des evang. Sonntagsblattes, des Korrespondenzblattes, der kirchlichen Zeitschrift „Christentum und Gegenwart" und der neuen kirchlichen Zeitschrift, sowie eine Anzahl angesehener Geistlicher und Laien. Einladung für Donnerstag, den 19.12.1918 vormittags 9 Uhr, in das evang. Vereinshaus in München (Mathildenstr. 4) mit folgender Tagesordnung

1. Beratung über Form und Zeit einer außerordentlichen Generalsynode zur Beschlußfassung über Aufstellung einer neuen provisorischen Wahlordnung für eine konstituierende Generalsynode.

2. Besprechung der kirchlichen Lage auf Grund des Ergebnisses der Verhandlungen vom 19. November d.J.

3. Bestimmung nichtkonsistorialer Kirchenglieder für den Arbeitsausschuß der Kirchenbehörden zur Verhandlung des Entwurfs der provisorischen Wahlordnung, die vom Oberkonsistorium an den Generalsynodalausschuß und die außerordentliche Generalsynode auf gesetzlichem Wege vorzulegen ist."; Korr.Bl. vom 16. Dezember 1918, 43. Jg., Nr. 50, S. 397.

[24] Schon der Ort der Versammlung, das evangelische Vereinshaus, Form und Inhalt der Einladung sowie die Protokollage machen darauf aufmerksam, daß es sich eher um ein informelles Gespräch – einen „Gedankenaustausch", wie Philipp Bachmann seinen Bericht davon überschrieben hatte – handelte als um eine offizielle Sitzung der Kirchenleitung mit Vertretern kirchlicher Gremien. Weder in den Sitzungsberichten des Generalsynodalausschusses noch des Oberkonsistoriums ist ein Protokoll der Sitzung oder ein Vermerk über ein solches zu finden.

[25] Es hat ein über 100 Seiten starkes Verlaufsprotokoll von der Sitzung existiert. Nach telefonischer Auskunft von Herrn Dr. Günther-Michael Knopp, Landshut, vom

16. Dezember 1994 wurde das Protokoll zusammen mit anderen Akten zuletzt 1969/70 „in einer Garage in der Meiserstraße" gesehen. Er selbst habe bei seiner Arbeit auch nur noch aus Karteikarten und Exzerpten seines über der Dissertation verstorbenen Vorgängers zitieren können. Die von Knopp zitierten Passagen beruhen also nur auf mittelbarer Einsicht in die Akten – auch wenn seine Arbeit das an keiner Stelle zu erkennen gibt. Das Protokoll ist im Landeskirchlichen Archiv in Nürnberg nicht mehr aufzufinden. Ich habe in den Akten des Oberkonsistoriums oder des Generalsynodalausschusses nach einer Kopie des Protokolls, außerdem noch in den Akten der an der Sitzung beteiligten Vereine, Gruppen und Privatpersonen nach dem Protokoll oder Auszügen daraus gesucht – leider erfolglos. So kann ich im folgenden Passagen aus der Besprechung am 19. Dezember 1918 nur aufgrund der Hinweise und Zitate bei Knopp, *Verfassung*, wiedergeben.

[26] *Die Versammlung am 19. Dezbr.* – In: Korr.Bl. vom 13. Januar 1919, 44. Jg., Nr. 2, S. 11. – Die Äußerung dürfte von Veit stammen. Vgl. *Protokoll 19.12.1918*, S. 6, vgl. Knopp, *Verfassung*, S. 62 mit Anm. 161.

[27] Vgl. dazu Boeckh im *Protokoll 19.11.1918*, S. 33.

[28] Vgl. dazu die Zusammenfassung bei Knopp, *Verfassung*, S. 67–74.

[29] So schreibt der Ansbacher Konsistorialdirektor Ludwig Castner: *Gedanken zu einer neuen Wahlordnung für die Generalsynode* (5 S. masch.schr.):
„Ich habe auf diesen Weg in der Besprechung vom 19. November hingewiesen. Gegen ihn spricht, dass Kosten für 2 Generalsynoden entstehen und dass Zeit verloren wird. Man wird aber, wenn man nicht bestehende Ordnungen einfach bei Seite schieben und damit ‚revolutionär' vorgehen will, doch auf den vorgeschlagenen Weg zurückkommen müssen. Denn wie sollte bei unmittelbarer Einberufung einer Generalsynode eine den neuzeitlichen Bestrebungen Rechnung tragende Vertretung gebildet werden. [...] Die neue Wahlordnung für die Generalsynode ist bei der Bedeutung, die ihr künftig zukommen wird, auch etwas so Wichtiges, dass an ihrer Schaffung die weitesten Kreise beteiligt sein wollen und beteiligt werden müssen." [S. 1]
Auch Gebhard hatte sich vor der Versammlung eingehend mit dem Thema befaßt. Am 8. Dezember 1918 hatte er ein Einschreiben an Konsistorialrat Moegelin geschickt, in dem er diese Fragen anschnitt:
„Nachschrift! Hier ist man sich immer noch nicht klar (Joch x.). Am meisten beschäftigt mich die Frage nach der Form der Einberufung der a.o. Generalsynode. Vom rechtlichen Standpunkt aus hatte ich am 19. Novbr. auf die Neuwahl der Kirchenvorstände zur Beschwichtigung hingewiesen. Ich sehe nun aber, daß Kirchenverwaltung und Kirchenvorstände bis 1. Dezbr. 1919 im Amte bleiben müssen. Man bräuchte auch hier also eine Änderung, sogar minist. Genehmigung. Ich habe Bedenken bekommen, die Kirchenvorstände neu wählen zu lassen; es kommt unter dem Druck der Unklarheit und Unruhe eine Opposition herein, der man auf 6 Jahre nicht los wird [sic!]. Greift man vor oder ein in die politischen Wahlen durch die Sammlung des Kirchenvolks, so bekommt man es auch noch mit der gegenwärtigen Regierung zu tun, mit der man doch später verhandeln soll. Die Wahlen nach dem Siebsystem bringen Unruhe. So komme ich auf D. Böckh's Anregung zurück,

ob man nicht allen den Unruhen, den Wahlen, der staatlichen Genehmigung zu den Einzelakten entginge, wenn man statt des gegebenen Rechts ein Notrecht anwenden würde, zu der die Eile zwingt: die letzte Generalsynode mit den Abgeordneten bezw. Ersatzmännern nochmals einberufen für die a.o. Generalsynode. Es ist das kleinere Übel, weniger revolutionär und fände wohl beim Ministerium am ehesten Genehmigung. Doch habe ich mich darüber noch nicht benommen." [S. 7] An den für das Staatskirchenrecht der Weimarer Reichsverfassung verantwortlichen Kirchenrechtler Professor Wilhelm Kahl richtete Gebhard am 7. Dezember 1918 einen Brief mit der gleichen Frage: „Geht man nicht selbst revolutionär vor, so könnte nur eine vorhergehende a.o. Generalsynode abgehalten werden, die lediglich eine neue Wahlordnung beschließt und dabei, wenn sie über die kirchliche Lage spricht auch die Wünsche für die Wahlreform äußert." Gebhard, *Mitteilung an Wilhelm Kahl vom 7. Dezember 1918*, S. 1.

30 Vgl. dazu die Zusammenfassung bei Knopp, *Verfassung*, S. 75–80.

31 Die Worte „vorläufige Vertretung" sind in Gebhards Exemplar unterstrichen und am Rand mit einem dicken „nein!" versehen; weitere Bemerkungen sind stenographisch bzw. mit eigenen Kürzeln abgefaßt und deshalb für mich nicht entzifferbar. Klar scheint mir, daß er sich für das Oberkonsistorium eine so nebengeordnete Rolle nicht wünschte und vorstellen konnte.

32 Johann Lang war keineswegs ein „einfacher Arbeiter" (Schlosser), wie es manche Artikel im Korr.Bl. (*Versammlung 19. Dezember*, S. 11) nahelegen, sondern immerhin Hausbesitzer; vgl. die Mitteilung des Oberkonsistoriums an das Konsistorium Bayreuth über die Zusammensetzung des Arbeitsausschusses zur Vorbereitung einer Wahlordnung. Schreiben vom 2. Dezember 1918. – In: LkAN Bestand: BKB Fach 1, Nr.4, Reg. Nr. 10475. Es ist also zumindest fragwürdig angesichts seiner sozialen Stellung und der Tatsache, daß er der einzige „Arbeiter" im Ausschuß war, ihn als Repräsentanten der Arbeiterschaft zu apostrophieren oder gleich von der „Beteiligung der Arbeiterschaft" bei der Neukonstitution der Kirche zu sprechen.

33 Zur Arbeit der Kommission siehe oben, S. 162ff.

34 Vgl. Knopp, *Verfassung*, S. 41.

35 Für den Notfall, daß die Konsistorien ihre Rechtmäßigkeit verlieren sollten, war geplant, via Generalsynode die kirchenregimentliche Struktur zu reaktivieren, vgl. Knopp, *Verfassung*, S. 57f.

36 Moegelin, *Gedanken über die nächsten Aufgaben des Kirchenregiments*, S. 2ff.

37 In AELKZ 52 (1919), Sp. 240–242, erschien ein Bericht über die Entwicklung in Bayern, der die Parteiung an den konträren Wünschen zum kirchlichen Umbau festmachte, die die „strengen Lutheraner" einerseits, die „Neuprotestanten bzw. der ‚Protestantische Laienbund' andererseits formuliert hatten. Jene werden mit einer Stellungnahme der Gesellschaft für Innere und Äußere Mission im Sinne der lutherischen Kirche zitiert (Vgl. dazu: *Kundgebung der Gesellschaft für innere und äußere Mission im Sinne der lutherischen Kirche über die gegenwärtige kirchliche Lage.* – In: Korr.Bl. vom 24. Februar 1919, 44. Jg., Nr. 8, S. 56f.), diese mit den Leitgedanken des Protestantischen Laienbundes.

[38] Befürchtungen diesbezüglich hatte Boeckh bereits auf der Tagung am 19. November 1918 geäußert; *Protokoll 19.11.1918*, S. 11f. – Daß solche Befürchtungen nicht unbegründet waren, wird an dem Streit im Jahr 1919 noch einmal deutlich. Vgl. dazu oben, S. 165ff.

[39] Moegelin, *Gedanken über die nächsten Aufgaben des Kirchenregiments*, S. 2f.

[40] Gebhard mahnte in der Besprechung vom 19. November 1918 an, sich an das bestehende Recht zu halten und nicht selbst revolutionär zu werden; *Protokoll 19.11.1918*, S. 33.

[41] Veit, *Protokoll 19.12.1918*; zitiert nach Knopp, *Verfassung*, S. 61.

[42] Vgl. dazu Knopp, *Verfassung*, S. 65 passim.

[43] „Vor allem war es wohl auch die Tatsache, daß die protestantische Landeskirche unter dem landesherrlichen Kirchenregiment das Vertrauen in die eigene Kraft verloren hatte und zunächst alles von außerhalb erwartete."; Knopp, *Verfassung*, S. 42, mit Hinweis auf Bredt, *Kirchenrecht II*, S. 749. Bredt bezieht die Zurückhaltung der Kirchenregierung vor allem auf die Bekenntnisfrage und meint, hier solle die Synode den Mut zu Neuformulierungen haben, um dem modernen Menschen gegenüber sprachfähig zu bleiben. Zwar stellte sich die konfessionelle Frage, und damit auch die Bekenntnisfrage, in Bayern noch einmal anders als in Preußen, gleichwohl läßt sich Bredts Diagnose auf die konsistoriale Haltung insgesamt übertragen. – Zur positionellen Verunsicherung der Konsistorialbeamten siehe oben, S. 91f und 99f.

[44] *Niederschrift über die Sitzung des Generalsynodalausschusses. München, den 19. November 1918*, hier: S. 6ff. – In: Sitzungsprotokolle des General-Synodal-Ausschusses. – LkAN Bestand Generalsynodalausschuß (GSA I bis V)

[45] So Gebhard in der erwähnten Sitzung, a.a.O., S. 7f. Anwesend waren vom Generalsynodalausschuß: der Vorsitzende Boeck, sein Stellvertreter Walch, Haussleiter, Hartwig, Rohmer und Meyer. Prof. Caspari war krank, Zeitler fehlte entschuldigt. Man hatte den Oberkonsistorialpräsidenten Veit und Oberkonsistorialrat Gebhard zu der Sitzung, die ab 17:00 Uhr stattfand, hinzugezogen.

[46] So die rückblickende Einschätzung bei Boeckh, *Bericht*, S. 108f.

[47] Vgl. dazu vor allem Knopp, *Verfassung*, S. 14. Die von ihm mehrfach zitierte „Mappe Briefwechsel in Sachen Kirchenverfassung (1918–1920)" ist im LkAN ebenfalls nicht mehr auffindbar. Auch sie gehörte nach Aussage von Dr. Knopp zu den Quellen, die er nur noch mittelbar über die (mittlerweile nicht mehr vorhandenen) Karteikarten einsehen konnte.

[48] In den Akten des Landeskirchlichen Archivs Nürnberg findet sich ein eigener Akt *Literatur zur Kirchenverfassung*. Darin finden sich Exzerpte und Sonderdrucke zum Thema Trennung von Staat und Kirche seit ungefähr 1880. Auch beim Konsistorium in Ansbach war ein solcher Akt angelegt worden, in dem sich praktisch alle wichtige Literatur zu dem Komplex Trennung von Staat und Kirche finden, LkAN Bestand: BKB Fach 1, Nr. 4, Fasz. 3. Ähnliches gilt für den Privatnachlaß des späteren Landessynodalpräsidenten von Pechmann, der ebenfalls in einer umfangreichen Korrespondenz praktisch alle relevanten Schriftstücke zur Trennungsfrage in

den verschiedenen Landeskirchen gesammelt hat, LkAN Bestand: Personen XXIII Pechmann Nr. 12.

[49] In dem erwähnten oberkonsistorialen Akt *Literatur zur Kirchenverfassung* finden sich neben Exzerpten und Veröffentlichungen Rieker'scher Werke vor allem breite Exzerpte des Schweizer Theologen Hermann Henrici, *Basler Kirchenverfassung*, und ders., *Entwicklung*. Daß die Entwicklung in Basel sehr aufmerksam verfolgt worden war, wird an den Werken von Geyer, *Trennung*, und auch Steinlein, *Trennung von Staat und Kirche*, deutlich.

[50] *Ansprache an die Gemeinden*. – In: KABl. vom 26. November 1918, 5. Jg., Nr. 36, S. 329f.

[51] Siehe oben, Anm. 18.

[52] Vgl. oben, Anm. 38.

[53] Veit betonte in der Versammlung, daß das Oberkonsistorium „sich mit vollem Bewußtsein auf den Boden dessen stellt, was nun, wenn auch in den Anfängen zu Unrecht, einmal tatsächlich geworden ist und vollends auf den Boden dessen, was weiterhin nach dem Recht, wenn wir wieder zu einem Rechtszustand zurückkehren, werden wird."; *Protokoll 19.12.1918*, S. 6; zit nach Knopp, *Verfassung*, S. 62.

[54] So wehrte sich Veit gleich zu Anfang der Versammlung am 19. Dezember gegen Vorwürfe, das Kirchenregiment habe zu langsam und zu vorsichtig agiert. Gerade angesichts des geschehenen massiven Unrechts und der unklaren Rechtslage sei es für die Kirchenleitung das Gebot der Stunde, ganz auf dem Boden des Rechts zu bleiben, denn nur so werde man den Staat auch bei der anstehenden Trennung auf Rechtspflichten ansprechen können; vgl. *Protokoll 19.12.1918*, S. 1ff; zit nach Knopp, *Verfassung*, S. 60.

[55] Steinlein, *Vertrauensmänner*, S. 384, berief sich dabei auf Luthers Grundsatz „Not kennt kein Gebot".

[56] Kahl, *Trennung von Staat und Kirche*.

[57] Steinlein, *Vertrauensmänner*, S. 383.

[58] *Versammlung 19. Dezember*. S. 11. – Bachmann, *Gedankenaustausch*, begründete den Weg so: „Sie [die Versammlung am 19. 12. 1918] erklärte sich aber bestimmt dahin, daß die Berufung der außerordentlichen Generalsynode [...]auf dem Wege des geltenden Rechts zu erfolgen habe. Zwei Gründe geben dafür den Ausschlag: durch selbsteigene Abweichung von dem bestehenden Recht würde unsere Kirche sich auch dem Staate gegenüber die Berufung auf das Recht unmöglich machen; und es entstünde dabei die Gefahr, daß Glieder der Kirche selbst den Beschlüssen einer solchen durch willkürliche Aufhebung des Rechts gebildeten Generalsynode als nicht rechtsverpflichtend widersprechen."

[59] *Vertrauliches Schreiben 22.11.1919*, S. 3: „Die Bedenken, die gegen den bisherigen Modus des Zustandekommens der Gen[eral]-Syn[ode] bestehen, kamen deutlich zum Ausdruck, aber ein anderer Weg ist vorerst, wenn man nicht revolutionäre Wege gehen will nicht vorhanden, und zwei Generalsynoden in unmittelbarer Aufeinanderfolge zu halten, von denen die erste sich nur mit der Verbescheidung einer neuen Wahlordnung zu befassen hätte ist untunlich."

[60] Knopp, *Verfassung*, S. 55–59.

[61] Gegen Wolf, *Ordnung der Kirche*, S. 414.

[62] Knopp, *Verfassung*, S. 63ff.

[63] *Protokoll 19.12.1918*; zit. nach Knopp, *Verfassung*, S. 59. Hezner hatte in einem Schreiben vom 3. Dezember 1918 das Oberkonsistorium von seinem Eindruck informiert, „daß die grundsätzliche Frage der Trennung vor dem Zusammentritt der Nationalversammlung nicht angeschnitten werden wird". Entscheidend werde jetzt sein, ob die Kirche es schaffe, nach der Trennung als Volks- und Bekenntniskirche bestehen zu bleiben. In der Finanzfrage sah Hezner keine großen Probleme, „da hier wohl immer vom Staate ein modus vivendi ermöglicht werden wird."; *Persönliches Handschreiben* an OKR Gebhard vom 3. Dezember 1918.

[64] Hesse: *Rechtsschutz*, S. 39.

[65] „Die kommenden Verhältnisse lassen sich freilich im Augenblick unmöglich schon ganz überschauen, es wurde aber doch der Erwartung Ausdruck gegeben, daß der Staat, ganz gleich wie die Regierung sich unter dem Einfluß der Wahlen gestalten wird, zu einer gerechten und friedlichen Lösung der schwebenden Fragen die Hand bietet."; Anonym, *Versammlung 19. Dezember*, S. 11.

[66] GVBl. vom 2. April 1919, Nr. 18, S. 111.

[67] Art. 30b VWRV, zit. nach Knopp, *Verfassung*, S. 181.

[68] Der auf den 15. April nach München einberufene Generalsynodalausschuß (vgl. *Mitteilung* – In: KABl. vom 11. April 1919, 6. Jg., Nr. 8, S. 82) mußte nach Nürnberg umgeleitet werden. „Der amtliche Verkehr des Oberkonsistoriums mit den Außenbehörden war vom 14. April bis 6. Mai abgeschnitten. Der auf den 15. April einberufene Generalsynodalausschuß konnte bis jetzt nicht in München zusammentreten." Der Generalsynodalausschuß tagte statt dessen am 22. April in Nürnberg, allerdings nicht in voller Besetzung wegen der Verkehrsverhältnisse, „eine Verständigung mit den Mitgliedern des Oberkonsistoriums [konnte] nicht stattfinden"; vgl. *Mitteilungen*. – In: KABl. vom 8. Mai 1919, 6. Jg., Nr. 9, S. 87f. Zwischen dem 11. April und dem 8. Mai 1919 erschien kein Amtsblatt.

[69] Zu den Vorgängen vgl. die Schilderung bei Lauter, *Rundschau 1918/20*, S. 144ff, und den Bericht von der Inhaftierung Meisers am 22. April 1919 durch Revolutionäre bei Maser, *Weimarer Republik*, S. 12, und S. 71 mit Anm. 109, und in den Tagebuchblätter des Pfarrers Schaudig. Allerdings gab auch Pfarrer Hilmar Schaudig in seinen *Tagebuchblättern* zu, daß die Kirche von den Exzessen in der Stadt München weitgehend verschont geblieben ist: „Seltsam war es, daß in der ganzen schweren Zeit die Kirche und ihre Diener mit wenigen Ausnahmen unbehelligt blieben. Kein Gottesdienst wurde gestört, obwohl die Kirchen die einzigen Stätten in München waren, wo man noch die Wahrheit sagen und hören konnte. Gottes Hand war schützend und schirmend über uns ausgestreckt." – In: EvGBl. vom Mai/Juni 1919, 28. Jg., Nr. 5/6, S. 55.

[70] Vgl. Schaudig, *Tagebuchblätter*. – In: EvGBl. vom Mai/Juni 1919, 28. Jg., Nr. 5/6, S. 52: „9. April. Flieger erscheinen über München. Die verfassungsmäßige Regierung

Hoffmann ist in Nürnberg. Der vom Volk auf Grund des freiesten Wahlrechtes der Welt gewählte Landtag ist in Bamberg zusammengetreten."

[71] Das Protokoll zu der Tagung lag früher in: LkAN *Sitzungsprotokoll vom 9.4. 1919, Nr. 3* (Exhibendum Nr. 1954). – Auch dies ist ein verlorengegangener Akt, den Knopp nur mittelbar zitierte.

[72] Vgl. Knopp, *Verfassung*, S. 177ff. und S. 186ff. Eine ausführliche Begründung der Notverordnung bietet Veit im *Protokoll der gemeinsamen Sitzung des I. und III. Ausschusses der außerordentlichen Generalsynode vom Juli 1919.*

[73] Vgl. dazu die von Knopp, *Verfassung*, S. 183f, zitierte Debatte, in der die Auffassung des Ministerpräsidenten und Kultusministers Hoffmann bezüglich der Rechte des Staates in Kirchendingen zum Ausdruck kommt; ebd., S. 344ff, wird die gegensätzliche Auslegung von § 18 Abs. 3 des bayerischen Verfassungsentwurfs durch Strathmann wiedergegeben.

Die außerordentliche Generalsynode in Ansbach 1919

[1] Oeschey, *Grundlinien*, S. 14f: „Wir [in Bayern] kennen noch keine dauernde Generalsynode. Mit der Tagung laufen die Mandate ab, nur der Ausschuß bleibt. Wir mußten also auf alle Fälle eine neue Synode wählen und berufen."

[2] So Rohmer, *Protokoll 19.11.1918*, S. 32.

[3] Vgl. dazu die *Vorlage an die außerordentliche Generalsynode der protestantischen Landeskirche in Bayern r. d. Rhs. 1919, betreffend Abänderung der Geschäftsordnung für die protestantische Generalsynode Bayerns diesseits des Rheins.* Abgedruckt in KABl. vom 27. Juni 1919, 6. Jg., Nr. 14, S. 185: „In all diesen auf die Geschäftsordnung einschlägigen Fragen ist der verfassunggebenden Synode nicht vorzugreifen."

[4] Am 17. Juli 1919 teilte das Ministerium unter Akt.Nr. 24478 mit, daß es von der Abordnung eines besonderen Kommissärs nach Maßgabe § 7 des Protestantenedikts absehe, die Funktion möge der Oberkonsistorialpräsident Veit wahrnehmen; Akt: *Die außerordentliche Generalsynode zu Ansbach im Jahre 1919.*

[5] Vgl. dazu *Verhandlungen Ansbach 1920*, S. 85.

[6] Vgl. dazu die entsprechenden kirchenregimentlichen Vorlagen in *Verhandlungen Ansbach 1919*, S. 8–70, bzw. KABl. vom 27. Juni 1919, 6. Jg., Nr. 14, S. 125ff, Nr. 2816: Entwurf einer Vorlage an die außerordentliche Generalsynode der protestantischen Landeskirche in Bayern r.d.Rhs. für 1919 mit Anlagen (Begründungen und Leitsätze), S. 126–174. Entwurf zur Änderung der Verordnung vom 7.10.1850, S. 175–184. Entwurf zur Abänderung einiger Bestimmungen in der Geschäftsordnung, S. 185f. Verzeichnis der zur außerordentlichen Generalsynode gewählten *geistlichen* Abgeordneten und deren Ersatzmänner, S. 187–190; Verzeichnis der zur außerordentlichen Generalsynode gewählten *weltlichen* Abgeordneten und deren Ersatzmänner, S. 191–194.

[7] Vgl. auch die Mitteilung in AELKLZ 52 (1919), Sp. 651. Die Vorläufigkeit dieser beschlossenen Ordnungen wurde betont; für die eigentliche Generalsynode wurden

nach den öffentlichen Debatten um das Bekenntnis „Kämpfe" erwartet, „die in der verfassunggebenden Synode zum Austrag kommen werden."

8 Vgl. dazu oben, S. 165.

9 Vgl. Boeckh, *Bericht*, S. 107.

10 Vgl. zur Kommissionssitzung insgesamt das *Protokoll über die Beratungen der Kommission zur Vorbereitung einer neuen Wahlordnung für die verfassunggebende Generalsynode vom 20.–22.2.1919 in Ansbach*. Oberkonsistorialrat Gebhard war Vorsitzender der Kommission, Pfr. Meiser ihr Schriftführer. „Oberkonsistorialrat Gebhard eröffnete die Sitzung und hob den Charakter der Tagung hervor, daß sie nur informatorischen Charakter trage, aber keinen beschließenden; weder Oberkonsistorium noch Generalsynodalausschuß seien an die Ergebnisse gebunden."; *Sitzung des Arbeitsausschusses vom Donnerstag, den 20. - Samstag, den 22. Februar in Ansbach*. Im gleichen Akt *Niederschriften über die Verhandlungen des Generalsynodalausschusses zur Vorbereitung einer neuen Kirchenverfassung 1918–1920* finden sich auch die weiteren Niederschriften zur Verhandlung.

11 Dazu siehe oben, S. 168f.

12 Abgedruckt in: KABl. Nr. 9 vom 8. Mai 1919, S. 83, Akt.Nr. 2080. – Das ist immerhin in der Zeit der Räterepublik; die Bürokratie hat offensichtlich ungestört weiterarbeiten können!

13 Vgl. KABl. vom 26. Juni 1919, 6. Jg., Nr. 13, S. 122, Akt.Nr. 3089. – Zu den abgehaltenen Wahlen, die nicht ohne Unregelmäßigkeiten vonstatten gingen, siehe den Akt: *Die außerordentliche Generalsynode zu Ansbach im Jahre 1919*.

14 KABl. vom 26. Juni 1919, 6. Jg., Nr. 13, S. 122.

15 KABl. vom 26. Juni 1919, 6. Jg., Nr. 13, S. 126–186, Nr. 2816. Hier ist eine ausführliche Begründung und Darstellung der kirchenregimentlichen Sichtweise hinsichtlich der staats- und kirchenrechtlichen Fragen beigegeben; S. 146–184. Die Frage der Kirchengewalt sei innerkirchlich zu regeln und zwar ohne staatliche Beteiligung, da die rechtlichen Voraussetzungen hierfür weggefallen seien.

16 Zur Korrespondenz rund um die Abhaltung der außerordentlichen Generalsynode 1919 vgl. den Akt *Die außerordentliche Generalsynode zu Ansbach im Jahre 1919*. Hier finden sich u.a. Listen mit den Synodaldelegierten und ihren Ersatzmännern, Schreiben der Dekanate über den Verlauf der Wahlen zur außerordentlichen Generalsynode. Häufig anzutreffen sind dabei Meldungen über Unregelmäßigkeiten und Ungültigkeit der Synodalwahlen (bes. auf Diözesanebene), was meist unkorrigiert blieb, weil die Zeit drängte. Denn es galt, einen Termin für die Synode zu finden, der nicht mit den bereits feststehenden anderen kirchlichen Konferenzen, so der Eisenacher Konferenz (3.–8.9.1919) und dem Evangelischen Kirchentag in Dresden (1.–5.9.1919) kollidieren würde. Vom 17. Juli findet sich in dem Akt ein Telegramm an das Oberkonsistorium in München mit dem Terminvorschlag 23. Juli 1919 für die bayerische Synode. Das Telegramm, das auf eine mögliche Kollision mit den beiden anderen Tagungen hinweist, ist unterzeichnet mit „Weit", was wohl in „Veit" zu korrigieren ist.

[17] Schreiben des Landeskirchenrates München an das Evangelisch-Lutherische Konsistorium in Stuttgart vom 21.2.1921, Nr. 1942, im Rückblick auf die nach dem neuen Wahlmodus durchgeführten Kirchenwahlen. Danach gab es bei 989 Wahlen zum Kirchenvorstand 855 Wahlen nach dem Mehrheitswahlrecht, 10 nach dem Verhältniswahlrecht und 124 mit nur einem Wahlvorschlag. Bei den 31 Wahlen zur Generalsynode gab es 18 nach dem Mehrheitswahlrecht, 2 nach dem Verhältniswahlrecht und 11 mit nur einem Wahlvorschlag. – In dem Akt *Die außerordentliche Generalsynode zu Ansbach im Jahre 1919.*

[18] Die Wahlen zur verfassunggebenden Generalsynode hatten am Sonntag, dem 18. Juli 1920 stattgefunden. Vgl. dazu die *Bekanntmachung betreff: Die Wahlen für die zur Neugestaltung der Kirchenverfassung einzuberufende außerordentliche Generalsynode.* – In: KABl. vom 20. Mai 1920, 6. Jg., Nr. 14, S. 265ff, Akt. Nr. 3005. A.a.O., S. 266f. steht der Zeitplan für den gesamten Ablauf der Wahlen bis zum 23. Juli 1920, an dem das Wahlergebnis festgestellt und bekanntgegeben werden sollte.

[19] Vgl. dazu die *Leitgedanken des Protestantischen Laienbundes*, oben, S. 140, bes. Leitgedanke 6 und 7.

[20] In: LkAN Bestand: OKM 2913.

[21] In einem Aufsatz *Zum Umbau der bayerischen Landeskirche.* – In: Kirchenbote vom 20. Juli 1919, 2. Jg., Nr. 30, S. 2, hatte sich der Schlosser Johann Lang wenige Tage vor der Generalsynode für das aktive wie passive Wahlrecht der Frau zu allen kirchlichen Gremien ausgesprochen. Ihm wurde heftig von dem Dipl. Ing. Karl Böhm widersprochen, der einer konservativen Exegese des Neuen Testaments folgend das Wahlrecht für Frauen in politischen und kirchenpolitischen Dingen für schriftwidrig hielt: *Zum Umbau der bayerischen Landeskirche* – In: Kirchenbote vom 27. Juli 1919, 2. Jg., Nr. 31, S. 2. Lang antwortete noch einmal: *Zum Umbau der bayerischen Landeskirche.* – In: Kirchenbote vom 3. August 1919, 2. Jg., Nr. 32, S. 1f, und bekam Schützenhilfe von Professor M. Conrad: *Zur Wahlrechtsfrage*; a.a.O., S. 2, der diese Frage in den Bereich der Pragmatik verwies und, wie Lang, auf die Verdienste der Frauen um das kirchliche Leben hinwies, die allein schon eine Gleichstellung erforderlich machte. –Zum kirchlichen Wahlrecht der Frauen vgl. auch Kaiser: *Frauen in der Kirche*; Kaufmann: *Protestantische Frauenbewegung.*

[22] Vgl. AELKZ 52 (1919), Sp. 187–190; 207–213.

[23] Pechmann, *Kirchenverfassung*, S. 78ff, lehnte eine „Demokratisierung der Kirche“ab. Sie würde von jenen betrieben werde, die zugleich an einer Auflösung der Bekenntnissubstanz arbeiteten. Die Kirche dürfe mit ihrem Stiftungscharakter und ihrer Bekenntnisbindung nicht „aus einer Verwalterin göttlicher Geheimnisse zu einem Tummel- und Kampfplatze menschlicher Meinungen“ werden; a.a.O., S. 80.

[24] Veit, *Zum neuen Jahr 1919*, S. 11, lehnte das neue allgemeine, gleiche und geheime Wahlrecht zwar ab, schätzte die Lage aber so ein, daß es auch in der Kirche Einzug halten werde. Das Wahlrecht für die Frau wollte er nur stark eingeschränkt gelten lassen: „Und so sehe ich in dem so unvermutet den Frauen zugefallenen Wahlrecht keinen Gewinn für sie. Wenn nach christlich-sittlichem Ethos der Mann den Geist seines Hauses bestimmt, so führt es zu unleidlichen Zuständen, wenn

ein mechanisch wirkendes Wahlrecht den Organismus des Hauses in ein Nebeneinander von Bürgern und Bürgerinnen auflöst und der Vater etwa liberal, die Mutter konservativ und die Töchter sozialdemokratisch wählen. Hier läßt eher die Kirche das Frauenwahlrecht noch als gerechtfertigt erscheinen, da die Frauen nicht selten die eifrigsten Trägerinnen des kirchlichen Lebens sind. Und zwar würde ich ihnen in der Einzelgemeinde das aktive und das passive Wahlrecht unbedenklich zuerkennen [...]. Dagegen sollte alles, was über den Kreis der Einzelgemeinde hinausreicht in Diözesen und Landesverbänden, Sache der Männer bleiben". – Letzteres wird von Veit ohne Begründung gefordert. Formal betrachtet, stellt Veit altes und neues Wahlrecht unter dem Schema Organismus versus Mechanismus oder gute ‚alte Zeit' versus Moderne gegeneinander.

25 Vgl. Bachmann, *Von Innen nach Außen*, S. 43–54 und 66–69. Dadurch, daß der Staat den Staatsbürgereid abgeschafft habe und über die Wahlfähigkeit nur noch das Alter entscheide, habe der Staat das Wahlrecht ethisch betrachtet „verflacht, veräußerlicht, entwertet" [66]. Das stehe dem Staat zu, habe er doch „keine absolute Pflicht zur Selbstbehauptung", wie sie anders für die Kirche bestehe, denn Kirche sei insgesamt eine Stiftung des Herrn und auf Ewigkeit angelegt. Deshalb müsse sie sich gegenüber destruktiven Tendenzen wehren. Das Wahlrecht sei möglichst weitherzig zu handhaben, aber doch so, „daß ihre Glieder ihr Wählen in ethisch befriedigendem Sinne ausüben." Die Kirche solle die Gewährung des Wahlrechtes daran knüpfen, „daß der Wille vorhanden ist, dem Evangelium von Jesu Christo und von Gottes Reich Bahn zu machen in der Welt und die Gemeinde Christi wahrhaft zu fördern." [69]

26 Eine ausführliche Diskussion der Modalitäten für die Kirchenwahlen bieten Rieker, *Neugestaltung* S. 33–42; Boeckh, *Revolution und Kirche*, S. 375–383; Bachmann, *Von Innen nach Außen*, S. 43–54 und 66–69, und Oeschey, *Zusammentritt*.

27 Vgl. zum Frauenwahlrecht: Frevert, *Frauen-Geschichte*, bes. S. 162–171, und Greven-Aschoff, *Frauenbewegung*, bes. S. 132–147 und S. 159–167.

28 Zur Diskussion um die Bekenntnisfrage im Korrespondenzblatt siehe vor allem die Beiträge: Adolf Aurnhammer: *Wirklichkeitssinn in der Kirche*. – In: Korr.Bl. vom 30. Juni 1919, 44. Jg. Nr. 26, S. 201. Aurnhammer (in der Kennzeichnung irrtümlich Auernhammer; vom Personalstand ergibt sich jedoch eindeutig, daß es sich weder um Emil noch Johann Auernhammer, sondern um den genannten handelt) meint, daß sowohl Alt- wie Neuprotestantismus wichtige religiöse Erkenntnisse verträten, allerdings seien sie in einer gemeinsamen Kirche nicht mehr zusammenzuhalten. „So sehe ich, weil die Möglichkeit besteht und auch günstige Gelegenheit vorhanden scheint, es als das beste an, wenn man sich friedlich trennen und jeder seinen eigenen Weg in edlem Wettstreit der Liebe gehen würde. Zur Trennung selbst gäbe es wohl verschiedene Wege."

Eine breite Diskussion um Bekenntnis und Verpflichtung darauf wurde angestoßen durch: Michael Kreutzer: *Das Bekenntnis der Zukunft*. – In: Korr.Bl. vom 7. Juli 1919, 44. Jg., Nr. 27, S. 210f, und Korr.Bl. vom 14. Juli 1919, 44. Jg., Nr. 28, S. 218ff. Er meinte, daß nicht Erfahrungen und Erkenntnisse der Väter bekannt werden und deshalb auch nicht zu einer Bekenntnisverpflichtung erhoben werden könnten. Al-

lein der Wille zum „Wille Gottes“ könne verpflichtend gemacht werden. „Wir müssen über liberal und positiv hinauskommen, in dem Ziel eins: Gottes Willen zu erfüllen und dem Herrn Jesus nachzufolgen. Dies ist das Bekenntnis der Zukunft.“; a.a.O., S. 218. Darauf der lakonische Kommentar des Herausgebers Heinrich Gürsching: „ Der Herr Verfasser erlaube einstweilen nur eine Frage: Wie kann man bei seinem neuen Bekenntnis jeden ‚festhalten, ihm seine Abweichung nachweisen, ihn zur Rückkehr ermahnen, ihm verzeihen und neu in die Pflicht nehmen oder definitiv ausschließen‘, wenn er unseren ‚Ansichten‘ über den göttlichen Willen nicht zustimmt? Wenn er darauf eine befriedigende Antwort finden kann, dann hat er wohl in der Verpflichtungsfrage den Stein der Weisen gefunden.“; a.a.O., S. 220. Weitere Entgegnungen gegen Kreutzer stammen von: Zezschwitz: *Das Bekenntnis unserer Kirche.* – In: Korr.Bl. vom 28. Juli 1919, 44. Jg., Nr. 30, S. 235f, der ebenfalls für eine Trennung von Positiven und Liberalen votierte: „[...] aber eine gemeinsame Kirche können wir nicht bilden, *denn wir haben keine gemeinsame Grundlage des Glaubens und Bekenntnisses mehr.*“; a.a.O., S. 236. Ihm stimmt zu: R.Spr.: *Die einzig richtige Lösung.* – In: Korr.Bl. vom 10. August 1919, 44. Jg., Nr. 32, S. 253, und Daum: *Das Unlogische, Unwissenschaftliche, Unmögliche und Unbiblische in der Kreutzer'schen Bekenntnisforderung.* – In: Korr.Bl. vom 1. September 1919, 44. Jg., Nr. 34, S. 270ff. und Korr.Bl. vom 8. September 1919, 44. Jg., Nr. 35, S. 279f.
Gegen eine Trennung von Liberalen und Positiven sprachen sich aus: Schmidt: *Das Bekenntnis der Zukunft.* – In: Korr.Bl. vom 10. August 1919, 44. Jg., Nr. 32, S. 253ff, und Kadner: *Zur Bekenntnisfrage*, a.a.O., S. 255f. – Die Diskussion ebbte bis in den späten Herbst nicht ab. Kreutzer meldete sich erneut zu Wort: *Die ideale kirchliche Verpflichtungsformel für die Gegenwart.* – In: Korr.Bl. vom 22. September 1919, 44. Jg., Nr. 38, S. 302f. Daraufhin antworteten: Aurnhammer: *Einige Gedanken zu Kollege Kreutzers Schlußartikel.* – In: Korr.Bl. vom 13. Oktober 1919, 44. Jg., Nr. 41, S. 328. August Burger: *Zur Bekenntnisfrage.* – In: Korr.Bl. vom 10. November 1919, 44. Jg., Nr. 45, S. 359f: „Das Bekenntnis zu verteidigen, davon können wir nicht lassen. Denn im Gegensatz gegen dasselbe sehen wir immer Gegensatz gegen Christus. Ihn und nichts andres wollen wir darin festhalten.“; a.a.O., S. 360. Für viele jüngere Theologen formulierte Hans Stockmeier: *Trennung oder Beisammenbleiben?* – In: Korr.Bl. vom 20. Oktober 1919, 44. Jg., Nr. 42, S. 336, das Dilemma der ganzen Debatte: Man wisse nicht, auf welche Seite man eigentlich gehöre, sollte es zur Trennung kommen; deshalb solle doch versucht werden zusammenzubleiben.

29 Die Liberalen hatten sich gegen Vorwürfe zu wehren, sie wollten durch eine öffentliche Unterschriftensammlung gegen die Bekenntniskirche vorgehen und mittels staatlicher Hilfe versuchen, die Herrschaft in der Kirche für sich zu gewinnen. Vgl. hierzu Geyer, Ortloph, Stählin: *Erklärung.* – In: Korr.Bl. vom 30. Juni 1919, 44. Jg., Nr. 26, S. 199f. Dazu die Erklärung, die liberale „Geistliche“ auf der Nürnberger Kirchlichen Woche abgegeben hatten, die wohl für manche der Anlaß zu Mißverständnissen war: *Erklärung.* – In: Korr.Bl. vom 30. Juni 1919, 44. Jg., Nr. 26, S. 205: „Eine Versammlung von etwa 60 freier gerichteten Geistlichen wendet sich in der Schicksalsstunde unserer Kirche mit folgender Erklärung an die Gemeinden, Behörden und Pfarrer unserer Landeskirche: Wir halten die Mannigfaltigkeit der

Richtungen für einen Reichtum der evangelischen Kirche und für ein Bedürfnis des Kirchenvolkes. Darum muß bei der Neugestaltung unserer Landeskirche die Bekenntnisfrage eine so weitherzige Behandlung finden, daß die Volkskirche erhalten bleibt, und die in unserer Landeskirche bestehenden Richtungen in dieser Kirche *auf dem Boden voller Wahrhaftigkeit* ihre gemeinsame Heimat finden. In dem Bewußtsein des Gemeinsamen rufen wir dazu auf, in vertrauensvoller gegenseitiger Anerkennung zusammenzustehen und zusammenzuarbeiten.
Vorstehende Erklärung ist aus der „Nürnberger Versammlung" am 24. Juni hervorgegangen. Sie wurde bereits auf der Versammlung des Pfarrervereins am Tage darauf mitgeteilt und wird hiemit auch den ferngebliebenen Kollegen zur Kenntnis gebracht, mit der Bitte sich derselben anzuschließen. Ihre Zustimmung wollen Sie geben etwa an Pfarrer Bäumler, Nürnberg, Hauptmarkt 6,1."

[30] Als „Orthodoxe" nahmen teil: Lauerer, Götz, Pfeuffer, Rupprecht, Schönweiß, Theobald und Wirth. Als „Liberale" waren zugegen: Stählin, Geyer, Brendel, Greifenstein, Orthloph, Schmid und Seiler. Das Gespräch ist dokumentiert bei Schönweiß: *„Altes" und „neues" Evangelium?*; vgl. auch Geyer, *Heiteres und Ernstes*, S. 240f.

[31] Stählin und Lauerer im gemeinsam unterzeichneten Vorwort; Schönweiß, a.a.O..

[32] Maser, *Weimarer Republik*, S. 55.

[33] Vgl. dazu oben, S. 237ff.

[34] Boeckh, *Revolution und Kirche*, S. 402.

[35] Bachmann, *Von Innen nach Außen*, S. 59–63.

[36] Bachmann, a.a.O., S. 62f. – Erkennbar ist hier die persönliche Aneignung des Bekenntnisses, eine Parallele zu der von Holl ‚initiierten' Lutherrenaissance; vgl. Assel, *Aufbruch*, S. 66–72.

[37] Vgl. *Verhandlungen Ansbach 1919*, S. 72.

[38] Diese Generalsynode wurde vom Staat Bayern mit 32 825 M 40 finanziert; ein Bescheid darüber erging vom Ministerium für Unterricht und Kultus am 3. Juni 1920, Akt.Nr. 11961. – In: Akt: *Die außerordentliche Generalsynode zu Ansbach im Jahre 1919.*

[39] Antrag Nr. 10 von Landgerichtspräsident Rohmer auf der 8. Sitzung am 31. Juli 1919 die Kirchenverfassung betreffend. Der Antrag ist abgedruckt in *Verhandlungen Ansbach 1919*, S. 164. Begründet wurde der einstimmig angenommene Antrag mit dem Bericht aus den Ausschüssen I und III (= 10. Beilage zur 8. Sitzung; ebd. S. 178–181) und dem Korreferat von Bachmann auf der Sitzung; ebd. S. 165.

[40] Das „während" ist nur im weiteren Sinne zutreffend, da die Synode erst tags darauf begann, die kirchenleitenden Organe aber bereits am Tag der Anreise der Synodalen in Ansbach zu Gesprächen zusammenkamen.

[41] Das stimmt so nicht; denn die WRV ist erst am 11. August 1919 im RGBl., S. 1383, veröffentlicht worden und am 14. August in Kraft getreten. Es waren aber die entsprechenden Entwürfe bekannt.

[42] Boeckh, *Bericht*, S. 107.

[43] Vgl. Knopp, *Verfassung*, S. 189 mit Anm. 462.

[44] 6. Sitzung am 30. Juli 1919 vormittags; *Verhandlungen Ansbach 1919*, S. 134.

[45] Das Vorläufige Staatsgrundgesetz Bayerns, das am 17. März 1919 im GVBl. veröffentlicht worden war, sah in § 15 vor: „Die Glaubensgesellschaften sind gleichberechtigt und ordnen und verwalten ihre Angelegenheiten selbständig nach Maßgabe der Staatsgesetze...". Der § 13 Abs. 3 des im Sommer zur Lesung anstehenden Verfassungsentwurfs wollte die Durchführung der kirchlichen Selbständigkeit der staatlichen Gesetzgebung unterstellen. Der § 13 Abs. 3 ging dann mit geringen Modifikationen in den § 18 Abs. 3 des endgültigen Verfassungsentwurfs ein. Zum VSGG vgl. auch Kritzer, *Freistaat*, S. 115–120.

[46] *Mappe Briefwechsel in Sachen Kirchenverfassung*, Nr. 33., zit. nach Knopp, *Verfassung*, S. 344. – Die Dokumente können leider nur in der Paraphrase Knopps wiedergegeben werden, da die Akten im Landeskirchlichen Archiv in Nürnberg nicht mehr aufzufinden sind.

[47] *Mappe Briefwechsel in Sachen Kirchenverfassung*, Nr. 19 d; zit. nach Knopp, a.a.O., S. 345.

[48] *Das Kirchenregiment in der altpreußischen Landeskirche*, Berlin 1919. – In: KABl. vom 2. Juli 1919, 6. Jg., Nr. 15, S. 200f: „Der Verfasser kommt zu dem Ergebnis, daß das Kirchenregiment nicht dem Staate, sondern der Kirche gehört und daß nur ein Glied oder Organ der evangelischen Kirche, niemals aber die Staatsgewalt mit dem Wegfall der Herrschaft der Fürsten als *membra praecipua ecclesiae* berufen sein könne, das der Kirche zustehende Regiment auszuüben. Das Kirchenregiment soll schlechthin dem Landeskirchentage zukommen. Dieses Recht der Synode wird für die wichtigste Funktion, die Selbständigkeit der Kirchen-Gesetzgebung ohne staatliche Sanktion, allenthalben künftig wohl stehendes Recht werden; daß andere Funktionen wie jene der Regierungsgewalt künftig anderen kirchlichen Organen als dem synodalen Element wieder übertragen werden können, schließt die Abhandlung damit nicht aus. Ungemein klar und überzeugend ist auch der Gedanke ausgeführt, daß die kirchenregimentlichen Behörden trotz der Einflüsse des Kollegialsystems und ihrer territorialistischen Ausgestaltung in den einzelnen Landesverfassungen und in der Praxis den Charakter als kirchliche Behörden nicht verloren haben und die ihnen übertragenen Episkopalrechte als Kirchenamt ausüben, wie ja ohnehin die Entwicklung in den letzten Jahrzehnten und die Einfügung des synodalen Elements in den Kirchenkörper die Konsistorien zu rein kirchlichen Behörden gemacht hat, auch wenn die einzelnen Beamten nach den Verfassungen Staatsdienerrechte genießen."

[49] Hezner war der Meinung, die ihm zur Kenntnis gebrachten Vorstellungen Strathmanns ließen sich so nicht aus den Gesetzestexten lesen. In einem Brief an Gebhard vom 5. August 1919 äußerte er , „daß meiner Ansicht nach wohl vor weiteren Schritten des Kirchenregiments die Publikation der Landesverfassung abzuwarten ist. Aus dieser bzw. den hierüber gepflogenen Verhandlungen wird sich ergeben, ob der Staat wie wohl anzunehmen sein dürfte, in dem durch die Landesverfassung gezogenen Rahmen die gebotenen Ausführungsvorschriften erläßt und in wie weit die Kirche noch zur selbständigen Regelung ihrer Angelegenheiten schreiten kann."; zit. nach Knopp, *Verfassung*, S. 346, Anm. 888. Hezner hatte aber bereits am 22. Juli 1919 in einem Brief an Gebhard geraten, die Kirche solle für eine Übergangsverfassung Sorge tragen, damit sie im Falle der Trennung nicht rechtlich un-

gesichert dastünde: „Werden diese reichs- und landesrechtlichen Bestimmungen [sc. Weimarer Reichsverfassung und Bayerische Verfassung] Gesetz, dann ist der Summepiskopat und das landesherrliche Kirchenregiment beseitigt. Es bleiben nur die landesrechtlichen Bestimmungen aufrecht bezüglich der Verwaltung des Vermögens und bezüglich des kirchlichen Steuer- und Umlagewesens. Es wird demnach wohl, wenn keine Übergangsbestimmung kommt, ein Vacuum in der Kirchenleitung eintreten. Dies dürfte Anlaß geben zur Erwägung, ob es nicht veranlaßt erscheint, in der derzeitig tagenden Synode Maßnahmen zu ergreifen oder wenigstens vorzubereiten, die es ermöglichen, die Kirche ohne Unterbrechung und ohne zu einer sofortigen nochmaligen Zusammenberufung einer Synode gezwungen zu sein, weiterzuleiten […]"; *Mappe Briefwechsel in Sachen Kirchenverfassung*, Nr. 19 b 1, zit. nach Knopp, *Verfassung*, S. 189, Anm. 462.

Vorbereitungen der verfassunggebenden Generalsynode

1 Vgl. Art. 137 Abs. 1 und 3 WRV.

2 § 18 Abs. 3 BV lautete: „Religionsgesellschaften, Religionsgemeinden und geistlichen Gesellschaften wird die selbständige Ordnung und Verwaltung ihrer Angelegenheiten, den Religionsgesellschaften und Religionsgemeinden, welche die Rechtsstellung von Körperschaften des öffentlichen Rechtes besitzen, auch die Besteuerung ihrer Mitglieder auf Grund der bürgerlichen Steuerlisten innerhalb der Schranken des Gesetzes gewährleistet."; GVBl. vom 15. September 1919, Nr. 58, S. 535. Text der Bayerischen Verfassung auch bei Kritzer, *Freistaat*, S. 123–145.

3 Gebhard: *Notverfassung. Übersicht der Rechtsfragen und Zweckmäßigkeitsfragen zur Orientierung vor der Sitzung vom 25. Sept.* Gebhard hielt in der Kollegialversammlung des Oberkonsistoriums in München ein einleitendes Referat. Problem war immer noch die Auslegung der Formulierung „innerhalb der Grenzen des für alle geltenden Gesetzes" in Art. 137 Abs. 3 WRV. Dazu stünde der § 18 BV in klarem Widerspruch. Bei allen Unklarheiten sei aber doch dahingehend Einvernehmen mit den Vertretern der bayerischen Regierung festzustellen, daß sich die Schranke nicht auf die innerkirchlichen Angelegenheiten, also auf die Kirchengewalt beziehen könne. Die Episkopalfrage aber sei eine innerkirchliche Frage und somit der Gesetzgebung des Staates entzogen.

4 Gebhard, *Notverfassung 25.11.1919*, S. 3.

5 KABl. vom 31. Oktober 1919, Nr. 22, S. 248f, Akt.Nr. 5225, ausgefertigt am 13. Oktober 1919.

6 Vgl. auch die *Äußerung für den Herrn Ministerialreferenten*, S. 2f: „Landeskirchliche Behörden im Rechtssinne wie das Summepiskopat, bestehen schon seit dem Wegfall des Landesherrn nicht mehr, trotzdem führen sie seitdem faktisch in der Fiktion als Funktionäre die Aemter bis zum Neubau der Kirchenverfassung weiter. Unter diesem Gesichtspunkt bestimmt auch die Notverfassung als Überleitung, daß die bisherigen Aemter und Stellen im Rahmen ihrer bisherigen Zuständigkeit die Geschäfte weiterführen."

7 Es handelte sich um die Reichsschulkonferenz in Berlin vom 20.- 23. Oktober 1919, auf der Hoffmann als Kultusminister das Problem noch einmal angesprochen hatte.

8 KABl. vom 31. Oktober 1919, 6. Jg., Nr. 22, S. 249.

9 Vgl. insgesamt Craig, *Deutsche Geschichte*, S. 365f, Zitat: S. 366. Vgl. außerdem: Anschütz: *Verfassung*, S. 89ff.

10 Der Jurist Philipp Zorn hatte in einem großen Artikel *Der Summepiskopat und der Freistaat Bayern* in der München-Augsburger-Abendzeitung Stellung zu dem Rechtsproblem bezogen. Nach einem Überblick über die historische Genese des Summepiskopats und der beiden Rechtskreise, die konventionell als *ius in sacra* und *ius circa sacra* benannt wurden, kommt er zu der aktuellen Situation nach der Novemberrevolution und der Frage, wer nun befugt sei, die summepiskopalen Rechte auszuüben: „Grundsätzlich unverändert geblieben ist das *jus circa sacra.* Für diesen Rechtskreis ist der Unterschied der monarchischen und republikanischen Staatsform gleichgültig [...]. Ganz anders aber verhält sich dies mit dem gesamten Rechtskreis des *jus in sacra,* des Kirchenregiments. Der Summepiskopat der Landesherrn in Deutschland ist durch die Staatsumwälzung vom November 1918 vollständig dahingefallen; die Verbindung, welche zwischen der evangelischen Kirche und dem Staatsoberhaupt bestand, ist restlos gelöst und *keines der Summepiskopatsrechte des Landesherrn ist auf die gegenwärtigen Staatslenker übergegangen*, denn keiner der Gründe, durch welche in der Reformationszeit der Übergang des bischöflichen Kirchenregiments an die Landesherrn gerechtfertigt und begründet wurde, trifft auf die heutigen Staatslenker zu, weder der Gedanke der *custodia prioris tabulae* noch der der *praecipua membra ecclesiae.*“; Zorn, *Der Summepiskopat.* Für die Durchführung und bis zur völligen Trennung von Staat und Kirche empfiehlt Zorn die Bildung einer Kommission aus Vertretern des Oberkonsistoriums und der Staatsregierung; im Bereich des Ernennungsrechtes und der kirchlichen Neuverfassung möchte Zorn dem Staat aufgrund der fließenden Grenzen zwischen ius in sacra und ius circa sacra und wegen der Bedeutung dieser Bereiche für die allgemeine Öffentlichkeit weiterreichende Zugeständnisse machen. Dagegen hält ein anonymer Autor in einer Antwort auf Zorn, daß es keine Rechtsgrundlage für eine Übergangsgesetzgebung mehr gebe. Art. 137 WRV sei eindeutig als gültiger Rechtssatz gemeint und deshalb müsse die „normwidrige Rechtsbildung“ einer staatlichen Ausübung der summepiskopalen Rechte sofort beendet werden; vgl. Anonym, *Der Summepiskopat.* Zorn, *Nochmals der Summepiskopat*, wies die harsche Kritik des Autors an der Stellungnahme des Staatsministeriums für Unterricht und Kultus als nicht berechtigt zurück. Bei der divergierenden Interpretation von Art. 137 handele es sich tatsächlich um einen „alten und unausgetragenen Streit in der Theorie des Staatsrechtes. Der Streit dreht sich im wesentlichen um die Frage: Enthalten diese Grundrechte unmittelbar verpflichtendes Recht oder sind sie nur ein ‚Bekenntnis‘ , auf dessen Grund erst in ‚weiterer Regelung‘ Rechtssätze geschaffen werden sollen. [...] Es kann dieser Streitfrage hier nicht weiter nachgegangen werden; aber angesichts des unausgetragenen großen Streites kann doch der scharfen Kritik, die in Nr. 443 der ‚M.-A. A.‘ an der Regierungserklärung vom 30. Oktober geübt wird, nicht beige-

treten werden. Aber durchaus beigestimmt werden muß allerdings der Meinung, daß der landesherrliche Summepiskopat aufgehoben ist und daß, wie immer man die Frage des Rechtscharakters der Grundrechte auch entscheide, durch Art. 137 festgestellt ist, *daß kein Summepiskopat in Deutschland mehr besteht und bestehen kann.* Für ein ‚Übergangsgesetz' in diesem Hauptpunkte ist heute kein Raum mehr; *diese Frage ist erledigt, nicht durch einen Rechtssatz, sondern durch eine Tatsache und deren notwendige Rechtsfolge.*"

[11] Vgl. dazu *Äußerung für den Herrn Ministerialreferenten. 10.11.1919*, S. 2f: „Die Notverfassung steht auf dem Standpunkt, dass über alle Fragen, die im Zusammenhang mit der Ausübung des Summepiskopats vermögensrechtlicher Art sind, eine Abwicklung nötig ist und Verhandlungen kommen müssen." Die Modalitäten der Entlassung des Beamtenorganismus aus dem seitherigen Staatsorganismus sei durch den Landtag zu klären.

[12] Gebhard, *Grundfragen 14.11.1919*, S. 16. – In den Leitsätzen und Fragen vom 30. November 1919 für den Arbeitsausschuß sprach Gebhard die Frage erneut an unter dem Punkt „II. Bildung und Bezeichnung der Kirche selbst und ihrer Organe. (Die Bezeichnung der Amtsträger kann später erfolgen).", Gebhard, *Leitsätze und Fragen 30.11.1919*, S. 2.

[13] Obwohl Hoffmann, *Kirchenleitung*, Sp. 1642, berechtigte Kritik an den Begriffen „Kirchengewalt" und „Kirchenregiment" geübt hat, werden sie hier beibehalten, um unnötige Begriffsverwirrung zu vermeiden. Ich bezweifle, daß der „sachlich bessere[n] Ausdruck *Leitungsvollmacht* der Kirche" inhaltlich tatsächlich mehr als der alte staatskirchenrechtliche Terminus „Kirchengewalt" leistet.

[14] Vgl. hierzu Knopp, *Verfassung*, S. 313ff; Rieker, *Kirchenregiment*, bes. S. 3–37. Gehörte die Kirchengewalt dem König, so wäre sie mit der Revolution fortgefallen und die Kirche müßte sich nach einem innerkirchlichen Ersatz umschauen. Im anderen Fall, daß die Ausübung der Kirchengewalt von der allgemeinen Staatsgewalt abgeleitet worden wäre, hätte die Kirche auf einen Übergang der Kirchengewalt auf kircheneigene Organe dringen müssen. Das wäre dann Gegenstand rechtlicher Verhandlungen zwischen Staat und Kirche gewesen.

[15] Rieker, *Kirchenregiment*, S. 4.

[16] Rieker, a.a.O., S. 32.

[17] So neben anderen Rieker, *Zur Neugestaltung*, S. 13f. Bei den Rechten des Landesherrn handele es sich um öffentliche Rechte und Pflichten, die grundsätzlich unübertragbar seien und mit ihrem Träger untergingen. „Falsch ist es daher anzunehmen, mit dem Wegfall des Landesherrn sei das evangelische Kirchenregiment durch Heimfall an die Kirche oder an die Generalsynode oder an die Kirchengemeinde übergegangen." Es könne also für die Kirche nur darum gehen, einen „Ersatz für das landesherrliche Kirchenregiment" zu finden; a.a.O., S. 14. – Friedrich Boeckh hingegen war der Meinung, das Recht auf ein innerkirchliches Regiment sei an die einzelnen Gemeinden zurückgefallen, deren Zusammenschluß die Landeskirche bilde. Die Landeskirche in ihren rechtsfähigen Organen sei demnach befugt, die Kirchengewalt auszuüben; vgl. Boeckh, *Revolution und Kirche*, S. 373. Karl Geb-

hard begründete den definitiven Anspruch auf innerkirchliche Ausübung der Kirchengewalt mit der sogenannten „Annextheorie", wonach das Recht auf innerkirchliches Regiment ein *Annexum*, nicht ein *Inhärens* der Stellung des Landesherrn gewesen sei und deshalb an die Kirchen in dem Moment zurückfalle, in dem der Staat die Verfassung ändere, um eine Trennung von Staat und Kirche zu erreichen; Gebhard, *Richtlinien*, S. 1.

18 Darauf hatte Boeckh, *Zukunft der Kirche*, S. 63, bereits im März 1918 hingewiesen: „Eine Volkskirche ohne klare unzweideutige Bekenntnisgrundlage zerfällt. Die auflösenden und zersetzenden Einflüsse der Demokratisierung des Staatslebens müssen von der Kirche hinsichtlich ihres Grundes ferngehalten werden. Auf dem Gebiet der äußeren Verfassung wird aber die Kirche dem gesteigerten demokratischen Volksempfinden in dem Ausbau der synodalen Verfassung besonnen Rechnung tragen müssen." Auch Gebhard, *Grundfragen*, S. 17, sieht durch die demokratische Staatsverfassung eine Umverteilung der Machtverhältnisse in der neu zu verfassenden Kirche anstehen: „Das synodale Element (Synode u. Gen.Synodalausschuß) hat im demokratischen Staat eine andere Beteiligung an der Kirchengewalt zu erhalten als ihm in der konstitutionell-monarchischen Verfassung mit der Spitze des Landesherrn als oberster Landbischof und dem ausübenden Kirchenregiment zukam."

19 Am 14. November 1918 rief Martin Rade in der *Christlichen Welt* zur Bildung von Volkskirchenräten auf. Ziel der Bewegung war es, die Trennung von Staat und Kirche mit einer angemessenen Übergangsfrist durchzuführen, eine Kirchenversammlung zur Mitbestimmung bei der Neuordnung der Verhältnisse einzuberufen, der Neubau der evangelischen Kirche auf Grundlage des Allgemeinen Priestertum und freier Wahl ihrer Organe: d.i. Presbyterien, Synoden, Behörden und Pfarrer. Eine Reichssynode mit einheitlicher Verfassung bei Wahrung der konfessionellen und territorialen Unterschiede sollte den Bau einer deutschen evangelischen Volkskirche abrunden. Zu dieser Synode sollten allgemeine, direkte und geheime Wahlen (Männer wie Frauen) stattfinden. Bisher Kirchenferne sollten gewonnen werden. Vgl. ChW vom 28. November 1918, 32. Jg., Nr. 48/49, Sp. 466. Seinem Aufruf waren namhafte Theologen gefolgt. Der Text und eine ausführliche Namensliste der den Aufruf mittragenden Männer und Frauen findet sich bei Mehnert, *Evangelische Kirche und Politik*, S. 116–119.

20 Auch in Preußen haben solche Unternehmungen letztlich nur wenig Erfolg gehabt. In dem Moment, in dem die Revolution ihren Schwung verlor und in moderate Bahnen geleitet wurde, bekamen auch die Kirchenbehörden wieder Oberwasser und konnten für die kommenden Verhandlungen ihren ‚Standortvorteil' gegenüber allen nicht amtskirchlichen Gruppierungen nutzen. So machte der Vorsitzende des Vertrauensrates, Otto Dibelius, Martin Rade auf das Problem der Rechtskontinuität in mehreren Briefen aufmerksam und ersuchte diesen dringlich, „1. daß wir möglichst einheitlich arbeiten und Zersplitterungen vermeiden und 2. daß die Gemeinden die Trägerinnen des Neuen werden, nicht extra geschaffene Verbände oder dergleichen."; Brief vom 5. Dezember 1918, zit. nach Stupperich, *Otto Dibelius*, S. 84. In einem weiteren Brief vom 28. Dezember 1918 wies er ihn erneut darauf hin, daß nur eine in der Rechtskontinuität stehende Kirchenversammlung die Legi-

timität und Autorität zu einer Neuverfassung der Kirche habe. Rade möge die Arbeit des Vertrauensrates unterstützen und wissen, „daß Aussicht auf befriedigende Entschlüsse besteht [...], daß hier geschieht, was menschenmöglich ist."; Stupperich, a.a.O., S. 85.

21 Zum Vereinswesen vgl. die kurze Zusammenfassung bei Maser, *Weimarer Republik*, S. 95f. Maser hebt hervor, daß die Arbeit der Vereine „ganz selbstverständlich als kirchliche Arbeit angesehen" wurde; außerdem hätte in vielen Vereinen der Gemeindepfarrer „fast selbstverständlich einen Sitz im Vereinsvorstand" gehabt; Zitate a.a.O., S. 95.

22 „Um eine ‚Synode' kommt man nicht herum: weil aber Dörfel-Zezschwitz eine regelmäßige Synode mit recht ein chronisches Geschwür am Leib der Kirche genannt hat, darum sollte nur nach Bedürfnis eine solche gehalten werden."; Th.Z.: *Zur kirchlichen Lage*. – In: Korr.Bl. vom 9. Dezember 1918, 43. Jg., Nr. 49, S. 384f; vgl. oben, S. 136 mit Anm. 17.

23 Rechtsfähige Gemeinden gibt es in Bayern seit dem revidierten Gemeindeedikt vom 1. Juli 1834; einer strengeren Auffassung nach erst seit dem Erlaß der Kirchengemeindeordnung am 24. September 1912; vgl. Rieker, *Neugestaltung*, S. 27.

24 Schneider, *Kirchliche Zeitlage 1919*, S. 365.

25 Zum Vertrauensrat in der ApU vgl. Wright, *Über den Parteien*, S. 14f. Die Liste seiner Mitglieder ist bei Mehnert, *Evangelische Kirche und Politik*, S. 236, verzeichnet. Zu seiner Beurteilung durchaus divergierend siehe Jacke, *Kirche zwischen Monarchie und Republik*, S. 48f, und Motschmann, *Evangelische Kirche und preußischer Staat*, S. 42f. – Daß der Vertrauensrat allerdings in enger Abstimmung mit dem EOK arbeitete, wird schon an seinem Vorsitzenden, dem damaligen Schöneberger Pfarrer und späteren Generalsuperintendenten der Kurmark, Otto Dibelius, erkennbar.

26 Rieker, *Neugestaltung*, Leitsatz XI, S. 55.

27 Vgl. Rieker, a.a.O., S. 12f.

28 Zu einem ähnlichen Ergebnis gelangte auch der Jurist Oeschey, der davon ausging, daß mit dem Ende der Monarchie das landesherrliche Kirchenregiment untergegangen sei, und nur die Kirche das Recht habe, diese Lücke aufzufüllen; vgl. Oeschey, *Grundlinien*, S. 11ff.

29 Rieker, a.a.O., S. 23.

30 Rieker, a.a.O., S. 14ff.

31 Rieker wandte sich kritisch gegen das von Emil Herrmann vertretene „Gemeindeprinzip"; geschichtlich und theologisch gehe die Gesamtkirche der Einzelgemeinde voraus: „So stellt sich einer unbefangenen Betrachtung die protestantische Landeskirche allenthalben als eine den einzelnen Gemeinden zeitlich vorausgehende und sie in rechtlicher Gestalt überragende Größe dar, und das Gemeindeprinzip, wie es Emil Herrmann als ein echt protestantisches Prinzip formuliert hat, muß als eine rein theoretische Konstruktion ohne geschichtlichen Hintergrund bezeichnet werden. Es ist auch nicht aus dem Geiste der lutherischen Reformation geboren, sondern auf dem Boden des reformierten Protestantismus erwachsen und verdankt

seine Popularität dem Bündnis mit den demokratisch-naturrechtlichen Ideen"; Rieker, *Neugestaltung*, S. 28.

[32] Rieker, a.a.O., S. 26, ist der Ansicht, daß die Kirchengewalt von der Gemeinde ausgehe, daß also alle größeren Kirchenkörper ihre Gewalt aus der Gemeinde abgeleitet hätten, „so daß sie, als das landesherrliche Kirchenregiment als ihr Inhaber auf Grund der Revolution wegfiel, durch Heimfall auf die Gemeinden als ursprüngliche Inhaberinnen der Kirchengewalt übergeht."

[33] Riekers Überlegungen a.a.O., S. 25–33, lehnen sich eng an Sohms Unterscheidung von weltlicher und geistlicher Kirche an.

[34] Zur Ablehnung eines Bischofsamtes bei Rieker vgl. die in *Neugestaltung*, S. 16–22, eingehend erörterten Argumente und oben, S. 183ff.

[35] So Rieker, a.a.O., These X b, S. 54. Zustimmend äußert sich Pechmann, *Kirchenverfassung*, S. 84. – Ich meine, es spielte bei der Ausbalancierung von Synode und Konsistorium als „Gegengewichte" immer auch die politische Analogie eine Rolle: der parlamentarisch verfaßten Synode war ein konservatives Gegengewicht gegenüberzustellen. Gerade bei Pechmann war die Befürchtung sehr ausgeprägt, daß die Synode zu viel Gewicht bekommen könnte, und deshalb votierte er für ein starkes, autoritäres Kirchenregiment. Vgl. dazu a.a.O., S. 83, und einen Brief Pechmanns an den Kirchenrat und Dekan von Fürth, Herold, vom 16. Februar 1920: „[...] dass man jede Übertragung wesensfremder Vorstellungen und Einrichtungen auf die Kirche zurückweise; und dass man endlich – darauf lege ich allerdings entscheidenden Wert – das dem Herrn verantwortliche Amt der Kirchenleitung nicht von der Generalsynode abhängig mache. Ich würde mich freuen, mein hochverehrter Herr Kirchenrat, wenn es mir doch noch gelingen sollte, in diesem Punkte Ihre mir überaus wichtige Zustimmung zu gewinnen. Reibungen sind umso mehr zu befürchten, je mehr geändert wird, und werden umso weniger ausbleiben, je mehr man die Generalsynode oder vielmehr deren jeweilige Mehrheit nach demokratischem und reformiertem Muster zum allein ausschlaggebenden Faktor erhebt."

[36] Pechmann verweist an dieser Stelle auf seine Abhandlung *Kirchenverfassung*, wo er auf den Seiten 66ff eingeht auf die „dort erfolgte Unterscheidung zwischen der Wiederherstellung der Monarchie, auf die ich nie aufhören werde, zuversichtlich zu hoffen, und einer Wiederherstellung des landesherrlichen Kirchenregiments."; im angegebenen Brief, S. 1 als Anmerkung.

[37] Pechmann an den Oberstkämmerer des Königs, Hans von Laßberg, in einem Brief aus Ansbach vom 21. August 1920. Laßbergs Antwortschreiben datiert vom 31. August 1920 von Schloß Wildenwart, wo der König nach der Revolution lebte. Der König habe Pechmanns Ausführungen „mit aufrichtiger Freude und inniger Genugtuung" zur Kenntnis genommen und danke „ganz besonders herzlich für die Ihrem Schreiben entnommenen wertvollen Beweise treuanhänglicher Gesinnung."

[38] Pechmann, *Kirchenverfassung*, S. 67: „Im Wesen der Monarchie liegt nichts, was die Rückkehr zu dieser überlegenen Staatsform ausschließen würde. Ganz anders das landesherrliche Kirchenregiment. Mögen im Rückblick auf die Vergangenheit die Anschauungen und Stimmungen noch so weit auseinandergehen: für die Zukunft,

so viel ich sehe, ist alles darüber einig, daß eine Wiederherstellung dieser Form der Kirchenverfassung nicht zu erwarten sei. Ihre Zeit ist abgelaufen."

39 Zorn, *Der Summepiskopat.*

40 Zorn, *Der Summepiskopat.*

41 Boeck, *Revolution und Kirche,* S. 373f.

42 Boeck, *Revolution und Kirche*, S. 383f. – Spricht hier nicht die Skepsis gegenüber dem politischen Modell der parlamentarischen Demokratie, die auf Kompromiß und Koalition angelegt ist? Eben diese Skepsis motivierte auch Boeckhs Eintreten für eine persönliche Spitze der Kirchenleitung, die, statt kollegiale Kompromisse produzieren zu müssen, die Entschlossenheit und Durchsetzungskraft der Meinung eines Einzelnen zum Ausdruck bringe und damit Einheitlichkeit und Stetigkeit für die Kirchenleitung garantiere.

43 Vgl. dazu *Verhandlungen DEKT 1919.*

44 Vgl. zur Eisenacher Konferenz und zum Deutschen Evangelischen Kirchentag die Erläuterungen bei Wolf: *Ordnung der Kirche*, § 59, S. 421–425. – Pechmann, *Landeskirche – Kirchenbund*, S. 24ff, hielt eine „Einbürgerung" der Allgemeinen Evangelisch-Lutherischen Konferenz in Bayern über den Bund der Bekenntnisfreunde mit dem Ziel eines lutherischen Kirchenbundes für wünschenswert.

45 Vgl. Knopp, *Verfassung*, S. 321f.

46 Zur „neuartigen Zusammensetzung" des Kirchentages und seinen Zielsetzungen vgl. den Bericht von Schneider, *Kirchliche Zeitlage 1920*, S. 344ff; zur politischen Bedeutung: Nowak, *Evangelische Kirche*, S. 63–71. – Aus Bayern waren bei den Verhandlungen als Teilnehmer anwesend: Philipp Bachmann, Dekan der theol. Fakultät Erlangen (theol. Gruppe); Friedrich Boeckh, Kirchenrat und Dekan in Nürnberg, Vors. d. Generalsynodalausschusses (synodale Gruppe); Karl Gebhard (kirchenregimentliche Gruppe); Frau Müller, Vors. d. bayer. Landesverbandes der ev. Frauenvereine (ausgleichende Gruppe); Wilhelm Pechmann, Präsident der Bayerischen Handelsbank (ausgleichende Gruppe); Karl Rieker, Prof. der Rechte in Erlangen (ausgleichende Gruppe); Eugen Rohmer, Landgerichtspräsident, Traunstein (synodale Gruppe); Friedrich Veit, Präsident des Oberkonsistoriums München (kirchenregimentliche Gruppe; Veit war Vorsitzender der Kirchenkonferenz.); Karl Wolfart, Dekan in Bayreuth (synodale Gruppe); Zahnt, Stadtpfarrer in Konstanz, Vertr. des Gustav-Adolf-Vereins (Vereinsgruppe); Vgl. *Verhandlungen DEKT 1919*, S. 101–112, und KJ 47 (1920), S. 339ff. – Pechmann, *Landeskirche – Kirchenbund*, S. 21, sprach sich für eine stärkere Zusammenarbeit der evangelischen Kirchen aus, um ihre Interessen in der Öffentlichkeit besser vertreten zu können.

47 *Verhandlungen DEKT 1919*, S. 157.

48 *Verhandlungen DEKT 1919*, S. 158.

49 *Verhandlungen DEKT 1919*, S. 196ff.

50 Durch den Antrag Tillich, der die Vorlagen des DEKT für die Landeskirchen nur als „Anregung für eigene Entschließungen" verstanden wissen wollte, wurde der Antrag Schultze als hinfällig betrachtet; vgl. *Verhandlungen DEKT 1919*, S. 192. –

Der Vorgang zeigt einmal mehr, wie ernst es der Beratergruppe aus dem Erlanger Eisenbahnhotel mit der Ablehnung des Bischofsamtes war; vgl. dazu oben, S. 183.

51 Vgl. dazu den Bericht über die Sitzung am 3. September 1919 am Rande der Eisenacher Konferenz bei Gebhard, *Bischofsfrage*, S. 5–13. Nach einem Gespräch zwischen Gebhard und dem badischen Prälaten D. Schmitthenner war eine Einladung ausgesprochen worden, der „Mitglieder der verschiedenen Kirchenregierungen und von Landessynoden Süddeutschlands und einige Kirchenrechtslehrer gefolgt" waren; Gebhard, a.a.O., S. 5. – Anwesend waren: Gebhard, München; Rieker, Erlangen; Rohmer, Traunstein; Schulze, Leipzig; Niedner, Jena; Frey, Karlsruhe; Zeller, Stuttgart; Kiefer, Karlsruhe; Schmitthenner, Karlsruhe; Wohlfahrt, Bayreuth; Thielemann, Oldenburg; Schöll, Württemberg – außer Bayern alles Länder, in denen die Kirche bereits per Reversaliengesetz oder ähnlichen Vereinbarungen die Kirchengewalt übernommen hatte.

52 Der Vortrag wurde am 10. September 1919 auf der Konferenz gehalten, erschien zunächst in der AELKZ 52 (1919), Sp. 1082–1086, 1108–1112, 1132–1138, und wurde dann noch im gleichen Jahr als Sonderdruck aufgelegt. – Hier plädierte Oeschey, S. 24f, für ein Bischofsamt in der Kirche, das von einem Theologen als geistliches Zeugnisamt für die ganze Kirche geführt werden solle. Die Bischofsfrage sei letztlich eine „Zweckmäßigkeits- und Titelfrage", da der Bischof im Grunde ein „ausgezeichneter Generalsuperintendent oder Prälat" sei, hierarchische Argumente gegen ihn mithin nicht geltend gemacht werden könnten; vgl. a.a.O., S. 25. Auch Oeschey hielt eine Verbindung von geistlicher und kirchenregimentlicher Führung in einer Person nicht für sinnvoll.

53 Der Verlauf der Besprechung wurde von Gebhard festgehalten und als *Anlage: Zur Bischofsfrage*, S. 1–5, seinem Referat vor dem Oberkonsistorium, *Grundfragen* vom 14. November 1919, beigelegt.

54 Aufgestellt wurden die Erlanger Leitsätze von Prof. Dr. Karl Rieker, Prof. D. Bachmann, Lic. Dr. Bürckstümmer, Rechtsrat Schmidt, Webermeister Braunersreuther und Fabrikant Schradin, alle Mitglieder der Gemeinde Neustadt-Erlangen. Veröffentlicht wurden sie dann zusammen mit einem persönlichen Kommentar Riekers in seiner Schrift *Neugestaltung*. Die Leitsätze stehen auf den Seiten 51–58, der Kommentar auf den Seiten 3–50. Die Schrift erschien gegen Ende des Jahres 1919; vgl. die ausführliche und wohlwollende Besprechung in: KABl. vom 21. November 1919, 6. Jg., Nr. 25, S. 281f.

55 Zur Person siehe Register. – Rieker war der Anschauung Rudolf Sohms stark verpflichtet, wonach sich ein Rechtspositivismus in innerkirchlichen Angelegenheiten aus theologischen Motiven heraus verbiete; vgl. dazu Smend, *Kirchenrecht*, Sp. 1518. Riekers Aufsätze zum Verhältnis von Staat und Kirche gehören ebenfalls zu der exzerpierten Lektüre im Oberkonsistorium; den handschriftlichen Notizen nach zu schließen wahrscheinlich von Gebhard. Vgl. den Akt *Lektüre zur Kirchenverfassung*.

56 Zu den aufgezählten Personen, siehe das Register.

57 Maser, *Weimarer Republik*, S. 16, ‚unterschlägt' Pechmann und Schmidt.

58 Gebhard, *Bischofsfrage*, S. 1.

[59] Bürckstümmer, *Bischofsfrage*, S. 5.

[60] Rieker, *Bischofsfrage*, S. 4. Entsprechend schlagen die Erlanger Leitsätze X-XII vor, die Leitung der Kirche in die „Hände einer ständigen Behörde", am besten dem beibehaltenen Oberkonsistorium, zu legen und dem Wunsch nach geistlicher Leitung in der Kirche durch mehrere Generaldekane oder Generalsuperintendenten nachzukommen.

[61] Bachmann, *Bischofsfrage*, S. 4. – Vgl. dazu auch Bachmann, *Von Innen nach Außen.* Bachmann versteht seine Schrift als „theologische Ergänzung" zu den eher kirchenrechtlichen Erwägungen Riekers, *Neugestaltung*, und weiß sich mit ihm in der Frage der Verfassungskonstruktion einig.

[62] Rieker, *Neugestaltung*, S. 56 (= Leitsatz XIII). – Die Zahl der Generaldekane war zu der Zeit noch völlig offen. Pechmann, der sich zuvor für einen Landesbischof erwärmen konnte, gesteht, *Bischofsfrage*, S. 2, daß die Argumentation Riekers ihn überzeugt habe, und für eine Trennung von administrativer und geistlicher Leitung der Kirche auch spreche, daß auf diese Weise der „Umbau [der Verfassung] mit aller Behutsamkeit" vorgenommen werden könne. Er führt den Gedanken einer ‚geteilten Spitze' in seinen Überlegungen zur neuen *Kirchenverfassung*, S. 56, weiter aus.

[63] Rieker, a.a.O., S. 54f (= Leitsatz XI).

[64] Rieker, a.a.O., S. 55f (= Leitsatz XII).

[65] Rieker, a.a.O., S. 56 (= Leitsatz XIII); vgl. Elert, *Superintendenturverfassung.* Zu den historischen Vorbildern gehört zum Beispiel das Amt des preußischen Generalsuperintendenten, das 1829 wieder eingeführt wurde, nachdem es seit 1632 geruht hatte; vgl. Hintze, *Epochen*, S. 86; und Foerster, *Preußische Landeskirche I*, S. 143–160. In dem Amt sollte die geistliche Leitung im Vordergrund stehen gegenüber der Verwaltungsaufgabe; schnell wurde es zum persönlichen Mittelpunkt für die Geistlichkeit der Provinz; einige Generalsuperintendenten führten auch einen bischöflichen Titel, Borowski gar den des Erzbischofs, ohne aber tatsächlich ein bischöfliches Amt zu bekleiden.

[66] Rieker, a.a.O., S. 17: „Was nun das Erste betrifft, die seelsorgerlich-geistliche Aufgabe des künftigen Landesbischofs, so wäre diese so umfassend, daß Eine Person dafür kaum genügen würde; man hat deshalb auch schon von einem Oberbischof oder Erzbischof mit mehreren Unterbischöfen gesprochen. Allein dafür hat man bisher schon in manchen deutschen Landeskirchen geistliche Würdenträger unter dem Namen Generalsuperintendenten gehabt und könnte sie da, wo sie bisher noch nicht bestanden haben, wie in Bayern, neu schaffen. Warum sie auf einmal den Titel Bischof führen sollen, ist umso weniger einzusehen, als dieser Titel ja auch in der römisch-katholischen Kirche weniger ein seelsorgerliches als ein kirchenregimentliches Amt bezeichnet."

[67] „In einer solch günstigen Lage wäre der neugeschaffene protestantische Bischof nicht: er fände sich durch die Trennung von Staat und Kirche in eine Situation und vor Aufgaben gestellt, wie sie bisher noch kein protestantisches Kirchenregiment in Deutschland gesehen hat, und er hätte nicht den Vorteil, den ein weltliches Staatsoberhaupt dadurch genießt, daß ein verantwortlicher Minister für seine Regie-

rungsmaßregeln die Verantwortung übernimmt: einem evangelischen Bischof könnte kein Mensch die Verantwortung für seine Entscheidungen abnehmen." Rieker, ebd.

[68] Vgl. Rieker, a.a.O., S. 21, 22.

[69] Vgl. dazu oben, S. 182.

[70] Es waren wohl sein unermüdlicher Fleiß, seine Versiertheit und stete Präsenz in den verschiedenen Phasen der Verfassungsentwicklung, die ihm am 10. September 1920 den Ehrendoktor der theologischen Fakultät Erlangen für seine Verdienste um die Kirchenverfassung eintrugen. Vgl. Maser, *Weimarer Republik*, S. 19.

[71] Vgl. Gebhard, *Grundfragen*, S. 17.

[72] Gebhard, a. a.O., S. 18.

[73] Gebhard, a. a.O., S. 18.

[74] Vgl. Gebhard, *Bischofsfrage*.

[75] Gebhard, *Grundfragen*, S. 23.

[76] Gebhard, a.a.O., S. 24.

[77] Gebhard, a.a.O., S. 24.

[78] Umgekehrt wird m.E. ein Schuh daraus: Daß nur „Geistliche" an der Spitze der Kirche stehen, kann genauso den Eindruck einer geistlichen Hierarchie bestärken, vor allem aber wird mit dem Schritt der Kreis der nicht ordinierten Christen von dem höchsten, weil „geistlichen" Leitungsamt ein für alle Mal ausgeschlossen und damit dem Grundgedanken einer Kirche des allgemeinen Priestertums aller Glaubenden widersprochen.

[79] „Der Präsident der Kirchenbehörde ist gleichzeitig Kirchenpräsident. Als solchem kommt ihm die oberste Leitung der Kirche und ihre Vertretung nach außen zu."; Gebhard, *Grundfragen*, S. 83. – „Der Vorsitzende muß innerhalb des Kollegiums hinsichtlich seiner Stimme, abgesehen von Stichentscheid bei Stimmengleichheit, als *primus inter pares* gelten; er bezeugt durch die Unterschrift nach außen die Gesamtmeinung der Behörde. [...] Eine Heraushebung des Präsidenten im Kollegium wird dadurch getroffen werden können, daß er in der *geistlichen Oberleitung* der Landeskirche nicht gebunden wird, Angelegenheiten, die zu seiner Kenntnis gelangen, ohne Willen der Beteiligten an das Kollegium zu bringen. Verfassungsmäßig dogmatisch läßt sich der Satz allerdings kaum aufstellen; er müßte als stillschweigend gelten."; a.a.O., S. 28.

[80] Gebhard, *Grundfragen*, S. 84.

[81] Vgl. Gebhard, *Grundfragen*, Punkt 5: „Der Kirchenpräsident", S. 83–88.

[82] Gebhard, *Grundfragen*, S. 129.

[83] Gebhard, *Leitsätze und Fragen 30.11.1919*. Hier findet sich gewissermaßen die Vorstufe zu den im Dezember erarbeiteten Leitsätzen.

[84] Über die Diskussion gibt Aufschluß: *Aufzeichnungen 11./12.12.1919*. – Veröffentlicht wurden die kirchenregimentlichen Leitsätze im KABl. vom 31. Dezember 1919, 6. Jg., Nr. 29, S. 316–320, Akt.Nr. 6549, ausgefertigt am 20. Dezember 1919.

– Die Stadien der oberkonsistorialen Entwürfe finden sich in: *Entwurf einer Verfassung für die evang.-luth. Kirche in Bayern 1920.* – In: LkAN Bestand: LKR II, 230 (2671).

85 KABl. vom 31. Dezember 1919, 6. Jg., Nr. 29, S. 316.

86 Für das Oberkonsistorium waren anwesend: Veit, Braun, Nägelsbach, Gebhard und Hofstaetter. Für den Generalsynodalausschuß: Boeckh, Haussleiter, Zeitler, Pfeiffer, Rohmer, Walch, Hartwig und Meyer. Schriftführer war der Rechtspraktikant Johannes Heckel, der später einer der führenden Kirchenrechtstheoretiker werden sollte.

87 Gebhard, *Aufzeichnungen 11./12.12.1919*, S. 23. Boeckh antwortete darauf: „Wir wollen allerdings einen Kirchenpräsidenten und nicht einen Präsidenten des Landeskirchenrats."; ebd. Veit erläuterte die Differenz noch einmal und verschob die Auseinandersetzungen auf den nächsten Tag: „Soll es einen Präsidenten des Landeskirchenrats geben mit gewissen episkopalen Befugnissen und Vertretung der Kirche nach außen? Oder einen Präsidenten der Landeskirche, der aus dem Landeskirchenrat herausgehoben ist, die Kirche nach außen vertritt und überhaupt eine besonders hervorragende Stellung besitzt? Das sind die Probleme, für die wir uns morgen zu entscheiden haben.", a.a.O., S. 25.

88 Rohmer, *Aufzeichnungen 11./12.12.1919*, S. 25f.

89 Braun, *Aufzeichnungen 11./12.12.1919*, S. 27–30, holte weit aus, gab zunächst einen geschichtlichen Überblick, über die Gemeindesituation des Urchristentums und der frühen Kirche, um dann die Verirrung im Frühkatholizismus aufzuzeigen. Wollte man nun ein Präsidentenamt mit monarchischen Befugnissen einführen, so gehe man nicht nur am Strom der Zeit vorbei, der zur „demokratischen Ausgestaltung der Kirchenverfassung" [28] hintreibe, sondern entferne sich vielmehr von den Grundprinzipien evangelischer Ekklesiologie und begebe sich in die „Gefahr einer künftigen Katholisierung unserer Kirche" [29]. Die „Tendenzen der Laien auf Schaffung eines Kirchenpräsidenten" hielt er für „ein Stück Kirchenromantik" [30], der man nicht nachgeben solle. Er schloß: „Ich möchte die letzte Stunde, in welcher ich noch etwas im Kirchenregiment zu sagen habe, dazu verwenden, auf das Unheilvolle der vorgeschlagenen Entwicklung hinzuweisen. Lassen Sie es beim Landeskirchenrat, an dessen Spitze der Präsident steht, der auch hier eine gewisse exempte Stellung haben soll! Aber lassen Sie ihn eingeordnet sein in das Kollegium und nicht übergeordnet; rufen Sie nicht die Gefahr einer unbeschränkten Herrschaft eines Einzelnen in der Kirche hervor." [30].

90 KABl. vom 31. Dezember 1919, 6. Jg., Nr. 29, S. 318.

91 Lauter, *Rundschau 1918/20*, S. 147. Vgl. auch die staatliche Entschließung Nr. 47254. Abgedruckt in: KABl. vom 31. Dezember 1919, 6. Jg., Nr. 29, S. 315f.

92 Lauter, *Rundschau 1918/20*, S. 147.

93 Vgl. *Verordnung betreffend die Aufhebung der landeskirchlichen Verfassung der protestantischen Kirche in Bayern r. d. Rh. und der vereinigten protestantischen Kirche der Pfalz*. Abgedruckt in: KABl. vom 5. Februar 1920, 6. Jg., Nr. 3, S. 62f, Akt.Nr. 4078.

[94] *Aufhebung der landeskirchlichen Verfassung der protestantischen Kirche in Bayern r. d. Rhs. und der vereinigten protestantischen Kirche der Pfalz.* Abgedruckt in: KABl. vom 5. Februar 1920, 6. Jg., Nr. 3, S. 64, Akt.Nr. 4829.

[95] Art. 137 Abs. 1 WRV lautet: „Die auf Gesetz, Vertrag oder besonderen Rechtstiteln beruhenden Staatsleistungen an die Religionsgesellschaften werden durch die Landesgesetzgebung abgelöst. Die Grundsätze hierfür stellt das Reich auf."

[96] Vgl. Lauter, *Rundschau 1918/20*, S. 148.

[97] „Die Rechte der Staatsgewalt (Kirchenhoheitsrechte) gegenüber den protestantischen Kirchen werden durch die vorangegangene Regelung nicht berührt."; siehe oben, Anm. 94.

[98] *Bekanntmachung Betreff: Kirchenverfassung.* – In: KABl. vom 5. Februar 1920, 6. Jg., Nr. 3, S. 59–61, Akt.Nr. 917. Das Amtsblatt ist versehentlich mit dem Eindruck „Januar" statt „Februar" versehen. Es handelt sich bei der Verfassung um die im Juli eingebrachte Notverordnung.

[99] Lauter, *Rundschau 1918/20*, S. 148; Vgl. auch die Ansprache in KABl. vom 5. Februar 1920, 7. Jg., Nr. 3, S. 59ff.

[100] Vgl. zur inhaltlichen Arbeit oben, S. 193ff.

[101] Am selben Tag veröffentlichte das Oberkonsistorium verschieden Entscheidungen über die Beziehungen von Staat und Kirche. – In: Beilage zum KABl. vom 11. März 1920, 7. Jg., Nr. 9, S. 226; ausgefertigt am 27. Februar 1920; Akt. Nr. 1523.

[102] Vgl. zu den getrennten Sitzungen die Sitzungsprotokolle des Protestantischen Oberkonsistoriums (20.2.1929) und *Niederschrift GSA 26./27.2.1920,* und das Protokoll der gemeinsamen Sitzung von Oberkonsistorium und Generalsynodalausschuß am 27.2.1920.

[103] Die Kirchenvorstandsverordnung (KVV), die auf der außerordentlichen Generalsynode im Juli 1919 beschlossen wurde, ist samt den Formblättern abgedruckt in: KABl. vom 22. Februar 1920, 7. Jg., Nr. 6, S. 145–203. Ausschreibung zu den am 15.5.1920; KABl. vom 23. Februar 1920, 7. Jg., Nr. 7, S. 202f.

[104] Die Generalsynodalwahlordnung (GWO) ist samt Wahlkreiseinteilung und den für die Wahl benötigten Formblättern abgedruckt in: KABl. vom 17. Februar 1920, 7. Jg., Nr. 5, S. 77–143. Die Bekanntmachung der Wahl wurde veröffentlicht in: KABl. vom 20. Mai 1920, 7. Jg., Nr. 14, S. 265–276; dort ist auch ein genauer Ablauf der Wahlen und weiteren Vorbereitungen bis zur Konstituante aufgeführt.

[105] Hoffmann war am 17. März 1920 zurückgetreten, nachdem ihm General von Möhl bedeutet hatte, er könne die Verantwortung für die öffentliche Ordnung nicht länger übernehmen, solange Hoffmann in Bayern regiere. Von Möhl war von von Kahr (damals Regierungspräsident von Oberbayern), dem Kommandanten der bayerischen Einwohnerwehr, Georg Escherich, und dem Chef der Provinzpolizei, Ernst Pöhner, infolge des Kapp-Putsches zu Hoffmann geschickt worden, um diesem seine Demission nahezulegen. Im Kabinett von Kahr war kein SPD-Mitglied mehr vertreten, und der Ausbau Bayerns zur „Ordnungszelle" setzte ein. Vgl. Craig, *Deutsche Geschichte*, S. 378, und Schwarz, *Bayern 1918–1920*, S. 454–465.

[106] Zur Bewertung der Wahl vgl. Craig, *Deutsche Geschichte*, S. 378f.

[107] Die Unfähigkeit der SPD, eine Koalition unter stärkerem Einfluß der bürgerlichen Parteien mitzutragen oder die USPD für eine Koalition zu gewinnen, etablierte die erste rein bürgerliche Regierung der Republik. Rosenberg, *Geschichte der Weimarer Republik*, S. 99, bezeichnete die Wahl als „Katastrophe für die Weimarer Republik".

[108] Vgl. dazu oben, S. 152.

[109] Die Mitglieder des Ausschusses, der in den Protokollen als „Ansbacher Arbeitsausschuß" firmiert und vom eigentlichen Verfassungsausschuß der Synode zu unterscheiden ist, waren: OKR Gebhard (Vorsitzender), OKR Hofstaetter und KR Castner für das *Kirchenregiment*; Hilfsreferent Joh. Heckel als Schriftführer; Boeckh, Haußleiter, Rohmer für den *Generalsynodalausschuß*; Bachmann für die *theologische Fakultät Erlangen*; Oeschey und Rieker für die *juristische Fakultät*; Fentzel für den *Landesverband der evangelischen Vereine*; Herbst für den *Protestantischen Laienbund*; Lauerer für die *Neuendettelsauer Anstalten*; Meiser, für den *Kirchenvorstand München*, Thauer für die *Gemeinschaften* (später durch Keupp ersetzt); Zindel für den *Pfarrerverein*. Als weitere Personen aus dem öffentlichen Leben hinzugezogen wurden: Pechmann; Geyer, Kreppel, Lösch, Rehbach und Steinlein. Vgl. dazu: Korr.Bl. vom 19. Januar 1920, 45. Jg., Nr 3, S. 17. Die Zusammensetzung läßt erkennen, daß von den insgesamt 23 Mitgliedern nur sieben nichtkirchlichen Berufen nachgingen. Von den sieben waren Landgerichtspräsident Rohmer und von Pechmann schon seit längerem in kirchenleitenden Gremien tätig, so daß rein zahlenmäßig eine Erneuerung der Kirche nach der Revolution in den Gremien nicht zu erkennen ist. Auch der Anspruch, die Arbeiterschaft stärker am Umbau der Kirche zu beteiligen, ist eher mit einem Fragezeichen zu versehen: Schmiedmeister und Hausbesitzer Johannes Lang, Hoettingen, der nachträglich in den Ausschuß berufen wurde, war der einzige Arbeiter.

[110] Eine zweite Tagung des Verfassungsausschusses fand zwischen 13. und 31. April 1920 in Ansbach statt. Hier wurden die inzwischen eingegangenen Vorschläge gesichtet und eingearbeitet und die Leitsätze 14 folgende besprochen. Vgl. Zindel: *Der Arbeitsausschuß zur Vorbereitung einer neuen Kirchenverfassung*. – In: Korr.Bl. vom 26. April 1920, 45. Jg., Nr 16, S. 119.

[111] Vgl. *Arbeitsplan für den Arbeitsausschuß*. – In: Niederschriften des Generalsynodalausschuß zur Kirchenverfassung.

[112] Vgl. dazu das Verlaufsprotokoll in der *Beilage zur Begründung des Entwurfs einer Verfassung*, bes. S. 176–208, sowie das *Korreferat Meiser zu Leitsatz 9–11*, S. 1–7.

[113] Vgl. Gebhard, *Aufzeichnungen 11./12.12.1919*, S. 27.

[114] Zindel, *Beilage zur Begründung einer Verfassung*, S, 178f. – Einmal abgesehen davon, daß die Einteilung Geistliche – Laien – Juristen zutiefst unevangelisch ist, ist für eine lutherische Kirche – auch mit tendenziell obrigkeitlicher Orientierung – noch lange nicht ausgemacht, daß die Leitung der Gemeinde bzw. der Kirche bei den „Geistlichen" liegt.

[115] Vgl. Rohmer, *Aufzeichnungen 11./12.12.1919*, S. 27.

[116] Vgl. Rohmer, *Beilage zur Begründung des Entwurfs einer Verfassung*, S. 189.

[117] Rohmer, a.a.O., S. 177f: „Den Namen Bischof verbietet vor allem die Rücksicht auf weitere Bevölkerungsteile, die Furcht vor katholisierenden Bestrebungen haben, aber es hindert nichts, dem Präsidenten eine Stellung zu geben, die ihn über den primus inter pares, der er im Kollegium ist, hinaushebt."

[118] Braun, *Aufzeichnungen 11./12.12.1919*, S. 30: „Ich bin der Meinung, dass die Tendenzen des Laienvolks auf Schaffung eines Kirchenpräsidenten ein Stück Kirchenromantik sind und nicht dem Zug entsprechen, den die kirchliche Bewegung nehmen sollte. Sie muss dahin gehen, dass von den Gemeinden aus möglichst viel persönliches christliches Leben sich auswirkt. Dagegen ist die Zusammenfassung von Kräften in einer Person überlebt, und da es der Zweck des heiligen Geistes ist, möglichst viele Einzelne mit seinen Kräften zu begaben, geradezu unchristlich."

[119] Friedrich Braun hatte im Frühjahr 1920 in einem Artikel in der AELKZ die Überlegungen Kaftans, *Wesen der Kirche*, zu einem Bischofsamt als „Arbeitsamt" mit den Vorstellungen von einem Bischofsamt verglichen, die derzeit in Bayern kursierten. Er sieht in den vom Oberkonsistorium anvisierten Generaldekanen Kaftans Idee sehr gut aufgenommen. „Nun aber hat in Bayern ein Gedanke sich vorgedrängt, dessen Verwirklichung es ausschließen würde, daß in der Tätigkeit der Generaldekane die ganze oberhirtliche Fürsorge des Kirchenamtes sich auswirkt. Man will nämlich aus dem Präsidenten des Landeskirchenrates einen ‚Kirchenpräsidenten' machen, also eine ‚persönliche Spitze', die nicht erst durch das regierende Kollegium, als dessen erstes Glied, sondern für sich selbst, aus dem Kollegium herausgehoben, oberhirtliche Gewalt besitzt[...]"; Braun, *Bischöfe?*, Sp. 259. Braun lehnt den Gedanken aus mehreren Gründen ab. Zum einen würde die Stellung des Kirchenpräsidenten als Oberhirten ohne Sprengel zu Kompetenzstreitigkeiten mit den Generaldekanen führen, zweitens sei die Verwechselbarkeit mit dem katholischen Bischof zu vermeiden, drittens seien die hierarchischen Implikationen der Verfassungskonstruktion als dem evangelischen Glauben widersprechend abzulehnen, viertens seien die Erwartungen, die sich auf ein solches Bischofsamt richteten – gerade bezüglich Darstellung des Glaubens der Kirche –, angesichts der Pluralisierung in der Kirche völlig unrealistisch, so daß ein Amt, das die Einheit im Glauben personifizieren solle, genau das Gegenteil, nämlich Spaltungen und Parteiungen, erreichen werde; Vgl. a.a.O., Sp. 261.

[120] Bachmann, *Beilage zur Begründung des Entwurfs einer Verfassung*, S. 201.

[121] Vgl. Pechmann, *Beilage zur Begründung des Entwurfs einer Verfassung*, S. 186.

[122] Dazu gehören nicht nur die sogenannten „Kampfjahre der evangelischen Gemeinde in München" in den Jahren 1831–1849 (vgl. dazu Turtur-Bühler, *Dekanat*, S. 214–289), sondern ebenso die im Zuge des Ultramontanismus erneut aufkommenden Animositäten zwischen Evangelischen und Katholischen um die Jahrhundertwende. Vgl. dazu etwa die *Würzburger Luther-Vorträge*, München 1903, die in ihrer Geschichtsbetrachtung unverkennbar von der Frontstellung gegen den Ultramontanismus und den politisch erstarkten Katholizismus geprägt sind.

[123] „Die Mehrheit der Laienwelt steht dem Bischofsgedanken durchaus zustimmend gegenüber und dem evangelischen Bischof brauchte um Popularität nicht bange zu

sein. […] Die Entfaltung seelsorgerlicher bischöflicher Tätigkeit durch die an der Spitze der Landeskirche stehende Persönlichkeit ist durchaus erwünscht." ; Herbst, *Beilage zur Begründung des Entwurfs einer Verfassung*, S. 183. Schließlich müßten die Angelegenheiten *circa sacra* und *in sacra* irgendwo zusammenlaufen. „Das ist nur möglich in einer Person."; a.a.O., S. 184.

124 Oberstudienrat Lösch, *Beilage zur Begründung einer Verfassung*, S. 199f.: „Ich nehme am Titel Bischof Anstoss. Trotz aller Definitionen wird sich in Bayern nie der Vergleich mit dem entfernen lassen, was wir 400 Jahre lang gesehen haben. Von einem evang[elischen] Bischof im Gegensatz zum kathol[ischen] werden wir die Leute nie überzeugen."

125 Gebhard, *Grundfragen*, S. 21: „Dann stößt sich unsere Zeit und auch mancher Geistliche am *Behördlichen* überhaupt; das als schlechthin bürokratisch, woher die Anordnung auch kommt, verworfen wird. Sie wollen in dem Geistlichen keinen Vorgesetzten, sondern einen Oberhirten sehen und erhalten, an den sie sich statt an die Behörde wenden könnten. Daß jedes Kirchenregimentsmitglied jährlich hunderte von Geistlichen schriftlich oder mündlich berät, bevor sie und wie sie einen amtlichen Schritt tun und auch in nichtamtlichen Anliegen ins Vertrauen gezogen werden, ist nicht bestritten und nicht gemeint, wenn nach dem persönlichen Verkehr und seither nach einer persönlichen Spitze Ausschau gehalten wird. Man wird dem Bedürfnisse Rechnung tragen, aber gleichzeitig genauer untersuchen müssen, wieweit diese Forderungen gerechtfertigt sind und ohne Schädigung der Dienstpflicht und der kollegialischen Gestaltung der Behörde in *allen* Fällen erfüllt werden können."

126 Zu Bezzels Amtsführung vgl. oben, S. 61ff, sowie die dort angegebene Literatur.

127 Steinlein, *Beilage zur Begründung des Entwurfs einer Verfassung*, S. 185: „Die Laienkreise wollen mehr eine persönliche Spitze. Gerade dem demokratischen Zug der Zeit gegenüber macht sich das Verlangen nach einer starken persönlichen Spitze bemerkbar. Beide Züge lassen sich dadurch ausgleichen, daß nur ein Mann des allgemeinen Vertrauens berufen wird."

128 Rohmer, *Beilage zur Begründung des Entwurfs einer Verfassung*, S. 176f: „Bei der gesteigerten Bedeutung der Landessynode ist es nötig, ein Gegengewicht herzustellen und der Spitze der Kirche eine möglichst selbständige Stellung gegenüber der Synode zu geben. […] Das synodale Element hat ein Streben nach Erweiterung seines Einflusses. Es ist notwendig, demselben mäßigende Einflüsse entgegenzusetzen. Ich sehe sie nicht im Landeskirchenrat, sondern in einer selbständigen, allein verantwortlichen Persönlichkeit, die nicht nur aus eigenem Recht handelt, sondern auch zwischen Synodalausschuß und Landeskirchenrat vermitteln kann."

129 Der exponierten Stellung des Kirchenführers wäre es „unwürdig", wenn er sich nach wenigen Jahren wieder zur Wahl stellen müsste; also wurde vorgeschlagen, ihn auf Lebenszeit zu wählen. Vgl. den Bericht Schoeffels aus dem Verfassungsausschuß, *Verhandlungen Ansbach 1920*, S. 244.

130 Vgl. Bachmann, *Beilage zur Begründung des Entwurfs einer Verfassung*, S. 185. – Rieker, ebd.., S. 194, sah für die bischöfliche Verfassung, die allen Wert auf die Persönlich-

keit lege, die Gefahr, mit dieser Persönlichkeit auch scheitern zu können: „Auch ist mir fraglich, ob eine solche Persönlichkeit auf die Dauer ein so grosses Glück wäre. Vielleicht hätte man auch an Bezzel später Anstoss genommen; sein Hirtenbrief hat mich erschreckt." Nicht nur die innere Amtsführung eines Bischofs sei für eine evangelische Kirche problematisch; seiner herausgehobenen Stellung in der Kirche müsse auch ein repräsentativer Lebensstil entsprechen: „Bischof muss auch kostspielig repräsentieren, in München ein Haus, eine Art Palais haben, Dienerschaft, könnte doch nicht hinter dem Erzbischof zurückstehen. Durch Einfachheit imponiert man dem Volk nicht. Er muss sich auch zurückhalten und das Prestige wahren. Er müsste eigentlich ohne Familienanhang sein, damit ihn seine Verwandten nicht kompromittieren könnten. Wenn ein kinderreicher Bischof ein ungeratenes Kind hätte, würden die Katholiken frohlocken. Eigentlich müsste er ehelos bleiben. [...] Ein Bischof müsste auch von einem Bischof geweiht werden; wollen wir uns einen aus dem Ausland holen oder einen altkatholischen? (Widerspruch). Es muß doch Sukzession sein."; ebd.

131 Gerade das Bischofsamt habe sich von einem ursprünglichen Gemeindeamt entfernt zu dem Inhaber apostolischer Sukzession und sei dem Kirchenvolk nicht nähergekommen. Mehr sei hier von Generaldekanen zu erwarten, die in einem überschaubaren Sprengel tatsächlich poimenisch effektiv tätig sein könnten. Vgl. Hofstaetter, a.a.O., S. 187f.

132 Vgl. Lauerer, a.a.O., S. 188. – Es ist bezeichnend für die Diskussionslage, daß bei dem Thema Bischof keines der herkömmlichen Etiketten – konservativ, liberal, hochkirchlich oder volkskirchlich – mehr zutraf, und den „Richtungen" keine eindeutige Präferenzen zugeschrieben werden konnten. So wünschte sich der Freimund, das Organ der konservativen Lutheraner Löhe'scher Prägung, eine bischöfliche Verfassung (vgl. oben, S. 139), andererseits widerstritt der Rektor Neuendettelsaus solchem Ansinnen im Verfassungsausschuß.

133 Vgl. a.a.O., S. 190. Leider ist in dem Protokoll keine namentliche Abstimmung vermerkt; es darf aber nach dem Verlauf der Diskussion angenommen werden, daß die vier Männer, die für eine kollegiale Leitung stimmten, Pechmann, Rieker, Hofstaetter und Bachmann waren.

134 Sehling, *Beilage zur Begründung einer Verfassung*, S. 202: „‚Landesbischof' wäre wohl eine Minderung [gegenüber dem ‚Bischof'], trotzdem bin ich dagegen. Schön ist freilich der Name Präsident auch nicht."

135 Charakteristisch ist hier die Stellungnahme des Oberkonsistorialrates Hofstaetter, *Aufzeichnungen 11./12.12.1919*, S. 26, der, auf die Zurückhaltung der obersten Kirchenbehörde gegenüber einer ihre bisherige Macht einschränkende Stellung des Kirchenpräsidenten angesprochen, meinte: „ [...] aber es schien mir unbescheiden, wenn das Oberkonsistorium den Vorschlag eines Kirchenpräsidenten bringt, da dessen Stellung doch eine starke Erhöhung der Geistlichkeit enthält. Ich glaube im übrigen, dass wir tatsächlich der Synode gegenüber nur gut fahren, wenn wir einen besonders hervorragenden Präsidenten an die Spitze der Kirche stellen." – Hofstaetter hat sich in der Sitzung des Verfassungsausschusses im Februar 1920 allerdings dezidiert gegen „den Kirchenpräsidenten und den Bischof" ausgespro-

chen. „Ich halte den Gedanken für ein gewagtes Experiment, für ein Arbeiten mit romantischen Stimmungen."; *Beilage zur Begründung einer Verfassung*, S. 187.

[136] Vgl. dazu oben, S. 71–79.

[137] Gebhard, *Grundfragen*, S. 86: „Mit der Schaffung einer persönlichen Spitze wird auch das abgeschliffen, was seither nach außen – ob mit Recht oder Unrecht unter irrigen Vorstellungen und Vermutungen – als unpersönlich am Kollegium empfunden wurde. Diese Gesichtspunkte sprechen dafür, einen Präsidenten der Kirche (wie einen Staatspräsidenten im Gegensatz zum parlamentarischen Ministerpräsidenten) zu bestellen. Das Aristokratische an der Spitze mit den Bindungen ist nicht Monarchie und widerspricht nicht der demokratischen Kirchenverfassung. Das Ausgeführte gilt grundsätzlich, wenn die Notwendigkeit einer persönlichen Spitze nachgewiesen ist, für einen geistlichen und weltlichen Kirchenpräsidenten gleichmäßig."

[138] Die manchmal neiderfüllten Seitenblicke evangelischer Christen auf die Öffentlichkeitswirkung katholischer Bischöfe während und kurz nach dem Krieg werden auf dem Hintergrund verständlicher. Überhaupt wurde die relativ selbstsichere Position der katholischen Kirche in Gesellschaft und Politik mit dem Vorhandensein bischöflicher Führungspersönlichkeiten etwas kurzschlüssig in eins gesetzt. Vgl. dazu auch oben, S. 139.

[139] Meiser, *Leitsatz 9–11*, S. 1.

[140] Meiser, a.a.O., S. 1.

[141] Darin weiß er sich einig mit den Überlegungen Gebhards, *Begründung zu Leitsatz 4* („Die Kirchengewalt steht der Kirche zu, die in der Generalsynode ihre Gesamtvertretung hat. Von dieser leiten sich alle Amtsvollmachten ab."), S. 6f: „Die Kirchengewalt selbst muß einem anderen Organe der Kirche zustehen, das in verfassungsmäßiger Selbständigkeit das Kirchenregiment führt und der Landessynode gleichgeordnet zur Seite steht. Ob dieses Organ ein Kirchenpräsident oder ein Landesbischof oder ein Kollegium, der Landeskirchenrat, ist, das kommt erst in zweiter Linie in Betracht. Die Hauptsache ist, daß wir in unserer Landeskirche zwei oberste, einander gleichgeordnete Organe haben, von denen jedes seine rechtliche Stellung nicht vom anderen Organe ableitet, sondern unmittelbar aus der Kirchenverfassung selbst, und die im Interesse unserer Landeskirche darauf angewiesen sind, zusammenzuarbeiten und sich miteinander zu vertragen. Nur so entgehen wir dem kirchlichen Absolutismus."

[142] Meiser, *Leitsatz 9–11*, S. 4.

[143] Gebhard, *Begründung zu Leitsatz 4*, S. 6f.

[144] Entsprechend wurde von Gebhard, *Begründung zu Leitsatz 4*, S. 8, das weitere *procedere* als ein gegenseitiges Aufeinanderverwiesensein von Synode und Oberkonsistorium verstanden. Das Oberkonsistorium könne die neue Kirchenverfassung nicht ohne die Zustimmung der Generalsynode erlassen, aber die verfassunggebende Generalsynode sei ihrerseits keine „Assemblée constituante".

[145] Vgl. Knopp, *Verfassung*, S. 394, der darauf hinweist, daß viele der eingegangenen Anträge in Form und Inhalt enttäuschten.

[146] Der Redaktionsausschuß bestand aus Boeckh, Herbst, Rieker und Sehling mit Heckel als Schriftführer; vgl. Knopp, *Verfassung*, S. 394, Anm. 1025.

[147] Vgl. dazu Boeckh, *Bericht*, S. 108, und die Variante a) in der Synopse der Verfassungsentwürfe in: *Verhandlungen Ansbach 1920*, S. 9–53. Die Protokolle finden sich in: Niederschrift GSA 8.6.1920 und Sitzungsprotokolle des Oberkonsistoriums vom 9.6.1920, Nr. 24.

[148] *Bemerkungen zum Verfassungsentwurf*, vom 3. Juni 1920, S. 16.

[149] Vgl. Leitsatz 8 (KABl. vom 31. Dezember 1919, 6. Jg., Nr. 29, S. 318): „Der Präsident [...] kann gegen Beschlüsse der Landessynode einen aufschiebenden Einspruch einlegen [...]" mit Art. 35 der Variante a) (*Verhandlungen Ansbach 1920*, S. 32): „Der Landeskirchenrat ist befugt, gegen einen Beschluß der Landessynode einen aufschiebenden Einspruch mit der Wirkung einzulegen, daß der Gegenstand vor die nächste Tagung der Landessynode zur nochmaligen Beschlußfassung verwiesen wird."

[150] Vgl. dazu KABl. vom 17. Juni 1920, 7. Jg., Nr. 18, S. 305, Akt.Nr. 3768.

[151] KABl. vom 26. Juni 1920, 7. Jg., Nr. 19, S. 313–324, Akt.Nr. 3964.

[152] Boeckh: *Der Entwurf zur Verfassung der Evangelisch-Lutherischen Kirche in Bayern.* – In: AELKZ 53 (1920), Sp. 541–544.

[153] A.a.O., Sp. 541f.

[154] A.a.O., Sp. 541.

[155] A.a.O., Sp. 542. – Das stimmt so nicht ganz. Der Pfarrerverein hatte auf seiner Mitgliederversammlung am 26. Mai 1920 Richtpunkte für die Gespräche mit den künftigen Synodalen erstellt, in denen unter Punkt 3. bemerkt wurde: „Bei der Besetzung der Pfarrstellen ist im Interesse der Geistlichen wie der Gemeinden die reine Pfarrwahl grundsätzlich abzulehnen. Den Gemeinden soll aber das Recht zuerkannt werden, vor der Besetzung der Pfarrstellen begründete, vom Bezirkssynodalausschuß zu begutachtende Wünsche vorzubringen." Vgl. Korr.Bl. vom 7. Juni 1920, 45. Jg., Nr. 12, S. 167f.

[156] Boeckh, a.a.O., Sp. 544.

[157] Vgl. Art. 45,1 der kirchenregimentlichen Vorlage, *Verhandlungen Ansbach 1920*, S. 38.

[158] Zur Person, siehe Register. Er ist Bruder von Julius Kaftan (1848–1926), seit 1883 Dogmatikprofessor in Berlin und ab 1919 Vizepräsident des EOK Berlin.

[159] Vgl. AELKZ 53 (1920), Sp. 50–58; 74–81; 98–102; 117–122.

[160] Kaftan, *Wesen der Kirche*, S. 6.

[161] Vgl. a.a.O., S. 9.

[162] Vgl. a.a.O., S. 9–22.

[163] A.a.O., S. 21. Kaftan verstand darunter die Überwachung der Ausbildung der Geistlichen, Ordination und Visitation, Stellenbesetzung und die Aufsicht über den Religionsunterricht und die freien kirchlichen Werke.

[164] A.a.O., S. 28.

[165] Braun, *Bischöfe?*, Sp. 259.

[166] Vgl. dazu seine Aufsätze *Landeskirche – Kirchenbund* und *Kirchenverfassung*. Am 3. Mai hielt Pechmann außerdem einen Vortrag vor der öffenlichen Versammlung des Verbandes der evangelischen Frauenvereine, auf dem er seine an den Ausführungen Riekers gewonnene Anschauung noch einmal bekräftigte, daß eine klare Trennung zwischen dem „obersten Träger des Gnadenmittelamtes" und dem „obersten Verwaltungsbeamten der Kirche" gegeben sein müsse. „Darum empfiehlt es sich, es bei der kollegialen Kirchenleitung zu belassen und aus dem Kollegium heraus zwei Männer zu bestimmen, die sich gegenseitig ergänzen, den einen als obersten Geistlichen der Kirche, den anderen als ihren Leiter in den äußeren Angelegenheiten."; Kirchenbote vom 9. Mai 1920, 2. Jg., Nr. 20, S. 2.

[167] Das Kirchenregiment dürfe nicht an die Synoden gehen, sondern müsse einer eigenständigen, neben den Synoden stehenden Gewalt zustehen; vgl. Pechmann, *Kirchenverfassung*, S. 84f. Es wäre falsch, hier „politischen Moden" folgend die Kirchenbehörden zu „Vollzugsorganen der Generalsynode" zu degradieren; *Landeskirche – Kirchenbund*, S. 19. – Was seine erzkonservative Haltung betrifft, die ihm zeitlebens den Zugang zur Demokratie erschwerte, verweise ich auf die ressentimentgeladene Suada, die in der erstgenannten Abhandlung gut die Hälfte der Seiten durchzieht.

[168] Kirchenrat Haussleiter, Mitglied im Generalsynodalausschuß, erklärte im Verfassungsausschuß, daß er fast nur Frauen gehört habe, die sich für das Bischofsamt ausgesprochen hätten – „bezeichnend für das Gefühlsmäßige". „Männer im Ev. Arbeiterverein erklärten sich nach längerem Zögern meist dagegen. In der gemischten Gemeinde Absberg war nur eine Stimme dafür."; *Beilage zur Begründung des Entwurfs einer Verfassung*, S. 198. Im Kontrast zu solchen Voten, die sich durchaus vermehren ließen, stehen dann die immer wieder vorgetragenen Behauptungen, das Volk wünsche einen Bischof.

[169] Lauter, *Rundschau 1918/20*, S. 148.

[170] Lauter, a.a.O., S.148: „Gerade in der Laienwelt, auch im Laienbund wünscht man einen Landesbischof, der Bund der Bekenntnisfreunde aber eine kollegiale Behörde." – Tebbe, *Bischofsamt*, S. 16, konstatiert: „Das Phänomen der ‚Kirchenleitung' erwies sich eben als ein echtes kirchliches Problem, angesichts dessen vorgefaßte Fraktionsmeinungen versagen mußten; die Sache selbst zwang die Beteiligten in ihren Bann und stellte eine besondere kirchliche Gegenwartsaufgabe dar."– Demnach wäre die Bekenntnisfrage kein „echtes kirchliches Problem" gewesen?!

[171] Es erscheint mir wahrscheinlich, daß Bachmann und Pechmann ihren Einfluß haben geltend machen können – beide gehörten im Ansbacher Arbeitsausschuß zu den entschiedenen Gegnern eines bischöflichen Amtes.

[172] Vgl. dazu Dahm, *Pfarrer und Politik*, bes. S. 79ff.

[173] Geyer, *Beilage zur Begründung einer Verfassung*, S. 201. Geyer scheint hier stark von dem Hintergrund seiner Erfahrungen mit Bezzel zu sprechen: „Der Gedanke eines Bischofs ist aus Laienkreisen erwachsen. Gerade in der Aussprache mit einer Persönlichkeit lässt sich Verschiedenheit der Anschauungen ausgleichen. Die persönliche Achtung wird das erleichtern. Wenn Präsident, möchte ich *nicht* den Geistlichen festlegen."

[1] Die Wahlen wurden am 18. Juli 1920 durchgeführt, die Feststellung des Wahlergebnisses erfolgte am 23. Juli, die Bekanntmachung der gewählten Abgeordneten erschien im KABl. vom 10. August 1920, 7. Jg., Nr. 24, S. 375–387, Akt. Nr. 5080.

[2] Die Entwürfe für die zu beschließenden Kirchengesetze wurden zusammen mit der Bekanntmachung *Abhaltung einer vereinigten außerordentlichen Generalsynode für die Konsistorialbezirke diesseits des Rheins* veröffentlicht; vgl. KABl. vom 28. Juli 1920, 7. Jg., Nr. 22, S. 339–366.

[3] Zindel, *Bedeutung für den Pfarrerstand*, bes. S. 343; vgl. auch Knopp, *Verfassung*, S. 402, Tebbe, *Bischofsamt*, S. 30f, Wolf, *Ordnung der Kirche*, S. 417.

[4] AELKZ 53 (1920), Sp. 686. Vgl. dazu den Personalstand der Synode in: *Verhandlungen Ansbach 1920*, S. 4–8. Die Analyse, die leider anonym blieb, bedarf keines weiteren Kommentars.

[5] Von der Konstituante berichteten ausführlich: Zindel, *Bedeutung für den Pfarrerstand*; Bachmann, *Verfassunggebende Generalsynode*; Meiser, *Verfassunggebende Generalsynode*.

[6] Vgl. *Verhandlungen Ansbach 1920*, S. 99. Pechmann wurde mit 97 Stimmen gegen 44 Stimmen für den Vorsitzenden des Generalsynodalausschusses, Friedrich Boeckh, und 4 Stimmen für Professor Bachmann gewählt. – Knopp, *Verfassung*, S. 403, bezeichnet Boeckh als liberal und liest aus dem Abstimmungsergebnis das Verhältnis von Konservativen zu Liberalen auf der Synode heraus. Das Verhältnis mag stimmen, jedoch Boeckh so pauschal als Liberalen zu bezeichnen, erscheint mir mehr als fraglich. Immerhin gehörte er zum Bund der Bekenntnisfreunde und hat in der Bekenntnisfrage nach 1918 eine eher gemäßigt konservative, aber sicher nicht liberale Position eingenommen.

[7] Vgl. etwa seine Erklärung zur Bekenntnisfrage, *Verhandlungen Ansbach 1920*, S. 112, in der er auf rhetorisch geschickte Weise feststellt, daß auf dieser Synode niemand willens oder befugt sei, an der Bekenntnisgrundlage der Kirche etwas ändern zu wollen.

[8] Am 3. Juli 1919 ergab ein Sitzungsbeschluß des Oberkonsistoriums betreffend „Zuziehung von Mitgliedern der Konsistorien zur verfassunggebenden außerordentlichen Generalsynode", daß die Mitglieder des Oberkonsistoriums und der beiden Konsistorien Ansbach und Bayreuth möglichst vollzählig der Synode anwohnen könnten. Diese Möglichkeit sollte es nur für diese außerordentliche Generalsynode geben, weil hier wichtige Änderungen der Kirchenverfassung besprochen würden.

[9] Meiser notierte in einem Bericht *Von der verfassunggebenden Generalsynode*: „Viel zur Klärung trug das wiederholte Eingreifen der Kirchenregierung bei; denn wurde auch der Vorsitz in der Synode nicht mehr wie früher von einem Herrn des Kirchenregiments geführt, so waren doch die Mitglieder des Oberkonsistoriums und der beiden Konsistorien Ansbach und Bayreuth fast vollzählig auf der Synode versammelt und nahmen an allen Verhandlungen mit dem Recht teil, jederzeit das Wort zu ergreifen."; Kirchenbote vom 3. Oktober 1920, 2. Jg., Nr. 41, S. 2.

[10] Veit erinnerte an die Generalsynode 1909, der der jetzige Ministerpräsident von Kahr als Staatskommissär beigewohnt hatte. – Aus seiner Rede geht jedoch nicht eindeutig hervor, wieweit er die positive Würdigung des Staates verstanden wissen wollte; ob sie sich auch auf die Ära Hoffmann und Eisner bezog oder nur auf die Monate seit von Kahrs Regierungsantritt, der die konservative Wende zur „Ordnungszelle Bayern" eingeleitet hatte. Vgl. dazu *Verhandlungen Ansbach 1920*, S. 83–88, bes. S. 84.

[11] A.a.O., S. 86f.

[12] Vgl. a.a.O., S. 91f. Veit hebt diesen Aspekt noch einmal in der Generaldebatte am 18. August hervor: „Nur in einem Punkt [sc. der Verfassungsentwicklung] gebe es kein Überlegen: die Grundlage des Bekenntnisses unserer Evangelisch-Lutherischen Kirche bleibt die gleiche, die von altersher bestand: unsere Kirche bleibt stehen auf den geoffenbarten Gotteswahrheiten, die in der heiligen Schrift gegeben sind, und versteht diese Heilige Schrift nach Maßgabe des Evangelisch-Lutherischen Bekenntnisses. Die einfachen Worte seien genügend klar, wenn man sie nehme, wie sie lauten. Aus diesem Innersten seien die Einzelheiten erwachsen."; a.a.O., S. 102.

[13] Vgl. a.a.O., S. 92. – Die rhetorische Ellipse, die einzig für die Synode das abwägende „Einerseits - Andererseits" unterließ, verrät meines Erachtens eine Skepsis Veits, ob die Synode je die Autorität und Leitungskompetenz aufbringen könnte. Er stünde mit dieser Meinung in einem breiten Strom kirchenregimentlicher und pfarramtlicher Funktionsträger, die die Herrschaft der Synode mit großer Reserve beargwöhnten.

[14] *Verhandlungen Ansbach 1920*, S. 93.

[15] Eine Liste aller Mitglieder, die vom Vertrauensausschuß der Synode für die vier Ausschüsse vorgeschlagen worden waren, sowie der verschiedenen Arbeitsbereiche ist enthalten: *Verhandlungen Ansbach 1920*, S. 135. Der hier erarbeitete Entwurf ist als Variante b) in der Synopse ebd., S. 9–53, aufgeführt.

[16] Schöffel, *Verhandlungen Ansbach 1920*, S. 241.

[17] Ebd.

[18] A.a.O., S. 242.

[19] Bachmann, Verfassunggebend*e Generalsynode*, Sp. 761, erinnerte sich der aussichtslosen Frontstellung: „Das Oberkonsistorium selbst und ein paar Synodale standen unentwegt zu dem Satz des Verfassungsentwurfs: ‚Das oberste ständige Organ für die Leitung und Verwaltung der Landeskirche ist der Landeskirchenrat; an seiner Spitze steht ein Geistlicher als Präsident.' Aber die große, große Mehrheit der Synodalen glaubte in dem kollegialen System doch ein wesentliches Hindernis für eine starke und bewegliche, innerliche Kirchenleitung zu finden und formte jenen Satz (mit dem Ausschuß) um in den andern: ‚An der Spitze der Landeskirche steht der Präsident'."

[20] Schöffel, *Verhandlungen Ansbach 1920*, a.a.O., S. 242.

[21] Zu den Tätigkeiten vgl. a.a.O., S. 243, und Art. 45 a Abs. 4, 1–6 der Variante b), a.a.O., S. 38ff.

[22] A.a.O., S. 243.

[23] Die Möglichkeit, den Kirchenpräsidenten durch eine 2/3 Mehrheit der Synode abzuwählen, wurde nicht in die Verfassung aufgenommen, sondern sollte durch das Beamtengesetz geregelt werden. – Man mag das als Versuch werten, diesen Angriff auf die Würde des Präsidentenamtes zu verschleiern. In jedem Fall offenbart der Modus ein Dilemma, in das sich die Synode strukturell gebracht hatte: Einerseits gewann das Amt des Kirchenpräsidenten quasi bischöfliche Züge, indem man es implizit auf Lebensdauer einrichtete, andererseits errichtete man – verborgen im Gestrüpp der Beamtengesetze – Kontrollmechanismen, die den charismatischen Charakter des Amtes auf das Maß eines von Kollegium und Synode kontrollierten Präsidialamtes zurückstutzten. Auch die Verfassung von 1971 hat es bei einer unbefristeten Amtsdauer des Landesbischofs belassen (Art. 61 Abs. 2, 3), wenngleich das Pfarrergesetz von 1939 und seine Modifizierungen bereits Vorschriften über den Rücktritt des Landesbischofs bzw. seine Abberufung vorsahen; vgl. Ammon/Rusam, *Verfassung*, S. 157f.

[24] *Verhandlungen Ansbach 1920.*, S. 244.

[25] A.a.O., S. 245.

[26] A.a.O., S. 245f.

[27] Vgl. a.a.O., S. 246.

[28] Vgl. a.a.O., S. 246ff, und die betreffenden Art. 46–51 im Verfassungsentwurf Variante b), a.a.o., S. 40–44.

[29] A.a.O., S. 249. – Zuerst war der Titel „Generaldekan" vorgesehen gewesen.

[30] Vgl. a.a.O., S. 248ff, und Art. 51 im Verfassungsentwurf Variante b), a.a.o., S. 43f.

[31] Art. 51 Abs. II der Variante b), a.a.O., S. 44. Abgesehen von der „Förderung der freien kirchlichen Liebestätigkeit", der „Sorge für die Fortbildung der Kandidaten" und der „wissenschaftlichen Förderung der Geistlichen" stimmen Entwurf des Kirchenregiments und des Verfassungsausschusses überein.

[32] Schöffel, *Verhandlungen Ansbach 1920*, S. 250.

[33] Vgl. Bachmann, a.a.O., S. 253f, Zitat: S. 254.

[34] Er allein wies auf das strukturelle Problem hin, das mit der doppelten Funktion des Kirchenpräsidenten gegeben war: „Ein rein persönliches System bringt Abschnitt 6 auch nicht, in Wirklichkeit ist es ein gemischtes System. Aber dieses gemischte System hat Schwierigkeiten und Unklarheiten in sich. Der Präsident wird durch zwei verschiedene Persönlichkeiten vertreten, er vereinigt zweierlei verschiedene Funktionen in sich [...]. Vielleicht können die Geschäfte so verteilt werden, aber ob die Seelen sich so einordnen lassen, ist fraglich. Die Gefahr der Ineinandermischung der Unabhängigkeit des Hauptes der Kirche und der Abhängigkeit des Vorsitzenden einer kollegialen Behörde ist nicht zu bestreiten."; a.a.O., S. 254. – Auf die Kompetenzschwierigkeiten zwischen den oberhirtlichen Aufgaben des Kreisdekans und des Kirchenpräsidenten hat allerdings auch er nicht aufmerksam gemacht.

[35] Geyer hatte zuvor beantragt, in Art. 45 a Abs. II einzufügen, daß der Präsident „in der Regel" ein Geistlicher sein solle; a.a.O., S. 254f.

[36] Der Entwurf weist dem Kirchenpräsidenten doch mehr zu; er soll schließlich die geistliche Leitung der Landeskirche übernehmen, was zwar nicht explizit gesagt wird, was aber daraus ersichtlich wird, daß sie dem Landeskirchenrat genommen worden ist.

[37] A.a.O., S. 256.

[38] Im einzelnen vgl. a.a.O., S. 256f.

[39] Das Ergebnis wurde in der 18. Sitzung am 10. September nachmittags bekanntgegeben; vgl. a.a.O., S. 270.

[40] Vgl. a.a.O., S. 56.

[41] Zu den Personen, siehe Register.

[42] Zur Person, siehe Register. Vgl. auch die Mitteilung im Korr.Bl. vom 4. Januar 1921, 46. Jg., Nr. 1, S. 2, und eine Woche später, S. 9.

[43] Zur Person, siehe Register. Vgl. den Nachruf von Pfarrer Adel: *In piam memoriam*. – In: Korr.Bl. vom 5. September 1921, 46. Jg., Nr. 36, S. 282ff.

[44] Zur Person, siehe Register.

[45] Vgl. dazu das Referat von Senior Anthes, Augsburg, *Verhandlungen Ansbach 1920*, S. 266–269, und den Kommentar Bachmanns, *Verfassunggebende Generalsynode*, Sp. 762: „Herzensgründe sozusagen sprachen für das geschlossene protestantische Frankengebiet und insonderheit für die Stadt Georgs des Frommen, Ansbach. Verstandesgründe aber entschieden für München, den Zentralsitz des staatlichen Lebens."

[46] Vgl. *Verhandlungen Ansbach 1920*, S. 276f.

[47] *Verhandlungen Ansbach 1920*, S. 273.

[48] Ebd.

[49] Vgl. a.a.O., S. 304.

Zusammenfassung

[1] Vgl. KJ 48 (1921), S. 404.

[2] Vgl. KJ 48 (1921), S. 405. Diese Feststellung steht in einem gewissen Widerspruch zu der Überlegung wenige Seiten zuvor: „Wo die Kirchengewalt, das innere Kirchenregiment in Zukunft *nicht* sein wird, ist völlig klar. *Nicht bei den Behörden*, auch dann nicht, wenn sie völlig aufhören werden, Staatsbehörden zu sein und reine Kirchenbehörden werden, wie das bevorsteht. Das ist einfach eine Konsequenz der Lage."; a.a.O., S. 380. Schneider betonte in der Kirchlichen Rundschau nach 1918 immer wieder die Bedeutung der konsistorialen Behörden für den kirchlichen Umbau wie auch für die Zeit danach; den Synoden sei die Legislative und das Etatrecht zuzugestehen (S. 383), den Kirchenbehörden die Exekutive und das eigentliche *ius in sacra* sei dem Bischofsamt anzuvertrauen (S. 383ff). – Er übersah bei seiner Bewertung (S. 405) allerdings, daß der Kirchenpräsident nicht mehr einfach Präsident

des Landeskirchenrats war, sondern als relativ eigenständiges Organ neben Landessynode, Landessynodalausschuß und Landeskirchenrat getreten war.

[3] Tebbe, *Bischofsamt*, S. 21, sieht die Hauptdifferenz zwischen den Entwürfen des Kirchenregiments und des Verfassungsausschusses in der Verhältnisbestimmung von Kirchenpräsident und Generaldekanen. Sicher hatte auch hier der Entwurf des Verfassungsausschusses für den Kirchenpräsidenten mehr Kompetenzen vorgesehen, aber entscheidend ist doch, daß die kirchenregimentliche Vorlage den Landeskirchenrat als das „oberste ständige Organ für die Leitung und Verwaltung der Landeskirche" vorsah, während der Entwurf des Verfassungsausschusses den Landeskirchenrat auf die Funktion einer obersten Verwaltungsbehörde herabdrückte.

[4] Knopp, *Verfassung*, S. 509, mit Verweis auf Meiser, *Verhandlungen Ansbach 1920*, S. 111. – Was für Meiser damals ein Beweis war, hätte von Knopp kritisch hinterfragt werden müssen. Was 1849 der monarchistisch gelenkten Staatskirche möglicherweise gefrommt hätte, mußte siebzig Jahre später unter völlig anderen inneren und äußeren Umständen nicht unbedingt den gleichen Effekt haben. Vgl. oben, S. 56ff.

[5] Maser, *Weimarer Republik*, S. 16ff. – Er gibt in aller Kürze einen Überblick über die Schwerpunkte der Kirchenverfassungsentwicklung nach 1918; auf zwei Seiten können natürlich keine tiefreichenden Differenzierungen dargeboten werden, gleichwohl vermisse ich hier wie anderswo ein Irritiertsein oder wenigstens Staunen über die fast selbstverständlich erscheinende – und so auch dargebotene – Entwicklung des bischöflichen Amtes.

[6] Die Gegenüberstellung vereinfacht den Sachverhalt auf der Ebene der Personen, die sich mit ihrem Urteil nicht immer gruppenkonform verhielten; auf der Ebene der Institutionen, die ihrer eigenen Logik folgen, trifft das Schema aber recht gut.

[7] Der kirchenrechtliche Terminus „Kirchengewalt" ist an dieser Stelle geeignet, zu verschleiern, daß es bei der verfassungsmäßigen Neukonstitution der Kirche nicht nur um die Verteilung kybernetischer Kompetenzen ging, sondern eben auch um Einflußsphären, um Macht, die es zu gewinnen oder zu verteidigen galt. Vgl. näher dazu oben, S. 302ff.

[8] Es waren nicht nur die Pfarrer, die gegen das vom Konsistorium vorgeschlagene Wahlrecht der Gemeinden bei der Pfarrstellenbesetzung Sturm liefen, sondern die Gemeindevertreter selbst mochten dieses Recht nicht wahrnehmen. Postagearbeiter Rösel in der 13. Sitzung der Synode: „Wem soll ich mehr Vertrauen schenken, dem Kirchenvorstand oder dem von Gott berufenen Amt der Kirchenleitung? In unserer Zeit, wo wir Kirchenvorstände haben, die sich der Neuzeit anpassen, habe ich kein Vertrauen, daß ich ihnen dieses Amt [der Pfarrerwahl] anvertrauen kann."; *Verhandlungen Ansbach 1920*, S. 207. Vgl. dazu Art. 10 der Kirchenverfassung und die gesamte Debatte: a.a.O., S. 204–213.

[9] Vgl. Merz, *Das bayerische Luthertum*, S. 8.

[10] Es ist bezeichnend, daß der Ausschuß für Dienstaufsichtsbeschwerden gegen den Landeskirchenrat und den Kirchenpräsidenten nur als Übergangsregelung eingesetzt und nach Ablauf der Frist von sechs Jahren gestrichen wurde (Art. 57); vgl. *Verhandlungen Ansbach 1927*, S. 134ff, 279ff. Der Kirchenpräsident konnte zwar die

Landessynode auflösen (Art. 37), umgekehrt aber war das anvisierte Beamtengesetz, das eine Abwahl des Kirchenpräsidenten (oder der Oberkirchenräte) ermöglicht hätte, bis 1933 nicht geschaffen worden.

11 Bericht des Oberamtmann Bracker über die Beratungen des Verfassungsausschusses über Abschnitt 1 des Verfassungsentwurfs, „Die Landeskirche", *Verhandlungen Ansbach 1920*, S. 183–186, Zitat: S. 186. – Landeskirchentag ist mit Landessynode, Landeskirchenausschuß mit Landessynodalausschuß gleichzusetzen.

12 Zum „Anti-Chaos-Reflex" der deutschen Industriegesellschaft siehe oben, S. 161 mit Anm. 13.

13 Auf die unerläßliche Bedeutung der Konsistorien für den Übergang und den weiteren kirchlichen Weg hatte Johannes Schneider immer wieder hingewiesen: KJ 46 (1919), S. 366; KJ 47 (1920), S. 313, 353 u.ö.

14 Anders die reformierte Auffassung: „Der Leitgedanke aller Aufsicht in der Kirche ist in dem Bibelwort ausgesprochen: ‚Lasset uns aufeinander achthaben, uns anzureizen zur Liebe und guten Werken' (Hebr. 10,24). Diese Aufforderung ergeht an alle Gemeindeglieder. Es geht nicht um gegenseitige Kontrolle, sondern um wechselseitige Ermunterung zum Leben aus dem Glauben. Nicht der Gedanke der Herrschaft, sondern die Fürsorge füreinander, die Verantwortung für den anderen steht im Mittelpunkt."; Rauhaus, *Reformierte Lehre*, S. 385.

15 Tebbe, *Bischofsamt*, S. 28: „Es wird nirgends ersichtlich, warum diese Funktionen integrierender Bestandteil des oberhirtlichen Wirkens sein müßten, und der Betrachter kann sich des Verdachtes nicht erwehren, daß hier eine folgenschwere Vermischung der geistlichen mit den weltlichen, speziell den repräsentativen Befugnissen, stattgefunden hat."

16 Tebbe, *Bischofsamt*, S. 27, hat richtig beobachtet, daß in diesem Fall genauer von einem „konsistorialen Bischofsamt" gesprochen werden sollte. Ein synodales Bischofsamt, wie es fünf Jahre später Otto Dibelius vorgetragen hat, hätte der Synode dem Bischof gegenüber weitaus mehr Kontrollfunktionen einräumen müssen als allein die der Wahl.

17 Vgl. oben, S. 182ff, und KJ 47 (1920), S. 348. Hier war der badische Verfassungsentwurf, von Theodor Kaftan mitgetragen, ein oft zitiertes Beispiel, vgl. KJ 47 (1920), S. 44f.

18 Vgl. oben, S. 201ff. – Hierbei wird man vor allem das Oberkonsistorium als federführend ansehen müssen, da der Generalsynodalausschuß, besonders in der Gestalt von Boeckh und Rohmer, deutlich für eine episkopale Spitze votiert hatte.

19 Für Preußen vgl. Wright, *Über den Parteien*, S. 26ff, und allgemein Nowak, *Evangelische Kirche*, S. 66ff. – Mit konservativ ist hier weniger die kirchenparteiliche Orientierung gemeint, wie sie im Streit zwischen „Orthodoxen" und „Liberalen" um das Bekenntnis hervortrat, sondern ein Festhalten an den vertrauten Verhaltens- und Wahrnehmungsmustern, der Wunsch nach Kontinuität im Umbruch.

20 Schoen, *Bischof*, S. 406. Vgl. auch Campenhausen, *Bischofsamt*, S. 14, und Tebbe, *Bischofsamt*, S. 22: „Wie im benachbarten Württemberg, wird auch in Bayern, trotz mehrfacher Anträge, der Bischofstitel selbst abgelehnt, dem Kirchenpräsidenten

aber eine Stellung eingeräumt, die bischöflicher ist als in allen anderen lutherischen Landeskirchen".

[21] Tebbe, *Bischofsamt*, S. 16.

[22] Tebbe, *Bischofsamt*, S. 10. Weiter meint er: „Daß Bayern starke episkopalistische Tendenzen zeigte, war dort ebenso angelegt, wie Oldenburg seinerseits und Braunschweig damals keinen Hang zeigten, Oberhirten mit bischöflichen Funktionen herauszustellen."; a.a.O., S. 12. – Leider gibt er keine Auskunft, worin denn der bayerische Hang zum Oberhirtlichen begründet war.

[23] Vgl. Knopp, *Verfassung*, S. 509: „In ihm [dem bischöflichem Amt des Kirchenpräsidenten] wurden die meisten Befugnisse des früheren Summus episcopus zusammengefaßt." Das gilt für die jurisdiktionelle Kompetenz allerdings nur bedingt.

[24] Gebhard, *Grundfragen*, S. 86.

[25] Koch, *Grundlagen und Grundfragen der neuen evangelischen Volkskirche*. – In: KJ 47 (1920), S. 47. – Daß man es bei der römisch-katholischen Kirche nicht mit einem monarchischen Episkopat zu tun habe, ist zwar von den Befürwortern des Kollegialsystems mehrfach betont worden, auch wurde ein monarchischer Episkopat nicht grundweg von den Befürwortern des Bischofsamtes abgelehnt, trotzdem kann das von Koch angeführte Zitat für die bayerischen Verhältnisse als weitgehend zutreffend angesehen werden.

[26] Vgl. Zeuch, *Verhandlungen Ansbach 1920*, S. 113. Vgl. auch Boeckh, a.a.O., S. 119: „Das Episkopalsystem und das Kollegialsystem scheinen sich mir durchaus nicht auszuschließen [...]."

[27] Gebhard, *Grundfragen*, S. 18f: „Es wird dabei alles auf eine richtige Verteilung der Kräfte, die in der Kirche wirksam sind, ankommen: der Geistliche und Nichtgeistliche, der Synodale und des seitherigen Kirchenregiments. [...] Eine Demokratisierung im Sinne einer parlamentarischen Regierung verträgt die Erhaltung der Kirche nicht. Würde nun die Kirchengewalt voll und ausschließlich der Generalsynode mit dem Wechsel des jeweils gewählten Präsidenten und eines von ihr jeweils gewählten Ausschusses, der die geistlichen und weltlichen Regierungsgeschäfte zu besorgen hätte, übertragen, so wäre durch die Unruhe im äußeren Bestand der innere, die Einheitlichkeit und Existenz gefährdet."

[28] In Anlehnung formuliert an Mußgnug, *Beziehungen*, S. 312.

[29] „[...] wohl aber galt der Reichspräsident als ein ‚Ersatzkaiser' in dem Sinne, daß er die von vielen für unverzichtbar gehaltenen Funktionen eines Monarchen im Staat übernahm."; Boldt, *Reichsverfassung*, S. 53, mit Verweis auf Eschenburg, *Demokratie*, S. 53. – Das läßt sich *mutatis mutandis* vom Kirchenpräsidenten der Evangelisch-Lutherischen Kirche in Bayern sagen, ohne daß man damit spezifische Differenzen wie zum Beispiel die Wahl durch das ‚Kirchenparlament', nicht das Kirchenvolk, überspielen müßte.

[30] Gebhard, *Grundfragen*, S. 86, und das Zitat oben, S. 225.

[31] Gebhard, *Grundfragen*, S. 18.

[32] Vgl. oben, S. 185–191.

[33] Vgl. Gebhard, *Grundfragen*, S. 16.

[34] Die Aussage bezieht sich auf die Verfassungsdiskussionen innerhalb der reformierten Gemeinden selbst, nicht auf ihre Auseinandersetzungen in unierten Kirchen, wo sie sich gegen lutherische Optionen auf ein Bischofsamt zur Wehr setzen mußten. Vgl. dazu Haas, *Reformierte Kirche*, S. 48ff, für Bayern; Wilhelmi, *Präses*, S. 66ff, für das Rheinland; und Fokken, *Kirchenordnung*, bes. S. 334–338, für Nordwestdeutschland.

[35] Die Konkurrenzsituation zur Katholischen Kirche kam gerade auf der Synode 1920 deutlich zum Ausdruck. Vgl. dazu *Pachelbels* Antrag auf eine öffentliche Kundgebung gegen die Haltung der katholischen Bischöfe in der Mischehenfrage: *Verhandlungen Ansbach 1920*, S. 147f. Text der Verlautbarung: ebd., S. 307f.

[36] Veit, *Verhandlungen Ansbach 1920*, S. 93. Vgl. oben, S. 139.

[37] Niedner, *Kirchenregierung*, bes. S. 10–14, hat sich mit den Differenzen zwischen einem evangelischen und katholischen Bischofsamt und den Konsequenzen für die evangelische Kirchenverfassung auseinandergesetzt. Seine vom „Verwaltungsstandpunkt" verfaßte Arbeit hat damals weite Verbreitung gefunden und ist von Gebhard in weiten Teilen rezipiert worden. Vgl. Gebhard, *Bischofsfrage*, S. 5–13.

[38] Rohmer, *Beilage zur Begründung des Entwurfs einer Verfassung*, S. 177: „Den Namen Bischof verbietet vor allem die Rücksicht auf weitere Bevölkerungsteile, die Furcht vor katholisierenden Bestrebungen haben, aber es hindert nichts, dem Präsidenten eine Stellung zu geben, die ihn über den primus inter pares, der er im Kollegium ist, hinaushebt. Es sollen ihm Befugnisse gegeben werden, die es ihm zur Aufgabe machen, als Führer der Kirche herauszutreten. Dadurch ist noch kein reines Bischofsamt geschaffen."

[39] Meiser, *Korreferat zu Leitsatz 9–11*, S. 1: „Bei der Neuordnung alles nur auf das synodale Element aufbauen und alles Kirchenregimentliche ganz ausschalten zu wollen, wäre ein völliges Verlassen gut lutherischer Tradition, daß nur die triftigsten inneren Gründe dazu zwingen könnten. Solche Gründe liegen aber keinesfalls vor."

[40] Gebhard, *Grundfragen*, S. 18.

[41] Vgl. Niedner, *Kirchenregierung*, S. 18: „Den Vorschlag, den Vorsitz in der Kirchenleitung einem Geistlichen zu übertragen, ist zum Teil auch durch den Wunsch begründet, eine autoritative Spitze zu gewinnen, was man am besten durch die Bezeichnung eines Leiters als Bischof erreichen zu können glaubt. Denn das Bischofsamt erscheint von alters her im Volk mit besonderer Autorität umkleidet. [...] Auch dieser Gesichtspunkt ist von Verwaltungs wegen zu würdigen. Denn Autorität ist für die Verwaltung von materieller Bedeutung. [...] Ihre materielle Wirkung besteht darin, daß sie Zwang ersetzt. Einer Stelle, die Autorität genießt, gehorcht man ohne Zwang; einer Stelle, die Autorität verloren hat, folgt man nicht freiwillig."

[42] Knopp, *Verfassung*, S. 463, hebt hervor, daß es bei dem Amt des Kirchenpräsidenten gerade nicht um einen rechtsschöpferischen Akt geht, sondern um die Modifizierung des Amtes des Oberkonsistorialpräsidenten. Damit wäre einmal mehr die Kontinuität des konsistorialen Systems betont.

[43] Vgl. dazu Art. 8 Abs. 2 der Kirchenverfassung und die Debatte um das „Gemeinschaftsabendmahl“ in: *Verhandlungen Ansbach 1920*, S. 196–208. Die Entscheidung ist noch einmal aufgehoben und vertagt worden; vgl. dazu Bachmann, *Verfassunggebende Generalsynode*, Sp. 745.

[44] Auf die Gefährdung der Volkskirche durch die Gemeinschaften hatte Boeckh bereits am 19. November 1918 hingewiesen, vgl. *Protokoll 19.11.1918*, S. 11.

[45] Vgl. KJ 47 (1920), S. 386.

[46] Vgl. dazu oben, S. 77ff.

[47] Hier spielt das Moment des „Oberhirtlichen“ in den Führerbegriff mit hinein. – Karwehl, *Kirchenfrage*, sah in dem Ruf nach dem Bischofsamt ein Indiz für die Unsicherheit des Protestantismus.

[48] So wird z.B. an die Repräsentanz gegenüber dem Staat, gegenüber anderen Kirchen gedacht, oder Führung wird synonym mit „Leitung“ gesetzt, was sich dann als regimentliche Leitung mit einem relativ festumrissenen Aufgabenkreis oder als geistliche Leitung mit einem sehr offenen Aufgabenkreis versteht.

[49] Schöffel, *Verhandlungen Ansbach 1920*, S. 125.

[50] Vgl. dazu KJ 48 (1921), S. 384: „Geistliches Leben geht immer von Persönlichkeiten aus, nicht von Institutionen.“ Ähnlich auch a.a.O., S. 374ff, wo Schneider anmerkt, der Geist in Gemeinden könne nicht durch Strukturen gewährleistet werden. – Ein kritisches Moment, das die Freiheit des Geistes und der Persönlichkeit gegen die Institution ausspielt, läßt sich beispielsweise auch in der Bildungspolitik beobachten, wo sich vornehmlich konservative Gelehrte gegen institutionelle Veränderungen im Namen der akademischen Freiheit sperrten; vgl. Ringer, *Die Gelehrten*, S. 75–77.

[51] Die Rede vom „charismatischen Führer“ stammt vermutlich von Karl Holl und wurde in der Vermittlung Max Webers gesamtgesellschaftlich relevant. Vgl. dazu Assel, *Aufbruch*, S. 135, Anm. 101, und S. 190–201. Wehler, *Gesellschaftsgeschichte*, S. 123, hebt dagegen besonders die charismatisch-politische Herrschaft der Kanzlerdikatur Bismarcks als biographisches Motiv hervor. Vgl. auch Speer: *Herrschaft*. Historisch und ideengeschichtlich aufgearbeitet ist der Aspekt bei Schmidt, *Genie-Gedanken*, bes. Bd. 2, S. 194–212.

[52] Vgl. Jaroschka, *Lernziel: Untertan*, S. 69–81, die die Über-Ich-Wirkung Kaiser Wilhelms in den preußischen Lehrbücher nachweist. Für Bayern lasse sich gegen Ende des 19. Jahrhunderts eine entsprechende Tendenz für den bayerischen König nicht in dem Maße nachweisen (S. 69), gleichwohl aber greift dieses ‚Autoritätsgefälle‘ auch in Bayern.

[53] Charakteristischerweise war es auch hier die Synode, die stärker auf die autoritären Strukturen vertraute als das Konsistorium: Dieses hatte im Entwurf zu Art. 8 Abs. 2 der Kirchenverfassung mehr Freiheit bei der Pfarrstellenbesetzung zugestehen wollen, als die Gemeinden, vertreten durch die Synodalen, haben wollten.

[54] Schöffel, *Verhandlungen Ansbach 1920*, S. 243.

[55] Knopp, *Verfassung*, S. 471.

[56] Der unproblematische Fall der „Abtretung" oder „Stellvertretung" muß hier nicht diskutiert werden.

[57] Wenn Knopp, *Verfassung*, S. 469, im Amt der Kreisdekane eine „Erneuerung des aus den Zeiten der Urkirche stammenden Bischofsgedankens" sieht, verkennt er entweder die Zeiten der Urkirche, oder sein Begriff der „Erneuerung" ist so weit gefaßt, daß er aufgrund seiner Unschärfe untauglich bleibt.

[58] Oberamtmann Mezger tendierte stark in die Richtung einer hierarchischen Ausgestaltung der Verfassung, wenn er die Kreisdekane als „Werkzeuge des geistlichen Kirchenpräsidenten in geistlichen Dinge, [...] unter Ausschaltung des Landeskirchenrats" verstanden wissen wollte; *Verhandlungen Ansbach 1920*, S. 110f.

[59] Vgl. dazu oben, S. 39–48

[60] Tebbe, *Bischofsamt*, S. 31.

[61] Es wird im folgenden noch zu zeigen sein, welche Motive sich in Bayern mit der „Bestellung" eines Landesbischofs verbanden und wie zwiespältig sich die „Aufnahmefähigkeit" speziell lutherischer Landeskirchen in der Zeit des frühen Kirchenkampfs erweisen sollte. Vgl. dazu oben, S. 259ff.

[62] Vgl. *Verhandlungen der achten Generalsynode der Evangelischen Kirche der altpreußischen Union in ihrer außerordentlichen Tagung, eröffnet am 23. April 1927, geschlossen am 12. Mai 1927.* Erster Teil, Berlin 1927, S. 430f. Es votierten 109 Delegierte gegen und 103 Delegierte für die Ersetzung des Titels „Generalsuperintendent" durch „Bischof", drei Delegierte enthielten sich der Stimme.

[63] Ich kann der Beobachtung Tebbes, *Bischofsamt*, S. 30, nur bedingt zustimmen, daß in Bayern die Debatte um den Bischofstitel am „leidenschaftlichsten" gewesen sein soll. Das mag für die frühen Auseinandersetzungen zwischen 1918 und 1920 gelten. In Preußen hatten sich die Auseinandersetzungen seit der verfassunggebenden Generalsynode 1922, die tituläre Änderungen vorbehalten hatte, in zum Teil erbitterten literarischen Fehden hingezogen. Das Buch von Otto Dibelius, *Jahrhundert*, hatte die Diskussion kurz vor der angeführten Generalsynode noch einmal heftig angeheizt und den massiven Widerstand der Reformierten in den Westprovinzen provoziert, die am Ende sogar mit einer Kirchenspaltung drohten. Die Debatte in der Kirche der altpreußischen Union währte also deutlich länger, war im Ton schärfer und auch von ihrem Öffentlichkeitsgrad ungleich wirksamer – man vergleiche nur den Publizitätsgrad des Generalsuperintendenten Otto Dibelius mit dem des Kirchenpräsidenten Veit Mitte der zwanziger Jahre. – Es gilt aber zu bedenken, daß sich 1927 die Diskussionslage anders darstellte als zu Beginn der 20er Jahre. Nicht nur die politischen Rahmenbedingungen, auch die Position der evangelischen Landeskirchen in Deutschland und auf dem internationalen, ökumenischen Parkett wie bei der Stockholmer Weltkirchenkonferenz 1925 hatte sich grundlegend verändert. Die Kirchen waren in ihrem Bestand konsolidiert und hatten ob der errungenen Freiheit ein starkes Selbstbewußtsein entwickelt, das sie in der Öffentlichkeit eindrücklich dokumentierten. Johannes Schneider sprach im Rückblick auf die zehn Jahre seit der Revolution von einem „Meisterstück"der Kirchenleitung; vgl. KJ 56 (1929), S. 314ff; Zitat: S. 316.

[64] Vgl. oben, S. 213 mit Anm. 26.

[65] Vgl dazu Zindel: *Zum 6. Januar.* – In: Korr.Bl. vom 17. Januar 1921, 46. Jg., Nr. 3, S. 17. – Schoen, *Bischof*, S. 426, hat die feierliche, gleichwohl unprätentiöse Art der Einführung als Charakteristikum des evangelischen Bischofsamts angesehen.

Gestalt und Wirkung des bischöflichen Amtes

[1] Vgl. Zindel: *Zum 6. Januar.* – In: Korr.Bl. vom 17. Januar 1922, 46. Jg., Nr. 3, S. 17.

[2] Vgl. Hofer: *Amtseinsetzung der Kreisdekane.* – In: Korr.Bl. vom 17. Januar 1922, 46. Jg., Nr. 3, S. 17. L.G.: *Amtseinsetzung des Herrn Oberkirchenrat Hermann.* – In: Korr.Bl. vom 24. Januar 1922, 46. Jg., Nr. 4, S. 26. B.Z.: *Einsetzungsfeier in Bayreuth.* – In: Korr.Bl. vom 7. Februar 1922, 46. Jg., Nr. 6, S. 43f. Meiser: *Amtseinführung des Kreisdekans Oberkirchenrat Baum.* – In: Korr.Bl. vom 14. Februar 1922, 46. Jg., Nr. 7, S. 51f.

[3] Zur Unterscheidung vgl. Campenhausen, *Kirchenleitung*, bes. S. 7–12.

[4] Vgl. zum Fall Leimbach die Artikel von Dannenbauer und Hohlwein; Nigg, *Liberalismus*, S. 273ff; Kübel *Ein ganz unmöglicher Fall*; Wolf Meyer, *Volkskirche*; und vor allem die ausführliche Dokumentation des Protestantischen Laienbundes Nürnberg, *Der Fall Leimbach.* – Die Akten des Disziplinarverfahrens Leimbach im Landeskirchlichen Archiv (LkAN: Bestand LKR PA 3066 und Bestand Bayerisches Dekanat Oettingen PA 3066) durfte ich zwar einsehen, eine wörtliche und personenbezogene Wiedergabe daraus ist zur Zeit aufgrund des Archivgesetzes allerdings nur zum Teil möglich. Wenn nicht anders angegeben, sind alle Akten zum Fall Leimbach unter diesen Sigel (LKR PA 3066 bzw. BDOe PA 3066) archiviert.

[5] Erinnert sei hier an die Auseinandersetzung zwischen Geyer und Rittelmeyer einerseits und Bezzel und dem Ansbacher Ausschuß andererseits. Vgl. oben, S. 61ff. – Ein Fall von minder schwerer Kirchenzucht ist am Rande der Synodalverhandlungen 1920 erwähnt: Anläßlich einer „ungeschickten Predigt", in der der Prediger die Mittlerschaft Christi leugnete, wurden Konsistorium und Oberkonsistorium tätig und setzten vor allem auf ein Gespräch von „Mann zu Mann". Der Forderung des Kirchenrates und Dekans Herold, Fürth, nach Dienststrafordnung und Bekenntniszwang wurde nicht entsprochen, da das nicht helfen würde. Vgl. dazu *Verhandlungen Ansbach 1920*, S. 195f.

[6] Vgl. Geyer, *Lage der Theologen*, S. 21, der im Blick auf die Stellung zum Bekenntnis bei Bezzel und Veit große Unterschiede sah und deshalb eine andere innerkirchliche Situation erwartete; Zitat: ebd.

[7] *Entscheidung des Landeskirchenrats* vom 23. Januar 1922. – In: *Fall Leimbach*, S. 12–15, Zitat: S. 15.

[8] Eine offizielle Anfrage datiert vom 2. Juni 1942, in der Oberkirchenrat Thomas Breit seinen Duzfreund und „Konphilister" auf eine möglicherweise positive Entwicklung bezüglich Leimbachs Wiederaufnahme in die bayerische Landeskirche anspricht und ihn um Amtshilfe aufgrund kriegsbedingten Pfarrermangels angeht.

Leimbach hat am 4. Juni 1942 positiv geantwortet und betont, er würde den Dienst „nach der Ordnung der bayerischen Kirche" durchführen und ihr Bekenntnis akzeptieren. Ein Gespräch zwischen ihm und Landesbischof Meiser am 11. Juli 1942 in Oettingen hatte letzte Vorbehalte ausgeräumt und Meiser dazu bewegt, die Beauftragung Leimbachs zu befürworten. Bereits 1941 war durch den damaligen Kreisdekan von München die Frage der Wiederverwendung Leimbachs in den Landeskirchenrat eingebracht worden – allerdings ohne Antwort. Dabei ist es letztlich trotz der offiziellen Beauftragung geblieben. – Die Briefe und das Protokoll der Besprechung vom 11. Juli befinden sich in: BDOe PA 3066

[9] Die biographischen Daten wurden vom damaligen Dekan von Oettingen nach den Erinnerungen einer Stieftochter Leimbachs und der Witwe des verstorbenen Stiefsohns dem Landeskirchenrat in einem Schreiben vom 9. März 1961 (LKR PA 3066) mitgeteilt. Leimbach hat danach in den Jahren 1943 79mal, 1944 52mal und 1945 23mal die Predigt in einem Haupt- oder Nebengottesdienst im Dekanat Oettingen gehalten. Nach dem Tode seiner Frau, 1959, ist er auch seelsorgerlich tätig gewesen.

[10] Hohlwein, *Leimbach*, Sp. 306.

[11] Vgl. *Auszug aus dem Bericht des Pfarrers Leimbach in Oettingen über den Religionsunterricht am Progymnasium im Schuljahr 1919/20* (BDOe PA 3066). – Der Landeskirchenrat ließ dem Landessynodalausschuß im September 1921 eine Abschrift über den Vorgang zukommen, in der als Betreff bereits angegeben war: „Entfernung des Pfarrers Leimbach aus dem Dienst" (BDOe PA 3066).

[12] *Fall Leimbach*, S. 3. – Über das Gespräch existiert eine 3seitige Aktennote über *Die Unterredung zwischen Präsident D. Veit und den Oberkirchenräten Geheimrat D. Braun und Lic. Hofstaetter einerseits und dem Pfarrer Leimbach in Oettingen andererseits.* (BDOe PA 3066). In dieser wie allen folgenden Auseinandersetzungen zwischen Leimbach und den Vertretern der Kirchenbehörde wurde immer wieder die mehr oder minder unverhohlen geäußerte Forderung an ihn gerichtet, sich einem bestimmten, mehrheitlich sanktionierten Bekenntnisbegriff und einem ans Biblizistische reichenden Schriftverständnis zu unterwerfen. Leimbach verweigerte ein *sacrificium intellectus* und bestand darauf, innerlich durch Sachgründe überwunden zu werden.

[13] Alle Zitate nach: *Fall Leimbach*, S. 3.

[14] Die Unterredung auf Dekanatsebene vom 18. Januar 1921 ist dokumentiert (BDOe PA 3066). Damit ist der „erste Akt" (Bachmann in seinem Gutachten) des Falls Leimbach gleichsam geschlossen.

[15] Die Jahresangabe „1921" ist ein Druckfehler. Es handelt sich um das bereits erwähnte amtsbrüderliche Gespräch am 13. Februar 1920; vgl. dazu oben, S. 167.

[16] Vgl. Leimbach, *Kritische Bemerkungen*, S. 166 u.ö. – Zum „amtsbrüderlichen Gespräch" vgl. oben, S. 167.

[17] Zur Person siehe Register..

[18] So Lauerers Resümee in: Schönweiß, *Altes und neues Evangelium*, S. 56.

[19] Vgl. dazu Schönweiß, *Altes und neues Evangelium*, S. 7, Zitate: ebd.

[20] Leimbach, *Kritische Bemerkungen*, S. 132.

[21] Leimbach, *Kritische Bemerkungen*, S. 133.

[22] *Entschließung der Protestantischen Laienbünde Augsburg, Fürth, München und Nürnberg* vom 19. März 1922. – In: *Fall Leimbach*, S. 20f; Zitat; S. 20.

[23] Unter den Artikeln, die sich im Korrespondenzblatt zumeist kritisch auf Leimbach bezogen, sind zu nennen: Heinrich Müller-Fürth: *Zum Artikel Leimbachs.* – In: Korr.Bl. vom 6. Juni 1921, 46. Jg., Nr. 23, S. 181. Karl Engelhardt: *Zur Nürnberger theologischen Aussprache.* – In: Korr.Bl. vom 6. Juni 1921, 46. Jg., Nr. 23, S. 181f. Walther: *Überlebter Radikalismus.* – In: Korr.Bl. vom 11. Juli 1921, 46. Jg., Nr. 28, S. 220f; Korr.Bl. vom 18. Juli 1921, 46. Jg., Nr. 29, S. 229f; Korr.Bl. vom 25. Juli 1921, 46. Jg., Nr. 30, S. 236f. Karl Eichhorn: *Ein schweres Skandalon.* – In: Korr.Bl. vom 25. Juli 1921, 46. Jg., Nr. 31, S. 243f; Korr.Bl. vom 8. August 1921, 46. Jg., Nr. 31, S. 254. Philipp Bachmann: *Erklärung [des Bundes der Bekenntnisfreunde].* – In: Korr.Bl. vom 12. September 1921, 46. Jg., Nr. 37, S. 293; Korr.Bl. vom 19. September 1921, 46. Jg., Nr. 38, S. 299ff. Theodor Zinck: *Kirchenzuchtsfragen.* – In: Korr.Bl. vom 7. November 1921, 46. Jg., Nr. 45, S. 357f; Korr.Bl. vom 14. November 1921, 46. Jg., Nr. 46, S. 362ff. Hermann Steinlein: *Zur Richtigstellung der Leimbach'schen Ausführungen über Luther.* – In: Korr.Bl. vom 21. November 1921, 46. Jg., Nr. 47, S. 372f; Korr.Bl. vom 28. November 1921, 46. Jg., Nr. 48, S. 380f. Friedrich Nägelsbach: *Irrige Schriftanwendung.* – In: Korr.Bl. vom 28. November 1921, 46. Jg., Nr. 48, S. 389f. – Zur Kontroverse Leimbach – Lauerer vgl: Hans Lauerer: *Offener Brief an Herrn Pfarrer Leimbach.* – In: Korr.Bl. vom 12. September 1921, 46. Jg., Nr. 37, S. 292f. Friedrich Leimbach: *Erwiderung auf den offenen Brief des Herrn Rektors lic. Lauerer.* – In: Korr.Bl. vom 26. September 1921, 46. Jg., Nr. 39, S. 307f; Korr.Bl. vom 3. Oktober 1921, 46. Jg., Nr. 40, S. 317f; Korr.Bl. vom 10. Oktober 1921, 46. Jg., Nr. 41, S. 324f. (Brief vom 15. 9. 1921).

[24] Hans Lauerer: *Offener Brief an Pfarrer Leimbach.* – In: Korr.Bl. vom 12. September 1921, 46. Jg., Nr. 37, S. 292f; Zitat: S. 292. – Leimbach hatte in seiner Bestreitung der Autorität und Einheit der Heiligen Schrift formuliert: „ [...] daß die Schrift, auf welche sich der ‚Bibelgläubige' als auf seine Autorität beruft, ein Phantom ist, das nur in der Einbildung, nicht in der Wirklichkeit existiert, daß es ein Wahn ist, mit der Orthodoxie ein unfehlbares, religiöses Lehrbuch in ihr zu suchen. Sie ist lediglich eine Sammlung von Urkunden zur Geschichte der christlichen Kirche. Diese Urkunden tragen in sich ebensowenig göttlichen Charakter wie die Annalen des Tacitus."; Leimbach, *Kritische Bemerkungen*, S. 149. – Auf Lauerers Einwand gab Leimbach treffend zurück, daß doch nun über das „Was", also die Sachfragen, verhandelt werden möge.

[25] *Fall Leimbach*, S. 4. Vgl. auch das von Philipp Bachmann angefertigte Gutachten: *Bericht von D. Bachmann zu dem Antrag des Landeskirchenrats an den Landessynodalausschuß in Sachen des Lehrzuchtverfahrens gegen Pfarrer Leimbach in Oettingen*, vom 30. November 1921 (LKR PA 3066), S. 10.

[26] Leimbach, *Kritische Bemerkungen*, S. 150.

[27] Leimbach, a.a.O., S. 150.

[28] Leimbach, a.a.O., S. 156.

[29] Leimbach, a.a.O., S. 165.

[30] Leimbach, a.a.O., S. 166.

[31] *Entschließung des Landeskirchenrat* vom 27. Juni 1921 (BDOe PA 3066). Vgl. auch *Fall Leimbach*, S. 4.

[32] Der Abschrift seiner Antwort auf dem Dienstweg ist ein vermittelnder Kommentar des damaligen Oettingers Dekans beigefügt (BDOe PA 3066).

[33] Brief Leimbachs an den Landeskirchenrat vom 3. Juli 1921 (siehe Anm. 32) in der Abschrift, S. 1.

[34] A.a. O., S. 3.

[35] *Schreiben des Landeskirchenrat an das Dekanat Oettingen* vom 9. August 1921 (BDOe PA 3066).

[36] Leimbach hatte „bekannt", daß er die Präambel der Kirchenverfassung nicht anerkennen könne; vgl. dazu oben, S. 244.

[37] Abschrift des *Schreiben Leimbachs an den Landeskirchenrat* vom 19. August 1921 (BDOe PA 3066).

[38] *Fall Leimbach*, S. 8. – Die Unterredung ist als 19seitiges Protokoll festgehalten (LKR PA 3066). Anwesend waren: Veit, Gebhard, Hofstaetter, Boeckh, Ammon, Böhner, Moegelin, Baum und Leimbach.

[39] Vgl. dazu Dannenbauer, *Leimbach*, Sp. 1568.

[40] Auf der Tagung der Landessynode wurde in der 15. Vollsitzung am 22. August 1922 ein „Kirchengesetz über das Verfahren bei Lehrirrtümern (Lehrzuchtverfahren) in der Evangelisch-Lutherischen Kirche in Bayern r. d. Rhs." beschlossen; vgl. *Verhandlungen Ansbach 1922*, S. 93–96. Mit dem Gesetz, das auch von liberaler Seite ob seiner Fortschrittlichkeit gelobt wurde, durfte sich der Beklagte einen Beistand wählen (Ziffer 5b); es wurden nicht nur seine Äußerungen zum Gegenstand von Erhebungen und Bewertung gemacht, sondern auch seine Amtsführung (Ziffer 5c); schließlich wurde festgesetzt, daß der Kirchenvorstand bei Gemeindepfarrern stets anzuhören sei (Ziffer 5d). Außerdem wurde ein vom Landeskirchenrat unabhängiges Spruchkollegium als Richter eingerichtet. Damit waren wichtige Forderungen, die im Verlauf des Falls Leimbach erhoben worden waren, eingelöst worden. Zur Diskussion, die noch sehr stark durch den „Fall Leimbach" bestimmt ist, *vgl. Verhandlungen Ansbach 1922*, S. 239–255. Am 27. Juli 1923 folgten nähere Ausführungsbestimmungen zu dem Kirchengesetz; vgl. KABl. vom 16. August 1923, Nr. 15, S. 224. Am 7. September wurde außerdem noch ein „Kirchengesetz betreffend Verfahren bei Ablehnung gottesdienstlicher Ordnungen durch Geistliche aus Gründen der Glaubensüberzeugung" erlassen; vgl. KABl. vom 15. Dezember 1927, Nr. 25, S. 122.

[41] So in der Entschließung der Gemeinde Oettingen vom 2. Februar 1922; zit nach: *Fall Leimbach*, S. 16

[42] Text abgedruckt in *Fall Leimbach*, S. 8f.

[43] Vgl. Bachmann, *Gutachten Leimbach*, S. 3.

[44] *Schreiben Leimbachs an den Landeskirchenrat vom 19. August 1921*, S. 3.

[45] *Schreiben an den Landeskirchenrat vom 8. November 1921* (LKR PA 3066). Vgl. dazu *Verhandlungen Ansbach 1920*, S. 179–182; 193f.

[46] Ebd. – Die Kundgebung der Nürnberger Versammlung vom 21. September 1921 ist abgedruckt in: *Fall Leimbach*, S. 9, Anm. 12. Die vierzig freier Gerichteten warnten 1. „vor der Selbsttäuschung, als ob die über die historisch-kritische Theologie hinausführende Entwicklung uns rückwärts und an die Seite einer unkritischen und der heutigen geistigen Gesamtlage entfremdeten Orthodoxie führen könnte." 2. erklärten sie sich einig mit Leimbach in der Abwehr einer „unduldsamen Orthodoxie", die die tatsächliche theologische Entwicklung aus „Ängstlichkeit" ignoriere. 3. wiesen sie die Unterstellung „mangelnden Gewissensernstes" als üble Verdächtigung zurück, durch die „das Leben der Kirche ernster gefährdet wird als durch die Bibelkritik der wissenschaftlichen Theologie." 4. erklärten sie es „als unerträglich, wenn der Rektor von Neuendettelsau oder sonst ein Unberufener von seinem theologischen Standpunkt aus sich selbst zum Richter darüber aufwirft, wer in der Kirche das Amt führen darf und wer nicht." 5. bedauerten sie, daß keiner der Gegner Leimbachs sich zu einer sachlichen Antwort auf dessen Thesen verstanden hätte und statt dessen „nach der Gewalt rufen und agitatorisch seine Disziplinierung verlangen."

[47] Die sinnentstellende Reduplikation ist bereits in der Dokumentation *Fall Leimbach*, S. 9, durch ein Fragezeichen vermerkt worden.

[48] *Schreiben des Landeskirchenrats an das Dekanat Oettingen*, vom 18. November 1921 (BDOe PA 3066). Auch abgedruckt in: *Fall Leimbach*, S. 9.

[49] In: Korr.Bl. vom 31. Oktober 1921, 46. Jg., Nr. 44, S. 348. Unterzeichnet war das Votum von den Geistlichen Nürnberger, Burger, Dietrich, Schwab, Schmidt, Hüner, Nürnberger jr. und Schrödel.

[50] In: Korr.Bl. vom 14. November 1921, 46. Jg., Nr. 46, S. 364.

[51] Vgl. die Notiz in: Korr.Bl. vom 27. Dezember 1921, 46. Jg., Nr. 52, S. 410.

[52] Vgl. Bachmann, *Gutachten Leimbach*, S. 5f.

[53] Bachmann, a.a.O., S. 12.

[54] Bachmann, a.a.O., S. 13.

[55] Bachmann, a.a.O., S. 13f.

[56] Bachmann, a.a.O., S. 19.

[57] Vgl. Bachmann, a.a.O., S. 20–23.

[58] Bachmann, a.a.O., S. 27.

[59] Bachmann, a.a.O., S. 30.

[60] Bachmann, a.a.O., S. 32.

[61] Bachmann, a.a.O., S. 32.

[62] Bachmann, a.a.O., S. 32f.

[63] Vgl. Bachmann, a.a.O., S. 33–36.

[64] Rohmer, *Korreferat zum Bericht von D. Philipp Bachmann* (LKR PA 3066).

65 Vgl. Rohmer, *Korreferat zum Bericht von D. Philipp Bachmann*, S. 23ff.

66 *Der Vorsitzende des Landessynodalausschusses an den Herrn Präsidenten des Landeskirchenrats. Betreff: Entfernung des Pfarrers Leimbach aus dem Amt, ratsames Gutachten nach der Sitzung vom 3. Dezember 1921*, vom 5. Dezember 1921 (LKR PA 3066).

67 In: Korr.Bl. vom 2. Januar 1922, 47. Jg., Nr. 1, S. 5.

68 *Entschließung des Landeskirchenrat vom 23. Januar 1922.* – In: *Fall Leimbach*, S. 15.

69 *Fall Leimbach*, S. 9f.

70 *Fall Leimbach*, S. 10.

71 Abschrift der *Erklärung Leimbachs an den Landeskirchenrat*, vom 15. Januar 1922 (3 S. masch.). – In LkAN Bestand: Bayerisches Dekanat Oettingen PA 3066, S. 2f.

72 *Entschließung des Landeskirchenrats. Betreff: Lehrzuchtverfahren gegen Pfarrer Leimbach*, vom 23. Januar 1922 (BDOe PA 3066). Ebenfalls in: *Fall Leimbach*, S. 12–15. Vgl. die Notiz unter „Dienstesnachrichten" in: KABl. vom 1. Februar 1922, 9. Jg., Nr. 2, S. 15, wonach Pfarrer Leimbach zum 1. Februar in den Ruhestand versetzt wurde.

73 *Entscheidung des Landeskirchenrat vom 23. 1. 1922*; Auch: *Fall Leimbach*, S. 15.

74 Vgl die *Besprechung des Laienbundes Oettingen mit Oberkirchenrat Baum*, am 2. Februar 1922 (BDOe PA 3066).

75 Abgedruckt in *Fall Leimbach*, S. 16. Am 23. Februar 1921 wurde im *Oettinger Anzeiger* mitgeteilt, daß die Entschließung von 85 % der evangelischen Gesamtgemeinde Oettingen, das waren 951 Mitglieder, unterschrieben worden sei.

76 Text in *Fall Leimbach*, S. 16. Vgl. ebd. auch die Stellungnahme der Gemeinde Oettingen vom 4. Februar

77 Text in *Fall Leimbach*, S. 16f.

78 Text in *Fall Leimbach*, S. 17–19. Der Landeskirchenrat antwortete den Laienbünden „Betreff: Die grundlegende Bekenntnisbestimmung der Kirchenverfassung" am 11. März 1922. Das Schreiben konnte die größten Bedenken der freier Gerichteten zerstreuen, daß die Präambel der Kirchenverfassung in einem allein im Sinne der Positiven verstanden werden müsse. „Er [der Landeskirchenrat] erachtet es vielmehr für seine Pflicht, sie ebenso gegen jede Verengung und Einschränkung, wie auch gegen jede Erweichung und Entleerung zu sichern."; *Fall Leimbach*, S. 20.

79 Text in *Fall Leimbach*, S. 20–22.

80 Vgl. dazu das Protokoll im *Protokollbuch des Protestantischen Laienbundes.* – In: LkAN Bestand: Laienbund Nr. 5, S. 75–78.

81 Vgl. dazu *Oettinger Anzeiger* vom 31. Januar, 7. Februar, 14. März, und 1. Juni 1922, *Fränkischer Kurier* vom 31. Mai und 3. Juni 1922, *München Augsburger Abendzeitung* vom 31. März und 25. Mai 1922. Vgl. auch das *Evangelische Gemeindeblatt des Dekanats Ansbach* vom 12. und 25. Februar 1922 und vom 12. und 25. März 1922.

82 Vgl. dazu Loewenich, *Christian Geyer*, S. 306.

83 Vgl. dazu Lindbeck: *Nature of doctrine.* Lindbeck unterscheidet drei gängige verschiedene Auffassungen vom Dogma: 1) den kognitiven Zugang zum Dogma, „in which church doctrines function as informative propositions or truth claims about

objective realities", 2) den „experiential-expressive approach", der Dogmen als „noninformative and nondiscursive symbols of inner feelings, attitudes, or existential orientations" interpretiert, und 3) ein Zugang, der die beiden anderen Formen zu synthetisieren versucht; a.a.O., S. 15f. Obwohl Lindbeck seine Kategorien rund sechzig Jahre nach dem Fall Leimbach für den ökumenischen Kontext aufgestellt hat, sind sie für die Analyse des bayerischen Lehrzuchtverfahrens durchaus dienlich. Die Auffassung Lauerers und seiner Freunde vom Dogma läßt sich als *truth claim about objective realities* verstehen; das wird ganz offenkundig in dem amtsbrüderlichen Gespräch mit Stählin und seinen Freunden; vgl. Schönweiß, *Altes und neues Evangelium* – unter kommunikationstheoretischem Aspekt ein hochinteressantes Zeugnis nicht gelingender Kommunikation! Andererseits lassen sich Leimbachs dogmatische Aussagen auf Lindbecks zweiter Ebene eines *experiential-expressive approach* ansiedeln; nicht nur der Rekurs auf Schleiermacher ist unverkennbar (vgl. Lindbeck, a.a.O., S. 16), sondern auch die Verbindung mit den Ergebnissen der wissenschaftlichen liberalen Theologie. Und so gilt für die dogmatische Kontroverse 1922, was Lindbeck 1984 dem ökumenischen Diskurs attestiert: „In all of these perspectives it is difficult to envision the possibility of doctrinal reconciliation without capitulation."; a.a.O., S. 16.

[84] Die schriftliche Stellungnahme des Landeskirchenrates vom 11. März auf die Eingabe der Protestantischen Laienbünde Augsburg, Fürth, München und Nürnberg vom 19. Februar 1922, verbunden mit einem Gespräch zwischen Vertretern beider Seiten am 3. März in München, beruhigte die aufgebrachten Gemüter, daß mit der Begründung der Verurteilung Leimbachs keineswegs eine Identifikation von Bekenntnis und Bekenntnisschriften ausgesprochen worden sei. Genausowenig sei die Verurteilung Leimbachs Anlaß gewesen zu „einer besonderen Deutung und Erklärung der grundlegenden Bekenntnisbestimmung der Verfassung"; alle Zitate nach *Fall Leimbach*, S. 20. Die Liberalen schienen mit der Erklärung zufrieden und insistierten nicht auf einer genaueren Klärung der Bekenntnisfrage und der Interpretation der Bekenntnisschriften. Auch Nigg, *Liberalismus*, S. 274, beklagt für diesen und ähnliche Fälle, daß die Liberalen sich nicht stärker für den „Ketzer" eingesetzt hätten; Geyers Selbstanklage, die der Landeskirchenrat peinlich berührt zu vertuschen suchte, sei noch das Äußerste an liberalem Aufbegehren gewesen.; vgl. ebd. S. 275f.

[85] Nigg, a.a.O., S. 275, sah in der Verfahrensweise des Landeskirchenrates einen „Rückfall in die katholische Ketzerpraxis" und meinte, daß hier noch immer „die alte, kalte Jurisprudenz über die religiöse Überzeugung zu Gericht" sitze.

[86] So Dahm, *Pfarrer und Politik*, S. 38.

[87] Vgl. dazu oben, Anm. 8.

[88] Henn, *Führungswechsel*, S. 326. Henn verweist hierbei auf Korr.Bl. vom 10. Februar 1955, 80. Jg., Nr. 5, S. 2.

1 Vgl. Henn, *Führungswechsel*; Baier, *Reichsbischof*; ders., *Deutsche Christen*; Baier/Henn, *Chronologie*; Nicolaisen, *Widerstand oder Anpassung?*; Braun/Nicolaisen, *Verantwortung.*

2 So beschrieb der Erlanger Kirchenrechtler Hans Liermann in seiner Begründung des Ermächtigungsgesetzes die Rechtsstellung des Landesbischofs: Neben der Erweiterung oberhirtlicher Befugnisse werde auch die jurisdiktionelle Kompetenz des Landesbischofs ausgebaut zu einer Rechtsstellung mit diktatorischer Befugnis; vgl. Henn, *Führungswechsel*, S. 372f.

3 *Verhandlungen Ansbach 1924*, S. 114ff; *Verhandlungen Ansbach 1927*, S. 11.

4 *Verhandlungen Ansbach 1927*, S. 233.

5 *Verhandlungen Ansbach 1927*, S. 234.

6 Am prägnantesten hat Dibelius sein Verständnis von einem Bischofsamt wohl in den Sätzen zusammengefaßt: „Wo die Kirche, da ist das Bischofsamt. Damit ist das Wesentliche gesagt. *Wir fassen zusammen. Was ist eine Kirche? Sie ist ein Organismus, der als eine in sich selbständige Form religiösen Lebens eine Gesamtheit von Menschen umfassen will, ein Organismus, der sich auf ein Bekenntnis und auf einen Kultus gründet, ein Organismus, dessen Einheit und Tradition sich zusammenfassen in einem bischöflichen Amt.*“; *Jahrhundert der Kirche*, S. 96f. Man hat Dibelius, der bei seinem Vorstoß ganz stark den ökumenischen Aspekt der Amtsfrage betont hatte, daraufhin nicht ganz zu Unrecht eine triumphalistische Redeweise von der Kirche und ein katholisierendes Amtsverständnis vorgeworfen. Von alledem scheint die bayerische Diskussion völlig unberührt zu sein.

7 So Adolf Deißmann in einem Brief an Reinhold Seeberg; zitiert nach Jacke, *Kirche zwischen Monarchie und Republik*, S. 276. – Vgl. zu dem Streit in der Kirche der altpreußischen Union die *Verhandlungen der achten Generalsynode*, Bd. 1, bes. S. 83–90, 369–431; die zahllosen Artikel in der RKZ zwischen 1925 und 1928 und Dibelius' Antwort auf seine Kritiker: *Nachspiel.*

8 Henn, *Führungswechsel*, S. 350.

9 Der nationale Aufbruch, der von Hitler geschickt als eine Renaissance der christlichen Werte und ihrer Hüterinnen, der Kirchen, inszeniert wurde, bescherte den Kirchen eine respektable Quote an Wiedereintritten und einen gesteigerten Gottesdienstbesuch. Vgl. insgesamt dazu Scholder, *Kirchen I*, S. 277–299.

10 Henn, a.a.O., S. 328, macht darauf aufmerksam, daß in Bayern die neuen Machthaber die evangelische Kirche in den Märztagen noch relativ unbehelligt ließen; gleichwohl kam es zu einigen Übergriffen, und der Druck nationalsozialistischer Pfarrer auf die Kirchenleitung verstärkte sich nun.

11 Maser, *Weimarer Republik*, S. 37f.

12 Zitiert nach Henn, *Führungswechsel*, S. 332f.

13 Vgl. Daum: *Korrespondenzblatt, Volkskirche und nationale Revolution.* – In: Korr.Bl. vom 17. April 1933, 58. Jg., Nr. 16, S. 161ff. Daum kritisierte, daß das Korrespondenzblatt keinen Anteil nehme „an den gewaltigen Geschehnissen unserer Zeit“, daß es

desinteressiert an der „nationalen Wiedergeburt" sei und dem Kampf um die deutsche Volkskirche; a.a.O., S. 162. – Eine Tagung der Arbeitsgemeinschaft nationalsozialistischer Pfarrer am 20. März 1933 trug dem Vorsitzenden des Pfarrervereins Klingler heftige Klagen darüber vor, daß weder der Verein noch das Korrespondenzblatt Verständnis für diese Gruppe zeigten; vgl. Henn, a.a.O., S. 336.

14 Fries: *Das Gebot der Stunde an uns Pfarrer.* – In: Korr.Bl. vom 20. März 1933, 58. Jg., Nr. 12, S. 118f. Er verband solche Identifizierung mit einem Aufruf an seine Amtsbrüder, betend in den „Riß für unser Volk" zu treten; a.a.O., S. 119. Der Herausgeber Pfarrer Wilhelm Ferdinand Schmidt glossierte diesen Beitrag mit der Nachschrift: „Es ist uns, um nur das Wichtigste zu sagen, außerordentlich zweifelhaft, ob man in der Weise einen Bindestrich zwischen der nationalen Freiheitsbewegung und dem ‚Durst nach der Ewigkeit' ziehen kann und soll, wie es Herr Kollege Fries tut."; ebd..

15 Vgl. hierzu Röhm/Thierfelder, *Juden - Christen - Deutsche*, bes. S. 109–166.

16 Neben den ideologischen Differenzen war es auch über der Wahl Thomas Breits zum Oberkirchenrat zu heftigen Protesten der nationalsozialistischen Pfarrer gekommen, die auf Besetzung der Stelle durch einen der ihren gehofft hatten. Zur Bewegung der Deutschen Christen in Bayern vgl. auch Baier, *Deutsche Christen.*

17 So liest sich das Amtstagebuch Meisers vom 9. April 1933, zitiert nach Henn, *Führungswechsel*, S. 340.

18 Vgl. Henn, *Führungswechsel*, S. 340 mit Anm. 18.

19 Korr.Bl. vom 17. April 1933, 58. Jg., Nr. 16, S. 159. Das Schreiben weist in seiner ganzen Diktion darauf hin, daß der Rücktritt zu diesem Zeitpunkt von Veit nicht beabsichtigt gewesen war. Offensichtlich erschien ihm ein früherer Zeitpunkt ebensowenig opportun, da das als eine Reaktion auf die nationalsozialistische Machtergreifung in Bayern am 9. März hätte mißdeutet werden können; vgl. dazu Henn, a.a.O., S. 328.

20 Ev. Sonntagsblatt für Bayern vom 1. Juni 1986, Nr. 22; zitiert nach Maser, *Weimarer Republik*, S. 39.

21 Vgl. *Verhandlungen Bayreuth 1933*, S. 19–22.

22 Zur Person siehe Register.

23 Bracker, *Verhandlungen Bayreuth 1933*, S. 23.

24 Meiser, *Verhandlungen Bayreuth 1933*, S. 23.

25 Meiser, *Verhandlungen Bayreuth 1933*, S. 23f.

26 Die im folgenden vorgestellten drei Gesetze erforderten eine Verfassungsänderung und so die Zustimmung von mindestens 2/3 der Synodalen. Der ehemalige Präsident der Landessynode, Wilhelm Freiherr von Pechmann, hatte in einem Schreiben an seinen Amtsnachfolger Bracker vehement Einspruch gegen die beabsichtigten Verfassungsänderungen eingelegt. Der Brief, mit dem sich Pechmann an die ganze Synode wenden wollte, wurde von Bracker unterdrückt, um die „hocherfreuliche Erscheinung einmütigen Sinnes" nicht zu beeinträchtigen; vgl. Henn, *Führungswechsel*, S. 365; der Brief Pechmanns ebd., S. 363ff.

[27] Zur Person siehe Register. Henn, a.a.O., S. 330, Anm. 8, bezeichnet ihn als „Graue Eminenz“, die den Landesbischof Meiser oft beraten sollte.

[28] Vgl. Bracker, *Verhandlungen Bayreuth 1933*, S. 14–17, dessen nationale Begeisterung sich in den Worten spiegelt: „[...] der Aufbruch des deutschen Volkes unter der Losung der Heimkehr zur göttlichen Weltordnung mit der Krönung durch den tiefergreifenden Tag von Potsdam, am 21. März, da eine dem Allmächtigen sich verpflichtet fühlende Staatsregierung die Einigung des bisher zerrissenen deutschen Volkes vollzog.“; a.a.O., S. 16. Das war eine Sicht der Dinge, die Anfang Mai zwar schon geflissentlich über den mittlerweile offenen Terror der Nationalsozialisten hinwegsehen mußte, darin aber repräsentativ für die Einschätzung des neuen Staates durch weite Kreise der evangelischen Kirche war. Vgl. auch: Christian Stoll: *Die Kirche im Neuen Staat.* – In: Korr.Bl. vom 24. April 1933, 58. Jg., Nr. 17, S. 167–170. Eduard Putz: *Die Entwicklung des Nationalsozialismus als Frage an Kirche und Theologie.* – In: Korr.Bl. vom 2. Mai 1933, 58. Jg., Nr. 18, S. 180–183, und Korr.Bl. vom 8. Mai 1933, 58. Jg., Nr. 19, S. 195–200. Der Münchener Stadtvikar, Eduard Putz, hielt am 27. April 1933 einen Vortrag auf der außerordentlichen Versammlung des Pfarrervereins mit dem Titel *Die Stellung der evangelischen Kirche im Nationalstaat*, dessen Inhalt wiedergegeben wurde in: Korr.Bl. vom 2. Mai 1933, 58. Jg., Nr. 18, S.189f. Einen ähnlichen, wenn nicht den gleichen Vortrag hielt er am 4. Mai 1933 auf der nichtöffentlichen Sitzung der Synode unter dem Titel *Kirche und Nationalstaat*; vgl. *Verhandlungen Bayreuth 1933*, S. 33. Henns Einschätzung zufolge wurzelte Putz geistig und parteipolitisch „in einem idealistisch verklärten Nationalsozialismus und zugleich in einer biblisch und bekenntnismäßig kompromißlosen Theologie“; vgl. *Führungswechsel*, S. 351.

[29] Langenfaß, *Verhandlungen Bayreuth 1933*, S. 26.

[30] Langenfaß, *Verhandlungen Bayreuth 1933*, S. 26.

[31] Vgl. *Verhandlungen Bayreuth 1933*, S. 27.

[32] Verkündet am 8. Mai in: KABl. vom 11. Mai 1933, Nr. 10, S. 53.

[33] Vgl. Craig, *Deutsche Geschichte*, S. 506f.

[34] Henn, *Führungswechsel*, S. 359f, 371f, hat staatliches und kirchliches Ermächtigungsgesetz gegenübergestellt und analysiert.

[35] Liermann, *Verhandlungen Bayreuth 1933*, S. 28.

[36] Liermann, *Verhandlungen Bayreuth 1933*, S. 28, zu Art. 3 Satz 2.

[37] Liermann, *Verhandlungen Bayreuth 1933*, S. 28.

[38] Verkündet am 8. Mai in: KABl. vom 11. Mai 1933, Nr. 10, S. 53f.

[39] Alle Gesetzesentwürfe wurden auch in der obligatorischen zweiten Lesung ohne Aussprache angenommen; vgl. *Verhandlungen Bayreuth 1933*, S. 31.

[40] Lindner, *Verhandlungen Bayreuth 1933*, S. 30.

[41] Vgl. Meiser, *Verhandlungen Bayreuth 1933*, S. 31f, Zitat: S. 31.

[42] Vgl. Röhm/Thierfelder, *Juden – Christen – Deutsche*, I, S. 142ff. Meisers Stellung zur „Judenfrage“ ist ebd., S. 75–83, analysiert worden.

[43] Vgl. Henn, *Führungswechsel*, S. 440: „Daß es zu der Synode vom August 1933 kam, die Meiser selbst als das Zerrbild einer Synode bezeichnete, geschah nicht ohne Schuld des Bischofs. Er fand nicht den Entschluß, mit aller Leidenschaft augenblicklich und unüberhörbar das sofortige Aufhören der Einmischung von Staat und Partei – allen Zusagen zum Trotz – zu fordern, andernfalls die Nichtanerkennung der Wahl, und zwar für die gesamte DEK anzukündigen. Helmut Kern hat das über Langenfaß in einem fast verzweifelten Brief vorgeschlagen. Ein solches ‚Hände weg von der Kirche' hätte die Landeskirche aufgenommen, deren Pfarrer wußten, was Kirche ist, und die den Bischof ihres Vertrauens und ihres Gehorsams versichert hatten."

[44] Henn, a.a.O., S. 439.

[45] Die wenig rühmliche Rolle, die Meiser im Kampf um den Reichsbischof gespielt hat, hat Scholder, *Kirchen I*, S. 388–452 eingehend geschildert.

[46] Vgl. Henn, a.a.O., S. 436, der Meiser mit Äußerungen von der Synode am 12. September 1933 wiedergibt: „Ich möchte das Führerprinzip in der Kirche nicht überspitzen, aber wenn überhaupt der Gedanke der Führung einen Sinn haben soll, so kann jede Führung nur einheitlich sein und nur in der Unterordnung unter die zur Führung Berufenen bestehen. In unserer Zeit müssen diese Gedanken als eine Selbstverständlichkeit betrachtet werden." Meiser hat das gegenüber einem DC-Synodalen gesagt, was grundsätzlich aber nichts an der Tatsache ändert, daß Kirchenleitung sich für ihn in Über- und Unterordnungsverhältnissen ausprägte.

[47] Mehr als einmal haben Mitglieder des Landessynodalausschusses gegenüber dem Landeskirchenrat und dem Landesbischof betont, daß die gegenwärtige Regierungsform, vor allem die dominierende Stellung des Landeskirchenrates unter seinem Vizepräsidenten Meinzolt, das Führerprinzip in der Kirche befördere; vgl. Henn, a.a.O., S. 400.

[48] Vgl. Henn, a.a.O., S. 400.

[49] Vgl. Meiser, *Verhandlungen Bayreuth 1933*, S. 24.

[50] Vgl. Scholder, *Kirchen I*, bes. S. 435–452.

[51] Vgl. Nicolaisen: *Barmen.*

Schluß

[1] Kaftan, *Wesen der Kirche*, S. 23.

[2] Dibelius, *Jahrhundert der Kirche*, S. 77 und S. 93.

[3] Vgl. Johannes Schneider, *Kirchliche Zeitlage.* – In: KJ 56 (1929), S. 314ff; Zitate: S. 316. – Zum Protest Karl Barths gegen die „Verschwörung der Kirchenführer gegen die Substanz der Kirche" siehe seinen Aufsatz: *Quousque tandem…?* und *Die Not der evangelischen Kirche.* – Otto Dibelius hielt dagegen: *Die Verantwortung der Kirche.* Zu dem ganzen Streit siehe auch KZG 2 (1989): „Quousque tandem…?" Zum evangelischen Kirchenverständnis in diesem Jahrhundert.

[4] Vgl. neben den angegebenen Werken von Otto Dibelius auch die grundlegenden Überlegungen zur „Soziologie der Kirche" von Bonhoeffer, *Communio Sanctorum*; Althaus, *Sanctorum Communio*. Das Thema lag „in der Luft"; Bethge, *Bonhoeffer*, S. 107–115, Zitat: S. 113.

[5] Vgl. bes. Schoen, *Bischof*.

[6] Vgl. Brennecke, *Heilige apostolische Kirche*; Mehlhausen, *Friedrich Wilhelm IV.*

[7] Nipperdey, *Deutsche Geschichte II*, S. 868: „Die Monarchie, das autoritäre System mit seinen Hierarchien und Privilegien, die Kastengesellschaft, vor allem der Militarismus (im internen Militärbetrieb wie gegenüber der Zivilgesellschaft), – das waren die großen Realitäten und auch die großen Symbolsysteme des Lebens."

[8] Herr, *Leerraum*, charakterisierte die Weimarer Republik als „religiösen und weltanschaulichen Leerraum". – Der Terminus „Identitätsverlust" soll in keiner Weise die Debatte um die verspätete Republik erneut aufrollen oder daran anschließen, vielmehr soll damit auf die massiven psychologischen Auswirkungen der für weite Teile der Öffentlichkeit völlig unerwarteten Niederlage hingewiesen werden. Vgl. Kolb, *Weimarer Republik*, S. 4.

[9] Nipperdey, *Religion im Umbruch*, S. 77.

[10] Daß die Gleichstellung zumeist nur auf dem Papier stand, muß allerdings hinzugefügt werden. Darauf weist Campenhausen, *Staatskirchenrecht*, S. 53, hin: „Dabei führten die Verträge [sc. Kirchenverträge der evangelischen Landeskirchen bzw. die Konkordat der römisch-katholischen Kirche] zu einer Differenzierung zwischen den großen und den kleinen Religionsgemeinschaften, die die schematische Bezeichnung als Religionsgesellschaften Lügen strafte. Denn die vertragliche Heraushebung der Kirchen aus der Reihe der übrigen religiösen Körperschaften des öffentlichen Rechts als ‚vertragsgesicherte autonome Trennungskirchen' änderte deren Rechtslage im Vergleich zu den kleineren Religiongemeinschaften."

[11] Vgl. dazu Huber, *Kirche und Öffentlichkeit*, S. 498ff.

[12] „Aufs Ganze gesehen blieb der Staat 1918–1933 in weiterem Umfang auf der bisherigen Linie staatskirchenrechtlicher Aufsicht und Nähe im Verhältnis zu den Kirchen, als dem Wortlaut und der Tendenz der Verfassung entsprochen hätte."; Campenhausen, *Staatskirchenrecht*, S. 54. – Sein Votum ist so zu lesen, daß in der Weimarer Republik eine rigidere Trennung von Staat und Kirche von der Verfassung durchaus gedeckt gewesen wäre; eine Aussicht, die sicher nicht in kirchlichem Interesse gelegen hätte.

[13] In dem Sinne wird man auch die angeführten Kirchengeschichten Bayerns lesen müssen; eine notwendige Entwicklung gibt keinen Anlaß zur Irritation, zur Nachfrage oder gar zur Kritik.

[14] So auch Schmidt-Clausen, *Geistliches Amt*, S. 83.

[15] Schoen, *Bischof*, S. 403, 407, 429ff.

[16] Vgl. Schmidt-Clausen, *Geistliches Amt*, S. 79f.

[17] Vgl. Tebbe, *Bischofsamt*, S. 26f, unterscheidet zwischen konsistorialem und synodalem Bischofsamt. Dibelius, *Nachspiel*, S. 70ff, hat großen Wert darauf gelegt, daß

das von ihm anvisierte Bischofsamt als ein synodales aufzufassen sei. Vgl. Maurer, *Das synodale Bischofsamt.*

18 Eine Argumentation, die sich in den Entwürfen Gebhards (siehe oben, S. 186 mit Anm. 73) ebenso nachweisen läßt wie bei Kaftans Plädoyer für ein Bischofsamt als Arbeitsamt (siehe oben, S. 203ff).

19 So Schmidt-Clausen, *Geistliches Amt*, S. 91.

20 In Württemberg (1,7 Mio. Kirchenglieder) datierte die Verfassung vom 24. Juni 1920. Die annähernd gleich großen Landeskirchen in Mittel- und Norddeutschland, Schleswig-Holstein (1,3 Mio.) und Thüringen (1,5 Mio.) haben ihre Verfassungsumbildungen erst 1922 bzw. 1924 abschließen können. Auch die Verfassung der Kirche der Altpreußischen Union (19 Mio. Kirchenglieder, Verfassung vom 22. September 1922) und der lutherischen Kirche Hannovers (2,4 Mio. Kirchenglieder, Verfassung vom 20. Dezember 1922) entstanden in einem viel größeren Abstand zur Revolution von 1918 und damit in einer für die Kirche günstigeren Situation, was sich in den Verfassungen auch niederschlug. Vgl. insgesamt Giese/Hosemann, *Verfassungen.* Dieser Beobachtung gelte es, noch einmal genauer nachzugehen; bisher wurde der zeitliche Aspekt und die daraus resultierende verfassunspolitische und kirchenpolitische Situation viel zu wenig berücksichtigt; vgl. Schoen, *Bischof*, und Maurer, *Das synodale Bischofsamt.*

21 Die Verwandschaft des katholischen Bischofsamt mit dem Kirchenpräsidentenamt, ist schon von Zeitgenossen beobachtet worden. Die politische und verfassungsmäßige Selbständigkeit, die der Katholizismus und insbesondere der Episkopat nach 1918 demonstrierten, waren für den bayerischen Protestantismus mehr als einmal Grund zu neiderfüllten Seitenblicken. Zwar wurde in den Verfassungsdiskussionen dann vor allem auf die ausländischen evangelischen Bischofsämter hingewiesen oder historische evangelische Vorbilder bemüht, um so den Vorwurf einer Annäherung an den Katholizismus zu entkräften, doch konnten diese Argumente schon damals nicht überzeugen. Vgl. dazu Mulert, *Bischöfe*, S. 2f: Er betonte, daß der Bischof in den skandinavischen Ländern ein vom jeweiligen Landesherrn ernannter Bischof einer Staatskirche sei. Andernorts biete die unikonfessionelle Situation eine völlig andere Voraussetzung für ein evangelisches Bischofsamt als in Deutschland, wo es „einen starken Katholizismus neben sich hat". Auch der Hinweis auf den herrnhutischen Bischof könne nicht verfangen, weil mit dem Amt kein „Anspruch auf Leitung und Verwaltung" der Brüdergemeine gesetzt sei. Die historische Vorbilder ließen insofern keinen Vergleich zu, weil sie trotz des Bischofstitels nie mehr Kompetenz gehabt hätten als die Generalsuperintendenten.

22 Nowak, *Evangelische Kirche*, S. 14.

23 Nowak, *Protestantismus*, S. 229.

24 Nowak, *Evangelische Kirche*, S. 15.

25 Vgl. Nipperdey, *Deutsche Geschichte II*, S. 868ff. Er meint, daß diese Ordnungen sich längst überlebt hatten und deshalb ihr Ende von vielen aufrichtig begrüßt wurde. Gleichwohl verursachte ihr Verlust auch das Gefühl von Orientierungs- und Heimatlosigkeit; vgl. Breuer, *Anatomie*, S. 46f.

[26] So Scholder, *Neuere deutsche Geschichte*, S. 87. – Dibelius, *Jahrhundert*, S. 76, brachte die Haltung der Kirche auf den Punkt: „Da die Stimmung in der Kirche ganz überwiegend republikfeindlich ist, steht die Kirche dem neuen Staat sehr reserviert gegenüber. An die Stelle der überlieferten Regierungstreue tritt eine selbständige Haltung der Kirche gegenüber den Staatsgewalten."

[27] Vgl. Bry, *Verkappte Religionen*; dazu oben, S. 75f, und S. 82f mit Anm. 157.

[28] Vgl. Nipperdey, *Religion im Umbruch*, S. 156f.

[29] Vgl. Schmidt, *Kirchengeschichte*, S. 143.

[30] Vgl. Dahm, *Pfarrer und Politik*, S. 101.

[31] Vgl. Bonkhoff: *Kirche der Pfalz 1818–1861*; ders.: *Kirche der Pfalz 1861–1918*. Zur Verfassung der Kirche der Pfalz vgl. Giese/Hosemann, *Verfassung II*, S. 530ff.

[32] Zur politischen Theologie in der Weimarer Republik vgl. Scholder, *Kirchen I*, bes. S. 124–150. Daß es neben dieser in vielen Nuancen grassierenden politischen Theologie auch immer wieder den Ruf zur Sache gab – und nicht nur von Karl Barth – kann hier nur angemerkt werden. Vgl. dazu Busch, *Streitruf*. Er will Barth von dem Vorwurf Friedrich-Wilhelm Grafs befreien, der unpolitischste aller Theologen gewesen zu sein, und auf die theologisch verantworteten, gleichwohl politischen Implikationen des Barth'schen Rufs zur Sache aufmerksam machen.

[33] Vgl. Hirsch, *Evangelische Theologie*, S. 145. In einem Widerspruch dazu scheint die Beobachtung von Dahm, *Pfarrer und Politik*, S. 29, zu stehen, daß ein auffallendes Desinteresse an Lehr- und Bekenntnisfragen bestanden habe bzw. die Weimarer Zeit von einer „Krise der Ekklesiologie" gekennzeichnet sei; a.a.O., S. 56ff . Busch, *Streitruf* ist der Frage nachgegangen, wie diese konträren Beobachtungen zu vermitteln sind.: „Wir sehen, daß die Evangelische Kirche in den zwanziger Jahren durch die erhaltene Selbständigkeit gegenüber dem Staat, durch die Erfahrung von Kritik der Kirche von außen und durch die damit zusammenhängende These von der politischen Neutralität der Kirche einerseits wohl dazu gedrängt wurde, sich selbst als Kirche zu entdecken und zu behaupten. Wir sehen aber zugleich, daß auf der anderen Seite in derselben Kirche durch die Art, wie sie diese drei Momente wahrnahm und verstand, die theologischen Erkenntnisse – auch in der Sache der Ekklesiologie – schon im Kern mit bestimmten politischen Interessen eng verbunden waren"; a.a.O., S. 419.

[34] Dibelius, *Jahrhundert*, S. 76.

[35] Der Begriff stammt aus der Debatte zwischen Barth, Schneider und Dibelius; vgl. oben, S. 283, Anm. 3.

[36] Die Unterscheidung geht zurück auf: Tönnies, *Gemeinschaft und Gesellschaft*. Sein Gemeinschaftsbegriff behauptete die Einheit des Willens und Denkens eines Ganzen (Volk) gegenüber der Individualität des Einzelnen. Seine Unterscheidung fand in den antimodernen und individualitätskritischen Kreisen der Konservativen dankbare Aufnahme. Zu dem Begriffspaar und dem ideologischen Hintergrund informiert sehr gut: Riedel, *Gesellschaft, Gemeinschaft*, S. 801–862.

[37] Für die Rede vom charismatischen Führeramt läßt sich eine Linie von Holl über Weber zurück in die ekklesiologische Dimension der zwanziger Jahre verfolgen; vgl. Assel, *Aufbruch*, S. 135, Anm. 101.

[38] Türcke *Charisma*.

[39] Mulert, *Bischöfe*, bezog sich in seinem Vorwort ausdrücklich und zustimmend auf die Artikel von Braun, *Bischöfe?*, und Schian, *Bischöfe?*.

[40] Mulert, *Bischöfe*, S. 19.

[41] Vgl. Jasper, *Geist von Weimar*, bes. S. 153ff; Niedhardt: *Schweigen als Pflicht*, bes. S. 73. Niedhardt beobachtet die Entwicklung der im Kaiserreich eingeübten Autoritätsstrukturen bis in die Ära Adenauer.

[42] Vgl. oben, S. 225.

[43] Wie stark die Hoffnungen auf eine Wiederkehr der Monarchie als politischer Staatsform, nicht als Form der Kirchenleitung, war, läßt sich daran ersehen, daß Otto Dibelius noch 1932 meinte, Hitler werde nach dem Tode Hindenburgs die Monarchie wieder einführen! Vgl. dazu Wright, *Über den Parteien*, S. 236, Anm. 2.

[44] Winkler, *Weimar*, S. 17: „Die deutsche Gesellschaft vor 1914 war eine Klassengesellschaft, und sie war eine Gesellschaft des kulturellen Partikularismus." Diesem Partikularismus suchte man nach 1918 zu begegnen. Im politischen Bereich schlug sich das nieder in der erwähnten Einheitssemantik; vgl. oben, S. 67 mit Anm. 8. Im kirchlichen Bereich sollte besonders der Bischof bzw. der Kirchenpräsident die kirchliche Einheit repräsentieren; vgl. oben, S. 222f.

[45] Vgl. Kehrer, *Soziale Klassen*, S. 67–89, und Hölscher, *Frömmigkeitskultur*, S. 187–205.

[46] Huber, *Kirche und Öffentlichkeit*, S. 97, Hervorhebungen von mir.

[47] Huber, a.a.O, S. 98.

[48] Ekklesiologisch gesprochen ging es um die „Darstellung des Reiches Gottes". Dibelius hat diese Ethisierung der Gesellschaft programmatisch in seinem Buch *Nachspiel* vertreten. Im Gegensatz zum religionslosen Staat habe die Kirche die Aufgabe, „die Gesinnungen des ewigen Gottesreiches zur Wirklichkeit zu machen im Leben der eigenen Nation"; a.a.O., S. 53.

[49] Der relativen Theoriearmut entsprach das Drängen auf Praxis und Handeln – ein Zug der Zeit, der sich nicht nur in der Theologie niedergeschlagen hat. Den Hintergrund dürfte eine weitverbreitete „antiintellektuelle Grundhaltung" bilden, die nicht nur im kirchlichen Diskurs zu einer polarisierten Kultur in der Weimarer Republik geführt hatte. Vgl. dazu Hübinger, *Intellektuelle*.

[50] Man war weitgehend der Meinung, der innere Umbau der Kirche sei unabhängig von den äußeren gesellschaftlichen Veränderungen; vgl. Knopp, *Verfassung*, S. 75f.

[51] Vgl. oben, S. 67 mit Anm. 8.

[52] Aber auch der Wunsch, die frühere Einheit des Protestantismus wiederherzustellen, die zumindest einmal in der Einheit der Lehre bestanden hatte, wird man als Motiv erkennen müssen, das gegen einen zunehmenden Subjektivismus, Individualismus und Pluralismus zur Geltung gebracht werden sollte. Vgl. auch Mulert: *Bischöfe*, S. 17: „So wünscht man sich einen obersten Kirchenmann als Verköperung

der Kirche, der kirchlichen Einheit, wie es die katholischen Bischöfe in der Tat sind, zuhöchst der Papst. Man erhofft von tüchtigen, würdigen Bischöfen eine Stärkung des religiösen Gemeinsinns, des sittlichen Ernstes, des religiösen Verantwortungsgefühls."

[53] Vgl. die zeitgenössische Kritik von Frick, *Romantik*, S. 42: „Seine [Dibelius'] Soziologie läuft darauf hinaus, daß an die Stelle der früheren Staatskirche ein Kirchenstaat treten soll, der im Kampfe liegt mit anderen kollektiven Mächten."

[54] Vgl. oben, S. 119.

[55] Vgl. oben, S. 179. – Pechmann mag ein Extrembeispiel solcher Restaurationswünsche sein, doch läßt sein Votum zum Verhältnis von Kirche und Monarchie sehr gut erkennen, welche Denkmuster im kirchenpolitischen Hadeln virulent waren, auch wenn sie von anderen Zeitgenossen nicht so pointiert vertreten wurden.

[56] Insofern muß das Bischofsamt als ein wichtiges, *identitätsstabilisierendes* Moment gelten. Identität definierte sich dabei aber mehr über den Volks- und Staatsbegriff als über das Bekenntnis, das als zentrales Kriterium kirchlicher – nicht konfessioneller – Identität zu gelten hat. Vgl. dazu Sparn, *Sancta Simplicitas.*

[57] Frick, *Romantik*, S. 42, 43.

[58] Vgl. oben, S. 215.

[59] Mulert, *Bischöfe*, S. 5f.

[60] Schoen, *Bischof*, S. 406. Vgl. dazu auch den Entwurf Gebhards: oben, S. 225.

[61] Die Beobachtung deckt sich mit der von Dibelius und seinem Gewährsmann Holl, die evangelische Kirche sei erst 1918 wirklich Kirche geworden, in dem Moment, wo sie frei von staatlicher Einflußnahme sich selbst eine Verfassung habe geben können; vgl. Dibelius, *Jahrhundert*, S. 21, 29ff, und Holl, *Luther und Calvin*, S. 81.

[62] Mulert, a.a.O., S. 21.

[63] Vgl. Meiser, *Korreferat zu den Leitsätzen 9–11*, S. 1; siehe oben, S. 227, Anm. 39. Analysiert man diese Behauptung, so entdeckt man auch hier den Versuch, vertraute Autoritätsmuster fortzuschreiben. Die Formel „volkskirchlicher Charakter" zielte auf eine Sphäre kirchenpolitischen Handelns, die dem theologischen Nachdenken nicht unterzogen und damit anfällig wurde für Irrationalismen wie den „Volks-" und „Führer"begriff.

[64] Die bayerische Kirchenverfassung war die einzige, die das bischöfliche Amt explizit als Gegengewicht zur Synode konzipiert hatte; vgl. Schoen, *Bischof*, S. 423.

[65] Die unklare Kompetenzverteilung zwischen Kirchenpräsident und den Kreisdekanen erleichterte das Problem der geistlichen Leitung nicht, sondern verschärfte es: Der Bischof wurde immerhin noch durch die Synode gewählt und konnte so eine gewisse, mittelbare Legitimation durch das Kirchenvolk aufweisen. Die Kreisdekane hingegen wurden durch den Landeskirchenrat ernannt, was ihre Verwurzelung im Kirchenvolk nicht eben anzeigte. Ihre Rolle als Oberkirchenräte und ihre damit verbundene Orientierung nach München ließ einmal mehr das Odium von Zentralismus aufkommen und legte die Assoziation nahe, daß geistliche Leitung eine ‚von oben' angeordnete Aufsichtstätigkeit sei; vgl. Schmidt-Clausen, a.a.O, S. 92ff.

[66] Braun hatte im Vorfeld der Konstituante eindrücklich auf dieses ‚sozialpsychologische Phänomen' hingewiesen; vgl. oben, S. 195, Anm. 118f.

[67] Mulert, *Bischöfe*, S. 35.

[68] Tebbe, *Bischofsamt*, S 8.

[69] Schmidt-Clausen, *Geistliches Amt*, S. 77f. Ähnlich argumentiert auch Campenhausen, *Kirchenleitung*, S. 14.

[70] Campenhausen, a.a.O., S. 14f.

[71] Vgl. dazu Heer, *Leerraum*, der eine ähnliche Sachlage für die politische Kultur der Weimarer Republik ausmacht.

[72] Knopp, *Verfassung*, S. 510.

[73] Das war offensichtlich mehr als eine Geschmacksfrage. Schmidt-Clausen, *Geistliches Amt*, S. 80, hat diese Problematik verkürzt: „Für die deutschen Kirchenverfassungen der zwanziger Jahre war die Frage ‚Bischof oder Kirchenpräsident?' keine bedeutungsvolle Alternative." Gegen seine These spricht der bereits angeführte Streit in der Kirche der ApU, den er bezeichnenderweise gar nicht erwähnt. Dagegen spricht auch der mehrmalige Versuch, in Bayern den Bischofstitel per Gesetzesänderung einzuführen. Auch wenn diese Versuche scheiterten, wird doch an der immer wieder auftauchenden Debatte die Virulenz und Attraktivität des Titels erkennbar. Schließlich ist der eilige Griff nach dem Bischofstitel 1933 in der Evangelisch-Lutherischen Kirche in Bayern Indiz für ein schon länger bestehendes, unterschwelliges Verlangen. Dieses Verlangen ist in der Begründung zum Gesetz über die Bestellung eines Landesbischofs keineswegs rational ausgewiesen worden, sondern liefert sich dem Verdacht aus, daß dem Affekt und nicht der Reflexion nachgegangen wurde.

[74] Schmidt-Clausen, *Geistliches Amt*, S. 90, bedauerte das „Mißverständnis", das mit dem Begriff der „geistlichen Führung" 1933 einherging und fatale Folgen zeitigte. Daß der Bischofstitel im Aufwind der nationalsozialistischen Führerideologie vorgeschlagen und verfassungsmäßig verankert wurde, muß weder Amt noch Titel von vornherein diskreditieren. Es hätte bei der Diskussion um den Bischofstitel nach 1945 aber dieser historische Zusammenhang anerkannt, und wenigstens im Nachhinein eine Neubegründung unternommen werden müssen. Die Kirche muß sich jedenfalls dem Vorwurf stellen, durch eine Einheitssemantik die Begriffe „Führung" und „Führer" in Verbindung mit dem Bischofsamt gesellschaftlich approbiert und so der faschistischen Führerideologie – mit vielen anderen – den Steigbügel gehalten zu haben. Sie hat diese Begriffe leider nicht einer theologischen Reflexion und einer Beschränkung durch das Evangelium unterzogen.

[75] Siehe oben, S. 193ff. Die Entwicklung zwischen 1918 und 1933 gibt Bachmann recht. Bereits 1920 hatte er die „Gefahr einer immer weitergehenden Steigerung des persönlichen Prinzips" mit dem Bischofsamt verbunden gesehen; vgl. oben, S. 215.

[76] Vgl. Hölscher, *Die Religion der Bürger*.

[77] Vgl. Campenhausen, *Kirchenleitung*, bes. S. 12–17.

[78] Winkler, *Weimar*, S. 11.

Literaturverzeichnis

Archivalien werden mit dem in Spitzklammern < >versehenen Kurztiteln zitiert. Sofern es sich um *Protokolle* handelt, bei denen verschiedene Personen wiedergegeben werden, werden sie in den Fußnoten mit: Namen, <*Kurztitel*>, wie andere Literatur angeführt. *Zeitschriften*, andere *Periodika* und *Amts-* und *Verordnungsblätter* bekommen ebenfalls, sofern keine offizielle Abkürzung vorhanden, eine in Spitzklammern zugewiesen.
Alle anderen Abkürzungen folgen dem Abkürzungsverzeichnis zur TRE von Siegfried Schwertner, 2. Auflage 1994.

Unveröffentlichte Quellen

Landeskirchliches Archiv Nürnberg (LkA Nürnberg)

Bestand Manuskripte (MS 759–761)

Protokoll über die Besprechung der Mitglieder des Prot. Oberkonsistoriums mit den Abgeordneten der Prot. Konsistorien Ansbach und Bayreuth, den Mitgliedern des Generalsynodalausschusses und dem Vertreter der theol. Fakultät der Universität Erlangen in Sachen: „Die nunmehrige kirchenpolitische Lage", vom 19.11.1918, ausgefertigt am 23.11.1918 (45 S. masch.).
– In: LkAN Bestand: MS 759 (Teil Gebhard) # 2
<*Protokoll 19.11.1918*>

Grundfragen für eine Besprechung des Oberkonsistoriums und des Generalsynodalausschusses zur Aufstellung von Richtlinien, vom 14.11.1919,
(130 S. hsl. vervielfältigt)
<*Grundfragen 14.11.1919*> mit einer
Anlage: Zur Bischofsfrage (ohne Datum, 13 S.)
– In: LkAN Bestand: MS 759 (Teil Gebhard) #3
<*Bischofsfrage*>

Richtlinien für die Besprechung mit dem Generalsynodalausschuß am 19. 11. 1918, (7 S.).
<*Richtlinien*>. Mit einem beigegebenen
Referat über die Finanzlage von OKR Gebhard vom 19.11.1918 (18 S.).
– In: LkAN Bestand: MS 759 (Teil Gebhard) # 4
<*Finanzlage 1918*>

Protokoll über die Beratungen der Kommission zur Vorbereitung einer neuen Wahlordnung für die verfassungsgebende Generalsynode vom 20.–22.2.1919 in Ansbach (59 S. masch.)
– In: LkAN Bestand: MS 759 (Teil Gebhard) # 5
<*Beratungen der Verfassungskommission Februar 1919*>

Begründung der Vorlage 1 betr. die Kirchenverfassung mit 4 Beilagen (Verhandlungen des Ansbacher Arbeitsausschusses)
– In: LkAN Bestand: MS 759 (Teil Schornbaum: Gen.Syn. 1920 Arbeitsmaterial)
<*Begründung der Vorlage*>

Äußerung für den Herrn Ministerialreferenten. Ergebnis der Kollegialbesprechung vom 10. November 1919 (8 S. masch., gez. von Veit und Gebhard.).
– In: LkAN Bestand: Kirchenverfassung 1918–1920. MS 760.
<*Äußerung für den Herrn Ministerialreferenten 10.11.1919*>

Korreferat Meiser zu Leitsatz 9–11 (7 S. masch.)
– In: LkAN Bestand: MS 760.
<*Korreferat zu Leitsatz 9–11*>

Leitsätze und Fragen für den Arbeitsausschuß, vom 30.11.1919 (34 S. masch.).
– In: LkAN Bestand: MS 760.
<*Leitsätze und Fragen 30.11.1919*>

Arbeitsplan für die 2. Tagung des Arbeitsausschusses (13.–21.4.1920) (4 S. masch.).
– In: LkAN Bestand: MS 760 Kirchenverfassung #2.
<*Arbeitsplan*>

Beilage zur Begründung des Entwurfs einer Verfassung der evangelisch-lutherischen Kirche in Bayern. Auszug aus den Verhandlungen und Referaten des Ansbacher Arbeitsausschusses für den Entwurf einer Kirchenverfassung (312 S. masch.).
– In: LkAN Bestand: MS 761.
<*Beilage zur Begründung des Entwurfs einer Verfassung*>

Bestand Landessynodalausschuß (GSA I bis V) [1]

Aufzeichnungen über die Sitzung des protestantischen Oberkonsistoriums und des Generalsynodalausschusses vom 11. und 12. Dezember 1919 (53 S. masch.).
– In: Niederschriften über die Verhandlungen des Generalsynodalausschusses zur Vorbereitung einer neuen Kirchenverfassung 1918–1920.
– In: LkAN Bestand: GSA I | OKZ 13,7.
<*Aufzeichnungen 11./12.12.1919*>

Niederschriften über die Verhandlungen des Generalsynodalausschusses zur Vorbereitung einer neuen Kirchenverfassung 1918–1920.
– In: LkAN Bestand: GSA I | OKZ 13,7.

---

[1] Die Akten des Generalsynodalausschusses sind dem Bestand Landessynodalausschuß zugeordnet worden; die alten Siglen bleiben vorerst erhalten.

Sitzungsprotokolle des Generalsynodalausschusses.
– In: LkAN Bestand: GSA II | OK 213, 1988 | III 252 | 4819.
Darin enthalten:
Niederschrift über die Sitzung des Generalsynodalausschusses.
München, den 19. November 1918. (8 S. unpaginiert masch.)
<*Niederschrift GSA 19.11.1918*>
Niederschrift über die Sitzung des Generalsynodalausschusses.
München, den 26./27. Februar 1920. (8 und 10 S. masch.).
<*Niederschrift GSA 16./27.2.1920*>
Niederschrift über die Sitzung des Generalsynodalausschusses.
München, den 8. Juni 1920. (6 S. masch.,Reg. Nr. 4305).
<*Niederschrift GSA 8.6.1920*>
Niederschrift über die Sitzung des Generalsynodalausschusses.
München, den 19. Dezember 1918. (2 S. unpaginiert hsl.)
<*Niederschrift GSA 19.12.1918*>

Anträge des Generalsynodalausschusses nach § 5 der Verordnung vom 25. Juni 1887.
– In: LkAN Bestand: GSA III | 4835.

Vorlagen an den Generalsynodalausschuß 1919.
– In: LkAN Bestand: GSA V | 4834a.

Bestand Bayerisches Konsistorium Bayreuth (BKB)

Vertrauliches Schreiben des Protestantischen Oberkonsistorium „An sämtliche Dekanate der protest. Landeskirche in Bayern r. d. Rh.“ vom 22. November 1918, Reg. Nr. 6028 (4. S. unpaginiert, gedruckt).
– In: LkAN Bestand: BKB Fach 1 Nr. 4
<*Vertrauliches Schreiben 22.11.1918*>

Gebhard, Karl: Notverfassung. Übersicht der Rechtsfragen und Zweckmäßigkeitsfragen zur Orientierung vor der Sitzung vom 25. Sept. 1919.
(9 S. masch., datiert auf den 24.9.1919).
– In: LkAN Bestand: BKB Fach 1, Nr. 4, Reg.Nr. 8509.
<*Notverfassung, 25.11.1919*>

Bestand Oberkonsistorium München (OKM)

Sitzungsprotokolle des Protestantischen Oberkonsistoriums.
– In: LkAN Bestand: OKM 1830.

Die außerordentliche Generalsynode zu Ansbach 1919.
– In: Akten des Königlich Protestantischen Oberkonsistoriums.
– In: LkAN Bestand: OKM 2910.

Protokoll der gemeinsamen Sitzung des I. und III. Ausschusses der außerordentlichen Generalsynode vom Juli 1919.
– In: LkAN Bestand: OKM 2618.

Vereinigte Ausschüsse, Anträge, Protokolle zur Generalsynode 1919.
– In: LkAN Bestand: OKM 2913.

Bestand Landeskirchenrat (LKR)

Entwurf einer Verfassung für die evangelisch-lutherische Kirche in Bayern.
– In: LkAN Bestand: LKR II, 230 (267l).
Darin enthalten:
Bemerkungen zum Verfassungsentwurf.
(19 S. masch., datiert: 3. Juni 1920, gez. von Veit und Gebhard).
<Bemerkungen zum Verfassungsentwurf>
Begründung zu Leitsatz 4. (8 S. masch., undatiert).
<Begründung zu Leitsatz 4>

Literatur in Sachen Kirchenverfassung.
– In: LkAN Bestand: LKR II, 230 (267m).
Darin enthalten:
Ludwig Castner: Gedanken zu einer neuen Wahlordnung für die Generalsynode (5. S. masch.).
Karl Gebhard: Einschreiben an Konsistorialrat Mögelin vom 8. Dezember 1918 (7 S. masch.).
Karl Gebhard: Mitteilung an Wilhelm Kahl vom 7. Dezember 1918 (4 S. masch.).
Wilhelm Moegelin: Gedanken über die nächsten Aufgaben des Kirchenregiments. (Datiert: 16. Dezember 1918, 5 S. masch.)

Lektüre zur Kirchenverfassung.
– In: LkAN Bestand: LKR XVIII, 1750b (5720a).

Kirchliche Statistik für die Jahre 1917–1921.
– In: LkAN Bestand: LKR XVII, 1750b (5720a)

Bestand Personen und Vereine

Die Auseinandersetzung Nägelsbach – Rittelmeyer 1912.
– In: LkAN Bestand: Personen LI: (RITTELMEYER)

Pechmann, Wilhelm von: Brief an Dekan KR Herold, Fürth.
(datiert: 16. Februar 1920).
– In: LkAN Bestand: Personen XXIII (PECHMANN) Nr. 8.

Pechmann, Wilhelm von: Brief an den Oberstkämmerer des Königs, Hans von Laßberg. (3 S. masch., unpag., datiert: Ansbach 21. August 1920). – In: LkAN Bestand: Personen XXIII (PECHMANN) Nr. 12.

Laßberg, Hans von: Brief an Wilhelm von Pechmann. (2 S. handschr., unpag., datiert: Schloß Wildenwart, 31. August 1920). – In: LkAN Bestand: Personen XXIII (PECHMANN) Nr. 12.

Boeckh, Friedrich: Brief an Senior Zindel (4 S. masch., datiert: 2. Dezember 1918). – In: LkAN Bestand: Vereine I/20 (Pfarrerverein) Nr. 25 Teil I[a] .

Bestand Landeskirchenamt Personalangelegenheiten

Bachmann, Philipp: Bericht von D. Bachmann zu dem Antrag des Landeskirchenrat an den Landessynodalausschuß in Sachen des Lehrzuchtverfahrens gegen Pfarrer Leimbach in Oettingen, vom 30. November 1921 (42 S. masch.). – In: LkAN Bestand: LKR PA 3066. <*Gutachten Leimbach*>

Rohmer, Eugen: Korreferat zum Bericht von D. Philipp Bachmann (25 S. masch.).

Rohmer, Eugen: Der Vorsitzende des Landessynodalausschusses an den Herrn Präsidenten des Landeskirchenrats. Betreff: Entfernung des Pfarrers Leimbach aus dem Amt, ratsames Gutachten nach der Sitzung vom 3. Dezember 1921, vom 5. Dezember 1921.

Schreiben der Stieftochter Leimbachs an den Landeskirchenrat vom 9. März 1961.

Protokoll der Unterredung Leimbachs mit dem Landeskirchenrat am 2. September 1921(19 S. masch.).

Schreiben Leimbachs an den Landeskirchenrat vom 8. November 1921.

Bestand Bayerisches Dekanat Oettingen PA 3066

Diverse Dokumente zum Fall Leimbach (siehe Anmerkungen im Text).

Briefe und Protokoll der Besprechung vom 11. Juli.

Auszug aus dem Bericht des Pfarrers Leimbach in Oettingen über den Religionsunterricht am Progymnasium im Schuljahr 1919/20 (5 S. masch.).

„Entfernung des Pfarrers Leimbach aus dem Dienst“. Schreiben des Landeskirchenrates an das Dekanat Oettingen (5 S. masch.).

Die Unterredung zwischen Präsident D. Veit und den Oberkirchenräten Geheimrat D. Braun und Lic. Hofstaetter einerseits und dem Pfarrer Leimbach in Oettingen andererseits (3seitige Aktennote).

Unterredung auf Dekanatsebene vom 18. Januar 1921.

Entschließung des Landeskirchenrat vom 27. Juni 1921.
Antwort Leimbachs auf die Entschließung des Landeskirchenrats vom 3. Juli 1921(4 S. masch.).
Schreiben des Landeskirchenrat an das Dekanat Oettingen vom 9. August 1921, Akt.Nr. 10375 (3 S. masch.).
Abschrift des Schreiben Leimbachs an den Landeskirchenrat vom 19. August 1921 (15 S. masch.).
Schreiben des Landeskirchenrats an das Dekanat Oettingen, vom 18. November 1921.
Erklärung Leimbachs an den Landeskirchenrat vom 15. Januar 1922 (3 S. masch.).
Entschließung des Landeskirchenrats. Betreff: Lehrzuchtverfahren gegen Pfarrer Leimbach, vom 23. Januar 1922, Akt.Nr. 758 (15 S. masch.).
Besprechung des Laienbundes Oettingen mit Oberkirchenrat Baum, am 2. Februar 1922.

Bestand Laienbund Nr. 5

Protokoll im *Protokollbuch des Protestantischen Laienbundes.*

Veröffentlichte Quellen und Darstellungen

Gesetz- und Verordnungsblätter, Dokumentationen

Amtsblatt für die protestantische Landeskirche in Bayern rechts des Rheins. Amtlich herausgegeben vom Protestantischen Oberkonsistorium. München, 5. Jg, 1918 ff. (Zuvor: Amtsblatt für die protestantische Landeskirche des Königreiches Bayern rechts des Rheins. Amtlich herausgegeben vom Königlichen Protestantischen Oberkonsistorium) München 1. Jg., 1915ff. <*KABl.*>

Gesetz- und Verordnungs-Blatt für den Volksstaat Bayern. München 1918–20. (Zuvor: Gesetz- und Verordnungs-Blatt für das Königreich Bayern. München 1916 ff. <*GVBl.*>

Die Landessynode in Ansbach 9. bis 13. Juli 1946. Hg. vom Evangelischen Presseverband in München. München 1946.

Personalstand sämtlicher kirchlichen Stellen und Behörden der protestantischen Kirche im Königreiche Bayern rechts des Rheins. 23. Ausgabe, München 1916.

Personalstand sämtlicher kirchlichen Stellen und Behörden der evangelisch-lutherischen Kirche in Bayern rechts des Rheins. 24. Ausgabe, München 1923.

Personalstand der Universität Erlangen 1916–1928. Erlangen 1916ff.

Reichsgesetzblatt. Berlin 1918–1920. <*RGBl.*>

Statistische Mitteilungen aus den deutschen evangelischen Landeskirchen vom Jahre 1919, von der statistischen Kommission des Deutschen Evangelischen Kirchenausschusses, den Beschlüssen der Deutschen Evangelischen Kirchenkonferenz gemäß, nach den Angaben der landeskirchlichen Behörden zusammengestellt. Stuttgart 1922. <*Stat.Mitteil.*>

Staat und Kirche im 19. und 20. Jahrhundert. Dokumente zur Geschichte des deutschen Staatskirchenrechts. Bd. I: Staat und Kirche vom Ausgang des alten Reichs bis zum Vorabend der bürgerlichen Revolution. Hg. von Ernst Rudolf Huber und Wolfgang Huber, Berlin 1973. Bd II: Staat und Kirche im Zeitalter des Hochkonstitutionalismus und des Kulturkampfes 1848–1890. Berlin 1976. Bd. III: Staat und Kirche von der Beilegung des Kulturkampfes bis zum Ende des Ersten Weltkriegs. Berlin 1983. Bd. IV: Staat und Kirche in der Zeit der Weimarer Republik. Berlin 1988.

Ursachen und Folgen. Vom deutschen Zusammenbruch 1918 und 1945 bis zur staatlichen Neuordnung Deutschlands in der Gegenwart. Eine Urkunden- und Dokumentensammlung zur Zeitgeschichte. Hg. von Herbert Michaelis und Ernst Schraepler unter Mitwirkung von Günter Scheel. Berlin o. J. Bd. I– VII.

Verhandlungen der außerordentlichen Generalsynode für die Konsistorialbezirke Bayerns r. d. Rhs. zu Ansbach im Jahre 1919. O.O. [Ansbach] o.J. [1919].

Verhandlungen der außerordentlichen Generalsynode für die Konsistorialbezirke Bayerns r. d. Rhs. zu Ansbach im Jahre 1920. O.O. [Ansbach] o.J. [1920].

Verhandlungen der Landessynode der evangelisch-lutherischen Kirche in Bayern r. d. Rhs zu Ansbach im Jahre 1922. O.O. [Ansbach] o.J. [1922].

Verhandlungen der Landessynode der evangelisch-lutherischen Kirche in Bayern r. d. Rhs. Synodalperiode 1923–1929. Zweite ordentliche Tagung in Ansbach 1927. O.O. [Ansbach] o.J. [1927].

Verhandlungen der Landessynode der evangelisch-lutherischen Kirche in Bayern r. d. Rhs. Synodalperiode 1930–1936. Außerordentliche Tagung in Bayreuth 3.–5. Mai 1933. O.O., o. J.

Verhandlungen des Ersten Deutschen Evangelischen Kirchentages in Dresden vom 1. bis 5. September 1919 nebst Zusammenstellung der Vorlagen und Beschlüsse, sowie Verzeichnis der Teilnehmer. Stuttgart o.J. [1919].

Verhandlungen der achten Generalsynode der Evangelischen Kirche der altpreußischen Union in ihrer ordentlichen Tagung vom 23.4–12.5.1927, 2 Bde. Berlin 1927.

Vorlesungsverzeichnis der Universität Erlangen 1916–1928. Erlangen 1916ff.

Nachschlagewerke

Biographisches Lexikon zur Weimarer Republik. Hg. von Wolfgang Benz und Hermann Graml. München 1988.

Die Religion in Geschichte und Gegenwart. Handwörterbuch in gemeinverständlicher Darstellung. 1. Aufl., hg. von Friedrich Michael Schiele und Leopold Zscharnack. Tübingen 1909ff. <*RGG*^{1} >

Die Religion in Geschichte und Gegenwart. Handwörterbuch für Theologie und Religionswissenschaft. 2., völlig neubearb. Aufl., hg. von Hermann Gunkel und Oskar Rühle. Tübingen 1927ff. <*RGG*^{2}>

Die Religion in Geschichte und Gegenwart. Handwörterbuch für Theologie und Religionswissenschaft. 3. völlig neubearb. Aufl., hg. von Kurt Galling. Tübingen 1957ff. <*RGG*^{3}>

Evangelisches Kirchenlexikon. Kirchlich Theologisches Handwörterbuch. Hg. von Heinz Brunotte und Otto Weber. Göttingen 1956–1961. <*EKL*>

Evangelisches Staatslexikon. Hg. von Roman Herzog, Hermann Kunst, Klaus Schlaich und Wilhelm Schneemelcher. 3. neu bearb. u. erw. Aufl. in 2 Bd.en. Stuttgart 1987.

Geschichtliche Grundbegriffe. Historisches Lexikon zur politisch sozialen Sprache in Deutschland. Hg. von Otto Brunner, Conze, Werner und Reinhart Koselleck, Stuttgart 1972ff.

Handwörterbuch zur deutschen Rechtsgeschichte. Hg. von Adalbert Erler und Ekkehard Kaufmann, mitbegründet von Wolfgang Stammler. Berlin 1971ff.

Theologische Realenzyklopädie. Hg. von Gerhard Müller und Gerhard Krause. Berlin u.a. 1977ff .

Voll, Otto J.: Handbuch des Bayerischen Staatskirchenrechts. München 1985.

Wörterbuch des Christentums. Hg. von Volker Drehsen, Hermann Häring, Karl-Josef Kuschel und Helge Siemers in Zusammenarbeit mit Manfred Baumotte. Gütersloh, Zürich 1988.

Zeitungen und Zeitschriften

Allgemeine Evangelisch-lutherische Kirchenzeitung. Begründet von Chr. E. Luthardt; hg. von Wilhelm Laible, 49. Jg. 1916ff. <*AELKZ*>

Christliche Welt. Wochenschrift für Gegenwartschristentum. Hg. von Martin Rade. Gotha 24. Jg 1910 ff. <*ChW*>

Evangelisches Gemeindeblatt für den Dekanatsbezirk München. Begründet 1892 von Adolf von Kahl, hg. von Pfr. Dr. Hilmar Schaudig. München, 27. Jg., 1918ff. <*EvGBl.*>

Evangelisches Sonntagsblatt aus Bayern. Hg. von Karl Ostertag, Rothenburg o.d.T. 34. Jg., 1918/19 ff. <*ESBl.*>

Freimunds kirchlich-politisches Wochenblatt für Stadt und Land. Gegründet 1858, redigiert von Missionsdirektor Ruf. Neuendettelsau 64. Jg., 1918 ff. <*Freimund*>

Jahrbuch für die evangelisch-lutherische Landeskirche Bayerns. Hg. von Siegfried Kadner, München 1901–1927. <*JbELKB*>

Kirchenbote für die evangelische Gemeinde München. Gegründet 1919, hg. vom Verein für Innere Mission München, Schriftleitung Hilmar Schaudig, München. 1. Jg., 1919f. <*Kirchenbote*>

Kirchliche Zeitgeschichte. Internationale Halbjahreszeitschrift für Theologie und Geschichtswissenschaft. Hg. von Gerhard Besier u.a. Göttingen 1. Jg. 1988 ff.

Korrespondenz-Blatt für die evangelisch-lutherischen Geistlichen in Bayern. 1876–1939, gegründet von Ferdinand Weber; 43/44 Jg., 1918ff., hg. von Heinrich Gürsching, Leutershausen. 45 Jg., 1921 hg. von Hans Hofer, Nördlingen. <*Korr.Bl.*>

Mitteilungen. Hg. von der Evangelischen Arbeitsgemeinschaft für Kirchliche Zeitgeschichte. München 1. Jg. 1981 ff. <*Mitteil.EvAGKZG*>

Mitteilungsblatt des Bundes der Bekenntnisfreunde. Nr. 1 vom März 1914 mit unregelmäßigem Erscheinungsdatum, ohne Ortsangabe.

Neue Kirchliche Zeitschrift. Gegründet 1890, hg. von Wilhelm Engelhart. Leipzig, 29. Jg., 1918ff. <*NKZ*>

Noris. Jahrbuch für protestantische Kultur. Hg. von Hans Pöhlmann. Nürnberg, 1. Jg., 1908 ff. <*Noris*>

Das Senfkorn. Blätter des Bundes der Bekenntnisfreunde in Bayern, für seine Mitglieder im Namen des Vorstandes herausgegeben. 1. Jg., 1920 <*Senfkorn*>

Die Veste. Jahrbuch des Protestantischen Laienbundes in Bayern. Ulm 1. Jg., 1914ff.

Volkskirche. Halbmonatszeitschrift für den Aufbau und Ausbau unserer evangelischen Kirche. Hg. von Otto Everling. Berlin 1. Jg., 1919. Ab dem 5. Jg., 1923, vereint mit „Wartburg“. Deutsch-evangelische Monatsschrift. <*Volkskirche*>

Darstellungen

Albrecht, Dieter: Von der Reichsgründung bis zum Ende des Ersten Weltkrieges (1871–1918). – In: Spindler, *Geschichte*, S. 283–386.

Albrecht, Willy: Landtag und Regierung in Bayern am Vorabend der Revolution von 1918. Studien zur gesellschaftlichen Entwicklung Deutschlands von 1912–1918. (= Beiträge zu einer historischen Strukturanalyse im Industriezeitalter. 2) Berlin 1968.

Alter, Reinhard: Heinrich Manns *Untertan* – Prüfstein für die ‚Kaiserreich–Debatte'? – In: GuG 17 (1991), S. 370–389.

Althaus, Paul: Pazifismus und Christentum. Eine kritische Studie. – In: NKZ 30 (1919), S. 429–478.

Ders.: Sanctorum Communio. Gütersloh 1929.

Ammon, Wilhelm von: Die Entstehung der Evangelisch-Lutherischen Kirche in Bayern und ihre ersten Verfassungen. – In: ZbKG 37 (1968), S. 71–99.

Ammon, Wilhelm von / Rusam, Reinhard: Verfassung der Evangelisch-lutherischen Kirche in Bayern. München 1985².

Anonym: Der Summepiskopat und der Freistaat Bayern. – In: MAA vom 4. November 1919, Nr. 443.

Anonym: Die Versammlung in München am 19. Dezbr. [sic!] – In: Korr.Bl. vom 13. Januar 1919, 44. Jg., Nr. 2, S. 11f.

Anschütz, Gerhard: Die Verfassung des Deutschen Reiches vom 11. August 1919. Berlin 1929

Asheim, Ivar / Gold, Victor R. (Hg.): Untersuchungen zur Entwicklung und Definition des kirchenleitenden Amtes in der lutherischen Kirche. Göttingen 1968.

Assel, Heinrich: Der andere Aufbruch. Die Lutherrenaissance – Ursprünge, Aporien und Wege: Karl Holl, Emanuel Hirsch, Rudolf Hermann (1910–1935) (= FSÖTh Bd. 72). Göttingen 1994.

Aufrufe und Reden deutscher Professoren im Ersten Weltkrieg. Mit einer Einleitung hg. von Klaus Böhme. Stuttgart 1975.

Bachmann, Philipp: Die verfassungsgebende Generalsynode der evangelisch-lutherischen Landeskirche Bayerns. – In: AELKZ 53 (1920), Sp. 744–746 und Sp. 759–763.

Ders.: Kriegsgedanken zur Dogmatik. – In: NKZ 29 (1918), S. 287–302.

Ders.: Über die Rückwirkung des Krieges auf unsere religiöse und sittliche Lage. – In: JbELKB 16 (1916/17), S. 8–15.

Ders.: Von Innen nach Außen. Gedanken und Vorschläge zu den Kirchenfragen der Gegenwart, Leipzig und Erlangen 1919.

Ders.: Zu einem Gedankenaustausch. – In: EvGBl. vom Januar 1919, 28. Jg., Nr. 1, S. 6.

Baier, Helmut: Um Reichsbischof und Verfassung der Deutschen Evangelischen Kirche 1933. Unveröffentlichtes Manuskript. – Im Besitz von Dr. Helmut Baier, Direktor des LkA Nürnberg.

Ders.: Die Deutschen Christen Bayerns im Rahmen des bayerischen Kirchenkampfes (= EBKG. 46). Nürnberg 1968.

Ders.: Literaturbericht. – In: ZBKG 48 (1979), S. 125–131.

Ders. u.a. (Hg.): Die evangelischen Kirchen und die Revolution 1848. Erstes Symposium der deutschen Territorialgeschichtsvereine, Schweinfurt 3. bis 5. Juli 1992 (= SDLK. 1). – In: ZBKG 62 (1992), S. 1–189.

Ders. / Henn, Ernst: Chronologie des bayerischen Kirchenkampfes 1933–1945 (= EBKG. 47). Nürnberg 1969.

Ders. / Kantzenbach, Friedrich Wilhelm: Literaturbericht. – In: ZBKG 50 (1981), S. 199–204.

Barraclough, Geoffrey: Das europäische Gleichgewicht und der neue Imperialismus. – In: Mann, *Propyläen Weltgeschichte*, Bd. 8, S. 703–739.

Barth, Karl: Quousque tandem…? – In: Kupisch, *Der Götze*, S. 27–32.

Ders.: Die Not der evangelischen Kirche. – In: Kupisch, *Der Götze*, S. 33–62.

Ders.: Die protestantische Theologie im 19. Jahrhundert. Zürich 1985[5].

Ders.: Rechtfertigung und Recht. – In: ders., Eine Schweizer Stimme 1938–1945. Zürich 1948[2], S. 13–57.

Bassi, Hasko von: Otto Baumgarten. Ein „moderner Theologe" im Kaiserreich und in der Weimarer Republik (= EHS.T. 345). Frankfurt u.a. 1988.

Baumgarten, Otto: Meine Lebensgeschichte. Tübingen 1929.

Benn, Ernst Viktor: Entwicklungsstufen des Kirchenrechts im 19. Jahrhundert. – In: ZevKR 15 (1970), S. 2–19.

Benz, Wolfgang: Bayern und seine süddeutschen Nachbarn. Ansätze einer gemeinsamen Verfassungspolitik im November und Dezember 1918. – In: Bosl, *Bayern im Umbruch*, S. 505–533.

Besier, Gerhard / Ulrich, Hans Günter: Von der Aufgabe kirchlicher Zeitgeschichte – ein diskursiver Versuch. – In: EvTh 51 (1991), S. 169–182.

Besier, Gerhard: Die protestantischen Kirchen Europas im Ersten Weltkrieg. Ein Quellen- und Arbeitsbuch. Göttingen 1984.

Ders.: Krieg – Frieden – Abrüstung. Die Haltung der europäischen und amerikanischen Kirchen zur Frage der deutschen Kriegsschuld 1914–1933. Ein kirchenhistorischer Beitrag zur Friedensforschung und Friedenserziehung. Göttingen 1982.

Ders.: Preussische Kirchenpolitik in der Bismarckära (= Hist. Kommission zu Berlin Bd. 49). Berlin – New York 1980.

Ders.: Preussischer Staat und Evangelische Kirche in der Bismarckära (= TKTG. 25). Gütersloh 1980.

Bethge, Eberhard: Dietrich Bonhoeffer. Theologe · Christ · Zeitgenosse. München 1967.

Beyschlag, Karlmann: Die Erlanger Theologie (= EKGB. 63). Erlangen 1993.

Bezzel, Hermann von: Erinnerungen aus dem Frühjahr 1916. – In: JbELKB 16 (1916/17), S. 1–7.

Ders.: Erinnerungen aus jüngst vergangenen Tagen. – In: AELKZ 49 (1916), Sp. 403–408 und Sp. 884–888.

Blaschke, Klaus: Die Stellung der Bischöfe der Evangelisch-lutherischen Landeskirche Schleswig-Holsteins gegenüber den Verfassungsorganen der Landeskirche im Wandel der Kirchenverfassungen. Kiel 1970.

Blessing, Werner K.: Staat und Kirche in der Gesellschaft. Institutionelle Autorität und mentaler Wandel in Bayern während des 19. Jahrhunderts (= KSGW. 51). Göttingen 1982.

Bockwoldt, Gerd: Schule. – In: WdC, S. 1127f.

Boeckh, Friedrich: Bericht über die Tätigkeit des Generalsynodalausschusses in den Jahren 1917–1920. – In: *Verhandlungen Ansbach 1920*, S. 105–109.
Ders.: Der Entwurf zur Verfassung der evangelisch-lutherischen Kirche in Bayern. – In: AELKZ 53 (1920), Sp. 541–544.
Ders.: Die Zukunft der Kirche. Leitsätze. – In: Korr.Bl. vom 4. März 1918, 43. Jg., Nr. 9, S. 63f.
Ders.: Eine freie evangelische Volkskirche. Eine kritische Studie. Nürnberg 1919.
Ders.: Lage und Aufgabe der evangelischen Kirche im neuen Staat. – In: Korr.Bl. vom 23. Dezember 1918, 43. Jg., Nr. 51, S. 400f; Korr.Bl. vom 30. Dezember 1918, Nr. 52, S. 409f und Korr.Bl. vom 6. Januar 1919, 44 Jg., Nr. 1, S. 3f.
Ders.: Optimismus und Pessimismus in der kirchlichen Lage der Gegenwart. Vortrag im Bund der Bekenntnisfreunde und im Nürnberger Kreis der Gesellschaft für innere und äußere Mission im Sinne der lutherischen Kirche gehalten. Nürnberg 1920.
Ders.: Revolution und Kirche. – In: NKZ 30 (1920), S. 369–405.
Boldt, Hans: Die Weimarer Reichsverfassung. – In: Bracher u.a.: *Die Weimarer Republik*, S. 44–62.
Bollenbeck, Georg: Bildung und Kultur. Glanz und Elend eines deutschen Deutungsmusters. Frankfurt Main 1994.
Bonhoeffer, Dietrich: Communio Sanctorum. Eine dogmatische Untersuchung zur Soziologie der Kirche (1928). 3. erw. Aufl. München 1960.
Bonkhoff, Bernhard H.: Geschichte der Vereinigten Protestantisch-Evangelisch-Christlichen Kirche der Pfalz 1818–1861 (= Schriften zur bayerischen Landesgeschichte Bd. 84). München 1986.
Ders.: Geschichte der Vereinigten Protestantisch-Evangelisch-Christlichen Kirche der Pfalz 1861–1918 (= VVPfKG). Speyer 1993.
Boockmann, Hartmut: Preußen. I. bis 1618. – In: TRE 27 (1997), S. 359–364.
Bosl, Karl (Hg.): Bayern im Umbruch. Die Revolution von 1918, ihre Voraussetzungen, ihr Verlauf und ihre Folgen. München / Wien 1969.
Ders.: Gesellschaft und Politik in Bayern vor dem Ende der Monarchie. Beiträge zu einer sozialen und politischen Strukturanalyse. – In: ZBLG 28 (1965), S. 1–31.
Bracher, Karl Dietrich / Funke, Manfred / Jacobson, Hans-Adolf (Hg.): Die Weimarer Republik 1918–1933. Politik – Wirtschaft – Gesellschaft. 2. durchges. Aufl. (= Studien zur Geschichte und Politik, Schriftenreihe Bd. 251). Bonn 1988.
Bracher, Karl Dietrich: Die Auflösung der Weimarer Republik. Eine Studie zum Problem des Machtverfalls in der Demokratie. 2. verbesserte und erw. Auflage (= Schriften des Instituts für Politische Wissenschaft Bd. 4). Düsseldorf 1957.
Ders.: Die totalitäre Erfahrung. München 1987.
Brakelmann Günter: Krieg und Gewissen. Otto Baumgarten als Politiker und Theologe im Ersten Weltkrieg. Göttingen 1991.
Brathe, ?: Brauchen wir in der evangelischen Kirche das Bischofsamt? – In: Positive Union Nr. 8, 17 (1920), S. 115–122.
Braudel, Fernand: Les responsabilités de l'histoire. – In: Cahiers internationaux de Sociologie 10 (1950), S. 3–18.
Braun, Friedrich: „Bischöfe“? Ein Wort zur Verfassungsfrage. – In: AELKZ 53 (1920), Sp. 259–262.

Braun, Hannelore / Nicolaisen, Carsten (Bearb.): Verantwortung für die Kirche. Aufzeichnungen und stenographische Mitschriften von Landesbischof H. Meiser 1933–1955. Bd. 1: Sommer 1933 – Sommer 1935 (= AKZG. B 1). Göttingen 1985.
Brecht, Martin / Schwarz, Reinhard (Hg.): Bekenntnis und Einheit der Kirche. Studien zum Konkordienbuch im Auftrag der Sektion Kirchengeschichte der Wissenschaftlichen Gesellschaft für Theologie. Stuttgart 1980.
Brecht, Martin (Hg.): Martin Luther und das Bischofsamt. Stuttgart 1990.
Bredt, Johann Victor: Neues evangelisches Kirchenrecht für Preußen. Berlin 1921ff.
Breipohl, Renate: Religiöser Sozialismus und bürgerliches Geschichtsbewußtsein zur Zeit der Weimarer Republik (= SDGSTh. 32). Zürich 1977
Brennecke, Hanns Christof: Eine heilige apostolische Kirche. Das Programm Friedrich Wilhelms IV. von Preußen zur Reform der Kirche. – In: BThZ 2 (1987), S. 231–251.
Ders.: Lutherisch mit Irritationen. 250 Jahre theologische Fakultät in Erlangen. In: Nachrichten der ELKB 48 (1993), S. 170–174.
Breuer, Stefan: Anatomie der Konservativen Revolution. Darmstadt 1993.
Brüning, Heinrich: Memoiren 1918–1934. 2 Bde., Stuttgart 1972.
Brunner, Peter: Nikolaus von Amsdorf als Bischof von Naumburg (= SVRG. 179). Gütersloh 1961.
Ders.: Vom Amt des Bischofs. – In: PRO ECCLESIA. Gesammelte Aufsätze zur dogmatischen Theologie. 2 Bde., Berlin und Hamburg 1962 und 1966, S. 235–292 (Zuerst ersch. in: SThKAP 9, Berlin 1955, S. 5–77).
Bry, Carl Christian: Verkappte Religion. Gotha 1925.
Bullinger, Adelheid: Das Ende des Landesherrlichen Kirchenregiments und die Neugestaltung der Evangelischen Kirche. Problematik in Theorie und Praxis nach dem Umsturz von 1918. Diss. jur. Heidelberg 1969.
Busch, Eberhard: „Endlich ein Wort zur Lage!" Karl Barths Streitruf an die Protestantische Kirche am Ende der zwanziger Jahre und zu Beginn der dreißiger Jahre. – In: KZG 2 (1989), S. 409–425.
Campenhausen, Axel von: Die Entstehung und Funktion des bischöflichen Amtes in den evangelischen Kirchen in Deutschland. Hermann Döllies zum 80. Geburtstag am 17. Juli 1975. – In: Österreichisches Archiv für Kirchenrecht, Heft 1/2, 26 (1975), S. 3–24.
Ders.: Kirchenleitung und Kirchenverwaltung (= Vorlagen. 22). Hannover 1984.
Ders.: Staatskirchenrecht. Ein Leitfaden durch die Rechtsbeziehungen zwischen Staat und den Religionsgemeinschaften. München 1973.
Cancik, Hubert (Hg.): Religions- und Geistesgeschichte der Weimarer Republik. Düsseldorf 1982.
Craig, Gordon A.: Das Ende Preußens. München 1985.
Ders.: Deutsche Geschichte 1866–1945. Vom Norddeutschen Bund bis zum Ende des Dritten Reiches. München 1989.
Curtius, Friedrich: Die Kirche als Genossenschaft der Gemeinden (= SGV. 89). Tübingen 1919.
Dahm, Karl-Wilhelm: Pfarrer und politische Mentalität. Soziale Position und politische Mentalität des deutschen evangelischen Pfarrerstandes zwischen 1918 und 1933 (= Dortmunder Schriften zur Sozialforschung. 29). Köln/Opladen 1965.
Dahrendorf, Ralf: Gesellschaft und Demokratie in Deutschland. München 1971.
Dannenbauer, Heinrich: Leimbach. – In: RGG^2 III, Sp. 1568f.

Decot, Rolf: Augsburger Bekenntnis. – In: WdC, S. 109f.
Denzler, Georg / Andresen, Carl: dtv-Wörterbuch der Kirchengeschichte. München 1982.
Dibelius, Otto (Hg.): Die evangelische Erziehungsschule. Ideal und Praxis. Hamburg 1920.
Ders.: Volkskirchenräte, Volkskirchenbund, Volkskirchendienst. – In: Thimme/Rolffs, *Revolution und Kirche*. S. 201–213.
Ders.: Das Jahrhundert der Kirche. Geschichte, Betrachtung, Umschau und Ziele. Berlin 1927.
Ders.: Nachspiel. Eine Aussprache mit den Freunden und Kritikern des „Jahrhunderts der Kirche". Berlin 1928.
Ders.: Die Verantwortung der Kirche. Eine Antwort an Karl Barth. Berlin o.J. [1931].
Diem, Hermann: Die Sichtbarkeit der Kirche (= TEH. 44). München 1936.
Ders.: Restauration oder Neuanfang in der Evangelischen Kirche?. Stuttgart 1947[2].
Dönhoff, Marion Gräfin / Schmidt, Helmut / Sommer, Theodor (Hg.): Vom Reich zur Republik. Die Deutsche Nation im Auf und Ab der Zeitläufte 1870–1990. ZEIT-Punkte Nr. 2 / 1992. Hamburg 1992.
Doerry, Martin: Übergangsmenschen. Die Mentalität der Wilhelminer und die Krise des Kaiserreiches (Hauptbd. + Erg.bd.). Weinheim / München 1986.
Douglas, Mary: Wie Institutionen denken. Frankfurt/M. 1991.
Drescher, Hans Georg: Ernst Troeltsch. Leben und Werk. Göttingen 1991.
Duby, Georges: Kunst und Gesellschaft im Mittelalter (= Salto. 77). Berlin 1998.
Duchrow, Ulrich (Hg.): Zwei Reiche und Regimente. Ideologie oder evangelische Orientierung? Internationale Fall- und Hintergrundstudien zur Theologie und Praxis lutherischer Kirchen im 20. Jahrhundert (= SEE. 13). Gütersloh 1977.
Durkheim Emile: Die Regeln der soziologischen Methode. In neuer Übersetzung hg. und eingel. von René König (= Soziologische Texte. 3). Neuwied 1961.
Ders.: Die elementaren Formen des religiösen Lebens. Frankfurt/M. 1981.
Ebert, Ludwig: Der kirchenrechtliche Territorialismus in Bayern im Zeitalter der Säkularisation. Berlin 1911.
Ecclesiasticus: Zur kommenden Neuordnung unserer Evangelischen Landeskirche in Bayern. – In: Korr.Bl. vom 18. November 1918, 43. Jg., Nr. 46, S. 360–362.
Ehnes, Herbert: Das Recht in der Kirche. In: Mechels / Weinrich: *Die Kirche im Wort*, S. 212–221.
Eisner, Freya: Kurt Eisner: Die Politik des libertären Sozialismus. Frankfurt 1979.
Elert, Werner: Reduktion und Restriktion in der Dogmatik. – In: NKZ 30 (1919), S. 406–427.
Ders.: Der bischöfliche Charakter der Superintendenturverfassung. – In: Luthertum 46 (1935), S. 353–367.
Ders.: Morphologie des Luthertums. 1. Theologie und Weltanschauung des Luthertums. München 1952[2].
Ders.: Der christliche Glaube. Grundlinien der lutherischen Dogmatik. Erlangen 1988[6].
Elias Norbert: Über den Prozeß der Zivilisation. Soziogenetische und psychogenetische Untersuchungen. 2 Bde. Frankfurt/M 1989[14].
Erler, Adalbert: Kirchenrecht. München 1983[5].
Eschenburg, Theodor: Die improvisierte Demokratie der Weimarer Republik. Laupheim 1954.

Evangelischer Oberkirchenrat (Hg.): Die Entwicklung der evangelischen Landeskirche der älteren Preußischen Provinzen seit der Errichtung des Evangelischen Ober-Kirchenraths. Berlin 1900.

Evangelischer Presseverband für Bayern e.V.(Hg.): Wägen und Wahren. Gedanken zu kirchenleitendem Handeln in Staat, Gesellschaft und Kirche. Oberkirchenrat Dr. Werner Hofmann zum 50. Geburtstag. München 1981.

Fagerberg, Holsten: Bekenntnis Kirche Amt in der deutschen konfessionellen Theologie des 19. Jahrhunderts. Uppsala 1952.

Fahrenbach, Helmut: Die Weimarer Zeit im Spiegel ihrer Philosophie. Philosophie, Zeitanalyse und Politik. – In: Canzik, *Religions- und Geistesgeschichte*, S. 230–260.

Falkenheim, Hugo: Idealismus und Wehrmacht. – In: JbELKB 17 (1917/18), S. 49–55.

Fall Leimbach, Der. Aktenauszüge und Kundgebungen veröffentlicht vom Protestantischen Laienbund Nürnberg. Nürnberg 1922.

Falter, Jürgen / Lindenberger, Thomas / Schumann, Siegfried: Wahlen und Abstimmungen in der Weimarer Republik. Materialien zum Wahlverhalten 1919–1933 (= Statistische Arbeitsbücher zur neueren deutschen Geschichte). München 1986.

Feesche, ? (Hg.): Zukunftsaufgaben der evangelischen Kirche in Niedersachsen. 1918.

Feuchtwanger, Lion: Erfolg. Drei Jahre Geschichte einer Provinz. Nach der Erstausgabe von 1930, Berlin / Weimar 1989.

Fischer, Fritz: Deutschlands Griff nach der Weltmacht. Düsseldorf 1961.

Fleck, Ludwik: Entstehung und Entwicklung einer wissenschaftlichen Tatsache. Einführung in die Lehre vom Denkstil und Denkkollektiv. Frankfurt/M. 1980.

Foerster, Erich: Summepiskopat. – In: RGG[1] V, Sp. 1016.

Ders.: Kirche: V. Kirche und Staat. – In: RGG[1] III, Sp. 1156–1168.

Ders.: Die Entstehung der preußischen Landeskirche unter der Regierung König Friedrich Wilhelms des Dritten. 2 Bde, Tübingen 1905/1907.

Fokken, Berthold: Von der Kirchengemeinde- und Synodalordnung 1882 zum Loccumer Vertrag 1955. – In: Die Evangelisch-reformierte Kirche in Nordwestdeutschland. Beiträge zu ihrer Geschichte und Gegenwart. Hg. vom Landeskirchenvorstand der Evangelisch-reformierten Kirche in Nordwestdeutschland. Weener 1982, S. 325–356.

François, Étienne: Kirchengeschichte als Thema der Kultur- und Sozialgeschichte. Ein Blick aus Frankreich. – In: KZG 5 (1992), S. 18–27.

Frank, Johann: Die Verfassungen der Evangelisch-lutherischen Kirche in Bayern und der Evangelisch-lutherischen Landeskirche Hannovers. Gemeinsamkeiten, Unterschiede, Aufgaben. – In: Evangelischer Presseverband, *Wägen und Wahren*, S. 39–51.

Freud, Sigmund: Das Unbehagen in der Kultur. – In: ders.: Kulturtheoretische Schriften. Frankfurt/M. 1974, S. 191–270.

Frevert, Ute: Frauen-Geschichte zwischen bürgerlicher Verbesserung und neuer Weiblichkeit (= es NF 1284). Frankfurt/M. 1986.

Frick, Heinrich: Romantik und Realismus im Kirchenbegriff. Eine theologische Auseinandersetzung mit O. Dibelius, E. Stange und E. Peterson (= SGV. 137). Tübingen 1929.

Fries-Thiessenhusen, Karen: Politische Kommentare deutscher Historiker 1918/19 zu Niederlage und Staatsumsturz. – In: Kolb, *Kaiserreich*, S. 349–368.

Frost, Herbert: Strukturprobleme evangelischer Kirchenverfassungen. Rechtsvergleichende Untersuchungen zum Verfassungsrecht der deutschen evangelischen Landeskirchen. Göttingen 1968.

Fuchs, Peter: Die Erreichbarkeit der Gesellschaft. Frankfurt/M. 1992.

Funke, Manfred: Die Republik der Friedlosigkeit. Äußere und innere Belastungsfaktoren der Epoche von Weimar 1918–1933. – In: Aus Politik und Zeitgeschichte. Beilage zur Wochenzeitung „Das Parlament" Nr. B 32–33/94 vom 12. August 1994, S. 11–19.

Gaede, Reinhard: Kirche – Christen – Krieg und Frieden. Die Diskussion im deutschen Protestantismus während der Weimarer Zeit. Hamburg-Bergstedt 1975.

Gay, Peter: Die Republik der Außenseiter. Geist und Kultur der Weimarer Zeit 1918–1933. Frankfurt/M. 1987.

Geiger, Theodor: Die Masse und ihre Aktion. Ein Beitrag zur Soziologie der Revolutionen. Faksimile-Nachdruck der 1. Auflage von 1926, Stuttgart 1987.

Ders.: Die soziale Schichtung des deutschen Volkes. Soziographischer Versuch auf statistischer Grundlage. Faksimile-Nachdruck der 1. Auflage von 1932 mit einem Geleitwort von Bernhard Schäfers, Stuttgart 1987.

Gerlach, Hellmut von: Die große Zeit der Lüge. Der erste Weltkrieg und die deutsche Mentalität (1871–1921). Hg. von Helmut Donat und Adolf Wild. Bremen 1994.

Geyer, Christian: Die Trennung von Staat und Kirche, vom Standpunkt des Protestantismus gesehen. Ein Wort der Aufklärung und Beruhigung. Nürnberg 1919.

Ders.: Die Lage der Theologen in der bayerischen evangelisch-lutherischen Landeskirche r. d. Rh. nach der im Fall Leimbach getroffenen Entscheidung. – In: *Fall Leimbach*, S. 21–22.

Ders.: Heiteres und Ernstes aus meinem Leben. München 1929[2].

Giese, Friedrich / Hosemann, Johannes (Hg.) Die Verfassungen der Deutschen Evangelischen Landeskirchen. Unter Berücksichtigung der kirchlichen und staatlichen Ein- und Ausführungsgesetze. 2 Bde., Berlin 1927.

Gollwitzer, Heinz: Die deutschen Standesherren. Die politische und gesellschaftliche Stellung der Mediatisierten 1815–1918. Stuttgart 1957.

Ders.: Ein Staatsmann des Vormärz: Karl von Abel 1788–1859. Beamtenaristokratie – Monarchisches Prinzip – Politischer Katholizismus (= SHKBA. 50). Göttingen 1993.

Ders.: Ludwig I. von Bayern. Königtum im Vormärz. Eine politische Biographie. München 1986.

Gollwitzer, Helmut: Kirchenkampf und „Judenfrage". – In: EvTh 48 (1988), S. 273–277.

Graf, Friedrich Wilhelm / Ruddies, Hartmut (Hg.): Ernst Troeltsch Bibliographie. Tübingen 1982.

Graf, Friedrich Wilhelm (Hg.): Profile des neuzeitlichen Protestantismus, Bd. 2,1: Kaiserreich. Karl August von Hase – Theodosius Harnack – Albrecht Ritschl. Gütersloh 1992.

Ders.: „Restaurationstheologie" oder neulutherische Modernisierung des Protestantismus? Erste Erwägungen zur Frühgeschichte des neulutherischen Konfessionalismus. – In: Hauschildt, Wolf-Dieter (Hg.): Das deutsche Luthertum und die Unionsproblematik im 19. Jahrhundert (= LKGG. 13). Gütersloh 1991.

Ders.: Christliche Kultur im 19. Jahrhundert. – In: Baier, Helmut (Hg.): Kirche in Staat und Gesellschaft im 19. Jahrhundert. Neustadt/A. 1992, S. 211–232.

Ders.: Historie in höherer Absicht. – In: ThR 50 (1985), S. 411–427.
Grane, Leif: Die Confessio Augustana. Einführung in die Hauptgedanken der lutherischen Reformation (= UTB 1400). Göttingen 1986[3].
Ders.: Die Kirche im 19. Jahrhundert. Europäische Perspektiven (= UTB. 1425). Göttingen 1987
Greiffenhagen, Martin (Hg.): Das evangelische Pfarrhaus. Eine Kultur- und Sozialgeschichte. Stuttgart 1984.
Greven-Aschoff, Barbara: Die bürgerliche Frauenbewegung in Deutschland 1894–1933 (= KSGW. 46) Göttingen 1981.
Greschat, Martin / Kaiser, Jochen-Christoph (Hg.): Christentum und Demokratie im 20. Jahrhundert (= KoGe. 4). Stuttgart u.a. 1992.
Greschat, Martin: Der deutsche Protestantismus im Revolutionsjahr 1918/19 (= Studienbücher zur kirchlichen Zeitgeschichte Bd. 2). Witten 1974.
Ders.: Die Bedeutung der Sozialgeschichte für die Kirchengeschichte. – In: HZ 256 (1993), S. 67–103.
Groh, Dieter / Brandt, Peter: „Vaterlandslose Gesellen". Sozialdemokratie und Nation 1860–1990. München 1992.
Groh, Dieter: Cäsarismus. – In: GGB I, S. 726–771.
Grundmann, Siegfried: Kirchenrecht – C. Die rechtstheologischen Grundlagenentwürfe. – In: EStL, Sp. 1657–1676.
Ders.: Säkularisation. – In: EStL, Sp. 3032–3037.
Grützmacher, Richard: Der alte und der neue Zarathustra. – In: JbELKB 18 (1919/20), S. 93–106.
Ders.: Die geschichtsphilosophischen Prinzipien in O. Spenglers: Der Untergang des Abendlandes. – In: NKZ 31 (1920), S. 323–337.
Grupp, Peter: Vom Waffenstillstand zum Versailler Vertrag. Die außen- und friedenspolitischen Zielvorstellungen der deutschen Reichsführung. – In: Bracher u.a., *Die Weimarer Republik*, S. 285–302.
Haas, Karl Eduard: Die Evangelisch-Reformierte Kirche in Bayern. Ihr Wesen und ihre Geschichte. 2. erw. Tausend Neustadt/A. 1982.
Hamm, Berndt: Das Gewicht von Religion, Glaube, Frömmigkeit und Theologie innerhalb der Verdichtungsvorgänge des ausgehenden Mittelalters und der frühen Neuzeit. – In: Monika Hagenmaier / Sabine Holtz (Hg.): Krisenbewußtsein und Krisenbewältigung in der Frühen Neuzeit – Crisis in Early Modern Europe. FS Hans-Christoph Rublack. Frankfurt/M. 1992, S. 163–196.
Ders.: Was ist reformatorische Rechtfertigungslehre?. – In: ZThk 83 (1986), S. 1–38.
Hardtwig, Wolfgang / Brandt, Harm-Hinrich (Hg.): Deutschlands Weg in die Moderne. Politik, Gesellschaft und Kultur im 19. Jahrhundert. München 1993.
Hardtwig, Wolfgang: Der deutsche Weg in die Moderne. Die Gleichzeitigkeit des Ungleichzeitigen als Grundproblem der deutschen Geschichte 1789–1871. – In: Hardtwig/Brandt, *Deutschlands Weg in die Moderne*, S. 9–31.
Harnack, Theodosius: Die Kirche, ihr Amt, ihr Regiment. Nürnberg 1862.
Ders.: Die freie lutherische Volkskirche. Der lutherischen Kirche Deutschlands zur Prüfung und zur Verständigung. Erlangen 1870.
Hass, Otto: Hermann Strathmann. Christliches Denken und Handeln in bewegter Zeit. Bamberg 1993.

Heckel, Johannes: Entwicklung der protestantischen Kirchenverfassung in Bayern r. d. Rh. – In: Volkskirche Nr. 16 vom 15. August 1920, Sp. 244–248.
Ders.: Ein Kirchenverfassungsentwurf Friedrich Wilhelms IV. von 1847. – In: ZSRG.K 43 (1922), S. 444–459.
Ders.: Die Entstehung des brandenburgisch-preußischen Summepiskopats. – In: ZSRG.K 44 (1924), S. 266–283.
Ders.: Das blinde, undeutliche Wort „Kirche". Gesammelte Aufsätze hg. von Siegfried Grundmann. Köln, Graz 1964.
Ders.: Kirchengut und Staatsgewalt. Ein Beitrag zur Geschichte und Ordnung des heutigen gesamtdeutschen Staatskirchenrechts. – In: ders., *Das blinde Wort*, S. 328–370.
Ders.: Lex Charitatis. Eine juristische Untersuchung über das Recht in der Theologie Martin Luthers. 2. überarb. u. erw. Aufl, hg. von Martin Heckel. Köln / Wien 1973.
Ders.: Lex Charitatis. Eine juristische Untersuchung über das Recht in der Theologie Martin Luthers. – In: ders.: *Lex Charitatis*, S. 1–316.
Ders.: Die Cura Religionis des evangelischen Fürsten. Anhang II zu Lex Charitatis – Untersuchung. – In: ders.: *Lex Charitatis*, S. 307–316.
Ders.: Kirche und Kirchenrecht nach der Zwei–Reiche–Lehre. – In: ders.: *Lex Charitatis*, S. 354–408.
Heckel, Martin: Episkopalsystem. – In: EStL, Sp. 728–731.
Ders.: Territorialsystem. – In: EStL, Sp. 3600–3603
Ders.: Zur Entwicklung des deutschen Staatskirchenrechts von der Reformation bis zur Schwelle der Weimarer Verfassung. – In: ZevKr 12 (1966/67), S. 1–39.
Heckel, Theodor: Adolf von Harleß. Theologie und Kirchenpolitik eines lutherischen Bischofs in Bayern. München 1933.
Heer, Friedrich: Weimar – Ein religiöser und weltanschaulicher Leerraum. – In: Cancik, *Religions- und Geistesgeschichte*, S. 31–48.
Heiber, Helmut: Die Republik von Weimar (= dtv-Weltgeschichte des 20. Jahrhunderts. 3). München 1966.
Heidegger, Martin: Sein und Zeit. 15. an Hand der Gesamtausgabe durchgesehene Aufl. mit den Randbemerkungen aus dem Handexemplar des Autors im Anhang, Tübingen 1979.
Hein, Martin: Lutherisches Bekenntnis und Erlanger Theologie im 19. Jahrhundert (= LKGG. 7). Gütersloh 1984.
Heine, Heinrich: Ludwig Börne. Eine Denkschrift, 1840. – In: ders.: Werke und Briefe in zehn Bänden, hg. von Hans Kaufmann. Berlin / Weimar 1972, Bd. 6, S. 85–229.
Heinemann, Ulrich: Die Last der Vergangenheit. Zur politischen Bedeutung der Kriegsschuld- und Dolchstoßdiskussion. – In: Bracher u.a.: *Die Weimarer Republik*. S. 371–386.
Heinrich, Gerd: Brandenburg II. Reformation und Neuzeit. – In: TRE 7 (1981) S. 111–128.
Henke, Günter: Die Anfänge der Evangelischen Kirche in Bayern. Friedrich Immanuel Niethammer und die Entstehung der Protestantischen Gesamtgemeinde (= JusEcc. 20). München 1974.
Henn, Ernst: Führungswechsel, Ermächtigungsgesetz und das Ringen um eine neue Synode im bayerischen Kirchenkampf. – In: ZBKG 43 (1974), S. 325–445.
Hennig, Diethard: Johannes Hoffmann, Sozialdemokrat und Bayerischer Ministerpräsident. München 1990.

Henrici, Hermann: Die Entstehung der Basler Kirchenverfassung. – In: SThZ, 3. Heft Zürich 1918.
Ders: Die Entwicklung der Basler Kirchenverfassung bis zum Trennungsgesetz. Ein Beitrag zur Geschichte des Staatskirchenrechts. O.O., o.J.
Herbst, Julius: Kritische Bemerkungen. – In: *Fall Leimbach*, S. 22–24.
Herzog, Roman: Kirchenpolitik. – In: EStL, Sp. 1649–1654.
Hesse Konrad: Der Rechtsschutz durch staatliche Gerichte im kirchlichen Bereich. Zugleich ein Beitrag zur Frage des rechtlichen Verhältnisses von Staat und Kirche in der Gegenwart (= Göttinger rechtswiss. Studien Bd. 19). Göttingen 1956.
Hettling, Manfred / Huerkamp, Claudia / Nolte, Paul / Schmuhl, Hans-Walter (Hg.): Was ist Gesellschaftsgeschichte? Positionen, Themen, Analysen. München 1991.
Heun, Werner: Konsistorium. – In: TRE 19 (1990), S. 484–486.
Hilbert, Gerhard: Was ist uns unsere Kirche? Schwerin 1919.
Hintze, Otto: Die Epochen des evangelischen Kirchenregiments in Preußen. In: ders.: Regierung und Verwaltung. Hg. von Gerhard Oestreich (= Gesammelte Abhandlungen zur Staats-, Rechts- und Sozialgeschichte Preußens Bd. III). Göttingen 1967², S. 56–96.
Hirsch, Emanuel: Geschichte der neuern Evangelischen Theologie im Zusammenhange mit den allgemeinen Bewegungen des europäischen Denkens. Göttingen 1960².
Hirschmann, Albrecht: Das vielfältige Unbehagen an der Industrialisierung West, Ost und Süd. – In: GeGe 18 (1992), S. 221–230.
Hirschmann, Gerhard: Die evangelische Kirche seit 1800. – In: Spindler, *Geschichte*, S. 883–913.
Hoffmann, Georg: Kirchenleitung. I. Evangelische Kirche. – In: EStL, Sp. 1640–1645.
Hohlwein, Hans: Leimbach. – In: RGG³ IV, Sp. 306.
Holl, Karl: Luther und Calvin. – In: Kleine Schriften, Hg. von Robert Stupperich, Tübingen 1966 (erstmalig in: Staat, Recht und Volk, hg. von Ulrich von Wilamowitz-Möllendorf, Heft 2, 1919).
Hölscher, Lucian: Die Religion der Bürger. Bürgerliche Frömmigkeit und protestantische Kirche im 19. Jahrhundert. – In: HZ 250 (1990), S. 595–630.
Ders.: Kirchliche Demokratie und Frömmigkeitskultur im Deutschen Protestantismus. – In: Greschat/Kaiser, *Christentum und Demokratie*, S. 188–205.
Honecker, Martin: Zwei-Reiche-Lehre. – In: EStL, Sp. 4112–4124.
Ders.: Cura religionis magistratus Christiani. Studien zum Kirchenrecht im Luthertum des 17. Jahrhunderts, insbesondere bei Johann Gerhard (= JusEcc. 7). München 1968.
Ders.: Das Recht des Menschen. Einführung in die evangelische Sozialethik. Gütersloh 1978.
Höß, Irmgard: Episcopus Evangelicus. Versuche mit dem Bischofsamt im deutschen Luthertum des 16. Jahrhunderts. – In: Iserloh, *Confessio und Confutatio*, S. 499–516.
Huber, Wolfgang: Die wirkliche Kirche. – In: Burgsmüller, Alfred (Hg.): Kirche als „Gemeinde von Brüdern". Barmen III/1. Gütersloh 1980, S. 249–277.
Ders.: Kirche und Öffentlichkeit (= FBESG. 28). 2. Aufl., München 1991.
Hübinger, Gangolf: Die Intellektuellen im wilhelminischen Deutschland. Zum Forschungsstand. – In: Ders. / Mommsen, Wolfgang (Hg.): Intellektuelle im Deutschen Kaiserreich. Frankfurt/M. 1993, S. 198–210.

Hümmert, Ludwig: Bayern – Vom Königreich zur Diktatur – 1900–1933. Pfaffenhofen 1979.

Hürten, Heinz: Die Kirchen in der Novemberrevolution 1918/19 (= EichB. 11, Abt. Geschichte). Regensburg 1984.

Ders.: Alltagsgeschichte und Mentalitätsgeschichte als Methoden der Kirchlichen Zeitgeschichte. Randbemerkungen zu einem nicht gehaltenen Grundsatzreferat. – In: KZG 5 (1992), S. 28–30.

Iserloh, Erwin (Hg.): Confessio Augustana und Confutatio. Der Augsburger Reichstag 1530 und die Einheit der Kirche. Internationales Symposion der Gesellschaft zur Herausgabe des Corpus Catholicorum in Augsburg vom 3.–7. September 1979. Münster 1980.

Ders.: „Von der Bischofen Gewalt": CA 28. – In: ders., *Confessio und Confutatio*, S. 473–488.

Ders.: Schlußwort. – In: ders., *Confessio und Confutatio*, S. 720–723.

Jacke, Jochen: Kirche zwischen Monarchie und Republik. Der preußische Protestantismus nach dem Zusammenbruch 1918 (= Hamburger Beiträge zur Sozial- und Zeitgeschichte. XII). Hamburg 1976.

Jacobs, Manfred: Das Bekenntnisverständnis des theologischen Liberalismus im 19. Jahrhundert. – In: Brecht/Schwarz, *Konkordienbuch*, S. 415–465.

Jaroschka, Gabriele: Lernziel: Untertan. Ideologische Denkmuster in Lesebüchern des deutschen Kaiserreichs (Münchener Beiträge zur Volkskunde. 13). München 1992.

Jasper, Gotthard: Der „Geist von Weimar". Die Grundentscheidungen der Weimarer Verfassung und ihre Bewährung. – In: Stammen, *Das schwere Erbe*, S. 147–190.

Ders.: Der „Parteienstaat". Konstituierung des Weimarer Parteiensystems. – In: Stammen, *Das schwere Erbe*, S.191–230.

Ders.: Improvisierte Demokratie? Die Entstehung der Weimarer Verfassung. – In: Stammen, *Das schwere Erbe*, S. 117–146.

Jaspers, Karl: Die geistige Situation der Zeit (= SG. 1000). Fünfter unveränd. Abdruck der im Sommer 1932 bearb. 5. Aufl. Berlin 1960.

Jaspert, Bernd: Hermeneutik der Kirchengeschichte. – In: ZThk 86 (1989), S. 59–108.

Jeserich, Kurt G.A. u.a. (Hg.): Deutsche Verwaltungsgeschichte. Bd. 3: Das Deutsche Reich bis zum Ende der Monarchie. Stuttgart 1984. Bd. 4: Das Reich als Republik und in der Zeit des Nationalsozialismus. Stuttgart 1985.

Jesse, Eckehard: Geschichte des Parlamentarismus in Deutschland. – In: Informationen zur politischen Bildung Nr. 227. „Parlamentarische Demokratie 1", 1990, S. 12–18.

Jordan, Hermann: Die Demokratie und Deutschlands Zukunft (= Im neuen Deutschland. Grundfragen deutscher Politik in Einzelschriften. 3). Berlin 1918.

Ders.: Von Deutscher Not und Deutscher Zukunft. Gedanken und Aufsätze. Leipzig/Erlangen 1922.

Jünger, Ernst: Der Arbeiter. Herrschaft und Gestalt. Hamburg 1932.

Kabisch, Richard: Trennung von Schule und Kirche. – In: RGG[1] V, Sp. 1331–34.

Ders.: Schulaufsicht. – In: RGG[1] V, Sp. 407–413.

Ders.: Kirche: VI. K. und Schule. – In: RGG[1] III, Sp. 1168–85.

Kadner, Siegfried: Erlösung dem Erlöser. 20 Thesen vom Herausgeber. – In: JbELKB 18 (1919/20), S. 8–13.

Ders.: Zwei Wanderfahrten im Jahre 1917. – In: JbELKB 17 (1917/18), S. 56–65.

Kaftan, Theodor: Wie verfassen wir die Kirche ihrem Wesen entsprechend? Ein Versuch. Mit einem Anhang: Minoritätenausschuß. Leipzig 1920.

Ders.: Kirchenbegriff und Kirchenverfassung. Eine Antwort. – In: Volkskirche Nr. 15 vom 1. August 1920, Sp. 217–221.

Kahl, Wilhelm: Die Verschiedenheit katholischer und evangelischer Anschauung über das Verhältnis von Staat und Kirche. Vortrag gehalten auf der lutherischen Leipziger Pastoralconferenz am 17.6.1886. Leipzig 1886.

Ders.: Zur Trennung von Staat und Kirche. Flugblatt herausgegeben durch die Hauptgeschäftsstelle des Evangelischen Bundes. Berlin 1918.

Kaiser, Jochen-Christoph: Arbeiterbewegung und organisierte Religionskritik. Proletarische Freidenkerverbände in Kaiserreich und Weimarer Republik (= Schriftenreihe des Arbeitskreises für moderne Sozialgeschichte. 32). Stuttgart 1981.

Ders: Frauen in der Kirche. Frauenverbände im Spannungsfeld von Kirche und Gesellschaft 1890–1945. Quellen und Materialien (= Geschichtsdidaktik. Studien. Materialien. 27). Düsseldorf 1985.

Ders. (Hg.): Kirchliche Zeitgeschichte und Allgemeingeschichte. Zwischenbilanz und Perspektiven. – In: Bericht über die 39. Versammlung deutscher Historiker in Hannover 23. bis 26. September 1992. Stuttgart u.a. 1994, S. 272–281.

Kantzenbach, Friedrich Wilhelm: Adolf Stählin und das Landeskirchentum. Beobachtungen zum Weg der bayerischen Landeskirche von 1848 bis 1871 und weiter bis 1918. – In: ZBKG 40 (1971), S. 206–226.

Ders.: Die Erlanger Theologie. München 1960.

Ders.: Evangelischer Geist und Glaube im neuzeitlichen Bayern. München 1980 (= Schriftenreihe zur Bayerischen Kirchengeschichte. 70).

Ders.: Gestalten und Typen des Neuluthertums. Beiträge zur Erforschung des Neokonfessionalismus im 19. Jahrhundert. Gütersloh 1968.

Ders.: Politischer Protestantismus. Historische Profile und typische Konstellationen seit 1800 (= SIKG. 1). Saarbrücken 1987.

Ders.: Programme der Theologie. Denker, Schulen, Wirkungen. Von Schleiermacher bis Moltmann. München 1978[2].

Ders.: Theologie und kirchliche Praxis im evangelischen Bayern des 19. Jahrhunderts angesichts der Krisis der Staatskirche. – In: ZBKG 38 (1969), S. 193–203.

Ders.: Friedrich Rittelmeyers Zusammenstoß mit dem bayerischen Kirchenregiment und sein Weggang nach Berlin. – In: ZRGG 21 (1969), S. 152–165.

Ders.: Um die Selbständigkeit der protestantischen Kirche in Bayern gegenüber dem Staat. Ein Versuch zur Kirchenverfassungsreform (1869–1881). – In: ZBLG 40 (1977), S. 163–189.

Ders.: Widerstand und Solidarität der Christen in Deutschland 1933 – 1945. Eine Dokumentation zum Kirchenkampf aus den Papieren des D. Wilhelm Freiherr von Pechmann (= EKGB. 51). Neustadt/A. 1971.

Karwehl, Richard: Zur Diskussion um die Kirchenfrage. – In: ZdZ 5 (1927), S. 178–196.

Kaufmann, Doris: Frauen zwischen Aufbruch und Reaktion. Protestantische Frauenbewegung in der ersten Hälfte des 20. Jahrhunderts. München / Zürich 1988.

Kehrer, Günter: Soziale Klassen und Religion in der Weimarer Republik. – In: Canzik, *Religions- und Geistesgeschichte*, S.67–89.

Kerner, Hanns: Reform des Gottesdienstes. Die Neubildung der Gottesdienstordnung und Agende in der evang.-luth. Kirche in Bayern im 19. Jahrhundert. Habilitation, Erlangen 1992.

Knopp, Günther-Michael: Das Ende des landesherrlichen Kirchenregiments in Bayern und die Verfassung der evangelisch-lutherischen Landeskirche in Bayern rechts des Rheins vom 10.9.1920. Diss. jur. München 1976.

Kolb, Eberhard (Hg.): Vom Kaiserreich zur Weimarer Republik. Köln 1972.

Ders.: Die Weimarer Republik (= Oldenbourg Grundriß der Geschichte. 16). München / Wien 1984.

Ders.: Literaturbericht Weimarer Republik. – In: GWU 43 (1992), S. 311–321, 636–651, 699–721, GWU 45 (1994), S. 49–64 und 523–543.

Ders.: Rätewirklichkeit und Räteideologie in der deutschen Revolution von 1918/19. – In: ders., *Vom Kaiserreich zur Weimarer Republik*, S. 166–184. Als überarbeitete Fassung entnommen aus: Neubauer, Helmut (Hg.): Deutschland und die russische Revolution. Stuttgart 1968, S. 94–110.

Kolde, Theodor: Die Universität Erlangen unter dem Hause Wittelsbach 1810–1910. Festschrift zur Jahrhundertfeier der Verbindung der Friderico-Alexandrina mit der Krone Bayerns. Erlangen, Leipzig 1910.

Kopp, Günter: Emanzipation durch Räte? Die Lehren von München 1918/19. Hg. vom Historischen Club e.V. München. München 1973.

Kritzer, Peter: Bayern ist fortan ein Freistaat. Stationen bayerischer Verfassungsgeschichte von 1803 bis 1940. Rosenheim 1992.

Krockow, Christian Graf: Die Entscheidung. Eine Untersuchung über Ernst Jünger, Carl Schmitt, Martin Heidegger (= Göttinger Abhandlungen zur Soziologie. 3). Stuttgart 1958.

Krummwiede, Hans-Walter (Hg.): Evangelische Kirche und Theologie in der Weimarer Republik (= GKTG. 2). Neukirchen Vluyn 1990.

Ders.: Kirchenregiment, Landesherrliches. – In: TRE 19 (1990), S. 59–68.

Ders.: Geschichte des Christentums III. Neuzeit: 17. bis 20. Jahrhundert (= ThW. 8). Stuttgart u.a. 1977.

Kübel, Johannes: Ein ganz unmöglicher Fall. – In: ChW 36 (1922), Sp. 344–339, 374–380, 809f.

Kuhlemann, Frank-Michael: Protestantismus und Politik. Deutsche Traditionen seit dem 16. Jahrhundert in vergleichender Perspektive. – In: Hettling u.a.: *Gesellschaftsgeschichte*, S. 301–311.

Kuhn, Helmut: Das geistige Gesicht der Weimarer Zeit. – In: Stürmer, *Belagerte Civitas*, S. 214–223 (Zuerst erschienen in: ZPol 8 (1961), S. 1–10).

Kühn, Ulrich: Das Bekenntnis als Grundlage der Kirche. Nachdenkenswerte und problematische Aspekte der Rückbesinnung auf das Bekenntnis in der lutherischen Theologie des 19. Jahrhunderts. – In: Brecht/Schwarz: *Konkordienbuch*, S. 393–413.

Kupisch, Karl: Der Götze wackelt. Zeitkritische Aufsätze, Reden und Briefe von 1930 bis 1960. Berlin 1961.

Lau, Franz: Georg von Anhalt (1507–1553) erster evangelischer „Bischof" von Merseburg. Seine Theologie und seine Bedeutung für die Geschichte der Reformation in Deutschland, – In: WZ(L) (1953/54), S. 139ff.

Lauter, Konrad: Kirchliche Rundschau für Bayern diesseits des Rheins 1917. – In: JbELKB 18 (1917/18), S. 73–99.

Ders.: Kirchliche Rundschau für Bayern r.d.Rh. 1918/20.– In: JbELKB 18 (1919/20), S. 139–179.

Le Goff, Jaques: Eine mehrdeutige Geschichte. – In: Raulff, *Mentalitäten-Geschichte*, S. 18–32.

Lehmann, Karl / Schlink, Edmund (Hg.): Evangelium – Sakramente – Amt und die Einheit der Kirche. Die ökumenische Tragweite der Confessio Augustana (= Dialog der Kirchen. Veröffentlichungen des Ökumenischen Arbeitskreises evangelischer und katholischer Theologen unter dem Protektorat von Bischof Hermann Kunst und Hermann Kardinal Volk. 2). Freiburg und Göttingen 1982.

Leimbach, Friedrich: Christus ohne Dogma. Hg. von Jakob Röttger. Windsbach 1965.

Ders.: Erwiderung auf den offenen Brief des Herrn Rektors lic. Lauerer. – In: Korr.Bl. vom 26. September 1921, 46. Jg., Nr. 39, S. 307f.; Korr.Bl. vom 3. Oktober 1921, 46. Jg., Nr. 40, S. 317f.; Korr.Bl. vom 10. Oktober 1921, 46. Jg., Nr. 41, S. 324f.

Ders.: Kritische Bemerkungen zur Nürnberger theologischen Aussprache vom 13. Februar 1921. – In: Korr.Bl. vom 25. April 1921, 46. Jg., Nr. 17, S. 132f.; Korr.Bl. vom 2. Mai 1921, 46. Jg., Nr. 18, S. 139ff.; Korr.Bl. vom 9. Mai 1921, 46. Jg., Nr. 19, S. 149f.; Korr.Bl. vom 16. Mai 1921, 46. Jg., Nr. 20, S. 156f.; Korr.Bl. vom 23. Mai 1921, 46. Jg., Nr. 21, S. 165f.

Lemme, Ludwig: Der geistige Neubau unseres Volkslebens nach dem Kriege. Gütersloh 1918.

Liermann, Hans: Kirchenverfassung I.A.. – In: EStL, Sp. 1711–1718 (bearb. von Herbert Frost).

Ders.: Landesherrliches Kirchenregiment. – In: EStL, Sp. 1952–1955.

Lindbeck, George A.: Rite Vocatus: Der theologische Hintergrund zu CA 14. – In: Iserloh, *Confessio und Confutatio*, S. 454–466.

Ders.: The nature of doctrine. Religion and theology in a postliberal age. Philadelphia 1984.

Link, Christoph.: Die Grundlagen der Kirchenverfassung im lutherischen Konfessionalismus des 19. Jahrhunderts insbesondere bei Theodosius Harnack (= JusEcc. 3). München 1966.

Ders: Kirchenrecht D. (Kirche und Staat im 19. Jahrhundert) und E. (Das 20. Jahrhundert).– In: HRG 2, Sp. 806–824.

Ders.: Die Entwicklung des Verhältnisses von Staat und Kirche. – In: Jeserich, *Verwaltungsgeschichte*, Bd. 3, S. 527–559.

Ders.: Staat und Kirchen. – In: Jeserich, *Verwaltungsgeschichte*, Bd. 4, S. 450–473.

Lipp, Wolfgang: Institution. – In: EStL, Sp. 1344–1351.

Loewenich, Walther von: Christian Geyer. Zur Geschichte des „freien Protestantismus" in Bayern. – In: JFLF 24 (1964), S. 283–318.

Ders.: Die Erlanger Theologische Fakultät 1922–72. Memorabilia aus 50 Jahren erlebter Geschichte. – In: JFLF 34/35 (1974/75), S. 635–658. (Erw. in: Ders.: Erlebte Theologie. Begegnungen, Erfahrungen, Erwägungen. München 1979, S. 105–141).

Loewenstein, Bedrich: Zur Problematik des deutschen Antidemokratismus. Sozialpsychologische und ideologische Voraussetzungen für den Sieg des Nationalsozialismus in Deutschland. – In: Historica (Prag) 11 (1965), S. 147–172.

Lohse, Bernhard: Die Stellung zum Bischofsamt in der Confessio Augustana. – In: Lehmann/Schlink, *Evangelium – Sakramente – Amt*, S. 80–108.

Ludendorff, Erich: Meine Kriegserinnerungen 1914–1918. Berlin 1919.

Magen, Ferdinand: Protestantische Kirche und Politik in Bayern. Möglichkeiten und Grenzen in der Zeit von Revolution und Reaktion 1848–1859 (=KVRG Bd. 11). Köln / Wien 1986.

Mann, Golo (Hg.): Propyläen Weltgeschichte. Eine Universalgeschichte in 10 Bänden. Frankfurt am Main 1986.

Mann, Heinrich: Der Untertan. Berlin, Weimar 1984.

Maser, Hugo: Die Evangelisch-lutherische Kirche in Bayern rechts des Rheins zur Zeit der Weimarer Republik 1918–1933. München 1990.

Ders.: Evangelische Kirche im demokratischen Staat. München 1983.

Maurer, Wilhelm: Kirche und Geschichte. Gesammelte Aufsätze hg. von Ernst-Wilhelm Kohls und Gerhard Müller. Band 1: Luther und das evangelische Bekenntnis; Band 2: Beiträge zu Grundsatzfragen und zur Frömmigkeitsgeschichte. Göttingen 1970.

Ders.: Philipp Melanchthon und die Reformation in Hessen. – In: ders., *Kirche und Geschichte 1*, S. 267–291.

Ders.: Franz Lambert von Avignon und das Verfassungsideal der Reformatio ecclesiarum Hassiae von 1526. – In: ders.,*Kirche und Geschichte 1*, S. 319–364.

Ders.: Theologie und Laienchristentum bei Landgraf Philipp von Hessen. – In: ders., *Kirche und Geschichte 1*, S. 292–318.

Ders.: Der Organismusgedanke bei Schelling und in der Theologie der katholischen Tübinger Schule. – In: ders., *Kirche und Geschichte 2*, S. 28–46.

Ders.: Das Prinzip des Organischen in der evangelischen Kirchengeschichtsschreibung des 19. Jahrhunderts. – In: ders., *Kirche und Geschichte 2*, S. 46–77.

Ders.: Protestantismus. – In: ders., *Kirche und Geschichte 2*, S. 103–119.

Ders.: Die „Protestantische" Kirche in Bayern. Studien zur Geschichte eines kirchenrechtlichen und kirchenpolitischen Begriffs. – In: ders., *Kirche und Geschichte 2*, S. 120–145.

Ders.: Das synodale evangelische Bischofsamt seit 1918. – In: Fuldaer Hefte, SThKAB, Heft 10. Berlin 1955, S. 5–68.

Ders.: Pfarrerrecht und Bekenntnis. Über die bekenntnismäßige Grundlage eines Pfarrerrechtes in der evangelisch-lutherischen Kirche. Berlin 1957.

Ders.: Die Auseinandersetzung zwischen Harnack und Sohm und die Begründung eines evangelischen Kirchenrechtes. – In: Ders.: Die Kirche und ihr Recht. Gesammelte Aufsätze zum evangelischen Kirchenrecht, hg. von Müller, Gerhard / Seebass, Gottfried. Tübingen 1976, S. 364–387.

Ders.: Historischer Kommentar zur Confessio Augustana. Bd. I: Einleitungs und Ordnungsfragen, Gütersloh 1976. Bd. II: Theologische Probleme. Gütersloh 1978.

Ders.: R. Sohms Ringen um den Zusammenhang zwischen Geist und Recht in der Geschichte des kirchlichen Rechtes. – In: Ders.: Die Kirche und ihr Recht. Gesammelte Aufsätze zum evangelischen Kirchenrecht, hg. von Müller, Gerhard und Seebass, Gottfried. Tübingen 1976, S. 328–363.

Mayer, Ernst: Die Kirchenhoheitsrechte des Königs von Bayern. München 1884.

Mayer, Hans: Martin Luther. Leben und Glaube. Gütersloh 1982.

Mechels, Eberhard / Weinrich, Michael (Hg.): Die Kirche im Wort. Arbeitsbuch zur Ekklesiologie. Neukirchen-Vluyn 1992.

Mechels, Eberhard: Kirche als Institution. – In: Mechels/Weinrich, *Die Kirche im Wort*, S. 151–168.

Mehlhausen, Joachim: Friedrich Wilhelm IV. Ein Laientheologe auf dem preußischen Königsthron. – In: Vom Amt des Laien in Kirche und Theologie. FS G. Krause. Berlin 1982, S. 185–214.
Ders.: Kirchenpolitik. Erwägungen zu einem undeutlichen Wort. – In: ZThK 85 (1988), S. 275–302.
Ders.: Zur Methode kirchlicher Zeitgeschichte. – In: EvTh 48 (1988), S. 508–521.
Mehnert, Gottfried: Evangelische Kirche und Politik 1917–1919. Die politischen Strömungen im deutschen Protestantismus von der Julikrise 1917 bis zum Herbst 1919 (= Beiträge zur Geschichte des Parlamentarismus und der politischen Parteien. 16). Düsseldorf 1959.
Meier, Kurt: Der evangelische Kirchenkampf. Gesamtdarstellung in drei Bänden. Halle/S. und Göttingen 1976.
Ders.: Evangelische Kirche in Gesellschaft, Staat und Politik 1918–1945. Aufsätze zur kirchlichen Zeitgeschichte, hg. von Kurt Nowak. Berlin (Ost) 1987.
Ders.: Die zeitgeschichtliche Bedeutung volkskirchlicher Konzeptionen im deutschen Protestantismus zwischen 1918 und 1945. – In: ders., *Evangelische Kirche*, S. 16–39.
Ders.: Literatur zur kirchlichen Zeitgeschichte. – In: ThR 54 (1989), S. 113–168, 380–414, und ThR 55 (1990), S. 89–106.
Ders.: Neuere Konzeptionen der Kirchenkampfhistoriographie. – In: ZKG 99 (1988), S. 63–86.
Ders.: Volkskirche 1918–1945. Ekklesiologie und Zeitgeschichte (= TEH. NS 213). München 1982.
Meinecke, Friedrich: Die deutsche Erhebung von 1914. Vorträge und Aufsätze. Stuttgart und Berlin 11.–15. Aufl. 1915.
Meiser, Hans: Von der verfassungsgebenden Generalsynode. – In: Kirchenbote vom 3. Oktober 1920, 2. Jg., Nr. 41, S. 1–2, vom 10. Oktober 1920, 2. Jg., Nr. 42, S. 1, und vom 17. Oktober 1920, 2. Jg., Nr. 43, S. 1–2.
Merz, Georg: Das bayerische Luthertum. München 1955.
Meyer, Hans Philipp: Kirchenleitung nach lutherischem Verständnis. Zur Auslegung von Confessio Augustana Art. 28. – In: ZevKR 25 (1980), S. 115–135.
Meyer, Harding: Das Bischofsamt nach CA 28. – In: Iserloh, *Confessio und Confutatio*, S. 489–498.
Meyer, Henry Cord: Das Zeitalter des Imperialismus. – In: Mann, *Propyläen* , Bd. 9, S. 27–74.
Meyer, Wolf: Volkskirche oder Bekenntniskirche (Zum Fall Leimbach). – In: Das Neue Werk vom 15. August 1922, 4. Jg., Nr. 5, S. 166–178.
Mezger, Richard: Gedanken zur kirchlichen Lage. – In: EvGBl. Nr. 5/6 vom Mai/Juni 1919, S. 62–64.
Mildenberger, Friedrich: Das Recht der Kirchengemeinde. – In: Festschrift für Fairy von Lilienfeld, hg. von Rexhäuser, A. / Ruffmann, K.H. Erlangen 1982, S. 26–54.
Ders.: Geschichte der deutschen evangelischen Theologie im 19. und 20. Jahrhundert (= ThW. 10). Stuttgart u.a. 1981.
Ders.: Theologie der Bekenntnisschriften. Stuttgart u.a. 1983.
Möller, Bernd (Hg.): Stadt und Kirche im 16. Jahrhundert (= SVRG. 190). Gütersloh 1978.
Ders.: Reichsstadt und Reformation (= SVRG. 180). Gütersloh 1962 und neubarb. Aufl. Berlin (Ost) 1987.

Mohler, Armin: Die konservative Revolution in Deutschland 1918–1932. Ein Handbuch. 4. Aufl., Nachdruck der 3. um einen Ergänzungsband erweiterten Aufl. in einem Band. Darmstadt 1994.
Moltmann, Jürgen (Hg.): Anfänge der dialektischen Theologie. 2 Bde. München 1962/63.
Motschmann, Claus: Evangelische Kirche und preußischer Staat in den Anfängen der Weimarer Republik. Möglichkeiten und Grenzen ihrer Zusammenarbeit (= Hist. Stud. 413). Lübeck / Hamburg 1969.
Mühlen, Karl-Heinz zur: Luther. II. Theologie. – In: TRE 21 (1991), S. 530–567.
Mulert, Hermann: Bischöfe für das evangelische Deutschland? Tübingen 1921.
Müller, Gerhard: Das neulutherische Amtsverständnis in reformatorischer Sicht. – In: KuD 17 (1971), S. 46–74.
Ders.: Franz Lambert von Avignon und die Reformation in Hessen (VHKHW. 24,4). Marburg 1958.
Ders.: Wilhelm Löhes Theologie zwischen Erweckungsbewegung und Konfessionalismus. – In: NZSyTh 15 (1973), S. 1–37.
Müller, Richard Johannes: Die evangelische Kirche und der demokratische Staat. – In: NKZ 29 (1918), S. 372–399.
Mußgnug, Reinhard: Die rechtlichen und pragmatischen Beziehungen zwischen Parlament, Regierung und Verwaltung. – In: Jeserich, *Verwaltungsgeschichte*, Bd. 4, S. 313–321.
Närger, Nikolaus: Das Synodalwahlsystem in den deutschen evangelischen Landeskirchen im 19. und 20. Jahrhundert (= JusEcc. 36). Tübingen 1988.
Nicolaisen, Carsten: „Kirchenkampf – Nachtrag: Die historiographische Entwicklung seit 1985“. – In: EStL, Sp. 1636–1640 (= Nachtrag zu: Scholder, *Kirchenkampf*).
Ders.: Der Weg nach Barmen. Die Entstehung der Theologischen Erklärung von 1934. Neukirchen-Vluyn 1985.
Ders.: Widerstand oder Anpassung? Evangelische Kirche zwischen Kreuz und Hakenkreuz. – In: Bayerische Landeszentrale für politische Bildungsarbeit (Hg.): Der Nationalsozialismus. Machtergreifung und Machtsicherung. Bd. 1: 1933–1935. München 1988[2].
Niedhardt, Gottfried: Ultimaten, Konferenzen, Repressalien. Deutschland und die Siegermächte. – In: Stammen, *Das schwere Erbe*, S. 285–321.
Ders.: Schweigen als Pflicht. – In: Zeitpunkte Nr. 2 (1992), S. 71–81.
Niedner, Johannes: Die Bildung der Kirchenregierung. Berlin 1919.
Nigg, Walter: Geschichte des religiösen Liberalismus. Entstehung – Blütezeit – Ausklang. Leipzig 1937.
Nipperdey, Thomas: Deutsche Geschichte 1866–1918. Bd. I: Arbeitswelt und Bürgergeist. München 1988. Bd. II Machtstaat vor der Demokratie. München 1993[2].
Ders.: Einheit und Vielfalt in der neueren Geschichte. – In: HZ 253 (1991), S. 1–20.
Ders.: Religion im Umbruch. Deutschland 1870–1918. München 1988.
Ders.: Religion und Gesellschaft: Deutschland um 1900. – In: HZ 246 (1988), S. 591–615.
Ders.: Wie das Bürgertum die Moderne fand. Berlin 1988.
Nowak, Kurt: Biographie und Lebenslauf in der Neueren und Neuesten Kirchengeschichte. – In: VF 39 (1994), S. 44–62.

Nowak, Kurt: Die „antihistorische Revolution". Symptome und Folgen der Krise historischer Weltorientierung nach dem Ersten Weltkrieg in Deutschland. – In: Renz/Graf: *Umstrittene Moderne*, S. 133–171.

Ders.: Evangelische Kirche und Weimarer Republik. Zum politischen Weg des deutschen Protestantismus zwischen 1918 und 1932. Göttingen 1988[2].

Ders.: Geschichte des Christentums in Deutschland. Religion, Politik und Gesellschaft vom Ende der Aufklärung bis zur Mitte des 20. Jahrhunderts. München 1995.

Nowak, Kurt: Protestantismus und Demokratie in Deutschland. Aspekte der politischen Moderne. – In: Greschat/Kaiser, *Christentum und Demokratie*, S. 1–18.

Ders.: Protestantismus und Weimarer Republik. Politische Wegmarken in der evangelischen Kirche 1918–1932. – In: Bracher u.a., *Die Weimarer Republik*, S. 218–237.

Oeschey, Rudolf: Die bayerische Verfassungsurkunde vom 26. Mai 1818 und die Charte Ludwig XVIII. vom 4. Juni 1814. Ein Beitrag zur Lehre vom monarchischen Prinzip. München 1914.

Ders.: Grundlinien für den kirchlichen Neubau. – In: AELKZ 52 (1919), Sp. 1082–1086, 1108–1112, 1132–1138 (Als Sonderdruck erschienen, 27 S., Leipzig 1919).

Ders.: Zum Zusammentritt der außerordentlichen Generalsynode im Juli 1919. – In: Kirchenbote vom 29. Juli 1919, 2. Jg., Nr. 27, S. 2–4.

Ders.: Zur Neugestaltung des kirchlichen Wahlrechts in der evangelischen Landeskirche Bayerns. München 1919.

Ders.: Zwei Kapitel aus der Frühgeschichte evangelischer Kirchenverfassung in Bayern. – In: ZSRG.K 44 (1924), S. 215–265.

Ortega y Gasset, José: Der Aufstand der Massen. Stuttgart 1950 (1. Aufl. 1930).

Patin, Wilhelm August: Das bayerische Religionsedikt vom 26. Mai 1818 und seine Grundlagen. Eine staatskirchenrechtliche Studie. Erlangen 1919.

Pechmann, Wilhelm von: Mehr Laiendienst in der Kirche. – In: Flugschriften des Bundes der Bekenntnisfreunde in Bayern, Heft 3. Nürnberg 1913.

Ders.: Landeskirche – Kirchenbund – Allgemeine evangelisch-lutherische Konferenz. – In: JbELKB 18 (1919/20), S. 15–27.

Ders.: Zur neuen Kirchenverfassung. – In: NKZ 31 (1920), S. 33–88.

Pfannkuche, August: Staat und Kirche in ihrem gegenseitigen Verhältnis seit der Reformation. Leipzig und Berlin 1915. (= Aus Natur und Geisteswelt. SGV. 485).

Pfeiffer, Gerhard: „Bayern". – In: TRE 5 (1980), S. 361–387.

Ders.: Bayern und Brandenburg-Preußen. Ein geschichtlicher Vergleich. München 1984.

Pfennigsdorf, Otto: Zur Volkskirche hindurch! Kirchliche Bausteine für die neue Zeit. Gütersloh 1918.

Pöhlmann, Hans: Der Kirchenvater der bayerischen Landeskirche und die heutigen theologischen Richtungen in Bayern. – In: ChW vom 28. April 1910, 24. Jg., Nr. 17, Sp. 386–390; und ChW vom 5. Mai 1910, 24. Jg., Nr. 18, Sp. 414–416.

Pohl, Karl Heinrich: Kurt Eisner und die Räterepublik in München. – In: Hettling u.a., *Gesellschaftsgeschichte*, S. 225–236.

Politische Geschichte Bayerns. Hg. vom Haus der Bayerischen Geschichte in der Reihe: Hefte zur Bayerischen Geschichte und Kultur. 9. München 1990[2].

Popper, Karl R.: Das Elend des Historizismus (= Die Einheit der Gesellschaftswissenschaften. 3). Tübingen 1979[5].

Press, Volker: Der Kaiser, das Reich und die Reformation. – In: Martin Luther und die Reformation in Deutschland. Vorträge zur Ausstellung im Germanischen Nationalmuseum Nürnberg 1983, Nürnberg 1988 (= Wissenschaftliche Beibände zum Anzeiger des Germanischen Nationalmuseums Bd. 8, und zugleich: SVRG. 194).

Pressel, Wilhelm: Die Kriegspredigt 1914–1918 in der evangelischen Kirche Deutschlands (= APTh. 5). Göttingen 1967.

Rade, Martin: Das königliche Priestertum der Gläubigen und seine Forderung an die evangelische Kirche unserer Zeit. Tübingen 1918.

Ders.: Glaube an Gott, und glaube an dein Volk! – In: ChW vom 28. November 1918, 32 Jg., Nr. 48/49, Sp. 462f.

Rauhaus, Alfred: Reformierte Akzente in der Lehre von der Kirche. – In: Die Evangelisch-reformierte Kirche in Nordwestdeutschland. Beiträge zu ihrer Geschichte und Gegenwart. Hg. vom Landeskirchenvorstand der Evangelisch-reformierten Kirche in Nordwestdeutschland. Weener 1982, S. 379–402.

Raulff, Ulrich (Hg.): Mentalitäten-Geschichte. Zur historischen Rekonstruktion geistiger Prozesse (= WAT 152). Berlin 1987.

Ders.: Mentalitäten-Geschichte. Vorwort. – In: ders., *Mentalitäten-Geschichte*, S. 7–17.

Reinhard, August: Die Kirchenhoheitsrechte des Königs von Bayern. München 1884.

Renz, Horst / Graf, Friedrich Wilhelm (Hg.): Troeltsch – Studien Band 4: Umstrittene Moderne. Die Zukunft der Neuzeit im Urteil der Epoche Ernst Troeltschs. Gütersloh 1987.

Ribhegge, Wilhelm: Die Geburt der deutschen Demokratie. – In: Dönhoff u.a., ZEIT-Punkte Nr. 2, S. 38–41.

Ders.: Im Geiste von Weimar. – In: Die ZEIT, Nr. 7 vom 11. Februar 1994, S. 70.

Richter, Ludwig: Die Weimarer Reichsverfassung. – In: Aus Politik und Zeitgeschichte. Beilage zur Wochenzeitung Das Parlament Nr. B 32–33/94 vom 12. August 1994, S. 3–10.

Riedel, Manfred: Gesellschaft, Gemeinschaft. – In: GGB II, S. 801–862.

Rieker, Karl: Das landesherrliche Kirchenregiment in Bayern. Eine kirchenrechtliche Untersuchung. Tübingen 1913.

Ders.: Die Entstehung und geschichtliche Bedeutung des Kirchenbegriffs. O. O., o.J.

Ders.: Die Stellung des modernen Staates zur Religion und Kirche. Dresden 1895.

Ders.: Sinn und Bedeutung des landesherrlichen Kirchenregiments. Vortrag, gehalten auf der Landespastoralkonferenz zu Klosterlausnitz S.A. Leipzig 1902.

Ders.: Zur Neugestaltung der protestantischen Kirchenverfassung in Deutschland. Leipzig 1919.

Ders.: Kirchenbegriff und Kirchenverfassung. – In: Volkskirche vom 15. Juni 1920, 2. Jg., Nr. 12, Sp. 161–166, und vom 1. Juli 1920, 2. Jg., Nr. 13, Sp. 185–191.

Rieske-Braun, Uwe: Reaktionen des Erlanger Luthertums auf die politische Einigung Deutschlands 1866–71. Acht Briefe aus dem Nachlaß Christoph Ernst Luthards. – In: ZBKG 59 (1990), S. 163–198.

Ders.: Zwei-Bereiche-Lehre und christlicher Staat. Verhältnisbestimmung von Religion und Politik im Erlanger Neuluthertum und in der Allgemeinen Ev.-Luth. Kirchenzeitung (= LKGG. 15). Gütersloh 1993.

Ringer, Fritz K.: Die Gelehrten. Der Niedergang der deutschen Mandarine 1890–1933. München 1987.

Ris, Georg: Der „kirchliche Konstitutionalismus". Hauptlinien der Verfassungsbildung in der evangelisch-lutherischen Kirche Deutschlands im 19. Jahrhundert (= JusEcc. 33). Tübingen 1988.

Ritschl, Dietrich: Zur Logik der Theologie. Kurze Darstellung der Zusammenhänge theologischer Grundgedanken. München 1988[2].

Rittelmeyer, Friedrich: Aus meinem Leben. Stuttgart 1937.

Rocholl, Heinrich: Hindenburg – der Nationalheros des deutschen Volkes. Gotha 1918.

Roepke, Claus-Jürgen: Die Protestanten in Bayern. München 1972.

Röhm, Eberhard / Thierfelder, Jörg: Juden – Christen – Deutsche 1933–1945. Bd. 1: 1933–1935. Stuttgart 1990.

Rohn, Otto Ernst: Lutherische und reformierte Kirchenverfassung im Deutschland der Nachkriegszeit (Ein Vergleich). Diss. Jur. Erlangen 1933.

Rosenberg, Arthur: Entstehung und Geschichte der Weimarer Republik. Hg. und eingeleitet von Kurt Kesten. Frankfurt/M. 1961.

Rürup, Reinhard: Probleme der Revolution in Deutschland 1918/19. Wiesbaden 1968.

Rusam, Reinhard: Rezension zu: Maser, Hugo: Evangelische Kirche im demokratischen Staat. – In: ZBKG 53 (1984), S. 224–226.

Rusinek, Bernd-A. u.a. (Hg.): Die Interpretation historischer Quellen. Schwerpunkt: Neuzeit (= UTB. 1674). Paderborn 1992.

Ders..: Gremienprotokolle. – In: Rusinek, *Interpretation historischer Quellen*, S. 185–198.

Sabrow, Martin: Reichsminister Rathenau ermordet. – In: Dönhoff u.a., ZEIT-Punkte Nr. 2, S. 47–50.

Sandberger, Wolfgang: Zur Bischofsfrage in den evangel[ischen]. Landeskirchen. München 1928 (Diss jur. Erlangen 1928).

Sandel, Michael: Liberalism and the Limits of Justice. Cambridge University Press 1982.

Sauter, Gerhard: „Vergib uns unsere Schuld“. Eine theologische Besinnung auf das Stuttgarter Schuldbekenntnis. – In: Gerhard Besier und Gerhard Sauter: Wie Christen ihre Schuld bekennen. Die Stuttgarter Schulderklärung 1945. Göttingen 1985, S. 63–128.

Sauter, Gerhard: Verhängnis der Theologie? Schuldwahrnehmung und Geschichtsanschauungen im deutschen Protestantismus unseres Jahrhunderts. – In KZG 4 (1991), S. 475–492.

Schellong, Dieter: „Ein gefährlichster Augenblick“. Zur Lage der evangelischen Theologie am Ausgang der Weimarer Republik. – In: Canzik, *Religions- und Geistesgeschichte*, S. 104–135.

Scheuner, Ulrich: Summepiskopat. – In: RGG[3] VI, Sp. 525f.

Scheuner, Ulrich: Kirche und Staat in der neueren deutschen Entwicklung. – In: ZevKr 7 (1960), S. 225–273.

Scheurl, Christoph Gottlieb Adolf Frhr. von: Die verfassungsmäßige Stellung der evangelisch-lutherischen Kirche in Bayern zur Staatsgewalt. Erlangen 1872.

Schian, Martin: Volkskirche. – In: RGG[1] V, Sp. 1745–46.

Ders.: Bischöfe?. – In: Volkskirche vom 15. Dezember 1920, 2. Jg., Nr. 24 Sp. 368–371.

Schieck, Hans: Die Behandlung der Sozialisierungsfrage in den Monaten nach dem Staatsumsturz. – In: Kolb, *Kaiserreich*, S. 138–164.

Schilling, Heinz: Die reformierte Konfessionalisierung in Deutschland. Das Problem der zweiten Reformation (= SVRG. 195). Gütersloh 1968.

Schindler, Ulrich: Zur Vorgeschichte der „Zeitschrift für Protestantismus und Kirche“. Adolf von Harleß‘ Streben nach kirchenpolitischem Einfluß und seine Indifferenz im Konflikt zwischen Luthertum und Union 1837–1838. – In: ZBKG 61 (1992), S. 137–147.

Schindler-Joppien, Ulrich: Das Neuluthertum und die Macht. Ideologiekritische Analysen zur Entstehungsgeschichte des lutherischen Konfessionalismus in Bayern (1825–1838). Stuttgart 1998 (= Diss. theol. Erlangen 1994).

Schlaglichter der deutschen Geschichte. Von Dr. M. Müller in Zusammenarbeit mit Professor Dr. Karl Friedrich Krieger, Professor Dr. Hanna Vollrath und Meyers Lexikonredaktion. Zweite, aktualisierte und erweiterte Auflage. Mannheim 1990.

Schlaich, Klaus: Kollegialtheorie. Kirche, Recht und Staat in der Aufklärung (= JusEcc. 8). München 1969.

Schmidt, Martin: Kirchengeschichte als Theologie – Historische Theologie. – In: Picht, Georg (Hg.): Theologie – was ist das? Stuttgart 1977.

Schmidt, Jochen: Die Geschichte des Genie-Gedankens in der deutschen Literatur, Philosophie und Politik 1750–1945. 2 Bde., Darmstadt 1988².

Schmidt-Clausen, Kurt: Geistliches Amt und Kirchenleitung im deutschen Luthertum seit dem Fortfall des landesherrlichen Kirchenregimentes. – In: Asheim/Gold, *Kirchenpräsident oder Bischof?*, S. 75–113.

Schneider, Johannes: Kirchliche Zeitlage 1918. – In KJ 45 (1918), S. 326–526.

Ders.: Kirchliche Zeitlage 1919. – In KJ 46 (1919), S. 307–379.

Ders.: Kirchliche Zeitlage 1920. – In KJ 47 (1920), S. 302–420.

Schneider–Treffeisen, Ute: Zeitungsberichte . – In: Rusinek, *Interpretation*, S. 153–169.

Schnorbus, Axel: Wirtschaft und Gesellschaft in Bayern vor dem Ersten Weltkrieg (1890–1914) – In: Bosl, *Bayern im Umbruch*, S. 97–164.

Schoen, Paul: Der deutsche evangelische Bischof nach den neuen evangelischen Kirchenverfassungen. – In: Zeitschrift für Verwaltungsrecht und Verwaltungsgerichtsbarkeit, 30. Bd. 1925, S. 403–431.

Schoenauer, Gerhard: Kirche lebt vor Ort. Wilhelm Löhes Gemeindeprinzip als Widerspruch gegen kirchliche Großorganisationen (= CThM. C 16). Stuttgart 1990.

Schöne, Lothar: Neuigkeiten vom Mittelpunkt der Welt. Der Kampf ums Theater in der Weimarer Republik. Darmstadt 1995.

Scholder, Klaus: Kirchenkampf. – In: EStL, Sp. 1606–1636.

Ders.: Die Kirchen und das Dritte Reich, Bd. I: Vorgeschichte und Zeit der Illusionen 1918–1934. Geringfügig erg. Ausgabe, Frankfurt/M. und Berlin 1986. Bd. II: Das Jahr der Ernüchterung 1934 – Barmen und Rom. Geringfügig erg. u. korrigierte Ausgabe, Frankfurt/M. und Berlin 1988.

Ders.: Die Kirchen zwischen Republik und Gewaltherrschaft. Gesammelte Aufsätze hg. von Karl Otmar von Aretin und Gerhard Besier. Berlin 1988.

Ders.: Eugenio Pacelli und Karl Barth. Politik, Kirchenpolitik und Theologie in der Weimarer Republik. – In: ders.: *Zwischen Republik und Gewaltherrschaft*, S. 98–110.

Ders.: Neuere deutsche Geschichte und protestantische Theologie. – In: ders.: *Zwischen Republik und Gewaltherrschaft*, S.75–97. (Zuerst in: EvTh 23 (1963), S. 510–536).

Schöllgen, Gregor: Wurzeln konservativer Opposition. Ulrich von Hassell und der Übergang vom Kaiserreich zur Weimarer Republik. – In: GWU 38 (1987), S. 478–489.

Schönweiß, Georg (Protokollführer): „Altes“ und „neues“ Evangelium? Eine theologische Aussprache. Nürnberg 1920.

Schreiber, Georg: Deutsche Kirchenpolitik nach dem Ersten Weltkrieg. Gestalten und Geschehnisse der Novemberrevolution 1918 und der Weimarer Zeit. – In: Historisches Jahrbuch 70 (1951), S. 296–333.

Schreiner, Klaus: Politischer Messianismus, Führergedanke und Führererwartung in der Weimarer Republik. – In: Hettling u.a., *Gesellschaftsgeschichte*, S. 237–247.
Schulenburg, Dieter von: Welt um Hindenburg. Hundert Gespräche mit Berufenen. Berlin 1935.
Schulz, Gerhard: Einführung in die Zeitgeschichte. Darmstadt 1992.
Schulze, Manfred: Fürsten und Reformation. Geistliche Reformpolitik weltlicher Fürsten vor der Reformation. Tübingen 1991. (= SuR. NR 2).
Schulze, Winfried: Deutsche Geschichtswissenschaft nach 1945 (Ebenfalls erschienen als HZ.B 10, 1989). München 1993.
Schunk, M.: Zum Neubau der Kirche. Flugblatt des Protestantischen Laienbundes Nr. 6. Nürnberg 1919.
Schwarz, Albert: Die Zeit 1918 bis 1933. Erster Teil: Der Sturz der Monarchie. Revolution und Rätezeit. Die Einrichtung des Freistaates (1918–1920). – In: Spindler, *Geschichte*, S. 387–453.
Schwend, Karl: Bayern zwischen Monarchie und Diktatur. Beiträge zur bayerischen Frage in der Zeit von 1918 bis 1933. München 1954.
Scribner, Robert W..: Paradigms of Urban Reform: Gemeindereformation or Erastian Reformation? – In: Grane, Leif (Hg.): Die dänische Reformation vor ihrem internationalen Hintergrund (= FKDG. 46). Göttingen 1990, S. 111ff.
Sehling, Emil (Hg.): Die Evangelischen Kirchenordnungen des XVI. Jahrhunderts. Leipzig 1902 ff.
Seitz, Manfred: Hermann Bezzel. Theologie · Darstellung · Form seiner Verkündigung (= FGLP. XVIII). München 1960.
Siegele-Wenschkewitz, Leonore: Ist Ethik eine Kategorie der Historiographie? – In: EvTh 51 (1991), S. 155–168.
Simon, Matthias: Evangelische Kirchengeschichte Bayerns. 2 Bde. München 1942.
Ders.: Evangelische Kirchengeschichte Bayerns. München 1952[2].
Ders.: Historischer Atlas von Bayern. Kirchliche Organisation Erster Teil: Die Evangelische Kirche. München 1960.
Ders.: Die evangelisch-lutherische Kirche in Bayern im 19. und 20. Jahrhundert (= TuG. 5). München 1961.
Smend, Rudolf: Kirchenrecht II.B. Evangelische Kirchenrechtswissenschaft. – In: RGG[3] III, Sp. 1518.
Sohm, Rudolph: Kirchenrecht. Erster Band: Die geschichtlichen Grundlagen. – In: Systematisches Handbuch der Deutschen Rechtswissenschaft, 8.Abt., Bd. 1. Leipzig 1892. – Zweiter Band: Katholisches Kirchenrecht ed. E. Jacobi und O. Mayer. – In: Systematisches Handbuch der Deutschen Rechtswissenschaft 8. Abt., Bd. 2. Leipzig 1923.
Sontheimer, Kurt: Antidemokratisches Denken in der Weimarer Republik. Die politischen Ideen des deutschen Nationalismus zwischen 1918 und 1933. München 1962[4].
Sparn, Walter: Sancta Simplicitas. Über die Sorge um die christliche Identität in Zeiten der Ironie. – In: Hans G. Ulrich / Jürgen Roloff (Hg.): Einfach von Gott reden. Ein theologischer Diskurs. FS F. Mildenberger, Stuttgart u. a. 1994, S. 98–110.
Speer, Heino: Herrschaft und Legitimität. Zeitgebundene Aspekte in M. Webers Herrschaftssoziologie (= Soziologische Studien. 28). Berlin 1978.
Spengler, Oswald: Der Untergang des Abendlandes. Umrisse einer Morphologie der Weltgeschichte. München 1991[10].

Sperber, Jonathan: Kirchengeschichte als Sozialgeschichte – Sozialgeschichte als Kirchengeschichte. – In: KZG 5 (1992), S. 11–17.
Spindler, Max (Hg.): Bayerische Geschichte im 19. und 20. Jahrhundert. Sonderausgabe in 2 Teilbänden aus: Ders.: Handbuch der bayerischen Geschichte. 4. Band. Das neue Bayern. 1800–1970. München 1974/75.
Ders: Die Regierungszeit Ludwigs I. (1825–1848). – In: Ders., *Geschichte*, S. 89–223.
Stache, Christa: Bürgerlicher Liberalismus und katholischer Konservativismus in Bayern 1867–1871. Kulturkämpferische Auseinandersetzungen vor dem Hintergrund von nationaler Einigung und wirtschaftlich-sozialem Wandel (= EHS III. 148). Frankfurt/M. / Bern 1981.
Stählin, Adolf von: Das landesherrliche Kirchenregiment und sein Zusammenhang mit Volkskirchenthum. Unter besonderer Berücksichtigung von Th. Harnack's Schrift: „Die freie lutherische Volkskirche" besprochen von Adolf Stählin. Leipzig 1871.
Stählin, Wilhelm: Vereinskirche oder Volkskirche. Flugblatt Nr 5. des Protestantischen Laienbundes. Nürnberg o. J. [1919].
Stammen, Theo (Hg.): Die Weimarer Republik. Das schwere Erbe 1918–1923. Bayerische Landeszentrale für politische Bildung, München 1987.
Stange, Erich: Die kommende Kirche. Gedanken zum Werdenden innerhalb unserer deutschen evangelischen Kirchen. 3. erw. Aufl., Dresden 1925.
Steinlein, Hermann: Zur kirchlichen Lage in Bayern 1907/8. – In: JbELKB 9 (1909), S. 126–163.
Ders.: Zur kirchlichen Lage in Bayern 1909/10. – In: JbELKB 11 (1911), S. 127–172.
Ders.: Zur kirchlichen Lage in Bayern 1916. – In: JbELKB 16 (1916/17), S. 92–117.
Ders.: Trennung von Staat und Kirche (mit besonderer Berücksichtigung der evangelischen Landeskirche im diesseitigen Bayern.) Ansbach 1919.
Ders.: Die Beiziehung von Vertrauensmännern seitens des preußischen Oberkirchenrats zur Beratung der jetzigen kirchlichen Lage. – In: Korr.Bl. vom 9. Dezember 1918, 43. Jg., Nr. 49, S. 383f.
Strohm, Theodor: Pfarrhaus und Staat. – In: Greiffenhagen, *Pfarrhaus*, S. 329–356.
Stupperich, Robert: Otto Dibelius. Ein evangelischer Bischof im Umbruch der Zeit. Göttingen 1989.
Stürmer, Michael (Hg.): Die Weimarer Republik. Belagerte Civitas. 2. um e. Nachtr. zur Bibliographie erw Aufl, Königstein/Ts. 1985.
Tanner, Klaus: Antiliberale Harmonie Zum Grundkonsens in Theologie und Rechtswissenschaft der zwanziger Jahre. – In: Renz/Graf, *Umstrittene Moderne*, S. 193–208.
Ders.: Die fromme Verstaatlichung des Gewissens. Zur Auseinandersetzung um die Legitimität der Weimarer Reichsverfassung in Staatsrechtswissenschaft und Theologie der zwanziger Jahre (= AKZG.B 15). Göttingen 1989.
Tebbe, Walter: Das Bischofsamt in den lutherischen Landeskirchen Deutschlands nach dem Hinfall des landesherrlichen Kirchenregiments (1918) bis zum Vorabend der Machtergreifung (1933). Diss. theol., Marburg 1957.
Tempel, Irmtraut: Bischofsamt und Kirchenleitung in den Lutherischen, Reformierten und Unierten Deutschen Landeskirchen (= JusEcc. 4). München 1966.
Teuffel, Jochen: Das Recht der Kirchengemeinde in der Rechtsordnung der Evangelisch-lutherischen Kirche in Bayern. Eine rechtstheologische Untersuchung. Mag. theol. Erlangen 1994.
Thadden, Rudolf von: Preußen. II. ab 1618. – In: TRE 27 (1997), S. 364–376.

Thadden, Rudolf von / Klingebiel, Thomas: Protestantismus. – In: WdC, S. 1007f.
Thimme, Friedrich / Rolffs, Ernst (Hg.): Revolution und Kirche. Zur Neuordnung des Kirchenwesens im deutschen Volksstaat. Berlin 1919.
Tilgner, Wolfgang: Volksnomostheologie und Schöpfungsglaube. Ein Beitrag zur Geschichte des Kirchenkampfes (= AGK. 16). Göttingen 1966.
Tönnies, Ferdinand: Gemeinschaft und Gesellschaft. Leipzig 1887.
Troeltsch, Ernst: Der Religionsunterricht und die Trennung von Staat und Kirche. – In: Thimme/Rolffs, *Revolution und Kirche*, S. 301–325.
Ders.: Spectator-Briefe. Aufsätze über die deutsche Revolution und die Weltpolitik 1918/22.Tübingen 1924.
Tröger, Gerhard: Das Bischofsamt in der Evangelisch-lutherischen Kirche (= Jus Ecc. 2). München 1966.
Tucholsky, Kurt: Gesammelte Werke in 10 Bänden. Hg. von Mary Gerold-Tucholsky und Fritz J. Raddatz. Reinbek 1985.
Türcke, Christoph: Charisma. – In: Die ZEIT vom 3. Juni 1994, Nr. 23, S. 59.
Turner, Victor: Vom Ritual zum Theater. Der Ernst des menschlichen Spiels. Frankfurt/New York 1989.
Turtur, Ludwig / Bühler, Anna Lore: Geschichte des protestantischen Dekanats München 1799–1852. Ein Beitrag zur bayerischen Religionspolitik des 19. Jahrhunderts (= EKGB. 48). Nürnberg 1969.
Veit, Friedrich: An der Westfront und in Belgien. – In: Korr.Bl. vom 22. Juli 1918, 43. Jg., Nr. 29, S. 224f, und Korr.Bl. vom 29. Juli 1918, 43. Jg., Nr. 30, S. 232f.
Ders.: Zum Neuen Jahre. – In: NKZ 30 (1919), S. 1–12.
Ders.: Zum Neuen Jahre. – In: NKZ 31 (1920), S. 1–32.
Vischer, Gustav-Adolf: Aufbau, Organisation und Recht der Evang.–Luth. Kirche in Bayern. 2 Bde. München 1953 und 1956.
Wallmann, Johannes: Kirchengeschichte Deutschlands seit der Reformation (= UTB 1355). Tübingen 1988[3].
Weber, Max: Die ländliche Arbeitsverfassung. – In: Ders.: Gesammelte Aufsätze zur Sozial- und Wirtschaftsgeschichte. Tübingen 1924, S. 444–469.
Wehler, Hans-Ulrich: Aus der Geschichte lernen? München 1988.
Ders.: Bibliographie zur neueren deutschen Sozialgeschichte. 2. erw. Aufl., München 1993.
Ders.: Geschichtsbewußtsein in Deutschland. Entstehung, Funktion, Ideologie. – In: Ders., *Aus der Geschichte lernen?*, S. 19–25.
Ders.: Historische Sozialwissenschaft und Geschichtsschreibung. Studien zu Aufgaben und Traditionen deutscher Geschichtswissenschaft. Göttingen 1980.
Ders.: Was ist Gesellschaftsgeschichte? – In: Ders., *Aus der Geschichte lernen?*, S. 115–129.
Ders.: Zur Lage der Geschichtswissenschaft in der Bundesrepublik 1949–1979. – In: ders, *Sozialwissenschaft*, S. 13–41.
Welker, Michael: Historik kirchlicher Zeitgeschichte und systematisch–theologische Urteilsbildung. – In: KZG 5 (1992), S. 31–40.
Wiesemann, Falk: Kurt Eisner. Studie zu einer politischen Biographie. – In: Bosl, *Bayern im Umbruch*. S. 387–426.
Wilhelmi, Peter: Der Präses der Evangelischen Kirche im Rheinland. Düsseldorf 1963.
Winkler, Heinrich August: Die verdrängte Schuld. – In: Dönhoff u.a., ZEIT-Punkte Nr. 2, S. 42–46.

Ders.: Weimar 1918–1933. Die Geschichte der ersten deutschen Demokratie. München 1993.

Wolf Erik: Das Problem der Naturrechtslehre. Versuch einer Orientierung (= Freiburger Rechts- und Staatswissenschaftliche Abhandlungen. 2). Karlsruhe 1955

Ders.: Ordnung der Kirche. Lehr- und Handbuch des Kirchenrechts auf ökumenischer Basis. Frankfurt/M. 1961.

Wolf, Ernst: Barmen. Kirche zwischen Versuchung und Gnade. München 1970[2].

Ders.: Sozialethik. Theologische Grundfragen. Herausgegeben von Theodor Strohm. Göttingen 1975.

Wölfel, Dieter: Das zeitgemäße Christentum der protestantischen Spätaufklärung in Deutschland. – In: ZBKG 61 (1992), S. 119–136.

Wright, Jonathan R.: Über den Parteien. Die politische Haltung der evangelischen Kirchenführer 1918–1933 (= AKZG. B 2). Göttingen 1977.

Würzburger Luther-Vorträge. Hg. im J.F. Lehmann Verlag, München 1903.

Yerushalmi, Yosef Hayim: Ein Feld in Anatot. Versuche über jüdische Geschichte (= Kleine Kulturwissenschaftliche Bibliothek. 44). Berlin 1993.

Ders.: Ein Feld in Anatot. Zu einer Geschichte der jüdischen Hoffnung. – In: ders., *Ein Feld in Anatot*, S. 81–95.

Ders.: Über das Vergessen. – In: ders., *Ein Feld in Anatot*, S. 11–20.

Ders.: Zachor: Erinnere Dich! Jüdische Geschichte und jüdisches Gedächtnis. Berlin 1988.

Zahn, Theodor von: Staatsumwälzung und Treueeid in biblischer Beleuchtung. – In: NKZ 30 (1919), S. 309–361.

Zank, Wolfgang: „Jetzt oder nie!" – In: Dönhoff u.a., ZEIT-Punkte Nr. 2, S. 29–33.

Ders.: Die Stunde der Abrechnung. – In: Die ZEIT Nr. 26 vom 24. Juni 1994, S. 70.

Zindel, Hermann: Die Bedeutung der außerordentlichen Generalsynode für den Pfarrerstand. – In: Korr.Bl. vom 1. November 1920; 45. Jg., Nr.44, S. 341–346.

Zippelius, Reinhold: Das Wesen des Rechts. Eine Einführung in die Rechtsphilosophie. München 1978[4].

Ders.: Geschichte der Staatsideen. München 1990[7].

Zorn, Philipp: Der Summepiskopat und der Freistaat Bayern. – In: MAA vom 30. Oktober 1919, Nr. 438. und MAA vom 2. November 1919, Nr. 439.

Ders.: Nochmals der Summepiskopat und der Freistaat Bayern. – In: MAA vom 2. Dezember 1919, Nr. 486, S. 2.

Zorn, Wolfgang: Bayerns Gewerbe, Handel und Verkehr (1806–1970). – In: Spindler, *Geschichte*, S. 782–845.

Ders.: Der bayerische Staat und seine evangelischen Bürger 1806–1945. – In: ZBKG 29 (1960), S. 219–236.

Kurzbiografien wichtiger Persönlichkeiten

Ammon, Maximilian von, * 8. Mai 1866, † 21. Februar 1933; 1891 3. Pfr. St. Markus, Memmingen; 1895 1. Pfr. Unsere Frau, Memmingen; 1906 2. Pfr. St. Markus München; 1911 Konsistorialrat in Ansbach; 1921 Oberkirchenrat und Vertreter des Kirchenpräsidenten in oberhirtlichen Angelegenheiten.

Bachmann, Philipp (Lic. theol., Dr. D.), * 13. Oktober 1864, † 18. März 1931; 1890 Ufersheim; 1892 Lehrer am Neuen Gymnasium, Nürnberg; 1902–1931 Professor für Systematische Theologie I in Erlangen; 1923 Geh. Regierungsrat; 1924–1930 Präsident der bayerischen Landessynode.

Baum, Karl (Dr. theol. h.c.), * 19. Juni 1869, † 18. August 1942; 1900 Reichenhall; 1905 3. Pfarrer St. Matthäus, München; 1910 Christuskirche, München; 1917 Konsistorialrat in Ansbach; 1921 Oberkirchenrat und Kreisdekan für den Kirchenkreis München; 1934 Ruhestand.

Beck, Hermann, * 19. Mai 1849, † 27. April 1919; 1876 Gastenfelden; 1880 Vereinsgeistlicher in Altona; 1882 Osternohe; 1884 Bad Kissingen; 1890 Dekan in Würzburg; 1895 Kirchenrat; 1898 Konsistorialrat in Bayreuth; 1916 Oberkonsistorialrat.

Bezzel, Hermann von (D. theol.), * 18. Mai 1860, † 8. Juni 1917; 1883–1891 Gymnasiallehrer, Alumneninspektor und Gymnasialprofessor in Regensburg; 1891 Rektor der Diakonissenanstalt Neuendettelsau, 1909 Oberkonsistorialpräsident.

Boeckh, Friedrich, * 18. September 1859, † 26. Februar 1930; 1883 cand theol; 1885 Fessenheim; 1888 1 Pfr. in Kitzingen; 1893 Tauberzell; 1897 2. Pfr. in Schwabach; 1903 Dekan und 1. Pfr. ebd.; 1911 Kirchenrat und Dekan an St. Leonhard für Nürnberg, Lorenzer Seite; 1921 Oberkirchenrat in München; 1928 Ruhestand.

Böhner, Karl, * 19. April 1872, † 27. Juni 1955; 1902 Bezirksassessor in Friedberg; 1907 Bezirksassessor in Bayreuth; 1911 Regierungsassessor in Bayreuth; 1915 Konsistorialrat in Ansbach; 1921 Oberkirchenrat.

Braun, Friedrich (Dr. theol.), * 27. Juli 1855, † 15. Januar 1940; 1881 Pfr. in Bimbach; 1883 3. Pfr. St. Martin, Memmingen; 1890 Pfr. Unsere Frau-Memmingen; 1894 2. Pfr. in München; 1900 1. Pfr. St. Lukas, München; 1903 Konsistorialrat und 2. Hauptprediger in Bayreuth; 1907 Konsistorialrat und 1. Hauptprediger in Ansbach, 1911 Oberkonsistorialrat; 1920 Ruhestand.

Brendel, Rudolf, * 17. April 1864, † 13. Oktober 1942; 1893 cand. theol.; 1895 Mittag- und Sudenprediger in Nürnberg; 1900 Pfarrer, 1902 3. Pfr. St. Lorenz, Nürnberg; 1907 2. Pfr. ebd.; 1913 1. Pfr. ebd.; 1921 Prodekan von Nürnberg; 1934 Ruhestand.

Bürckstümmer, Christian (Dr. theol et phil.), * 11. März 1874, † 11. April 1924; 1896 cand. theol.; 1905 Schottenstein; 1909 2. Pfr. in Dinkelsbühl; 1914 1. Pfr. und Dekan in Erlangen-Neustadt; 1919–1924 Professor für Praktische Theologie, Pädagogik und Didaktik in Erlangen.

Castner, Ludwig, * 25. März 1862, † ?; 1888 Amtsgerichtssekretär, 1900 Konsistorialrat in Ansbach, 1909 Oberkonsistorialrat in München, 1915 Konsistorialdirektor in Ansbach, 1921 Oberkirchenrat.

Eckardt, Andreas, * 21. Januar 1866, † 23. Dezember 1940; 1889 cand. theol., 1893 Pfr. in Egenhausen; 1910 Pfr. in Erzberg; 1925 Dittenheim; 1935 Ruhestand.

Gebhard, Karl (Dr. theol. h.c.), * 27. August 1864, † ?; 1893 Landgerichtssekretär in Bamberg; 1894 Amtsrichter in Naila; 1897 Amtsrichter in Bamberg; 1900 Landgerichtspräsident in Bamberg; 1904 Landgerichtspräsident in Augsburg; 1907 weltl. Konsistorialrat in Bayreuth; 1909 welt. Konsistorialrat in Ansbach; 1915 weltl. Oberkonsistorialrat; 1921 Vizepräsident und Oberkirchenrat; 1933 Ruhestand.

Geyer, Christian (Dr. theol. et phil.), * 1. Oktober 1862, † 23. Dezember 1929; 1884 cand. theol.; 1887 2. Pfr. in Altdorf; 1889 3. Pfr. in Altdorf; 1891 2. Pfr. in Nördlingen; 1892 1. Pfr. ebd.; 1895 Seminarpräfekt in Bayreuth; 1902 Hauptprediger in St. Sebald, Nürnberg; 1927 Kirchenrat.

Hermann, Gustav Adolf (Dr. theol.), * 16. Mai 1867, † 10. September 1929; 1892 Pfarrer in Wörnitz-Ostheim; 1899 Pfarrer in Balgheim; 1908 1. Pfarrer und Dekan in Windsbach; 1912 1. Pfarrer St. Egidien, Nürnberg und Dekan Sebalder Seite; 1917 Kirchenrat; 1921 Oberkirchenrat und Kreisdekan für den Kirchenkreis Ansbach; 1925 Oberkirchenrat in München.

Hofstaetter, Albrecht Theodor (Dr. et Lic. theol.), * 3. Juli 1858, † 12. März 1948; 1883 Possenheim; 1886 1. theol. Lehrer am Missionsseminar in Leipzig; 1902 Titel und Rang eines sächsischen Professors; 1904 1. Pfr. und Dekan in Uffenheim; 1909 Konsistorialrat in Ansbach; 1917 Oberkonsistorialrat in München; 1921 Oberkirchenrat und Vertreter des Kirchenpräsidenten, 1925 Ruhestand.

Kadner, Siegfried, * 20. Februar 1867, † 18. Januar 1957; 1889 cand. theol.; 1894 Lehenthal; 1903 Bad Kissingen; 1909 Stadtschulreferent; 1910 3. Pfr. St. Matthäus, München; 1915 1. Pfr. St. Lukas, München; 1934 Senior und Kirchenrat; 1936 Ruhestand.

Kaftan, Theodor, * 18. März 1847, † 26. November 1932; Studium in Erlangen, Berlin und Kiel; 1885 Probst von Tondern; 1886 Generalsuperintendent für Schleswig; 1917 als Emeritus Pastor in Baden-Baden.

Langenfaß, Friedrich (Dr. theol.), * 8. Juli 1880, † 5. Februar 1965; 1902 cand. theol.; 1910 3. Pfr. St. Jakob, Rothenburg o.d.T.; 1917 2. Pfr. ebd.; 1920 2. Pfr. St. Matthäus, München; 1930 1. Pfr. und Dekan St. Markus, München; ab 1933 Mitglied des Landessynodalausschusses; 1950 Ruhestand.

Lauerer, Hans, * 25. Mai 1884, † 20. Januar 1953; 1903–1907 Studium der Theologie in Regensburg, Erlangen und Leipzig; 1907 cand. theol.; 1912 Großgründlach; 1918 Rektor der Diakonissenanstalt in Neuendettelsau; ab 1933 Mitglied des Landessynodalausschusses; 1936 Ernennung zum Kirchenrat.

Leimbach, Friedrich, * 6. Juni 1873, † 24. Februar 1961; 1903 Übertritt in die bayer. Landeskirche; 1906 3. Pfr. Oettingen; 1910 2. Pfr. ebd.; 1922 amtsenthoben und 4. Pfr. Sonneberg/Thür.; 1933 vorzeitig pensioniert; 1942 Beauftragung durch die Ev.-luth. Landeskirche in Bayern zu Gottesdienst und Seelsorge in Oettingen.

Meiser, Hans (Dr. theol), * 16. Februar 1881, † 8. Juni 1956; 1911 1. Pfr. und Vereinsgeistlicher der Inneren Mission in Nürnberg; 1914/15 Lazarettgeistlicher beim 3. bayer. Armeekorps; 1915 3. Pfr. St. Matthäus, München; 1920 1. Pfr. Himmelfahrtskirche, München; 1922 Direktor des Predigerseminars Nürnberg; 1928 Oberkirchenrat München; 1933 Landesbischof; 1949 leitender Bischof der VELKD; 1955 Ruhestand.

Moegelin, Wilhelm, * 2. März 1875, † ?; 1905 Bezirksassessor in Hof; 1916 Regierungsassessor in Regensburg; 1916 Konsistorialrat in Bayreuth; 1921 Oberkirchenrat.

Nägelsbach, Karl Christian Friedrich (Dr. theol.), * 7. Januar 1855, † 30. März 1932; 1882 2. Pfr. Pegnitz; 1886 4. Pfr. Schweinfurt; 1894 3. Pfr. ebd.; 1896 7. Pfr. München; 1900 2. Pfr. St. Lukas, München; 1903 1. Pfr. ebd.; 1906 1. Pfr. und Dekan in Erlangen-Neustadt; 1908 Kirchenrat; 1914 Oberkonsistorialrat; 1920 Ruhestand.

Oeschey, Rudolf (Dr. jur.) * 1. Juli 1879, † ?; 1915 Pdoz; 1920 Prof. f. Staats- und Kirchenrecht in Leipzig.

Ortloph, Ernst, * 14. Dezember 1874, † 1. April 1952; 1897 cand. theol.; 1905 Bad Reichenhall; 1912 3. Pfr. St. Jakob, Nürnberg; 1917 2. Pfr. ebd.; 1920 1. Pfr. ebd.; 1935 Prodekan Lorenzer Seite, Nürnberg; 1936 Kirchenrat; 1945 Ruhestand.

Ostertag, Karl, * 7. Juni 1849, † 26. Juli 1921; 1875 Königsbrunn; 1884 Entenberg; 1888 Vereinsgeistlicher der Inneren Mission in München; 1900 Hauptprediger und Dekan Rothenburg o.d.T.; 1907 Konsistorialrat in Bayreuth; 1917 Rang und Titel eines Oberkonsistorialrats; 1920 Ruhestand.

Pechmann, Wilhelm Freiherr von (Dr. jur.), *10. Juni 1859, † 10 Februar 1948; 1889 Direktor und Vorstandsmitglied der bayer. Handelsbank; Präsident der bayer. Landessynode 1919–22; Präsident des Deutschen Evangelischen Kirchentages 1921–30; 1946 zum Katholizismus konvertiert.

Prieser, Karl, * 14. April 1872, † 9. März 1946; 1901 Pfarrer in Affalterthal; 1903 Vereinsgeistlicher der Inneren Mission in München; 1912 1. Pfarrer und Dekan in Bamberg; 1921 Oberkirchenrat und Kreisdekan für den Kirchenkreis Nürnberg.

Rieker, Karl (Dr. jur. et theol.), * 1857, † 28. November 1927; Prof. f. Staats- und Verwaltungsrecht und der dt. und bayer. Rechtsgeschichte in Erlangen.

Rittelmeyer, Friedrich (Lic. theol. und Dr. phil.), * 5. Oktober 1872, † 23. März 1938; 1894 cand. theol.; 1895–1902 Stadtvikar in Würzburg; 1902 3. Pfr. bei Heilig-Geist, Nürnberg; 1905 2. Pfr. ebd.; 1916 Pfr. an der Neuen Kirche, Berlin; ab 1922 „Erzoberlenker" der Christengemeinschaft in Stuttgart.

Sammetreuther, Julius, * 18. März 1883, † 3. Februar 1939; 1906 cand. theol.; 1912 Pfr. in Gärtenroth; 1917 4. Pfr. in Schweinfurt; 1921 3. Pfr. ebd.; 1924 2. Pfr. ebd.; 1926 2. Pfr. St. Markus, München; 1930 2. Pfr. St. Matthäus, München; 1931 1. Pfr. ebd.; 1935 Oberkirchenrat; 1939 Ruhestand.

Schmetzer, Johannes, * 19. Februar 1849, † ?; 1877 3. Pfr. in Dinkelsbühl; 1881 2. Pfr. ebd.; 1891 1. Pfr. und Dekan ebd.; 1901 Konsistorialrat Ansbach; 1907 Oberkonsistorialrat München; 1915 Konsistorialdirektor Bayreuth; 1920 Ruhestand.

Sehling, Otto (Dr. jur. et theol. h.c.), * 9. Juni 1860, † 30. November 1928; 1888 ordentlicher Professor in Erlangen für Kirchenrecht, deutsches bürgerliches Recht, Handels- und Wechselrecht sowie für deutsches und bayerisches Privatrecht.

Stählin, Wilhelm (Dr. phil.), * 24. September 1883, † 16. Dezember 1975; 1905 cand. theol.; 1910 Egloffstein; 1916 2. Pfr. St. Lorenz, Nürnberg; 1926 o. Prof. für Prakt. Theol. in Münster; 1945 Bischof der ev.-luth. Kirche in Oldenburg; 1952 Ruhestand.

Steinlein, Hermann (Dr. theol.), * 10. Juli 1865, † 18. Dezember 1947; 1888 cand. theol.; 1892 Ehringen-Wallerstein; 1900 3. Pfr. St. Gumbertus, Ansbach; 1909 2. Pfr. ebd.; 1934 Kirchenrat (Mai) und Ruhestand (Oktober).

Strathmann, Hermann (Dr. theol.), * 30. August 1882, † 29. November 1966; 1906 Inspektor Theol. Schule Bethel; 1910 PDoz. in Bonn; 1915 ao. Prof. Heidelberg; 1916 o. Prof Leipzig; 1918 o. Prof. d. einl. Wiss. u. NT Erlangen; 1919–20 u. 1946–50 Mitgl. des bayer. Landtags; 1920–32 des Reichstags; 1946 emeritiert.

Veit, Friedrich (Dr. theol.), * 18. Mai 1861, † 18. Dezember 1948. 1887 2. Pfr. in Schwarzenbruck a.d.S., 1892 5. Pfr. in München, 1896 4. Pfr. in München, 1900 2. Pfr. an St. Matthäus, München, 1905 1. Pfr. an St. Markus, München, Vorstand des Stadtpfarramtes und Dekan, 1915 Oberkonsistorialrat, 1917 Oberkonsistorialpräsident, 1921 Kirchenpräsident; 4. Mai 1933 Rücktritt.

Sach- und Personenregister

A

B

* Kursive verweisen auf Bildseiten

C

D

E

F

G

H

I

J

K

L

P

R

S

T

U

V

W

Y

Z